AF346779

DELICES
PHYSIQUES CHOISIES,

OU

CHOIX

DE TOUT CE QUE

LES TROIS REGNES DE LA NATURE

RENFERMENT

DE PLUS DIGNE DES RECHERCHES D'UN AMATEUR CURIEUX,

POUR EN FORMER

UN

CABINET CHOISI

DE

CURIOSITEZ NATURELLES,

OUVRAGE COMMUNIQUE CY-DEVANT AU PUBLIC

PAR

GEORGE WOLFGANG KNORR

CELEBRE ARTISTE DE NUREMBERG

CONTINUE PAR

SES HERITIERS

AVEC LES DESCRIPTIONS ET REMARQUES

DE

PHILIPPE LOUIS STACE MÜLLER

PROFESSEUR PUBLIC ORDINAIRE EN PHILOSOPHIE A L'UNIVERSITE D'ERLANG
MEMBRE DE L'ACADEMIE IMPERIALE DES CURIOSITEZ NATURELLES,

ET TRADUIT EN FRANCOIS

PAR

MATHIEU VERDIER DE LA BLAQVIERE,

CONSEILLER A LA CHAMBRE PROVINCIALE DE BAYREUTH.

TOME SECOND.

A

NUREMBERG,

MDCCLXVII.

DELICIAE
NATURAE SELECTAE

oder

auserlesenes

welches aus den

drey Reichen der Natur

zeiget,

was von curiösen Liebhabern aufbehalten und gesammlet zu werden, verdienet.

Ehemahls herausgegeben

von

Georg Wolfgang Knorr

berühmten Kupferstecher in Nürnberg,

fortgesetzet

von

Dessen Erben,

beschrieben

von

Philipp Ludwig Statius Müller

öffentlichen ordentlichen Lehrer der Weltweißheit auf der Friedrichs Universität zu Erlang,
wie auch Mitglied der Kaiserlichen Academie der Naturforscher,

und in das Französische übersetzet

von

Matthäus Verdier de la Blaquiere

Hochfürstlichen Bayreuthischen Landschaftsrathe.

Zweyter Theil.

Nürnberg, A. 1767.

Vorrede.

Die schönsten und kostbarsten Sachen in der Welt verlieren viel von ihrem Werth und Ansehen, wenn man sie nicht gehörig achtet, und ihnen nicht diejenige Stellung, Lage, oder Zubereitung giebt, darinnen ihre Schönheit am besten in die Augen leuchten kan. So ist es auch mit den Seltenheiten der Natur beschaffen. Man muß sie ehren, sie müssen ordentlich gestellet, mit einem besondern Geschmack zugerichtet, sorgfältig vor dem Verderben bewahret, und zu einem vernünftigen Zweck gebraucht werden, wenn sie in derjenigen Pracht, die sie von Natur an sich haben, erscheinen, und einem Liebhaber zu einem wesentlichen Vergnügen und zur Ergötzung der Augen und des Gemüths gereichen sollen. Sie verdienen auch in der That, daß man ihnen alle Ehre erweise. Denn es muß die Natur in ihren herrlichen Würkungen einem jeden Vernünftigen schon ehrwürdig seyn. Ueberdieß sind solche meisterliche und ausgearbeitete Schönheiten sehr mühsam zu bekommen, und müssen erst mit vielen Kosten herbey geschaffet werden. Man muß sie daher hochschätzen. Es ist aber der Geschmack und die Sorgfalt der Liebhaber in diesem Stück nicht einerley; ja es sind viele Sammler gar oft mit sich selbsten nicht einig, wie sie ihre Naturalien am besten stellen, oder legen, in welche Ordnung sie solche eintheilen, durch welche Mittel sie diejenigen, die dem Verderben unterworfen sind, erhalten, oder solchen, die von Natur, oder durch gewisse Schicksale nicht sehr ansehnlich sind, ein neues Ansehen geben wollen. Vielleicht ist es den Liebhabern ein Dienst, wann wir jetzo eins und das andere von der Art, die Cabinette einzurichten, erwehnen; nachdem wir in der Vorrede zu dem ersten Theil, die Hindernüsse und die Mühsamkeit, die Naturalien zu bekommen, berühret haben.

Es sind aber in Ansehung dieses Puncts unterschiedene Fragen zu erörtern, von denen eine jede ins besondere einige Untersuchung verdienet. Nemlich: 1) Nach welchem Systemate soll man die Seltenheiten der Natur ordnen? 2) In welche Schränke und Behälter, oder auf welche Art soll man die Sachen in den Zimmern stellen, oder legen? 3) Was hat die arbeitsame Hand der Künstler an den Naturalien zu verrichten, um ihre innere Schönheit zu entdecken, oder zu erheben? 4) Auf welche Umstände hat man zu sehen, wenn man sie unversehrt erhalten, und vor dem Verderben bewahren will? 5) Wozu soll man endlich ein Naturalien-Cabinet vernünftig gebrauchen, und wie soll man diese Schätze der Natur nutzen?

PRÉFACE.

Les choses du monde les plus belles & les plus somptueuses perdent beaucoup de leur prix quand on ne les estime pas convenablement, & qu'on ne les met pas dans le jour, qui leur est le plus avantageux, & dans la position la plus propre à faire briller leurs beautez. Il en est de même des Raretez de la Nature. Ce n'est qu'en les estimant ce qu'elles valent, ce n'est qu'en les arrangeant avec ordre, en les disposant avec goût, en les préservant avec soin de tout ce qui peut les endommager, & en les destinant à un usage raisonnable, qu'on peut les faire paroître dans toute la pompe, qu'elles tiennent de la Nature même, & les faire servir à la Recréation des yeux & de l'esprit. Et elles méritent qu'on leur fasse cet honneur, soit parceque la Nature est magnifique dans toutes ses Opérations, soit par les peines infinies & les frais considérables qu'il en coûte pour aquerir les Chefs-d'oeuvres que la Nature produit. A cet égard le Goût des Amateurs varie beaucoup, & ils ne sont pas tous également aussi soigneux que la chose l'exige. Il y a des Collecteurs, qui ne sont point d'accord avec eux-mêmes sur la manière dont ils doivent disposer leurs Curiositez naturelles, sur la façon de les arranger, sur les moyens de les préserver de toute corruption, à laquelle elles peuvent être sujettes, ou pour présenter avantageusement celles, qui par elles mêmes brillent le moins, ou qui ont souffert par hazard quelque déchet. Par ces raisons après avoir parlé dans la Préface du prèmier Tome de ce qui rend *les Collections pénibles & difficiles*, nous avons crû devoir indiquer dans celle-ci la *Methode* que l'on doit suivre, selon nous, *pour arranger un Cabinet.*

Cette matière présente à l'esprit plusieurs questions à résoudre dont chacune mérite d'être pésée. Il s'agit de décider 1.) quel Sittème on doit prendre pour règle dans l'arrangement des raretez naturelles que l'on possède? 2.) De quelles Armoires, Commodes, ou Bureaux on doit se servir pour les garder, ou comment on doit les poser, ou les coucher, dans les Apartemens? 3.) A quoi l'on doit employer la main de l'Artiste, soit pour mettre dans le jour le plus avantageux la beauté des pièces, soit pour la relever. 4.) A quoi l'on doit faire attention pour les préserver de toute corruption, ou dommage, & enfin 5) quel est l'usage raisonnable qu'on doit faire d'un Cabinet, & l'utilité qu'on peut retirer de ces thrésors de la Nature?

Dieses sind Fragen, welche wir um so weniger gleichgültig ansehen können, da uns die Verlegenheit vieler Sammler, und ihr wiedersprechendes auch unrichtiges Verfahren in diesen Stücken gar zu sehr bekannt ist. Wir glauben zwar nicht, daß unsere Untersuchung und Beantwortung obiger Puncten ganz und gar entscheidend sey, und wir erwarten auch nicht, daß sich ein jeder Sammler nach derselbigen richten werde, weil jeder Mensch bey allen Mannigfaltigkeiten der Dinge seinen besondern Eigensinn, seinen besondern Zweck, und seinen besondern Geschmack zu haben und zu behalten pfleget; aber wir haben doch das Zutrauen, daß wir Anfängern in der Natur-Geschichte mit unseren Anmerkungen nicht ganz unnütz seyn werden, und schreiten deßwegen desto freymüthiger zu der Beantwortung.

1) Nach welchem Lehrgebäude soll man die Seltenheiten der Natur ordnen? Es gibt allerdings eine grosse Anzahl Liebhaber, die aus ihren Sammlungen nichts anders, als eine bunte Reihe machen, und die Seltenheiten von allerhand Geschlechtern und Gattungen wunderbarlich durch einander legen. Von diesen Liebhabern wissen sich etliche ganz und gar keinen Begriff von einiger Eintheilung und Ordnung zu machen; sie ergötzen sich nur an dem, was glänzet, spiegelt, oder blitzt, oder was auch nur eine ungewöhnliche Gestalt hat, und begnügen sich, wenn sie solche zum Staat irgendwohin legen können. Diese bekümmern sich wenig darum, ob die Stücke ächt sind, oder nicht. Sie bewundern ein durch die Hand eines Künstlers nach einer falschen Phantasie verändertes Stück eben so wohl, als was die Natur selbst gebildet hat, und sind abergläubisch genug, die lächerlichsten Gestalten der Dinge, als Arbeiten der verborgenen Natur anzusehen. Ja das Wort Rarität ist schon allein im Stande, sie so zu bezaubern, daß sie einen Stein, auf welchem etwa eine arglistige Hand mit Scheidewasser ein fürchterliches Höllengesicht geätzet hat, viel höher, als einen Goldklumpen von nemlicher Schwere schätzen. Das einzige, was diese Liebhaber ordnen nennen, ist, daß sie ihre Sachen, davon sie die wenigsten nennen können, in Laden, auf Wolle, oder in Kästgen nach gewissen Figuren legen, und die Reihen also biegen, daß sie Rosen, Ringel, Herzgen, oder dergleichen vorstellen.

Andere Sammler hingegen kennen das Lehrgebäude der natürlichen Geschichte nur allzuwohl, und sind keineswegs Fremdlinge in dieser Wissenschaft. Diese beobachten zwar einige Haupteintheilungen, daß sie nemlich die Stücke, die zu einer Hauptclasse gehören, besonders legen, allein übrigens lieben sie gleicherweise eine bunte Reihe, und mengen die Geschlechter, Arten und Unterarten gänzlich untereinander, wie es der Platz zur Ausfüllung und die Figur der Stücke zuläst. Sie vertheidigen dieses Verfahren damit, daß die Abwechslung dem Auge besser gefalle, und wir haben in diesem Fall
gegen

Ces Questions ne doivent pas être traitées légèrement. La plûpart des Collecteurs sont embarassez faute d'information suffisante à cet égard, & s'y prennent d'une manière peu convenable, & quelquefois contradictoire. Nous ne nous flatons pas justement que nos décisions soient prises généralement pour règle, ni que chaque Collecteur les adopte, parceque, dans la varieté des objèts dont il s'agit, chaque homme a ses idées particulières, son but, son goût, ses caprices peut-être, qui lui sont propres. Mais nous espèrons nonobstant cela que nos Observations seront de quelque utilité à ceux qui commencent à courir cette carrière, ce qui nous encourage à les proposer d'autant plus librement.

1. *A quei Sistème doit-on s'attacher dans l'Arrangement des pièces dont un Cabinet est composé?* C'est la première Question. Il y a sans doute un grand nombre de Collecteurs, qui mettent simplement les raretez qu'ils possèdent en rangées bariolées, ou entremêlent sans distinction, & pour ainsi dire pêle-mêle les Genres, & toutes les sortes. Ils n'ont aucune idée ni d'ordre, ni de divisions, & se plaisent simplement à ce qui frape les yeux, soit par le brillant, soit par l'éclat, soit par la superficie polie, ou par une conformation extraordinaire. Il leur suffit de pouvoir mettre leurs pièces quelquepart en parade. Peu leur importe que ces pièces soient genuines ou non. Une pièce changée par la main, & selon la fantaisie ou le caprice de quelque Artiste, excite autant leur admiration que celle dont la Configuration n'est que l'Ouvrage de la pure Nature, & ils sont assez credules quelquefois pour prendre les Conformations les plus risibles, faites de main d'homme, pour des pièces travaillées ainsi par la Nature même. Le seul terme de *Rareté* les fascine au point d'estimer une Pierre, sur laquelle un Artiste rusé aura gravé avec de l'eau forte quelque face diabolique, ou quelque Mascaron infernal, beaucoup plus qu'une Masse d'Or, qui seroit du même poids. Ce que les Amateurs de cette trempe sçavent faire de mieux, & ce qu'ils apellent mettre en Ordre; c'est qu'ils rangent les pièces qu'ils ont, & dont les noms leur sont le plus souvent inconnus, dans des Tiroirs, ou dans des Cassettes, sur du Coton, & les rangent en figures de Rose, d'Anneau, de Coeur, ou en d'autres semblables.

Il y a d'autres Collecteurs, qui sont à la vérité au fait des Sistèmes de l'Histoire naturelle, & qui ne peuvent nullement être regardez comme des Neophytes dans cette science, mais qui cependant, en arrangeant leurs pièces, se contentent d'observer une certaine Division générale, c'est à dire, qui ne mettent ensemble que celles qui apartiennent à une même Classe principale, mais ils aiment au reste la varieté autant que les prémiers, & satisfaits de ne mettre ensemble que ce qui apartient à une même Classe, ils entremêlent au reste
les

gegen den angeführten Grund nichts einzuwenden, wenn jemand seine Sammlung hauptsächlich zur Ergötzung der Augen bestimmet, und eben nicht die Absicht hat, eine systematische Sammlung zu besitzen, da die Stücke in einer Kette an und auf einander folgen. Ja wir müssen gestehen, daß die in diesem Werk vorkommende Kupfertafeln lediglich nach diesem Geschmack eingerichtet sind, um durch die Abwechslung das Aug zu belustigen, weil wir sonst bey einer systematischen Einrichtung der Figuren das bekannte und gemeine zugleich mit dem weniger bekannten und raren hätten abbilden, und dadurch ein so weitläuftiges Werk liefern müssen, wozu weder eines Menschen Leben, noch das Vermögen einer Privatperson hinlanget, es zu Stande zu bringen, oder sich anzuschaffen.

Ist nun aber die Ergötzung der Augen der Hauptgrund, warum man sich eine Sammlung zuleget, so verliehren dadurch schon viele Sachen ihr Recht, in Cabinetten aufbewahret zu werden. Denn alles was gemein und bekannt ist, deßgleichen alles, was kein ausnehmendes Ansehen hat, wann es sonst gleich, wie zuweilen geschehen kan, rare und wunderbare Stücke wären, alles das wird insgemein ausgemustert, und man begnüget sich, wann man aus Schriften, oder andern Abbildungen weiß, daß dergleichen Sachen in der Natur vorhanden sind.

Von diesen beyden Arten Sammlungen zu machen, ist dermahlen die Rede nicht. Denn unsere Absicht gehet nicht auf solche Cabinette, die aus einem Gemische von curiosen Sachen bestehen, und ohne Erkänntniß gesammlet und bewahret werden, auch nicht auf solche, die bloß zur Galanterie dienen sollen, oder da man sich nicht einmahl mit einer einzigen Classe ganz einlässet; sondern wir sehen auf solche Sammlungen, da man wenigstens in einer ganzen Classe, alles was dahin gehöret, zusammen suchet, so weit man es habhaft werden kan, um nicht allein die Augen mit der Mannigfaltigkeit und Abwechslung zu ergötzen, sondern auch den Verstand mit der Betrachtung des Ursprungs, der Bauart, der Abweichung, der Bestimmung und der Regeln eines Dinges zu beschäftigen.

les Genres, les Espèces, & les Sous-espèces selon que l'emplacement, & la figure des pièces le permet. Ceux-ci prétendent justifier leur méthode à cet égard en disant que la varieté des objets frape plus agréablement la vûë, & nous n'oposerons rien à cette raison, si en rassemblant un Cabinet ils ne se proposent d'autre but que la recréation des yeux, & qu'ils ne se soucient pas justement de posséder une Collection Sistématique & suivie, où les Classes se succèdent comme des Chainons. Nous ne pouvons nous dispenser même d'avouer que nos Planches sont faites absolument dans le goût de cette seconde espèce d'Amateurs, & qu'on s'y est plus attaché à flater l'oeil par une varieté agréable, qu'à observer scrupuleusement un ordre Sistématique. La raison en est que dans une Collection Sistématique à tous égards il auroit falu dépeindre les pièces les plus conues & les plus communes, tout comme celles qui sont rares & moins conues, ce qui produiroit un Ouvrage immense, auquel la Vie d'un homme ne suffiroit pas; outre que les Richesses d'une Personne privée, quelque opulente qu'elle fut n'atteindroient pas aux frais qu'une Collection pareille exigeroit.

Cette difficulté cesse lorsqu'en rassemblant une Collection de Raretez naturelles on se propose principalement de présenter aux yeux un Spectacle rejouissant: car en ce cas on retranche d'un Cabinet tout ce qui est conu ou commun, quelque beauté qu'on y rencontre d'ailleurs, à moins que la pièce ne se distingue par quelque conformation extraordinaire, & l'on se contente de sçavoir par des Livres, ou par des Figures, que ces pièces ordinaires & conuës existent aussi dans la Nature.

La Collection que nous prétendons recommander est trés-différente des deux façons de former un Cabinet, dont nous venons de parler. Car nôtre intention ne tombe nullement sur ces Cabinets, qui ne sont qu'un ramas fait sans choix de toutes sortes de Curiositez naturelles, rassemblées & conservées sans gout & sans conoissance, ni de celles qu'on peut ne considèrer que comme des pièces de Galanterie, où l'on s'attache rarement à avoir une seule Classe complette. Nous n'entendons parler que de ces Collections où l'on s'efforce de rassembler dans une Classe entière tout ce qui y est relatif, autant qu'il est possible de se le procurer, & en cela nous croyons remplir le double but qu'on peut se proposer, l'un de fournir une Recréation agréable à la vûë par la diversité & la variété des objèts, l'autre de s'occuper utilement l'esprit par la Considération de l'origine, de la conformation, de la destination, de chaque pièce, des variations qu'on y observe, & des règles que la nature s'est prescrites dans leur Production.

Es ist allerdings nöthig, daß ein Sammler eine Erkänntniß von der Natur und deſſen Würkung in Hervorbringung der Creaturen habe. Er muß die Geſetze wiſſen, nach welchen ſie arbeitet. Er muß die Staffen kennen, die ſie beobachtet, um von einer Würkung zur andern zu ſchreiten. Er muß aus vielen Beobachtungen und Wahrnehmungen gelernet haben, daß ſie keine Sprünge mache, oder etwas überhüpfe. Er muß den Endzweck, den die Natur bey der Bildung einer jeden Sache hat, genau unterſuchen, und dieſes wird ihm zur Gelegenheit dienen, entſcheiden zu können, warum eine Sache dieſe und keine andere Figur, oder Geſtalt habe. Er wird anfangen, gewiſſe Hauptregeln und Hauptbeſtimmungen in der Natur zu entdecken, und eben dieſe Entdeckung wird ihm eine Anleitung geben, zu erfahren, welche Cörper in der Welt einerley Beſtimmung haben, oder nach einerley Hauptregel gebildet ſind, und dieſes endlich macht ihn geſchickt in der ungeheuren Menge und Mannigfaltigkeit der Creaturen gewiſſe Ordnungen, Claſſen, Geſchlechter, Arten und Abweichungen zu finden, wornach er das wenige, was er davon beſitzet, der Natur gemäß ordnen oder ſtellen kan.

Hierinnen mangelt es nun keineswegs an wichtigen Vorgängern, deren Schriften man zu Rathe ziehen kan. Einige derſelben haben den Urſprung und die Eigenſchaften der Cörper unterſuchet, andere haben ſich nur bemühet, dieſelbigen in eine gehörige Ordnung zu bringen, und einer iſt hierinnen immer vor den andern glücklich geweſen. Wir müſſen hier dem Ritter *Linnæus* den Vorzug laſſen, deſſen groſſes Syſtema Naturæ ſich durch die ganze Welt einen allgemeinen Ruhm erworben hat, ohnerachtet es in vielen beſondern Claſſificationen nicht an Zweifel und Widerſpruch mangelt, welchen nicht minder groſſe Kenner in der Naturgeſchichte darwieder machen. Da wir aber noch nicht ſo glücklich ſind, das Mineralreich von demſelben weitläuftig erörtert zu ſehen, ſo kan des *Wallerii* Mineral-Syſtem allerdings vor andern die Stelle vertretten, ſo weit man nemlich bloß auf die Claſſification und Rangirung der Stücke in einem Cabinet ſein Augenmerk richtet.

Allein es ereignet ſich vor Anfänger eine beſondere Schwierigkeit, daß ſie ſich nemlich nicht leicht, oder nicht ſobald in die kurze Schreibart des berühmten *Linnæi* finden werden, dahero faſt erfordert wird, ſich anderer Schriftſteller, die in einem, oder dem andern Fach ein Lehrgebäude, oder Claſſification herausgegeben haben, und die bekannt genug ſind, einſtweilen zu bedienen, da denn die in jedermans Händen ſich befindende Bücher-Verzeichniſſe ſchon hinlänglich anzeigen können, was ein *Jonſton, Aldrovandus, Geßner, Rumpf,*

Il eſt inconteſtablement néceſſaire qu'un Collecteur conoiſſe la Nature, & ſa manière d'opèrer dans la formation des créatures; il doit avoir une idée des Loix qu'elle ſuit dans ſes ouvrages, & des dégrez qu'elle obſerve pour paſſer d'une opération à l'autre. Il faut qu'à force d'aplication & d'obſervations aſſiduës il ſe ſoit convaincu que la Nature ne procède jamais par bonds, & qu'elle ne ſaute rien de ce qui ſe trouve dans ſon chemin. Il doit examiner & aprofondir quelle fin la Nature ſe propoſe dans la formation de chaque pièce, ce qui le conduira à découvrir pourquoi elle a juſtement telle ou telle figure. Il parviendra auſſi par cette voie à conoître certaines règles univerſelles que la Nature adopte, & certaines déterminations générales, par leſquelles elle ſe gouverne, & ces découvertes lui faciliteront l'Art de diſtinguer pourquoi tels ou tels corps ſemblent avoir la même deſtination, ou être formez ſelon les mêmes règles générales. Ce n'eſt que par là qu'il aquerra la faculté de faire un choix convenable dans la quantité immenſe & dans la diverſité infinie des Créatures propres à entrer dans une Collection, & d'établir certaines Diviſions, Claſſes, Genres, Eſpèces, Sous-eſpeces & Variations, ſelon leſquelles il pourra diſpoſer & ranger les pièces qu'il poſſède, d'une manière conforme au Siſtème de la Nature.

On conoit les Ouvrages des Sçavans qui ont couru cette Carrière avant nous, & qu'on peut conſulter. Quelques uns ſe ſont arrêtez à la recherche de l'origine des corps, ou à l'examen de leurs proprietez; d'autres ne ſe ſont attachez qu'à les ranger dans un ordre convenable, & l'un a été quelquefois plus heureux que l'autre dans ſes travaux. Aucun ne s'eſt diſtingué plus avantageuſement que le Chevalier LINNÆUS dont le grand *Siſtème de la Nature* a aquis dans le Monde une célébrité univerſelle & bien méritée, quoique par raport à quelques Claſſifications particulières, des Perſonnes, à qui on ne peut refuſer la qualité de grands Conoiſſeurs dans les Miſtères de l'Hiſtoire naturelle, lui ayent opoſé bien des doutes & des Objections. Etans privez juſques ici d'un Siſtème étendu ſur le Règne minéral de la main de ce Sçavant Chevalier, le *Siſtème Minéral* de WALLERIUS peut en attendant y être ſubſtirué, & ſervir de règle, autant s'entend qu'il n'eſt queſtion que de la Claſſification, & de l'Arrangement des pièces dans un Cabinet.

Un Neophyte dans cette Science trouvera ſans doute quelque dificulté à comprendre dés-le Commencement le Stile preſſé & concis, qui eſt propre au célèbre LINNÆUS. Mais en attendant qu'il s'y faſſe, on a d'autres Auteurs conus, qui l'un ſur un article l'autre ſur un autre, ont écrit des Siſtèmes, ou des Claſſifications, dont un Amateur, qui commence à raſſembler une Collection, pourra ſe ſervir utilement. Tels ſont IONSTON, ALDROVANDVS, CUESNER,

Rumpf, Seba, Klein, Marsigli, Ellis, Lesser, Vogel, Woltersdorf, Walch, Halle, und mehr andere der Welt geliefert haben. Aus diesen kan man schon hinlänglich lernen, wie man seine Naturalien eintheilen und in Ordnung bringen solle. Wiewohl auch dieß nicht zu läugnen ist, daß, da ein jeder Schriftsteller seine Claßification aus einem eigenen und besonderen Gesichtspunct verfertiget, sie in der Ordnung der Geschlechter und Arten nicht allezeit mit einander übereinstimmen.

Inzwischen müssen wir doch hier erinnern, daß es ganz was anders sey, die Naturalien in einem Buch, oder auf Papier zu ordnen, als sie in einem Zimmer, oder in Behälter zu rangiren. In einem Buch kan man sie nach ihren natürlichen Merkmahlen und Eigenschaften abtheilen, wie sie nach den Würkungen der Natur gehörig auf einander folgen, aber im Cabinette läßt sich dieses niemahlen streng beobachten. Denn man muß daselbst die Grösse und Gestalt der Stücke, den Platz, wo sie hinkommen sollen, und den Wohlstand in Ansehung der Augenweide, die man an einem Cabinette haben soll, zu Rathe ziehen. So schicken sich zwar auf dem Papier ein *Rhinoceros* und eine *Maus* zusammen, aber in einem Cabinette kan man sie nicht schicklich nebeneinander setzen. Ein einziges unformliches Stück, das jedoch der Natur nach, zu einer Menge zierlichen Stücke gehöret, würde oft das Schöne der übrigen Sachen verdunkeln, oder wenigstens dem Auge zu einem merklichen Anstoß gereichen, wenn man es bey dem andern wollte liegen lassen. Wir glauben daher, daß man zwar bey Anordnung eines Cabinets eine Claßification nach einem beliebigen Lehrgebäude zu beobachten habe, daß man aber der Freyheit nicht entsagen dürfe, so oft Ausnahmen zu machen, als das äusserliche Geschicke der Dienge, und die Bestimmung des Platzes solches erfordert. Ja der Augenschein selbst lehret bey den meisten Sachen am besten, welche Stücke zusammen gehören, oder nicht, wenn man sich nur die Mühe giebt, die Sache nicht oben hin, wie es bey den mehresten Anfängern geschiehet, sondern genau zu betrachten.

Da aber übrigens die Natur nicht von Oben, sondern von Unten anfängt, und nicht auf einmal, sondern Stuffenweise zum Vollkommenen fortschreitet, so halten wir es bey Rangirung eines Cabinets vor einen Hauptumstand, daß man von der untern Classe jedesmahl anfange, und so bis zu den edelsten Stücken übergehe, damit in Vorzeigung einer Sammlung das Auge nicht nur immer was neues, sondern auch

NER, RUMPF, SEBA, KLEIN, MARSIGLI, ELLIS, LESSER, VOGEL, WOLTERSDORFF, WALCH, HALLE, & d'autres. Il n'y en a aucun de ceux, que nous venons de nommer, où l'on ne puisse aprendre à faire une Division convenable des pièces qu'on possède & à les arranger dans le meilleur ordre. Il est vrai que chaque Ecrivain a une Classification, qui lui est propre, selon le point de vûe dans lequel chacun considère ses pièces, ce qui est cause que ces Auteurs diffèrent quelquefois entre eux, relativement à l'ordre des Genres & des Espèces qu'ils établissent.

Il faut cependant remarquer qu'il y a une très-grande différence entre l'ordre qu'on peut donner aux Curiositez naturelles dans un Livre, ou sur le Papier, & la manière dont on peut les arranger dans un Apartement sur des Tablettes, dans des Armoires, sur des Tables, ou dans des Bureaux. Dans un Livre, & sur le papier, rien n'empêche qu'on ne place les raretez selon leurs caractères & les proprietez qui leur sont naturelles, sans consulter autre chose que les opérations de la Nature; mais il n'est pas possible de s'en tenir à cet ordre à la rigueur dans un Cabinet, vû que les pièces diffèrent entre elles par la grandeur & par la figure, outre qu'on est forcé de se règler sur la place qu'on a, & qu'on doit aussi quelque attention à l'effet que l'Arrangement peut faire sur la vûe. Ainsi rien n'est si aisé que de mettre ensemble sur le papier un *Rinocerot* & une *Souris*, mais il seroit ridicule de voir ces deux animaux l'un près de l'autre dans un Cabinet. Une seule pièce difforme, qui par sa nature est de la même Catégorie, que quantité de pièces dont la figure est élégante, dépareroit le beau des dernières, ou fraperoit désagréablement la vûe, si on l'y mêloit. Ainsi quoique nous soyons d'avis qu'en rangeant les pièces d'un Cabinet on doive s'attacher à une Classification fixe & déterminée, selon tel Sistème qu'on trouvera bon de se choisir pour règle, on n'en doit pas moins conserver la liberté de faire des exceptions aussi souvent que la convenance des pièces, ou les dimensions de l'emplacement le requièrent. Le coup d'oeil peut souvent décider à cet égard, & indiquer au Collecteur ce qui doit être mis ensemble, pourvû qu'il ne se contente pas de regarder les pièces *à la légere & superficiellement*, comme les Novices dans cette Science ont coûtume de faire, mais qu'il en examine toutes les parties *avec attention & soigneusement*.

Comme au reste la Nature ne commence pas ses Ouvrages par le haut, mais par en bas, d'où elle les conduit pas-à-pas au dégré de perfection qui leur est propre, nous recommandons aux Collecteurs qui arrangent un Cabinet d'avoir l'attention essentielle de commencer toûjours par la moindre Classe, & de passer de là successivement & par dégrez jusques à

celle

auch immer was vollkommeners zu sehen bekomme. Dieses ist freylich wider die Einrichtung vieler Schriftsteller, die durchgängig das edelste zuerst nehmen, und also sich bis zur niedrigsten Classe herunter lassen. Es will uns aber diese Ordnung in den Cabinetten darum nicht gefallen, weil das Aug, wenn es zu erst die besten und raresten Ausarbeitungen der Natur gesehen hat, an dem übrigen nicht mehr so viel Vergnügen findet, da hingegen dasselbe im andern Fall immer was bessers zu bewundern hat.

Diese Regel könnte sowohl in einem einzelen und besondern Fach, worinnen jemand sammlet, als auch bey einem sehr grossen und weitläuftigen Cabinet beobachtet werden. Dem zufolge gienge unsere Meinung dahin, daß man sowohl um eine gute Ordnung zu halten, als um das Aug immer auf eine anmuthige Art zu ergötzen, in einem grossen Cabinet diese Einrichtung treffe.

Man mache nemlich den Anfang mit dem gemeinen Erdarten, lasse darauf die Thonartige und gesiegelte Erden, sodann die verschiedene Sandarten folgen. Hierauf wären die Tropf- und Topfsteine, die gemeine Sand- und Felssteine, die Kalchsteine und Marmor, und zwar nach ihrem Vaterland, ferner die Gipse, Spathe und Schiefer, darauf die Kiesel, Quarze und Crystalle zu ordnen, und vor die Jaspisse, Agate, undurchsichtige, halb- und ganzdurchsichtige Edelsteine bis zum Demant ein besonderer Platz zu lassen, so wie sich die Glimmer, Talke, Serpentine und Asbeste ebenfals am besten zusammen schicken mögten. Wenn das Heer der einfachen Steine theils systematisch und theils nach dem äusserlichen Ansehen geordnet ist, könnten diejenigen Steine, die ein Naturspiel zeigen, als Erdkugeln, Adlersteine, Baumsteine und andere dergleichen folgen. An diesen sollten sich die versteinerte Cörper nach ihren Classen aus dem Thier- und Kräuterreich anschliessen, jedoch so, daß jede Art beysammen zu liegen komme, und man dieselbe nicht durch einander werfe. Nach diesen sollten die Salze zu der Classe der Erze den Anfang machen, darauf würden die Schwefel- und Arsenic-Arten folgen, durch welche man zu den Halbmetallen kömmt; von diesen gienge man zu den ganzen Metallen über, und beschlöße mit Silber und Goldstuffen die Reihe des Mineralreichs.

celle qui contient les pièces les plus précieuses. De cette façon ils auront le plaisir en montrant leurs Cabinets aux Curieux de leur présenter à chaque pas non seulement du nouveau, mais aussi toûjours du plus parfait, d'une Table ou d'une Tablette, à l'autre. Nous sçavons bien que la plûpart des Auteurs suivent une voye oposée, & que généralement ils commencent par produire ce qu'ils ont de plus beau, d'où ils descendent ensuite peu à peu jusques à la Classe la plus basse. Mais nous ne sçaurions aprouver cette Méthode dans l'arrangement d'un Cabinet, parce que quand l'Oeil s'est recréé à considérer ce qu'il y a de plus beau & de plus rare dans les opérations de la Nature, il ne s'arrête pas agréablement sur des objèts de moindre considération, au lieu que de la façon que nous proposons la vûë rencontre à chaque pas de nouveaux sujèts d'admiration.

Cette Règle est aplicable à une petite Quantité, qu'un Amateur rassemble dans un Tiroir unique, & particulier, tout comme à un grand & ample Cabinet. Ainsi nous pensons que soit pour le bon ordre, soit pour le plaisir de la vûë, on pourroit s'en tenir à l'Arrangement suivant.

On commenceroit par placer les matières terreuses ordinaires, auxquelles on feroit succèder les argileuses, & les Terres figelées, ensuite les différentes sortes de sable. Après cela viendroient les Stalactites, & les Pierres ollaires, les Pierres de roche & les Grais communs, les Pierres calcaires & les marbres divers, selon l'ordre des Païs qui les produisent; puis le Plâtre, le Spath, & les Ardoises, ensuite les Cailloux, le Quartz, les Cristaux. Il faudroit de là laisser une place destinée aux Iaspes & aux Agates, de même qu'aux Pierres précieuses opaques, à demi-transparentes, & absolument transparentes, jusques au Diamant. On pourroit mettre ensemble les Mica, le Talc, les Serpentines, l'Amiante ou l'Asbeste. Quand on auroit colloqué dans cet ordre la quantité immense des pierres simples, soit en suivant le Sistême, soit en consultant en partie le plaisir des yeux, on placeroit les Pierres, qui indiquent quelque jeu de la Nature, telles que les Pierres sphériques, les Etites ou Pierres d'Aigle, les Pierres arbusculaires, & autres pareilles, auxquelles on feroit succèder les Corps pétrifiez du Regne animal & du Règne végétal selon leurs Classes, de façon pourtant que chaque espèce demeure separée, & qu'on ne les confonde pas pêlemêle. Ensuite l'on mettroit les Sels à la tête de la Classe des Minéraux, puis les espèces de Soufre & d'Arsenic, d'où l'on peut passer aux Demi-Métaux, & après aux Meraux entiers, où l'on finiroit l'Article du Règne mineral par les Gièbes metalliques d'Or & d'Argent.

Hierauf scheinet das Thierreich am vorzüglichsten den Platz in einem Cabinet zu behaupten. Man könnte den Anfang mit einigen im Meer befindlichen Geschöpfen machen, als mit den Seesternen, den Seeäpfeln, den Schnecken und den Muscheln, und wo es möglich ist, sollten sie paarweise, und jedes Geschlecht von einer jeden Classe beysammen seyn, zum Exempel: die Tutten absonderlich, die Kinkhörner allein, und so ferner, wobey der Augenschein ziemlich lehren kan, wie die Geschlechter gehörig von einander abzusondern sind. Auf diese könnten ferner die gedörrten, oder ausgestopften Fische, (wofern sie nicht allzu groß sind) folgen, sodann die Krebse, von welchen man zu den Inseten und Schmetterlingen übergehet, biß man an die Vögel kömmt, die nach ihren Schnäbeln und Klauen am füglichsten geordnet werden müssen.

Da auch ein grosser Theil von den Amphibien in Gläsern mit Spiritus aufbehalten werden müssen, so erfordert die Nothwendigkeit, nicht allein alles, was in dieses Fach gehöret, sondern auch andere im Spiritus befindliche Sachen zusammen zu stellen. Was die vierfüßigen Thiere betrift, so theilet man sie nach ihren Gebieß ein, und sie finden nebst den Theilen von Thieren hier zu nächst einen guten Platz. Das Heer derselben kan durch menschliche Scelets und dahin gehörige anatomische Zubereitungen beschlossen werden.

Zwischen dem Thierreich und Pflanzenreich wären sodann die Corallen zu rangiren, wohin erstlich die Milleporen, sodann die Madreporen, endlich die Horn- und Schwammgewächse, wie auch die Meermose, sodann die Erdmose, und ferner das ganze Kräuterreich zu ordnen wäre, welches zuletzt mit einer Sammlung von fremden Früchten, Hülsen und allen Saamen, jede nach ihren Arten und Classen könnte beschlossen, oder alsdann durch die sogenannten artificiosa eingefasset werden.

Ein jeder siehet wohl ein, daß wir hier nur gewisse Hauptclassen nahmhaft gemacht, und uns gar nicht strenge an eine systematische Ordnung, in Ansehung des Ganzen, gebunden haben. Nichts desto weniger glauben wir, daß unter diese Classen alle übrige Stücke füglich gebracht werden können, und daß man dennoch jedes einzelne Fach nach einem gewissen Lehrgebäude ordnen könne. So viel ist indeß gewiß, daß wir durch öftere Erfahrung wahrgenommen haben, daß dergleichen Ordnung in einem Cabinet das Aug am meisten reitze, und in einer beständigen Verwunderung erhalte.

Es mangelt uns keineswegs an Gründen, diese vorgeschlagene, ziemlich willkürliche Ordnung bey einem Cabinet zu rechtfertigen, ob sie gleich nicht vollkommen mit einem führt-

Ici doit succèder le Règne animal, où l'on doit commencer par quelques Créatures, que la Mer fournit. Telles sont les Etoiles marines, les Oursins, les Limaçons & les Moules, qu'on doit placer autant qu'il est possible deux-à-deux, & mettre toûjours séparément ensemble chaque Genre d'une Classe. Par exemple on range à part les Cornets, & les Buccins à part, & ainsi de suite. Dans cet Arrangement l'Oeil & l'Expérience peuvent contribuer à indiquer au Collecteur comment il doit separer ses pièces convenablement. Après ces Coquillages peuvent venir les Poissons sèchez, ou embourrez, (pourvû qu'ils ne soient pas trop grands) puis les Cancres ou Ecrevisses. De là on passe aux insectes & aux Papillons, jusques à ce qu'on en vienne aux Oiseaux, qui doivent être classifiez selon leurs becs & leurs serres.

Comme une grande partie des Amphibies ne peut être conservée que dans de l'Esprit de vin & par conséquent dans des Verres, il convient de mettre tous ces Verres ensemble soit qu'on y ait des Amphibies, ou qu'on y garde d'autres pièces. Immèdiatement après viennent les Quadrupèdes & les Parties des Animaux, qu'on differencie le mieux par leurs dents. L'on finit cet ample article par des Squelettes humains, & par des Préparations Anatomiques, qui ont du raport à cet Article.

Entre le Regne Animal & le Règne végétal doivent être placés les Coraux, où l'on doit ranger les Millepores, les Madrepores, les Plantes cornées & spongieuses, de même que les Mousses de Mer & de Terre, & tout ce qui apartient à l'Article des Herbes, à la suite duquel on pourroit mettre pour conclusion une Collection de Fruits étrangers, de Siliques, de toutes sortes de semences, chaque sorte selon ses Classes, Genres, & espèces, & placer au bout ce qu'on apelle en Langage de Cabinet *Arte facta*, c'est à dire des Curiosités faites à la main, & qui sont l'Ouvrage, non de la Nature, mais de l'Art & de l'Industrie humaine.

L'on voit bien que nous n'avons nommé ici que certaines Classes principales, & qu'à l'égard du Total nous ne nous sommes pas attachez à un Ordre Sistématique trop rigoureux. Nous croyons cependant que l'on peut faire entrer toutes les autres Pièces dans les Classes que nous avons spécifiées, & ranger séparément chaque Article selon un certain Sistème. Ce qu'il y a de certain, & dont une longue expérience nous a convaincu, c'est que l'Ordre que nous venons de recommander est le plus propre à satisfaire la vûë, & à entretenir l'admiration.

Il seroit facile d'apuyer par quantité de très bonnes raisons l'Ordre que nous proposons pour un Cabinet collectif, quoiqu'il soit en partie arbitraire, &

schriftlichen Lehrgebäude übereinstimmen möge. Nach unserer Ordnung kommen die Stücke von einer jeden Hauptclasse alle zusammen, und man ist vollkommen im Stande,
augenblicklich ein Stück, das man zu sehen verlanget, weil
eine sogenannte memoria localis vorhanden ist, zu finden,
oder gleich zu entdecken, was man in einem Fach doppelt,
oder überflüßig besitzet, oder was noch abgehet. Da hingegen diejenige, welche eine bunte Reihe machen, öfters eine
Sache vielfach besitzen, ohne es zu wissen, indem in einer
andern Lade vielmahls das nehmliche wieder vorkömmt, was
schon in der vorigen befindlich war. Sie bleiben auch mehrentheils in einer Ungewißheit stehen, ob ihnen eine gewisse Unterart mangele, oder nicht. Da aber dieses, was wir bisher
gesagt haben, noch nicht alles entscheidet, was in diesem
Stück zu beobachten ist, so kommen wir zu der zweyten
Frage.

2.) In welche Schränke und Behälter, oder
auf welche Art soll man die Sachen in den Zimmern stellen oder legen? Es lässet sich auf diese Frage
wenig bestimmtes antworten, da dieses von eines jeden Geschmack und Gelegenheit abhänget. Jedoch können wir allgemeine Anmerkungen machen, deren sich ein jeder, soviel ihm
seine Umstände zulassen, bedienen kan, wenn sie ihm anderst
gefallen. Es gefällt nemlich etlichen Sammlern, alle ihre
Sachen in verschlossene Schachteln zu legen, und oben auf
die Deckel die darinnen enthaltene Sachen zu schreiben; allein
es ist dieses eine Art der Einrichtung, wobey man viele
Mühe und gar kein Vergnügen, oder Augenweide haben
kan. Denn wem kan es angenehm seyn, so viele Schachteln, oder Dosen immer aufzumachen, und hernach wieder zu
versperren? Andere hingegen fallen auf einen diesem ganz
entgegen gesetzten Ausweg, und breiten alle ihre Sachen auf
Tische oder Repositorien aus, damit sie in die Augen fallen sollen. Allein, es hat auch dieses zwey Schwierigkeiten.
Die erste ist diese, daß man sie vor dem Staub, und vor
dem Angriff einer feuchten, oder ätzenden Luft nicht genug
bewahren kan, welche Sachen, wie wir hernach sehen werden, vielen Naturalien schaden, und den meisten das Ansehen benehmen. Die andere Schwierigkeit ist, daß da alles
auf einmahl in die Augen fällt, und ganz übersehen wird,
bey vielen, welche solche Cabinette besichtigen, die Neugierde
zu bald gesättiget ist, und sie in der That weniger sehen, als
sie sehen sollten, indem sich ihr Aug durchgängig auf wenige
Gegenstände, die sich am meisten herausnehmen, richtet, das
meiste aber übergehet, welches jedoch ganz wieder die Absicht
der Cabinette ist. Wir sind daher der Meinung, daß sich
ein Cabinet nirgends besser hinschicke, als in Behälter mit
Schubladen, oder auch in Glaßschränke mit breiten und
schmalen Bretern.

Was

& qu'il ne s'accorde pas à tous égards avec l'Arrangement qu'on trouve dans les Sistèmes, tels qu'ils
sont dans les Livres. Selon le nôtre on trouve toûjours ensemble toutes les pièces qui apartiennent à
une même Classe principale, & rien n'est si aisé que
de trouver à chaque moment telle ou telle pièce
qu'on veut, à l'aide de la mémoire locale qu'on
acquiert par l'habitude, ou de découvrir à l'instant
ce que l'on possède en double, ou qui est superflu,
ou ce qui manque dans un Tiroir. Au lieu que
ceux, qui ne s'attachent qu'à un Arrangement ba-
riolé, possèdent souvent plusieurs Doubles d'une
même pièce sans le sçavoir, & qu'on retrouve plusieurs fois dans un autre Tiroir la même pièce qu'
on a vûë dans un Tiroir précèdent, ce qui n'empêche pas que la plûpart du tems ils ignorent des
Sousespeces qui leur manquent, ou du moins ne sont
pas assûrez de leur fait à cet égard. Mais comme
ce que nous avons dit jusques ici là-dessus n'épuise
pas la matière, nous allons passer à nôtre seconde
question.

2.) *Comment doivent être faites les Armoires, Commodes, ou Bureaux, pour serrer les pièces d'un Cabinet, ou comment les doit-on poser ou coucher dans les
Apartemens?* C'est une seconde Question, sur laquelle
il est assez difficile de donner des règles determinées
& fixes, parce que cet Article dépend beaucoup
non seulement du goût particulier de chaque Collecteur, mais aussi de l'emplacement qu'il peut desti-
ner à sa Collection. Cependant nous ferons ici quelques observations générales, qui pourront être d'u-
sage à tout Collecteur, autant qu'il trouvera bon
de les agréer. Il y en a qui mettent toutes leurs pièces dans des boëtes fermées, sur les Couvercles desquelles ils notent ce qu'elles contiennent. Nous
ne sçaurions louër cette Méthode, qui est non seulement accompagnée de beaucoup d'incommodité,
mais qui outre cela dérobe beaucoup au plaisir des
yeux. Car il est assûrément pénible & désagréable
d'ouvrir & de fermer ces boëtes toutes les fois qu'
on veut voir une pièce. D'autres prennent une voye
toute oposée, & étalent sur des Tables, & des Tablettes
toutes les Curiosités qu'ils possèdent, afin qu'elles frapent davantage la vûe, ce qui a aussi ses inconvé-
niens. Le prémier est que de cette façon on ne
peut pas garantir ses pièces de la poussière, ni du
dommage qui leur est causé simplement par l'air,
soit qu'il soit trop humide, soit parce qu'il est quelque fois corrosif, choses, qui sont toûjours préjudiciables aux Curiositez naturelles, & les privent
d'une partie de leur beauté. L'autre inconvenient
est que toutes les pièces d'un Cabinet paroissant aux
yeux à la fois la Curiosité est bientôt fatiguée, &
qu'en effet en ce cas le spectateur voit à la Lettre
moins qu'il ne pourroit voir, si moins d'objèts le

frapoient

Was die Behälter mit Schubladen betrift, so verstehen wir darunter solche, welche erstlich auf einem Gestell, das
mit sogenannten Geiß-oder andern Füssen gemacht ist, zwey
Schuh hoch von der Erde erhöhet stehen, damit die untere
Laden des Schranks nicht zu niedrig kommen. Denn, zu geschweigen, daß das tiefe Bücken etwas unangenehmes ist, so
hindert es auch das Gesicht, wenn man die Naturalien so
niedrig an dem Boden betrachten muß. In diesem Fuß des
Schranks kan man eine einzige breite und ganz durchgehende
Lade mit zweyen Handgriffen anbringen, die etwas tieffer ist,
als die übrigen Laden des Schranks sind, um solche Stücke
besonders hinein zu legen, welche allenfals ihrer Grösse halber, nicht füglich in die andere Laden gehen. Der Schrank,
der auf diesem Fuß zu stehen kömmt, bestehet aus zweyen langen übereinander stehenden und auf einander schliessenden
Kästen, in deren jedem zu beyden Seiten sechs Laden, mithin
in jedem Kasten 12, und folglich in dem ganzen Schrank 24.
Laden in zweyen Columnen liegen. Die ganze Höhe des
Schranks aber ist so, daß eine Person von mittelmäßiger
Länge in die obere Lade, wenn sie hervorgezogen ist, hinein-
sehen kan, ohne daß man nöthig hat, solche ganz heraus
zu ziehen, und herunter zu langen. Die Tieffe jeder
Lade darf nicht über anderthalb Schuh, und ihre Breite
nicht über 2. Schuh seyn, und woferne jede Lade drey Zoll
hoch ist, so werden, durchgängig die meisten Sachen darinnen
Platz finden. Denn woferne sie höher genommen werden,
fönnen feine 12. Laden in der bestimmten Höhe des ganzen
Schranks mit samt dem Fuß übereinander angebracht werden,
und Sachen, die flach und niedrig sind, verkriechen sich gar
zu sehr in allzuhohlen, oder hohen Laden, und erheben sich darinnen nicht recht. Dahingegen kan man die Laden unter drey
Zoll hoch machen lassen, wenn man flache Sachen darein legen will, so daß nach Beschaffenheit der Umstände auch wohl
18. biß 24. Laden in jeder Colonne angebracht werden. Da
wir nun vorher angezeiget haben, daß es besser sey, Sachen
von einerley Art, Classen-und Geschlechterweise zusammen zu-
legen, und in diesem Fall nothwendig öfters flache und hohe
Sachen beysammen zu liegen kommen, weil sie unter ein Geschlecht gehören, so können wir unseren Beyfall nicht zu solchen Abtheilungen der Laden geben, da die unteren hoch und
die folgenden niedriger, und die oberen nach einem gewissen
abnehmenden Verhältniß endlich ganz flach sind, um gleichsam grossen Stücken unten, kleinern in der Mitte, und den
kleinsten Sachen oben einen Platz anzuweisen. Denn dieses
verur-

frapoient en même tems, parcequ'en ce cas l'Oeil ne
s'arrête généralement qu'aux pièces qui se distinguent
plus particulièrement, & ne donne aucune attention
au reste, ce qui ne répond nullement au but qu'on se
propose ordinairement dans la Collection d'un Cabinet. En combinant toutes ces raisons, le meilleur
Conseil, que nous croyons pouvoir donner à nos Collecteurs, est de se pourvoir en partie d'Armoires, garnies de Tiroirs, & en partie de Bureaux vitrez, garnis en dedans d'ais larges & étroits, sur lesquels on
peut encore poser de petites Tablettes.

Quant aux Armoires à Tiroirs, nous entendons
qu'elles soient posées sur un pied élevé à deux pieds de
terre, & qui consiste en quatre pieds que les Menuisiers
apellent communément pieds de bouc, de chevre, ou
de quelque autre animal, sans croix, afin que les Tiroirs inférieurs ne soient pas placez trop bas; car outre
qu'il est trés-incommode de se baisser beaucoup, il
n'est pas possible de bien considérer les pièces quand
elles sont placées si prés de terre. On peut pratiquer
dans ce pied un unique tiroir grand & large, qui en
occupe l'espace tout entier, & qui soit par conséquent
plus profond que les autres, où l'on mettra séparément les pièces qui sont trop grandes pour pouvoir
trouver place dans les autres Tiroirs. L'Armoire qu'
on pose sur ce pied est composée de deux longues
Caisses ajustées l'une sur l'autre, dont chacune a à chaque côté en dehors un Portant, & en dedans 6. Tiroirs.
Cela fait 12. Tiroirs à chaque Caisse, & par conséquent pour l'Armoire entière 24. Tiroirs rangez en
deux Colonnes. La hauteur de l'Armoire doit être
telle, qu'une personne de taille moyenne puisse regarder ce qu'il y a dans le plus haut des Tiroirs, sans
qu'il soit nécessaire de le tirer entièrement hors de sa
place pour le poser plus bas. Chaque Tiroir ne doit
avoir qu'un pied & demi de profondeur au plus, &
deux piez de largeur, & s'il a 3. pouces de hauteur,
cela suffira pour qu'on y puisse mettre à peu prés toutes les pièces qui doivent y entrer. Si les Tiroirs avoient
plus de hauteur non seulement on n'en pourroit
pas pratiquer 12. l'un sur l'autre dans la hauteur déterminée du Total de l'Armoire, mais il en resulteroit
aussi encore l'inconvenient que des pièces basses &
plattes n'y paroitroient pas avantageusement. Quand
on ne destine que de pareilles pièces plattes pour les
placer ensemble, on peut alors faire faire des Tiroirs
qui ayent moins de 3. pouces de hauteur, & en ce cas
on en pourra pratiquer 18. ou même, selon les circon-
stances, jusques à 24. Tiroirs dans chaque Colonne.
Mais nous ne pouvons aprouver cette façon, parceque,
comme nous l'avons dit cy-dessus, le meilleur est de
mettre ensemble toutes les pièces d'une même sorte selon
leurs Classes & Genres, ce qui met souvent & nécessairement le Collecteur dans le cas de placer dans le même
Tiroir une Pièce haute & une pièce basse & platte, parcequ'elles sont l'une & l'autre du même Genre; au
lieu

verurſachet nothwendig, daß man bey jeder Lade gehindert wird, dasjenige hineinzulegen, was eigentlich noch dahin gehöret.

Wir haben oben auch erinnert, daß dieſer Schranck aus zweyen über einander ſtehenden langen und ſchmalen Käſten, die auf einander ſchlieſſen, beſtehen ſollen; oder daß er in der Mitte quer durchgebrochen ſeyn müſſe. Der Endzweck iſt nur allein dieſer, daß wenn man an jeder Helfte des Schrankes auf beyden Seiten Handheben macht, (wie in den Cantzeleyen die Archive gemacht zu werden pflegen) man in Zeit der Gefahr oder Feuersnoth, oder Veränderung des Platzes, ein gantzes Cabinet mit leichter Mühe kan wegtragen laſſen, ohne die Laden, oder die darinnen liegenden Naturalien nur im geringſten zu verrucken. Endlich iſt jeder Schrank von oben flach, oder man kan auch einen Auffſatz von zwey oder drey Treppen darauf ſetzen; in beyden Fällen aber den obern Platz anwenden, etliche gantz groſſe Stücke, die ſich gar in keine Lade ſchicken, zum Zeichen deſſen, was in dem Schrank enthalten iſt, hinauf zu ſtellen. Es wäre denn, daß die Menge der groſſen Stücke, beſondere Gerüſte erforderte, welche entweder frey ſtehen und den Piramiden ähnlich ſind, oder gegen die Wand in der Geſtalt der Türkiſchen Zelter, mit drey oder vier ausgeſchweiften Bretern können aufgerichtet werden.

Die Glaßſchränke betreffend, ſo ſtehen dieſelbigen, wie die vorigen, auf einem nehmlichen Fuß, und haben zwey gantz durchgehende Glaßthüren, inwendig aber entweder Breter, oder gewiſſe an den Wänden des Schranks in verſchiedener Entfernung befeſtigte Poſtemente, worauf ſich ein erhabenes Stück ſtellen läſſet, und der Augenſchein muß am beſten die fernere Einrichtung derſelben entſcheiden, ſo wie übrigens dasjenige, was zur Pracht und Auszierung aller Behälter gehöret, von dem Beſitzer abhänget. Denn wir würden in eine unnöthige Weitläuftigkeit verfallen, wann wir alle die ſinnreiche Arten angeben wollten, auf welche die Seltenheiten der Natur in Königlichen oder Fürſtlichen Cabinetten geordnet werden.

Wenn nun dergleichen ſchickliche Behälter zu einem Cabinet vorhanden ſind, ſo iſt es nicht gleich viel, wie man die
Sachen

lieu que quand on prend le parti d'avoir en bas des Tiroirs hauts, de moindres au milieu, & que les supèrieurs soient absolument plats, de sorte que l'on puisse ranger les plus grandes pièces en bas, celles de moïenne grandeur au milieu, & les plus basses dans les Tiroirs supèrieurs, par une Succession graduelle & proportionelle, on se trouvera toûjours empêché de placer ses Curiositez naturelles convenablement, parceque l'on se verra forcé de séparer ce qui devroit être mis ensemble.

Nous avons aussi indiqué cy-dessus que cette Armoire doit être composée de deux longues Caisses, qui s'ajustent l'une sur l'autre, mais qui d'ailleurs au milieu de l'Armoire sont absolument separées l'une de l'autre, & garnie chacune à chaque côté d'un Portant, comme on a coûtume d'en mettre dans les Chancelleries aux Armoires, où l'on garde les Regitres & les Archives. Le but de cette précaution est de pouvoir transporter avec facilité tout un Cabinet d'un endroit à l'autre en cas d'incendie, ou de quelque autre danger preslant, ou d'un Changement de domicile, sans déplacer aucun Tiroir, & sans désagencer les pièces qui y sont rangées. Enfin le deslus de chaque Armoire doit être plat & uni absolument, pour y pouvoir placer une Tablette de deux ou trois ais dont l'infèrieur doit être le plus large sur laquelle on peut mettre les plus grosses pièces qu'on n'aura pû faire entrer dans aucun Tiroir, & qui doivent cependant, comme une espèce d'Enseigne, indiquer les Sortes que l'Armoire renferme. Dans le cas que le Collecteur possède quantité de grosses pièces il faut imaginer un echafaudage, ou en forme de Piramides isolées, au milieu de l'Apartement, ou contre la Paroi en forme de Tentes Turques. Les ais qu'on y pratique peuvent représenter des Arcades, ou être ornez par des échancrures, ou de quelque autre façon.

A l'égard des Bureaux vitrez, ils doivent être posez sur un pied semblable à celui que nous avons proposé pour les Armoires, & pourvûs de deux Portes vitrées dans toute leur longueur. Au dedans on les garnit d'Ais, & de loin à loin de petites consoles isolées propres à y placer des pièces élevées. Ici le Coup d'oeil doit particulièrement décider de l'Arrangement de ces ais, & de ces consoles, tout comme tout ce qui concerne les décorations, les embellissemens, les ornemens, &c. dépend du goût & de la fantaisie de chaque Possesseur. Et ce seroit s'embarasser dans une Prolixité superfluë & déplacée que de détailler ici toutes les façons & inventions dont on peut s'aviser pour enjoliver ces Armoires & Bureaux, & pour donner même un Arrangement pompeux & brillant aux Curiositez de la Nature dans les Cabinets des Rois & des Princes.

Après s'être muni ainsi des Armoires & des Bureaux convenables pour un Cabinet, il y a des Observations

Sachen hinein leget, sondern man muß auch hierbey noch ver-schiedenes beobachten. Denn gleichwie es zu kahl aussiehet, wenn zu wenige Stücke in einer Lade liegen, so ist auch eine allzugrosse Anzahl in einer einzigen Lade allezeit unangenehm, da es das Aug verwirret, und jedes Stück nicht genug erhe-bet. Die beste und schönste Art ist wohl ohnstreitig, die Sachen, wenn man es haben kan, Paarweise in Reihen zu legen, so daß jedesmahl zwey gleiche Stücke zusammen kom-men, und jedes Paar etwas von dem andern abgesondert lie-get. Die Reihen können durch niedrige rothe, oder grüne Leisten in Ordnung gehalten, oder die gantze Fläche mit Baumwolle beleget werden. Die Veränderungen der Farben an den Stücken, erfordern auch besonders gefärbte Flächen, worauf sie zu liegen kommen, um sie zu erheben. So nehmen sich zum Exempel weisse Sachen auf einem Violetfärbigen, graue auf einem Pomeranzenfärbigen, dunkle, oder schwarze auf einem weissen, und gelbe auf einem Himmelblauen Grund recht gut heraus, u. s. w. und man kan die Baumwolle dar-nach färben lassen. Eben dieses findet auch statt bey den Glasschränken, deren Wände mit solcher Farbe angestrichen werden, als nöthig ist, die darein gestellte Sachen zu erheben. In welchem Fall die weisse, oder rothe Farbe vor allerhand Sachen, die blaue vor Vögel und die schwartze oder dunkel Violetfarbe vor die weissen Corallen zu bestimmen wäre, we-nigstens haben wir bey vielfältigen Proben, (wenn uns sonst unser Geschmack nicht betrügt,) gefunden, daß dieses die an-muthigste Art unter allen sey.

Da es inzwischen auch viele Naturalien giebt, welche in kleinen Stücken, Grieß, oder dergleichen bestehen, so ist es doch auch nöthig auf eine besondere Art von Kästgen, oder Gehäusen zu denken, in welche man solche Sachen legen kan, um sie vor der Zerstreuung zu bewahren. Wenn man nicht blosse viereckigte Kästgen von starken Kartenblättern, oder Goldpapier nehmen wollte, so könnte man die allerkleinsten Zuckergläser mit weiten Mündungen wählen, welche zugebun-den, und in den Läden nebeneinander auf die Seite geleget werden könnten, besonders bey Sammlungen von Saamen und Erden, da inzwischen gantz grosse Naturalien-Stücke, als Thiere und dergleichen, nachdem man viel, oder wenig da-von besitzet, frey in dem Zimmer unten, oder neben den Schränken, wie auch oben an der Decke Platz finden können.

Bey allen diesen ist ein Hauptumstand niemahlen zu ver-gessen, daß man nemlich alles numerire, und diese Nummern in einen Catalogum trage, wo man die Beschreibung und das

tions essentielles à faire sur la manière d'y arranger les Raretez qu'on possède, ce qui n'est pas indiférent. Car tout un Tiroir trop peu garni ne fait pas un bon effèt sur la vûe, un Tiroir, où il y a un trop grand nombre de pièces a aussi ses désagrémens, parceque l'oeil se trouve embarassé par la trop grande quantité des objèts, & distrait de l'attention qu'il devroit don-ner à chacun. La Méthode la plus utile & la meilleure en tout sens est d'arranger toutes ses pièces, quand on les a, deux-à-deux, & de les disposer en rangées, de façon que deux pièces égales se trouvent toûjours ensemble, & qu'il y ait une petite distance entre cha-que Paire & les pièces, qui l'avoisinent. L'on peut tenir les rangées en ordre par de petits Liteaux bas de bois, rouges ou verds, & garnir de coton tout le fond. Les Couleurs diverses des pièces exigent aussi que pour en relever la beauté on donne quelque atten-tion à la couleur du fond sur lequel on les place. Ainsi par exemple ce qui est blanc ne peut être mieux placé que sur un fond violet, ce qui est gris sur un fond couleur d'orange, ce qui est noir, ou de quelque autre couleur sombre, sur un fond blanc, les pièces jaunes sur du bleu céleste, &c., & l'on peut sans di-ficulté donner ces couleurs au Coton. Voilà pour les Tiroirs. On doit user de la même attention aux bu-reaux à portes vitrées, au fond & aux côtez desquels on doit aussi donner les couleurs les plus propres à relever la beauté des pièces qu'on y met. Il est bon de remarquer que le blanc & le rouge conviennent assez généralement à toutes sortes de Raretez, le bleu par-ticulièrement aux Oiseaux, & le Noir ou le Violet-foncé aux Coraux blancs; du moins pouvons-nous dire avec franchise, d'après une assez longue expèrience, que, si nôtre gout ne nous trompe, le Choix des Couleurs que nous venons d'indiquer est le plus propre à rejouïr la vûe.

On a des Curiositez naturelles, qui consistent en petites pièces, en gravier, ou choses pareilles, qu'on doit conserver ou dans des petits Quarrez faits de Car-ton, ou de Papier doré, ou, ce qui vaut encore mieux, dans des petits Verres aussi larges à l'ouverture qu'au fond, dont on a coûtume de se servir pour des con-fitures, qu'on peut fermer par le haut avec du Pa-pier, qu'une ficelle serre, & empêcher ainsi ces petites Curiositez d'être dispersées. Les mêmes Ver-res peuvent être employez utilement à conserver des Collections de semences & de terres, & doivent ensuite être mis séparèment les uns à côté des autres. Pour les grandes Pièces, Animaux, & Curiositez de cette catégorie, on se règle selon la quantité qu'on en a, & les place simplement dans l'apartement, sous les Armoires ou Bureaux, ou à côté, ou on les suspend aussi au Plancher, selon que cela convient.

Un point trés-important auquel on ne doit jamais manquer, c'est de numeroter toutes les Pièces que l'on possède, & de raporter exactement tous les Numero

Vaterland des Stücks gleich nachschlagen kan. Nun wäre freylich wohl sehr gut, wenn dieses nach dem Lehrgebäude des berühmten Ritters *Linnæi* geschehen könnte; allein dieses gehet gar nicht vor einen jeden Liebhaber an, denn man muß in der Naturgeschichte fast ein *Linnæus* selber seyn, wenn man den *Linnæum* allenthalben verstehen will, indem es ein besonderes Genie erfordert, so viele fremde Namen zusammen zu schmelzen und noch mehr, um sie zu verstehen, da man sich vergeblich in den *Lexicis* Raths erhohlet.

3.) **Was hat die arbeitsame Hand der Künstler an den Naturalien zu verrichten, um ihre innere Schönheit zu entdecken und zu erheben?** Es ist uns freylich nicht genug, die Natur blos von aussen zu betrachten, wir verlangen billig auch ihre innere Beschaffenheit zu erkennen. Da aber die Natur selbst das Beste von ihrer Kunst in den mehresten Fällen zur Oberfläche der Cörper führet, so können wir uns auch mehrentheils daran begnügen, zumahl wenn durch die Untersuchung des inneren die gantze äusserliche Pracht und Schönheit zernichtet werden sollte. Es ist also deßfals ein Unterschied zu machen zwischen Sachen, die durch die Kunst erhöhet, und solchen, die durch sie verdorben werden, und wir wollen deßfals eins und das andere erinnern.

Die Erden und Sandsammlungen bedörfen keiner weitern Zurichtung, als daß sie von den fremden Theilen gereiniget werden. Die einfachen Steine erfordern mehrentheils an einer Seite die Politur, und man bringet selbige an der Seite an, die sich, wenn man das Stück leget, füglich und von selbst nach oben zu kehret. Man lässet sie entweder in Klumpen, oder schneidet sie in viereckigte Täfelchen, die alle, wenn es seyn kan, einerley Grösse haben, oben poliret sind, und an der untern Fläche die rohe Natur zeigen, damit man das Aug auch gewöhne, die Steine in einer rohen Gestalt kennen zu lernen, wenn sie auf dem Felde liegen, oder noch in den Steinbrüchen stecken. Die Stelle, an welcher die Steine, Marmor und dergleichen sollen poliret werden, muß angewiesen werden. Denn woferne man dieses den Steinschneidern überlässet, so pflegen sie solches oft an unschicklichen Flächen zu thun, daß man die Stücke nicht so legen kan, daß die Politur oben kömmt. Edlere Steine aber suchet man einmahl roh, und andermahl geschnitten zu haben, und ihnen Flüsse von nemlicher Farbe zuzugesellen.

Die Versteinerungen erfordern erstlich, daß sie gewaschen und mit einem sehr geschwächten Scheidewasser geschwinde abgebürstet werden, damit der versteinerte Cörper am Tage komme, und nicht durch angewachsene Stein oder Sandart verdunkelt bleibe. Unförmliche Stücke werden mit einem Hammer von ihrem wilden Gestein befreyet, und ihnen eine
mehr

dans un Catalogue, qu'on puisse consulter, quand on veut sçavoir quelque chose de relatif à la qualité ou à la patrie de la Pièce. Sans doute qu'il seroit avantageux de pouvoir se régler dans tous ces Arrangemens sur le Sistême du célèbre Chevalier *Linnæus*. Mais nous n'osons donner ce Conseil à nos Lecteurs, parceque nous le croyons impossible dans la pratique pour la plûpart des Collecteurs. Pour bien entendre toûjours *Linnæus*, il faut être pour ainsi dire soi-meme un *Linnæus*, & avoir un Genie tout particulier, capable de combiner tant de noms usitez, qu'on ne trouve dans aucun Dictionnaire, & qu'il est par conséquent trés-dificile d'entendre.

3.) Nous venons à nêtre troisième question où il s'agit d'indiquer ce que *l'Art des hommes peut ajouter aux beautez des Curiositez naturelles, soit pour les découvrir, soit pour les faire paroître avec plus d'éclat.* Car ce n'est pas assez de considérer tout ce que la Nature nous présente de beau par ses superficies. On veut aussi en conoître les qualitez intérieures. Il est vrai que dans la plûpart des cas la Nature elle même fait paroître au dehors les parties les plus belles de ses productions, & alors on peut s'en contenter, sur tout lorsqu'il n'est pas possible d'en examiner les beautez intérieures, sans briser ou détruire celles qui décorent la Superficie. Il faut donc faire une diférence entre les pièces que l'Art embellit, & celles où il ne peut être employé sans les gâter, & c'est là-dessus que nous allons faire quelques observations.

Les pièces terreuses, & les Sables n'exigent point d'autre préparation, si ce n'est qu'on en sépare ce qui leur est étranger. Il suffit aux pierres simples de les polir du côté le plus propre à paroître en haut quand on les place. On peut selon qu'on le trouve bon, les laisser en tapon, comme on les reçoit, ou les faire tailler en petites Tables quarrées, qui doivent, autant que cela se peut, être de grandeur égale. On ne polit que la partie supérieure de ces Tables, & l'on laisse le dessous brute, afin d'aprendre à distinguer les Pierres brutes dans les champs ou dans les Carrières. Il faut indiquer au Tailleur les endroits où il doit tailler & polir la pierre, le marbre, &c., car quand on laisse à cet égard le champ libre à leur fantaisie, ils polissent souvent la pièce dans quelque endroit peu convenable, qui empêche qu'on ne puisse poser la pierre de façon que la face polie paroisse en haut. Pour les pierres précieuses on tache de se les procurer une fois brutes, & une fois taillées ou polies, & on y joint des pierres artificielles ou d'autres pierres de la même couleur.

Quant aux Pétrifications elle doivent d'abord être lavées, ensuite on y passe de l'Eau forte affoiblie par de l'eau fraiche avec une Vergette, ce qui doit être fait avec vitesse, & que l'on pratique pour ôter de la pièce petrifiée quelque autre pierre, ou sorte de gravier ou de Sable, qui pourroit s'y être attaché & qui empêche
qu'on

mehr schickliche Gestalt gegeben. Die Oberflächen der Versteinerungen werden von rechtswegen nicht poliret, wohl aber dienet es, das ganze Stück durchzuschneiden, und die innere Theile zu poliren, wenn man anders etwas merkwürdiges darinnen vermuthet; viele aber sind besser, so zu behalten, als etwas daran zu verändern. Wo es seyn kan, suchet man die Doubletten zusammen, und hebet die Matricen zu ihren inne habenden Corpern auf. Man sorget übrigens, die Klumpen von Versteinerungen in gewisse Quadraten zu schneiden, um sie füglicher legen zu können, wenn ihnen nicht dadurch der rareste Theil benommen wird.

Was die Metalle betrift, so ist an solchen weiter nichts zu thun, als sie rein und glänzend zu haben. Dahero man die mehresten, wenigstens die, welche feste Stuffen ausmachen, mit heisser Lauge, oder Seiffenwasser bürsten kan. Die Metall-Stuffen aber zu poliren, ist eine unnütze Sache, und benimmt ihnen durchgängig das lehrreiche, schöne, und seltene.

Schnecken und Muscheln, bey welchen Farbe und Glanz ein Hauptstück ausmachen, müssen, um die Farben hervor zu bringen, von ihrer äussern dünnen Haut gesäubert werden, welches bey wenigen mit Scheidewasser, bey mehrern mit Holzasche und Lauge, bey den meisten aber mit Essig nach einer vorhergehenden Einweichung geschehen kan. Den Glanz aber giebt man ihnen nur durch das Reiben mit einem rauhen wollenen Lumpen, bis sie warm werden. Aller Gebrauch der Fürnisse, und alles Wichsen, wie auch das Schleifen verderbet ihre natürliche Schönheit. Von jeder Hauptart wird eine Schnecke durchgeseget, um ihre prächtige Cammern, oder Gewinde zu sehen.

Seeäpfel, wenn sie keine Stacheln haben, lassen sich nur mit truckenen Pinseln, oder Bürstgen rein und glatt machen. Das nemliche ist auch bey den Meersternen, Krebsen und dergleichen zu beobachten.

Die Corallen sind mehrentheils gar nicht zu putzen, sondern in ihrem natürlichen Zustande zu lassen. Denn bürstet man sie, so zerrichtet man die Figur der Polypen-Löcher, könnt man mit einem ätzenden Wasser daran, so frisset dasselbe Löcher und Flecken, und durch Fürnisse wird ihre so wunderbar gebildete Oberfläche zugedeckt und verdorben. Vornemlich ist dieses bey den Horn-Corallen zu beobachten, damit man sie ja nicht ihrer holzartigen Rinde, unter dem Vorwand, sie rein zu machen, beraube; denn diese ist ihnen die

qu'on ne la puisse bien examiner. Quand ce sont de grosses pièces informes, on en sépare à coups de marteau ce qui leur est étranger, & on leur donne en même tems une forme plus convenable. On ne doit point polir les Superficies des Pétrifications, mais on peut couper la pièce pétrifiée par le milieu, & en polir l'intérieur, quand on espère d'y trouver quelque chose de remarquable. Mais pour la plûpart, le plus sûr est de les laisser telles qu'elles sont, sans y rien changer. Autant que la chose est faisable on met ensemble les Doublets, & l'on conserve les matrices, pour les joindre aux corps qui s'y sont formez. Il faut tacher au reste de faire tailler les tapons en figure quarrée, pour pouvoir les placer plus commodément, autant s'entend que cela peut être pratiqué sans retrancher au tapon quelque partie rare & remarquable.

A l'egard des Métaux, il n'y a rien à y faire, qu'à se procurer purs & brillans. Le plus souvent quand la Glèbe est solide & compacte, on peut y passer la Vergette avec de la Lessive chaude ou de l'eau de Savon. Il est trés inutile & souvent dommageable de les polir, pareequ'en le faisant on en ôte ce qu'il y a de plus beau, de plus rare, & de plus instructif.

La Couleur & le Brillant sont des qualitez principales par lesquelles les Limaçons & les Moules se distinguent des autres Raretez naturelles. Pour les faire mieux paroître on doit les dépouiller de leur peau mince extérieure, ce qu'on ne peut faire à un petit nombre qu'avec de l'eau forte, à un plus grand nombre avec une lessive faite de Cendres de bois, & à la plûpart avec du vinaigre après y avoir un peu détrempé les pièces. Pour restituer leur brillant il suffit de les bien frotter avec un lambeau de drap grossier, jusques au point de les échauffer. On en gâte la beauté naturelle, quand pour leur rendre leur lustre on s'avise de les vernir, de les lustrer, ou de les émouler. Dans chaque espèce principale de Limaçons on choisit une belle pièce qu'on scie par le milieu pour en pouvoir bien considérer les magnifiques Chambres ou Contours.

Quand les Oursins n'ont point d'aiguillons, un pinceau sec ou une simple petite vergette suffit pour les nettoier, & pour les rendre unis; il en est de même des Etoiles marines, des Ecrevisses, & autres pièces de cette Catégorie.

Pour les Coraux il n'y a ordinairement aucun moïen de les nettoyer; il faut absolument les laisser dans leur état naturel. Car quand on y touche avec la vergette on endommage la figure des Trous des Polypes, quand on y employe quelque Eau corrosive; elle y forme de nouveaux trous & des taches, & quand on se sert de Vernis il en couvre & gâte la merveilleuse superficie. C'est ce qu'on doit sur tout observer aux Coraux à corne, pour ne pas, en croyant les nettoyer, leur

die allergrösseste Zierde. Wenn man aber zusammenge-
schrumpften Horngewächsen, die keine Rinde haben, eine gute
Gestalt geben will, kan man sie an einen etwas feuchten Ort
legen, bis sie sich nach Gefallen biegen lassen.

Alle Vögel und Thiere, die ausgestopfet sind, müssen
ihre nemliche Gestalt bekommen, die sie vorher hatten, und
man muß sorgen, daß weder der Hals, noch der Leib zu dicke
und unförmlich gerathe. Man hat ihnen vorzüglich Augen
von nemlicher Farbe, als die natürlichen, zu geben, und vor
allen Dingen darauf zu sehen, daß sie diejenige Stellung des
Leibes bekommen, die ihnen nach ihrer besondern Lebensart
eigen war. Bey Schmetterlingen und Insecten ist nur
darauf zu sehen, daß sie alle ihre Glieder und Fühlhörner haben,
und nichts von ihrem Staube verliehren.

Von Fischen können die Häute mit den Schuppen und
Floßfedern über Rollen Baumwolle, die den Cörper derselben
genau vorstellen, auf Täfelchen gezogen werden. Alles was
in Spiritus kommt, nimmt sich am besten im starken Korn-
Brandwein heraus, weil derselbige immer weiß bleibet, da
hingegen andere Spiritus gelb, oder braun werden.

Die Sammlungen von Hölzern bestehen in Täfelchen, die
aus dem Holz der Länge nach gespalten sind, und am Rande die
Rinde sitzend haben, damit man theils die Bildung der Adern,
und theils auch das äusserliche Ansehen des Holtzes wahrnehmen
könne. Das übrige aber im Kräuterreich übergehen wir, weil
an selbigen die blose Natur, wie sie ist, nur muß beybehalten
werden, und kommen dahero zur Untersuchung der folgenden
Frage.

4.) Auf welche Umstände ist zu sehen, wenn
man die Naturalien unversehrt behalten, und vor
dem Verderben bewahren will? Zur Beantwortung
dieser Frage ist erstlich auf das Zimmer, worinnen die Sachen stehen, zu sehen. Dasselbe muß entweder nach Mit-
ternacht zu liegen, wo keine Sonne hinein scheinet, oder wenn
es an der Sonnenseite befindlich ist, muß es recht gut verwahret seyn, damit dieselbe nicht hinein scheine, indem sonst
den meisten Sachen durch die Länge der Zeit die Farbe ausge-
zogen wird. Selten müssen in selbigem Zimmer die Fenster
aufgemacht werden, damit keine Fliegen, Motten, oder andere Insecten hinein kommen. Es müssen auch alle Fugen und
Ritzen und Winkel vor allen Eingängen von Spinnen, Mäu-
sen, oder sonstigen Ungeziefer wohl verwahret seyn. Es muß
ferner das Zimmer vollkommen trocken seyn, es darf keine
feuchte Wände, oder Boden haben, nur ist ein Camin, wenn
gleich niemahlen Feuer darein geleget wird, um deßwillen nicht
abzurathen, weil derselbe allezeit eine freye und gereinigte
Luft im Zimmer hält, und die Dünste, oder den Geruch von
vielen Naturalien an sich und hinaus ziehet.

ôter cette Ecorce calcaire, qui en fait le plus bel ornement. Mais quand on a de ces Plantes cornées qui
sont ridées, ou qui ont pris quelque mauvais pli, &
qui ont perdu leur écorce, on n'a qu'à les mettre pendant quelque tems dans un lieu humide, ensuite de
quoi on leur donne le pli que l'on veut.

Tous les Oiseaux & Animaux qu'on embourre
doivent conserver leur figure naturelle, & l'on doit
prendre garde particulièrement à ce que le Corps & le
Cou soient bien formez. On doit sur tout avoir l'attention de leur donner des yeux pareils à ceux qu'ils
ont naturellement, & de les poster de la façon dont
ils ont coûtume de se tenir, quand ils sont en vie. Pour
les Papillons & les Insectes il suffit qu'on prenne garde
à ce qu'ils ayent tous leurs membres, & leurs antennes,
& qu'ils ne perdent rien de leur poussière.

A l'égard des Poissons on peut en prendre la peau
avec les écailles & les nageoires, & les tirer sur des
petites Tables de bois mince ou de Carton sur des
Rouleaux de coton exactement formez comme les
corps des Poissons. Tout ce qu'on met dans de
l'Eau de vie de grain bien forte, paroit avec le plus
d'avantage, parceque cette Eau de vie conserve toûjours sa couleur blanche, au lieu que l'Esprit de Vin
jaunit, ou devient brun.

Les Collections de bois ne consistent qu'en petites tables ou éclats de bois fendu en long de façon
que l'écorce en paroisse au bord, afin qu'on puisse
y remarquer la configuration des veines aussi bien que
la surface extérieure. Nous ne dirons rien en particulier du Règne végétal parce qu'il suffit de conserver les
Végétaux dans l'état qui leur est naturellement propre, ce qui nous fournit l'occasion de passer à la
quatrième Question.

4.) Quelles précautions doit-on prendre pour préserver les Curiositez naturelles de dommage & de la Corruption? Pour répondre à cette question, nous recommandons aux Collecteurs avant toutes choses de bien
choisir l'Apartement dans lequel ils ont l'intention
de placer leur Raretez. Il doit ou regarder vers le
Nord, pour être à l'abri du Soleil, ou, s'il y est exposé, il doit être muni de bons contrevents qui en arrêtent les rayons, sans laquelle précaution à la longue
toutes les Couleurs dépérissent. On ne doit point
ouvrir les fenêtres de cet apartement, pour éviter
que les Mouches, Tignes, ou autres petits Insectes,
qui volent dans l'air n'y entrent, & par la même raison on doit être attentif à ce que toutes les feuillures
des Portes & Fenêtres, toutes les fentes, tous les
coins de la Chambre, soient bien fermez afin que ni
Rats ni Araignées, ni autre Vermine quelconque n'y
puisse entrer. De plus l'Apartement doit être sec,
c'est-à-dire qu'on n'y doit pas trouver la moindre
humidité ni aux Parois, ni aux planchers. On peut
y pratiquer une Cheminée, non pour y faire du feu,

Was die Naturalien selbst betrift, so erhält sich das gantze Steinreich von selbst, ausgenommen, daß zuweilen etliche Marmor= Kalch= Gyps= und Spath=Arten zu verwittern pflegen, wogegen nichts zu thun ist, als sie mit Wasser auszusieden, und in Laden vor der Luft wohl verschlossen zu halten. Ein Aehnliches ist bey den Arsenical= und Vitriol= Ertzen, wie auch bey Versteinerungen, die davon durchzogen sind, zu beobachten, als welche lediglich durch Aussieden und Einsperrung in Schachteln, oder Kästgen mit Glaßdeckeln können erhalten werden. Weil auch die Bergsalze gerne Feuchtigkeiten an sich ziehen, so sind selbige besonders verschlossen zu halten, damit sie immer trucken bleiben, weßfals dann und wann erfordert wird, nach diesen sowohl als überhaupt nach allen andern Sachen zu sehen.

Seesterne, Krebse und dergleichen sind vorher in einem Ofen recht trocken zu machen, ehe sie in die Behälter geleget werden, alsdann aber vor dem Zugang der Luft zu bewahren, weil sie ebenfals gerne feucht werden. Vorzüglich müssen solche Läden wohl schliessen, worinne Sachen liegen, nach welchen die Würmer trachten, die man auch durch Stücken Campfer, oder mit Terpentinöhl abzuhalten suchet.

Die Sammlungen von Insecten, Schmetterlingen und dergleichen erfordern, wenn man sie in Laden hat, daß die Fugen des Holzes mit Wachs verschmieret, die Läden mit Papier ausgefüttert, und von oben mit einer Glaßtaffel, die so groß, als die Lade ist, zugefittet sind. Und weil aller Mühe ohnerachtet immer ein Insect nach dem andern schadhaft wird, so hat man eine eigene Lade vor die neu gefangene Insecten zu halten, um beständig daraus den Abgang ersetzen zu können. Doch statt der Laden mit Insecten gefallen uns vielmehr kleine Ramen mit Glaß davor, die man wie Gemählde zur Auszierung der leeren Plätze an den Wänden aufhängen kan. Wir sagen kleine Ramen, die etwa nicht viel über vier oder sechs Schmetterlinge fassen, damit, wenn ja eine Ram von den Insecten angegriffen wird, nicht gleich so viele Stücke angesteckt und verdorben werden. Aus dieser nemlichen Ursache wolten wir in Ansehung der ausgestopften Vögel, statt sie beysammen in grosse Glaßschränke zu setzen, lieber jedem Vogel ein besonders, inwendig Himmelblau gefärbtes, und mit einem Spiegelglaß von vorne zugefittetes Kästgen einräumen, welche Kästgen alle nebeneinander und übereinander gegen eine truckene Wand gesetzet werden, und alsdann eine zierliche Tapete von Vögeln, die mit Spiegelglaß bedeckt sind, vorstellen. Zwar haben alsdann die Vögel nicht so viele, oder keine Gefahr zu verderben, wenn man nur die Federn auf ein Stück geschnitzter Baumrinde, welches die durch-

schnittene

---

mais parce qu'elle attire toutes les vapeurs & toutes les odeurs que les Curiositez naturelles exhalent.

Quant aux pièces memes qui composent un Cabinet, toutes les Pierres se conservent d'elles memes, excepté queiques espèces de Marbre, de Chaux, de Gyp, & de Spath, qui sont sujettes à se gâter à l'air, inconvénient contre lequel nous ne sçavons d'autre remède que celui de les faire bien bouillir dans de l'eau, & de tenir ensuite ces pièces bien renfermées dans les Tiroirs. La même chose a lieu aux mines d'Arsenic & de Vitriol & aux Petrifications qui en font imbibées, & qu'on ne peut mieux conserver qu'en les faisant bouillir & en les tenant bien serrées dans des Cassettes & sous des Couvercles de Verre. Les Sels de Montagne, qui attirent aisément l'humidité exigent particulièrement cette précaution, & doivent être gardez dans un lieu bien sec. En génèral le Collecteur doit faire souvent la revûë de toutes ses pièces pour porter du remède où il est nécessaire.

Pour conserver les Etoiles marines, les Ecrevisses, & pareilles pièces, on doit les bien sécher dans un four avant de les mettre dans les Armoires, lesquelles doivent être bien à l'abri de l'air, sans quoi l'humidité s'y insinue aisément. Sur tout les Tiroirs où l'on pose des pièces sujettes à être attaquées des Vers, doivent être bien fermez de tous côtez sans que l'air y puisse entrer par la plus petite ouverture. On peut aussi se garantir des vers en mettant dans les Tiroirs des morceaux de Camphre, ou de l'Huile de Terébentine.

Les Collections d'Insectes, de Papillons, & d'Animaux de cette sorte exigent d'autres précautions. Toutes les jointures & emboitemens des Cassettes de bois ouvertes, où on les place, doivent être enduites de cire, doublées ensuite de papier, & enfin l'on couvre le tout d'une glace aussi grande que la Cassette même, dont on mastique bien exactement tous les bords, afin qu'aucun air n'y puisse entrer. Cependant comme malgré tous ces soins il y a toujours quelque Insecte qui se gâte, on a une Cassette à part où l'on ne met que les Insectes nouvellement pris, dont l'on se sert pour reparer ses pertes. Les Collecteurs qui ne craignent pas la dépense peuvent au lieu de Cassettes avoir de petits Quadres garnis d'une glace, qu'on peut suspendre comme des Tableaux aux parois pour en orner les places vuides. Il faut remarquer que nous avons dit de petits Quadres où l'on ne puisse loger que quatre ou six Papillons, afin que quand la Vermine ou quelque Corruption s'est insinuée dans un de ces Quadres, elle ne puisse pas infecter une grande quantité d'Insectes. Par la même raison nous souhaiterions qu'au lieu de mettre les Oiseaux embourrez tous ensemble dans de grands Bureaux vitrez, on donnat à chaque Oiseau séparément un Emboitement peint en dedans de bleu cé-

leste

schnittene Helfte des ganzen Vogels vorstellet, und auf eine Fläche angemacht ist, aufsetzet. Allein zu geschweigen, daß diese Art der Zubereitung entsetzlich mühsam ist, so scheinet es doch mehr Kunst, als Natur zu seyn, und fällt nicht so anmuthig, wie ein jeder freyer ausgestopfter ganzer Cörper eines Vogels in die Augen.

Diejenige Sachen, die im Spiritus stehen, machen bey den Cabinetten fast die meiste Mühe und Kosten in Ansehung der Unterhaltung. Es kommt hier alles auf die Erhaltung des Spiritus an, dazu dienen schmale Cilindrische Gläser mit einem breiten Fuß, zu allerhand Grössen, in welchen gerade das bestimmte Thier und nichts mehr hinein gehet. Ueber dieses Thier wird Kornbrandwein, der gehörig stark ist, geschüttet, alsdann die Oefnung des vollen Glases mit einer Platte Baumwachs beleget, worauf eine nach der Mündung des Glases geschnittene Glaßscheibe gedruckt, und diese abermahls mit Baumwachs versehen wird, biß man endlich alles mit einer Blase und Goldpapier umbindet. Es kan diese Art der Verwahrung den Spiritus etliche Jahre gut erhalten, hernach aber wird es einmahl erfordert, ihn aufs neue zu distilliren, und die Gläser damit gehörig anzufüllen. Nur dieses ist noch zu erinnern, daß man vorzubeugen habe, daß nicht ein truckener Theil des Thiers gegen das Glaß fest anschliesse, ohne den Spiritus daselbst durchzulassen, denn woferne dieses geschiehet, wird das Thier daselbst gleich mit der Fäulniß angegriffen.

Die Vierfüssigen Thiere, welche frey stehen, sind nothwendig alle Sommer einmahl gantz aus dem Zimmer herauszunehmen, in die Sonne zu stellen, mit einer Ruthe auszuschlagen, abzubürsten, hin und wieder mit Tabacksstaub, der mit gestossenem Pfeffer (in welchem kein Wurm ist) gemenget ist, zwischen den Haaren zu bestreuen, an den Augen, Nase und Füssen mit etwas Terpentinöhl zu begiessen, und sodann wieder an Ort und Stelle zu setzen.

Die Höltzer, truckene Früchte, Saamenkapseln und dergleichen sind nur vor dem Wurm zu bewahren, dahero sie zuweilen in einem warmen Backofen getrocknet, auch wohl in selbigem, wann es nöthig, geschwefelt werden können. Die beste Verwahrung der Kräuter und Mose aber, bestehet, wenn anders alle Vorsicht bey dem Auftragen beobachtet, und sie in Bücherförmigen, wohl verschlossenen Kästgen verwahret

leste, & garni par devant d'une glace bien mastiquée par ses bords. Tous ces emboitemens doivent être placés contre une Paroi bien séche au dessus & à côté les uns des autres, & former ainsi une magnifique Tapisserie d'Oiseaux derrière des glaces. Il est vrai que quand on attache les plumes sur un demi-Corps artificiel sculpé d'écorce d'arbre, & qu'on affermit cette figure à une petite planche unie, il n'y a presque rien à craindre de la Corruption; mais outre que cette façon de préparation est extrèmement pénible, la nature y a moins de part que l'art, & après tout, le corps entier d'un Oiseau embourré, qu'on peut considèrer de tous côtez, plaira toûjours davantage.

L'Entretien des Pièces qu'on ne peut conserver que dans de l'Esprit de vin est par raport à un Cabinet ce qui coûte le plus de peines & de frais. On se sert pour cela de Verres étroits de figure cylindrique à fond large de toutes sortes de grandeurs, dans chacun desquels on ne met que l'unique animal qui y trouve justement place, & rien de plus. On verse sur cet Animal autant de Brandevin de grain de force convenable, jusques à ce que le Vaisseau soit plein, & l'on couvre ensuite l'Ouverture du Vaisseau d'un Emplâtre de cire d'arbre sur laquelle on imprime une Vitre, qui doit être precisèment ajustée à la grandeur de l'ouverture & cimentée encore de cire au bord, jusques à ce qu'on puisse lier sur le Tout une pièce de Vessie couverte de papier doré. On peut avec ces précautions conserver dans toute sa bonté l'Esprit pendant quelques années. Après ce tems on le distille de nouveau pour le remettre dans les Verres. On doit cependant prendre garde qu'aucune partie de l'Animal ne touche le Verre à sec de quel côté que ce soit, sans qu'il y ait de l'esprit entre deux. Car quand on manque à cette attention, la Corruption se met d'abord à la partie qui touche le Verre.

Il est indispensablement nécessaire de sortir de l'Apartement tous les Etez, & ainsi une fois par an, tous les Quadrupèdes, & de les exposer au Soleil. On les bat là avec une Verge, & on les vergette bien. Ensuite on les saupoudre avec de la cendre de tabac, mêlée avec du poivre pulverisé (dans lequel on doit bien prendre garde qu'il n'y ait point de ver), qu'on fait entrer entre les poils, après quoi on leur humecte les yeux, le nez, & les pieds avec un peu d'huile de Térébentine, & au bout de toutes ces opérations on les remet à leur place.

Les Bois, les Fruits secs, les Capsules de Semences, n'ont besoin que d'être garantis des vers, & il sufit pour cela de les sécher de tems en tems au four, ou de les ensouffrer, s'il le faut. Pour les Herbes & les Mousses, la meilleure façon de les conserver, c'est de les porter sur le papier avec toutes les précautions requises, & de les serrer dans des Cassettes

ter werden, in nichts anders, als sie zuweilen gantz durch-
zublättern.

Fast bey den meisten, besonders zarten und zerbrech-
lichen Naturalien, als Meeräpfel, dünnschaalichte Schnecken,
Corallen, wie auch Sachen die im Spiritus stehen, ist zu
beobachten, daß man sie nicht oft und unnöthiger Weise in die
Hände fasse, hin und her schüttele und dergleichen, und woferne man eine Sammlung fremden Personen zeiget, welche
die Sachen nicht kennen, ist das angreiffen der Dinge darum zu verbieten, weil sie sich oft unter einem zarten grossen
Meerapfel einen Steinklumpen von etlichen Pfund schwer vorstellen, der doch kaum ein paar Loth wieget, dahero dreiste mit
eisernen Händen zugreiffen, daß sich einem, der diesen Vor-
witz mit ansiehet, das Herz im Leibe umkehren mögte. Kurtz,
man muß behutsam und vorsichtig damit umgehen.

Also ist es möglich ein Cabinet eine grosse Anzahl Jahre
hindurch in dem besten Stand zu erhalten. Allein nun kömmt
eine wichtige Frage:

5.) Wie soll man ein Naturalien-Cabinet vernünftig gebrauchen, und auf welche Art kan man
diese aufgehobene Schätze der Natur nutzen? Vielleicht werden sich einige über diese Frage verwundern, und
meynen, ein Cabinet könne zu nichts anders genutzet werden,
als um es dann und wann zu besichtigen und andern zu zeigen. Man ziehet nemlich eine Lade nach der andern hervor,
lachet die Sachen einmahl an, und ergötzet sich, als wie man
sich über den Anblick eines Porcellan- oder Spiegel-Ladens
erfreuet. Dieses geschiehet von Tage zu Tage, oder von
Woche zu Woche; man hält sich glücklich, solche Sachen zu
besitzen; man ist unermüdet, sie zusammen zu schleppen, und
am Ende kömmt weiter nichts heraus, als eine Sättigung
einer Leidenschaft. Wir halten aber dafür, daß man gantz
andere Vortheile aus einer Naturalien-Sammlung ziehen
könne, Vortheile nemlich, die eine blosse Augenweide, und
eine Befriedigung der leeren Habsucht weit übertreffen.

Man darf nur bloß die Erden-Sammlungen vor sich
nehmen, so wird sich schon ein grosser Vortheil zeigen. Man
sammlet nemlich die verschiedene Arten der Erden aus verschiedenen Ländern und Gegenden zusammen; man untersuchet ihre
Beschaffenheit und Abweichung, man erkundiget sich, welche
Gewächse
E

tée à l'utilité, bien fermées, faites en forme de Livres,
où il n'y a ensuite d'autre soin à se donner que celui
de les feuilleter de tems en tems d'un bout à l'autre,
pour mettre quelques fois les pièces à l'air.

En général à l'égard de toutes les Curiofitez naturelles, & en particulier par raport à celles qui sont
subtiles, minces, & fragiles, telles que sont souvent
les Oursins, les Limacons, les Coraux, de même
que relativement aux pièces qu'on conserve dans de
l'Esprit de vin, il y a cette observation à faire, c'est
qu'on ne doit pas permettre qu'on les touche souvent & sans nécessité avec la main, encore moins
qu'on les secoüe, & qu'il convient de prévenir là
dessus les Etrangers auxquels on fait voir le Cabinet,
& qui le plus ordinairement ne conoissent rien aux choses, qu'on leur produit. Car il arrive quelques fois
à de telles gens de prendre un grand Oursin à coquille mince, qui pèse à peine une once pour un
tapon de pierre de deux Livres, & de l'empoigner
rudement dans cette erreur, ce qui ne peut qu'
inquièter extrèmement le Collecteur qui les voit
faire, ces Pièces étant fort sujettes à se briser.

Ce n'est qu'en usant de toutes ces attentions
qu'on peut conserver un Cabinet en bon état pendant plusieurs années. Venons à nôtre dernière
question, qui n'est pas la moins digne d'être bien
pésée.

5.) Quel est l'usage raisonnable qu'on doit faire
d'un Cabinet de Curiofitez naturelles, & quelle utilité
peut-on retirer de ces trésors de la Nature? Cette
Question pourra paroître étonnante à certains Lecteurs, qui s'imaginent qu'un Cabinet ne peut être
bon qu'à en voir de tems en tems les pièces, ou à
les montrer à des Amis curieux; qui pensent que
quand on a tiré un Tiroir après l'autre, qu'on a
souri à tout ce qui s'y trouve, & qu'on s'est donné
ainsi le plaisir de la vûe, à peu près comme on la re-
joüit en contemplant une Boutique de Miroirs, ou
de belles Porcelaines, tout est dit. On repète cet
amusement tous les jours, ou au moins une fois par
semaine. L'on s'estime heureux de posséder toutes
ces Pièces, on est infatigable à se les procurer, & le
tout n'aboutit, chez des gens qui pensent ainsi, qu'
au plaisir vain & passager de satisfaire une passion fri-
vole, tandis que selon nous on peut retirer des avantages bien plus considérables d'une Collection de
Curiofitez naturelles, avantages qui surpassent de
beaucoup le simple plaisir des yeux, & l'avidité de
ramasser ces trésors.

Ne considérons d'abord que les Collections des
Terres diverses. Cette première Conoissance nous présente déjà de grands avantages. On rassemble diférentes espèces de Terres de diverses Contrées du monde,
on en examine les qualitez, & en quoi elles diférent
l'une
F

Gewächse in selbigem Erdreich am besten gewachsen und fortkommen sind, man fraget noch, welche Arten von Geschirr in etlichen Landen aus einigen derselben verfertiget werden, und dieses giebt Gelegenheit zu neuen Entdeckungen in Ansehung der Fruchtbarkeit und des Ackerbaues, oder in Ansehung neuer Fabriquen. Man wird dadurch oft in den Stand gesetzet, einem Lande Schätze anzuweisen, worauf noch niemand gedacht hat, und manchen ökonomischen Nutzen zu stiften. Ein dergleichen würde auch aus einer klugen Betrachtung des Sandes folgen, denn es ist ja bekannt, wie es Metall- und Goldhaltige Sande giebt, und daß man erst in spätern Zeiten Entdeckungen von dergleichen Sand gemacht hat, über welche man vorher unwissend weg lief. Wie viel mehr könnte dieses bey dem Steinreich statt finden, wenn man in den Cabinetten die Steine an der innern Politur in Vergleichung ihrer rohen Gestalt kennen lernet. Wie mancher Jaspis, oder Agat, oder Granit, oder Marmor, hat in der Ruhe gelegen, weil niemand da war, der dem rohen Stein von aussen die innere Pracht zutrauen konte, ia wie oft kommen fremde Kenner der rohen Natur her, und tragen den Besitzern aus ihrem Lande die schönsten und prächtigsten Steine vor der Nase weg? Wie oft hat jemand auf eigenem Grund und Boden die herrlichsten Sachen, und kommt niemahlen auf den Einfall sie aufzuheben? Gewißlich eine genauere Untersuchung der Naturgeschichte, und ein vernünftiger Gebrauch der Cabinette würde diesem Uebel bald abhelffen. Ich darf also nicht einmahl von den Metallstuffen reden, denn es siehet nunmehro ein jeglicher ein, wie nöthig ihre Erkäntnus im Bergwesen sey, und wie man durch die Untersuchung in Cabinetten im Stande gesetzet werden könne, neue Bergwerke zu entdecken, und den Gehalt des Gesteins zu beurtheilen. Hat nicht dieses so manche Steinkohlen- Schwefel- Vitriol- Spießglaß- oder auch andere Bergwerke in Gang gebracht? Und sind nicht dadurch der menschlichen Gesellschaft unzählige Vortheile zugewachsen? Ja würden diese Vortheile nicht noch allgemeiner und grösser werden können, wenn man die Naturalien-Cabinette besser zu gebrauchen wüste?

Wer kan wohl das gantze Heer der Versteinerungen mit vernünftigen Augen betrachten, ohne über ihren Ursprung Gedanken anzustellen? Wenn man in den Sammlungen Meerschnecken siehet, die mitten auf dem festen Lande, oder auf Bergen ausgegraben worden, wenn man mitten aus den Steinbrüchen Fische auf Schiefer abgedruckt bekömmt, oder dergleichen, solte dieses nicht im Stande seyn, jemanden auf die Gedanken von der Sündfluth, und von der Wahrheit

der

l'une de l'autre; on s'informe des Plantes qui réussissent le mieux dans l'une ou dans l'autre, on cherche à aprendre quelle sorte de Vaisselle se fabrique de cette Terre, ou d'une autre, dans tel ou tel païs d'où elle a été tirée, & cela fournit l'occasion de faire de nouvelles découvertes relatives à l'Agriculture, à la fertilité des Terroirs, & à de nouvelles Fabriques. On se met souvent en état par là d'indiquer à un païs des trésors, auxquels personne ne s'étoit avisé de penser, & de procurer plus d'une utilité dans la Partie économique des Conoissances humaines. Il n'est pas moins avantageux d'examiner les Sables. On sçait qu'il y en a où l'on trouve diférens métaux, & même de l'or, & qu'à l'égard du Sable nos Modernes ont fait des découvertes, auxquelles personne ne pensoit auparavant. L'article des Pierres dans les Cabinets ne fournit pas une utilité moins digne d'éstime, quand on en compare les parties, où la politure a passé avec celles qui sont encore brutes. Que de Jaspes, que d'Agates, que de Granits, que de Marbres, qui sont demeurez inutiles parceque leur extérieur brute n'en déceloit pas la beauté intérne? Il y a des Conoisseurs étrangers qui au fait de cela & sçachant distinguer le beau du dedans à travers cet extérieur brute viennent dans un païs & en enlèvent les pièces les plus magnifiques à la barbe des habitans, qui ignorent le prix des richesses qu'ils possèdent. Combien de gens qui ont sur leurs propres fonds les plus belles choses, à qui il ne vient seulement pas dans l'esprit d'en faire usage? Le mal qui résulte de là n'auroit pas lieu, si l'on s'attachoit davantage à la Conoissance des merveilles de la Nature, & à tirer des Cabinets l'utilité qu'ils peuvent procurer. Sans nous arrêter davantage à ces reflexions, nous sommes persuadez que personne ne revoquera en doute l'utilité qui résulte de la Conoissance des Glèbes métalliques, & combien cette conoissance est essentielle à ceux qui veulent aquerir la science des Parties relatives à la Metallurgie, combien même l'examen des pièces métalliques, qu'un Cabinet bien ordonné renferme, peut contribuer à découvrir de nouvelles mines, & à faire juger avec justesse de ce qu'une minière contient. C'est ce qui a aidé à trouver & à faire valoir tant de Mines de Charbon de pierre, de Soufre, de Vitriol, d'Antimoine, & d'autres, pour l'utilité & l'avantage du Genre humain. Cette utilité seroit encore bien plus considérable & plus universelle, si on sçavoit mieux tirer parti des lumières que peut fournir un Cabinet.

Quel homme raisonnable pourroit considérer le nombre presqu'infini de Pétrifications que l'on trouve dans la Nature, sans faire quelque reflexion à leur origine? Quand on voit dans les Collections des Limaçons de mer, qu'on a trouvé en Terre ferme, ou en creusant des Montagnes, quand on rencontre des poissons imprimez sur de l'Ardoise au fond des Carrières, ou des phénomènes pareils, cela ne conduit-il

pas

der Geſchichte, die Moſes verkündiget, zu bringen? Solte es nicht dienen können, über die Veränderungen des Erdbodens, und über die fortdaurende Unbeſtändigkeit ihrer Oberfläche, geographiſche, oder überhaupt nützliche Anmerkungen zu machen? Wer kan bey der unendlichen Menge und Abwechslung der gebildeten Cörper, der Pflanzen, und der Thiere fühllos ſeyn, daß er nicht Gelegenheit nehmen ſolte die würkende Natur, noch mehr aber die allmächtige Hand Deſſen, der alles würket, ehrfurchtsvoll zu bewundern?

Gewißlich derjenige, der bey ſeinem Naturalien-Cabinet aufmerkſam iſt, die verſchiedene Geſtalten der Cörper, die Urſachen ihrer Abweichung, den Endzweck ihrer Bildung, die Uebereinſtimmung der Geſchlechter und Arten, ihren künſtlichen Bau, ihren geringen Urſprung, ihre groſſe Pracht, die Lebensordnung und Haußhaltung der Thiere, und hundert andere Sachen und Umſtände zu unterſuchen, dem kan ſeine Sammlung dienen, ihn zu GOtt zu führen, und den Schöpfer in ſeiner Weißheit und in ſeiner Güte zu erblicken, und Ihn zu loben, welches allerdings der beſte Endzweck iſt, wozu uns die Betrachtung der Natur leiten und führen ſoll.

Was kan indeß angenehmer vor die Sinnen, und den Augen reitzender ſeyn, als in einem Saal herum zu gehen, wo man einen groſſen Theil der natürlichen Dinge beyſammen findet, wo man ſich gleichſam in Aſien und America verſetzet ſiehet, und die Schönheiten des groſſen Oceans, und ſeiner öfters unergründlichen Tieffen in einen kurzen Bezirk ausgebreitet vor ſich hat? Man kan die Naturwelt mit der gröſten Gemächlichkeit und in wenig Stunden durchreiſen, und es ſich zur Ruhe, Erquickung und Abwechslung bey häufigen Berufs-Arbeiten dienen laſſen.

Ja, es findet ein Gelehrter bey Betrachtung der natürlichen Seltenheiten Materie genug, ſeinen Verſtand zu ſchärfen, und zur Beförderung vieler Wiſſenſchaften, Unterſuchungen anzuſtellen. Denn wie viele mechaniſche Vortheile hat uns nicht die Natur in Bildung der Gelenke und Glieder mancher Thiere angewieſen? Wie viele neue Maſſen ſind nicht in der Scheidekunſt entdeckt worden, ſeitdem man auf die natürliche Miſchung der Cörper und ihrem beſondern Verhältniß untereinander Achtung gab? Wie groß iſt das Feld der Mahler und Bildhauer worden, ſeitdem ſie ſich eine gröſſere Verſchiedenheit der Geſchöpfe zum Gegenſtande der Nachahmung wähleten? Wie ſinnreich ſind die Arten der Auszierungen an Gebäuden und Palläſten geſtiegen, ſeitdem man die Ausarbeitungen der Natur zum Muſter nahm? Welche vorzügliche Beweiſe vor die Kräfte, Schwere und den Druck der Luft, des Waſſers und aller übrigen Cörper erwachſen uns aus der Betrachtung der Fiſche, Vögel, und anderer Geſchöpfe zur Beſtättigung der ganzen Natur-Lehre?

pas à l'idée du déluge, & ne nous fournit-il pas un argument convainquant de la vérité de l'Histoire que *Moïse* en raporte? N'y trouvons-nous pas sujet de faire des Remarques géografiques utiles sur les Changemens qui arrivent sans cesse sur la surface de nôtre Globe? qui est-ce qui peut contempler la quantité immense, & la diversité infinie des corps figurez, des Végétaux, & des Animaux, qui existent, & être assez insensible pour ne pas admirer plein de Respect, la nature agissante qui les produit, ou pour mieux dire la main toute-puissante de celui qui donne l'être à toutes choses?

Il est bien certain qu'un Collecteur attentif, qui dans son Cabinet de Curiositez naturelles considère les formes diverses des Corps, les causes de leurs variations, le but de leur Figure, la conformité des Genres & des espèces, leur Structure merveilleuse, leur petitesse dans leur naissance, le dégré de magnificence auquel ils parviennent, le Sistème de vie & d'économie des animaux, & mille autres sujets dignes de ses reflexions, doit être conduit de là tout naturellement à admirer Dieu dans ses oeuvres, qui a crée toutes ces merveilles dans sa bonté & dans sa sagesse infinie, & à aimer & revèrer cet Etre des Etres, qui a tout tiré du néant. C'est là la fin la plus raisonnable & la plus salutaire qu'un Collecteur puisse se proposer.

Quoi de plus agréable, & de plus flateur, que de voir dans une Sale en raccourci presque tout ce que la Nature produit? D'un pas à l'autre on se trouve transporté pour ainsi dire dans les quatre parties du Monde, & les merveilles même que l'immense Océan recèle dans ses plus profonds abimes paroissent ici à découvert, étalées dans un très-petit espace aux yeux de l'heureux Collecteur. Il voyage à l'aise & en peu d'heures d'un bout de la Terre à l'autre, & en examine commodément toutes les beautez. C'est ce qu'on peut nommer à bien juste titre la Recréation du Sage.

On doit ajouter à ces reflexions qu'un homme de Lettres, qui s'aplique à conoître les Raretez naturelles, y trouve amplement matière à s'exercer l'esprit, & à faire des observations utiles pour l'avancement de plusieurs Sciences. Car, par exemple, de quel avantage n'est pas dans la Mécanique la conoissance de la Méthode, que la Nature a employée en formant les articulations & les membres de plusieurs animaux? Combien de nouvelles Masses n'ont pas trouvé les Chimistes, depuis qu'ils ont fixé leur attention sur le mélange naturel des corps, & sur les relations particulières qui existent entre eux? Quel vaste champ ne s'est-il pas ouvert pour la Peinture & pour la Sculpture, depuis qu'une si grande varieté de Créatures leur fournit les moïens d'étendre les merveilles de ces Arts sur tant de nouveaux sujets? A quel dégré de finesse ne sont pas montées les Décorations des édifices & des Palais, depuis qu'on s'est sagement avisé de prendre les super-

Wie viele Stellen der heiligen Schrift, die von reinen und unreinen Thieren, von Früchten und Gewächsen, von gewissen Arten der Steine und von Edelgesteinen handeln, würden einem Geistlichen dunkel bleiben, wenn er sich nicht bemühen wolte, diese Sachen aus der Betrachtung der Natur selbst kennen zu lernen? Und wie wenig würde er den Nachdruck so mancher Lobeserhebungen des Schöpfers, deren die ganze Schrift und besonders die Psalme voll sind, verstehen, wenn er auf die Werke des HErrn in der Natur niemahls recht Acht geben, und sich die Seltenheiten bekannt machen wolte? Ja, wie viel bleibet uns immer noch übrig, welches bey der Bildung der Steine, bey dem Wachsthum der Pflanzen, und bey dem Leben der Thiere annoch dunkel ist, und dessen fernere Untersuchung, die nicht anders als an den Stücken selbst kan vorgenommen werden, der menschlichen Gesellschaft äusserst nützlich seyn würde?

Jedoch wir haben fast das Ziel einer Vorrede überschritten, und müssen uns nur noch am Ende gegen diejenigen Liebhaber, die zugleich Kenner sind, und die diese Abhandlung für ganz was überflüßiges halten möchten, entschuldigen. Wir haben nemlich unserem Zweck gemäß nur vor anfangende Sammler geschrieben, welche sich öfters viele Mühe geben, von andern zu erforschen, wie sie ihre Seltenheiten ordnen. Wir haben gesuchet, ihnen durch unsere Anmerkungen einigermassen in das Geleise zu helfen, und da also unsere Absicht war, dieses Werk vor Anfänger gemein nützlich zu machen, so hoffen wir, es werden uns diejenige, denen alle diese in der Vorrede und in der Beschreibung vorkommende Anmerkungen hinlänglich, oder besser bekannt sind, solches nicht ungeneigt deuten. Erlang den 10. Febr. 1767.

P. L. St. Müller.

bes travaux de la Nature pour modèle? Les Observations qu'on a eû occasion de faire sur les Poissons, les Oiseaux, & sur d'autres Créatures n'ont-elles pas fourni les argumens les plus forts, & répandu le plus de lumière sur toute la Physique en général, & spécialement sur les articles relatifs à la Pression, au Poids, & aux Forces de l'Air, de l'Eau, & de tous les autres corps? Combien l'Ecriture Sainte ne renferme-t-elle pas de Passages, où il est parlé d'Animaux mondes & immondes, de Fruits, de Plantes, & de certaines espèces de Pierres, ordinaires ou précieuses, dont l'intelligence ne peut qu'être difficile à tout Theologien qui ne s'atache pas à étudier & à conoître la nature par elle-même? Comment comprendra-t-il, & comment fera-t-il comprendre aux autres, toute l'énergie des louanges du Créateur, dont les Livres sacrez & en particulier les Pseaumes de David font remplis, s'il dédaigne de contempler les oeuvres du Seigneur dans celles de la nature, & d'en examiner toutes les merveilles? Et, pour tout dire, n'y a-t-il pas encore bien des points obscurs relativement à la formation des pierres, à l'acroissement des Végétaux, & à la vie des Animaux, qui font susceptibles de nouvelles recherches, lesquelles ne peuvent être bien faites que sur les pièces même, & qui interessent l'utilité de tout le Genre humain?

Mais nous passons les bornes d'une Préface. Nous n'ajouterons à celle-ci qu'une Prière, que nous adressons à tous les Amateurs auxquels la Science des Curiositez naturelles est familière, & qui pourroient regarder comme superflu presque tout ce que nous venons de dire. C'est de considérer que nôtre but a été d'ouvrir le champ particulièrement à ceux qui ne font que commencer à entrer dans la carrière, & qui se peinent beaucoup pour ranger souvent trés-mal les pièces rares qu'ils rassemblent. Nous avons crû devoir leur indiquer par nos observations la voye la plus courte & la meilleure, sans prétendre faire la leçon ni dans cette Préface, ni dans nos descriptions à ceux qui font déjà au fait, ou qui en sçavent peut-être plus que nous. Erlang, ce 10. Fevr. 1767.

P. L. St. Müller.

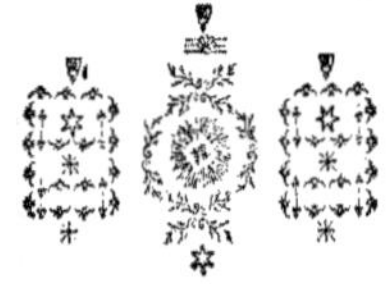

Einleitung
zu den
Krebsen, Spinnen,
und andern ungeflügelten
Insecten.

So groß auch die Mannigfaltigkeit der Geschöpfe ist, so haben sie doch in einigen Stücken eine wunderbare Uebereinstimmung mit einander. Es weichen die Geschöpfe nicht ganz, und nicht auf einmal, sondern Stuffenweis, und nach und nach von einander ab. Man siehet offenbar, daß sie alle nach einer allgemeinen Regel gebildet worden sind: aber dieß ist sehr schwer, zu bestimmen, worinnen diese Hauptregel bestehe, wenigstens ist es den Naturforschern bißher noch nicht gelungen, soweit in die Geheimnisse der Natur zu dringen: sie haben sich bisher nur immer mit Muthmassungen und Wahrscheinlichkeiten befriedigen müssen. Inzwischen bleibt es bey diesem grossen Feld der Ungewißheiten einem jeden unverwehret, Betrachtungen anzustellen, und wir wollen uns dieser Freyheit bedienen, da wir von einem neuen Fach der Geschöpfe, womit wir diesen zweyten Theil anfangen, nach unserem einmal vorgesetzten Zweck, Rede und Antwort geben, und dazu eine Einleitung, zu besserer Erkenntniß des ganzen Geschlechts entwerffen müssen.

Es kam nemlich in dem ersten Theil dieses Werks das Fach der Schmetterlinge vor, und wir zeigten daselbst pag. 61. an, daß dieselbe eine Hauptordnung der Insecten ausmachen. Wir berichteten zugleich, daß unter den Insecten auch solche vorkommen, die keine Flügel haben, wozu unter andern auch die Vielfüsse, Spinnen, Scorpionen, und Krebse gehören, und diese sind es eben, von welchen wir jetzo zu reden haben.

Was die Krebse, welche unter den ungeflügelten Insecten die grösten und ansehnlichsten sind, betrifft, so werden selbige in den Cabinetten unter die Schaalfische mit weichen Schaalen geordnet, und folgen durchgängig auf die Schnecken und Muscheln, welche man Fische mit harten Schaalen nennet, da sie denn bey den Meer-Aepfeln, die schon im ersten Theil abgehandelt wurden, und bey den Seesternen, welche das folgende Fach ausmachen werden, zu liegen kommen. Von ihren Arten aber und von der Abtheilung derselbigen haben wir verschiedenes anzumerken.

Es giebt nemlich ein grosses Heer verschiedener Krebse, welche nicht von allen Schriftstellern auf gleiche Art abgetheilet, viel weniger mit gleichen Namen beleget werden, und nicht selten sind die Schriftsteller in ihren Benennungen ganz undeutlich, indem einige die Wörter, Astacus, Gammarus, Cancer, Squilla, und dergleichen oft miteinander verwechseln, andere hingegen mit selbigen besondere Geschlechter, oder Arten bezeichnen. Um nur ein paar Proben von der Verschiedenheit der Schriftsteller anzuführen, so theilet Jonston selbige in geschwänzte und ungeschwänzte ein, welchen er drittens einige besondere Arten aus

Brasilien

La Diversité des Créatures est si grande, & leur Conformité à plusieurs égards, (car elles ne sont diférenciées que par dégrez) si merveilleuse, que quoique nous soyons convaincus par nos propres yeux, & très-certains, que la nature suit une règle générale en les formant, il n'en reste pas moins dificile de déterminer exactement quelle est cette règle générale. Du-moins sçavons-nous que jusques ici les Physiciens n'ont pas réussi à pénétrer au fonds de ce mistère, & n'ont pû atteindre avec leurs conjectures qu'à des vraisemblances. Cependant il est libre à chacun de pousser dans ce vaste champ d'incertitudes ses observations aussi loin qu'il le peut, & nous allons nous prévaloir de cette liberté en parlant d'une nouvelle sorte de Créatures, qui servira de Commencement à ce *second Tome.* Pour être fidèles à nôtre Plan, & rendre à nos Lecteurs un compte exact de toutes choses, nous allons leur donner une Introduction préliminaire propre à leur faciliter la Conoissance du Genre entier dont nous avons à parler.

On se souviendra sans doute qu'en parlant des *Papillons* dans le prémier Tome du présent Ouvrage nous les donnâmes p. 61. pour un Ordre principal d'Insectes, & que nous insinuâmes en meme tems qu'il y a des *Insectes qui n'ont point d'ailes*, tels que les *Cloportes*, les *Araignées* les *Scorpions*, les *Ecrevisses* &c. C'est de ces dernières qu'il va être question.

On range dans les Cabinets les *Ecrevisses*, qui sont les plus grands & les plus considérables d'entre les *Insectes non-ailés*, parmi les *Poissons testacés à coquilles tendres*, & elles viennent ordinairement après les Limaçons & les Moules, qu'on apelle Poissons testacez *à coquilles dures*, de sorte qu'elles se trouvent placées prés des Oursins dont il a été parlé au Tome précédent, & des Etoiles marines, qui formeront la matière de l'article suivant. A l'égard de leurs espèces & de leurs divisions il y a plusieurs observations à faire.

Le nombre des diférentes espèces d'Ecrevisses est très-grand. Tous les Auteurs ne sont pas d'accord sur les divisions, sous lesquelles ils les rangent, ni sur les noms qu'ils leur donnent. On trouve même assez ordinairement des Auteurs, dont la Nomenclature est embrouillée & confuse, parceque quelques uns confondent souvent les noms *Astacus* (Ecrevisse) *Gammarus*, (Crabe) *Cancer*, (Cancre) *Squilla*, (Squille) &c. & s'en servent indifféremment, tandis que d'autres les appliquent à certains Genres, ou à certaines Espèces particulières. Pour n'alléguer qu'un ou deux exemples de cette di-

F

verlité

Brasilien beygefüget. Was die Geschwänzten betrift so zählet er darunter 1) Locustam, 2) Astacum den er auch Cammarum nennet, und 3) Squillam, und gleichwie es unter jedem Geschlecht wieder Arten giebt, so theilet er zum Exempel das letzte, wiederum in breite, höckerichte, und kleine Squillen ein. Die ungeschwänzte hingegen heissen bey ihm Cancer und bestehen eigentlich in fünf Arten, von welchen eine Pagurus genennet wird. Jedoch nennet er den Flußkrebs, der doch geschwänzet ist, auch Cancer, und rechnet ihn der Benennung halber zu den Ungeschwänzten; die Brasilische Krebse aber werden von ihm in keine gewisse Ordnung gesetzet.

Rumpf hingegen macht eigentlich keine Eintheilung, sondern giebt nur eine Beschreibung von verschiedenen Arten, als 1) der Locusta marina oder Seehenschrecke, 2) dem Bären-Krebs (Ursa Cancer) 3) Sand-Krebs (Squilla Arenaria) 4) Schlamm-Krebs (Squilla Lutaria) 5) Beutel-Krebs, (Cancer crumenatus) (welcher Name von Ihm nur dieser einzigen Art, von andern aber vielmahls allen breiten und ungeschwänzten Krebsen beygeleget wird) 6) dem Stein-Krebs, (Cancer Saxatilis) 7) dem See-Krebs (Cancer Marinus) wiewohl die Seinigen alle See-Krebse sind, 8) dem Pagurus, obgleich mehrere Arten von anderen Paguri genennet werden, 9) dem Hunds-Krebs, (Cancer caninus) 10) dem Froschförmigen Krebs, (Cancer raniformis) 11) dem Erd-Krebs (Cancer Terrestris) 12) dem ruffenden Krebs, (Cancer Vocans) 13) dem stachelichten Krebs,) (Cancer Spinosus) 14) dem Blumen Krebs, (Cancer Floridus) 15) dem giftigen Krebs, (Cancer noxius) 16) dem rothen Krebs, (Cancer ruber) 17) dem Krebs mit schwarzen Scheeren, (Cancer nigris chelis) 18) dem wollichten Krebs, (Cancer lanosus) 19) dem Calappus-Krebs, (Cancer Calappoides) 20) dem verkehrten, oder Moluckischen Krebs, (Cancer perversus) 21) dem Schnecken-Krebs, (Cuman) 22) dem Muschel-Krebs, (Pinnoter) 23) dem Bart-Krebs, (Cancer Barbatus) 24) und endlich dem Enten-Krebs, (Cancer anatum) welchen endlich noch etliche kleine Arten, und die Seeläuse beygefüget werden.

In einer weit schöneren Ordnung erscheinen diese Geschöpfe bey dem Linnæus, der sie folgender Gestalt abtheilet: Das ganze Heer der Krebse macht 2. Ordnungen, davon die erste eigentlich den Namen Cancer, und die andere die Benennung Monoculus führet. Die erste Ordnung wird in zwey Classen eingetheilet, davon die erste Cancer Brachyurus, die andere Cancer Macrourus genennet wird. Die erste Classe, welche lauter breite und ungeschwänzte, oder vielmehr kurzgeschwänzte enthält, sind nach dem Unterscheid ihrer Schaalen in 5. Geschlechter, die andere Classe aber, welche die lang geschwänzten Krebse enthält, in 6. Geschlechter abgetheilet; in beyden Classen aber zusammen kommen 59. Arten vor. Die andere Ordnung hingegen hat nur 9. Arten, und wir finden es unnöthig, die schöne Eintheilung des Linnäi weitläuftiger anzuführen, da sein Systema Naturæ in iedermanns Händen ist, und nachgesehen werden kan.

Allerdings ist es einem Anfänger leicht, alle Krebse überhaupt 1) in breite 2) lange und 3) unförmliche einzutheilen, und sie darnach in seiner Sammlung zu ordnen. Die breiten können wiederum in glattschaalichte, rauhe und stachelichte, die langen hingegen in Krebse mit und ohne Scheeren, in Krebse mit blätterichten und glatten Schwänzen, und endlich wiederum in glattschaalichte, gehörnte und ungehörnte, rauhe und stachelichte, wie auch

verfité des Auteurs relativement à la Nomenclature, *Jonston* divise toutes ses Ecrevisses en Ecrevisses *a queuë* & en Ecrevisses *sans queuë*, aux quelles il joint une troisième forte qui vient du *Brésil*. Quant aux Ecrevisses *à queuë* il range dans cette Classe 1.) la Langouste (*Locusta*) 2. l'Ecrevisse, qu'il nomme aussi Crabe, (*Cammarus*) & 3.) la Squille, (*Squilla*). Chacun de ces genres a encore ses espèces, ainsi *Jonston* subdivise les Squilles en larges, bossuës, & petites. Il apelle *Cancres* les Ecrevisses *sans queuë* & en établit cinq espèces, dont il apelle l'une *Pagurus*, qui est une grande Ecrevisse. Cependant quoique l'Ecrevisse de riviere soit une Ecrevisse à queuë, *Jonston* ne laisse pas de lui donner aussi le nom de Cancre, (*Cancer*), & de la ranger par la raison de cette dénomination dans le Genre des Ecrevisses *sans queuë*. A l'égard des Ecrevisses du *Bresil* il n'y observe aucun ordre.

Rumpf ne fait proprement aucune division, & se contente de donner des descriptions de diférentes espèces, telles que 1. la *Langouste marine*, ou la *Sauterelle de mer*, 2. Le *Cancre-Ours*, 3. la *Squille de Sable*, 4. la *Squille de limon*, 5. le *Cancre à poche*, (nom que *Rumpf* ne donne qu'à cette unique espèce, au lieu que d'autres Ecrivains l'apliquent souvent à toutes les Ecrevisses larges sans queuë), 6. le *Cancre pierreux*, (Cancer Saxatilis) 7. le *Cancre marin* (quoique tous ceux dont *Rumpf* fait mention soient des animaux marins) 8. le *Pagurus*, nom que d'autres Auteurs donnent à plusieurs espèces, 9. le *Cancre canin*, 10. le *Cancre fait en grenouille* (raniformis) 11. le *Cancre terrestre*, 12. le *Cancre criant*, (vocans) 13. le *Cancre épineux*, (Spinosus) 14. le *Cancre à fleurs*, (floridus) 15. le *Cancre venimeux*, (Cancer noxius) 16. le *Cancre rouge* (Cancer ruber) 17. le *Cancre à pinces noires*, (Cancer nigris chelis) 18. le *Cancre laineux*, 19. le *Cancre de Calappus*, (Cancer Calappoides) (*) 20 le *Cancre renversé*, ou *Moluque*, (Cancer perversus) 21. le *Cancre en limaçon*, (Cuman) 22. le *Cancre en moule*, (Pinnoter) 23. le *Cancre barbu*, 24. & enfin le *Cancre en canard*, auxquels on ajoute encore quelques petites espèces & le *Pou de mer*.

L'Ordre établi par *Linnæus* est incomparablement plus beau. Ce judicieux Naturaliste divise tous les Cancres en *deux Ordres*. Il apelle proprement *Cancres* tous ceux qu'il place dans le prémier Ordre, & il donne le nom de *Monocules* à ceux qui composent le second. Il divise le prémier ordre en deux Classes. Dans la première le Cancre est apelé *Brachyurus* & dans la seconde *Macrourus*. (**) Les Individus de la *première Classe* sont tous larges & sans queuë, ou pour mieux dire à queuë courte, & on en fait cinq genres, qui sont déterminez par la diférence de leurs coques; l'*autre Classe* dont les Individus sont à queuë longue renferme six Genres, & les deux Classes ensemble cinquante-neuf espèces. Le *Second Ordre* contient neuf espèces. Comme le *Systema Naturæ* du Chevalier *Linnæus* est entre les mains de tout le monde, & peut être consulté par les Curieux, nous croyons qu'il seroit superflu de s'étendre d'avantage sur ses judicieuses divisions.

Il est très-facile à une Personne qui commence une Collection de partager toutes ses Ecrevisses en général 1.) en *larges*, 2.) en *longues*, & 3.) en *informes*, & de les ranger dans

(*) *Calappus* est le nom d'une espèce de Palmier & de son fruit, qu'on trouve aux *Indes Orientales*. Le Cancre dont il est question, porte le nom de Calappus, parce qu'il à la figure de ce fruit.

(**) C'est-à-dire, à grande & à petite Queuë.

auch in Fluß- und Seekrebse eingetheilet werden. Zu den breiten werden also zum Exempel die Paguri, Taschen-Krebse etc. zu den langen die Hummer, Fluß-Krebse, Squillæ, Garneelen-Schnecken-Krebse, etc. und zu den unförmlichen der Moluckische Krebs, die Seelauß etc. kommen, wie denn solches aus der Beschreibung der Figuren ferner erhellen wird.

Was nun die Erzeugung, die Structur und die Lebens-Art der Krebse anbetrift, so ist allerdings bey selbigen viel merkwürdiges anzutreffen. Sie werden nemlich aus Eyern erzeuget, welche durch einen ganz anderen Weg zum Vorschein kommen, als man sonst im Thierreich erwartet. Der Eyerstock lieget gleich unter dem Herz, indem dieses in der Mitte auf jenem ruhet, und gleich hinter dem Magen, den man im Kopf bey den Augen findet, folget. Von diesem Eyerstock gehet zu beyden Seiten ein zarter Weg, oder milchichter Canal zu dem mittleren Paar der Füsse, (wenn man nemlich die zwey fördersten Glieder, woran die Scheeren sitzen, auch vor Füsse rechnet) oder sonst zu dem dritten Paar von dem Schwantz an gerechnet. In diesen Füssen befinden sich bey den Weibgen an dem ersten Gelenke, das an der Schaale sitzet, und zwar an der untern Seite, zwey kleine runde Oefnungen in der harten Schaale, die mit nichts, als einem zarten Fell zugedecket sind, worinnen vorbesagte Gänge ausgehen. Wenn die befruchtete Eyer die gehörige Reiffe bekommen haben, daß sie geleget werden können, so krümmet das Weibgen den Schwantz unter sich, und fänget mit den häuffigen Fasern, die unten an den mannigfaltigen kleinen Fortsätzen des Schwanzes sitzen, die Eyerchen in grosser Menge aus den Schien-Beinen zur rechten und linken Seiten auf, umschlinget sie mit solchen Fasern, und schüttelt sie endlich zu seiner Zeit ab. Das Männchen hingegen hat dergleichen Oefnungen nicht, wohl aber in dem dicksten Gelenke des letzten Paares der Füsse auf jeder Seite ein Wärtzgen oder kleine Drüse, unter welchen ein viel kleineres Loch befindlich ist, daraus es einen weissen Saft lässet.

Wenn sie sich begatten wollen, so leget sich das Weibgen auf den Rücken, da denn das Männchen solches besteiget, und sie beyde die Füsse durch einander schlingen. Vermuthlich lässet das Männchen alsdann den weissen Saft aus den zweyen Drüsen der Schenkel, welche das Weibgen durch die vorbemeldete Oefnungen der Füsse empfängt, und dadurch ihren Eyerstock fruchtbar macht. Ob aber diese Art der Begattung ohne Unterscheid bey allen Arten der Krebse statt habe, können wir nicht behaupten.

Ein anderer nicht minder seltener Umstand ist dieser, daß sie jährlich ihre Schaale ablegen, und eine neue bekommen, wie ohngefehr die Schlangen ihren Balg ausziehen. Es umgiebt nemlich den Körper des Krebses eine Haut, welche nach und nach stärker wird, und der äussern Schaale sodann die Nahrung versaget, da sich denn selbige von Zeit zu Zeit ablöset, welche wird, in den Ringen und Kerben von einander springet, und sich zuletzt gänzlich absondert, wohingegen die neue Schaale anfänglich nur so dick, wie ein Pergament ist, die jedoch mit der Zeit ebenfals die gehörige Stärke bekömmt. Dazu kömmt noch, daß sie die ganzen Schienen von sich weissen, und ihre Füsse im Stich lassen können, welche ihnen wieder vollkommen nachwachsen.

dans son Cabinet selon cette Division. Les *larges* se subdivisent en Ecrevisses à coque unie, veluë, ou épineuse. Les *longues* sont ou sans serres, ou avec des serres, à queuë feuilletée ou unie, ou enfin à coque unie à cornes ou sans cornes, Velues, ou épineuses; on les divise aussi en Ecrevisses de rivière & Ecrevisses de mer. Ainsi par exemple l'on compte parmi les larges les *Pagurus*, les Ecrevisses à poche &c. & parmi les longues les Homards, les Ecrevisses de rivière, les Squilles, les Salicots, les Ecrevisses en Limaçon &c. Parmi les *informes* l'on trouve l'Ecrevisse *Moluque*, le Pou de mer &c. ce que le Lecteur verra plus amplement déduit dans la Description des Figures.

Il y a mille choses remarquables à observer relativement a la Génération, à la Conformation, & à la manière de vivre des Ecrevisses. Leur existence commence par des oeufs que la nature produit par un chemin tout diférent de celui qu'elle suit ordinairement dans le Règne animal. L'Ovaire est placé immédiatement sous le coeur, qui repose dessus au beau milieu, derrière l'Estomac, qu'on trouve dans la téte prés des yeux. Il sort de chaque côté de cet Ovaire une voye fine, ou un Canal laiteux, qui va aboutir aux deux piez du milieu, suposé, que les deux prémiers membres qui portent les Serres soient mis au nombre des piez, ou autrement à la troisième paire de pieds, à compter depuis la Queuë. La femelle a à la prémière articulation de chacun de ces piez, qui tient à la coque, & notamment à la partie inférieure de chaque coté une petite ouverture ronde dans la Coque dure, qui n'est couverte que par une pellicule mince & déliée, c'est là que les petits canaux cy - dessus mentionnez trouvent leur issuë. Quand après la Conception les oeufs sont parvenus à leur point de maturité, & qu'il est tems de les pondre, alors la femelle recourbe sa queuë la tirant à soi, & au moien des filamens nombreux dont le dessous de la queuë est garni, elle reçoit à droite & à gauche les oeufs, qui sortent des Cuisses en grande quantité & les envelope, jusques à ce qu'il soit tems que les petits se détachent de la mère. Le mâle n'a pas les mêmes ouvertures, mais on y remarque à l'articulation la plus grosse des deux bras postérieurs une petite Glande sous laquelle se trouve un trou infiniment plus petit, & c'est par là qu'il lache un suc blanc.

Quand les Ecrevisses se veulent apparier, la femelle se couche sur le dos, le mâle monte dessus & entrelace ses piez avec ceux de la femelle, & c'est vraisemblablement alors que le mâle lache son suc blanc par les deux glandes qu'il a sur la partie supérieure des bras. Ce suc blanc est reçu par la femelle dans les petites ouvertures qu'elle a aux piez, & par là l'Ovaire se trouve fécondé. Nous ne sçaurions cependant assûrer que toutes les Ecrevisses indistinctément s'apparient de la même façon.

Une autre particularité singulière c'est, que toutes les années les Ecrevisses se dépouillent de leur vieille Coque & en prennent une nouvelle à peu près comme les Serpens changent de peau. Le Corps de l'Ecrevisse se couvre intérieurement d'une Membrane, qui se fortifie peu à peu, & coupe ainsi toute nourriture à la Coque extérieure, laquelle se détache alors successivement & se desseche, ses anneaux & ses entailles se fendent ensuite, & enfin la vieille Coque tombe entièrement, après quoi la nouvelle paroît, qui n'est d'abord que comme du velin, mais qui aquiert en peu de tems la même consistence & la même dureté que la vieille. Les Ecrevisses perdent aussi leurs pinces toutes entières, & abandonnent de même quelquefois leurs piez, à la place

Was ihre Structur betrift, so haben sie zu jeder Seite vier, in allem also acht Füsse, und über das noch zwey Arme mit Scheeren, die ihnen statt der Hände dienen, (wiewohl dieses bey den Squillis nicht ist). Von den Füssen sind die vier fördern, nemlich zu beyden Seiten zwey, mit Kneip- oder Beißzangen versehen, die vier hintern aber gehen in einfache Klauen aus. Jeder Fuß, oder Arm hat 5. Gelenke, doch die Grösse, das Verhältniß, und die Figur derselben trift nicht bey allen überein. Der Schwantz ist bey einigen mit vielen Ringen versehen und blätterigt, bey andern sind wenige Ringe, oder keine Blätter anzutreffen. Ja die sogenannten ungeschwänzten, oder Taschen-Krebse haben einen so ungemein kleinen und kurzen Schwantz, den sie noch dazu ganz unter sich umbiegen, daß es scheinet, als ob sie würklich gar keinen hätten. Der Kopf ist mit Fühlhörnern versehen, welche bey gewissen Arten sehr lange sind, deren es wohl dreyerley Paare giebt, und die eine unterschiedene Härte und Bestimmung haben. Der Mund ist mehrentheils blätterigt, und mit vielen Werkzeugen von mancherley Gattungen versehen. Die Schaale ist bald glatt, wie an den gemeinen, bald rauch und haaricht, wie an den Bären-Krebsen, bald aber stachelicht, oder höckericht, nach Beschaffenheit der Art. In dem Kopf stehen zwey schwarze grosse bewegliche Augen, die bey etlichen sehr weit und gleichsam als an einer Stange hervor stehen, etliche sind auch über das noch mit krummen und harten Hörnern versehen, die gerade über dem Kopf neben einander vorwärts gebogen stehen. Ja es weicht ihre Structur bey jeder Art oft so sehr ab, daß es uns zu weitläuftig seyn würde, alles anzuführen, zumahl auch die Figuren selbst und die vornehmsten Abänderungen zeigen werden.

Auch in Ansehung der Lebens-Art trift man bey den Krebsen viel merkwürdiges und verschiedenes an. Ueberhaupt leben sie sowohl ausser, als in dem Wasser, und könnten aus dem Grunde wohl unter die Amphibien gerechnet werden, doch können einige Arten diese grosse Abwechselung besser, als andere vertragen; ja es gibt eine Art Erdkrebse, die fast mehrentheils auf dem Lande leben. Sie lauffen hinter sich und vor sich, wie auch seitwärts, rechts und links, und einige sind so hurtig auf den Füssen, daß sie deßwegen Läuffer genennet werden, gleichwie andere hingegen hüpfen und springen, und darum auch Seeheuschrecken, oder Reuter heissen. Einige lieben einen erdigten und schlammigten Boden, andere halten sich auf einem reinen Sandgrund auf, und wiederum andere sitzen immer zwischen Kiesel und Steinen, und verkriechen sich in den Ritzen und Höhlen der Felsen. Des Nachts ist mehrentheils ihr Aufenthalt im Wasser, am Tage aber tretten sie hervor, und streiffen oft Felder und Wälder durch, besteigen die Häuser und Bäume, und halten es in der grösten Sonnenhitze aus. Ihre Scheeren dienen den meisten, ihren Raub zu fangen, wie es denn auch darunter Ungeheuer in der Grösse einer Elle giebt, die mit einer unglaublichen Kraft oft ertrunkene Menschen, Fische und andere Cörper anpacken, hinunter in die Tieffe des Meeres ziehen, zerstücken und fressen. Zuweilen entstehen Kriege unter ihnen, daß sie ziemlich grosse Steine mit ihren Scheeren packen, und einander jämmerlich damit werffen, ja so gar in der äussersten Noth, und Ermangelung der Steine einander ihre Scheeren an den Kopf schnellen, und davon fliehen. Die Fische, welche sie verfolgen, werden mit einer guten Ladung Steine bewillkommt, woferne sie aber keine Scheeren haben, wie die Squillæ, so richten sie ihre langen Fühlhörner, die sehr steif und manchmahl zwey Schuh lang sind, auf ihren Feind, und stossen ihn damit in den Rachen,

daß

desquels il leur en croit de nouveaux pareils à ceux qu'elles ont quitté.

Quant à la *structure*, les Ecrevisses ont de chaque côté quatre piez, & ainsi huit en tout, mais elles ont outre cela deux bras armez de Serres, qui leur servent de mains (excepté les *Squilles* qui n'ont pas cela). On observe au bout des quatre pieds antérieurs, c'est à dire de deux de chaque coté, des Pinces, ou façon de tenailles, & les quatre piez postérieurs sont terminez par une simple grife. Chaque pié & chaque bras a cinq articulations, mais on y remarque quelquefois des diférences à l'égard de la grandeur, de la proportion, & de la configuration. A quelques espèces la Queue est garnie de quantité d'anneaux, & feuilletée, d'autres n'ont rien de feuilleté, & on n'y voit que peu d'anneaux. Les Ecrevisses qu'on nomme *sans queuë*, ou Ecrevisses *a poche* ont la queuë si extraordinairement petite & courte, & la cachent tellement en la recourbant sous elles, qu'elles semblent n'en point avoir du tout. On voit les Antennes à la tête. Quelques Espèces les ont très-longues, & quelques fois il y en a jusqu'à trois paires de diférente dureté & de diférente destination. La bouche de l'Ecrevisse est le plus souvent feüilletée, & composée de plusieurs parties propres à faciliter ses opérations. La Coque en est tantôt unie, comme à l'Ecrevisse ordinaire, tantôt rude & velué, comme au Cancre-Ours, tantôt épineuse, ou raboteuse. On remarque à la tête deux grands yeux noirs mobiles, qui sortent fort avant hors de la tête, & quelques unes sont pourvûes outre cela de cornes dures & recourbées à côté l'une de l'autre justement au dessus de la tête, courbes sur le devant. Il y a tant de variations dans les espèces, relativement à la structure, que nous ne saurions les spécifier toutes. Le Lecteur en pourra observer les plus considérables en examinant les figures mêmes.

Il y a quantité d'observations remarquables à faire sur la *façon de vivre* des Ecrevisses. En général elles vivent dans l'eau & hors de l'eau, de sorte qu'il n'y auroit aucune incongruité à les metre parmi les *Amphibies*; cependant il y a des espèces qui suportent mieux que d'autres un changement aussi considérable que celui de l'eau & de l'air. Il y a même une espèce d'Ecrevisses de terre, qui vont très-rarement dans l'eau. Elles courent en avant, en arrière, & de côté à droite & à gauche, & cela avec tant de vitesse & d'agilité qu'elles en ont remporté le nom distinctif de *Coureurs*. D'autres ont la propriété d'aller par sauts & par bonds, & portent par cette raison le nom de *Sauterelles marines* ou de *Cavaliers*. Il y en a qui cherchent un fond terreux, ou limonneux, d'autres s'arrêtent sur le sable, & d'autres encore établissent leur demeure parmi les cailloux & les pierres, & ont leurs retraites dans les fentes & crevasses des rochers. La nuit elles se tiennent ordinairement dans l'eau, mais de jour elles parcourent souvent les champs & les bois, grimpent sur les maisons & sur les arbres, & suportent les plus vives ardeurs du Soleil. Les Serres leur servent à prendre leur proie, & l'on en voit de monstrueuses de la grandeur d'une aune, qui s'attaquent souvent à des cadavres d'hommes noyez, à des poissons, ou à d'autres corps, qu'elles tirent avec une force incroiable au fond de la mer, où elles les mettent en morceaux & les mangent. Il s'élève quelques fois des guerres entre elles. Alors elles ramassent avec leurs serres de grosses pierres, qu'elles se lancent les uns aux autres, & se blessent quelques fois mortellement. Quand quelqu'une est reduite à l'extrémité, & qu'elle ne trouve plus de pierre pour s'armer, elle allonge comme elle peut un coup de Serre à son ennemi & prend

immé-

daß er daran stirbt. Uebrigens nähren sie sich von allerhand kleinern Wasser-Insecten, Fischen und Früchten, daher auch einige Arten schädlich, ja giftig sind, nachdem ihre Nahrung beschaffen ist. Endlich ist auch bekannt, daß etliche sich nur allein im Meer und salzigten Wassern, andere in Flüssen, und süßen Wassern, wiederum andere aber in beyden zugleich, oder in stinkenden Sümpfen und stille stehenden Wassern aufhalten. Die kleinste Art ist wohl diejenige, die man bey den Alten vor eine Krebsenbrut gehalten, welche Blutroth ist, und zuweilen dergestalt Millionenweise beysammen gefunden werden, daß das Meer davon auf etliche Meilen weit ganz roth erscheinet, wie es sich öfters an der Brasilischen und Magellanischen Küste, deßgleichen zwischen *Persien* und *Mallabar* zugetragen.

Auch von der Farbe der Krebse ist noch eins und anders anzumerken. Sie kommen darinnen alle miteinander überein, daß sie roth werden, wenn man sie kochet, welche Farbe hernach durch die Länge der Zeit bey einigen mehr, bey andern weniger blaß und bleich wird. Jedoch giebt es etliche wenige, die auch von Natur roth sind, sonst aber ist mehrentheils ihre natürliche Farbe schwarz, blau, grau, braun, gelblich oder sonst eisenfärbig, und zwar Flecken- und Streifenweise, oder gleichfärbig. Ja, auf der Insul *Cajenne* hat man bunte, deren Schaalen wie ein schöner polirter Marmor aussehen. Vielleicht bekommen sie mit ihrer Nahrung viele erdigte Theile, da sie ohnehin immer in dem Grunde und Schlamm herumwühlen, und werden mit denselbigen zugleich auch mit hinlänglichen Eisen- oder Eisenartigen Theilgen gesättiget, die sich hernach mit ihren Saft vermengen, und sich in der äussern Schaale anlegen. Wenigstens wenn gleiche Farben einerley Structur der Schieffer auf den Oberflächen zum Grunde haben, durch welche die Lichtstrahlen von gewisser Farbe zurücke prallen, so können die unsichtbaren Schieffer der Krebs-Schaalen nicht gar sehr von den feinsten Eisen-Theilchen verschieden seyn. Denn gleichwie das Eisen schwarz oder Stahlfärbig, und bey einem gewissen Grade der Auflösung Aschgrau, braun, oder Ockerhaft, ja bey dem Rost und der Glühung roth wird, so kan auch die Auflösung des besondern Dauungssaftes in einigen Krebsen, Schuld an einer grauen, braunen, oder gelben Farbe seyn, gleichwie eine mehrere Auflösung vermittelst der Feuertheilchen, die im Kochen durch die Schaale fahren, solche endlich roth macht. Ob nun dieses wohl Begebenheiten in der Natur sind, wozu die beste Scheidekunst nicht feis genug ist, alles vollkommen zu entscheiden, so finden wir doch in diesem Satz so gar viel ungereimtes nicht, da man ohnehin gewohnt ist, aus den Farben eines Cörpers oft auf dessen verborgenes Minerale zu schliessen.

Von dem Gebrauch der Krebse, die fast alle (einige wenige ausgenommen,) eßbar sind, wie auch von den sogenannten Krebsaugen, oder Linsenförmigen Steindgen, die in ihrem Kopf gefunden werden, und eben wie die gepulverte

immédiatement après la suite. Les Poissons qui les poursuivent sont ordinairement reçûs par une gréie de pierres; mais les *Squilles*, qui n'ont point de Serres, étendent leurs antennes, qui sont fort roides, & qui ont quelquefois jusques à deux piez de longueur, & en blessent leur ennemi au fond de la gorge, ce qui le tue. D'ailleurs elles se nourrissent de toutes sortes de petits Insectes aquatiques, de poissons, de fruits, ce qui en rend quelques espèces nuisibles & même vénimeuses, selon la nature de la nourriture qu'elles prennent. Il est conu enfin que quelques espèces d'Ecrevisses ne se trouvent que dans la mer & dans des Eaux salées, d'autres dans des rivierès & autres Eaux douces, d'autres indifféremment dans l'Eau salée & dans l'Eau douce, ou dans de marais puans, & dans des Eaux dormantes. La plus petite espèce est sans doute celle que les Anciens ont tenue pour de petites Ecrevisses fraichement écloses. Elles sont rouges comme du Sang, & se rassemblent par millions, au point que pendant l'espace de quelques miles la mer s'en trouve teinte, ce qu'on a vû souvent près des côtes du *Bresil* & de l'*Océan Magellanique*, de même que de celles de la *Perse*, & du *Malabar*.

Il y a encore quelque chose à dire sur la *couleur* des Ecrevisses. Elles se ressemblent toutes généralement en un point, c'est qu'elles deviennent rouges, quand on les cuit. Mais cette couleur déchoit & pâlit aux unes plus aux autres moins avec le tems. Il y en a cependant mais en petit nombre qui sont rouges naturellement; d'ailleurs pour la plûpart elles sont de leur nature de couleur noire, bleuë, grise, brune, jaunâtre, ou couleur de fer, & cela par taches, ou par Stries, ou de couleur uniforme. Il n'est pas inutile de marquer ici qu'à la *Caienne* on en trouve de bariolées, dont la coque ressemble au plus beau marbre poli. Ce peut être un effet du limon dont elles se nourrissent, & des parties terreuses qui y sont mêlées. Car comme ces bêtes se veautrent perpetuellement dans la fange du fond, & s'y rassasient, il est probable qu'elles y reçoivent en même tems des parties ferrugineuses qui se mêlent aux autres sucs dont elles se nourrissent, & que l'effet s'en manifeste sur la partie extérieure de la coque. Du moins s'il est vrai que des couleurs semblables ayent leur principe dans la Sructure pareille des écailles sur les Superficies, qui repoussent les raions de lumière d'une certaine couleur, il est trés-possible que les Ecailles invisibles des coques d'Ecrevisses ayent quelque ressemblance avec les plus fines particules ferrugineuses. Car tout comme le fer, qui est de sa nature noir ou couleur d'acier, devient dans un certain degré de Solution gris de cendre, ou brun, ou ochreux, & même rouge, soit lorsqu'il se reuille, soit lorsqu'on le rougit au feu, il se peut aussi que dans ces Ecrevisses la Solution du Chyle produise une couleur grise, brune, ou jaune, & qu'une plus grande Solution, lorsque les particules ignées pénètrent la coque des Ecrevisses pendant qu'on les cuit, produise enfin la couleur rouge. Il n'y a sans doute point de secret de Chymie qui puisse parfaitement dévoiler ce mistère de la nature; mais nous croïons qu'on peut toûjours admettre nos conjectures, d'autant plus qu'il est ordinaire de juger des parties minerales qu'un corps contient intérieurement par les couleurs qui paroissent au dehors.

Nous ne dirons que peu de chose de l'*usage* qu'on fait des Ecrevisses. A la reserve d'un petit nombre, elles sont presque toutes mangeables. Ce qu'on nomme dans la Pharmacie les *yeux d'Ecrevisses*, qui sont des petites pierres de

Krebs-Scheeren eine Säure dämpfende oder versüssende Kraft besitzen, ist es unnöthig zu reden, weil solches jedermann bekannt ist.

Nach den Krebsen folgen in diesem Fach die Scorpionen, welche der Structur nach gar viele Aehnlichkeit mit den Krebsen haben, und ebenfals zu der Ordnung der Insecten ohne Flügel gehören. Die grössesten unter ihnen sind so groß, wie die grossen Flußkrebse. Sie haben alle ebenfalls acht Füsse, und zwey Arme mit Scheeren, welche ihnen an der Stirn sitzen. An jeder Seite des Cörpers sind sie mit drey, und auf den Rücken mit zwey Augen versehen, so daß sie in allen acht Augen haben. Der Cörper selbst ist kurz und schildförmig, oben und unten mit übereinander liegenden Schaalen versehen, wie die Schwänze der Flußkrebse. Der Schwanz hingegen ist sehr lang, bestehet aus etlichen dicken Gelenken, und hat am Ende einen Stachel, durch welchen sie, wenn sie damit stechen, eine giftige Feuchtigkeit in die Wunde lassen, wodurch eine Entzündung und der Brand entstehet. Jedoch sind die Indianische grösser und gefährlicher als die Europäische. Man findet deren zwar in den Mittägigen Provinzen von Frankreich, deren Stich auch gefährlich ist, jedoch helfen sich die Einwohner erforderlichen Falls mit Scorpion-Oehl, welches sie allezeit vorräthig haben, oder binden einen zerquetschten kleinen Scorpion über die Wunde, worauf solche ohnfehlbar heilet. Ja etliche Italiänische und die Deutschen können gar nicht schaden; vielleicht wegen ihrer Zartheit, und werden von Personen, die sie lebendig verkauffen, mit der Hand ohne Sorgen angefasset.

Es sind nur wenige Arten bekannt, deren Linnäus fünfe angeführet, und bestehet ihr vornehmster Unterscheid in den Scheeren und gewissen Kämmen. In Gefahren sind sie sehr listig, und herzhaft sich zu wehren, wie sie denn allezeit das äusserste wagen. Im Fall sie aber zur Verzweiflung gebracht sind, und gar keine Errettung vor sich sehen, so tödten sie sich augenblicklich selbst. Man kan hievon eine Probe nehmen, wenn man einen Kreiß von glühenden Kohlen macht, und sie mitten auf den leeren Platz setzet, denn alsdann machen sie allenthalben Versuche, um durch die Glut zu kommen, und lauffen mit wunderbarer Geschwindigkeit allenthalben gegen den Kreiß an; will ihnen aber dieses nicht gelingen, so setzen sie sich wieder in die Mitte, krümmen ihren Schwanz in die Höhe, und stechen sich selber mit ihrem Stachel immer hintereinander so lange in den Kopf und in den Leib, biß sie todt sind. Eben dasselbige thun sie auch, wenn man sie mit einer Stecknadel fest heftet, und haben dieses mit etlichen wenigen andern Insecten gemein.

Nach diesen folgen die Spinnen, die gewöhnlich in Erd-Spinnen, und eigentliche Spinnen, die ein gewisses Gewebe machen, eingetheilet werden, wovon letztere vorzüglich ihren Namen haben. Der Ritter Linnäus begreift die ersten unter den Namen Phalangium, die andern unter der Benennung Aranea, von welcher letztern Art wir jetzo nur reden wollen. Sie haben nemlich mehrentheils acht Füsse, (wiewohl es auch etliche mit zehn und mit sechs Füssen giebt,) und acht Augen, wie die Scorpionen, statt der Scheeren aber, ein paar klauenartige Stachel oder Zangen an dem Munde. Der Cörper hingegen ist minder, oder mehr rund. Es sind nur wenige unter ihnen im eigentlichen Verstande giftig, welches auch daraus abzunehmen, weil sie öfters von schwangern Personen, oder die sonst eine verdor-

figure lenticulaire, qu'on trouve dans la tête de l'animal, sert de même que les Serres pulvérisées à composer un absorbant salutaire contre les acretez. Cela est connu de tout le monde.

Ce qui vient après les Ecrevisses ce sont les *Scorpions*, qui ont à l'égard de leur structure une grande ressemblance avec les Ecrevisses, & qui apartiennent de même à l'Ordre des Insectes *qui n'ont point d'ailes*. Les plus grands Scorpions n'atteignent qu'à la grandeur d'une grande Ecrevisse de rivière. Ils ont comme l'Ecrevisse huit piez & deux bras armez de Serres, & ces bras sortent du front. On observe trois yeux de chaque coté du corps & deux sur le dos de sorte qu'ils en ont huit en tout. Le Corps est court, formé au dessus en écusson, & muni au dessous d'écailles posées l'une sur l'autre, comme les queuës d'Ecrevisse. Celle du Scorpion est très-longue & composée de quelques grosses articulations, terminées par un éguillon, lequel, quand on en est piqué, lache au moment de la piquûre une humidité venimeuse dans la plaie, qui y cause une inflammation à laquelle succède la cangrène. Les Scorpions des *Indes* sont plus grands & plus dangereux que ceux d'*Europe*. Il est vrai qu'il y en a dans les Provinces méridionales de la *France*, dont la Piquûre est aussi dangereuse. Les habitans ne la craignent cependant guères, soit parcequ'ils sont toûjours pourvûs d'*huile de Scorpion*, souveraine contre cet accident, soit parcequ'en écrasant un petit Scorpion sur la plaie, ils sont sûrs de la guérison. On en trouve même en *Italie* & en *Allemagne* qui ne peuvent point nuire du tout, vraisemblablement à cause de leur Petitesse. Les personnes qui les vendent les prennent avec la main sans la moindre appréhension.

Les Espèces qu'on en conoit sont en petit nombre. Le Chevalier *Linnaeus* n'en compte que cinq. Les serres & de certaines espèces de *peignes* sont ce qui les diférencie principalement. Dans le péril le Scorpion est très-rusé, courageux, & brave le danger. Mais quand il est reduit au désespoir, & qu'il à perdu toute espérance d'échaper, il se tuë alors lui même. C'est dequoi on peut faire l'expérience en faisant un cercle de braise ardente & en posant le Scorpion dans la place vuide du milieu. Il fait alors toutes les tentatives possibles pour se tirer de cette braise, & court tout autour du cercle pour trouver une issuë, mais le succès trompant toutes ses espérances, il retourne se placer au milieu de la place vuide, recourbe sa Queuë en haut, & ne cesse de se donner des coups de son éguillon dans la tête & dans le corps que quand les forces lui manquent & qu'il meurt. Il fait la même chose quand on l'attache sur une table avec une épingle, & il a cela de commun avec quelques autres Insectes, dont le nombre n'est pas grand.

Les *Araignées* trouvent ici leur place après les Scorpions. On les divise communèment en Araignées de terre, & les Araignées proprement ainsi dites, qui font un certain tissu. Le Chevalier *Linnaeus* distingue les prémières par le nom de *Phalangium*, & il donne aux autres celui d'*Aranea*. C'est de cette dernière sorte que nous prétendons parler ici. Elles ont le plus ordinairement *huit* pieds (quoi qu'on en trouve aussi quelques unes qui ont dix pieds, & d'autres qui n'ont que six) & *huit* yeux, comme les Scorpions. Au lieu de serres elles ont à la bouche une paire d'éguillons ou de tenailles formées en griffe. Le Corps en est tantot rond, tantôt de figure ovale. Il y a peu d'Araignées qui soient proprement venimeuses. La preuve en est que des femmes enceintes,

verdorbene Eßlust haben, ohne Schaden sind gegessen worden. Jedoch ist auch bekannt, daß giftige Kröten durch den Biß, oder Stich mancher Spinnen getödtet werden. Ihre Augen sind so gesetzt, daß sie allenthalben hinsehen können, es stehen nemlich an jeder Seite zwey, an der Brust zwey, und oben zwey. Hinten an ihrem Cörper befinden sich viele Siebförmige Wärzgen, durch deren Oefnungen sie einen Saft drücken, der sich in vielen Fäden zusammen zu einem einzigen leimet, und alsdann erst die gehörige Stärke hat, ein vollkommenes Gewebe, oder Netz auszumachen. Ja, man hat in America so grosse und starke Spinnen, die einen so dicken Faden von sich geben, daß man davon Handschuhe zur Rarität stricken kan. Die gröste Art ist wohl in Brasilien, welche drey Zoll lang, hochbeinigt, und am Munde mit Zähnen, oder Klauenartigen Stacheln versehen ist, welche zu Zahnstochern gebraucht werden. Wie der Ort ihres Aufenthalts unterschieden ist, indem sich einige nur in Häusern oder Fenstern, andere auf dem Felde, wieder andere auf Bäumen und Pflanzen befinden, so ist auch ihre Nahrung verschieden, doch leben sie mehrentheils von Insecten. Gleichwie sie von einer räuberischen Art sind, also verzehren sie sich, wenn Hungers-Noth vorhanden ist, untereinander selbst. Denn wenn man ihrer etliche in ein Glaß sperret, so jagen sie sich, sobald sie hungerig werden, und eine frißt die andere auf, biß am Ende die letzte nur allein überbleibet. Nach ihrer Verschiedenheit sind auch ihre Gewebe nicht von einerley Bauart, und da wir täglich viele Spinnen von unterschiedener Art vor uns haben, die ein jeder Liebhaber in ihrer Lebensart selber beobachten kan, so ist es unnöthig, daß wir uns bey ihrem Gewebe und grosser List um den Raub zu fangen, lange aufhalten. Linnäus hat 39. Arten, ohne sie ferner abzutheilen, angegeben. Wer aber ja Lust hätte, noch eine nähere Abtheilung zu machen, müste zwischen den Haus-Spinnen, Wasser-Spinnen, und Luft-Spinnen, und wiederum zwischen Netz-Spinnen und Gewebe-Spinnen eine Eintheilung treffen, wiewohl sie mühsam in Cabinetten aufzubehalten sind.

Endlich haben wir noch von den sogenannten Tausendbeinen, oder Scolopendris, die einige Aehnlichkeit mit den Kellerwürmern besitzen, zu reden. Der mehr gerühmte Linnäus unterscheidet sie durch diese Benennung von dem Oniscus und Iulus. Ihr Hauptkennzeichen ist, daß sie zu beyden Seiten mit eben so viel Füssen versehen sind, als Ringe oder Glieder ihren Cörper bedecken, wie in der Beschreibung der Figur weiter gesaget werden wird, da hingegen der Julus doppelt so viele Füsse hat. Es kommt ihnen aber die Menge ihrer Füsse darum besonders zu statten, weil sie die Würmer fressen, welche sie dergestalt zwischen ihren Füssen der Länge nach zu packen wissen, daß sie sich nicht mehr rühren können.

Uebrigens aber hat ihr Cörper gar viele Aehnlichkeit mit dem Schwanz eines Krebses, und wenn wir einen Krebs, einen Scorpion, eine Spinne, und ein Tausendbein mit Aufmerksamkeit gegen einander vergleichen, so muß man sich zwar über die Verschiedenheit der Geschöpfe wundern, jedennoch etwas übereinstimmiges in den Werken der Natur erkennen, welches eben dasjenige ist, wovon wir gleich zu Anfang dieser Einleitung gesagt haben, und worüber wir noch zum Beschluß eine kleine Betrachtung anstellen wollen.

enceintes, ou d'autres personnes par un apetit déréglé en ont mangé sans en ressentir aucune incommodité. Il n'en est pas moins vrai que la piquûre de certaines Araignées tue des Crapaux venimeux. Leurs yeux sont placez de façon qu'elles voyent de toutes parts. Elles en ont deux de chaque côté, deux à la poitrine, & deux à leur partie supèrieure. Au derrière de leur corps on observe quantité de petits mammelons, qui par leurs ouvertures rendent un Suc, qui se convertit en quantité de fils fins, lesquels se colant ensemble forment ensuite un fil assez fort & propre à en faire le tissu ou la toile d'araignée. On trouve même en *Amérique* des Araignées d'une grandeur & d'une force extraordinaire, qui filent un fil assez gros, dont on tricote des gans pour la rareté. La plus grande espèce se trouve sans contredit au *Brésil*, où l'Araignée a le Corps long de trois pouces, les jambes hautes, & la bouche garnie de dents, ou d'éguillons courbez en griffe dont on fait des Curedents. Comme elles ont des demeures diferentes, les unes se tenant dans les maisons ou aux fenêtres, les autres aux champs, d'autres sur les arbres ou sur les plantes, elles varient aussi à l'égard de leur nourriture; cependant en général elles vivent le plus ordinairement d'insectes. Mais comme de leur nature elles sont portées au meurtre & au brigandage, quand elles sont affamées elles se mangent entre elles. Ainsi quand on en enferme quelques unes dans un verre, dés. qu'elles ressentent la faim, elles se poursuivent, & l'une mange l'autre jusques à ce qu'il n'en reste que la dernière. La Contexture de leur toile varie aussi selon la variété des Araignées mêmes. Mais comme il n'y a point de Curieux qui n'ait tous les jours l'occasion & l'aisance d'en voir dans sa propre maison différentes sortes, & d'en observer lui-même la façon de vivre & les diferens tissus, de même que les ruses qu'elles emploient pour saisir leur proie, il nous paroit superflu de nous arrêter sur cet article. Le Chevalier *Linnaeus* en établit 39. espèces sans les diviser autrement. Si quelqu'un souhaitoit d'en avoir une division plus détaillée, il pourroit la faire en divisant ses Araignées en *domestiques, aquatiques,* & *aëriennes,* & ensuite en *Fileuses de rêts,* & *Fileuses de toiles.* Leur Conservation dans les Cabinèts est trés-pénible.

Enfin nous ne devons pas passer sous silence les *Millepieds,* ou *Scolopendres,* qui ont quelque ressemblance avec les Cloportes. Le celèbre *Linnaeus* les distingue par la dénomination de l'*Oniscus,* & du *Iulus.* Leur Caractère distinctif principal c'est que la Scolopendre a de chaque côté précisément autant de pieds qu'il y a d'anneaux ou d'articulations à son corps, comme cela sera plus amplement décrit cy dessous, quand nous viendrons à la figure, au lieu que le *Iulus* a deux fois autant de pieds. Cette quantité de piez leur est trés-favorable en ce qu'elles leur sert à tenir fermes tout du long, & a empêcher de remuer les vers qui leur servent de pâture.

Au reste le corps de la Scolopendre ressemble en beaucoup de choses à la Queuë d'une Ecrevisse, & quand on compare entre eux d'un oeil attentif l'*Ecrevisse,* le *Scorpion,* l'*Araignée,* & la *Scolopendre,* on trouvera à la verité toûjours des Sujèts d'admirer la merveilleuse varieté qui distingue ces Insectes l'un de l'autre, mais on n'en sera pas moins convaincu qu'il y a toûjours quelque conformité dans les ouvrages de la nature, remarque que nous avons faite cy-dessus, & à laquelle nous allons ajouter ici pour conclure une petite observation.

Es entstehen nemlich alle Thiere, wie sie auch Namen haben mögen, aus einem Ey, welches das Grundgesetz der Fortpflanzung in dem ganzen Umfang des Thierreichs ist. Nur ist der einzige Unterscheid zu beobachten, daß die Jungen sich entweder innerhalb der Mutter (wie bey allen Thieren, die lebendige Jungen zur Welt bringen) oder ausserhalb der Mutter (wie bey solchen, die Eyer legen) aus ihren Eyern entwickeln. Es fallen folglich alle Fabeln hinweg, die so häufig, besonders bey Insecten erdacht worden, um ihre Entstehungs-Art anzugeben, als ob, zum Exempel, manche Insecten aus Erde, Mist, oder andern Unreinigkeiten entstünden. Denn sie würden gewißlich nicht erzeuget seyn, woferne nicht die Eyer ihres Geschlechts zum Grunde lägen. Sind aber die Eyer der nächste Grund ihres Daseyns, so kommt es theils auf das innere Wesen derselben, theils aber auf die Art ihrer Entwickelung an, sich von der Verschiedenheit, oder von der Uebereinstimmung der Creaturen einigen Begriff zu machen.

So viel man von je her wahrgenommen, so enthält jegliches Ey die ersten Bestandtheile des zu entwickelnden Thieres, und sodann die Verwahrungs-Theile, welche obgedachte Bestandtheile in sich fassen, und solche als eine Bedeckung umgeben, und hierinnen kommt auch in dem Kräuterreich die Beschaffenheit des Saamens überein, denn die Saamen-Körner sind in der That nichts anders, als so zu reden, die Eyer der Pflanzen. Es wird aber ein Unterscheid gemacht zwischen einem befruchteten und einem unbefruchteten Ey. Zu jenem gehöret der männliche Saame, der es belebet, ausser welchem keine Erzeugung im Thierreich möglich ist, so wenig als solche ohne selbigem im Kräuterreich vor sich gehet, wenn gleich die Befruchtung nur in einem einzigen Gegenstand geschiehet, indem alsdann das männliche und weibliche doch zugleich in dem nemlichen Thier, oder Pflanze vorhanden seyn muß.

Da wir dieses als eine bekannte Sache vorausgesetzet, so kommt es darauf an, ob man sich von den Gesetzen der ferneren Bildung eines bereits befruchteten Eyes zum bestimmten Thiere, oder zu dem, was aus dem Ey hervor kommen soll, einigen deutlichen und zugleich wahrscheinlichen Begriff machen könne? Die Naturforscher haben uns zwar aus der Geschichte der Ausbrütung der Eyer, und aus der Untersuchung der Früchte in dem Mutterleibe sowohl der Menschen, als der übrigen Thiere gelehret, wie die zu bildende Frucht von Zeit zu Zeit eine mehr ausgearbeitete, und des Wachsthums halber deutlichere Gestalt bekomme, da sie denn von der Anlage des Gehirns, und des Rückenmarks und von dem ersten hüpfenden Punct, oder dem Herzen vieles merkwürdiges wahrgenommen haben. Allein es bleibet dabey doch ein Räthsel, wo man das Bild des künftigen Thieres suchen soll, ob es in dem weiblichen Ey schon würklich liege, so daß in demselben Bilde hinwiederum die Züge der folgenden Brut künftiger Zeiten verborgen stecke, und der männliche Saame nur diene, das Bild zu begeistern, oder gleichsam rege zu machen? oder ob solches in dem männlichen Saamen selbst, und nicht im Ey zu finden sey? oder auch ob beydes das Ey und der Saame dieses Bild in sich fassen? In dieser dunkeln Sache begnügten sich die Alten, sich auf einen Archäus, oder auf eine Plastische Kraft zu beruffen, welches Buchstaben waren, mit

welchen

Tous les animaux sans exception, comme qu'on les nomme, tirent leur prémière origine d'un oeuf. C'est là une Loi fondamentale de la Propagation dans toute la vaste étenduë du Règne animal. L'unique diférence digne de remarque qu'il y a à faire à cet égard, c'est qu'il y a des Animaux qui se séparent de leur oeuf avant de sortir du Ventre de la Mère, comme cela arrive à tous ceux qui *viennent tout vivans au monde*, & d'autres qui ne se débarassent de leur oeuf qu'après être sortis de la matrice, ce qui est le cas de toutes les espèces *qui pondent & qui couvent*. Cela détruit toutes les fables qu'on débite sur l'origine de plusieurs animaux, & spécialement de quelques insectes, desquels on prétend qu'ils s'engendrent d'eux-mêmes dans la terre, dans le fumier, ou dans d'autres ordures. Iamais ils n'existeroient sans l'oeuf de leur espèce, d'où ils tirent leur être. Or si les oeufs sont le prémier fondement de l'existence de chaque animal, il faut, pour pouvoir se former une idée de la diversité ou de la conformité des Créatures, examiner la Substance intérieure de ces oeufs, & la manière dont la nature opère dans leur developement.

Selon les Observations qu'ont pû faire jusques ici les Phisiciens, qui ont aporté le plus de sagacité dans leurs recherches, chaque oeuf contient non seulement les parties primitives substantielles & corporelles de l'animal qui en doit sortir, mais aussi les Parties destinées à la Conservation de ces parties substantielles, & qui les envelopent pour leur servir d'abri contre toutes sortes d'injures, & c'est ce que dans le Règne végétal les semences ont de commun avec les oeufs du Règne animal. Car les grains semence ne sont au fonds autre chose, pour ainsi dire, que les oeufs des plantes. Mais il y a une diférence à faire entre un oeuf *fécondé*, & un oeuf qui ne l'est pas. Il faut que la semence mâle vivifie le prémier, sans quoi il ne peut point exister de génération dans le Règne animal non plus que dans le végétal. Car quoique l'action de féconder puisse avoir lieu dans un seul & même Individu dans les deux règnes, ce n'est que dans les cas où les proprietez des deux Sexes se trouvent réünies dans le même sujèt.

En admettant cette hipothèse, il s'agit de voir s'il n'est pas possible de se former une idée distincte & au moins vraisemblable des Loix que suit la nature dans la formation ultérieure d'un oeuf déjà fécondé, soit pour la production de l'animal qui en doit sortir, soit pour telle autre chose qui en puisse être le fruit. A la vérité les Phisiciens, après nous avoir fait l'histoire de la manière dont se couvent les oeufs, & d'après les observations qu'ils ont faites en examinant les fruits dans le ventre de la mère, tant par raport à l'espèce humaine que par raport aux autres animaux, nous enseignent que de tems à autre la figure du fruit prend une forme toûjours plus distincte, à mésure qu'elle croit, & ils nous disent à cette occasion bien des choses remarquables du commencement de la cervelle & de la moëlle de l'epine, de même que du point du coeur où l'on observe la prémiere faculté mouvante, ou la première action de vie. Mais nonobstant ces savantes discussions la grande énigme n'en demeure pas moins à déviner. Il s'agit de déterminer où l'on doit chercher la figure de l'animal qui doit naitre, savoir si cette figure se trouve déjà réellement dans l'oeuf femelle, & si elle renferme en même tems toutes les figures qui en doivent naître dans les tems à venir, de sorte que la Semence mâle n'y fasse rien que vivifier la figure & lui communiquer

la

welchen man keine Gedanken verbinden kan, und deren Erfinder auch in der That nichts dabey gedacht haben, daher das Erzeugungsgeschäfte vor, wie nach, dunkel blieb, ohnerachtet die meisten neuern Naturforscher glauben, man könne sich schon befriedigen, wenn man wisse, daß das weibliche Ey, gleichwie der Saame der Kräuter die Lineamenten schon in sich habe, und daß nur der Geist des männlichen Saamens solche auf eine wunderbare und vor uns unbegreifliche Art belebe, welches, wenn man es ja erklären wollte, durch die Begriffe der Gährung, Erwärmung, und der dadurch erleichterten Bewegung und Zuführung neuer Theilchen zu erläutern wäre.

Bey so bewandten Umständen verliehren wir denn alle unsere Gedanken, wenn wir nachrechnen, wie viele Millionen Thiere, die seit etlichen tausend Jahren aus einem Ey durch die Fortpflanzung entstanden, in dem nehmlichen ersten Ey im Grundriß müssen gesteckt haben. Ja unsere Vorstellungs-Kraft verwandelt sich würklich in ein Nichts, wenn wir an das unendlich Kleine des letzten Bildes in dem ersten Ey, das sich erst nach so viel tausend Jahren aus dem allerkleinsten Ey entwickeln sollte, denken wollen, um jetzt nicht gerade heraus zu sagen, daß wir würklich dadurch auf denjenigen Wiederspruch glauben geführet zu werden, der nothwendig mit der unendlichen Verkleinerung einer Figur verknüpfet ist, und eben diese Schwierigkeit bleibet endlich in Ansehung dieses Satzes eben sowohl bey der Betrachtung der Saamen-Körner im Reich der Pflanzen, als der Eyer im Thierreich übrig.

Wir wollen also einmahl den gantzen Satz umkehren, und das Erzeugungs-Geschäfte von einer gantz andern Seite betrachten. Wir sprechen nemlich dem weiblichen Ey alle würklich fertige Bilder und alle Lineamente des künftigen Thieres vor der Befruchtung ab, und behaupten, es sey dergleichen in demselben vorhero gar nicht vorhanden, mithin wird nun dasselbe als eine feine Gerinnung und coagulirte Masse, die aus den edelsten Nahrungs-Saft nach vielerley Art der Zubereitung der Säfte entstand, angesehen werden müssen, die zwar noch kein Bild ist, noch enthält, aber dazu gemacht und befördert werden kan. Eben dieses soll auch einmahl unsere Meinung in Ansehung der Masse des männlichen Saamens seyn, daß wir nemlich in selbigem eben so wenig, als im weiblichen Ey ein bereits fertig liegendes Bild erkennen, wohl aber zugeben, daß aus demselben in der Verbindung mit dem weiblichen Ey ein Bild des künftigen Thieres entstehen könne. Mithin kommt es nun darauf an, ob wir im Stande sind, von dieser Verbindung und der darauf folgenden Entwickelung beyderley, nemlich des männlichen und des weiblichen Saamens, einigen mehr deutlichen und wahrscheinlichen Begriff zu machen?

Wenn zweyerley Säfte, die zwar von einer Hauptart sind, jedoch in etwas von einander abweichen, innigst mit einander verbunden werden, so nehmen sie von einander ihre Eigenschaften an, und

la faculté motrice? Ou, si cette figure se trouve dans la semence mâle même, & non dans l'oeuf? ou, si la Semence & l'oeuf réunis ensemble la renferment en même tems? Nos anciens se contentoient dans cette matière ténèbreuse de recourir à leur *Archée*, ou aux *Vertus plastiques*, ce qui n'étoient que des mots vuides de sens, que leurs Inventeurs n'entendoient pas eux-mêmes, de façon que le grand ouvrage de la génération n'en demeuroit pas moins couvert d'obscurité. La plûpart des Phisiciens modernes ont crû pouvoir s'en tenir à l'hipothèse que l'oeuf femelle dans le règne animal, tout comme la Semence des herbes dans le vegetal, renferme déjà les traits de la figure qu'il doit produire, & que cette figure est simplement vivifiée par l'esprit de la semence mâle d'une manière merveilleuse, & incompréhensible, qui ne pourroit, si l'on vouloit s'opiniâtrer a l'expliquer, recevoir quelque éclaircissement que par les idées que nous avons de la fermentation & de la chaleur, qui facilitent le mouvement & l'accession de nouvelles particules.

Il y a sur cette matière dequoi se perdre dans une immensité d'idées en considérant que le principe, ou le prémier germe de tant de millions d'animaux qui sont sortis par la voye de la Propagation pendant quelques milliers d'années d'un oeuf unique, étoit renfermé dans ce seul & même prémier oeuf. Toutes nos méditations même se reduisent en effet à rien, quand on pense à la petitesse infinie du dernier germe figuré, qui selon ce Sistème doit s'être trouvé déjà renfermé dans le premier oeuf, & qui n'a dû se détacher du plus petit de tous les oeufs contenus dans le prémier, qu'après tant de milliers d'années. Ne vaudroit-il pas mieux convenir avec candeur de la foiblesse de nos lumières, & avouër tout rondement que la divisibilité à l'infini des figures impliquant contradiction la dificulté en question subsiste toûjours, tant à l'ègard des grains de semence dans le Règne végetal, que par raport aux oeufs dans le Règne animal.

Nous estimons que le meilleur parti seroit de renverser toute la thése, & de considèrer la chose d'un côté tout oposé, & alors nous croyons qu'on peut sans blesser la vérité dénier hardiment la proposition que la figure & tous les linéamens de l'animal à naître se trouvent déjà formez dans l'oeuf femelle avant qu'il soit fécondé. Nous pensons au contraire qu'il n'y a rien de pareil dans l'oeuf femelle avant sa *jonction* avec la semence mâle, & qu'on ne doit par conséquent considèrer ce que cet oeuf renferme que comme une masse figée & coagulée, compofée des parties les plus pures & les plus fines du suc nourricier, après diverses préparations des autres Sucs; laquelle masse à la verité n'est pas *figure* encore, ni n'en contient aucune, mais la peut devenir. Nous sommes de la même opinion à l'égard de la Semence mâle, c'est-à-dire, que selon nous la figure toute formée de l'animal à naître se trouve tout aussi peu dans cette semence seule, que dans l'oeuf femelle, mais nous admettons que la figure de l'animal tire son origine & se forme de la *jonction* de cette Semence avec l'oeuf femelle. Il ne s'agit plus que de voir, s'il n'est pas possible de nous former une idée plus distincte & vraisemblable de cette *jonction*, & du *developement* des deux Semences, qui lui succède, savoir de la Semence mâle & de la Semence femelle.

Quand deux sucs divers, homogènes pourtant, mais diférenciez en quelque partie, sont intimément alliez ensemble, ils prennent les propriétez l'un de l'autre, & se les com-

und theilen solche einander mit. Nun giebt es Säfte, die bey ihrer Gerinnung eine Figur entwerffen. Wir sehen dieses an den aufgelösten Salzen, da sich das Küchensalz bey der Gerinnung in Würfel, der Salpeter in Spiesse, und andere Salze in andere Figuren werfen. Wenn nun zweyerley Salze innigst miteinander verbunden werden, so daß sie sich untereinander sättigen, so entstehen bey ihrer Gerinnung vermischte Figuren, die von beyderley Arten etwas ähnliches haben.

Der männliche Saame und die Eyer der Thiere sind theils Säfte, theils Zubereitungen aus selbigen, die mit einem inneren geistreichen Saft und edleren Wesen durchdrungen sind. Dieses edlere Wesen, als der beste Theil und die vollkommenste Ausarbeitung des Thieres ist übereinstimmig mit der Art und Beschaffenheit des Thieres, davon es herrühret, und in demselben lieget das Aehnliche mit dem Bestandwesen des Thieres selbst verborgen. Wenn nun diese edlere und geistreiche Säfte des männlichen Saamens und des weiblichen Eyes zusammen treten, so entstehet eine Gährung derselben, in welcher sie durch einander würken, und von einander ihre Eigenschafften übernehmen, worauf sie endlich gerinnen und in eine, ihnen eigenthümliche Figur anschiessen, welches die Lineamente des Thieres sind, und seine Bildung ausmacht, die denn hernach durch den ferner zugeführten Nahrungs-Saft erweitert, vergrössert, und zur Vollkommenheit gebracht wird. Hieraus wäre füglich zu erklären, warum denn die jungen Thiere die Neigung ihrer Alten haben, indem die Eigenschafften derselben in ihnen ausgedruckt sind, ja warum eine Neben-Gattung im Thierreich entstehen muß, wenn sich ungleiche Paare zusammen geben, oder wenn der männliche Saame eines gewissen Thieres das Ey eines anderen so von anderer Gattung ist, befruchtet, (in soferne nemlich dasselbe einer Befruchtung von fremden Saamen fähig ist,) da denn nothwendig eine vermischte Figur, das ist ein neues Thier von vermischter Gestalt, Eigenschaft und Neigung entstehen muß.

Bey diesem Satze wäre es also nicht nöthig, die besondern, oder übeln Bildungen den Phantasien oder Ideen des Weibgens zuzuschreiben, weil dieses Werk auf die Beschaffenheit, Mischung, und fernere Entwickelung der Säfte beruhet. So vielerley Geschlechter also im Thierreich angetroffen werden, so mancherley besondere Ausarbeitungen der Säfte sind auch in demselben vorhanden. Jeder Saft aber ist von der eigenthümlichen Beschaffenheit, seine ihm eigene Figur zu entwerfen, und dieses heist so viel, als erschaffen seyn, nach seiner Art. Denn es hat jedes Geschlecht der Creaturen ihre besondere Bauart, diese aber ihre besondere jedem Geschlecht eigenthümliche Werkzeuge. Jedes veränderte Werkzeug hingegen verursachet eine besondere Auflösung und Zubereitung der Säfte, und jeder besonders zubereitete Saft eine ihm eigenthümliche Figur.

Um nun wieder von unsern Krebsen, Scorpionen, Spinnen und fernern Insecten zu reden, so sehen wir unter allen diesen verschiedenen Thieren eine sehr grosse Uebereinstimmung, zum Exempel, in Ansehung der Zahl der Augen und Füsse, Fühlhörner, Ringe, schaalichten Bedeckungen und dergleichen mehr, und werden dadurch veranlasset zu glauben, daß in Ansehung der Mannig-

---

communiquent reciproquement. Or il y a des Sucs, qui en se caillant forment le commencement d'une certaine figure. C'est ce que l'on remarque aux Sels, quand on les resoud. Ainsi le Sel commun resolu, quand il se prend, se forme en cubes, le Salpêtre en pointes, & d'autres Sels en d'autres figures. Lors donc que deux Sels diférens s'allient intimement ensemble, & sont bien mélez & unis l'un à l'autre (*), ils produisent, quand ils se caillent, des figures mélangées, qui tiennent de la nature de l'un & de l'autre.

La Semence mâle & les oeufs des animaux sont composés de sucs simples ou préparez, qu'un suc intérieur spiritueux de substance plus noble imbibe. Cette substance spiritueuse plus noble, qui est la partie la plus exquise, & pour ainsi dire la quintessence parfaite de toutes les proprietez de l'animal, a une conformité entière avec l'espèce de laquelle il provient, & avec toutes ses qualitez, & c'est là que gît *le secret de la ressemblance* entre l'animal & ses parties substarcielles primitives. Quand donc ces parties spiritueuses plus nobles de la semence mâle & des oeufs femelles se joignent, il en resulte une fermentation au moyen de laquelle l'un opère dans l'autre, & les proprietez se communiquent reciproquement, après quoi, ces Sucs se caillant, il en provient une figure qui leur est propre, où se developent peu à peu les linéamens & la forme de l'animal qui en doit naître, lequel reçoit ensuite de l'extension & son agrandissement par le Suc nourricier que la Nature lui fournit, jusques à ce qu'il soit parvenu à son point de perfection. On peut expliquer par là d'où vient que les jeunes animaux prennent les penchans & les inclinations des vieux, les proprietez des derniers étant imprimées dans la Substance même des prémiers dés-leur origine. On trouve dans la même hipothèse la raison pour laquelle on voit paroître quelquefois des espèces singulières dans le Règne animal, ce qui arrive quand un Couple inégal s'apparie, ou quand un oeuf femelle d'une espèce est fécondé par la semence mâle d'une autre espèce, (autant s'entend que cet oeuf est susceptible d'être fécondé par une semence étrangère) ce qui ne peut que produire une figure mélangée, c'est-à-dire un nouvel animal de forme mixte, dont les proprietez & les penchans tiennent du père & de la mère.

Selon ce Sistème on peut se dispenser d'imputer aux Fantaisies ou aux Imaginations des femelles les figures anomales, ou diformes de leur fruit, puisque ces figures singulières peuvent être l'effet accidentel des qualitez, du mélange, & du developement ultérieur des Sucs. Il y a relativement à ces Sucs autant d'opérations diverses dans la nature, qu'il y a de genres diférens dans le Règne animal; chaque Suc a les proprietez convenables à la figure qu'il doit produire, & c'est ce qui s'apelle *être créé selon son espèce*. Car chaque Genre a sa Structure particulière, & cette Structure a à chaque genre ses organes (**) de génération propres, chaque variété dans ces organes cause une resolution & préparation particulière des sucs, & chaque suc particulièrement préparé produit la figure qui lui est propre.

Nous trouvons ici l'occasion de revenir à nos *Ecrevisses, Scorpions, Araignées*, & autres Insectes. La grande Conformité entre ces diférens animaux est visible par exemple par raport au nombre des yeux & des piez, aux antennes, aux
anneaux,

(*) Le terme Chimique affecté à cette union est *Saturare.*
(**) On entend par là les organes *intérieurs* & *extérieurs.*

Mannigfaltigkeit der Creaturen die Möglichkeit der Aenderung der Figuren zum Grunde liege, so daß die Creaturen eben also von einander abweichen, als es Möglichkeiten giebt eine Figur zu ändern, in so weit nemlich das Verhältniß der Theile und die Bestimmung jeder Creatur solches erlaubet. Denn woferne dieses Verhältniß aufgehoben, und die Natur in der Bestimmung etwan zufällig irre gemacht worden, so entstehet in solcher Bildung eine Mißgeburth. Zufolge aber vorerwehnter Abweichung hat es, zum Exempel, dem Schöpfer gefallen, Thiere mit zwey, vier, sechs, acht, zwölf, vier und zwanzig und mehreren Füssen zu schaffen, ihre Glieder verhältnißmässig, lang, kurz, breit, rund, und dergleichen nach gewissen Bestimmungen zu bilden, und also alle mögliche Abweichungen in der Bauart ihrer Masse zu beobachten. (Wie man denn auch so gar schon Krebse gefunden, die sowohl auf den Rücken, als unten an der Brust, Füsse haben, und also auf beyden Seiten gehen können, dergleichen seltenes Thier in dem Fürstl. Cabinet des Prinzen von Oranien zu sehen ist.) Jedoch können wir uns keinesweges überreden, daß es nöthig gewesen sey, anfänglich alle Arten herzustellen, die sich hernach also vermehren solten; sondern halten davor, daß es genug war, die Hauptgeschlechter zu bilden, und daß deren ihre Begattungen nach der Zeit und biß auf diese Stunde neue Unterarten, die vorher nicht im Wesen waren, an das Tageslicht gebracht habe. Eben so wenig vermuthen wir also auch, daß in dem ersten Krebs eben die ganze Nachwelt aller Krebse zugegen gewesen, sondern nehmen es als sehr wahrscheinlich an, daß die Züge und Lineamente aller folgenden erst durch die jedesmahligen Begattungen, nach oben entworfener Art, aus der eigenthümlichen Beschaffenheit ihrer Säfte entstanden, und daß ihre besondere Mannigfaltigkeit in der nachherigen Vermischung ihrer Arten zu suchen sey. Denn daß die Bildungs-Kraft bloß in der Beschaffenheit der Säfte liege, erhellet schon daraus, weil manchen Thieren sehr beträchtliche Theile und Glieder fehlen, die erst nachwachsen, wenn sie schon lange gebildet und gebohren sind, wie z. E. die Scheeren der Krebse, die Hörner der vierfüßigen Thiere, u. s. w.

Ob wir nun durch diesen Entwurf den Geheimnissen der Natur etwas näher gekommen sind, oder uns mehr davon entfernet haben, überlassen wir andern zu entscheiden. Soviel ist indessen gewiß, daß allenthalben auch in kleinem die Grösse des gütigen Schöpfers herver leuchte, und daß keinesweges alles Räthselhafte in den verborgenen Gängen der Natur aufgehoben sey, dahero auch wir es hieben berwenden lassen, und nun die Beschreibungen der Kupfertafeln selber vor uns nehmen.

anneaux, aux couvertures testacées, & autres choses, ce qui nous conduit à croire qu' à l'egard de la diversité des Créatures, la Possibilité de la Variation des Figures en est le Principe, de façon qu'il y a autant de varietez parmi les Créatures, qu'il y a de modes possibles d'en diférencier les Figures. Cela doit s'entendre autant que la proportion des parties, & la destination de chaque Creature le permet. Car des-que la proportion cesse, ou que quelque accident trouble l'ordre & les moïens de la destination, il n'en peut resulter qu'une Configuration monstrueuse. Ainsi en conséquence du mode de variation, dont nous venons de parler, il a plû à Dieu de créer par exemple des animaux à deux, à quatre, à six, à huit, à douze, à vint-quatre & à un plus grand nombre de piez, & de leur donner des membres proportionnés, longs, courts, larges, ronds, &c. selon l'usage auquel chaque membre a été destiné par le Créateur, conséquemment d'emplöier toutes les variations possibles dans la structure de leurs corps. De fait on a trouvé des Ecrevisses, qui avoient des piez aussi bien sur le dos qu' à la poitrine, & qui avoient par conséquent la faculté de marcher dans quelle position que fut leur corps. On peut voir un de ces animaux rares dans le Cabinet du *Prince d'Orange*. Mais nous ne croions pas pour cela qu'il ait été absolument nécessaire que toutes les espèces qui devoient exister dans la Suite des tems, fussent créées dès-le commencement. Nous estimons au contraire que le Créateur s'est contenté de donner d'abord au Monde les Genres principaux, lesquels ont ensuite produit, & produisent encore par des accouplemens diversifiez de nouvelles Sousespèces, qui n'existoient point originairement. Nous sommes par la même raison bien eloignez de présumer que toute la postérite des Ecrevisses ait été renfermée dans le prémier animal de cette espèce, & pensons seulement qu'il est très-vraisemblable que les traits & les linéamens de tous les animaux qui sont venus après la création n'ont été produits que par les diférens acouplemens selon las qualités des Sucs qui leur sont propres, comme nous l'avons indiqué ci-dessus, & qu'on ne doit chercher la raison de leur grande varieté que dans le mélange des espèces. Une preuve que cette vertu, qui produit la figure, n'a d'autre principe que la qualité des Sucs, c'est qu'il y a des animaux, à qui certaines parties & membres considérables ne viennent que long-tems après leur naissance, par conséquent long-tems après que leur figure est déja formée, telles que sont les Serres des Ecrevisses, les Cornes des Quadrupedes, &c.

C'est à nos Lecteurs à decider si dans l'esquisse des Mystères de la Nature que nous venons de hazarder, nous avons aproché ses Secrets de plus près que d'autres, ou si nous nous en sommes éloignez davantage. Ce qu'il y a toûjours de certain, c'est que la Grandeur du Créateur éclate de toutes parts, même dans les plus petites choses, & que les voyes secrètes de la nature renferment encore mille merveilles, qui sont & seront long-tems des énigmes pour nous. Nous en demeurons donc là, & passons à la Description de nos Planches.

TAB. F.

PLANCHE F.

Fig. 1. Man pfleget die langgeschwänzten Krebse eigentlich Krebse, die kurzgeschwänzte aber, die auch ungeschwänzte genennet werden, (indem sie ihren kurzen Schwanz ganz und gar umbiegen, und in eine Höhlung an der untern Seite der Schaale einlegen, daß man ihn nicht zu sehen bekommt) mit dem Namen Krabben, oder auch wohl Seespinnen zu belegen. Von dieser Art wird uns in gegenwärtiger Figur die dornichte, oder stachlichte Krabbe vorgezeiget, welche vom Rumpf Cancer spinosus, und vom Linnäus Brachyurus cristatus genennet wird. Es werden die stachlichte Krabben in zwey Arten eingetheilet, nemlich in solche, die kurze, und in andere die lange Arme mit Scheeren haben, welche letztere wiederum in grössere und kleinere unterschieden werden. Die jetzige ist die mit kurzen Armen, ob sie gleich ziemlich lang sind, denn sie haben mit den übrigen 8. Füssen dennoch ein ordentliches Verhältniß, da hingegen die Arme der andern Krabben drey biß viermal länger, als ihre Füsse sind. Es erscheinet diese Krabbe roth, weil sie gekocht gewesen, die natürliche Farbe aber ist schmutzig grau, und die Schaale ist insgemein mit einem rauhen schlammigten Moose bedeckt. Die Bauart dieser ziemlich dicken Schaale ist hinten breit und rund, und nach vornen zu etwas mehr zugespitzt. Man nimmt auf der Oberfläche vier besondere Erhöhungen wahr, übrigens aber ist sie mit vielen stachlichten Spitzen besetzt, welche inwendig hohl sind, denn das Fleisch des Thieres ist ebenfals mit so vielen Spitzen versehen, welche in die Gruben der Dornen, damit die Schaale besetzet ist, einschliessen. Die Dornen sind an den Seiten nach forne zu am längsten, und gerade in der Mitten am Kopf sitzen zwey dergleichen etwas krumm-gebogne Dornen, die unter allen die dicksten und längsten sind. Unter diesen zweyen Dornen, oder Hörnern, hänget ein Lappen herunter, welcher dem blätterichten Maul der Heuschrecken ähnlich ist. Zur Seiten besagter Hörner stehen die beyden Augen in weiten Höhlungen auf gewissen Stöcken, welche sie in die Höhle bewegen und heraus strecken können, um nicht nur vorwärts, sondern auch zur Seiten und hinterwärts sehen zu können. Die Füsse haben fünf Gelenke, und sind unten an der Brust befestiget. Das erste Gelenk ist kurz, alsdann folgen drey lange, und am Ende ist das letzte, welches einer scharfen Vogelkralle ähnlich ist. An den Armen aber sitzet statt dessen eine Scheere, die wie eine lange spitzige Beißzange gebildet ist. Sie werden zwar gegessen, aber nur von den Indianern und armen Leuten, weil sie nicht sehr schmackhaft sind, und werden sowohl in West- als Ost-Indien gefunden, nur trift man sie nicht auf dem Lande an, sondern allezeit unter Klippen, welche mit Corallen besetzet sind, wohin sie sich bey stürmischem Wetter zu begeben pflegen. Es giebt hievon auch verschiedene Unterarten, die länglichter oder auch breiter sind, oder deren Schaalen sich mehr wölben, oder da die Dornen länger oder kürzer hervor ragen. Auch ist die Farbe nicht allezeit einerley. Denn man findet wohl solche, die eine Schneeweiße und roth gesprenkelte Schaale haben. In dem Wasser rudern sie mehrentheils mit den Füssen und Armen.

Fig. 2. Von ganz anderer Beschaffenheit ist die allhier abgebildete Krabbe. Denn sie gehöret unter die Brachyuros laeves oder glattschaalichte, kurzgeschwänzte Krebse. Ihre Schaale ist von Natur grau-grün, und so dünne, daß man sie kaum anfassen kan, daher auch fast durchsichtig. Sie hat oben auf gar keine Stachel, nur sitzen an jeder Seite nach der Mündung zu sechs Dorne. Die Augen sind klein, und weit von einander entfernet, indem die Schaale fast viereckigt ist, und

derglei-

Fig. 1. On a coûtume de nommer proprement *Ecrevisses* celles qui ont la *Queuë longue*. Pour celles qui ont la *Queuë comte*, auxquelles on donne aussi l'épithète de *sans queuë*, parce qu'elles recourbent entièrement leur Queuë sous elles, & la cachent dans une Cavité de la Coque, on les apelle *Crabes*, ou aussi *Araignées marines*. Celle qui est dépeinte dans cette Figure est la *Crabe épineuse* ou à aiguillons, nommée dans *Rumpf Cancer Spinosus* & dans *Linnæus Brachyurus cristatus*. Ces *Crabes à éguillons* sont de deux sortes. Les unes ont des bras courts, & les autres des bras longs, armez de Serres, & ces dernières sont encore divisées en grandes & en petites. Celle-ci est à bras courts, quoiqu'ils soient assez longs, étant proportionnez aux autres huit piez, au lieu que les bras des autres Crabes sont jusques a trois ou quatre fois plus longs que leurs piez. Elle paroit rouge, parce qu'elle a été cuite; mais sa couleur naturelle est un gris sale, & la Coque en est ordinairement couverte d'une Mousse limoneuse & rude. La Coque est assez épaisse, large & ronde derrière, & aboutit un peu en pointe sur le devant. On remarque quatre élevations particulières sur la superficie. Au reste elle est garnie de quantité d'éguillons cavez par dedans, parceque la chair de l'animal a tout autant de pointes, qui entrent dans ces Cavitez. Les Aiguillons les plus longs se trouvent sur les côtez de la Partie antérieure, & justement sur le milieu de la tête on en voit deux, qui sont les plus longs & les plus épais de tous, & un peu recourbez. Sous ces deux éguillons, cornes, ou épines, comme on voudra les nommer, pend un lambeau qui ressemble au museau feuilleté des Sauterelles. A côté de ces cornes sont placez les deux yeux dans des cavitez larges, sur de certains picots, que la Crabe peut mouvoir dans la cavité, & les avancer même au dehors, pour y voir non seulement en avant, mais aussi de côté & en arrière. Les piez ont cinq articulations, & tiennent au bas de la poitrine. La prémière articulation est courte, trois longues articulations viennent après, & la dernière, qui ressemble à une grife d'Oiseau très-aiguë, vient au bout. Les bras sont terminez par des Serres, qui sont formées en longues tenailles pointues. Il n'y a que des Indiens ou des Pauvres qui en mangent, parce que la chair de la Crabe n'est pas de bon goût. On en trouve aux *Indes Orientales & Occidentales*, non sur la terre-ferme, mais toûjours sous des rochers où il y a des Coraux; car c'est là le lieu de leur retraite dans des tems orageux. Il y a plusieurs Sous-espèces de ces Crabes, dont la figure est plus oblongue ou plus large, ou dont les coques sont plus voûtées, ou dont les épines avancent plus ou moins au dehors. La Couleur encore n'est pas toûjours la même. Car on en trouve dont la Coque est blanche comme de la neige, & mouchetée de rouge. Quand elles sont dans l'eau leurs piez & leurs bras leur servent de rames.

Fig. 2. Voici une *Crabe* d'une qualité toute différente. On la compte parmi les *Brachyuros laeves*, c'est-à-dire parmi les *Ecrevisses à courte queuë, & à coque unie*. La Coque en est naturellement grise tirant sur le verd, & tellement mince qu'on a lieu de craindre de la rompre en la touchant ce qui la rend aussi presque transparente. Elle n'a point d'éguillons au dessus; on ne remarque que six épines de chaque côté vers l'embouchure. Les yeux sont petits & fort

éloignez

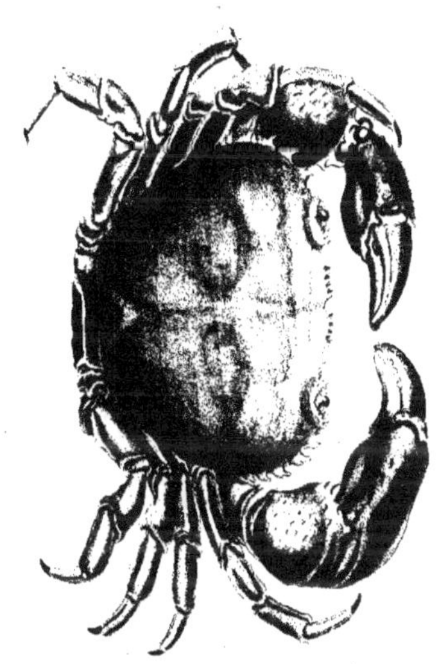

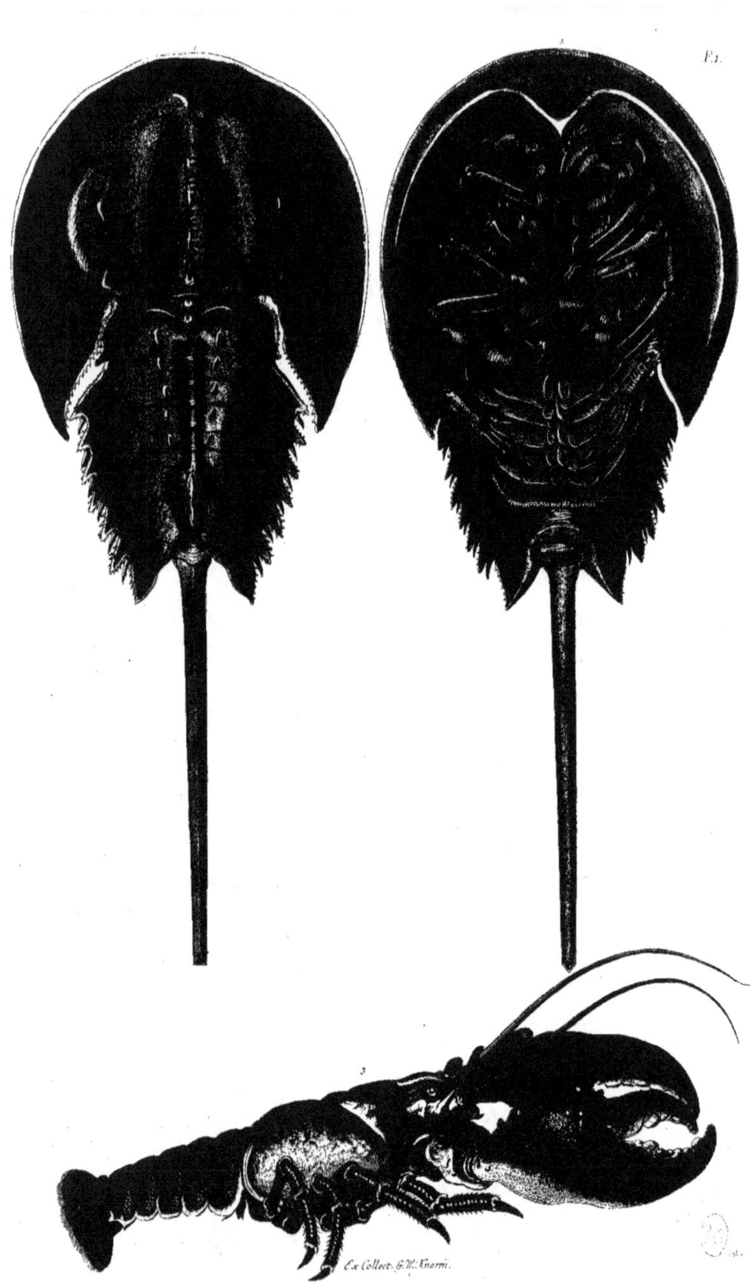
Ex Collect. G.W. Knorri.

dergleichen Stellung der Augen zu erfordern scheinet. Auch hat das Thier das Vermögen diese Augen, die gleichsam auf Blasen aufsitzen, in die Höhe zu strecken, und also über sich rückwerts zu sehen. Die Bildung der Füsse ist mit vorigen gleich, nur daß sie in allen Gelenken kürzer sind, und die Klauen an selbigen haben eine bläulicht-braune Farbe, sind ungemein hart und spitzig, und dabey so glatt, als ob sie poliret wären. Eben also sind auch die feingezähnelte Zangen, oder Scheeren an den kurzen und dicken Armen beschaffen. Hinten an der Schaale wird man zwischen den hintersten Füssen ein paar Gelenke des Schwanzes gewahr, welcher sich sodann weiter umkrümmet, und ganz versteckt.

Es ist hiebey noch anzumerken, daß man diese und dergleichen Krabben gemeiniglich mit dem Namen Taschen-Krebse zu belegen pfleget, weil ihre obere Schaale einige Aehnlichkeit mit den Hirtentaschen hat. Jedoch muß man diese Art nicht mit dem eigentlichen Taschen-Krebs, oder der Beutel-Krabbe verwechseln, welche von ganz anderer Gattung ist. Denn es bestehet dessen Schaale aus vielen Blättern nach Art der Seetulpen, die das Thier rings herum umschliessen, so daß es mit allen seinen Füssen und Armen darinne, als in einem Beutel steckt, und gänzlich aus demselben hervor kriechen kan.

TAB. F. I.

Fig. 1. Wir bekommen hier ein seltenes Thier zu sehen, welches unter das Geschlecht der Krebse überhaupt gehöret, und durchgängig der Moluckische Krebs genennet wird. Jedoch gibt Linnæus ihm den Namen Monoculus Polyphemus. Er führet bey dem Rumpf die Benennung Cancer perversus, weil an demselben gleichsam alles verkehrt vorkommt, und wird sonsten zu den Krabben gezählet. Diese Figur stellet nun dieses Thier an der obern Seite vor, und ohnerachtet es das Ansehen hat, als ob der untere Theil der Kopf wäre, an dem eine ordentliche Nase mit einem langen Rüssel sässe, so ist doch derselbige Theil der hintere Körper mit dem Schwanz, und das obere runde Stück, ist der Kopf. Man kan also die ganze Schaale in drey Theile abtheilen, in den Kopf, Leib, und Schwanz. Der Kopf ist ein rundes Schild, welches sehr dicke und ungemein stark und hart ist, dasselbe macht auswendig einen runden und glatten Rand, und nach dem Leibe zu ist dessen Figur etwas halbmondförmig. In der Mitte dieses Kopfs stehen zwey Augen dichte an einander, und stecken in der Schaale, so, daß man sie gar nicht wahrnimmt, wenn man nicht auf einen gewissen hornartigen, halbdurchsichtigen Flecken Acht gibt, der bey den gedörrten Exemplarien fast nicht zu sehen ist. An diesem Kopf sitzet ein kleineres Schild, welches den Leib bedecket, mit einem dicken Fell feste, jedoch ist die Schaale einigermassen wie ein Gelenke ausgeschweift, daß die zwey Schilde besser aneinander halten. Dieses kleinere Schild ist am Raade mit starken Zacken besetzet, und in der Mitte mit einer Furche abgetheilet, von welcher einige Quer-Linien nach dem Raude zu gehen. Endlich folget der dritte Theil, welcher den Schwanz ausmacht, der in einer langen, hohlen, fast dreyeckigten Röhre bestehet, und so spitzig, wie eine Nadel ist. Es wird aber diese Spitze allezeit, sobald man sie gefangen, abgebrochen, denn wer von derselben verletzet wird, bekommt eine Entzündung, als von ei-

nem

éloignez l'un de l'autre, la Coque étant presque quarrée, & semblant exiger cette position des yeux, qui sont comme postez sur des vessies, & que l'animal a la faculté d'élever en l'air pour voir ce qui se passe au dessus de lui & derrière lui. Les pieds de cette Crabe sont formez comme ceux de la précédente, si ce n'est que toutes les articulations en sont plus courtes. Ses Grifes sont de couleur bleuâtre tirant sur le brun, extrèmement dures & pointuës, & aussi unies que si on les avoit polies exprès. Telles sont de même les Serres à dents trés-fines qui se trouvent au bout de ses bras, lesquels sont gros & courts. On observe sur le derrière de la Coque entre la dernière paire de piez un couple d'articulations de la queuë, qui de là se recourbe & se cache entièrement.

Il y a encore à observer qu'on donne aussi à ces Crabes & autres pareilles le nom d'*Ecrevisses à poche* parceque la partie supérieure de leur Coque a quelque ressemblance avec la poche ou panetière des bergers. On ne doit cependant pas confondre cette sorte avec les *Ecrevisses à poche* proprement ainsi nommées, ou avec la *Crabe à bourse*, qui est d'une espèce toute diférente; car la Coque en est composée, comme la Coquille des *Balanus*, ou *Glands de Mer*, de quantité de feuilles qui embrassent l'animal de tous les côtez, de façon qu'il est renfermé avec ses piez & avec ses bras dans cet étui comme dans une bourse, d'où il sort tout entier quand il lui plait.

PLANCHE F. I.

Fig. 1. Cette Figure nous préfente un animal trés-rare, qui apartient au Genre des Ecrevisses en général, & que tous les Naturalistes apellent l'*Ecrevisse Moluque*, excepté *Linnæus*, qui lui donne le nom de *Monoculus Polyphemus*. *Rumpf* la nomme *Cancer perversus*, parceque presque toutes ses parties semblent être posées à rebours. On la met d'ailleurs au nombre des *Crabes*. Nôtre figure dépeint la Partie supérieure de cet Animal. On diroit à le voir que la tête se trouve en bas, où l'on remarque un nez bien formé avec un long museau, cependant ce n'est là que la partie postérieure du corps avec la queuë, & c'est la pièce ronde supérieure qui forme la tête. L'on peut donc diviser toute la coque en trois parties, savoir la Tête, le Corps ou Corcelet, & la Queuë. La Tête est un Ecusson rond trésépais, extraordinairement fort & dur, muni d'une bordure ronde & unie, & formant du côté du corps une espèce de demi-Lune. Au milieu de cette Tête il y a deux yeux tout prés l'un de l'autre, & placés dans la Coque de façon qu'on ne les aperçoit point, quand on ne regarde pas à un certain point de nature cornée & à demi-transparent, presque invisible aux individus de cette espèce qu'on a une fois séchez. Un Ecusson de moindre grandeur, qui couvre le corps est attaché à cette tête par une Membrane épaisse; cependant la Coque est en quelque manière échancrée, comme l'est une Articulation à la jointure, afin que les deux écussons puissent mieux tenir l'un à l'autre. Cet Ecusson moindre en grandeur est muni sur les cotez de dents fortes, & partagé au milieu par une cannelûre, d'où l'on voit partir quelques lignes en travers, qui vont aboutir au bord. Enfin vient la troisième Partie, c'est-à-dire la Queuë, qui est un long tuyau cavé presque triangulaire, pointu par le bout comme une épingle. On a la précaution de rompre

cette

nem Scorpionen-Stich, indem eine ätzende Feuchtigkeit aus selbiger dringet. Dieser Schwanz sitzet mit einem Gelenke an der kleinern Schaale feste, welches Gelenke einer Hundsnase vollkommen ähnlich siehet. Es haben diese Krebse, oder Krabben einen schnellen Gang, da sie denn den Schwanz gerade in die Höhe heben, und denselben zu ihrer Vertheidigung brauchen. Von Natur ist die Schaale Olivenfärbig, wird aber braun, wenn sie getrucknet wird.

Fig. 2. Der untere Theil vorerwehnter Krabbe zeiget in dem Kopfschilde die Befestigung der 8. Füsse, die alle mit langen Zangen versehen sind, oben aber siehet man das wenige fleischichte Wesen des Kopfs, und an selbigem noch ein paar kleine zangenförmige Gelenke, statt der Scheeren. Ferner nach unten zu nimmt man die Bedeckungen des Cörpers wahr, welche in vielen runzlichten Blättern bestehen. Die Eyer dieser Krabbe liegen in grosser Menge zwischen einer Haut und der Schaale verborgen, sonst aber trift man nicht vieles eßbares Fleisch darinnen an. Man fand diese Thiere zuerst in den Moluckischen Insuln, und gab ihnen daher obenerwehnten Namen. Nach der Zeit traf man sie besonders auf der Insul Celebes an, und endlich sind sie auch in America entdecket worden. Sie werden oft sehr groß, so, daß sie mit dem Schwanz manchmal zwey biß dritthalb Schuhe lang sind.

Wir haben oben erinnert, daß Linnæus diese Krabbe in ein besonderes von den Krebsen verschiedenes Geschlecht setze, welches bey ihm den Namen Monoculus führet. Von diesem ganzen Geschlecht werden daselbst, ausser diesem Moluckischen Krebs, nur noch acht Arten von kleinen Insecten gerechnet, die sich mehrentheils in süssen Wassern aufhalten.

Fig. 3. Gleichwie die Brachyuri eigentlich Krabben genennet werden, so führen hingegen alle andere mit langen blätterichten Schwänzen den Namen Krebse, und heissen überhaupt Macrouri, und von diesen giebt es etliche mit glatten, andere mit stachlichten und rauhen Schaalen, welche letzte auch Bären-Krebse heissen. Einige haben Scheeren, andere keine, welche letztere unter dem Namen Squillæ bekannt sind. Diejenigen, welche glatte Schaalen haben, besitzen entweder weiche, oder harte und stachelichte Fühlhörner, und sind überhaupt in der Bauart der Schaalen und in der Grösse sehr unterschieden.

Derjenige, welcher hier vorgezeiget wird, ist der verkleinerte Seehummer, der in den Seestädten hinlänglich bekannt ist, und mit unsern Fluß-Krebsen die meiste Uebereinstimmung hat. Dahero wir auch in der Beschreibung kurz seyn werden. Die obere Schaale ist in drey Erhöhungen abgetheilet, und über selbige gehet in der Mitte eine vertiefte Linie. Die Fühlhörner sind lang, und bestehen aus lauter Ringelchen. Die grossen Arme, an welchen die Scheeren sitzen, sind dicke, inwendig gezähnelt, wie auch die Scheeren inwendig starke Zähne haben. Die Augen stehen nahe beysammen, sind beweglich, und mit einem langen spitzigen und gezähnelten Stück von der Schaale etwas bedecket. Die acht Füsse sind stachelicht, und von denselben sind die vier fördern mit Zangen versehen, die vier hintern aber haben nur einfache Klauen. Der Schwanz bestehet aus

fünf

cette pointe dés-qu'on a pris l'Ecrevisse, parce que sa piquûre est aussi dangereuse que celle du Scorpion & cause la même inflammation, qui provient d'une humidité corrosive qui en sort. Cette Queuë est attachée à la Coque la moins grande par une articulation laquelle ressemble parfaitement au nez d'un chien. Ces Ecrevisses ou Crabes marchent avec beaucoup de celerité & tiennent alors leur Queuë élevée, laquelle leur sert de défense en cas de besoin. La Coque est naturellement couleur d'olive, mais elle devient brune quand on la séche.

Fig. 2. La Partie inférieure de la Crabe dont nous venons de parler indique à l'Ecusson de la tête la manière dont les huit piez y sont attachez. Ces piez sont tous munis de longues pinces, & l'on aperçoit en haut la petite Partie charnuë de la tête, & tout contre deux petites Articulations en forme de Pinces au lieu de Serres. On peut remarquer en bas les Parties qui couvrent le corps, & qui consistent en quantité de feuilles ridées. Les oeufs de cette Crabe sont cachez en grande quantité entre la coque & une peau. D'ailleurs on n'y trouve guères de chair mangeable. Ce fut aux *Iles Moluques* qu'on trouva d'abord ces Animaux, qui en gardèrent le nom, ensuite on en rencontra aussi particulièrement à l'Ile de *Celebes*, & enfin on en découvrit en *Amérique*. Ils parviennent souvent à un dégré de grandeur considérable, de sorte qu'ils ont quelquefois, y compris la Queuë, deux, jusques a deux pieds & demi de longueur.

Nous avons déjà dit cy-dessus que le Chevalier *Linnæus* distingue cette Crabe, & la met dans un Genre différent de celui des autres Ecrevisses. Le nom qu'il lui donne est *Monoculus.* Il compte dans le même Genre, outre l'Ecrevisse *Moluque*, encore huit espèces de petits Insectes, qui vivent ordinairement dans des Eaux douces.

Fig. 3. Ce sont les *Brachyurus* qu'on distingue proprement par le nom de *Crabes.* Toutes les autres à queuës longues & feuilletées s'apellent *Ecrevisses*, aux quelles on a affecté généralement le nom de *Macrourus.* Il y en a à coques unies, d'autres à coques épineuses & veluës, qu'on apelle aussi *Ecrevisses en Ours*, ou *Cancre-Ours.* Quelques unes sont pourvûes de Serres, d'autres n'en ont point. Ces dernières sont conuës sous le nom de *Squilles.* Celles qui sont à coques unies sont encore diférenciées par les Antennes, qui sont tendres aux unes, & dures & épineuses aux autres, & en général très-diverses entre elles, tant par raport à la Structure de la Coque, que par raport à leur grandeur.

L'Animal que nous voyons dépeint ici est le *Homard* représenté en petit, fort conu dans toutes les Villes maritimes, qui a le plus de conformité avec nos Ecrevisses de rivière, ce qui nous dispense d'en donner une Description fort étenduë. La Coque supérieure est divisée en trois élevations au milieu desquelles on voit une ligne enfoncée. Les Antennes sont longues & toutes composées de petits anneaux. Les longs bras qui portent les Serres sont gros & dentez en dedans. Les Serres mêmes ont du coté intérieur de fortes dents. Les yeux sont placez près l'un de l'autre, mobiles, & défendus par une partie longue, pointuë, & dentée de la coque. Les huit piez sont pleins d'épines. On voit des pinces aux quatre pieds antérieurs; les quatre postérieurs n'ont que de simples grifes. La Queuë consiste en cinq larges

ges

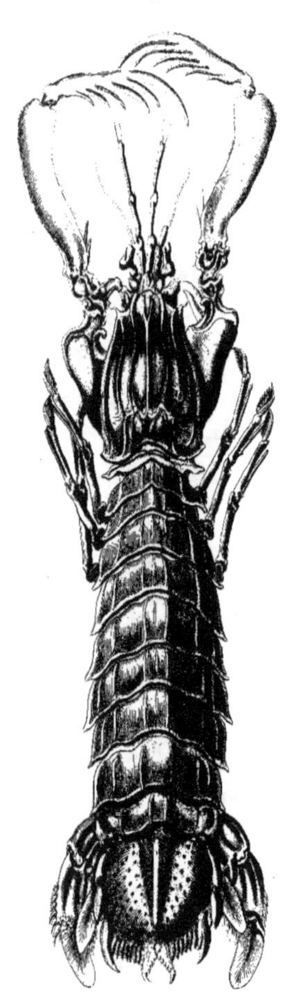

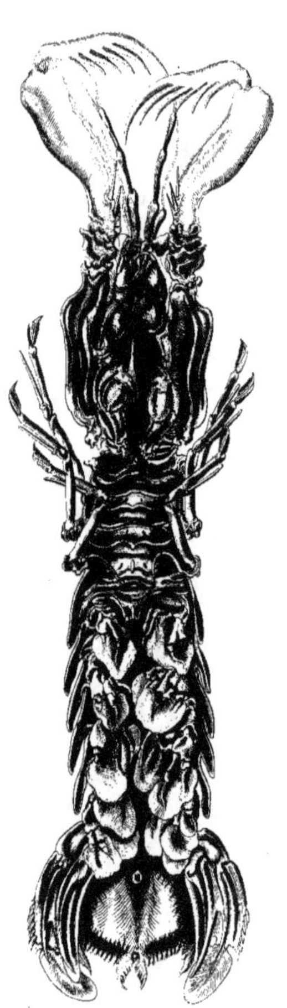

fünf breiten Ringen, und am Ende sitzen fünf Blätter mit einem
faserichten Rand, den sie zum Schwimmen gebrauchen. Unten
am Schwanz befindet sich eine Menge faserichter Fortsätze, welche dazu dienen, die Eyer zu tragen. Sie werden beträchtlich
groß, denn sie sind oft über zwey Schuh lang, ohne die Fühlhörner zu rechnen. In den Scheeren haben sie eine ausnehmende
Stärke, und können einem Menschen den Arm entzwey kneipen,
wie sie denn auch oft die Stricke von Schiffen zerschneiden, und
die Fische, auf welche sie lauren, wenn sie gleich ziemlich groß
und stark sind, im vorbeyschwimmen erhaschen, und sie mit sich
in ihre Schlupfwinkel hinein zerren.

TAB. F. II.

Fig. 1. Wir haben vorher erinnert, daß es Krebse ohne
Scheeren gebe, welche Squillae genennet werden. Von der Art
ist das in dieser Figur vorgezeigte Thier; wiewohl es auf eine
merkwürdige Art von den übrigen Squillis abweicht. Es ist
nemlich diese die Squilla arenaria terrestris des Rumpfs oder
Cancer Macrourus Mantis des Linnäi. Der Körper wird mit
einer Schaale bedeckt, die nicht hart, sondern vielmehr einem
Pergament ähnlich ist. Dieselbige bestehet aus fünf breiten und
dreyen schmählern Ringen, die wie ein halber Mond den Leib
umschliessen. Der Schwanz ist breit und stachelicht, indem
viele Spitzen in einem halben Bogen herausgehen, und zur Seite des Schwanzes treten ein paar faserichte lange Floßfedern
heraus. Eben dergleichen aber kürzere Floßfedern befinden sich zu
beyden Seiten unter vorerwehnten fünf Ringen. Oben sind nur
zu jeder Seite drey Füsse, welche an den Enden viele Fasern haben. Der Kopf ist ein einziges breites Schild mit zweyen Nä-
then, welche das Schild die Länge herunter in drey Theile abtheilen, unter selbigen sind die Arme befestiget, die statt der
Scheeren dienen. Es haben aber dieselbe eine besondere Structur,
denn sie bestehen nur aus zwey breiten Schenkeln, an deren Ende
eine viel dünnere mit langen Zähnen, oder Zacken versehene
Spitze stehet, welche das Thier gleich einem Taschen-Messer in
eine Ritze des zweyten Schenkels einlegen, und daselbst ganz verbergen kan. Auch siehet das Gelenke dieses förderssten Gliedes
dem Gelenke eines Taschenmessers, welches zusammen geleget
wird, vollkommen gleich, und die langen Zacken an der heraustrettenden Spitze sehen wie krumme Vogelklauen aus. Die
Augen sind sehr groß, und zur Seiten mit einem breiten Schnurbart besetzt, welcher die Gestalt der membranösen Flügel der
Insecten hat. Die Farbe ist natürlich hell-braun-gelb, wie sie
sich eben hier zeiget. Man nennet dieses Thier squillam are-
nariam terrestrem, weil es sich am sandigten Strande, das
von dem Seewasser befreyet bleibet, aufhält, sich daselbst tief
eingräbet, und in einer Höhle wohnet. Die Größe oder Länge
desselben beläuft sich zuweilen über einen Schuh.

Fig. 2. Die untere Seite dieses Krebses, welche in dieser
Figur zu sehen, enthält eben so viele Merkwürdigkeiten, als die
obere, denn, (um von oben anzufangen,) so zeigen sich erstlich
unter den zwey an gewissen Fortsätzen hervorragenden Augen, ein
paar borstenartige Fühlhörner und ein Rüssel, alsdann folgen
sechs kleine Werkzeuge, wie Füßgen, die an dem Mund stehen,
und womit er seine Nahrung an den Mund bringet, nachdem er
erst die kleinen Fische, welche er zu verspeisen pfleget, mit den
Haken an dem Fördertheil seiner Arme an sich gezogen und klein
geschnitten. Nachher folgen die sechs ordentlichen Füsse, zwischen welchen man die Ringe des Leibes siehet, und nach diesen
kommen zu jeder Seite fünf breite Floßfedern, die mit sehr vielen und starken Borsten besetzt sind. Diese Art ist sehr
beschwer-

L 2

---

ges anneaux, au bout desquels on observe cinq feuilles bordées de filamens, dont ces animaux se servent pour nager.
Au bas de la Queuë il y a une quantité de continuations
filamenteuses destinées à porter les oeufs. Les Homards deviennent fort grands, ayant souvent plus de deux pieds de longueur sans les Antennes. Ils ont une telle force dans les Serres,
qu'ils en peuvent rompre le bras d'un homme, & couper
les cordages des Navires. Ils épient des Poissons assez grands
à la nage, & quand ils en ont attrapé un ils l'entrainent
dans les trous qui leur servent de demeure.

PLANCHE F. II.

Fig. 1. Nous avons vû cy-dessus qu'il existe une espéce
d'Ecrevisses sans Serres qu'on nomme *Squilles*. On en
voit ici une de cette sorte, qui difère d'une manière remarquable de toutes les autres Squilles. Le nom que lui donne
Rumpf est *Squilla arenaria terrestris*, & *Linnæus* l'apelle *Cancer
Macrourus Mantis*. La Coque qui couvre le corps est tendre
& semblable à du simple parchemin. Elle consiste en cinq
anneaux larges & trois étroits, qui forment une espéce de
demi-Lune autour du corps. La Queuë est large & épineuse, d'où l'on voit sortir quantité de pointes en demi-
cercle. On remarque à côté de cette Queuë deux longues
nageoires filamenteuses. Il y en a de pareilles, mais plus
courtes, sous les cinq anneaux, dont nous venons de parler,
des deux côtez. L'animal n'a de chaque côté que trois
pieds dont les extrèmitez sont pleines de filamens. La Tête
est un seul écusson large marqué en long de deux lignes
enfoncées qui le divisent en trois champs. C'est là-dessous
que tiennent les bras, qui servent à l'animal de Serres, & qui
sont d'une Structure particulière. Car ces bras ne sont autre chose que deux larges Cuisses, à l'extrémité desquelles
on voit une pointe de beaucoup moindre diamètre, armée
de longues dents ou crocs; l'animal cache cette pointe
comme un couteau de poche dans une fente de la seconde
Cuisse, & de fait l'articulation du prémier Membre de ces
bras ressemble parfaitement au ressort d'un couteau de poche,
qui se plie, tout comme les longs crocs de la pointe ressemblent à des grifes d'oiseaux recourbées. Les yeux sont fort
gros, & garnis à côté d'une large moustache faite comme
les ailes membraneuses des Insectes. La Couleur naturelle
de cet animal est un brun-clair, tirant sur le jaune, comme on la
voit ici. On l'apelle la *Squille de Sable terrestre*, parce qu'elle
vit dans les rivages sablonneux, là où l'eau de la mer ne
peut atteindre, où elle s'enterre, & se creuse une demeure.
Elle a quelquefois au delà d'un pied de longueur.

Fig. 2. Cette Figure représente la partie inférieure de
la même Squille, où il y a tout autant de remarques dignes
d'attention à faire, qu'a la partie supérieure. Car pour
commencer par en haut, on observe sous les deux yeux qui,
postez sur de certaines Continuations de Coquille, avancent
beaucoup hors de la tête, une paire d'Antennes faites
comme des soies & un museau, après quoi succèdent six
petits organes formez en petits pieds près du museau, dont
l'animal se sert pour porter sa pâture à la bouche, après
avoir tiré à soi au moyen des crocs qu'il a à la partie antérieure de ses bras les petits poissons qui lui servent de
nourriture, & les avoir coupés en petits morceaux. Les
six pieds ordinaires viennent ensuite, entre lesquels on
aperçoit

beschwerlich zu fangen, und so lange sie leben fast nicht mit den Händen anzugreiffen, denn sie hauen und stechen von allen Seiten, daher man sie mit Schlingen fangen muß. Eine kleinere, doch nemliche Art, wird Squilla arenaria marina genennet, weil sie sich im Wasser unter den Steinen, die auf dem sandigten Strande liegen, aufhält.

aperçoit les anneaux du corps; après viennent de chaque côté cinq larges nageoires garnies de quantité de soies fortes. Il est très-dificile de prendre ces Squilles, & encore plus dangereux de les toucher de la main, tant qu'elles vivent, car elles frapent d'estoc & de taille, coupant & piquant de tous côtez de façon qu'on ne peut les prendre qu'au lacet. On a une Sorte moins grande de la même espèce, qu'on apelle Squille sablonneuse marine (*Squilla arenaria marina*) parce qu'elles vivent dans l'eau sous les pierres qui se trouvent sur le rivage sablonneux de la mer,

TAB. F. III.

Fig. 1. Wir bekommen in dieser Figur einen ausnehmenden Indianischen Scorpion zu sehen, welcher der größte in seiner Art ist, und vom Linnäus *Scorpio afer* genennet wird. Wir haben schon in der Einleitung von der Anzahl der Füsse und Augen, die bey allen die nemliche ist, geredet, daß wir nur von einigen andern Umständen noch etwas zu sagen haben. Es unterscheidet sich nemlich diese Art von allen andern darinnen, daß sie über und über mit kurzen Borsten besetzt ist. Sodann ist auch ein Unterscheidungs-Zeichen an den Scheeren zu sehen, indem selbige etwas Herzförmig und sehr stark sind. Nun giebt es zwar eine kleine Art, deren Scheeren eben so gestaltet sind, allein, deren ihre Scheeren sind niemahls mit Borsten besetzt, so, daß sie auch deßfals hinlänglich von dieser zu unterscheiden sind, wenn man auch nicht auf die merkliche Größe des jetzigen Acht haben wollte. Wir können aber nicht umhin noch einen Umstand zu berühren, den man aus den Figuren auf dieser Tafel nicht entscheiden kan. Es haben nemlich alle Scorpionen unten zwischen der Brust und dem Leib zur rechten und linken Seite einen mit starken Borsten besetzten und gleichsam gezähnelten Fortsatz sitzen, welchen man den Kamm nennet, weil derselbe viele Aehnlichkeit damit hat. Dieser Kamm ist in der Anzahl der Zacken nach Verschiedenheit der Scorpionen auch unterschieden. An dem gegenwärtigen haben die zwey Kämme, jeder dreyzehn Zähne. Was nun übrigens von diesen und mehreren Scorpionen zu erwehnen ist, solches ist schon in der Einleitung angeführet worden.

Fig. 2. Von anderer Gattung ist derjenige Scorpion, den die jetzige Figur vorzeiget, und welcher vom Linnäus Scorpio Americus genennet wird. Der Unterschied bestehet darinnen, daß die Scheeren nicht herzförmig sind, sondern in langen schotenförmigen Zangen bestehen, welche mit Borsten besetzet sind. Die Kämme von diesen Scorpionen sind mit vierzehn Zacken versehen. Sie werden in Brasilien gefunden, und sind fast noch giftiger, als die erste Art.

Fig. 3. 4. 5. 6. 7. 8. 9. Alle diese übrige Scorpionen sind fast von einer Art, und werden theils in Italien, theils in Deutschland, theils auch in den mittägigen Provinzen von Frankreich gefunden, und sind nicht so sehr gistig, als die ersten. Sie sind alle miteinander glatt, und haben an ihren Kämmen achtzehn Zacken.

PLANCHE F. III.

Fig. 1. Cette Figure représente un Scorpion des *Indes* extraordinaire de la plus grande espèce. C'est le *Scorpion afer* ou le *Scorpion Afriquain* de *Linnæus*. Nous avons déja parlé dans nôtre Introduction du nombre des piez & des yeux qu'ont généralement tous les Insectes de cette espèce. Nous n'avons donc qu'à ajouter ici encore quelques particularitez dignes d'être remarquées. Cette espèce se distingue de toutes les autres d'abord en ce que l'animal est tout couvert de soies courtes. Ensuite elle se distingue par les Serres, en ce qu'elles sont un peu formées en coeur, & fort grandes. Il est vrai qu'il y en a une plus petite espèce dont les Serres ont la même figure, mais les Serres de cette dernière espèce ne sont jamais garnies de soies, comme celles de ce Scorpion-ci, de manière qu'il seroit facile de les distinguer, quand même la grandeur considérable de celui que nôtre figure dépeint n'y mettroit pas une diférence notable. Il y a encore une singularité à observer que nous ne pouvons pas passer sous silence, d'autant plus qu'elle ne paroit point aux figures de cette Planche. C'est que tous les Scorpions ont par dessous entre la poitrine & le corps, du côté droit aussi bien que du côté gauche, une espèce de Continuation garnie de fortes Soies, & comme de dents, qu'on apelle le *Peigne*, parce qu'elle est faite en peigne. Le nombre des dents de ce Peigne difère selon la diversité des Scorpions. Chacun des Peignes de celui-ci a treize dents. On a vû dans nôtre Introduction ce qu'il y auroit encore à dire sur ce Scorpion, & sur d'autres.

Fig. 2. Voici un Scorpion diférent du precédent. *Linnæus* apelle celui-ci *Scorpio Americus*, le *Scorpion d'Amérique*. La diférence consiste en ce que les serres de celui-ci ne sont point formées en coeur, mais que ce sont de longues pinces faites comme une silique, qui sont couvertes de soies. Les Peignes de ce Scorpion sont garnis chacun de quatorze dents. Cet animal vient du *Brésil*, & est presque plus vénimeux que ceux de la première espèce.

Fig. 3. 4. 5. 6. 7. 8. 9. Tous ces autres Scorpions sont à peu de chose près d'une seule & même espèce; on les trouve en *Italie*, en *Allemagne*, & aussi dans les Provinces méridionales de France. Ils sont tous unis, & ont dix-huit dents à chaque peigne. Ils ne sont pas aussi venimeux que les autres.

Ex Museo Excell. D. D. Chrift. Iac. Trew. S. I.

C. N. Kleemann ad nat. pinxit.

46.

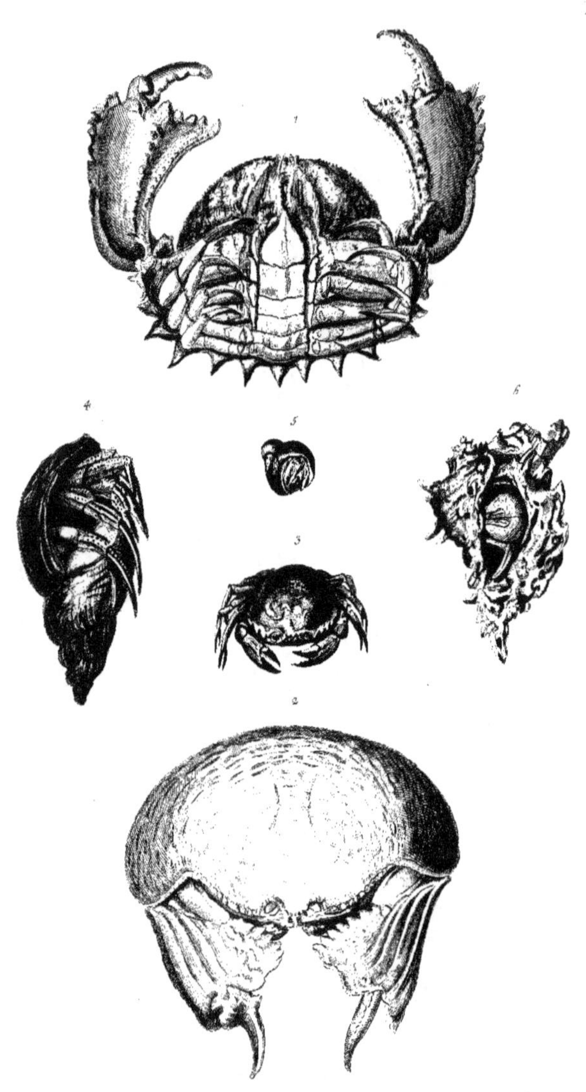

Ex Museo Excell. D. D. C. J. Trew & Mulleri.

Christian Leinhayer ad nat. pinxit.

Andreas Hoffer sculpsit. 52.

TAB. F. IIII.

Fig. 1. In dieſer Figur zeiget ſich ein Indianiſcher kurz-geſchwänzter Krebs, oder Krabbe, an der untern Seite, und wird vermuthlich des Linnæi Brachyurus thorace inaequali hepaticus ſeyn. Es hat nemlich dieſer Krebs eine leber-braune Schaale mit drey Erhöhungen. Dieſe Schaale iſt an der hintern Seite gezackt, vorne her aber fein eingekerbet. Der kurze Schwanz lieget in der Schaale, wie in dieſer Figur zu ſehen. Zur Seite dieſes Schwanzes ſind die acht Füſſe mit ſcharfen braunen Spitzen befindlich, welche ſich alle in der Höhlung der Schaale dergeſtalt zuſammen legen können, daß man ſie faſt gar nicht ſiehet. Die Scheeren dieſes Krebſes haben eine beſondere Structur, und weichen von der gewöhnlichen Bauart merklich ab; Denn ſtatt, daß die zwey Glieder der Scheere die Länge herab gegen einander ſchlagen ſolten, ſo iſt vielmehr das eine Glied oben ganz breit, aus dieſer Breite aber tritt das andere Glied als eine Sichel heraus, und ſchläget in die Quere über das breite Glied her. Beyde Scheeren hingegen können vermittelſt eines ordentlichen Gelenkes ebenfals in die Höhlung der Schaale eingelegt werden, daß man ſie gar nicht ſiehet. Uebrigens ſind auch die Scheeren gezackt, und ſehen einem Hahnenkamm nicht unähnlich, dahero Gesner und Bellonius ihn Cancer Heracleoticus genennet haben; jedoch iſt zu merken, daß das obere Glied der einen Scheere, oder die eine Zange derſelben, ganz anders gebildet iſt, als an der andern, indem die eine Zange der linken Scheere viel dünner und nicht ſo höckericht erſcheinet, als an der rechten.

Fig. 2. Faſt von eben der Bauart iſt die jetzige **Calappus-Krabbe**, oder Cancer Calappoides Rumphii, und Brachyurus Calappa *Linnæi*. Die Schaale iſt glatt, bäuchicht, und hat auf der Oberfläche viele Kerben und Einſchnitte, die etwas Cirkel-weiſe in krummen Linien, jedoch dabey in verwirrter Ordnung ſtehen. Ferner iſt die Farbe weiß und faſt dem Sande ähnlich, ſo, daß man die Schaale von dem Sande, wenn ſie darinnen lieget, nicht unterſcheiden kan. Wenn aber die Sonne darauf ſcheinet, ſo giebt ſie an dem lebendigen Thier der Feuchtigkeit halber einen Schneeweiſſen und blendenden Glanz. Der Name Cancer Calappoides iſt dieſer Krabbe deßwegen vom Rumpf gegeben worden, weil die Schaale einer Schaale von der Calappus-Nuß ähnlich iſt. Es iſt übrigens wenig, oder gar kein Fleiſch vorhanden, weil die Schaale, eben ſo, wie an der vorigen ganz ausgehöhlet iſt, daß ſich alle Füſſe und die Scheeren gänzlich darinnen verbergen können, welche leztern faſt ſo, wie die Scheeren der vorigen Krabbe gebildet ſind, weßfals ihr auch von den ältern Schriftſtellern der Beynahme Heracleoticus gegeben worden iſt.

Fig. 3. Endlich erſcheinet hier noch eine Krabbe, welche die **Blumen-Krabbe**, oder Cancer floridus genennet wird. Die Bauart kommt mit andern gemeinen Krabben überein, nur iſt die Schaale mit zierlichen Figuren und gelben Flecken, als mit Blumen beſetzet, daher auch der Name den Urſprung hat. Obgleich aber die Schaale ein ſo ſchönes Anſehen hat, ſo tauget ſie doch nicht zum eſſen. Die Scheeren und Klauen ſind ſchwarz, und die Indianer halten dieſes vor ein allgemeines Merkmahl, daß, wenn ſelbige dunkelbraun, oder ſchwarz ſind, das Thier alsdann nicht zum eſſen dienlich ſey.

Fig. 4.

PLANCHE F. IIII.

Fig. 1. Nous voyons ici la partie inférieure d'une *Ecreviſſe à courte Queuë*, ou *Crabe*, des *Indes*, qui eſt vraiſemblablement le *Brachyurus thorace inæquali hepaticus*, ou la *Crabe hepatique à courte queuë & à poitrine inégale* de *Linnæus*. Cet animal a une coque couleur de foie, avec trois élévations. Cette Coque eſt dentée par derrière & finement entaillée par devant. La queuë, qui eſt courte eſt couchée dans la coque, comme la figure le montre. Les huit pieds paroiſſent à côté de cette Queuë, garnis de pointes brunes aiguës, & tout cela trouve ſi bien placé dans les cavitez de la coque, qu'on n'en voit preſque rien du tout. Les Serres de cette Crabe ſont de Structure particulière, très-diférente de celle des autres. Car au lieu qu'aux autres les deux Membres des Serres ſe joignent en long, ici l'un de ces Membres eſt tout-à-fait large en haut, & c'eſt de cette partie ſupérieure large que ſort l'autre Membre de la même Serre & ſe replie ſur le prémier en travers en forme de faucille. L'une & l'autre Serre eſt pourvuë d'une articulation régulière, au moyen de laquelle elle peut être fourrée dans la cavité de la coque ſans qu'il en paroiſſe rien au dehors. Au reſte ces Serres ſont auſſi dentées, & ne reſſemblent pas mal à une crête de Coq, raiſon pour laquelle *Guefner* & *Bellonius* ont ſans doute donné à cette Crabe le nom de *Cancer Heracleoticus*. Il faut remarquer encore que le Membre ſupérieur de l'une des ſerres, ou l'une des branches de la pince, eſt tout-à-fait diférente de la même partie de l'autre Serre, puis qu'à la gauche elle eſt beaucoup plus mince & moins raboteuſe qu'à la droite.

Fig. 2. La *Crabe de Calappus* (*), qui eſt repréſentée dans cette figure reſſemble aſſez quant à la ſtructure à celle dont nous venons de parler. C'eſt le *Cancer Calappoides* de *Rumpf*, ou le *Brachyurus Calappa* de *Linnæus*. La Coque en eſt unie, ventruë, & a ſur la Superficie quantité de coches & d'entailles en cercle, ou en lignes courbes, ſans autre ordre. La Couleur en eſt blanche, preſque pareille à celle du Sable, tellement qu'on ne l'en peut pas diſtinguer quand elle y eſt couchée. Mais quand le Soleil donne deſſus, alors la Coque rend à cauſe de l'humidité qui la couvre un éclat blanc comme neige, & d'un brillant qui éblouit. *Rumpf* donne à cet animal le nom de *Cancer Calappoïdes*, parceque ſa Coque reſſemble à la Coquille de la Noix de *Calappus*. Au reſte cette Crabe n'a que peu ou point de chair, parceque la Coque en eſt toute cavée, comme à la précédente, de manière que tous les piez & les Serres s'y peuvent entièrement cacher. Ces dernières ſont faites comme celles de la Crabe précédente, ce qui a ſans doute déterminé les anciens Auteurs à lui donner auſſi l'épitète de *Heracleoticus*.

Fig. 3. Voici enfin encore une Crabe qu'on apelle la *Crabe à fleurs*, ou *Cancer floridus*. La ſtructure en reſſemble à celle des autres Crabes ordinaires. Ce qu'il y a de particulier à celle-ci, c'eſt que ſa coque eſt décorée de jolis deſſeins & de taches jaunes, comme un Parterre de fleurs, ce qui eſt l'origine de ſa dénomination. Mais quelque belle que ſoit cette coque, il n'en eſt pas moins vrai que la chair de l'animal n'en vaut rien à manger. Les Serres & les Grifes en ſont noires, & les Indiens ont généralement pour règle,

K

(*) Eſpèce de Palmier d'*Aſie* avec le fruit duquel cette Crabe a du raport.

Fig. 4. Wir haben in der Einleitung erwehnet, daß es auch Schnecken- und Muschel-Krebse gebe, das ist solche, die in Schnecken und Muscheln wohnen. Von der erstern Art haben wir jezo Gelegenheit ein mehrers zu reden. Von der andern werden wir bey der Tab. F. 6. Erwehnung thun. Es haben nemlich etliche kleine Krebse, die besonders Cancelli genennet werden, und in Indien den Namen Cuman führen, die natürliche Gewohnheit an sich, daß sie mit dem Hintertheil des Leibes, oder vielmehr mit dem Schwanz, in eine Schnecke, ja in Ermanglung bequemer Schnecken, wohl in Nußschaalen, leere Krebsscheeren, und durchlöcherte Hölzer kriechen, und darinnen ordentlich wohnen. Von diesen Cumans giebt es etliche Arten, die jedoch darinnen mit einander überein kommen, daß ihr Schwanz ungemein dünnschaalicht und mit Borsten besetzt, aber nicht, wie bey den andern, mit Blättern versehen ist. Sie unterscheiden sich inzwischen mehrentheils darinnen von einander, daß etliche einen langen gestreckten Leib und auch solche Scheeren haben, und diese suchen die lang gewundene Schnecken auf; andere hingegen sind kurz, dick, und haben breite Scheeren, welche mehrentheils in kurz gewundenen Schnecken wohnen. Die Ursache ist wohl, weil jede Art sich eben solche Schnecken aufsucht, deren Mündung sie mit ihren nebeneinander gelegten Scheeren ordentlich zudecken, oder versperren kan. Die also lange Scheeren haben, quartieren sich in Schnecken mit länglichten Mündungen ein, andere hingegen nehmen Schnecken mit weiten und runden Mündungen. Darnach ist auch ein Unterscheid zwischen denen, deren Schaale glatt ist, und andern, die rauh und haaricht sind. Nebst diesen Merkmahlen findet sich noch ein Umstand, der zu einer andern Eintheilung Anlaß gegeben hat. Dieser nemlich, daß ein Theil von den vorbeschriebenen Arten, die größte Scheere an der linken, und ein anderer Theil die größte Scheere an der rechten Seite hat. Die erstern mit der linken grossen Scheere heissen Bernhard l'Hermite, weil sie, wie die Einsiedler, in fremden Zellen wohnen. Die andern aber Diogenes. Vermuthlich weil Diogenes sich auch in ein Faß soll einquartiret haben. Beyde aber bekommen auch den Namen Soldaten, indem sie sich eigenmächtig in fremde Häuser einquartieren.

Was die gegenwärtige Figur betrift, so sehen wir in einem blauen Kinkhorn den Macrourum Diogenes stecken. Man findet Ihn an dem flachen Strande, und es hat mit selbigem folgende Bewandniß: Da dieser Krebs einen zarten Schwanz hat, der gerne Schaden leidet, so suchet er sich eine Schnecke von bequemer Grösse, ermordet den Einwohner, zerhacket ihn mit seinen Scheeren, und schiebet sich sodann rücklings hinein, da er sich denn mit den Borsten seines Schwanzes an die innern Gewinde des Schnecken-Hauses fest schliesset. Wenn ihm das Schnecken-Haus zu enge wird, so spazieret er heraus, und suchet sich ein grösseres. Trift es nun, daß zwey dieser Krebse von ohngefehr zugleich zu einer Schnecke kommen, so entstehet ohnfehlbar ein hartnäckiges Getechte, biß daß einer von beyden überwunden ist, da denn der Sieger das Haus in Besitz nimmt.

Fig. 5.

règle, que tout animal, dont les Serres & les grifes sont noires, ou d'un brun-foncé, ne vaut rien pour nourriture.

Fig. 4. Le Lecteur se rapellera d'avoir vû dans l'Introduction au présent article qu'il y a aussi des *Ecrevisses à Limaçon & à Moule*, cela veut dire, des Ecrevisses, qui s'emparent de coquilles de Limaçon & de Moule, & s'y domicilient. Nous allons parler des prémières, il sera question des autres à la Planche F. 6. Celles dont il est question ici sont de petites Ecrevisses, ou Cancelles, qu'on apelle *Cuman* aux *Indes* qui par une habitude qui leur est naturelle entrent à reculons avec le secours de leur Queuë dans des Coquilles de Limaçon, ou au défaut de pareilles Coquilles qui leur conviennent, dans des Coques de noix, dans des serres d'Ecrevisses vuides, ou même dans des piéces de bois trouées, & y établissent leurs habitations. Il y a plusieurs espèces de ces *Cumans*, qui se ressemblent toutes en ceci, c'est que la Coque de leur Queuë est extraordinairement mince, & garnie de soies, mais sans ces feuilles, qu'on remarque aux queuës des autres Ecrevisses. Ce qui les distingue ordinairement le plus les unes des autres, c'est que quelques unes ont le corps alongé & les Serres de même, lesquelles cherchent à se loger dans des coquilles de limaçon à longs contours, & d'autres au contraire, qui font courtes & épaisses, & qui ont de larges serres, tachent de trouver leur domicile dans des coquilles de limaçon à contours courts. La raison de cela est que chaque espèce cherche des Coquilles qui lui soient convenables, & dans l'embouchure desquelles l'Ecrevisse se puisse mettre à couvert & s'enfermer, avec ses Serres repliées. C'est dans cette vûë que l'espèce, dont les Serres font alongées, s'attache à trouver des coquilles de même figure, & que les autres cherchent quartier dans celles dont l'embouchure est ronde & ample. Après cela il y a une autre diférence à faire entre celles dont la coquille est unie, & celles où la coquille est couverte de poils, ou velue. Ii y a sans ces caractères encore une particularité qui a fourni l'occasion d'une autre division. C'est qu'une partie de ces Ecrevisses a sa plus grande Serre du côté *gauche*, & l'autre l'a du côté *droit*. On donne le nom de *Bernard l'Hermite* à celles dont la plus grande Serre est du côté gauche, parce qu'à l'exemple de la plûpart des Hermites elles vivent dans des demeures qu'elles n'ont point bâties. On apelle les autres des *Diogènes*, aparemment parceque ce Philosophe habitoit un tonneau. Mais on nomme aussi les unes & les autres indiféremment des *Soldats* parceque de leur propre autorité elles prennent des quartiers dans des maisons qui ne leur apartiennent pas.

La présente figure dépeint un *Diogène Macrourus* logé dans un Buccin bleu. On trouve cet animal sur le rivage plat. Comme il a la Queuë delicate, & sujette par cette raison à être facilement endommagée, il cherche à se procurer une Coquille de limaçon de grandeur qui lui convienne, dont il tuë l'habitant, & le taille en morceaux avec ses Serres, après quoi il entre dans la Maison à reculons, & se tient fermement attaché à l'aide des soies dont sa Queuë est couverte aux parois intérieures des Contours de la Coquille. Quand cette habitation devient trop étroite à l'Ecrevisse, elle en sort, & en cherche une plus vaste. S'il arrive que deux de ces *Diogènes* se rencontrent par hazard en concurrence pour s'emparer de la même coquille, il en résulte inévitablement un Combat opiniâtre, qui dure jusques
à ce

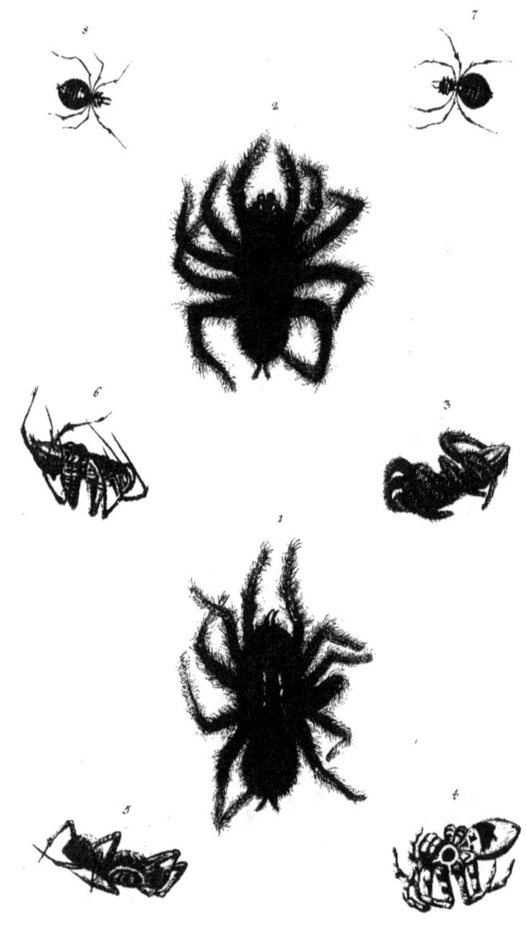

Ex Museo Excell. D. D. C. I. Trew & Mulleri.

Christian. Leinberger ad nat. pinxit.

Fig. 5. Der in gegenwärtiger kleinen Schwimmschnecke befindliche Krebs, welcher uns von einem guten Freund mitgetheilet worden, ist ebenfalls ein *Diogenes* anderer Art. Seine Farbe ist schön weißlicht roth, wie Aepfelblüthe, und weil er so sehr klein ist, so ist zu vermuthen, daß dieses nur bloß von seiner Jugend herrühre, da sich denn diese Art, wenn sie grösser wird, auch nach grössern Schnecken umsiehet.

Fig. 6. Zuletzt erscheinet noch ein dergleichen Schnecken-Krebs in einem sogenannten stachelichten Schnepfen-Kopf, der mit vielen Seeschlamm bewachsen ist. Dieser Krebs ist der Bernhard l'Hermite, weil die linke Scheere die grösseste ist. Uebrigens pflegen diese Krebse sich so feste in diesen Gehäusen anzuhalten, daß sie mit selbigen allenthalben herum spaziren, ja sogar in die Häuser klettern, und ein grosses Gepolter machen. Wenn man sie heraus ziehen will, so halten sie sich so feste, daß sie sich eher zerreissen lassen, daher man das Schnecken-Gehäuse auf Kohlen legen muß, in welchem Fall sie hurtig heraus springen, wenn es ihnen zu warm wird, wiewohl sich auch etliche sogar lieber verbrennen lassen, als daß sie herausgehen, welches vielleicht Anlaß gegeben, daß man geglaubet hat, daß sie in und mit diesen Gehäusen wüchsen.

TAB. F. V.

Fig. 1. Was überhaupt von den Spinnen anzumerken war, ist schon in der Einleitung berühret worden, und da dieses Insect uns hinlänglich bekannt ist, so wollen wir hier nur drey fremde Arten, die auf dieser Tafel vorkommen, beschreiben. Es wird nemlich in dieser Figur eine grosse Surinamische Spinne von oben zu sehen, vorgestellet. Sie ist eine mit von den grössesten, wiewohl diejenige in Brasilien mit den klauenförmigen Zähnen, die eigentlich zu Zahnstochern gebraucht werden, noch grösser sind. Die gegenwärtige ist auf dem Rücken mit einem dicken harten und schwarzbraunen Schild bedecket, welches zur Seiten eingekerbet, und in der Mitte in die Quere etwas gespalten ist, als ob ein Loch darinnen wäre. Der Kopf ist klein, und unterscheidet sich kaum von der Brust. Der Mund ist mit schwarzbraunen krummen und harten Zähnen versehen. Der Hinterleib ist dick und aufgetrieben und hat zwey kurze Fortsätze. Sonst ist der ganze Cörper, nur das Schild ausgenommen, desgleichen auch alle Füsse, deren sie zehne hat, mit langen dicken Haaren stark besetzt. Beym Linnäus führet sie den Namen: Aranea avicularia, denn sie stellet besonders den kleinen Gold-oder Summvögelchen nach, welche man Colibritgen nennet. Diese Vögelchen werden von ihr auf eine grausame Art zerfetzet und gefressen, oder vielmehr ausgesogen, wie sie denn auch die Eyerchen derselben aussauget. Ihr Biß ist überaus giftig. Es hat der Schöpfer aber die Haushaltung der Thiere schon so eingerichtet, daß immer ein Thier von dem andern leben muß, und daß sie unter sich selbsten ihre Nahrung suchen sollen. Also geschieht es auch hier. Es gibt nemlich in America eine Art von sehr grossen Ameisen, welche jährlich zu grossen Hauffen aus ihren Höhlen hervorkommen, und hauffenweise durch die Häuser ziehen, so, daß auch die Menschen gezwungen sind, die Flucht zu nehmen. Diese freyen alle andere Insecten, die sie alsdann in einem Haufen finden, auf. Von dieser Verfolgung sind auch nun diese grossen Spinnen nicht frey; und da diese Spinnen sonst die einzeln Ameisen an den Bäumen auffangen und fressen, so werden sie hingegen bey diesen Zügen von einer grossen Menge Ameisen überfallen,

und

Fig. 5. L'Ecrevisse qu'on voit ici dans la Coquille d'un petit Limaçon nageant, qu'un Ami nous a communiqué, est aussi un *Diogene*, mais d'une espèce diférente. Sa Couleur est belle; c'est un rougeblanchâtre semblable à la fleur de Pommier. Comme cet animal-ci est d'une petitesse extraordinaire, nous présumons que ce n'est qu'un jeune, lequel en grandissant n'auroit pas manqué de se chercher un Logement plus étendu.

Fig. 6. Voici enfin encore une de ces *Ecrevisses à limaçon* logée dans une de ces Coquilles qu'on apelle *Têtes de becasse à aiguillons*, qui est couverte de beaucoup de limon de mer. Celle-ci est un *Bernard l'Hermite* dont la Serre gauche est la plus grande. Ces *Bernards* ont l'habitude de s'attacher si fortement au fond de leur habitation, qu'ils la trainent par tout où ils vont, même en grimpant dans les maisons, où ce logement fait beaucoup de bruit pendant leur marche. On ne peut les arracher de cette coquille qu'en les déchirant par morceaux, ou en posant la coquille sur de la braise ardente, car en ce cas le *Bernard* dès-qu'il sent la chaleur en sort ordinairement avec précipitation. Cependant il y en a qui se laissent plûtôt bruler que de quitter leur habitation, ce qui a induit quelques Naturalistes à croire qu'ils y étoient attachez naturellement.

PLANCHE F. V.

Fig. 1. On a déja vû dans notre Introduction tout ce qu'il y a à dire sur les Araignées en général, & cet Insecte étant d'ailleurs sufisamment connu, nous nous restraindrons à la description des trois espèces étrangères qui sont dépeintes sur cette Planche. La première Figure produit la partie supérieure d'une grande *Araignée de Surinam*. C'est une des plus grandes. Cependant celle du *Bresil*, à dents formées en grise, dont on fait des Curedents, l'est encore davantage. Celle de nôtre figure est couverte d'un Ecusson brun-foncé épais & dur, entaillé sur les côtez, & un peu fendu en travers au milieu, comme s'il y avoit un trou. La tête en est si petite qu'à peine la distingue-t-on de la poitrine ou du Corcelet. Sa bouche est garnie de dents brunes tirant sur le noir, courbes & dures. La partie postérieure est épaisse, & gonflée, & a deux continuations. D'ailleurs tout le corps (à la reserve de l'Ecusson qui est sur le dos) est fort garni de poils longs & épais, de même que tous les pieds, qui sont au nombre de dix. *Linnæus* l'apelle *Aranea avicularia* ou l'*Araignée aux petits oiseaux*, auxquels elle tend des pièges, spécialement aux *Colibris*, qu'elle déchire d'une manière cruelle & les devore, & dont elle suce aussi les oeufs. La morsure de cet animal est fort venimeuse. La Nature a dirigé ses Cuvrages de façon que dans l'Economie des Animaux une Espèce vit de l'autre, & se trouve dans le cas d'y chercher sa pâture. Ainsi l'on voit en *Amérique* une espèce de Fourmis d'une grandeur extraordinaire, qui sortent annuellement de leurs retraites en très grand nombre, remplissent les maisons, dont les Habitans ne peuvent trouver leur Salut que dans la fuite, & devorent tous les Insectes qu'ils trouvent, sans en excepter nos grandes Araignées, qui autrepart poursuivent les fourmis sur les arbres & les mangent quand elles peuvent les trouver seules. Mais dans ce passage des grandes Fourmis, accablées par le nombre, & couvertes d'ennemis,

hors

und so dick damit besetzet, daß sich solche gar nicht mehr vertheidigen können, sondern in kurzer Zeit verzehret sind. Hierdurch erwächset den Einwohnern die grosse Wohlthat, daß sie auf einmahl von der Gefahr dieser giftigen Thiere befreyet werden. Denn wenn die Ameisen mit einem Zimmer fertig sind, ziehen sie in das andere, und wenn alles ausgeleeret ist, gehen sie weiter in das nächste Haus.

Fig. 2. Stellet die untere Seite dieser Spinne dar, da man denn ihre braun-rothe Farbe und die abwechselnden weissen und röthlichen Ringe der Füsse wahrzunehmen hat. Die letzten Glieder der Füsse sind von unten glatt und breit, wie die Zähen der Hundsfüsse. Man giebt vor, als ob diese Spinnen nach Art der Schlangen zu gewissen Zeiten ihre Haut ablegen. Diese Spinne, wie auch die folgenden Tarantuln, sind aus dem vortreflichen Cabinet des Herrn Hofrath Trews hochgeneigt mitgetheilet worden.

Fig. 3. 4. 5. 6. Es ist fast einem jeden bekannt, daß es Spinnen gebe, deren Biß toll macht. Dieselben werden Tarantuln genennet, welcher Nahme ihnen von der Tarentinischen Gegend in Italien, oder von dem Fluß Thava gegeben ist, indem sie daselbst am meisten gefunden worden. Jedoch trift man sie nicht allein in Apulien, einer Landschaft im Neapolitanischen, sondern auch in Calabrien, Corsica und Sicilien, ja auch in der Barbarey und in Persien an. Die mehresten und gemeinsten sind rauh und haarigt, wie an der *fig.* 3. zu ersehen; es giebt aber auch glatte, welche gelb, braun und citronenfärbig sind, wie aus der *fig.* 4. 5. und 6. erhellet, jedoch kommen sie darinnen überein, daß sie, wie die mehresten Spinnen, acht Füsse haben, wiewohl sie an jeder Art anders gestaltet sind, nemlich, stumpf, spitzig, lang oder kurz. Ihr Gebiß bestehet in zweyen krummen klauenartigen Zähnen, durch welche sie, vermuthlich nach Art der Vippern, vermittelst eines hinter denselben verborgen liegenden Bläßgens ihr Gift mittheilen. Dieses Gift aber ist von ganz besonderer Würkung, indem die Menschen, so von ihnen gebissen werden, eine Art der Tollheit bekommen, da sie beständig Lust haben zu tanzen, und traurige Aufzüge machen, welche Krankheit mehrentheils durch die Music, und zwar nur durch gewisse, öfters wiederholte Töne zu heilen ist. Es ist wohl noch ein Räthsel wie diese Krankheit mit der Art ihrer Cur zusammen hange. Sollen wir aber etwas sagen, so stellen wir uns die Sache folgender Gestalt vor.

Sobald die Spinne jemanden gebissen, und ihren schädlichen Saft in die Wunde gelassen, entstehet eine Entzündung und Gährung der Säfte, und Schärfe, welche sich mit dem Blut und übrigen Säften vermischet, und das zarte Nerven-System in gewissen Anfällen reizet, welches Zuckungen, einigen Wahnwitz, und ein daraus entstehendes Tanzen verursachet, wobey zugleich die Nerven eine gewisse Art der Schlaffigkeit, oder Spannung bekommen, die durch die gährenden und angesteckten Säfte unterhalten wird. Die Töne der Saiten sind eine Bewegung der Luft nach Beschaffenheit ihrer Spannung, und diese Bewegung hat das Vermögen, andere Saiten von nemlicher Spannung in Bewegung zu setzen, und einen Ton herauszubringen. Denn wenn man auf einem Instrument spielet, so klinget das andere, das eben so gestimmet ist, mit. Nun verhalten sich die Nerven, wie Saiten, und von deren Spannung, oder Erschlaffung hangen gewaltig viele Leibes- und Gemüths-Veränderungen ab. Das lehret die Erfahrung. Wenn also

musi-

---

hors d'état par conséquent de se défendre, elles en sont dévorées en peu de tems, comme les autres Insectes. L'avantage qui en revient aux Habitans est d'être délivrez tout d'un coup de ces Animaux venimeux. Car quand les Fourmis, après avoir passé d'un apartement à l'autre, ont fait maison nette dans un endroit, elles vont chez le voisin, & continuent ainsi leur campagne.

Fig. 2. Cette figure représente la partie inférieure de la même Araignée, qui est de couleur brune tirant sur le rouge, où l'on remarque aux piez des anneaux blancs & rougeâtres alternativement. Les derniers membres des pieds sont unis & larges en bas comme les doigts des pieds des chiens. On prétend que dans de certains tems ces Araignées changent de peau comme les Serpens. Cette pièce, & les Tarantules qui suivent, nous ont été communiquées du Cabinet admirable de Mons. le Conseiller Aulique *Trevv.*

Fig. 3. 4. 5. 6. Il y a peu de personnes qui n'ayent entendu parler de ces Araignées dont la morsure rend insensé, & qu'on apelle *Tarantules*, nom qui leur vient ou de la contrée de *Tarente* en *Italie*, ou du fleuve *Tara*, parce que c'est là qu'on les trouve en plus grande quantité. Il y en a cependant encore non-seulement dans *la Pouille*, qui est une Province du Roïaume de *Naples*, mais aussi dans la *Calabre*, dans l'Ile de *Corse* & en *Sicile*, & même dans la *Barbarie*, & en *Perse*. La plûpart de ces bêtes & les plus ordinaires sont *couvertes de poils*, comme on le voit a la *figure* 3., cependant on en rencontre aussi *d'unies*, qui sont *jaunes, brunes, ou couleur de Citron*, telles que les *figures* 4. 5. & 6. Ce en quoi elles se ressemblent, c'est qu'elles ont huit pieds, comme la plûpart des Araignées, mais ces pieds diffèrent à chaque espèce, quant à la figure, étant les uns plus les autres moins obtus, pointus, longs, ou courts. La *Tarantule* n'a que deux dents courbes & formées en Grifes, au moïen desquelles, & d'une petite Vessie cachée derrière ces dents, elle communique son venin comme la *Vipère*. Ce Venin produit un effèt tout particulier par l'espèce singulière de folie dont se trouvent ataquez ceux qu'une Tarantule a malheureusement mordu, qui ont la rage de danser sans discontinuer, & qui se trouvent dans l'état du monde le plus triste; Mal, qui ne peut être guéri que par la Musique, & spécialement par de certains sons souvent repetez. La relation qui subsiste entre cette Maladie & la façon de la guérir a été jusques ici une énigme; cependant nous croions pouvoir hazarder quelques reflexions à ce sujèt.

Dés-que la Tarantule a mordu une personne, & que son suc venimeux s'est insinué dans la plaie, il en resulte une inflammation, une fermentation des Sucs, & une acreté, laquelle se mêlant au Sang & aux autres Sucs irrite tout le Sistème delicat des nerfs d'où proviennent par accès des convulsions, une espèce de frénesie, & enfin cette rage de danser, les nerfs souffrant en même tems ou un relachement ou une tension extraordinaire, que la fermentation des Sucs infectés entretient. Or les Sons que rendent les cordes d'un Instrument de Musique, ne sont autre chose qu'une Agitation de l'air, qui répond à la qualité de leur tension, & cette agitation a la propriété de mettre en mouvement d'autres cordes, qui ont le même dégré de tension, & d'en tirer le même son. Car quand on joué d'un Instrument près d'un autre accordé de même, le dernier rend les mêmes sons que celui sur lequel l'on joué. Nos Nerfs

ont

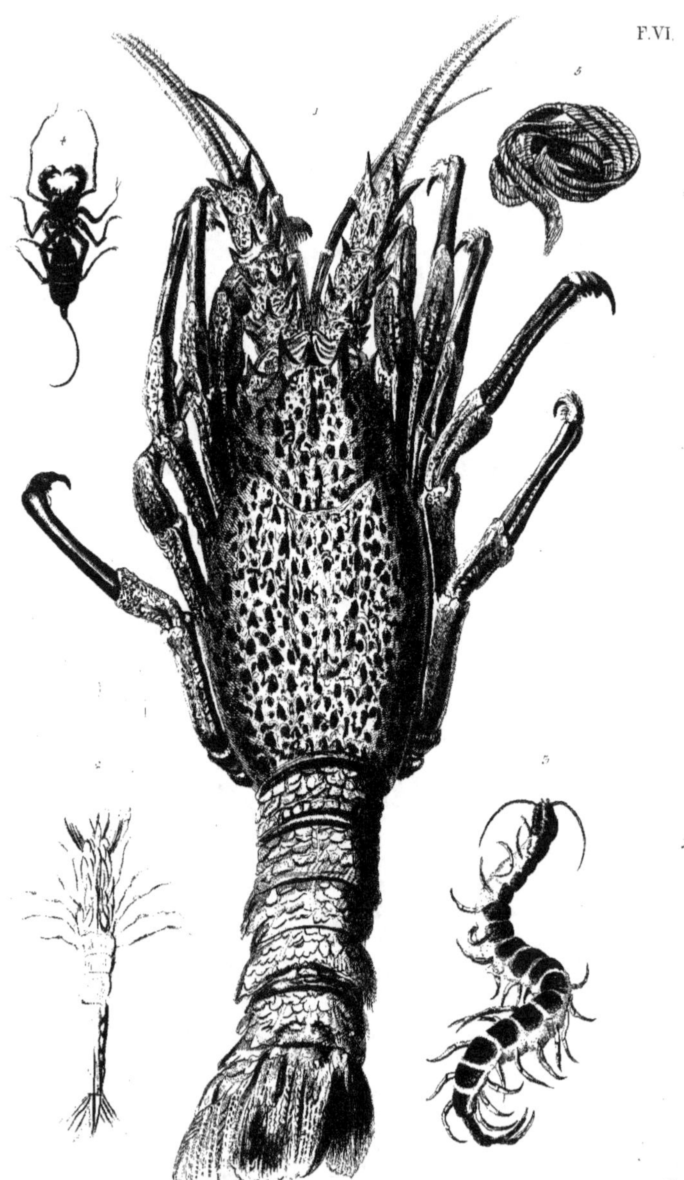

Ex: Museo Mülleriano.

Christian Leinberger ad nat. pinxit. 1766. Andreas Hoffer sculpsit. 54.

muſicaliſche Töne auf einem gewiſſen Inſtrument vorgebracht werden, ſo können einige darunter ſeyn, welche unſer zartes Nerven-Syſtem in Bewegung ſetzen. Dieſes erhellet aus den Würkungen der Muſic, da man melancholiſche Menſchen dadurch zum Weinen bewegen, andere aufgeräumt und fröhlich machen, und durch gewiſſe Töne die Hunde zum Heulen, und Katzen in Angſt bringen kan. Wird nun aber das Nerven-Syſtem ſolcher gebiſſenen Perſonen durch gewiſſe Töne in Bewegung geſetzet, ſo iſt dieſe Bewegung vermuthlich allein die geſchickteſte, die angeſteckten Säfte zu zertheilen, und durch die Bewegung des Tanzens ferner in eine Ausdünſtung zu bringen, oder abzuführen, welches, wenn es oft widerholet wird, endlich den Menſchen wieder frey macht.

Fig. 7. 8. In dieſen Figuren wird eine beſondere toll-machende Spinne, die ſich auf der Inſul Curacao in America befindet, vorgeſtellet, ſo daß dieſelbe *fig. 7.* von oben, und *fig. 8.* von unten zu ſehen iſt. Sie iſt braun, und zu beyden Seiten mit einem Pomeranzenfärbigen Flecken gezeichnet, dahero ſie auch auf der Inſul Oranje genennet wird. Man findet ſie daſelbſt auf dem Lande unter den Wurzeln und Kräutern, auch wohl in den Häuſern auf dem Lande, jedoch faſt niemahls in der Stadt. Das Merkwürdige an ihrer Structur beſtehet darinnen, daß ſie nur ſechs Füſſe hat, und im kleinen mit eben ſolchen zweyen Zähnen verſehen iſt, wie obige Surinamiſche Spinnen. Uebrigens aber haben ſie folgende tollmachende Eigenſchaft, daß wenn ſie ein Schaaf, oder eine Kuh ſtechen, und dieſe darauf Waſſer trinken, ſolche Thiere nothwendig in 24. Stunden mit erſchreck-lichen Zuckungen ums Leben kommen. Wird aber ein Menſch von dieſer Spinne gebiſſen, ſo iſt ſeine Heilung ſehr beſchwerlich, und er kommt kaum nach aller Vorſorge mit dem Leben davon. Man darf nemlich einem ſolchen Menſchen nichts anders wider den Durſt reichen, als Tabacks-Waſſer, Urin, und Kildüvel, oder Zucker-Brandewein, welches bißher noch als das beſte Mittel befunden worden iſt. Während der Krankheit aber bekommen die Menſchen Zuckungen, Wahnwitz, und dergleichen, und haben ſonſt die gewöhnlichen Zufälle, wie bey hitzigen Fiebern, welches wir dem geneigten Leſer allhier aus der, von dem Herrn A. L. Müller Med. Doct. in Curacao, erhaltenen Nachricht, mit welcher auch dieſe Spinnen an uns geſchickt wurden, mittheilen.

ont beaucoup de raport avec les Cordes Muſicales, & l'expérience nous aprend que quantité de revolutions, que nos corps & nos eſprits reſſentent, dépendent du relachement ou de la tenſion de ces nerfs. Il eſt donc poſſible qu'en touchant d'un Inſtrument on produiſe quelques ſons propres à affecter le Siſtème délicat de nos nerfs. D'autres effèts de la Muſique le prouvent puis qu'elle ſuffit pour arracher des larmes à un homme porté à la mélancolie, à exciter la joie & la bonne humeur d'un autre, à faire hurler des chiens, & à angoiſſer des chats. Si donc le Siſtème des Nerfs d'une Perſonne mordue par une Tarantule peut être mis en mouvement par de certains ſons, il n'implique aucune contradiction de dire que cette méthode eſt la plus convenable pour diſſiper le poiſon qui s'eſt inſinué dans les Sucs, & pour en guerir le malade qui danſe, ſoit par la voye de l'evaporation, ſoit par celle de l'evacuation, en repetant ſouvent le remède.

Fig. 7. 8. Ces deux figures repréſentent une Araignée particulière, dont la morſure opère auſſi une eſpèce de fréneſie. On la trouve dans l'île de *Curacao* en *Amérique*. La *Figure 7.* en depeint la partie ſupérieure & la *Figure 8.* l'inférieure. Elle eſt brune & marquée de chaque côté d'une tache couleur d'orange, qui eſt cauſe que dans l'Ile on l'apelle l'*Orange*. On la trouve aux champs parmi les racines & les herbes, & encore quelques fois dans des maiſons à la Campagne, mais preſque jamais dans les Villes. La Singularité la plus particulière de ſa Structure, c'eſt qu'elle n'a que ſix pieds, & qu'en petit on lui remarque les mêmes deux dents qu'a l'*Araignée de Surinam*, que nous avons décrite cy-deſſus. Quant à ſa proprieté pernicieuſe d'opérer une eſpèce de fréneſie, il y a à obſerver que quand elle a piqué une brebis ou un vache, ces animaux, s'ils viennent à boire de l'eau après la piquûre, en meurent immanquablement dans l'eſpace de 24. heures avec des convulſions épouvantables. Lorſqu'un homme en eſt mordu il eſt trés-dificile de le guérir, & quelle précaution que l'on prenne on a peine à lui ſauver la vie. Il convient de ne lui donner, pour ſoulager la ſoif ardente qui le tourmente, que de l'eau de Tabac, de l'urine, & du *Kildüvel*, nom qu'on donne en *Amérique* à une certaine eau-de-vie ſucrée; ce qui ſont les meilleurs remèdes qu'on a pû trouver juſques ici. Pendant la maladie le Patient a des convulſions, des accès de frèneſie, & d'autres ſimptomes ordinaires aux fièvres chaudes, ce que nous pouvons aſſûrer à nos Lecteurs ſur la foi d'une Lettre que nous a écrite de *Curacao* même Monſieur le Docteur A. L. *Müller* Medecin ordinaire de l'Ile, en nous envoyant les Araignées.

TAB. F. VI.

Fig. 1. Es iſt ſchon erinnert worden, daß es unter den eigentlichen Krebſen, das ſind ſolche, deren Schwänze lang ſind, auch einige gebe, die gar keine Scheeren haben, welche man Squillen nennet. Wie es nun deren verſchiedene Arten giebt, ſo wollen wir hier nur der drey merkwürdigſten Arten gedenken, nemlich 1) mit ſtachelichten, 2) mit glatten, 3) mit rauhen Schaalen, wie ſie denn auch ſonſt in lange und breite Squillen pflegen eingetheilet zu werden. Die rauhe mit Haaren beſetzte breite Squillen, heiſſen auch Bären-Krebſe, dahin gehöret des Linnæi Macrourus Arctus und Macr. piloſus. Unter den glatten befindet ſich des Rumpfs Locuſta marina, deſſen

Arme

PLANCHE F. VI.

Fig. 1. Nous avons déjà vû que parmi les *Ecreviſſes* proprement ainſi dites, c'eſt-à-dire *a longue Queuë*, il y en a qui n'ont point de Serres du tout, qu'on apelle *Squilles*. On en trouve de pluſieurs eſpèces. Nous ne parlerons que des trois qui ſont les plus remarquables. Ce ſont les Squilles 1.) à *coque garnie d'aiguillons*, 2.) à *coque unie*, 3.) à *coque veluë*. On les diviſe auſſi en Squilles *longues*, & en *larges*. Les Squilles larges *veluës* portent auſſi le nom d'*Ecreviſſes en Ourſe* (*) Telles ſont la *Macrourus arctus* & le *Macrourus piloſus* du Chevalier *Linnæus*. Parmi celles qui ſont à *coque unie* ſe trouvent la *Locuſta marina* (Langouſte de Mer) de *Rumph*,

L

dont

(*) Belon l'apelle *Ours de mer*.

Arme noch einmahl so lang, als die Füsse sind, und die Gar⸗
necle, die hernach folgen wird. Was aber die stachlichten be⸗
trifft, so finden wir allhier in dieser Figur eine ansehnliche Afri⸗
canische stachlicht⸗Squille abgebildet, welche des Linnei
Homarus ist. Beym Rumpf aber, wiewohl mit Unrecht eben⸗
fals den Namen Locusta marina führet.

Der Schild hat zwey Abtheilungen, davon der oberste
Theil den Kopf, und der unterste den Rücken bedecket. Sodann
folgen fünf Ringe, die den Schwanz ausmachen, an welchem
zu Ende fünf Blätter sitzen. Dieser Schild ist über den Leib
mit lauter Stacheln besetzet, welche am Kopf am dicksten und
längsten sind. Zwischen und um die Stachel sitzet jedesmahl ein
zierlicher Ring mit kleinen weissen Haaren. Vorne am Kopf,
wo die zwey längsten Stachel sind, stehen die Augen auf erha⸗
benen Stöcken, welche sich in tiefen Höhlen bewegen, und aus
selbigen hervorragen. Der Füsse sind acht, zu welchen man
noch zwey etwas stärkere und eben so wie die Füsse gebildete Ar⸗
me zählen muß, darauf sitzen endlich, dicht am Munde, noch zwey
Gliedmassen, die von der Structur der Füsse in nichts unterschie⸗
den sind, und dazu dienen, um die Speisen in den Mund zu
stecken, so, daß man dieser Squille mit vollkommenen Recht 12.
Füsse zuschreiben könnte. Alle diese Füsse endigen sich in einfache
starke Klauen, vor welchen dicke Büschlein Haare sitzen.

Der Mund hat nebst vielen andern Werkzeugen auch zwey
dicke, breite und runde Zähne, wie Backenzähne gestaltet, ge⸗
geneinander sitzen, wodurch die Speisen zermalmet werden.
Oberhalb dem Munde sind zwey, und bey den Seeheuschrecken
mehrere dünne Fühlhörner befindlich, welche Glieder und Absätze
haben. Ueber diesen Fühlhörnern aber stehen an der Stirne noch
zwey lange starke und harte Hörner, welche am Kopf sehr dicke,
viereckigt und stachelicht, hernach aber rund, hohl, dünne, und
fast glatt sind, und in eine scharfe Spitze ausgehen. Wenn
diese Squille einen Schuh lang ist, so sind diese dicke Hörner
allein fast anderthalb Schuh lang, auch finden sich Arten, deren
Hörner biß zur äussersten Spitze starke Stacheln haben. Die
Locustæ aber haben dergleichen dicke Hörner nicht, sondern 4.
dünne Fühlhörner, und sind über das auch an den langen Armen
oder Springfüssen zu unterscheiden, deren Spitzen wie Zangen
gebildet sind.

Die natürliche Farbe gegenwärtiger Squille ist hochblau,
mit weissen und rothen Flecken, und man findet sie in Africa am
Vorgebürge der guten Hofnung. Sie gehen und schwimmen
vor sich und hinter sich. Wenn sie vorwärts schwimmen, so
legen sie ihre dicken Hörner auf die Seite. Sobald ihnen aber
durch einen Fisch nachgestellet wird, strecken sie diese langen Hör⸗
ner gerade, wie eine zweyzackigte Gabel vor sich, und schwimmen
so geschwinde hinter sich, daß ein vorwärts schwimmender Raub⸗
fisch sie kaum einhohlen kan. Hiemit aber führen sie eben ihren
Feind auf eine unerhörte Art an, denn wenn derselbe in der Ver⸗
folgung sicher gemacht ist, und mit Gewalt vor sich zu dringen
suchet, so ändert die Squille auf einmahl ihren rückgängigen Lauf,
und schickt vor sich ihrem Feind entgegen, da denn derselbe auf
eine jämmerliche Art wider diese starke Fühlhörner anläuft, und
entweder im Rachen oder in den Leib angespiesset wird, daß er
oft daran sterben muß.

---

dont les bras ont le double de la longueur des pieds, & le
Salicot (*), dont nous dirons ci-dessous quelque chose.
Quant aux *Squilles à aiguillons* celle de nôtre Figure en
est une d'*Afrique*, très-remarquable. C'est le *Homard de
Linnæus*. Dans *Rumph* elle porte aussi le nom de Langouste
de mer, (*Locusta marina*), mais à tort.

L'Ecusson est divisé en deux parties, dont la supérieure
couvre la tête, & l'inférieure le dos. On voit ensuite cinq
anneaux qui composent la Queuë, au bout de laquelle se
trouvent cinq feuilles. Cet Ecusson est armé au dessus du
corps de quantité d'Eguillons, dont les plus épais & les plus
longs sont à la tête. Autour & entre les éguillons il y a
toûjours un joli anneau couvert de petits poils blancs. Les
yeux se trouvent placez au devant de la tête, près des deux
plus longs éguillons. On les voit s'avancer sur des Picots
élevez, qui ont la faculté de se mouvoir dans de profondes
cavitez. Outre les pieds ordinaires, qui sont au nombre de
huit, ces Squilles ont deux bras formez comme les pieds,
mais un peu plus forts, & enfin tout près de la bouche en⸗
core deux membres, qui ne diférent en rien de la Structure
des pieds, & qui servent à l'Animal à porter sa nourriture
à la bouche, de sorte qu'on pourroit attribuer avec raison
en tout douze pieds à cette Squille. Tous ces pieds se ter⸗
minent en Grifes simples & fortes, au devant desquelles on
remarque des petites boufettes de poil épaissés.

La bouche a entre autres organes deux dents rondes,
larges, & épaissés, comme des dents machelières, placées
vis-à-vis l'une de l'autre & destinées à broier ce qui sert
de pâture à l'animal. Au dessus de la bouche sont deux
Antennes minces, divisées en membres, & jointures.
(Les Langoustes de mer en ont un plus grand nombre) Au
dessus de ces Antennes on observe encore au front deux
Cornes longues, fortes, & dures, qui près de la tête sont
fort épaissés, de figure quarrée, & garnies d'éguillons, mais
qui en s'avançant s'arrondissent, sont caves, minces, &
presque unies, se terminant en une pointe aiguë. Quand la
Squille a un pied de longueur, ces Cornes epaissés en ont
presque un & demi, & on en trouve des espèces où ces
Cornes sont armées de forts éguillons jusques à l'extrèmité.
Les Langoustes n'ont point de ces grosses cornes, mais elles
ont quatre Antennes minces, & sont d'ailleurs faciles à di⸗
stinguer à leurs longs bras, dont les pointes sont faites com⸗
me des Pinces.

La Couleur naturelle de cette Squille est un bleu-foncé,
marqué de taches blanches & rouges. On la trouve en
Afrique au *Cap de Bonne espérance*. Celles de cette espèce mar⸗
chent & nagent indiféremment en avant & à reculons. Quand
elles vont en avant, elles rangent leurs grossés cornes sur
les côtez. Mais dès-qu'elles se sentent poursuivies par un
Poisson, elles étendent ces longues cornes en avant, en
droite ligne, comme une fourchette à deux fourchons, &
nagent à reculons avec tant d'agilité & de promtitude, que
l'Ennemi qui les poursuit, & qui va toûjours en avant, a
peine à les atteindre. Quand il en est tout près, qu'il se
croit sûr de sa proie, & veut s'en saisir, & c'est là que la
Squille l'attend ; alors elle change tout d'un coup de marche,
& cessant de nager à reculons elle s'avance impétueusement
contre le Poisson vorace, qui trouvant ces fortes Antennes
s'enfile

Fig. 2.

(*) C'est la même Ecrevisse que d'autres apellent *Crevetie*, *Ci⸗
vade*, ou *Grenade*.

Fig. 2. Unter die kleinen Arten von Squillen gehöret auch gegenwärtige Garneele mit ihren langen Fühlhörnern, welche häufig in den Europäischen Meeren gefangen, und in den Seestädten verspeiset werden. Wir erwehnen also weiter nichts, als daß ihre Farbe stahlblau und durchsichtig ist, als ob sie vom Eis wäre.

Fig. 3. Unter den Tausendfüssen, Vielfüssen, (die jedoch nicht mit den Polypen zu verwechseln) oder Scolopendris giebt es vielerley Arten. *Linnäus* macht drey Classen. Die erste heisset Oniscus, dahin gehöret der Kellerwurm, die andere *Scolopendra*, und in die Classe gehöret jetzige Figur, die dritte Classe wird Iulus genennet, welche zum Merkmahl hat, daß jeder Abschnitt des Cörpers an jeder Seite mit zwey Füssen besetzet ist, da hingegen gegenwärtige Scolopendra nur einen Fuß an jedem Ring des Cörpers auf je er Seite sitzend hat. Uebrigens werden die Unterarten durch die Anzahl der Ringe und Füsse unterschieden, indem sie 12. 14. 15. 17. 20. 70. 76. oder 123. auf jeder Seite haben. Die gegenwärtige, des *Linn.* Gigantea, hat 17. rothe Schilde, und zu jeder Seite 17. gelbe Füsse, nebst 2. rothen Fühlhörnern am Kopf, und zwey mit Gelenken versehene rothe Fortsätze, statt des Schwanzes am letzten Schilde. Sie leben theils im Wasser, theils auf dem Lande. Diese ist aus dem americanischen Meer, woselbst es auch größere giebt, die über einen Schuh lang sind.

Fig. 4. Gegenwärtiges Krebsartiges Insect wurde uns unter dem Nahmen eines gewissen **Muschel-Krebses** (Pinnoter) zugeschickt, wiewohl wir bey dem Anblick desselben in Zweifel bleiben, ob solches nicht vielmehr ein gewisses Land-Insect sey. Weil wir nun oben bey den Cumans, oder Schnecken-Krebsen versprochen haben, daß wir auch der Muschel-Krebse Erwehnung thun wollen, so wollen wir erst überhaupt von dem sogenannten Pinnoter handeln, und alsdann dieses Insect beschreiben, übrigens aber den Liebhabern überlassen zu entscheiden, in welche Classe es eigentlich gehöre.

Es giebt uns nemlich der Rumpf folgende Nachrichten: daß der Pinnoter eine kleine Garneele sey, die mehrentheils zwey Glieder eines Fingers lang ist, und eine weiche Schaale, und eine hellrothe oder feurige Farbe hat. Zuweilen sind sie hellblau und halb durchsichtig. Zur Seiten stehen drey dünne Füsse, und forne bey den Scheeren noch zwey kleinere. Die Scheeren sind spitzig und krumm, wie Klauen. Der Schwanz stehet unter sich, und ist mit zarten Stacheln besetzet. Sie halten sich allezeit einzeln in der Steck-Muschel und in der Nagel-Muschel auf, und verlassen die Muschel nicht, so lange sie leben. Ihr Geschäfte ist, die Muschel mit den Scheeren zu zwicken, wenn es junge Fische innerhalb der Schaale giebt, die der Muschel zur Nahrung gereichen, da denn die Muschel ihre Schaalen zusammen ziehet, und einen guten Fang thut.

Von diesen Muschelkrebsen giebt es nun freylich mehr als eine Art. Die Abbildungen des *Jonstons* stimmen nicht mit der Rumpfischen Beschreibung überein. Da wir den *Linnäus* zu Rathe gezogen, fanden wir, daß demselben auch noch keine zu

Gesichte

---

s'enfile de lui-même, & se blesse si fort soit au goser soit au corps, qu'il en meurt souvent.

Fig. 2. On doit ranger parmi les petites espèces de Squilles le présent *Salicot* à longues Antennes, qu'on prend en quantité dans les Mers d'*Europe*, & qu'on mange dans les Villes maritimes. Tout ce que nous en pouvons dire d'ailleurs, c'est que sa couleur est un bleu d'Acier, & transparente tout comme si cet animal n'étoit qu'un morceau de glace.

Fig. 3. Les *Millepieds*, qu'il ne faut pas confondre avec les Polipes, se partagent en quantité d'espèces. *Linnæus* en fait trois Classes. Il distingue la première par le nom d'*Oniscus*, où l'on doit ranger les Cloportes; il apelle la seconde *Scolopendra*, & c'est là qu'apartient la présente Figure, & il nomme la troisième Classe *Iulus*, dont le Caractère distinctif est d'avoir deux piez à chaque coté de chaque partie dont le corps est composé, au lieu que la Scolopendre dépeinte ici n'a de chaque côté qu'un pied unique à chaque anneau du corps. Les Sous-espèces se distinguent par le nombre des anneaux & des pieds. Car on en trouve qui ont 12. 14. 15. 17. 20. 70. 76. & jusques a 123. pieds de chaque côté. Nôtre présente Scolopendre, qui est la *Gigantea* de *Linnæus*, a 17 Ecussons rouges, & de chaque côté 17. pieds, avec deux Antennes rouges à la tête, & deux Continuations rouges à jointure en guise de Queuë au dernier Ecusson. Ces bêtes vivent en partie dans l'eau, & en partie sur la terre. Celle-ci à été prise dans les Mers d'*Amérique*, où on en trouve aussi de plus grandes, qui ont jusques à un pied de longueur.

Fig. 4. Le présent Insecte, qui a quelques caractères de l'Ecrevisse, nous a été envoyé sous le nom d'une *Ecrevisse à Moule* (*Pinnoter*). Mais en l'examinant nous avons conjecturé que c'étoit plûtôt un certain Insecte de Terre. Nous nous souvenons cependant qu'en parlant ci-dessus des *Cumans*, ou *Ecrevisses a Limaçon*, nous avons promis à nos Lecteurs de ne pas passer sous silence l'article des *Ecrevisses-à-Moule*. Pour tenir nôtre promesse nous allons faire quelques reflexions générales sur l'Animal, que les Auteurs apellent *Pinnoter*; nous donnerons ensuite la Description de cet Insecte-ci, laissant à chacun pleine liberté de décider dans quelle Classe il doit être mis.

Rumph établit que le *Pinnoter* est un petit Salicot, ordinairement long à peu près de deux pouces, à coque tendre, dont la couleur est un rouge-clair, ou ardent. Quelquefois cet Insecte est bleu-mourant, & à-demi transparent. Il a de chaque côté trois pieds minces, & encore deux de moindre grandeur près des serres, lesquelles sont aiguës & courbes comme des grifes. La Queuë se replie en bas, & est garnie d'éguillons fins. Ces petites bêtes ont coûtume de se loger seules dans quelque Jambonneau, ou dans quelque Chame spongieuse qu'elles ne quittent plus tant qu'elle vit. Leur emploi est d'avertir la Moule en la pinçant dés-que des petits poissons se trouvent dans la coquille, que la Moule ferme alors précipitamment, & fait une bonne prise.

Il y a sans doute plus d'une espèce de ces Salicots. Les figures que nous en donne *Jonston* ne s'accordent point avec la Description que nous en fournit *Rumph*. Voulant consulter *Linnæus*, nous avons trouvé qu'il n'en avoit point

Gesichte gekommen waren, mithin können wir deßfals nichts bestimmen. Indeß ist das in dieser Figur abgebildete Krebsartige Insect von ganz besonderer Gestalt. Der Cörper ist klein, und an selbigem sitzen 6. kürzere und zwey lange Füsse. Der Hinterleib hat 9. Ringe und ist wie bey den Grillen gestaltet. An selbigem sitzet ein kurzer dicker Fortsatz, welcher in einen langen dünnen Schwanz ausgehet, dergleichen gewisse Rochen-Fische, oder auch die Blut-Igel der süssen Wasser haben. Das Maul ist mit vielen Werkzeugen und Blättern versehen, über demselben stehen ein paar kleine gelbe Augen, dichte aneinander. Die Arme sind dick und stark, und sind mit zwey Scheeren, die recht fest packen können, versehen. Die Schaale der Scheeren und Arme ist sehr stark, und die Gelenke derselben sind eben so gebauet, wie an den übrigen Krebsen. Die Farbe ist über und über braun roth.

Fig. 5. Endlich folget hier noch ein **Band-Wurm** eines Menschen, welcher nebst andern dergleichen, wegen der Ringe von vielen unter die Insecten pfleget gezehlet zu werden, der aber zur Ordnung der Würmer, als einer besondern Art der Thiere, gehöret. Es ist nemlich derselbige die Taenia des Linnäi, und ist von demselben unter die Zoophyta, oder Pflanzenartige Würmer geordnet. Da wir nun Willens sind, in der Einleitung zu dem folgenden Fach der Seesterne, (als welche auch zu der Ordnung der Würmer gerechnet werden,) von den Würmern und ihrer Eintheilung überhaupt zu reden, so verweisen wir den Leser dahin, und geben vom gegenwärtigen Band-Wurm nur die nöthige Beschreibung. Die Taeniæ werden von dem Linnäus unter die Zoophyta, oder Pflanzenartige Thiere gesetzet, ohnerachtet sie fast mehr unter die Intestina zu gehören scheinen, wiewohl nicht zu läugnen ist, daß diese Art der Thiere noch so viel verborgenes und unentdecktes hat, daß man nicht leicht etwas gewisses bestimmen kan. Das beste, was wir noch davon bey einem Schriftsteller gefunden, ist in des H. Doct. Pallas vortreflichem Elencho Zoophytorum anzutreffen, und da dieser gelehrte Schriftsteller die Beschaffenheit dieser Würmer weiter zu untersuchen gedenket, so erwarten wir mit der Zeit deßfals ein mehreres Licht. Da es auch verschiedene Arten dieser Würmer giebt, welche nicht nur auf verschiedene Weise gebildet sind, sondern auch auf besondere Arten wachsen, und ein Leben haben, das von dem Leben anderer Würmer unterschieden ist, so fällt es um so schwerer eine eigentliche Nachricht davon zu geben.

Die allgemeine Meinung, nach den neuesten Entdeckungen, gehet dahin, daß diese Würmer gleich allen andern Thieren aus ihrem eigenen Ey entstehen. Dieses Ey ist vermuthlich von der allerkleinsten Art, wird durch die Speise oder den Trank unwissend in den Menschen geführet, dringet durch die feinsten Gänge, setzet sich an einem bequemen Ort an, und wird daselbst durch die natürliche Wärme ausgebrütet. Wenn dieses geschehen, so ist es ein ungemein kleines einfaches, länglicht viereckigtes Thier, welches der Gestalt nach einem Kürbißlein, oder einer Runzel ähnlich siehet, und seine Luftlöcher, und zur Seiten stehende Mündung hat. Dieses Thier sitzet an dem Ort, wo es entstanden, in der Haut des Eingeweides feste eingewurzelt, und kan nicht leicht davon getrennet werden. Wann es gehörig ausgewachsen und vollständig ist, leget es durch eine ihm eigenthümliche Fortpflanzungskraft sein eigenes Ey über sich, aus welchem

ein

---

vû du tout, de façon que nous n'en pouvons rien avancer de décisif. Cependant l'Insecte que la présente figure dépeint, & qui est une façon d'Ecrevisse, a une forme tout-à-fait particulière. Son Corps est petit & muni de huit pieds, dont six sont courts, & deux longs. La partie postérieure a neuf anneaux, & est formée comme aux Grillons. On y voit une Continuation courte & épaisse, qui se termine en une queue longue & mince, comme l'ont les Raies, ou les Sangsues qui vivent dans les eaux douces. On observe au dessus de la bouche, qui est garnie de quantité d'organes & de feuilles, deux petits yeux jaunes, placez tout près l'un de l'autre. Les bras sont épais & forts, & armez de deux serres, qui tiennent bien ferme ce qu'elles pincent. La Coque des bras & des Serres est très épaisse, & la Structure des articulations semblable à celle des autres Ecrevisses. La Couleur en est par tout d'un brun tirant sur le rouge.

Fig. 5. Voici enfin encore une *Tænia* (*) trouvée dans un corps humain, que plusieurs auteurs avoient coutume de mettre au rang des *Insectes*, de même que quelques autres de cette catégorie, à cause de la quantité d'anneaux dont elle est composée, quoique cette bête doive être placée dans l'Ordre des Vers, qui sont une sorte particulière & separée d'Animaux. *Linnæus* l'apelle *Tænia*, & la range parmi les *Zoophytes*, ou les Vers qui tiennent du Végétal, ou les *Animaux-Plantes*. Comme nous parlerons des Vers & de leurs divisions en général dans nôtre Introduction à l'Article suivant des Etoiles marines, qu'on met aussi dans l'Ordre des Vers, nous y renvoyons le Lecteur, nous contentant de donner ici la description de l'Animal que nôtre figure dépeint. Les *Tænia* sont mises par *Linnæus* parmi les *Zoophytes*, ou *Animaux-Plantes*, quoiqu'elles apartiennent plûtôt aux animaux intestins. Il faut convenir que cette bête renferme bien des parties qui nous sont encore inconnues ou cachées, ce qui fait qu'il est très-dificile d'en parler décisivement. Ce que nous avons trouvé de mieux sur ce sujet nous a été fourni par Monsr. le Docteur *Pallas* dans son excellent Traité connu sous le Titre *Elenchus Zoophytorum*. Comme ce savant Auteur promet de pousser ses recherches plus loin sur les qualitez propres à ce ver, & de les communiquer au Public, nous en attendons avec le tems de plus grands éclaircissemens. Comme il y a diverses espèces de cette *Tænia*, qui diferent non seulement entre elles par raport à leur figure, mais aussi relativement à leur façon de croitre, & qu'elles ont une vie, qui ne ressemble point à celle des autres Vers, il y a beaucoup de dificulté à en parler pertinemment.

Le sentiment le plus général, apuié sur les plus nouvelles découvertes, est que ces Vers tirent leur prémière origine de leur propre oeuf, comme tous les autres animaux. Cet oeuf est vraisemblablement de la plus petite sorte, & entre dans le corps humain soit avec la nourriture, soit avec la boisson, sans que la personne s'en aperçoive. Il passe par les voies les plus fines, & se pose dans quelque endroit

conve-

(*) *Tænia*, ou *Lumbrici*, sont les Vers qui s'engendrent dans le corps des petits Enfans. Mais la *Tænia*, dont il s'agit ici, est autre chose. On l'apelle en France le *Solitaire*. C'est un ver long quelques fois de quelques aunes, qui s'engendre dans le corps humain; au reste il ne faut pas confondre cette *Tænia* avec un poisson de mer, long comme un serpent, qui porte le même nom. Le nom allemand de nôtre *Tænia* est der *Band-Wurm*, à cause que cette bête a la forme d'un ruban.

ein nehmliches Thier entstehet, das an dem erstern feste sitzet, und sein eigenes Leben hat, ohne von der Mutter eben genähret zu werden. Auf diesem zweyten leget sich nach vorbeschriebener Art das dritte, und so pflanzet sich dieses Geschlecht, als an einer Kette, in einer, wie man meinet, unendlichen Reihe fort, jedoch mit dem Unterscheid, daß die folgende Thierchen etwas stärker, oder breiter werden als die ersten, dahero an dem Band-Wurm das später angewachsene Ende breiter ist, als am Anfang.

Kraft dieser Meinung hat man das eine Ende nicht vor den Kopf des Ganzen zu halten, sondern jedes Glied ist ein eigenes Thier, das vor sich lebet, nur aber darinne von andern Thieren unterschieden ist, daß es nicht frey, sondern an der Mutter und seinem Geburts-Ort feste sitzet, und leiden muß, daß seine Kinder und Kindes-Kinder, biß vielleicht über das hunderttausendste Geschlecht, so wie untereinander, also auch an ihm sitzen bleiben.

Wenn nun durch einen ohngefähren Zufall ein Stück von der Kette abbricht, so wächset das annoch festsitzende Ende nicht durch die nutrition oder Nahrung, sondern durch die propagation oder Fortpflanzung der Eyer wieder fort, und zwar zu vielen Ellen, soweit nemlich Platz und Gelegenheit ist. Ein nemliches geschiehet auch mit dem abgerissenen Ende, woferne es nicht als ein freyer und getrennter Theil abgeführet wird.

Dieses ist die neuere Meinung. Warum wir aber annoch im Zweifel stehen, demselben Beyfall zu geben, und uns von der Sache noch einen ganz andern Begrif machen, solches werden wir in der Einleitung zu dem folgenden Fach der Meersterne weitläuftiger erörtern.

Inzwischen ist der in der jetzigen Figur vorgezeigte von ganz besonderer Art. Es erscheinet das Band fast runzelicht, und ist nicht anders anzusehen, als ob eine Kerbe an der anderen säße. Mitten durch die ganze Länge des Bandes gehet eine Furche zu beyden Seiten, und vielleicht ist in derselben der Ort der Befestigung des einen Gliedes am andern. Wann etwa sieben Gelenke vorbey sind, so folget mehrentheils in dem achten Gelenke in der Mitte eine länglichte viereckigte Ritze, durch welche man durchsehen kan, und hin und wider ist ein einzelnes langes, schwarzes Haar herausgewachsen. Jedes Gelenke hat bald gedoppelte, bald einfache Mündungen, und die Farbe ist blaß-gelb. Man findet dergleichen Band-Würmer von verschiedener Gattung nicht nur bey Menschen, sondern auch bey Thieren, und viele Thiere haben oft ihre eigene Arten der Würmer, welches besonders auch an den Fischen und ihrer Leber zu sehen ist. Man hält sie auch wohl vor eine Art Polypen, ohnerachtet sie einfach sind, weil sich ein solcher Band-Wurm nach Art der Polypen ausbreitet, und immer wieder anwächset, wo er abgerissen ist, welches auch bey den Polypen geschiehet.

convenable, où la chaleur naturelle du corps le couve. Quand le tems d'éclorre est venu, il en sort un animal extraordinairement petit & tout simple, de figure quarrée oblongue, qui ressemble quant à la figure, à une petite courge, ou a une feuille d'*Opuncia* (*), ou à une ride, & a ses ouvertures pour respirer, & son embouchure. Cet animal est fortement attaché à l'endroit où il a pris naissance, contre la peau d'un intestin, & n'en peut être separé qu'avec beaucoup de peine. Quand il a fait son crû, & qu'il est parvenu à son dégré de perfection, il pond son propre oeuf au dessus de soi par une vertu de propagation qui lui est particuliére, & cet oeuf produit un animal semblable fortement attaché au premier. Ce dernier-venu a sa propre vie indépendante de celle de sa Mère, qui ne lui fournit aucune nourriture. Un troisième succède de la même façon, & cette engeance se reproduit ainsi à l'infini comme une chaîne, comme l'on croit, de manière pourtant que l'animalcule qui suit devient toûjours plus grand & plus large, que ceux qui l'ont precédé, en sorte que la dernière extrèmité du Solitaire est beaucoup plus grande & plus large que son commencement.

En conséquence de cette opinion, on ne doit point regarder l'une des extrèmitez de ce Ver comme étant la Tête du Total. Car chaque Membre est un animal vivant par soi-même, & ne difère des autres animaux qu'en ce qu'il est attaché à sa mère & au lieu de sa naissance, & forcé de soufrir que sa progéniture demeure à son tour attachée à lui, toutes celles qui suivent étant liées de même les unes aux autres.

Quand par un accident fortuit, cette chaîne se rompt, l'extrèmité encore attachée à l'intestin ne reprend pas un nouvel acroissement par la voie de la nourriture, mais par une nouvelle propagation des oeufs, ce qui s'étend à la longueur de plusieurs aunes, autant que la disposition du lieu le permettent. Il en arrive autant à la portion rompuë, à moins que la nature n'en opère l'évacuation comme d'une partie separée & qui ne tient plus à rien.

Tout ce que nous venons de dire n'est que l'*opinion nouvellement admise* que nous n'avons que rapotée simplement, & qui selon nous est susceptible d'objections, les quelles nous empêchent d'y adhérer encore. Nous croions même devoir adopter une idée toute diférente. Nous en dirons les raisons dans l'Introduction à l'Article des *Etoiles marines*, qui va suivre celui-ci.

Il faut dire cependant que le *Solitaire* de notre figure est d'une espèce trés-particulière. Le ruban qu'il représente est presque ridé, & semble n'être composé que de coches placées l'une contre l'autre. Il règne tout du long une petite cannelure de chaque côté, & c'est peut-être là qu'il faut chercher la manière dont chaque membre est attaché à l'autre. On observe qu'au bout de sept articulations il y a ordinairement au milieu de la huitième une fente de figure quarrée oblongue, à travers laquelle on peut voir, & çà & là on remarque un long poil noir isolé. L'Articulation n'a tantôt qu'une embouchure, & tantôt deux. La couleur de cet animal est un jaune pâle. On trouve diverses sortes de ces Vers non seulement dans les corps humains, mais aussi dans ceux des bêtes, dont plusieurs ont outre cela des Vers de diférentes espèces, qui leur sont propres, comme on le peut voir en particulier aux poissons & à leur foie. Quelques uns tiennent le *Solitaire* pour un *Polype*, parce qu'il s'étend comme les *Polypes*, & qu'il recommence à croître quand il a été rompu, ce que les *Polypes* font de même

(*) C'est une espèce de Figuier d'*Amérique*.

Einleitung
zu den
See-Sternen.

Wir haben in der Einleitung zu dem Fach der Krebse erwehnet, daß die Meersterne nebst den Krebsen und Meeräpfeln unter die Schaalfische mit weichen Schaalen gezählet werden, und auf die Schnecken und Muscheln, als Fische mit harten Schaalen in den Cabinetten zu folgen pflegen. Dahingegen ist bey der *fig.* 5. der Tafel F. 6. gesagt worden: Daß die Meersterne auch zu der Ordnung der Würmer gehören, und wir versprachen, von dieser ganzen Ordnung jetzo ausführlicher zu reden, welchem wir denn um so mehr nachzukommen suchen, da außer diesem Fach der See-Sterne keine Figuren mehr vorkommen, welche zu derselben Ordnung gehören, oder wo wir Gelegenheit bekämen, davon zu handeln; zumahlen in dem vorigen Theil schon viele Geschöpfe, die von den neuern Schriftstellern der Ordnung der Würmer beygezählet werden, beschrieben sind, ohne daß wir der Würmer gedacht hätten, weil neimlich die Schnecken und Muscheln und Meer-Aepfel nach den alten Schriftstellern und auch sonst gemeiniglich von jedermann unter die Fische gerechnet werden, indem sie, wie die Fische im Wasser leben; da man denn unter die Würmer durchgängig nur diejenigen Thiere zu verstehen gewohnt ist, welche in der Erde und in andern Cörpern herum kriechen.

Man hält neimlich nach der neuesten Eintheilung alle diejenigen Thiere vor Würmer, welche keinen eigentlichen Kopf, oder Füße haben, deren Fleisch weich und dehnend ist, und deren Bewegung in einem langsamen Schleichen, oder Kriechen bestehet. Da nun diese Beschreibung weitläuftig genug ist, um darunter allerhand Erd- und Wassergeschöpfe zu verstehen, so ist allerdings eine nähere Eintheilung nöthig, um die verschiedenen Würmer in gewisse Classen und Arten zu ordnen, und wir haben darinnen keinen bessern Vorgänger, als den Ritter Linnäus, welcher folgende Eintheilung macht, die zwar nicht ohne allen Widerspruch ist.

In der ersten Classe sind die Animalia intestina, welche in andern Cörpern, so von ihnen durchbohret worden, stecken, als zum Exempel: der Regenwurm, Holzwurm, Blutigel, und so weiter.

In der andern Classe sind die Mollusca, wie sie Linnäus nennet, welche Glieder oder Arme haben, und sich mehrentheils im Meer aufhalten; als Schnecken ohne Gehäuse, Holothurier, Blackfisch, Medusen-Haupte, die See-Sterne, Meer-Aepfel, und dergleichen.

INTRODUCTION
A L'ARTICLE DES
ETOILES DE MER.

Nous avons vû dans nôtre Introduction à l'Article des Ecrevisses, qu'on met les *Etoiles de Mer* aussi bien que les *Ecrevisses* & les *Oursins* dans le rang des Poissons testacez (*) à coquille tendre, & que dans l'arrangement d'un Cabinet on a coûtume de les placer immédiatement après les Limaçons & les Moules qui sont des Animaux testacez à coquille dure. Nous avons dit outre cela à l'occasion de la *Figure* 5. de la *Planche F.* 6. que *les Etoiles de Mer apartiennent aussi à l'Ordre des Vers*, promettant à nos Lecteurs de parler au long de cet Ordre entier dans le présent Article. C'est donc ici le lieu de tenir parole, d'autant plus, qu'à la reserve des *Etoiles de Mer*, nous ne verrons plus de figures du même Ordre, ni qui nous fournissent l'occasion d'entrer à cet égard en quelque détail, & que nous avons dejà donné dans le Tome précèdent la description de plusieurs Créatures, que les Auteurs modernes regardent comme apartenant à l'Ordre des Vers, sans avoir fait mention des Vers en particulier, parceque les anciens Auteurs, & d'ailleurs presque tout le monde, mettent les Limaçons, les Moules & les Oursins au nombre des Poissons, par la raison que ces Animaux vivent dans l'eau, au lieu que l'on entend généralement par Vers ceux qui rampent dans la terre & dans d'autres corps.

On considère donc selon la division la plus moderne comme *Ver* tout Animal, qui n'a proprement ni pied ni tête, dont la chair est tendre & propre à s'étendre, & dont le mouvement ou la marche ne se fait qu'en glissant, ou en rampant. Cette définition étant assez étenduë pour pouvoir y comprendre toutes sortes de Créatures terrestres & aquatiques, il est nécessaire de se faire une Division plus particuliére, pour pouvoir ranger convenablement les diférentes sortes de Vers en Classes & en Espèces, en quoi il n'y a qu'à suivre le Chevalier *Linnæus* qui, quoique sa Division ne soit pas à l'abri de toute contradiction, nous donne celle qu'on va voir.

Il met dans la première Classe les *Animalia intestins*, les Animaux intestins, c'est-à-dire ceux qui s'insinuent dans d'autres corps en les perçant, comme le Ver de terre, le Ver de bois, la Sangsuë, &c.

La seconde Classe renferme les *Mollusca*, comme les apelle *Linnæus*, qui ont des Membres ou des Bras, & qui vivent ordinairement dans la Mer, tels que les Limaçons sans

---

(*) Quoique quelques Auteurs n'emploient le mot de *testacez* qu'en parlant des Poissons dont la Coquille est *dure*, nous nous en servons pour *tous les Poissons à coquille*, soit *tendre*, soit *dure*, indistinctement.

In der dritten Classe stehen die Testacea, oder alle Schnecken und Muscheln mit harten Schaalen, die schon, nebst den Meeräpfeln voriger Classe, in dem ersten Theil sind abgehandelt worden.

In die vierte Classe werden die Lithophyta, oder diejenigen Polipen, die als Einwohner oder Erbauer der Corallen betrachtet worden, geordnet, wohin die Punct-Stern- und Röhren-Coralle gehören.

In der fünften Classe endlich sind die Pflanzenartige Würmer, worunter die Horncoralle und alle feine Corallen-Moost, sodann auch der vorher beschriebene Band-Wurm, und dergleichen Geschöpfe hingehören.

Wie wir aber noch nicht deutlich einsehen, warum, zum Exempel, die Meer-Aepfel und See-Sterne nicht unter der Classe der schaalichten Würmer stehen sollen? so sind wir noch mehr zweifelhaft, die Horncorallen überhaupt vor Würmer zu halten, wie wir denn schon unsere Gedanken deßhalb in dem ersten Theil bey der Abhandlung der Corallen geäussert haben.

Was aber das gegenwärtige Fach der Meersterne betrift, so stehen sie bey dem Linnäus in der andern Classe, die er Mollusca nennet, und da das Leben dieser Thiere von ganz besonderer Art ist; da auch überhaupts alle Würmer ein zähes Leben haben, und vielen die abgerissene Stücken wieder anwachsen, ja aus einzelnen Stücken wiederum ganze Thiere entstehen, so wollen wir erst eine kurze Betrachtung über das Leben der Thiere, und besonders der Würmer anstellen, sodann aber etliche Arten der Würmer untereinander vergleichen. Vielleicht rucken wir einen Schritt weiter zu einer nähern Entscheidung dieser dunkeln Sache, und zur Bestimmung des eigentlichen Unterscheids zwischen einem Thier und einer Pflanze.

Es wird das Leben in ein vegetabilisches und animalisches eingetheilet, und beede Arten haben dieses untereinander gemein, daß eine Bewegung der innern Säfte vorhanden seyn muß. Ohne uns nun an die Eintheilung eines Pflanzenartigen und thierischen Lebens vor jetzo noch zu binden, so wollen wir diesen allgemeinen Begrif von der Bewegung der inneren Säfte etwas weiter nachdenken. Alle Bewegung setzet einen Ort, woher? und ein Ziel, wohin? zum Voraus. Der Ort, woher? ist entweder ausser, oder in dem Cörper. Ausser dem Cörper wäre es bey den Pflanzen, da die Säfte durch die Haarröhrchen der Wurzel angezogen werden; und in dem Cörper wäre derselbe bey den Thieren zu finden, wo man ein sogenanntes punctum saliens, oder einen Punct, da sich zu allererst eine Bewegung zeiget, (oder ein Herz) antrift. Das Ziel wohin? ist ebenfalls entweder ausserhalb, oder innerhalb des Cörpers. Ausserhalb wäre es bey den Pflanzen, weil die angezogene Säfte, sobald sie das nöthige abgeleget haben, sogleich ausdünsten, innerhalb aber wäre das Ziel, wohin? bey den Thieren befindlich, indem die Säfte in sich wieder zurücke gehen, das ist, die Thiere haben einen Kreißlauf derselben, wornach erst endlich das überflüßige abgesondert wird.

Diese

---

fans coquille, les Holothures, la Sèche, la Tête de Méduse, (*) les Etoiles de Mer, les Oursins, &c.

On trouve dans la troisième Classe les *Testacea*, ou tous les Limaçons, & Moules à coquille dure, dont il a deià été parlé, de même que des Oursins de la Classe précédente, dans le prémier Tome.

La quatrième Classe contient les *Lithophyta*, qui sont ces Polipes, qu'on regarde comme les Habitans, ou comme les Architectes, des Coraux. C'est ici qu'apartiennent les Coraux Millepores, les étoilez, & ceux qu'on nomme Tubulites.

Enfin la cinquième Classe est celle des Vers qui sont *Animaux-Plantes*, où l'on doit ranger les Coraux de substance cornée, ou Keratophytes, & toutes les Mousses de Corail fines, de même que le Solitaire décrit cy-dessus, & d'autres Productions pareilles de la Nature.

Comme nous ne voyons pas distinctément la raison pour laquelle par exemple on ne veut pas admettre les Oursins & les Etoiles de Mer dans la Classe des Vers testacez, nous sommes encore plus en doute si l'on doit regarder les Coraux de Substance cornée en général comme des Vers, sur quoi nous avons déjà dit notre sentiment dans le prémier Tome à l'Article des Coraux.

Quant à l'article des *Etoiles de Mer*, dont il s'agit ici, *Linnæus* les met dans la seconde Classe, à laquelle il a affecté le nom de *Mollusca*. Il y a plusieurs Observations curieuses à faire sur cette espèce, relativement à la vie de ces animaux, qui est toute particuliere, & à ce que tous les Vers en général ont la vie dure & tenace, au point que quand on les met en pièces, ces pièces se rejoignent souvent ou même qu'un nouvel animal renait de ces pièces separées. Cela nous conduit à faire ici quelques reflexions sur la Vie des Animaux, & en particulier sur celle des Vers, après quoi comparant, ces espèces entre elles l'une à l'autre nous verrons s'il n'est pas possible de répandre quelque lumière sur cette matière obscure, & de déterminer exactement la diférence qu'il y a à faire entre un animal & une plante.

La Vie vegetable & la Vie animale ont ceci de commun ensemble qu'elles décèlent l'une & l'autre un principe de mouvement dans les Sucs internes. Sans nous arrêter pour le présent encore à la Division qu'on fait de la vie en vegetable & en animale, considérons ici un peu de plus près cette idée générale qu'on a du mouvement des Sucs internes. Tout mouvement présupose nécessairement deux points, savoir celui *d'où il part*, & celui *où il va*. Le point *d'où il part* est ou *dans le corps*, ou *hors du corps*. Par raport aux *Plantes* il est *hors du corps*, puisque les Vegetaux attirent les Sucs par les petits tuyaux capillaires des racines. A l'égard des *Animaux* il est *dans le corps*, où l'on trouve ce que les Anatomistes apellent le *Point saillant*, c'est à dire, le point où le prémier mouvement se manifeste, qui est le coeur. Le point, *où le mouvement va*, est de même ou *hors du corps*, ou *dans le corps*. Il est hors du corps à l'égard des Vegetaux puisque les sucs que la racine a attirez s'évaporent dés-qu'ils ont déposé ce qui convenoit à la

M 2   Plante,

(*) *Caput Medusa;* On nomme ainsi une espèce d'Etoile de Mer qui a quantité de raïons.

Diese Eintheilung ist noch nicht genug, das Pflanzenartige und thierische Leben von einander zu unterscheiden. Denn es giebt Pflanzen, deren Bewegung der Säfte nicht von aussen herrühret, als, zum Exempel, die Zwiebel, welche nach einiger Zeit von selbst anfangen auszuwachsen, ohne daß sie in dem Grund stecken. Ja es giebt auch Pflanzen, die gleichsam einen Kreißlauf der Säfte haben, wie diejenigen Bäume in Bengalen, deren Aeste sich wieder zu Boden senken, und mit der Wurzel ihres Stammes verwachsen, oder wie das gemeine Epheu, das an die Wand wächset, da die Aeste wiederum übers Kreutz und in die Quere in einander wurzeln und einander nähren. Da hingegen finden wir Thiere, die ihre Bewegung nicht aus sich, oder aus einem freyen Punct innerhalb ihren Cörper, sondern ausserhalb von einer Mutter, worauf sie sich wurzeln, bekommen. Ein dergleichen erhellet bey den sogenannten Cucurbitis, oder Gelenken des Band-Wurms, und bey mehreren, als bey den sogenannten Thierpflanzen im Meer.

Ueberdieß lässet sich nicht allen Thieren ein Kreißlauf der Säfte zuschreiben, besonders denen ein Blut mangelt. Auch lässet sich aus dem feste sitzen an einem Ort, oder dem freyen herum gehen, nichts bestimmen, ob etwas ein Thier oder eine Pflanze seyn solle, denn wir haben Thiere, die allezeit nach Art der Pflanzen an einem Ort fest angewachsen sitzen, wie die Stein-Austern und etliche Gien-Muscheln, um jetzt der Coralle oder anderer sogenannten Thierpflanzen nicht zu gedenken, weil es noch nicht ausgemacht ist, was man davon zu halten habe; da hingegen haben wir auch Pflanzen, die frey sind ohne fest angewachsen und an einen Ort gebunden zu seyn, wie die Meer-Linsen und einige andere Wasser-Gewächse. Mithin muß man sich um einen ganz andern Grund bekümmern, worauf man diese beyderley Arten des Lebens von einander unterscheiden kan.

Die allgemeineste Zuflucht ist diese, daß eine Pflanze nur eine mechanische Bewegung und Trieb der Säfte habe, die zwar auch im Thierreich statt findet, aber das Thierreich habe ausser dieser mechanischen Bewegung auch noch eine willkührliche Kraft welcher, zum Exempel, die Thiere ihre Nahrung suchen, dem Raub nachstellen und denselben haschen, oder packen, oder auch wenn sie sich vertheidigen, welches denn keinen mechanischen Ursprung haben kan, sondern sich auf eine Willkühr, die sich auf eine gewisse Art der Vorstellung, so sich das Thier macht, oder der Empfindung, gründet. Mit einem Wort, die Thiere sollen Seelen haben, die Pflanzen aber nicht. Um nun der ganzen Untersuchung von der Beschaffenheit ihrer Seelen auszuweichen, (weil davon zu reden, gar nicht unser Endzweck ist,) so sagen wir, daß es uns gleichgültig sey, ob man das vor eine Art von Seelen halten wolle, was die Thiere noch über die Pflanzen besitzen, oder ob es bloß ein Naturtrieb heissen soll, wiewohl wir nicht läugnen können, daß wir dieses Wort noch niemahls verstanden, sondern es allezeit vor so etwas wie Plastische Kraft und Archäus gehalten haben.

Plante, & *dans le corps* relativement aux *Animaux*, où les Sucs retrogradent par la voie d'une circulation, après laquelle seulement se fait l'excrétion des Superfluitez.

Encore cette division ne suffit-elle pas pour bien établir la diference qu'il y a a faire entre la Vie vegetable & l'animale, car il y a des plantes à l'égard desquelles le mouvement des Sucs ne procède pas du dehors, comme par exemple les oignons, qui dans de certains tems poussent sans avoir été mis en terre. On connoit même des Plantes dont les Sucs ont une espèce de circulation, comme ces arbres du Roïaume de *Bengale* dont les rameaux se replient vers leurs racines à laquelle ils se reunissent de nouveau, & recroissent avec elle, ou comme le lierre commun, dont les rameaux croissent confusément en long, en large, & en croix, contre les parois, & s'enracinent les uns dans les autres, se communiquant mutuellement leur nourriture. D'un autre côté on trouve des animaux, qui n'ont pas le principe de leur mouvement en eux mêmes, ou dans un point libre & indépendant au dedans de leur corps, mais chez lesquels ce principe provient au dehors d'une Mère à laquelle ils sont attachez, ce qui se voit aux *Cucurbites*, ou Articulations du Solitaire, & à quelques autres, comme aux Animaux-Plantes dans la Mer.

On ne peut pas avancer d'ailleurs que la Circulation des sucs ait lieu dans tous les animaux, particulièrement dans ceux qui n'ont point de sang. La qualité *d'être attaché à quelque corps ou d'être libre & isolé* n'est aussi d'aucun secours pour déterminer si une Créature est un animal ou une plante. Car il y a des Animaux qui, comme ordinairement les plantes, demeurent toûjours fermement attachez au même endroit, comme les Huitres pierreuses, & quelques Chames, ou Moules béantes, pour ne rien dire ici des Coraux, & d'autres Animaux-Plantes ainsi nommez, dont la Condition n'est pas encore décidée: tandis qu'on trouve de l'autre côté des Plantes absolument isolées, qui ne sont atachées à rien, telles que les lentilles d'eau, & quelques autres Vegetaux marins. Il faut donc chercher quelqu'autre Caractére, qui diférencie ces deux espèces de Vie.

L'Echapatoire la plus ordinaire, c'est qu'on dit que dans le Règne vegetal le mouvement & l'impulsion des sucs est une disposition purement mécanique, qui à la vérité a aussi lieu dans le Regne animal, mais que les Animaux outre ce mouvement mécanique sont doués encore d'un autre mouvement arbitraire, au moien duquel ils cherchent leur pâture, poursuivent leur proie & la saisissent, défendent leur corps, &c. actions, qui ne peuvent pas provenir d'un principe simplement mécanique, mais qui dépendent d'une volonté libre, déterminée par les idées que l'Animal se forme. En un mot on prétend que les Animaux ont une ame, & que les Plantes n'en ont point. Nous n'avons garde d'entrer ici dans l'examen des qualitez de cette ame, ce dont le but du présent Ouvrage nous dispense, & parce qu'il nous est d'ailleurs assez indiférent dans quel Ordre ou espèce d'ames on voudra ranger cette faculté de plus qu'on attribue aux Animaux, au delà du mouvement qui est propre aux Plantes, ou si l'on voudra ne la nommer qu'un *instinct naturel*, quoique, pour le dire avec candeur, nous n'ayons jamais compris ce mot, & que nous le tenions pour aussi inintelligible que la *Vertu plastique* & l'*Archée*.

Inzwischen finden wir, daß eben bey denen Geschöpfen, über welche gestritten wird, ob es Thiere, oder Pflanzen sind, die mechanische Bewegung von der willkührlichen gar nicht zu unterscheiden sey, mithin allezeit dunkel bleibe, ob man ein solches Geschöpf vor ein Thier, oder vor eine Pflanze zu halten habe.

Hierzu meynen wir verschiedene Gründe zu haben. Es ist nemlich erweißlich, daß die sogenannte willkührliche Handlungen bey besagten Geschöpfen eben sowohl Auswürkungen der mechanischen Structur, als des Willens, oder eines Naturtriebes, (wenn man etwa dieses Wort lieber gebrauchen wolte,) seyn könnten. Eine Thierpflanze, oder ein Polype, zum Exempel, ziehet sich, zurück und ineinander, wenn sich was ereignet, das einigen Schaden drohet, oder wenn man derselben zu nahe kommt. Allein das thut auch die Mimosa, die doch von jedermann vor eine Pflanze gehalten wird. Wie denn auch die Engelländer auf der Insul Sombrero eine dergleichen seltsame Pflanze gefunden haben, die sich auf deren Berührung im Sand verkriecht. Möchte man sagen, daß die Ausdünstung des Fingers, womit man die Mimosa berühret, in dem Dunstkreiß dieser Pflanze eine solche widrige Würkung verursache, daß dadurch ihre Säfte zurücke tretten, und die Pflanze welk wird, warum sollte man weniger Recht haben, das nemliche von den Thierpflanzen zu behaupten, und zu sagen: ein Polype, ein Norwegischer Encrinus Marinus, oder dergleichen Meerwunder, ziehe sich mechanisch zusammen, sobald eine Berührung, oder eine Beunruhigung des Wassers vor sich gehet, gleichwie sich ein aus einem lebendigen Thiere ausgeschnittenes Herz noch einige Zeit beweget, wenn man es sticht. Es ist wahr, man hat bemerket, daß Polypen, wenn sie einen anständigen Raub in der Nähe haben, mit ihren Armen selbigen halten; kan aber dieses nicht eine Auswürkung von der Berührung ihres Duftkreisses seyn? Pflegen doch die Staubfäden in vielen Blumen sich auf eine besondere Art zu dem weiblichen Pistil zu neigen, damit die Befruchtung vor sich gehen könne? welches ja im Thierreich das Ansehen einer willkührlichen Bewegung haben würde, und dennoch hält niemand die eigentlichen Pflanzen und Blumen vor Thiere.

Wenn wir also an einem Geschöpfe Bewegungen spühren, die sich noch aus physicalischen und mechanischen Regeln erklären lassen, und wo eine den Haarröhrgen eigene anziehende Kraft, oder eine Berührung des Dunstkreises und daher entstehende Unordnung in der Bewegung der Säfte, oder auch ein gewisser Druck der Säfte statt hat, und hingegen keine Handlungen wahrnehmen, die offenbar als eine Würkung des Willens, des Gedächtnisses, der Vorstellung oder überhaupt einer Seele zu halten sind; so können wir solchen Geschöpfen keinesweges ein thierisches Leben zuschreiben, sondern ordnen solche immer noch unter die Pflanzen, es wäre denn, daß man zwischen dem Thier- und Pflanzen-Reich noch ein Mittel-Reich zu erdenken wüste.

Wir sehen nun zwar zum Voraus, daß mancher Naturaliste über diese Neuerung erstaunen werde, daß wir uns alhie fast scheinen zu unterwinden, würkliche Thiere unter die Pflanzen zu setzen, da man sich noch kaum von der Verwunderung hat erholen können, darein man gerathen muste, als man so viele Meerpflanzen auf einmahl zu Thieren machte. Sie werden nemlich sagen, daß auf die Art aus unsern obigen Anmerkungen

folge,

Cependant nous trouvons que par raport à ces Créatures-mêmes, au sujet desquelles on agite la question si elles sont des Animaux ou des Plantes, le mouvement *mécanique* ne peut pas être distingué de *l'arbitraire*, & qu'ainsi il demeure toûjours problématique si ces Créatures sont des Animaux, ou si elles sont des Plantes.

Nous croïons pouvoir apuïer ce sentiment sur plusieurs bonnes raisons. Il n'est pas dificile selon nous de démontrer que les actions volontaires, comme on les nomme, de ces Créatures peuvent être aussi bien des effèts de leur structure mécanique, que des opérations de leur volonté ou de leur Instinct naturel, si l'on aime mieux se servir de ce mot. Par exemple un Polype, lorsqu'il se trouve menacé de quelque danger ou qu'on l'aproche de trop près, se retire en arrière & se replie sur soi-même; or la *Sensitive*, (*) que chacun reconoît n'être qu'une plante fait la même chose. Telle est aussi une Plante singuliére trouvée en 1602, dans l'île de *Sombrero* aux *Indes orientales* par les Anglois, laquelle, lorsqu'on y touche, se retire dans la terre (**). Dira-t-on que c'est l'exhalaison du doigt, qui, en entrant dans l'Atmosphère de cette plante, produit cet effèt, opère la retrogradation des Sucs, & flétrit la plante, pourquoi n'aura-t-on pas le droit de soûtenir la même chose des Animaux-Plantes, & de dire: Un Polype, un *Encrinus marinus* (***) de *Norvège*, ou quelque autre Phénomène marin extraordinaire se retire par un mouvement mécanique dés-qu'il est touché ou que quelque agitation de la Mer se fait, tout comme le coeur qu'on a tiré d'un animal vivant marque encore quelque mouvement quand on le pique? Il est vrai que les Polypes, quand ils voyent près d'eux quelque proie qui leur convient, étendent leurs bras pour s'en saisir, mais cela ne peut-il pas provenir de même de l'impression qu'a fait l'aproche de la proie sur l'Atmosphère du Polype? Ne voit-on pas dans le Règne vegetal les Filamens de la poussière de plusieurs fleurs s'aprocher du Pistil femelle pour le féconder, ce qui dans le Règne animal seroit regardé comme l'opération d'un mouvement volontaire? & cependant personne jusques ici ne s'est avisé de penser que les plantes proprement ainsi dites, & les fleurs, soient des Animaux.

Ainsi quand nous observons dans les Creatures des mouvemens, dont la raison peut encore être expliquée par les règles de la Physique & de la Mécanique, & auxquels la faculté attractive propre aux Vaisseaux capillaires, ou l'effet de l'impression que peut faire l'aproche d'une Créature sur l'Atmosphère d'une autre, & le dérangement qui en resulte dans le mouvement des sucs, ou une certaine impulsion des mêmes Sucs, peuvent être apliquez; & que nous ne remarquons aucune action qui doive manifestement être une Opération de la volonté, de la memoire, ou de l'imagination, ou en général d'une ame; nous ne voyons pas pourquoi nous attribuérions à ces créatures une Vie animale, mais nous croïons qu'elles doivent être rangées dans l'Ordre des Plantes, à moins qu'on ne trouve quelque Règne intermédiaire entre l'Animal & le Vegetal.

Nous prévoyons bien que quelques Naturalistes vont sonner le tocsin contre nous à l'occasion de cette nouveauté.

N   Comment,

(*) En latin *Mimosa*, en allemand *Empfindlichkeits-Kraut*. C'est une Plante venuë de *Guinée*, dont les branches s'abaissent quand on les touche & semblent avoir du Sentiment. On cultive cette Plante dans le Jardin roïal à *Paris*, & autre part.

(**) Voy. *Hist. gener. des Voyages*, To. I. p. 6. Edit. de la Haye, M. DCCXLVII.

(***) C'est une espece d'Insecte de Mer, ou de Polype, qui apardent à la Classe des Etoiles à bras.

folge, daß die Polypen, und unter andern die Blumen= und Busch=Polypen der süßen Wasser, (von denen ja nun ausgemacht ist, daß es Thiere sind) Pflanzen seyn müßten, und um uns von diesen seltsamen Gedanken abzubringen, werden sie uns das besondere Leben, das man in diesen Wassergeschöpfen wahrnimmt, vor Augen stellen. Es ist nemlich bekannt, daß wenn man einem Polypen einen, oder mehrere Arme ausreißet, solche gleich wieder nachwachsen, ja was noch mehr ist, so wächst aus einem jeden Stück eines zerstückten Polypen wiederum ein ganzer Polype, mit allen Armen, der eben so gestaltet ist, wie der erste war, wie dieses die Wahrnehmungen von Reaumur und Trembley bestärken. Ein ähnliches findet auch bey den Seesternen statt, wie Jußieu erfahren hat, und man findet es auch bey manchen andern Würmern. Allein wie finden hierinne noch nichts, das uns befugt mache, diese Geschöpfe in die Classe der Thiere zu setzen. Denn ein solches Leben ist in dem Pflanzenreich etwas gemeines, indem nicht nur ein abgeschnittenes Reiß wiederum durch neue Augen treibet, sondern auch wohl zerstückte Reiser alle wiederum zu einem ganzen anwachsen. Wir dörfen uns nur auf das Quecken=Graß, auf zerschnittene Erdbirne, auf Reiser von Weiden, und mehrere dergleichen Pflanzen beruffen. Und wenn gleich einem abgerissenen Kopf des Polypen der Leib und der Schwanz, und an dem abgerissenen Schwanz wieder ein neuer Leib und Kopf anwachsen, so ist doch dieses nichts anders, als wenn man einen Stamm von einem Citronen oder Pompelmuß=Baum, der weder Wurzel noch Krone hat, nach Belieben entweder recht, oder verkehrt stekt. Denn setzet man das obere End in den Grund, so wird dasselbe zur Wurzel, und das alte Wurzel=Ende wird zur Krone. Steckt man ihn hingegen anders, so gehet auch das Wachsthum der mangelnden Theile anders von statten. Es haben also diese Geschöpfe in dieser Absicht noch nichts vor den Pflanzen zum voraus, und wenn sie gleich öfters frey, und unangewachsen sind, so giebt dieses ihnen doch noch kein Recht in der Reihe der Thiere zu stehen, weil wir eben so wenig einen Wiederspruch in eine freye und sich von einem Ort zum andern bewegenden Pflanze finden, als in einem fest angewachsenen und eingewurzelten Thiere. Wenigstens müssen diejenigen, welche den Thieren eine Seele zuschreiben, in eine grosse Verlegenheit gesetzet werden, wenn sie hören, daß ein Seestern, der in hundert Stücke geschnitten ist, wiederum anwachse, ja daß jedes Stück hernach wieder ein neuer Seestern werde, denn welche Bewandniß mag es daselbst mit der Thierseele des Seesterns haben? Ist sie auch mit in hundert Stücke geschnitten? Oder hat sich dieselbe in einen Theil geschwinde zurück gezogen? woher bekommen denn die 99. übrigen Stücke ihre neue Seelen?

Jedoch wir wollen nicht scherzen, sondern uns von diesem merkwürdigen Umstand in der Natur, und von der besondern Art eines solchen Lebens einen Begrif zu machen suchen. Wenn ein abgerissenes Glied solcher Geschöpfe wieder nachwächset, so hat man gemeiniglich diese Art der Erklärung, daß die übrigen Säfte in dem Cörper durch ihren Trieb zum beschädigten Ort dringen, sich daselbst von aussen anlegen, und nach dem Leitfaden der

Comment, diront-ils, vous osez dégrader des Animaux effectifs, & les faire rentrer dans la condition des *Plantes*, tandis qu'on est à peine revenu encore de la surprise qu'a excité le Sistème qui a élevé tant de *Plantes* marines à la condition des *Animaux?* Ces Messieurs diront que de cette façon il résulte de nos Reflexions précédentes que les Polypes, & entre autres les Polypes à fleur & à houppe, qui séjournent dans les Eaux douces, & desquels il est décidé que ce sont des Animaux, ne peuvent être que des Plantes, & pour nous faire revenir de cette erreur singulière, ils nous mettront devant les yeux les caractères particuliers de vie qu'on remarque dans ces créatures aquatiques. Effectivement l'on sait que quand on arrache un ou davantage de bras à un de ces Polypes, ces bras recroissent d'abord, &, qui plus est, qu'un Polype tout entier se forme de chaque morceau d'un Polype qu'on a dépécé, & a les mêmes bras & la même figure qu'avoit celui duquel il a tiré son origine, comme le confirment les Observations de *Réaumur* & de *Trembley*. La même chose se trouve aussi aux Etoiles de Mer comme l'a expérimenté *Jussieu*, & cela se rencontre encore à plusieurs autres vers. Mais dans tout ce que nous venons de raporter nous ne trouvons rien qui nous autorise à ranger ces Créatures dans l'Ordre des Animaux; car l'espèce de vie dont il est parlé ici est une chose très-ordinaire dans le Règne vegetal, attendu qu'on voit une Grèse coupée pousser de nouveaux bourgeons, & outre cela des pieces de Grèse redevenir une Plante entière. Nous en donnons pour preuve le Chiendent, les Taupinambours coupez en morceaux, & les plantards de Saule. Et quand on nous allègue que le Corps & la Queuë reviennent à une tête de Polype qu'on a arrachée, ou que la simple Queuë qu'on a separée reprend un corps & une tête nouvelle, nous pouvons répondre qu'en cela il n'arrive que ce qu'on observe de même au tronc d'un Citronier, ou d'un *Pampelmous*, (*) qui n'ont plus ni racine ni couronne, quand on les met en terre de quel sens que ce soit, droit ou renversé. Car si l'on en met la partie supérieure en terre, la racine s'y forme & l'autre extrèmité où étoit l'ancienne racine recroit en couronne, ou si l'on enterre le bout inférieur alors les parties qui manquent recroissent comme elles étoient auparavant. Ainsi à cet égard les Créatures dont il est question ici n'ont aucun avantage sur les Plantes, & pour n'être *attachées à rien*, c'est à dire, pour *être libres & isolées*, cela ne les met pas encore au rang des Animaux, parce qu'il n'implique pas plus contradiction de dire qu'une Plante a la faculté de se mouvoir d'un lieu à un autre que d'avancer qu'un animal est naturellement attaché & enraciné dans quelque endroit. Tout au moins ceux, qui attribuent une ame aux Animaux, doivent-ils être fort embarassez, quand on leur objecte l'exemple d'une Etoile de Mer coupée, si l'on veut, en cent morceaux, dont chaque morceau reproduit une Etoile de Mer entière. Que devient la l'Ame animale de l'Etoile? L'a-t-on aussi coupée en cent morceaux? Ou cette ame s'est elle vite retirée dans l'un des cent morceaux coupez? Et en ce cas où est-ce qu'on assignera de nouvelles ames aux quatrevingt-dix-neuf autres morceaux?

Nôtre intention n'est pas de badiner ici. Tachons plûtôt d'atteindre à quelque idée raisonnable relativement à cette matière remarquable, & à l'espèce particulière de vie dont il s'agit. A l'égard de ces Créatures où les Membres arrachés

(*) *Aurantium maximum.* L'Arbre croit en *Amérique*, & porte des Fruits d'une grandeur monstrueuse.

der abgerissenen Lineamente ein neues Glied bilden. Dieses dünkt uns in der That nichts anders zu seyn, als das Treiben der Augen und Knospen an allen Gewächsen, besonders in der Gegend wo sie beschnitten sind, und wohin sich die Säfte zu ziehen pflegen, und in dem Fall ereignet sich nichts neues an den Polypen, das nicht eben so im Reich der Pflanzen statt hätte. Aber, wie müste man wohl dieses Wachsthum erklären, da jedes Stück ein neuer Polype, oder Seestern wird? Denn wenn, zum Exempel, alle Theile von einem geraden Strahl des fünfstrahlichten Seesterns, zu einem vollkommenen fünfstrahlichten Seestern, denn die Strahlen in einem regulären Fünfeck stehen, wachsen können, woher kommt denn jedem abgebrochenen Stück, das doch nur einfach und gerade ist, das Vermögen, sich in fünf Ecken, oder fünf Strahlen zu bilden? Stecken etwa in jedem Stück die fünf strahlichte Lineamente die hernach nur durch das Einsaugen der Nahrung dürfen ausgedehnt werden? Warum sind denn nicht alle die Stücke schon fünfstrahlicht worden, da sie noch an dem grossen Körper feste sassen? Sollen wir hievon unsere Meinung sagen, so besteht sie darinnen, daß an diesen Geschöpfen die Gefässe allenthalben so beschaffen sind, daß solche die eingesogene Säfte auf eine besondere Art zubereiten. Diese besonders zubereitete Säfte haben ihre eigenthümliche Eigenschaft sich nur allein in diese und in keine andere Figur zu werfen. (Gleichwie wir dieses Stück in der Einleitung zu den Krebsen, da wir von der Bildung der Thiere handelten, erläutert haben.) So lange nun alle Säfte von dem ganzen Seestern zusammen fliessen, so lange kommt nur ein einziges Fünfeck heraus, sobald sich aber dieser Saft aus einzeln Stücken zertheilen kan, sobald wirft sich jede getrennte Menge des Saftes in ein eigenes Fünfeck. Ein ähnliches zeiget sich am Salz. Das im Wasser aufgelösete Küchen-Salz wirft sich bey der Gerinnung in ein Viereck. Nimmt man nun einen grossen Salzwürfel und theilet denselben in etliche irreguläre Stücke, und löset jedes besonders auf, so macht jedes unförmliche Stück des grossen Würfels wiederum seine eigene kleine Würfel, und so gehet es, biß unter das Vergrösserungs-Glaß, beständig fort; nur fehlen demselben die Gefässe um aus einem andern Element die Nahrungs-Theile an sich zu ziehen und grösser zu werden. Es wäre denn daß man diese Salz-Würfelchen in salzigte Wasser würfe, da sie denn von aussen Zuwachs bekommen.

Es kan aber auch dieses Umstands halber den Seesternen, oder Polypen, oder einigen andern Würmern noch kein thierisches Leben zuerkannt werden. Denn das nemliche ereignet sich auch im Pflanzenreich, indem die Bildung jeden Zweiges mit der Blüthe und Frucht aus seiner Knospe in der That nichts anders ist. Darum sehen wir denn auch die Verlängerung eines Bandwurms, davon bey der vorigen Kupfertafel gehandelt werden, nicht so sehr vor eine thierische Fortpflanzung, sondern vor ein pflanzenartiges Wachsen an, welches selbiger mit andern Polypen gemein hat, so, daß man den folgenden Gliedern nicht so sehr den Namen einer Brut geben kan, die ihr eigenes Leben haben soll, sondern es wirft sich der Saft, der aus dem obern Glied herausdringt und daselbst hängen bleibet, in die nemliche Figur, biß aus dieser Figur durch die Aehnlichkeit ihrer Gefässe wiederum ein

arrachés recroissent, l'Explication ordinaire que l'on donne, c'est que les Sucs, qui sont encore dans le corps qui reste, affluent par leur impulsion naturelle à la partie endommagée, s'y posent en dehors, & y forment un membre nouveau, guidez en cela par le fil des traits arrachez. Or nous demandons si cette opération de la nature n'est pas précisément la même que celle qu'on remarque aux greses, quand elles poussent des yeux & des bourgeons, particulièrement aux endroits taillez où les Sucs affluent en quantité. On rencontre donc dans les Plantes ce qu'on a dit des Polypes. Comment expliquera-t-on le mode d'acroissement d'une Pièce de Polype dont chacune redevient un Tout bien formé, & pourvû de toutes ses parties? Car s'il est de fait que toutes les parties d'un raïon droit d'une Etoile de Mer à cinq raïons redeviennent une Etoile de Mer à cinq raïons complette, ayant ses cinq raïons disposez en Pentagone regulier, d'où vient donc à chaque pièce, qui prise seule n'est que simple & droite, la faculté de se former en cinq angles, ou en cinq raïons? Dirons-nous que les traits primitifs des cinq angles se trouvent déjà formez dans chaque parcelle de la Créature, & qu'ils s'étendent, à mesure que cette parcelle s'agrandit par la nourriture qu'elle tire à soi? Mais si cela est d'où vient que chacune de ces parcelles ne s'est pas deploiée en cinq angles lorsqu'elle faisoit encore partie du grand corps. Nous allons hazarder d'en dire nôtre sentiment. Selon nous tous les Vaisseaux, dont ces Créatures sont composées, ont leur façon propre & particulière de préparer les Sucs qui y entrent. Ces sucs ainsi préparez reçoivent par là la proprieté de prendre précisément cette figure, & aucune autre (*). Autant donc que tous les Sucs ont leur Circulation & leur Communication libre dans l'Etoile de Mer entière, il ne se forme qu'un seul Pentagone. Mais quand quelque pièce se trouve séparée du Tout, la quantité des Sucs qui s'y rencontre dirigée par la faculté qui lui est propre forme un Pentagone separé. La même chose se remarque au Sel commun, lequel étant dissout dans de l'eau, & se coagulant ensuite, se forme en quarrez. Or prenez un pareil Cube, brisez-le en plusieurs pièces de figure irrégulière, faites dissoudre chacune de ces pièces separément, & laissez-les se coaguler de nouveau, & vous verrez alors que chaque pièce brisée & informe du grand Cube ne produira que des petits Cubes, & vous pouvez continuer cette expèrience jusques à ce que la petitesse des derniers Cubes vous force à vous servir du Microscope pour les observer. Il ne manque au Sel que des Vaisseaux propres à attirer des parties nourrissantes pour s'agrandir, quoi qu'en jettant ces cubes dans de l'eau salée ils reçoivent quelque accroissement au dehors.

Or cette proprieté ne nous fournit pas encore un argument sufisant pour en tirer la conséquence, que les Etoiles de Mer, les Polypes, ou quelques autres Vers, sont douez d'une vie animale, puisque la même chose arrive dans le Règne vegetal; car ce que la nature fait quand chaque rameau se forme avec sa fleur & son fruit en sortant de son bourgeon revient en effet précisement à la même opération. Par la même raison nous regardons l'alongement du Solitaire, que nous avons vû sur la Planche précèdente, moins comme une propagation animale, que comme un acroissement

N 2   vegetal,

(*) Nous avons éclairci ce point ci-dessus dans nôtre Introduction à l'Article des Ecrevisses, en parlant de la *Configuration des Animaux*.

ein neuer Saft erzeuget wird, der eine dritte und ähnliche Figur eigenthümlich besitzet, und solches währet also in das unendliche, so lange nemlich die letzte Figur in dem Zustande bleibet, durch die ihre eigenthümliche Gefässe soviel Saft an sich zu saugen, und ihrer Structur nach zuzubereiten, als zur Bildung der folgenden Figur nöthig ist, welches in einem fast undenklich kleinen Tröpflein bestehen kan.

Ob nun gleich die Liebhaber geneigt sind, dieses Tröpflein ein Ey des Band-Wurms zu nennen, so hindert uns solches nicht, wenn man uns nur in Ansehung des Saamens, welcher in den Saamen-Capseln der Blumen steckt, ebenfals erlaubt, daß wir sagen dörfen: Die Blumen haben ihre Eyer geleget, oder in Ansehung der Knospen, sie haben ihre Brut angesetzet. Denn wir sind nicht abgeneigt, dafür zu halten, daß die allgemeinen Gesetze des Wachsthums der Geschöpfe durch alle drey Reiche der Natur einerley sind, und sich allenfals nur dem Grade nach in etwas von einander unterscheiden, und daß mithin alles Wachsthum, es sey nun bey einem Thier, oder bey einer Pflanze, mechanisch vor sich gehe, folglich der Satz, als ob bey den Thieren die Seele den Cörper baue, eine pure Ausflucht sey, um die Schwäche unserer Erkänntniß bey allen und jeden mechanischen Bewegungen der Thiere zu verbergen.

Es darf dieses Niemanden fremd vorkommen, der nur einigermaßen überleget, welche besondere Bewegungen in dem Cörper eines großen und vollständigen Thieres, oder auch eines Menschen vor sich gehen, ohne daß der Wille oder einige Kraft einer Seele etwas dabey würke, ja die nicht einmahl empfunden werden. Um aus vielen nur einer einzigen zu gedenken, so berufen wir uns lediglich auf die Wurmförmige Bewegung der Gedärme, und das Athemholen. Wenn man nun lediglich aus der Bewegung der Würmer, der Meersterne, der Austern, des Band-Wurms und ähnlicher Geschöpfe, schliessen wolte, daß sie Thiere wären, so würde man gewaltig zu kurz kommen, indem deren ihre langsame Bewegung noch lange nicht so viele Meckmahle eines thierischen Lebens vor sich hat, als die Lunge, der Magen, und die Gedärme eines großen Thieres, welche Theile doch, allein genommen, von Niemand vor Thiere angesehen werden.

Sollen also diese Geschöpfe den Thieren beygezählet werden, so ist noch ein anderer Grund aufzusuchen, woraus ihr thierisches Leben, welches mehr, als eine Vegetation, und mehr als eine blosse mechanische Bewegung ist, erörtert werden könne. Es kommt also erst auf die Beschreibung eines Thieres an, was man eigentlich darunter verstanden haben wolle, und sodann auf eine genaue Untersuchung, ob die Geschöpfe, wovon wir reden, solche Eigenschaften besitzen, die das Wesentliche von dem in sich fassen, was da heisset: ein Thier zu seyn. Es kommen nemlich alle Naturkenner darinnen überein, daß ein Thier durch Hülfe der Nerven empfinde, diese Empfindung bey sich spüre, oder derselben bewußt sey, und in sich selbst einen willführlichen Grund der

Bewegung

---

vegetal, que cette Créature a de commun avec d'autres Polypes, de sorte qu'on n'est pas tant fondé à apeller nourrain ou progéniture les Membres subséquens de la Chaine du Solitaire, comme ayant une vie propre. Ce qui y arrive, c'est que le Suc qui sort du prémier Membre, & qui y demeure attaché prend la même figure, laquelle par la conformité des Vaisseaux engendre un nouveau suc, qui reprend encore en son particulier une figure semblable, ce qui va ainsi jusques à l'infini, autant c'est-à-dire que la dernière figure demeure en état de tirer à soi & de préparer selon sa Configuration autant de Suc qu'il en faut pour la production de la figure qui suit, ce qui se peut faire au moyen d'une seule goute dont la petitesse passe l'imagination.

Les Amateurs, portez à apeller cette petite Goute un Oeuf du Solitaire, ne font en cela rien contre nôtre hypotèse, pourvû qu'on nous permette à nôtre tour à l'égard de la Semence renfermée dans les Capsules de la Semence des fleurs de dire: *les fleurs ont pondu leurs oeufs*, où, s'il est question des bourgeons: *ils ont posé leurs petits*. Car nous ne refusons nullement de croire que les Loix de l'acroîssement des Créatures sont semblables dans les trois Règnes de la Nature, & ne diférent que dans la gradation; que par conséquent toute Croissance, soit d'un Animal, soit d'une Plante se fait mécaniquement, & qu'ainsi la Proposition que dans les Animaux *l'Ame est l'Architecte du Corps* n'est qu'une défaite imaginée pour masquer le foible de nos Conoissances, & les bornes de nos lumières au sujet de tous les mouvemens mécaniques qu'on observe dans les animaux.

Cette opinion ne doit causer aucune surprise à ceux qui voudront bien refléchir aux mouvemens particuliers qui se font dans le corps d'un Animal grand & complet, ou, si l'on veut, de l'homme, sans que la volonté ni aucune faculté de l'ame y ait la moindre part, & même sans que l'Animal, dans lequel ce mouvement se fait, en ait aucun sentiment ni connoissance. Nous n'alléguerons que l'exemple du mouvement vermiforme des boyaux, & celui de la respiration. C'est de là que nous tirons la conséquence qu'on ne peut sans erreur inférer de pareils mouvemens que les Vers, les Etoiles marines, les Huitres, le Solitaire, & des Créatures semblables soient des Animaux, les mouvemens qu'on observe dans ces Productions de la nature étant incomparablement plus lents, & ayant beaucoup moins les caractères d'une vie animale, que ceux qui ont lieu dans le poumon, dans l'estomac, ou dans les boïaux d'un grand animal, & cependant jamais personne ne s'est avisé de prendre pour des animaux ces parties *considérées siparement*, & *indépendamment du Tout* qu'elles composent.

Pour élever donc ces Créatures au rang des Animaux, il en faut chercher quelque autre raison, qui puisse démontrer qu'ils sont douez d'une vie animale, laquelle est quelque chose plus qu'un simple mouvement mécanique, ou une simple Vegetation. Il est nécessaire pour cet effet de définir l'Animal, de déterminer ce qu'on entend précisément par ce terme, & d'examiner ensuite exactement, si les Créatures dont il s'agit ici possèdent les proprietez que la définition renferme & les qualitez essentielles, qui constituent ce que nous nommons un Animal. Tous les Physiciens conviennent que l'Animal au moien de ses nerfs a du Sentiment, que ce sentiment fait une impression sur lui,

dont

Bewegung habe, wodurch es seinen Empfindungen gemäß handelt, und sich andern Arten der Bewegungen, die bloß mechanisch sind, entweder widersetzet, oder solche zu einem andern Zweck leitet, der eigentlich nicht aus den bloßen Gesetzen der mechanischen Bewegung folgen würde. Daß nun diese Empfindung und willkührliche Bewegung einen geringen und großen Grad haben, und folglich ein Thier vor dem andern deßfals einen Vorzug haben könne, davon ist jetzo die Rede nicht; sondern es ist nur die Frage, ob alle Würmer ohne Unterscheid solche Eigenschaften, und einen solchen Grund der eigenmächtigen Bewegung in sich haben? und dieses ist es eben, wowider wir jetzo einen Zweifel erwehnen werden.

Bey denen Thieren, über welche man keinen Zweifel beget, entdecken wir, daß alle ihre willkührliche Bewegungen aufhören, sobald man ihnen den Kopf nimmt. Denn die Krümmungen eines Halses, welche entstehen, wenn ihm der Kopf abgeschnitten ist, sind nichts weniger als willkührlich, sondern haben einen mechanischen Grund in seiner Structur. In jedem Kopf ist also ein Ort (und wenn derselbe auch nur in einem kleinen Punct bestünde,) befindlich, woher der willkührliche Einfluß in die durch den ganzen Cörper zerstreute Nerven entstehet. Ob nun dieser eine Seele sey, und von welcher Art dieselbe sey? davon ist jetzo unser Zweck nicht zu handeln, weil wir dieses biß zur Einleitung zu den vierfüßigen Thieren versparen. Es ist genug, daß die Erfahrung uns hievon bey den mehresten Thieren überzeuget. Derjenige Ort, wo die Nerven zusammen lauffen, und von dem der Trieb zu den willkührlichen Handlungen entstehet, wird bey den mehresten Thieren das Gehirn genennet. Nun lieget nichts daran, welche Structur dasselbige habe, noch weniger, wie der Kopf gestaltet sey, und wo derselbe am Thier sitze, wenn nur ein solcher Ort, woher der Trieb zu den willkührlichen Handlungen kommt, an Kopfes statt vorhanden ist. Wenn aber dergleichen bestimmter Ort in einem gewissen Geschöpfe nicht vorhanden ist, und alle Theile, um so zu reden, Kopf, oder Leib, oder Schwanz sind; so dünkt es uns einen Widerspruch in sich zu enthalten. Denn es müßte ein solches Geschöpfe aus lauter solchen Oertern bestehen, woher eine willkührliche Bewegung käme, die kreutzweise ineinander würkten, oder ein Ort wäre nur allein der Ursprung aller dieser Bewegungen, mithin der eigentliche Kopf. Da wir aber dieses leztere noch niemahlen an einigen Polypen, oder Meersternen wahrnehmen können, so mustern wir wenigstens alle Polypen und Meersterne, wie auch den Bandwurm und ähnliche Geschöpfe vorerst aus der Reihe der eigentlichen Thiere aus, biß wir durch deutlichere Beweise eines rechten thierischen Lebens bewogen werden, das Gegentheil gelten zu lassen.

Ja wir finden fast keine Hindernisse zu sagen, daß alle Geschöpfe, die keine Art eines Kopfes und Gehirns haben, auch keine eigentliche Thiere sind, weil ihnen eben dadurch ein Ort mangelt, wodurch willkührliche Bewegungen ursprünglich entstehen können.

Es mag seyn, daß die sogenannte norwegischen Thierpflanzen, oder andere Polypen ihre Arme ausstrecken und zusammen ziehen, das thut eine Tulpe auch. Denn des Tages klaffet sie, und gegen die Nacht schließt sie sich.

dont il a connoissance, qui aient d'à en lui même un principe volontaire de mouvement, qui le fait agir selon ce qu'il sent, & résister à d'autres espèces de mouvemens purement mécaniques, ou les diriger à quelque autre fin indépendante des simples Loix du Mécanisme. Ce sentiment, ce mouvement arbitraire, ont sans doute leurs gradations selon lesquelles un animal a toûjours quelque avantage sur un autre, mais ce n'est pas dequoi il s'agit ici, où nous discutons simplement la question, si tous les vers sans distinction sont doués de ces proprietez & d'un tel principe de mouvement arbitraire? Et c'est justement contre cette proposition que nous allons faire une objection.

L'on sçait que tous les Animaux, reconus pour tels sans aucune dificulté, perdent tout mouvement arbitraire désqu'on en retranche la tête, car le mouvement qu'on observe au corps d'une anguille à laquelle on a coupé la tête ne peut pas être regardé comme arbitraire, n'étant qu'un effet mécanique de la Structure de ce corps. Ainsi c'est dans la tête, ne fut-ce que dans un petit point de la tête, que réside cette faculté arbitraire dont les impressions s'étendent sur les nerfs, qui sont répandus dans toutes les Parties du corps. Il n'est pas de nôtre but actuellement d'examiner *si cette faculté est une ame & de quelle nature cette ame est,* matière que nous renvoyons à nôtre Introduction a l'Article des Quadrupèdes. Il nous sufit ici de pouvoir dire que ce que nous venons d'avancer est apuyé par l'expèrience à l'égard de la plûpart des animaux. On nomme Cerveau cet endroit, où tous les nerfs se réünissent, & d'où part la première impulsion à toutes les actions arbitraires. Quelle que soit la Structure de ce Cerveau, la forme de la Tête, le lieu du Corps où elle est placée, tout cela est indifférent dés qu'on est d'accord qu'il y a *un point pareil,* en place de tête, d'où partent toutes les impulsions primitives aux actions arbitraires. Mais quand nous ne trouvons aucun point semblable dans de certaines Créatures, quand toutes leurs parties sont ou Tête, ou Corps, ou Queüe, la chose nous paroit impliquer contradiction, à moins qu'on ne voulut suposer qu'une Créature de cette catézorie est uniquement & entièrement composée de pareils points, ou git l'origine des mouvemens arbitraires, lesquels se croiseroient immanquablement dans leurs effets; ou qu'il y eût un point seul & fixe, qui produiroit tous ces mouvemens, & qui seroit alors proprement la tête. Or comme nous n'avons jamais rien observé de pareil à aucun Polype, ni à aucune Etoile de Mer, ni au Solitaire, & autres Créatures de cet ordre, nous ne pouvons les admettre au rang des *Animaux dans le sens propres,* jusques a ce que des preuves plus distinctes d'une véritable Vie animale nous engagent à adopter le sentiment oposé.

Nous ne trouvons même aucune dificulté à dire nettement que toute Créature, qui n'a ni espèce de tête, ni cerveau, n'est point un Animal proprement ainsi dit, parce qu'elle n'a aucune partie d'où puissent partir les mouvemens arbitraires.

Il se peut que ce qu'on nomme l'Animal-Plante de Norvège, ou d'autres Polypes, étendent & retirent leurs bras; la Tulipe a des mouvemens pareils, elle s'ouvre le jour & se referme quand la nuit vient.

Es mag seyn, daß ein Kleister- oder Essig-Aal, oder ein Saamen-Thierchen sich in einem kleinen Tropfen der Feuchtigkeit unter dem Vergrösserungs-Glase herum wälzet, und gleichsam in einer See hin und her schwimmet. Es kan dieses von vielen Umständen der Luft, der circulirenden Feuchtigkeit, und der innern Bewegung des Tropfens, worinnen sich ein solcher Wurm befindet, herrühren.

Es mag endlich seyn, daß man an vielen Seesternen und ähnlichen Geschöpfen ein kriechen, schleichen, bohren, und dergleichen beobachtet. Man findet ähnliche Bewegungen an Pflanzen, nur daß die letztern im Grunde fest sitzen. Denn die Winden schlingen sich, der gemeine Epheu sucht alle Ritzen und Höhlen auf, und das alles vermöge der Structur ihrer Fasern.

Man wird aber nun nicht ohne Grund fragen: wohin wir denn diese Geschöpfe verweisen wollen? Wir bekennen hierauf gerne, daß ihnen der Rang zwischen den eigentlichen Pflanzen und den eigentlichen Thieren gehöre, und daß sie entweder vor Geschöpfe anzusehen sind, die weder zum Pflanzen- noch zum Thierreich können gerechnet werden; oder wenn man sie ja einem oder andern beygesellen wolte, mit mehrerem Recht den Pflanzen, als eine vollkommenere Art derselben, zugezählet werden müßten.

Inzwischen ist unsere Meinung gar nicht, das Wort Zoophyton oder Thier-Pflanze zu verwerfen, viel weniger in der Beschreibung der Figuren andere als gewöhnliche Redensarten anzunehmen, damit wir dem Leser nicht undeutlich werden, wie wir denn auch solches im ersten Theil der Beschreibung der Coralle beobachtet haben, ohnerachtet wir die Polypen der Coralle dem Wesen nach als eigenthümliche zarte Fortsätze der Corallen Vegetation ansehen. Wir wollen uns also an die gebräuchliche Redensarten halten, und uns damit begnügen, vorgestellet zu haben, daß Geschöpfe, die weder eine Art des Kopfes, oder des Gehirns haben, von woher sich der Trieb zu allen willführlichen Bewegungen durch den ganzen Cörper ausbreite, auch keine eigentliche Thiere sind.

Il se peut encore qu'un de ces Vermisseaux qu'on trouve dans le Vinaigre, ou dans la Colle de farine, ou quelque Animalcule de semence qu'on examine sous le Microscope dans une goute d'eau, s'y tourne & retourne de tous les sens, & y nage çà & là comme dans un lac. Cela ne prouve rien contre nous, parce que tous ces mouvemens peuvent être l'effet ou des impressions de l'air, ou de la circulation de l'eau, ou du mouvement intérieur de la goute même, dans laquelle se trouve le Vermisseau.

Il se peut enfin que plusieurs Etoiles de Mer, & Créatures semblables, rampent, se glissent, percent &c. Mais ne remarque-t-on pas les mêmes mouvemens aux plantes, avec cette unique diférence que les dernières sont attachées à la terre par une extrèmité? le Liseron s'entortille, le Lierre commun entre dans toutes les fentes & ouvertures qu'il trouve, & tout cela ne provient que de la Structure de leurs filamens.

Il est fort naturel qu'on nous demande enfin quel lieu nous prétendons-donc assigner à ces Créatures? à quoi nous repondons que selon nous elles doivent être placées entre celles qui sont purement Plantes, & les Animaux proprement dits tels, que par conséquent elles ne sont dans un sens absolu ni du Règne végétal, ni du Règne animal, ou que si l'on veut les ranger dans l'un de ces deux Ordres, on doit les mettre dans celui des Plantes, comme en faisant une espèce plus parfaite que les autres.

Cependant nous n'avons garde de rejetter le terme de *Zoophytes* ou d'*Animal-plante*, ni de nous servir dans la Description des Figures d'autres expressions que de celles qui sont reçûes. Nous nous y tiendrons pour être plus intelligibles à nos Lecteurs, comme nous l'avons fait dans la prémière Partie en décrivant les Coraux, quoique nous fussions toûjours d'avis que les Polypes des Coraux ne doivent être regardez, vû leur Substance, que comme de fines Continuations propres de la Végétation des mêmes Coraux. Nous garderons donc le Langage usité, nous contentant d'avoir déduit que des Créatures, qui n'ont ni Tête ni Cerveau, ni aucun autre point, qui puisse être le Principe de tous les mouvemens arbitraires dans toutes les parties du corps, ne peuvent aussi pas être des Animaux proprement ainsi dits.

TAB. G.

PLANCHE G.

Fig. 1.2. Wir machen den Anfang mit einem wunderbaren Geschöpfe, welches durchgängig unter dem Namen Zottenkopf oder Caput Medusae bekannt ist, weil es einige Aehnlichkeit mit dem Haupt und den verwilderten Schlangenartigen Haaren, womit man die Medusa abzumahlen pfleget, zu haben scheinet. Es gehöret dieses Geschöpf unter die Meersterne, und verdienet wohl, daß wir es etwas genau beschreiben. Wir wollen deßfals erst die Bildung, sodann die Lebensart, und drittens die Abweichungen in diesem Geschlecht erwegen.

Die Bildung desselben betreffend, so ist der Cörper, wie viele Meersterne fünfstrahlicht, wie aus der ersten Figur erhellet, da man den Medusen-Kopf von unten zu sehen bekömmt. In der Mitte dieses Cörpers siehet man hohle Ringe, welche die Mündung vorstellen sollen, indem sie klaffen, und mit Luftlöchern versehen

Fig. 1.2. Nous commençons par une Production merveilleuse de la Nature connue généralement sous le nom de *Tête de Meduse* (*), parcequ'elle a quelque ressemblance avec cette Tête, & avec la chevelure de Serpens que les Peintres ont coûtume de lui donner. C'est une Etoile de Mer, qui mérite bien par sa singularité qu'on en donne une description un peu détaillée. Nous parlerons d'abord de sa *Conformation*, ensuite de sa *Façon de vivre*, & nous dirons enfin quelque chose des *Variations* qu'on rencontre dans ce Genre.

Quant à la *Conformation*, l'on voit à la figure 1., qui représente la partie inférieure de la Tête de Meduse, que le Corps a cinq raions, comme quantité d'autres Etoiles de Mer. On observe au milieu de ce Corps des anneaux cavez,

(*) En allemand *Zottenkopf*, en latin *Caput Medusae*.

G.

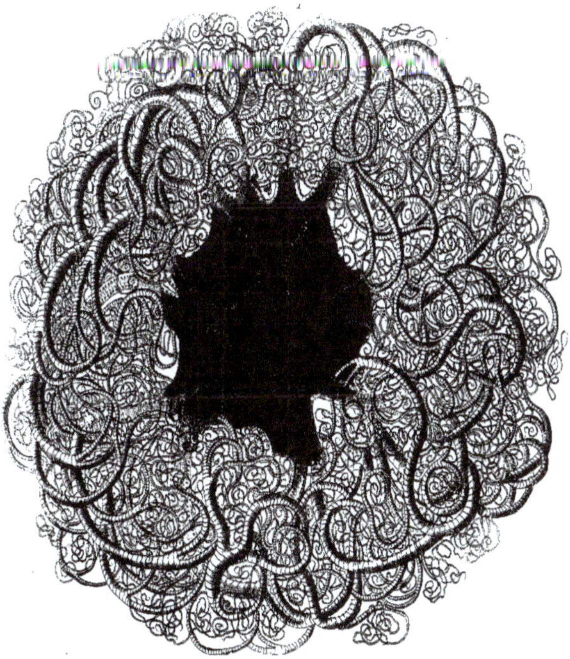

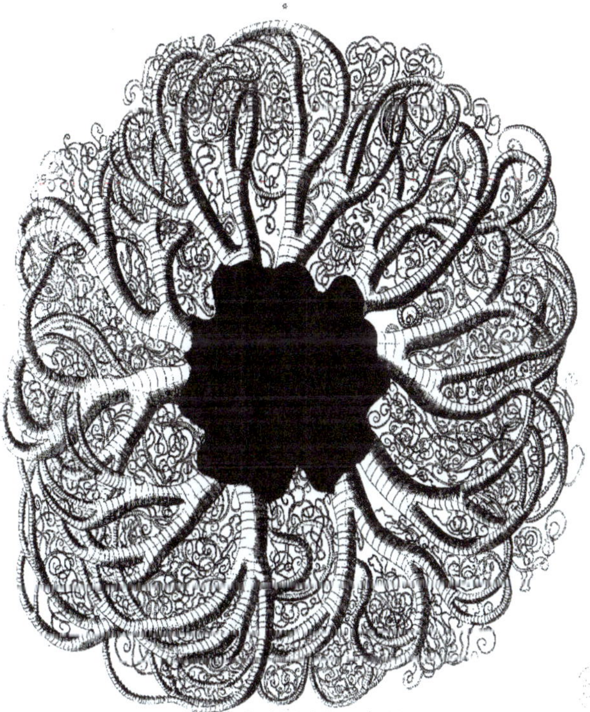

Ex Museo Excell. D.D. Christ. Iac. Trew f.f.

22.

versehen sind, wodurch dieses Geschöpf die Nahrung aus dem Wasser an sich sauget. Die fünf Strahlen sind ferner von unten mit unzählichen reihenweise stehenden Füßgen besetzet, wodurch sich das Geschöpf, wiewohl sehr langsam, von einem Ort zum andern beweget. Das schwarze, welches sich zwischen den fünf Strahlen zeiget, ist eine dicke Haut, womit dieses Geschöpfe von oben bedecket ist, woselbst es, wie aus der zweyten Figur erhellet, mit fünf gedoppelten, oder zehen einfachen, paarweise beysammen stehenden, erhabenen, gelblichten und röthlichten Rippen versehen ist.

Die fünf Strahlen spalten sich an den Spitzen, so daß sie in zwey Fortsätzen ausgehen, jeder Fortsatz spaltet sich hernach wieder in zwey, wobey denn die Arme immer verhältnißmäßig dünner werden, und sich zugleich vervielfältigen, biß endlich die äusserste Spitze eines solchen Strahls in eine grosse Menge zarter Fäden ausgehet, und vom Cörper an gerechnet, an diesem Exemplar bey anderthalb Schuh in der Länge austragen würden, wofern sie nicht also zusammen gekräuselt wären. Die Substanz des Cörpers und aller Strahlen bis zur äussersten Spitze bestehet aus lauter harten und knorpelartigen Wirbeln, oder Gelenken, die alle einigermassen sternförmig, oder auch wie Räderchen gebildet und mit einem Stachel versehen sind, davon man hin und wieder die Versteinerungen antrifft. Man hat angemerkt, daß sich ein jeder Strahl in 512. Spitzen endigt, mithin haben die fünf Strahlen zusammen 2560. Spitzen. Ferner hat jeder Ast, der in 512. Spitzen ausgehet, 1023. Glieder, so daß es an allen fünf Strahlen 5115. Glieder giebt. Weil nun durchgängig jedes Glied etwa 16. dergleichen Wirbel hat, (denn einige haben mehr und andere weniger) so besitzen sie alle zusammen 81840. knorpelichte Wirbel. Ist nun ein solches Medusen-Haupt nur etliche Zoll länger, so vermehren sich die Gelenke, Spitzen, und Wirbel, auf eine so erstaunliche Art, daß sich die letztere gar nicht mehr zählen lassen.

Was nun die Lebens-Art dieses Geschöpfes betrifft, so empfänget es wie oben gemeldet, die Nahrung durch verschiedene Luftlöcher, und vielleicht auf die nemliche Art wie die Blumen, wenn man sie ins Wasser setzet. Alle Arme und Gelenke sind beweglich, und im Wasser ausgebreitet und ausgestreckt, so daß dieses Geschöpfe, wenn es frey im Wasser ist, vollkommen einer ausgebreiteten Blume ähnlich siehet. Zuweilen liegen sie auch so ausgebreitet auf einem Felsen, oder haben sich an ein Corallen-Gewächse geschlungen. Wenn man diese Medusen-Häupter fangen will, stösset man mit einem Stock auf sie, da sie sich denn vermuthlich Kraft ihrer Structur, und durch den Druck, den ihr Cörper bekommt, um selbigen umschlingen. Ziehet man sie zum Wasser heraus, so hangen sie welk wie ein Busch Flachs, und wenn man sie hinleget, um trocken zu werden, so krausen sie sich zusammen, und erhärten also. Von vielen Kräutern ist ohnehin etwas bekanntes, daß sie sich mit ihren Fäden (capreolis) um Stöcke anschlingen und daran feste halten, wiewohl wir sie keine Thiere nennen, und die eigentliche Rose von Jericho, die sich im Wasser aufthut und welk wird, ziehet sich vermöge ihrer Structur, wenn man sie trocken werden lässet, mit allen ihren Spitzen eben so gekrauset zusammen, wie dieser Zottenkopf,

da

ver qui doivent un être l'embouchure. L'on remarque aussi & ont des ouvertures qui favorisent le passage de l'air, par lesquelles cette Créature suce sans doute sa nourriture. Les cinq raïons sont garnis au dessous d'un nombre infini de pieds posez en rangées, au moien desquels, quoique par une marche très-lente, la Créature se transporte d'un endroit à l'autre. Ce qu'on voit de noir entre les cinq raïons est une Membrane épaisse, qui couvre la partie supérieure du corps, où l'on remarque, comme il paroit à la *figure* 2., cinq côtes doubles, ou dix simples, disposées deux à deux, qui sont élevées, & de couleur jaunâtre & rougeâtre.

Les cinq raïons se partagent au bout chacun en deux Continuations, dont chacune se subdivise de nouveau en deux branches, qui se subdivisent encore en deux, ce qui va de même, les bras devenans toûjours proportionellement plus minces, & se doublans toûjours, jusques à ce qu'enfin chaque extrémité de raïon se termine en une infinité de fils fins, ce qui à l'Etoile de mer dépeinte ici s'étendroit, à compter depuis le corps jusques à la pointe du dernier fil, à la longueur d'un pied & demi, si ce n'étoit leur frisure. La substance du Corps & de tous les raïons d'un bout à l'autre est toute composée de Vertèbres ou d'articulations dures & cartilagineuses, qui sont généralement formées en étoiles, ou comme une petite roüe, & garnies au bout d'un éguillon. On a calculé que chaque raïon se termine en 512. pointes, ce qui fait pour les cinq raïons un Total de 2560. pointes, ou extrèmitez. Après cela chaque Branche, qui aboutit en 512. pointes, a mille & vint-trois articulations, ce qui fait pour les cinq raïons une Somme de 5115. articulations. Or chaque Membre ayant ordinairement 16. Vertèbres (*), il s'enfuit que le nombre de ces Vertèbres cartilagineux va à 81840. Suposé que la *Tête de Meduse* n'ait dans la longueur de ses Bras que quelques pouces de plus, cette circonstance augmente la Somme des Articulations, des Pointes, & des Vertèbres, au point qu'il n'est plus possible de les nombrer.

Venons à la *Façon de vivre* de cette Créature. Il a été dit cy-dessus qu'elle reçoit sa nourriture en la suçant par diverses ouvertures. Peut-être est-ce quelque chose de semblable à ce qui arrive aux fleurs, quand on les met dans l'eau. Tous les Bras & toutes les Articulations ont la faculté de se mouvoir, & de la manière dont toutes ces parties se deployent & s'étendent dans l'eau, elles ressemblent à une grande fleur épanouie. On trouve quelquefois cette pièce ainsi deployée sur quelque rocher, ou sur une plante de Corail. Quand on veut prendre une de ces Têtes de Meduse, on la pousse avec le bout d'un bâton, autour duquel elle s'entortille, vraisemblablement par un effèt de sa Structure, & de la Pression que son corps a ressentie. Quand alors on la retire de l'eau au bout du bâton elle y demeure suspenduë toute flétrie comme une houppe de lin teillé. Lorsqu'on la met sécher quelque part elle se retire en frisures, & se durcit dans cet état. Plusieurs Herbes sont très-connuës par la propriété qu'elles ont de s'entortiller ainsi avec leurs tendons autour d'un bâton, & de s'y tenir fermement attachées, quoiqu'on ne leur ac-

O 2   corde

(*) Ce nombre de 16. n'est pas toûjours fixe. Il y a quelquefois plus quelquefois moins de ces Vertèbres à chaque Articulation.

da hingegen die geritzten und gespaltene Stiele des gemeinen Taraxaci, oder der Kuhblume, sich augenblicklich krausen, sobald man sie in das Wasser wirft und naß macht.

Was nun endlich die Abweichungen betrift, so findet man kleine und grosse Arten, einige spalten und zertheilen ihre Arme nicht so oft, andere sind gabelförmig an allen ihren Armen gespalten, wiederum andere haben ihre fädigten Fortsätze einen um den andern an einen gemeinschaftlichen langen Arm sitzen. Diese Art wird in den Ostindischen Meeren, und am Vorgebürge der guten Hofnung gefunden. Weit grössere, von einem ungeheuren Umfang sollen sich in den Nordischen Meeren an den Klippen aufhalten, deßgleichen bey Archangel. In dem Caspischen Meer aber wimmelt es von ungemein grossen Zottenköpfen.

Gleichwie sie nun eine Art von Meersternen sind, also glauben wir, daß daju viele andere Arten von Polypen, Meerspinnen, und auch sonst sogenannten Thierpflanzen gehören, deren Structur aus lauter knorpelichten Wirbeln bestehet, die entweder rund, oder eckigt, und entweder glatt, oder mit einer Sternfigur bezeichnet, und gleichsam damit auf ihre Fläche gepräget sind. Ueber diß zeiget sich auch noch ein Unterscheid in der Farbe. Denn man hat röthliche, braune, grüne, graue und auch ganz schwarze. Obgleich es nun viele derselben in dem Weltmeer geben mag, so sind sie doch in den Cabinetten ziemlich rar, weil man nicht viele habhaft werden kan, und weil die getrocknete gerne zerspringen oder zerbröckeln. Inzwischen finden wir bey keinem einzigen Schriftsteller hinlängliche Gründe angezeiget, welche uns bewegen könnten, dieses Geschöpf vor ein Thier zu halten, indem sich alle Bewegungen, die von ihm bekannt sind, aus der Structur erklären lassen.

TAB. G. I.

Fig. A. Von den Meersternen, die lediglich ihren Namen von ihrer vielstrahlichten Figur bekommen haben, und deren Strahlen sich in einfache Spitzen endigen, giebt es verschiedene Arten, sowohl was ihren Bau und Structur, als auch die Anzahl ihrer Strahlen betrift. Man hat nemlich glatte, gezackte, höckerichte, stachlichte, knospichte, und eingekerbte. Die gemeinsten haben fünf Strahlen, seltener sind die vierstrahlichte, und am seltensten die vielstrahlichte. Einige heissen Meersterne, etliche Seepasteten, andere Cometen, noch andere Seesonnen. Sie schwimmen mehrentheils frey, vermuthlich aber giebt es auch solche, die mit einem Stiel an dem Boden des Meeres oder an einem Felsen, nach Art der Norwegischen sogenannten Thierpflanze, oder der Seeltlie (*Encrinus marinus*) angewachsen sind.

Die

corde pas rang parmi les animaux, & la *Rose de Iericho* proprement ainsi dite, qui s'épanoüit dans l'eau, & s'y fletrit, se retire & se frise avec toutes ses pointes en conséquence de sa Structure dés-qu'on la met sécher, tout comme fait nôtre Tête de Meduse, tandis que d'un autre côté le pédicule fendu ou fêlé du Pissenlit (*) commun se frise au moment qu'on le jette dans l'eau, ou qu'on le mouille.

A l'égard des *Variations*, la Tête de Meduse a ses grandes & ses petites Espèces. Il y en a dont les bras se divisent en moins de branches, d'autres les ont tous en figures de fourchette à deux fourchons; on en trouve aussi dont les Continuations se succèdent les unes aux autres, provenant toutes d'un long bras, qui est leur origine commune. L'Espèce de nôtre figure se prend dans les Mers des *Indes Orientales*, & au *Cap de bonne espérance*. On prétend que dans les Mers du *Nord*, & prés d'*Archangel*, on en trouve de beaucoup plus grandes, d'une Circonference monstrueuse, attachées aux rochers. Et dans la Mer *Caspienne* les grandes Têtes de Meduse fourmillent.

Comme elles sont une Espèce d'Etoiles de Mer, nous croïons qu'on peut mettre au même rang quantité d'autres espèces de Polypes, d'Araignées de Mer, ou de ces Créatures, qu'on nomme Animaux-Plantes, & dont le corps est de même tout composé de Vertèbres cartilagineuses, tantôt rondes, tantôt angulaires, & marquées d'une figure d'Etoile qui leur est comme empreinte. On observe d'ailleurs une grande diversité dans les couleurs y ayant des Têtes de Meduse rougeâtres, de brunes, de vertes, de grises, & même de toutes noires. Il est probable que l'Océan en renferme une trés grande quantité, ce qui n'empêche pas qu'elles ne soient trés-rares dans les Cabinets, parcequ'il est dificile d'en avoir, & que celles qui sont séchées se brisent facilement. Au reste nous ne trouvons dans aucun Auteur des raisons sufisantes pour nous déterminer à régarder ces Créatures comme des Animaux, tous les mouvemens qu'on observe en elles pouvant être expliqués comme des effets & conséquences de leur Structure.

PLANCHE G. I.

Fig. A. Les Etoiles de Mer n'ont reçû leur nom que de leur figure à plusieurs raïons, qui se terminent en pointes simples. Il y en a plusieurs espèces diferenciées tant par leur Conformation & Structure, que par le nombre de leur raïons. Car on en a d'unies, de dentées, de tuberculées, à éguillons, à boutons, d'entaillées. Les plus communes ont cinq rayons, celles qui n'en ont que quatre sont plus rares, & les plus rares de toutes sont celles où l'on en trouve un plus grand nombre. On apelle les unes Etoiles de Mer, d'autres des Pâtez marins, d'autres des Comètes, & enfin quelques unes des Soleils marins. Elles nagent ordinairement isolées & en pleine liberté. Mais il est à présumer qu'il y en a aussi, lesquelles tiennent par un pédicule au fond de l'eau, ou à quelque rocher, à la façon de celle qu'on nomme l'*Animal-Plante de Norvège*, ou le *Lis marin* (Encrinus marinus).

Cette

(*) En Latin *Taraxacum*, ou *Dens Leonis*, en allemand cette Plante a plusieurs noms; le plus en usage est: *Lufft-Röhrlein.*

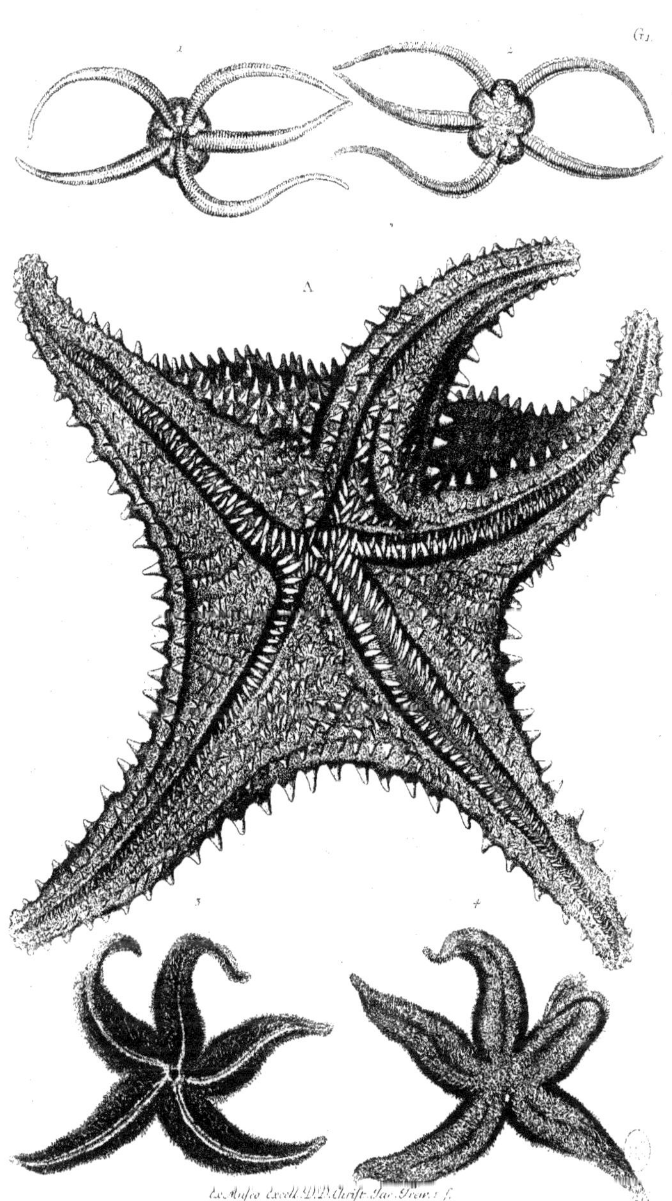

Ex Mufeo Excell. D.D. Christ. Jac. Trew. s f.

Die gegenwärtige Figur zeiget uns den grossen fünfstrahlichten netzförmigen Seestern an der untern Seite, die man insgemein vor die Mündung hält, weil man dieses Geschöpf vor ein Thier ansiehet. Es bestehet aber die ganze Substanz in lauter beinartigen und knorpelichten Knötgen, nur sind diejenigen Beinchen, die inwendig im dickern Ende eines jeden Strahls, als in einer Kammer sitzen, und sich durch jeden Strahl ausbreiten, länglicht, und oben mit einer breiten Fläche, wie Schulterblätter versehen, welche alle hinter einander liegen, und ein Gitterwerk vorstellen. Die übrigen Beinchen aber sind minder, oder mehr runde Knötgen, welche ungleiche Seiten, an der äussern Seite aber eine Warzenförmige Figur haben, worauf ein ebenfals knörpelichter Fortsatz, oder Zacke sitzet, der bald lang, bald kurz ist. Alle diese Knötgen aber werden hernach Sternförmig, sobald sie ausgewachsen sind, welches man an denen siehet, die nach der Mitte zu sitzen. Wenn man alle diese Knötgen und Zacken zusammen zählen wolte, so brächte man eine Anzahl von sehr vielen tausenden heraus. Alle diese Zacken und Knötgen hangen durch ein lederartiges Wesen aneinander welches dem Chagrin-Leder sehr gleich siehet, in der That aber auswendig nichts anders ist, als eine Sammlung von kleinen Knötgen, wie Mohnsaamen, oder Hirsenkörnern, die vermuthlich nach und nach die Grösse der andern bekommen, und also den Wachsthum des Meersterns befördern. Inwendig ist ein schleimigtes Wesen, welches aber in nichts, als lauter Luftbläsgen bestehet, die unter den Knötgen liegen, und zur Bewegung der Zacken, (die sich bald heraus begeben, bald etwas einziehen,) alles beyzutragen scheinen.

Aus der Mitte der untern Fläche gehet eine Oefnung, die sich nach der Länge der fünf Strahlen auch in fünf lange Spalten abtheilet. Um die Mitte dieser Oefnung befinden sich eine grosse Menge Zacken, und die Spalten sind der Länge nach zu beyden Seiten mit einer Reihe solcher Zacken besetzet, davon iede mit einem Blätgen, das am äussersten Rande der Spalte sitzet, und vollkommen wie ein Händgen mit fünf Fingern gebildet ist, unterstützet wird. Mit diesen Zacken, deren es wohl 500. biß 1000. giebt, scheinet sich der Meerstern auf dem Grunde fortzuschieben, oder zu bewegen, welches aber ungemein langsam zugehet, und fast unmerklich ist. Die Bewegung dieser Zacken aber beruhet darauf, daß die unter denselben liegenden Bläßgen sich mit einer klaren Feuchtigkeit anfüllen, und das Wärzgen hinaus drucken, welches wiederum zurück gehet, sobald sich die Feuchtigkeit zurück ziehet. Im freyen Wasser gehet die Bewegung etwas geschwinder vor sich, welches man wohl der Flüssigkeit zuzuschreiben hat, da die Zacken nicht so vielen Widerstand finden.

Uebrigens sind die fünf Strahlen gemeiniglich in ein ordentliches Fünfeck gesetzet. Wens aber diese Meersterne aus dem Wasser gezogen und trucken gemacht werden, so kostet es Mühe, zu verhindern, daß nicht ein oder ander Strahl unordentlich zusamen schrumpfe. Ja zuweilen ist einmahl ein Strahl durch einen Zufall abgerissen, und hat sich wieder unförmlich angesetzt, welches uns dünket an diesem Exemplar statt zu haben. Die natürliche Farbe ist blaulicht, sie verändert sich aber beym trucknen, und wird bräunlicht-gelb. Wenn ein solcher Meerstern durch Fäulniß verdirbt, (wie sie denn gleich die Feuchtigkeiten an sich ziehen,

Cette figure-ci nous montre la *grande Etoile de Mer retiforme* (*) *à cinq raïons* par sa partie inférieure, qu'on prend communément pour une embouchure; car on en fait un Animal. Toute sa Substance est compofée de petits boutons cartilagineux, & offeux à côtez inégaux, qui au côté extérieur ont une figure formée en Mammelon, fur laquelle on remarque de même une Continuation ou Dent cartilagineufe, qui est tantôt longue tantôt courte. Mais il faut pourtant obferver que les petits os, qui fe trouvent placez au dedans de la partie la plus épaiffe de chaque raïon, comme dans une chambre, & s'étendent tout du long du raïon, font oblongs, & ont en haut une forme large, à peu près comme le paleron des animaux. Ils fe trouvent tous couches, les uns derrière les autres, & reprèfentent une efpèce de grillage. Les autres petits os ne figurent que comme des petits boutons plus ou moins ronds, lefquels prennent tous une figure d'Etoile, dés-qu'ils ont fait leur crû, ce qui fe manifeste à ceux qui font vers le milieu. Si l'on vouloit nombrer tous ces petits boutons ou dents, le compte en monteroit à plufieurs milliers. Tous ces petits boutons ou dents font liez l'un à l'autre par une Subftance membraneufe, qui reffemble beaucoup à ce Cuir de poiffon qu'on nomme *Chagrin*, mais qui au fonds n'est au dehors autre chofe qu'un affemblage de boutons plus petits que les autres, n'étant pas plus gros que des grains de femence de pavot ou de millet, lefquels atteignent probablement peu à peu à la grandeur des autres, & contribuent ainfi à l'acroiffement de l'Etoile. Au dedans on ne trouve qu'une Subftance vifqueufe, qui est toute compofée de bouteilles ou veffies pleines d'air, placées fous les petits boutons, lefquelles paroiffent être là pour favorifer le mouvement des dents, qui tantôt s'alongént, & tantôt fe retirent.

On obferve au milieu de la partie inférieure une Ouverture, qui s'étend tout du long des cinq raïons en autant de longues fiffures. Le milieu de cette ouverture est couvert d'une grande quantité de dents, & les fiffures font garnies de chaque côté d'une rangée de pareilles dents; ces rangées font terminées chacune à l'extrèmité de la fiffure par une petite feuille, qui est exactement formée comme une petite main avec fes cinq doigts. C'est avec ces dents, dont le nombre monte à cinq-cens, & quelques fois à mille, que cette Etoile de Mer fe meut au fond, & marche, mais par un mouvement extraordinairement lent, & prefqu'imperceptible. Cette opération fe fait au moïen des petites Veffies placées fous les dents, lefquelles fe rempliffant d'une eau claire pouffent la dent en dehors, qui retrograde désque l'eau fe retire. Ce mouvement est moins lent en pleine eau, parceque les dents trouvent moins de refiftance dans ce corps liquide.

Au refte les cinq raïons font difpofez pour l'ordinaire en Pentagone régulier; mais quand l'Etoile de Mer a été tirée de l'Eau, & qu'on la féche, on a bien de la peine à empêcher que l'un ou l'autre raïon en fe retirant ne prenne quelque pli irrégulier. Il arrive même quelques fois qu'un raïon, feparé par accident de fon Tout, ne s'y rejoint qu' en prenant une forme irrégulière, ce que nous préfumons être arrivé à la pièce que nôtre figure repréfente. La Couleur naturelle est bleuâtre, mais elle change, & devient un

P

brun

(*) C'eft-à-dire, en forme de rets.

38

ziehen, und immer einen scharfen Seegeruch behalten,) oder durch andere Zufälle zerbröckelt, siehet er wie ein Hauffe Saamen-Körner aus, und man versichert, daß nicht nur aus jedem abgerissenen Stück, sondern auch aus jedem knorpelichten Wirbel ein neuer Meerstern wachse, dahero auch ein schadhafter Meerstern sich im Meer gar bald wieder ergänzet. Die obere Seite werden wir bey der folgenden Tafel zu betrachten finden.

Fig. 1. 2. Man siehet in dieser ersten Figur die untere, und in der andern die obere Seite eines gemeinen **wurmförmigen Meersterns**, der sich häufig in der Nordsee aufhält. Es bestehen die fünf Strahlen aus lauter Ringen oder Gelenken, die verhältnißmäßig abnehmen, und den Strahl nach allen Seiten zu beweglich machen. Diese Strahlen nehmen in der Mitte des Cörpers an einer Sternförmigen Figur ihren Anfang, wie denn auch der Cörper von oben mit zarten Blumenfiguren bezeichnet ist. Die Substanz ist häutig, und dabey sehr zerbrechlich. Die natürliche Farbe ist bläulicht, wird aber hernach röthlich, und verbleicht-Aschgrau.

Fig. 3. Ein ganz anderer und fast bürstenartiger Seestern wird in dieser Figur an der untern Seite vorgestellet. Es ist nemlich der ganze Meerstern nichts anders, als eine Sammlung von Keulförmigen Beinchen, die übrigens der Größe und Farbe nach das A sehen haben, als ob es fein geschnittene Bürstchen wären, und wenn aus jedem derselben ein neuer Meerstern wachsen kann, so kann ein einziger solcher Meerstern die Mutter von mehr als 50,000 Kinder seyn. Alle diese Bürstchen, oder Keulchen liegen Reihenweise an einander, und sind mit einem häutigen durchsichtigen Wesen, wie die Flügel der Schmetterlinge, darauf der Staub sitzet, untereinander befestiget. Nun liegen wohl vier sol- Reihen in jedem Strahl neben einander, die Bürsten der äussersten Reihe aber, sind oben frey und stehen voneinander; dahero denn dieser Meerstern rauh erscheinet. In dem Wachsen setzet sich allenthalben auf die äussere Reihe der Keulchen eine neue an, die wiederum frey siehet, dahingegen nun die vorige Reihe sich durch das erwehnte häutige Wesen schliesset, und nach und nach das innere des Meersterns wird, je mehr sich nemlich neue Keulchen, oder Bürsten ansetzen. Wenn sich nun rings herum nur eine einzige Lage anleget, so bekommt dieses Geschöpfe auf einmahl mehr als 25,000. neue Theile, und diese Zahl vermehret sich bey jeder neuen Anlage und Vergrößerung des Umfangs auf eine erstaunliche Art, indem zwischen den alten Keulchen sich wiederum von innen heraus ganz neue bilden. Nun möchte man freylich einen Zweifel erregen, wie das Meer bey einer solchen erstaunlichen Fortpflanzung im Stande wäre, alle diese Geschöpfe zu fassen. Allein die Wallfische, Seehunde, Schwertfische, Seekühe, Seelöwen und mehr dergleichen ungeheure Thiere, müssen doch auch leben, und werden ohne Zweifel der allzustarken Vermehrung gar geschwinde vorbauen. In der Mitte des Cörpers siehet man eine kleine runde Oefnung, und von da an gehet über jeden Strahl eine Spalte, worinnen man die Verbindung der Keulchen gar genau sehen kann.

brun jaunâtre à mésure que l'Etoile se séche. Quand une pièce semblable se g te, soit en se pourrissant, ce à quoi elles sont sujettes parce qu'elles attirent l'humidité, & conservent toujours une forte odeur de Mer, soit qu'elle se brise par quelque autre accident, elle ressemble à un monceau de grains de semence, & l'on assûre que non seulement chaque morceau brisé, mais aussi chaque Vertèbre cartilagineuse a en soi la vertu de produire une nouvelle Etoile de Mer. Par la même raison une Etoile de Mer endommagée reprend facilement dans la Mer sa forme entière. *Nous verrons la partie supérieure de celle-ci sur la Planche suivante.*

Fig. 1. 2. Nous voïons à la prémière de ces Figures la partie inférieure, & à la seconde la partie supérieure de *l'Etoile de Mer vermiforme* commune, qu'on trouve en quantité dans la *Mer du Nord*. Les cinq raïons ne consistent qu'en anneaux simplement, ou en articulations, qui s'appetissent peu-à-peu proportionellement, & rendent le raïon mobile de tous les côtez. Ces raïons partent d'une figure d'Etoile placée au milieu du corps, & le corps même est marqué de fines figures de fleurs. La Substance est membraneuse, & cependant fort fragile. La Couleur naturelle est bleuâtre, elle devient ensuite rougeâtre, & d'un cendré terni.

Fig. 3. La présente figure nous montre la partie inférieure d'une Etoile de Mer tout-à-fait diférente de la précédente. Celle-ci est presque faite en Vergette. Le Tout est un Composé de petits Os formez en massue, qui paroissent être au reste quant à leur grandeur & à leur couleur autant de brins de Vergette taillez en petites parcelles. Si chacun de ces brins a la faculté de produire une Etoile de Mer, celle-ci peut toute seule devenir une Mère de 50000. Petits. Tous ces brins ou petites massues, sont couchés l'un contre l'autre en rangées, & liés ensemble par une Substance membraneuse transparente, semblable aux ailes des Papillons sur lesquelles repose la poussière. Chaque raïon a bien quatre de ces rangées l'une à coté de l'autre, mais les brins de Vergette sont détachez & separez l'un de l'autre par leur pointe, ce qui donne à cette Etoile un air rude. A mesure que cette Créature croit, il se forme de tous les côtez contre la dernière rangée des brins une nouvelle rangée détachée, comme l'étoit celle-la, qui se lie alors aux rangées intérieures, au moïen de la Substance membraneuse dont nous avons parlé, & devient par là peu à peu la partie intérieure de l'Etoile, c'est-à-dire, à mesure que de nouveaux brins se forment sur le bord extérieur. Quand une seule nouvelle Couche se forme tout autour, cela fait tout d'un coup pour la Créature une augmentation de plus de 25000. parties nouvelles, & ce nombre s'accroit à chaque nouvelle Couche, & à chaque agrandissement de la circonférence d'une manière prodigieuse, parcequ' entre les anciens brins, il s'en forme toujours de tout nouveaux, qui croissent du dedans. On pourroit nous objecter ici, comment il est possible que la Mer contienne toutes ces Etoiles de mer attendu une si étonnante multiplication, à quoi nous répondons que les Baleines, les Chiens de mer, les Espadons, les Vaches marines, les Lions marins, & d'autres Animaux voraces, qui habitent la mer, & qui sont d'une grandeur énorme, y mettent bon ordre en les dévorant. On observe au milieu du corps une petite ouverture ronde d'où part une

Fig. 4.

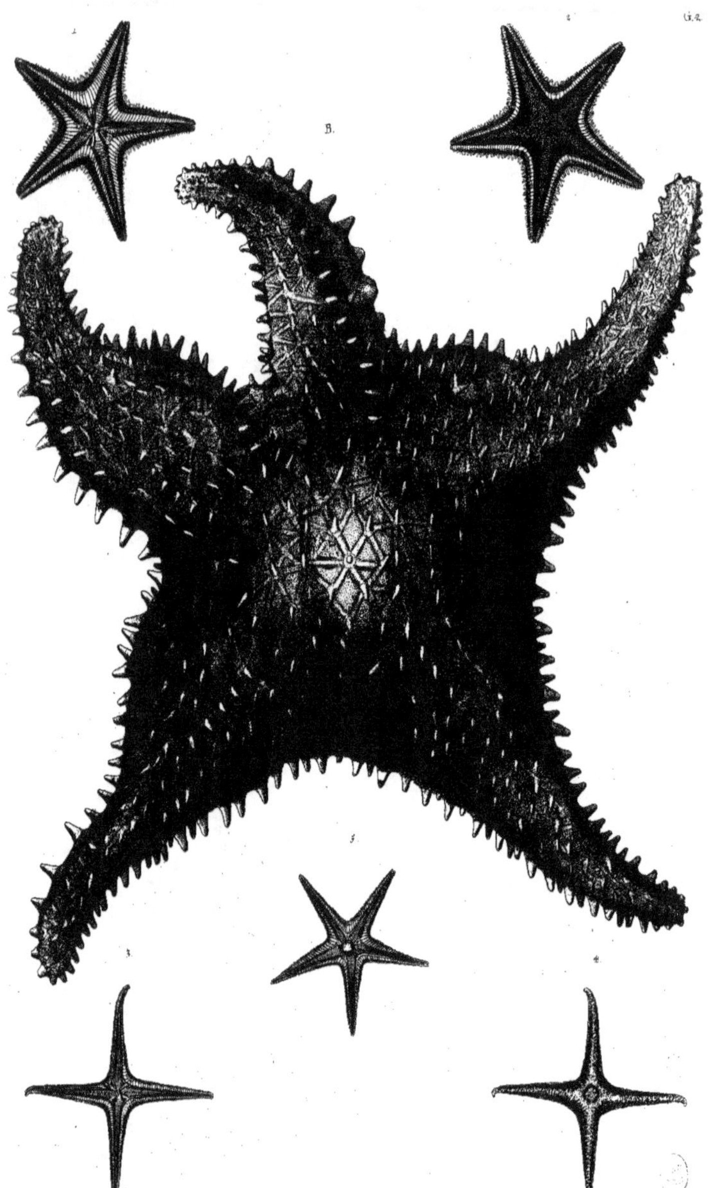

une fissure, qui s'étend tout le long de chaque raïon, & sur laquelle on peut voir très-exactement la manière dont les brins sont liez ensemble.

Fig. 4. In dieser Figur erscheinet der nehmliche Stern an der obern Seite. Es ist nemlich der Cörper und jeder Strahl mit einer membranösen Haut überzogen, durch welche Netzförmige Adern gehen. Auf diesen Adern sitzen nehmliche Keulförmige Bürsten in sehr großer Anzahl. Auf dem mittlern Cörper befindet sich seitwärts, wo sich ein paar Strahlen zusammen fügen ein runder, glatter, und etwas erhabener Flecken, dergleichen man allezeit bey allen Meersternen antrift, und den man vor den After oder anum zu halten pfleget, gleichwie die Oefnung nebst der Spalte an der untern Seite der Mund seyn soll, wobey man aber voraus setzen muß, daß es ein Thier ist, als ob dieses schon eine ausgemachte Sache wäre.

Fig. 4. Ceci est la partie supérieure de la même Etoile. Le Corps, aussi bien que chaque raïon, est couvert d'une peau membraneuse, laquelle est entrecoupée de veines disposées en forme de rets. Un très-grand nombre de brins figurez en massue sont posez sur ces veines. On remarque au milieu du corps sur le côté, là où deux raïons se joignent, une tache ronde, unie, & un peu élevée, qui se rencontre à toutes les Etoiles de Mer, & qu'on prétend être l'Anus, tout comme on prétend qu'une Ouverture semblable avec une fissure, qui se voit à la partie inférieure, soit l'embouchure, en supposant que l'Etoile de Mer est un Animal, ce qui n'est pas encore décidé.

TAB. G. II.

PLANCHE G. II.

Fig. B. Denjenigen Meerstern, den wir auf der vorigen Kupfertafel fig. A. an der untern Seite betrachtet hatten, bekommen wir allhier auf der obern Seite zu sehen. Es ist derselbige Bauchhoch, und stellet gleichsam eine Seepastete vor. Die Oberfläche hat nach gewissen ordentlichen abgebogenen Linien erhabene Rippen, die wiederum mit Querlinien, welche in gleichen Winkeln stehen, als mit Querbalken durchschnitten sind. Allenthalben, wo sich die Rippen schneiden, raget eine Zacke hervor, wie denn auch der untere Rand mit lauter Zacken umgeben ist, die alle Warzenförmig aussehen. Zwischen den Netzförmigen Fächern siehet die Oberfläche punctirt und rauh, wie Chagrin-Leder aus. Diejenige Beinchen, welche unter den Zacken sitzen, sehen wie die Kronen von Gewürznägelchen aus, und vielleicht sind die bekannten Nägelsteine nichts als Versteinerungen von den inneren Theilen dieser Meersterne. Man findet sie in Ostindien wie auch an den Antillischen Inseln und in dem Mexicanischen Meerbusen.

Fig. 1. Von ganz anderer Bauart ist derjenige Stern, welchen wir hier an der untern Seite zu betrachten haben. Es treten zwar an denselbigen die Strahlen aus einem Fleck im Mittelpunct nach Art der andern heraus, und die Beinchen liegen Reihenweise in diesen Strahlen, wie an dem Bürstenartigen Seestern der vorigen Kupfertafel. Nur sind weit mehrere Reihen vorhanden, die auch in Ansehung der Breite von einander unterschieden sind. Auch ist diese Art nicht rauh, sondern alle Beinchen liegen glatt und flach neben einander und sind nur mit tieffen Kerben von einander unterschieden. In der Mitte, wo die fünf Strahlen zusammen kommen, siehet man, daß wo die letzten Beinchen von zweyen Strahlen an der Spitze gegen einander stehen, solche eine länglichte Oefnung bilden, deren es also auch fünfe giebt.

Fig. 2. Die andere oder obere Seite des vorigen Meersterns siehet ganz anders aus, indem man daselbst nichts von dergleichen Beinchen wahrnimmt, ausgenommen, daß sie am Rande ringsherum von unten herauf noch etwas hervorragen, und daher denselben zackigt machen. Sonst ist die Oberfläche ganz platt, und bestehet in unzähligen rauhen geraden in die Höhe stehenden Spitzen, wie ein grob-geschorner Plüschsammet.

Fig. B. Cette Figure représente la partie supérieure de la même Etoile de Mer, dont nous avons vû la partie inférieure sur la *Planche précédente à la figure A.* Elle a trois pouces de hauteur, & la figure d'un Pâté de Mer. On y remarque selon l'ordre de certaines lignes régulièrement courbes des côtes elevées, lesquelles sont entrecoupées par d'autres lignes transversales en rectangles, comme des Sablières. Par tout où ces côtes se coupent paroit une dent, & d'autres dents, toutes formées en mammelons, garnissent tout le tour du bord inférieur. Dans les intervalles, qui sont ressembler la Superficie à un rets, cette superficie paroit toute marquée de points, & rude comme du chagrin. Les petits os placez sous les dents ressemblent à la tête d'un Clou de Girofle, & peut-être que les Caryophillites ne sont autre chose que des Petrifications des parties internes de ces Etoiles. On les trouve aux *Indes orientales*, de même qu' aux *Iles Antilles*, & dans le Golfe du *Mexique*.

Fig. 1. Voici encore la partie inférieure d'une Etoile de Mer, mais celle-ci difere absolument de la précédente quant à la conformation. Il est vrai qu'ici comme aux autres les raïons partent d'un point du Centre, & que les petits Os sont aussi couchez ici en rangées dans les raïons, comme à l'Etoile marine formée en Vergette, que nous avons vûe sur la Planche précédente. Mais la diference consiste en ce que cette Etoile-ci a un beaucoup plus grand nombre de rangées, & que ces rangées diferent aussi entre elles relativement à la largeur. Outre cela l'espèce de nôtre figure ici n'est point rude, car tous les petits os y sont couchez uniment, & tout à plat, l'un a côté de l'autre, & simplement separez par de profondes entailles. On remarque au milieu, là où les cinq raïons se réunissent, que dans l'endroit où les derniers petits os de deux raïons se trouvent par la pointe à l'oposite l'un de l'autre, ils y forment une ouverture oblongue, ce qui forme cinq ouvertures pareilles.

Fig. 1. L'autre côté, c'est-à-dire la partie supérieure de la même Etoile marine, que nous venons de décrire est bien diferente. On n'y aperçoit rien des petits os, si ce n'est qu'ils débordent encore un peu toute la circonférence, par le bas, & rendent par là ce bord denté. D'ailleurs la Superficie est absolument platte, & composée d'une infinité de pointes rudes, qui se tiennent droites, à peu près comme à la Peluche rase.

Fig. 3. und 4. Von der nemlichen Bauart ist auch dieser an beyden Seiten vorgestellte Meerstern, welcher allein darinn von dem obigen unterschieden ist, daß er nur vier Strahlen hat, welches auch die einzige Ursache ist, daß der Corper selbst nicht so breit erscheinet. Diese vierstrahlichte werden selten gefunden.

Fig. 5. Zur Ausfüllung hat man nur noch einen kleinen fünfstrahlichten Meerstern, abgebildet, der von demjenigen, welchen wir fig. 1. 2. betrachtet haben, in nichts unterschieden ist, als daß er jünger ist.

TAB. G. III.

Fig. 1. Daß es unter den Meersternen von einerley Geschlecht noch verschiedene Abweichungen gebe, ersehen wir an dem gegenwärtigen Netzförmigen Meerstern, welcher mit jenem, der Tab. G. 1. fig. A. an der untern, der Tab. G. 2. fig. B. an der obern Seite vorgestellet wurde, zu einer Classe gehöret. Sein Unterscheid bestehet aber darinnen, daß er keine Zacken hat, sondern statt derselben lauter runde Knötgen, die flach gewölbt sind, und gar nicht stark hervorragen. Dieses Exemplar ist vorzüglich wohl getrucknet, und die Strahlen stehen in einem geraden Fünfeck.

Sonst giebt es auch, jedoch selten, von diesem nehmlichen Geschlecht der Netzförmigen Meersterne, vierstrahlichte, die in allem den fünfstrahlichten, (die Zahl der Strahlen ausgenommen,) gleich sehen. Wie wir denn ein solches rares Exemplar besitzen, das die vollkommene Figur eines Polsterküssens hat, indem dessen vier Strahlen gleich weit von einander stehen, und bey dem die Bauart dabey so vollkommen ist, daß man es vor kein mangelhaftes Exemplar, dem etwa der fünfte Strahl einmahl verlohren gegangen wäre, halten kan.

Fig. 2. Wir haben schon auf der Tafel G. 1. fig. 1. und 2. einen gemeinen Wurmförmigen Meerstern aus der Nord-See betrachtet. Diesem gesellen wir eine ähnliche, aber weit größere und schwärzlichte Art aus dem Americanischen Meer bey, der unter dem Namen Stella marina lumbricalis bekannt ist. Da nun die Bauart von jener fast nicht unterschieden ist, so erinnern wir nur, daß wir dergleichen besitzen, welchen der eine Strahl halb abgebrochen war, und an dessen abgebrochene Spitze ein neues Ende wieder angewachsen ist. Diese Art hält sich gerne unter Felsen, und zwischen den Stein-Corallen auf, ja sie ist nicht selten zwischen selbigen verwachsen. Man trift auch dergleichen rothe und Aschgraue an. Sie bewegen sich alle miteinander sehr schnell, und bestehen nur allein in Gelenken.

Fig. 3. Wir haben schon mehrmahlen erinnert, daß den Meersternen die abgerissene Strahlen wieder nachwachsen, hievon geben wir nun in jetziger Figur an einer andern Art einen hinlänglichen Beweiß, indem hier der fünfte Strahl abgerissen war, und sich wiederum mit einer kurzen Spitze im Wachsthum zeiget. Diese Art hat Zacken, Knötgen, und Bürsten in unsäglicher Menge untereinander stehend.

Fig. 4.

Fig. 3. & 4. L'Etoile de Mer représentée ici des deux côtez a la même conformation, avec cette unique diférence que celle-ci n'a que quatre raïons, ce qui est aussi cause que son corps est moins large. On ne trouve ces Etoiles à quatre raïons que fort rarement.

Fig. 5. Pour remplir la Planche on a dépeint ici encore une petite Etoile de mer à cinq raïons, qui ne difère de celle que nous avons vûe cy-dessus Figure 1. & 2. qu'en ce que celle-ci est plus jeune.

PLANCHE G. III.

Fig. 1. L'*Etoile de Mer retiforme*, que la présente figure dépeint, sert de preuve qu'il y a des Variations parmi les Etoiles de Mer d'un même Genre. Celle-ci apartient à la même Classe, que celle dont nous avons vû la partie inférieure cy-dessus *Pl.* G. 1. *fig.* A. & la partie supérieure *Pl.* G. 2. *fig.* B. La diférence consiste en ce que celle-ci n'a point de dents du tout. On n'y remarque que des petits boutons ronds, & d'une voussure affaissée, qui n'avancent guères hors du corps. L'Original de cette figure a été admirablement bien féché. Ses raïons forment un Pentagone regulier.

Au reste on trouve, mais rarement, parmi ces Etoiles de Mer *retiformes* des Individus du même Genre, qui n'ont que quatre raïons, mais qui, au nombre de raïons près, sont absolument semblables aux prémières. Nous possédons un de ces Originaux rares, qui a exactement la figure d'un Coussin de lit, la distance entre les raïons étant de toutes parts égale. Il arrive quelquefois qu'une Etoile de Mer perd par accident un raïon. Mais la conformation de celle-ci est si parfaite, qu'il n'est pas possible de conjecturer que cette pièce ait jamais eû un cinquième raïon, & l'ait ensuite perdu par accident.

Fig. 2. On a produit sur la *Planche* G. 1. *fig.* 1. & 2. une Etoile de Mer vermiforme commune tirée de la Mer du *Nord* (*). En voici une espèce semblable, mais beaucoup plus grande & noirâtre, qui vient des Mers d'*Amérique*, & qui est connuë sous le nom de *Stella marina lumbricalis*. Comme sa structure ne difère presque en rien de la précédente, nous n'en dirons autre chose, si ce n'est que la pièce de cette espèce que nous possédons avoit perdu la moitié d'un de ses raïons, à la place de laquelle il lui est recrû un nouveau bout. Ces Etoiles marines-cy s'arrêtent beaucoup sous les rochers, & entre les Coraux pierreux, auxquels même elles s'incorporent quelquefois en croissant. On en trouve aussi de rouges & de cendrées de cette sorte. Leur mouvement est très-vif. Elles ne sont composées que d'articulations.

Fig. 3. Il a été dit plus d'une fois que les raïons, que les Etoiles de Mer perdent, leur recroissent. Cette Figure, où l'on a dépeint une autre espèce, en fournit la preuve. Car cette Etoile avoit perdu son cinquième raïon, & l'on voit ici une pointe courte, qui prouve que le raïon perdu avoit commencé à recroître. Cette espèce est garnie d'un nombre inexprimable de dents, de petits boutons, & de brins de Vergette entremêlez les uns aux autres.

Fig. 4.

(*) C'est celle qu'on apelle en *Hollande* communément de *Noord-Zee*.

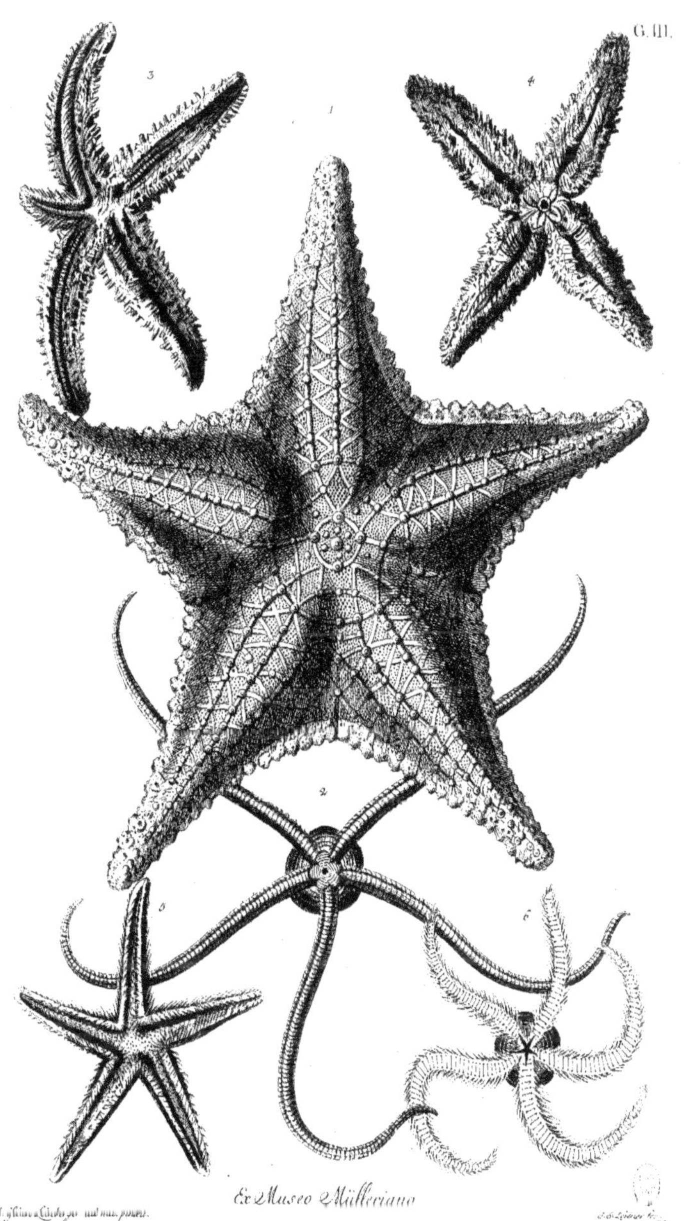

G. III.
Ex Museo Mülleriano

Fig. 4. Noch seltener ist der gegenwärtige vierstrahlidte Meerstern, bey welchem nur Knötgen, und Bürsten, oder Keulchen abwechseln, die aber so häufig durch einander sitzen, daß man die Structur, ohne sie gänzlich zu zerstöhren, nicht untersuchen kan.

Fig. 5. Von der Art, welche Tab. G. 2. *fig.* 1. 2. vorgestellet worden, finden wir unter jetziger Figur eine rare Abweichung, welche allenthalben mit weissen wolligten Stacheln besetzet ist, und sich allhier von der obern Seite zeiget.

Fig. 6. Endlich haben wir noch eine Abweichung von dem auf dieser Tafel fig. 2. abgebildeten Wurmförmigen Meerstern zu betrachten. Es hat nemlich jeder Strahl vier Reihen scharfe Stachel, so, daß jedes Gelenke jedesmahl mit vier Stacheln besetzet ist. Man nennet ihn dahero den Tausendbein, oder Stella marina Scolopendroides. Zwischen den Gelenken befinden sich von unten an den Strahlen zu beyden Seiten eine Menge Luftlöcher, und der sogenannte Mund bestehet in einer sternförmigen Ritze. Sie kommen aus America, wo sie sich häufig in den Schwamm-Gewächsen des Meeres, und dem Halcyonio molli aufhalten.

Fig. 4. L'Etoile *marine à quatre raïons*, qui paroît ici, est encore plus rare. Les petits boutons & les brins de Vergette, ou petites Massues, y sont placez alternativement, mais en si grande quantité les uns parmi les autres, qu'il n'est pas possible, sans les détruire, d'examiner la Structure de la pièce.

Fig. 5. Ceci est une *Variation* de l'espèce que nous avons vûë cy-dessus Pl. G. 2. *fig.* 1. & 2. Cette pièce, dont la figure ne montre que la partie supérieure, est rare. Elle est couverte par tout d'éguillons blancs laineux.

Fig. 6. Nous présentons enfin ici encore une *Variation* de l'Etoile de Mer *vermiforme*, que la *figure* 2. de cette même Planche dépeint. Chaque raïon de celle-ci a quatre rangées d'éguillons aigus, de façon que chaque articulation est garnie de quatre éguillons. On lui donne par cette raïson le nom de *Millepied*, ou d'*Etoile marine Scolopendroïde* (*). Entre ces articulations on observe au bas des raïons, des deux côtez, une quantité d'ouvertures, par où l'air peut entrer, & ce qu'on apelle l'*embouchure* est de figure étoilée. Elle nous vient d'*Amérique* où on les trouve en quantité parmi les Plantes spongieuses de la mer, & près de l'*Alcyonium molle*, ou le *Champignon de mer tendre*.

(*) *Stella marina Scolopendroides.*

Einleitung
zu den
Fischen.

INTRODUCTION
A L'ARTICLE DES
POISSONS.

Wir kommen jetzo zu einem Fach, davon sich alleine ein ganzes und weitläuftiges Buch schreiben liesse. Die erstaunliche Abweichungen, die seltsame Lebensart, und die ungeheure Menge der Fische enthält soviel wunderbares, daß solches auch nur mit einem Finger jeden Articul zu berühren zu weitläuftig wäre, geschweige wenn man es vollkommen abhandeln wolte. Denn im Meer wimmelt es ohne Zahl. Es wird dieses ein jeglicher einsehen, der sich nur auf der Weltkugel die entsetzliche Menge der Gewässer in den Flüssen, Teichen, Seen, Meeren und dem grossen Ocean vorstellet, da alles Land und Erdreich der ganzen bewohnten Welt würklich einen sehr kleinen Theil dagegen ausmacht. Ausser dem haben die unergründliche Tieffen noch so vieles vor den menschlichen Augen verborgen, daß uns in der That noch die wichtigsten Entdeckungen fehlen, welche uns eine sichere Erläuterung von dem grossen Umfange ihrer Haushaltung und Lebensart geben könnten. Und wie werden wir jemahls zu einer hinlänglichen Erkenntniß in diesem Fach gelangen, da uns das Element, worinnen die Fische leben, verhindert ihnen nachzufolgen, und Beobachtungen anzustellen?

Wir müssen also uns selber ein Ziel setzen, und uns begnügen, nur allein von der Art ihrer Eintheilung zu handeln, und solche mit einigen allgemeinen Anmerkungen zu begleiten, bey der Beschreibung der Figuren aber hin und wider einige besondere Umstände mit einzuschalten, damit wir unserem Zweck gemäß kurz, und den Anfängern hinlänglich deutlich seyn mögen. Zumahlen die vielen Schriftsteller, die von den Fischen handeln, auf verschiedene Arten in ihren Meinungen von einander abweichen, ja zum Theil ganz unschlüssig bleiben, wie es denn auch würklich schwer hält, eine Eintheilung zu erdenken, darein sich ein Liebhaber, der erst anfängt, eine Sammlung von Fischen zu machen, auf eine leichte Art finden, und hernach weiter forthelfen könne.

Vor Alters pflegte man alles, was nur im Wasser lebte, unter die Fische zu zählen, dahero wurde dieses Reich so weitläuftig, daß man auch kriechende und gehende Thiere, die sich im Wasser aufhalten, und viele andere Geschöpfe zu den Fischen rechnete. Ja die neuern Schriftsteller mustern noch nicht alles aus. Nach diesem weitläuftigen Begriff aber, den sich unter andern *Belonius* machte, waren auch alle Schnecken und

Muscheln

Nous passons ici à un Article, qui seul fourniroit matière à ecrire des Volumes. Il y a tant du merveilleux à observer à l'égard des *Variations* étonnantes, qui se rencontrent parmi les Poissons, à l'égard de leur façon de vivre tout-à-fait singulière, à l'égard enfin de leur quantité prodigieuse qu'en se contentant même d'effleurer chaque sujet on produiroit un Ouvrage volumineux. Il n'est donc pas possible de descendre ici dans un grand détail. La Mer fourmille de Poissons de toute espèce, &, à considérer notre Globe dans son entier, on n'a qu'à jetter les yeux sur toutes les Eaux qui en font partie, sur les Mers, le grand Ocean, les Lacs, les Etangs, les Fleuves & les Rivières, pour se convaincre que tous les Continens, & ce qu'on apelle Terre dans le Monde connu, n'en font que la plus petite portion. Outre cela combien d'Abîmes dans ces Eaux, qui recèlent encore tant de choses à nos yeux, & nous otent par là les moiens de faire d'importantes découvertes, par lesquelles nous pourrions marcher d'un pas plus assûré dans cette vaste carrière, & pousser plus loin nos Conoissances sur l'Economie des Poissons & sur leur façon de vivre. Le plus grand obstacle au progrès de nos lumières sur cet Article, c'est qu'il nous est impossible de suivre les Poissons dans l'élement qu'ils habitent, & d'y faire nos observations.

Nous sommes donc forcez de donner ici des bornes à nos désirs curieux, & de nous contenter d'atteindre à une Métode commode d'y établir des Divisions convenables, que nous accompagnerons de quelques remarques génerales, nous reservant de faire çà & là des observations particulières, lorsque nous en viendrons à la description des Figures. En tout cela nous éviterons, comme nous avons fait jusques ici, toute prolixité, nôtre but n'étant que de nous rendre intelligibles & utiles aux Novices, ce qui est d'autant plus nécessaire que les Ecrivains nombreux qui ont traité cette matière diférent en diverses façons les uns des autres, & que quelques uns d'entre eux-mêmes ne décident rien du tout sur certains articles, ce qui augmente la dificulté d'indiquer à un Amateur, qui ne fait que commencer à se former une Collection de Poissons, des règles fixes & commodes pour les ranger en divisions convenables, & qui le puissent mettre sur les voies d'un bon ordre sans l'embarasser.

Autrefois on regardoit sans aucune exception comme *Poisson* tout ce qui vit dans l'eau. On mettoit ainsi dans ce rang des Animaux qui rampent, d'autres qui marchent, & bien d'autres Créatures, dés-qu'elles habitoient les Eaux. Nous avons même des Ecrivains modernes, qui ne retranchent pas toutes celles qu'on peut ranger convenablement sous un autre Ordre. Ainsi *Belonius* entre autres comprend

sous

Muscheln, Meeräpfel, Seesterne, Polypen, alle Krebse, Was-
ser-Schildkröten, Eydechsen, nicht weniger die Fischotter, Biber, Wasserratzen, Wallroß oder Behemoth, und dergleichen,
mit darunter begriffen. Allein, seitdem man an einem eigentlichen
Fisch das Schwimmen durch Beyhülfe der Floßfedern erforderte,
und voraus setzte, daß sie ausser dem Wasser stürben, so wurden ersterwehnte Meergeschöpfe und Thiere zu den Wasserwür-
mern, letztere aber mehrentheils zu den Amphibien, (das ist, die
sowohl ausser, als in dem Wasser leben können,) gerechnet.
Von den ersten ist nun schon in unserm Werk gehandelt worden;
die Amphibien aber werden hernach noch eine besondere Classe
ausmachen, dahero wir solche vor jetzo noch unberühret lassen.

Was das Leben im Wasser betrift, so kommt dieses auf
die Beschaffenheit und Bauart der Lungen, oder derjenigen
Werkzeuge an, vermöge welcher die Fische eine frische Luft
schöpfen können. Nun aber hat man gefunden, daß etliche
Fische durch die Lungen und dahin abgehende Luftröhren Athem
holen, andere aber durch andere Werkzeuge, die man durchgängig Fischohren zu nennen gewohnet ist. Was die erste Art
der Fische betrift, so haben etliche vollkommene andere minder
vollkommene Lungen. Diejenigen·Fische, deren Lungen
vollkommen sind, haben platte Schwänze, die flach liegen,
und machen das ganze Wallfisch-Geschlecht aus, auch ist ihnen
dieses miteinander gemein, daß sie erstlich gewisse Röhren am
Kopf haben, woraus sie das Wasser spritzen und sodann auch
ihre Jungen lebendig zur Welt bringen, als die eigentliche
Wallfische, Narhwal, Delphine und deren Unterarten. Diejenige aber, welcher Lungen nicht so vollkommen
sind, haben zugleich knorpelartige Floßfedern, und fahren
dann und wann über das Wasser, um frische Luft zu schöpfen,
als das Geschlecht der Rochen, Seehunde, Störe, und
Lampreten. Nun bringen zwar diese Fische keine lebendige
Jungen zur Welt, jedoch brüten sie selbige mehrentheils in Mutterleibe aus, und werfen sie hernach mit samt den Eyern, aus
welchen die Jungen hernach erst herauskriechen. Inzwischen
haben doch beyderley Gattungen Fische dieses mit allen übrigen
gemein, daß sie schwimmen, minder oder mehr mit Floßfedern
versehen sind, eigentlich nur im Wasser leben, und ausser demselben entweder bald sterben, oder wenigstens nicht lange in der
Luft aushalten können, um jetzo von der Beschaffenheit ihres
Fleisches, wie auch der Gräte oder innern Structur nichts zu
gedenken. Es wird dahero niemand leicht in Zweifel ziehen: ob
diese Thiere in der That Fische sind, oder nicht? Nichts desto
weniger hat der berühmte Ritter Linnäus darinne, daß diese
Fische durch die Lunge Athem schöpfen, einen hinlänglichen Be-
wegungsgrund gefunden, solche sämtlich aus der Ordnung der
Fische auszumustern, jedoch mit diesem Unterscheid, daß die erste
Classe mit der vollkommenen Lunge, als lebendig gebährende
und säugende, den vierfüssigen Thieren, unter dem Namen Mammalia cete, die andere Classe aber, mit minder vollkommenen
Lungen den Amphibien, unter dem Beynamen natantes beygezählet werden, so daß hernach die zweyte Art, welche mit so
genannten Fischohren, und nicht mit Lungen versehen sind, bey
diesem wichtigen Schriftsteller nur allein als eigentliche Fische
erscheinen.

Nun

sous cette dénomination générale de *Poisson*, tous les Limaçons & les Moules, les Oursins, les Etoiles marines, les Polipes, toutes les Ecrevisses, les Tortues d'Eau, les Lézards,
de même que les Loutres, les Rats d'Eau, les Castors, les
Hipopotames ou Chevaux marins, qu'on nomme aussi *Behemoth* &c. Mais depuis qu'on n'admet au nombre des *Poissons*,
proprement ainsi nommez, que ceux qui nagent à l'aide des
nageoires, & qui meurent quand on les tient hors de l'eau,
on a mis les prémiers animaux ou Créatures marines dont
nous venons de parler, au rang des Vers aquatiques, & les
derniers dans la Classe des Amphibies, c'est à dire des
Animaux qui vivent aussi bien hors de l'eau que dans l'eau.
On a déjà parlé des prémiers dans le présent Ouvrage, &
quant aux Amphibies, nous en ferons cy-dessous un Article separé, auquel nous renvoyons le Lecteur.

A l'égard de la proprieté de *vivre dans l'eau*, elle dépend de la Qualité & de la Conformation du poumon, ou
des organes qui servent à la respiration des Poissons. Or
on a observé qu'il y a des Poissons qui respirent par le moïen
des Poumons & des évents qui y aboutissent, & que d'autres ont d'autres organes de respiration qu'on nomme communément les *Ouïes* (*). Quant à la prémiere forte de
Poissons, les uns ont le Poumon *parfait*, les autres l'ont
moins-parfait. Les Poissons à *Poumon parfait* ont la Queuë
platte & en ligne horizontale, & composent le Genre entier
des Baleines, qui ont encore entre elles ceci de commun,
c'est qu'en premier lieu elles ont à la tête de certains tuyaux
par lesquels elles rejettent l'eau, & qu'en second lieu elles
mettent leurs Petits vivans au monde. Telles font les *Baleines proprement ainsi dites*, les *Narhval*, les *Daufins*, &
leurs Sous-espèces. Ceux, dont les Poumons font *moins
parfaits*, ont aussi des Nageoires cartilagineuses, & s'é-
lèvent quelques fois au dessus de l'eau pour respirer
plus librement. Tels font les *Rayes*, les *Chiens de mer*,
les *Etourgeons*, & les *Lamproyes*. Il est vrai que l'on
ne peut pas dire de ces derniers poissons qu'ils mettent
leurs Petits *tout vivans* au monde, cependant ils les couvent
plus qu'à-demi dans le ventre, & les posent ensuite avec
les oeufs, d'où les Petits sortent après. Du reste ces deux
sortes ressemblent à tous les autres Poissons en ce qu'ils nagent tous, en ce qu'ils font tous pourvûs de nageoires,
& que la diférence ne git que du plus au moins, en ce qu'
ils ne vivent tous proprement que dans l'eau, & que hors
de l'eau ils meurent bien-tôt, ou que tout au moins ils ne
peuvent pas long-tems suporter l'air, pour ne rien dire à
présent des raports qui se trouvent entre la qualité de leur
chair, leurs arêtes, & leur conformation intérieure. Personne donc ne disputera facilement à ces animaux la qualité
de *Poisson*. Cependant le célèbre Chevalier *Linnæus*, fondé
sur la raison que ces Poissons respirent par le Poumon, a
crû qu'on devoit les retrancher tous de cet Ordre. Il y met
pourtant cette diférence, c'est que selon lui les Poissons de
la prémière Classe, à Poumons parfaits, qui mettent au
monde des Petits vivans & qui les alaitent, doivent être
rangez parmi les Quadrupèdes sous le nom de *Mammalia Cete*,
(les Baleines à Mamelles); & que ceux de la seconde Classe
dont les Poumons font moins parfaits doivent être considé-
rez comme des Amphibies, & distinguez par l'Epitète de
natantes. Cet auteur celèbre n'admet donc pour *Poissons*,

Q 2

propre.

(*) En allemand *Fischohren*, c'est à dire *Oreilles de Poisson*, en
latin *Branchiæ*.

Nun lieget in einem Systemate nichts daran, in welche Classe ein Geschöpf verwiesen wird, wenn nur hinlängliche Gründe vorhanden sind. Allein bey der Ordnung eines Cabinets, da man auch die äusserliche Structur und Uebereinstimmung mit zu Rathe ziehet, gehet solches nicht so schlechterdings an, dahero wir auch in dem Fach der vierfüssigen Thiere, oder Amphibien keinen Wallfisch, oder Seehund mit vorgestellet, sondern das, was etwa aus diesen Classen vorkommt, in dem jetzigen Fach der Fische mit angebracht haben, ohne uns weiter an die neue Eintheilung zu binden.

Um nun also etwas näher zu der zweyten Art zu kommen, so sind dieses Fische, welche mit gewissen besonders gebildeten Werkzeugen versehen sind, die ihnen statt der Lungen dienen, worzu noch dieses kommt, daß die Weibgen dieser Art alle miteinander Eyer schiessen lassen, die hernach erst durch die Männchen im Wasser fruchtbar gemacht werden, wiewohl das ganze Erzeugungs-Werk der Fische eine sehr dunkele Sache ist. Die erwehnten Werkzeuge zur Athemhohlung betreffend, so sind sie zur Seiten am Kopf befindlich, wo man sonst bey andern Thieren die Ohren sucht, und darum ist solchen, wiewohl mit Unrecht, der Name Fischohren (Branchiæ) gegeben worden. Denn die Fische haben, wenigstens keine äusserlich gebildete Ohren, und man glaubet, daß sie weder hören, noch einen Laut von sich geben, desto schärfer aber alle zitternde Bewegung im Wasser fühlen und empfinden, so wie auch ziemlich weit und scharf sehen können.

Es bestehen aber erwehnte Luft- oder Lungenartige Werkzeuge zu jeder Seite aus einigen übereinander liegenden und mit einem röthlichen Bart versehenen knorpelichten Bogen. Wenn nun der Fisch durch den Mund eine Menge Wassers einziehet, so wird die im Wasser befindliche Luft durch diese Werkzeuge ausgepresset, und zur Athemholung des Fisches verwendet, das geschöpfte Wasser aber ohne Luft wieder zur Seiten durch die Bärte hinter den breiten Schilden, womit selbige bey etlichen äusserlich bedecket werden, heraus gelassen.

Zur Eintheilung dieser zweyten Art bedienet sich Linnæus der Floßfedern, und nimmt ihren Sitz am Cörper wahr, woraus er denn Merkmahle nimmt, sie in Geschlechter zu ordnen, hernach aber werden die einzelne Rippen in den Flossen am Rucken, Brust, Hinterleibe und Schwanz näher gezählet, um daraus die Unterarten zu bestimmen. Diese Art der Eintheilung ist zwar ziemlich genau; vor die mehresten Liebhaber aber, und absonderlich vor die Anfänger unglaublich mühsam. Dahero sich ein Anfänger begnügen kan, sie einzutheilen 1.) in Branchio-Stegis, mit Beinohren, 2.) Acanthopterygiis mit Spizfloßfedern und 3.) in Malacopterygiis, mit weichen Floßfedern, wie sie vormahls vom Linnæus eingetheilet wurden, wobey man denn die erste Arten mit vollkommenen und unvollkommenen Lungen unter dem Namen Plagiuri, oder Platrschwänze, und Chondropterygii, die mit

Knorpel

proprement ainsi dits, que ceux de la *seconde sorte* à qui la Nature n'a donné que des *Ouïes*, & point de Poumon.

Au bout du compte, quel Sistème que l'on adopte, il est assez indifférent qu'une Créature soit placée dans une Classe plûtôt que dans une autre, quand il y a des raisons sufisantes pour cela. Mais il n'en est pas de même quand il s'agit de l'arrangement d'un *Cabinet*, où l'on est obligé d'accorder quelque attention à la Structure extérieure & à la conformité des pieces. Ainsi, pour agir d'une manière qui réponde à nôtre but, nous n'avons pû mettre ni baleines, ni chiens de mer, &c, parmi les Quadrupèdes, ou parmi les Amphibies, nous trouvant obligez de ranger ici ce qui peut apartenir à ces Classes dans l'article des Poissons, sans nous arréter aux Divisions adoptées par les Auteurs modernes.

Entrons dans quelque détail à l'égard de cette *seconde Sorte*. Ce sont des Poissons douëz d'Organes de Structure particulière, qui font en eux l'office du Poumon. On observe à ces Animaux que toutes les femelles de cette sorte lachent leurs oeufs dans l'eau, lesquels sont ensuite fécondez là par les mâles. Du reste il faut convenir que l'ouvrage de la génération des poissons est une matière fort couverte encore de ténèbres. Les Organes qui, comme nous venons de le dire, sont destinez à la respiration, se trouvent placez aux deux côtez, près de la tête, là où les autres animaux ont ordinairement leurs oreilles, ce qui a vraisemblablement fourni l'occasion de les apeller les *Ouïes*, (*Branchie*) quoiqu'à tort, car les Poissons n'ont point d'*Oreilles*, au moins dont on puisse s'apercevoir au dehors, & l'on croit que le sens de l'Ouïe leur manque absolument, aussi bien que la faculté de rendre un son quel qu'il soit. Ils sentent & aperçoivent avec d'autant plus de justesse tous les mouvemens qui excitent le moindre tremblement dans l'eau, & leur vûë, qui porte loin, est perçante.

Ces *organes de respiration* sont composez de chaque côté de quelques arcs cartilagineux, couchez les uns sur les autres, & garnis d'une barbe rougeâtre. Lorsque le Poisson a attiré à soi par la bouche une Quantité d'eau convenable, ces Organes en la comprimant en font sortir l'air, qui fournit la respiration à l'animal, & l'eau ressort seule par les côtez à travers les barbes, & derrière les larges Ecussons qui couvrent quelquefois ces barbes au dehors.

Le Chevalier *Linnæus* s'attache aux *nageoires* pour former ses Divisions. Il observe d'abord dans quel endroit du corps les nageoires sont placées, & il prend de là l'occasion de déterminer les Caractères distinctifs des *Genres*. Ensuite il compte en particulier les côtes des nageoires, au dos, à la poitrine, à la partie postérieure du corps, & à la Queuë, & ce calcul lui fournit sa règle pour les *Sous-espèces*. On ne sauroit se dispenser de convenir que cette métode pour les divisions est très-exacte. Mais il faut avouer aussi que pour les Amateurs, & en particulier pour ceux, qui commencent à faire une Collection, elle est extrémement pénible. Pour la commodité des derniers nous leur proposons de se contenter de la division suivante, sçavoir 1.) Les *Branchio-Stegi*, *a oreilles osseuses*, 2.) les *Acanthopterygii*, *à nageoires pointues*, & 3.) les *Malacopterygii*, *à nageoires molles*.

C'est

Knorpel Floßfedern versehen sind, dazu fügen kan, um alles, was einigermassen die äusserliche Gestalt oder einen Hauptumstand eines Fisches hat, zusammen zu ordnen.

Sonst pflegte man auch noch andere allgemeinere Merkmahle zur Eintheilung der Fische anzugeben, die zwar jetzo nicht gelten, jedoch dazu dienen können, vielerley Umstände kennen zu lernen, und dieselbe in eine nähere Betrachtung zu ziehen. Man theilte sie nemlich in Teich- Fluß- und Seefische ein, und zwar letztere in Strand-Fische, (littorales), die sich mehrentheils am Ufer aufhalten, oder in solche, die nur allein in dem tiefen Meer befindlich sind (pelagii). Da nun die Teiche und Flüsse ein süsses Wasser führen, die Meere aber alle ein salzigtes Wasser halten, so kam auch daher die Eintheilung zwischen den Fischen der süssen und der salzigten Wasser her, welchen man noch eine dritte Gattung, die nemlich in beyden Wassern leben können, zugesellte. Nun hat es zwar das Ansehen, als ob in dieser Art der Eintheilung, weil sie gar zu allgemein ist, nichts wesentliches liege, um dadurch zu einer bestimmtern Classification zu kommen; allein es ist auch möglich, daß es uns hierinnen noch an hinlänglichen Erfahrungen mangele. Denn es ist zu vermuthen, daß ein jeder Fisch in solchem Wasser lebe, welches seiner Structur am mehresten zuträglich ist. Da nun die süssen und salzigten Wasser in ihrer eigenthümlichen Schwere sehr verschieden sind, so muß ein jeder Fisch nothwendig in Ansehung seiner Floßfedern so gebildet seyn, daß er Vermögen genug hat, sich durch selbige, als durch gewisse Ruder, in demjenigen Wasser, worinnen er lebet, schicklich bewegen zu können. Dieses macht nun allerdings einen wichtigen Unterscheid. Denn es ist ja bekannt, daß ein im süssen Wasser tiefgehendes Schiff auf der salzigten See noch sehr hoch liege, und ein im salzigten Wasser tiefgehendes Fahrzeug alsdann oft Gefahr lauffe zu sinken, wenn es in Flüsse oder süsse Wasser kommt. Von der Wahrheit dieses Satzes kan man sich bald durch eine sehr leichte und allgemeine Probe überzeugen. Wenn man ein frisches Ey, welches allezeit im süssen Wasser zu Boden sinket, in ein stark gesalzenes Wasser thut, so wird es ohnfehlbar schwimmen. Ob nun gleich dieser Schwierigkeit bey den Fischen dadurch scheinet abgeholfen zu seyn, daß die Natur sie innerhalb des Cörpers mit einer gedoppelten Luft-Blase versehen hat, vermöge welcher sie durch Ein- oder Auslassung der Lufft sich zum schwimmen oder sinken geschickt, oder auch untüchtig machen können; so ist doch ohne allen Streit, daß sie im salzigten Wasser weit mehr Widerstand zur Bewegung finden, als im süssen, und wie würden sie diesen überwinden, wenn der Schöpfer ihnen nicht mehrere, stärkere, längere, oder vortheilhafter angebrachte Floßfedern, die ihnen wie schickliche Ruder dienen, geschenket hätte? Vielleicht bestimmet also dieses die Anzahl und Beschaffenheit ihrer Floßfedern nach dem Grade des Salzes, welcher jedem Meere eigen ist? Denn das Meer ist am Strande nicht so salzigt, als in der Mitte und das eine Meer ist salzigter, als das andere, gleich wie auch nicht alle Ströhme und alle stehende Wasser gleich süsses, oder gleich flüßiges Wasser halten. Zu dieser Muthmassung wird man allerdings bestärkt, wenn man wahrnimmt, daß es Fische gebe, die gerne wider den Strom schwimmen, andere hingegen, die sich von dem Strom immer fortreissen und treiben lassen, welches also eine Ursache seyn kan, warum jene zwey, diese aber nur eine Floßfeder auf dem Rücken führen.

C'est ainsi que *Linnæus* les divisoit autrefois. On peut y ajouter les espèces précédentes *à poumons parfaits & moins parfaits* sous le nom de *Plagiuri*, ou *Quenés plates*, & de *Chondropterygii*, qui ont des *nageoires cartilagineuses*, pour rassembler tout ce qui a extérieurement la figure ou le caractère principal d'un Poisson.

Cy-devant on a admis des Caractères distinctifs plus génèraux pour établir les Divisions convenables. Mais cette métode n'est plus de mise. Cependant elle peut conduire à plusieurs Connoissances, & à diverses Observations utiles à faire relativement aux détails. On divisoit ces animaux en Poissons d'*étang*, en Poissons de *rivière*, & en Poissons de *mer*, & on subdivisoit les derniers en Poissons du rivage (*litorales*), qui se tiennent ordinairement au bord de la Mer, & ceux qu'on ne trouve que quand on a pris le large (*pelagii*). Or comme les Etangs & les Rivières n'ont que de l'Eau douce, & que dans toutes les Mers l'Eau est salée, cela a occasionné la Division en *Poissons d'Eau douce*, & en *Poissons d'Eau salée*, à quoi on a joint une troisième espèce, qui est celle des *Poissons*, qui vivent & subsistent indifféremment *dans l'Eau douce aussi bien que dans l'Eau salée*. Il semble à la vérité que cette Division des Poissons est trop génerale, & ne renferme par cette raison rien d'essentiel, qui puisse conduire à une Classification plus exactement détaillée; mais il est possible qu'en ceci, comme en mille autres choses, on n'ait pas fait encore toutes les expériences qui seroient nécessaires. Il est très-vraisemblable que chaque Poisson vit dans l'Eau, qui est la plus convenable à la façon dont il est conformé. Or comme l'Eau douce & l'Eau salée diférent beaucoup entre elles, relativement à la pésanteur propre à chacune, il faut nécessairement que chaque Poisson soit conformé, par raport aux nageoires, qui lui servent de rames, de façon, qu'il ait la faculté de se mouvoir convenablement dans l'Eau qu'il a choisie pour sa demeure. Or cela fait une diférence notable. Car l'on sait qu'un Vaisseau chargé, qui prend beaucoup d'eau dans quelque Eau douce, n'en prend que fort peu quand il arrive sur l'Eau salée de la Mer, & qu'au contraire un Vaisseau chargé, qui prend beaucoup d'Eau quand il est en mer, court risque de couler à fond, s'il entre dans quelque rivière d'Eau douce. Cette thése peut être prouvée sur le champ par une expérience facile & que tout le monde est à même de faire. On n'a qu'à mettre un oeuf, qui dans de l'eau douce ne manque jamais d'aler à fond, dans de l'Eau fort salée, & on le verra d'abord nager immanquablement. On pourroit dire que cette instance n'est pas applicable à la matière dont il s'agit ici, parceque la nature a doué les Poissons d'une double Vessie pour l'air, au moyen de la quelle en attirant l'air ou en le lachant il dépend d'eux de nager à fleur d'eau s'ils veulent, ou d'aler à fond. Mais il n'en est pas moins vrai que nonobstant cette faculté que les Poissons possèdent en effet, ils trouvent dans tous leurs mouvemens beaucoup plus de résistance dans l'Eau salée, que dans l'Eau douce, & comment leur seroit-il possible de vaincre cette résistance, si le Créateur ne leur avoit pas accordé en guise de rames des organes sufisans pour cela, c'est-à-dire, des nageoires ou plus longues & plus fortes, ou en plus grand nombre, ou plus avantageusement placées, qu'aux Poissons, qui vivent en Eau douce? Peut-etre le dégré de Sel dont chaque Mer est imprégnée est-il ce qui détermine le nombre & la force des nageoires données aux Poissons qui y habitent? Car l'Eau de la Mer est beaucoup moins salée

prés de ses bords qu'au milieu, & après cela elle est plus salée dans une Mer que dans une autre, tout comme il est de fait que l'Eau douce des Fleuves & des Etangs n'a pas par tout la même fluidité, ni la même douceur. Ce qui peut apuyer cette conjecture, c'est qu'il y a des Poissons, qui aiment à aler contre le fil de l'eau, & que d'autres se laissent volontiers emporter au Courant, & c'est là probablement la raison pour laquelle les derniers n'ont sur le dos qu'une seule nageoire, & que les prémiers y en ont deux.

Eine andere Eintheilung ist diejenige, die von dem Gebiß der Fische hergenommen ist, denn etliche haben lange und spitzige, andere stumpfe und runde Zähne, wiederum andere besitzen nur eingekerbte, knorpelichte Kiefer, und noch andere sind mit dergleichen gar nicht, wohl aber mit einem Saugerüssel versehen.

On a une autre Division, où les *Dents* servent de règle. Tels Poissons les ont *longues & aiguës*. D'autres les ont *obtuses & rondes*. On en voit qui au lieu de dents n'ont que des *Machoires cartilagineuses ochées*, & d'autres encore qui n'ont rien de tout cela, mais que la Nature a pourvûs d'un *museau propre à Sucer*.

Die Fische mit langen Zähnen sind alle miteinander Raubfische, welche andere Fische, todte Cörper und dergleichen verschlucken, als die Seehunde, Hechte, und dergleichen. Die Fische mit stumpfen und runden Zähnen essen nur Insecten, Würmer, Polypen, und dergleichen, und mahlen solche klein. Diejenige, die eingekerbte Kiefer, statt der Zähne haben, essen Pflanzen, und suchen ihre Nahrung in dem Schlamm. Endlich leben die andern, deren Mund nur in einem Saugerüssel bestehet, mehrentheils von den Unreinigkeiten, die im Wasser sind. Inzwischen giebt es auch Fische, die nichts dergleichen besitzen, wie die Wallfische, welche statt der Zähne das bekannte Fischbein in gewissen Lagen in grosser Anzahl und beträchtlicher Menge sitzend haben.

Les Poissons à *dents longues & aiguës* sont tous voraces & animaux de proie, qui devorent d'autres poissons & les corps morts qu'ils rencontrent. Tels sont les Chiens de mer, les Brochets &c. Les Poissons à *dents obtuses & rondes* se nourrissent d'Insectes, de Vers, de Polipes, &c. qu'ils broient entre leurs dents. Ceux qui n'ont au lieu de dents que des *machoires ochées* mangent des plantes, & cherchent leur pâture dans le limon. Enfin ceux à qui la nature n'a donné qu'un *museau propre à Sucer* se contentent des ordures qu'ils trouvent dans l'eau. Il y a outre cela des Poissons qui n'ont aucun de ces organes, comme les Baleines, auxquelles on ne trouve au lieu de dents, que leur fanon, & ce qu'on nomme les côtes de baleine universellement conues, mais en très grande quantité, & disposées en couches dans un ordre particulier.

Sonst pfleget man auch einen Unterscheid zwischen Fischen mit Schuppen und ohne Schuppen, sodann auch zwischen solchen, die nach Art vieler vierfüßigen Thiere Haare haben, und andern, die mit Stacheln, Federkielen oder dergleichen besetzt sind, zu machen. Jedoch kan dieses auf keinerley Art zu einem Unterscheidungszeichen der Geschlechter, oder der Hauptarten, wohl aber zu einer näheren Eintheilung der Unterarten dienen.

On établit aussi une diférence entre les Poissons à écailles, & ceux qui n'en ont point, & encore entre ceux qui, comme la plûpart des Quadrupèdes, ont des poils, & ceux qui sont douez d'éguillons, d'un pennage, ou de quelque chose de pareil. Mais tout cela ne peut fournir des caractères distinctifs que pour les Subdivisions détaillées des Sous-espèces, & nullement pour les Genres, ou pour les Espèces principales.

Was die Grösse der Fische betrift, zu welcher manche sehr schnell gelangen, so richtet sich dieselbige nach den Arten, wie im Thierreich überhaupt zu geschehen pfleget. Denn gleichwie eine Maus niemahlen zur Grösse eines Elephanten wächset, so wird auch eine Grundel niemahls so groß, wie eine Seekuh werden. Jedoch ist dieses anzumerken, daß die Veränderungen des Clima und der Gewässer mehr Einfluß auf das Wachsthum der Fische, als anderer Thiere zu haben scheinet. Denn obgleich auch gewisse Land-Thiere in dem einen Lande um ein erhebliches grösser, stärker und fetter werden, als in dem andern, so hat man doch angemerket, daß die nemliche Art Fische, die in einem Gewässer, zum Exempel, höchstens einen biß zwey Schuh lang wird, in einem andern Gewässer öfters biß zu anderthalb ja zwey und mehreren Ellen fort wachse, wie solches die Hechte, Bärsche, und Weißfische im Wolga-Strom und am Ufer des Caspischen Meeres erweisen.

A l'égard de la grandeur, il y a des Poissons qui font fort vite leur crû. Cependant la nature a ici, comme en général dans tout le Règne animal, ses règles fixés, qu'elle ne transgresse point. Une Souris par exemple ne parvient jamais à la grandeur d'un Elefant, ni un Goujon à celle d'une Vache marine. Mais ce qui doit être observé, c'est que la diférence du Climat & la Qualité des Eaux semblent influer davantage sur la croissance des Poissons que sur celles des autres animaux. Car quoique relativement à certains animaux terrestres ceux de tel pais soient beaucoup plus grands, plus robustes, plus gras, que ceux d'un autre, cette diférence est néanmoins beaucoup plus sensible à l'égard des Poissons. Telle espèce de Poissons, qui dans de certaines Eaux n'ont par exemple qu'un ou tout au plus deux pieds de longueur, en produit dans d'autres Eaux qui ont jusques à une aune & demie, deux aunes, & davantage de long. C'est ce qui est prouvé par les Brochets, par les Perches, & par les Albes, qu'on trouve dans le *Wolga* & aux bords de la Mer *Caspienne*.

Nun ist ferner wahr, daß die Fische zu einem weit grösseren Alter gelangen, als andere Thiere, und wir erinnern uns dergleichen Fälle gelesen zu haben, daß man ausnehmend grosse Fische aus fürstlichen Weihern gefangen, die von etlichen hundert Jahren her einen Ring mit eingegrabener Jahrzahl, in welcher sie ehedem gefangen waren, durch die Floßfedern gesteckt, trugen. Ja es lässet die ungeheure Grösse von vielen, wenn man solche nach dem Verhältnis ihres jährlichen Wachsthums berechnet, wohl nichts anders schliessen, als daß sie ein hohes Alter erreichen müssen, dahero denn in solchen Gewässern, wo der Fischfang nicht so stark, als anderer Orten getrieben wird, manche Fische immer in Sicherheit bleiben, und durch die Länge der Zeit groß werden, da man sie hingegen in andern Gewässern zu bald wegfischet. Allein wir halten davor, daß die beständig gleiche Beschaffenheit ihres Elements auch vieles zu ihrem Wachsthum und Alter beytrage, indem die Landthiere allzuvielen Veränderungen und Abwechselungen der Luft, die ihrem Cörper schaden, unterwürffig sind, dahingegen das Meer und die Flüsse mehrentheils eine unveränderliche Beschaffenheit zu behalten pflegen.

Die grössesten Fische sind ausser Zweifel die Grönländische Wallfische, die öfters über hundert Schuh lang werden. Nach diesen folgen in der Grösse die Seekühe, die man in dem Nordischen Meeren und bey Camtscharka, wie auch (wiewohl etwas kleiner) an der Küste von Africa findet, und bey dreißig Schuhe lang werden. Hiernach folgen die Seehunde des Mittelländischen Meeres, und die Seelöwen an der Küste Peru und Chili, die biß zwanzig Schuh lang sind, und über sechstausend Pfund wiegen. Alsdann folgen die Nordcaper, Schwerdfische, Narhwall, Braunfische, Seekalber, die Caapsche und Nordische Seehunde, die Stöhre, Hausen, Cabeljau, und so ferner biß zum kleinsten. Denn wer kan sie alle zählen, und nennen? Die kleinsten Fische hingegen sind im Meere die Sardellen, Spieringe, und etliche Plattfische im Mexicanischen Meerbusen, die nicht über einen Zoll lang werden, und in den Flüssen die Grundeln, Schmerln, und dergleichen.

In Ansehung der Structur des Cörpers weichen sie sehr von einander ab. Denn einige haben einen langen und dabey runden Cörper, wie die Aale, andere einen kürzern, dicken und länglicht runden, wie die Hechte; wiederum andere einen platt gedruckten, gleich den Bärschen und Karpfen. Ja es mangelt auch nicht an drey- und vier- und vieleckigten, wie auch tellerförmigen Fischen. Diese alle haben ihre Augen zu beyden Seiten. Es giebt aber auch eine ganz platte und breite Art, deren Augen alle beyde nur an der einen Seite stehen, und zwar an derjenigen, welche gefärbet ist, es sey die rechte oder linke, indem die andere Seite eine weisse Haut hat, als bey den Schollen, Platteissen, Rochen, Butten, Zungen und mehreren dergleichen, die bey dem Linnæus, Pleuronectes heissen.

Soviel von ihrer Lebensart bekannt ist, so sind sie untereinander sehr unterschieden. Denn etliche lassen sich nur des Tages sehen, und verkriechen sich die Nacht über, andere aber streiffen des Nachts herum, und schlaffen des Tages in ihren Schlupf-

Il faut aussi dire que les Poissons vivent beaucoup plus long-tems que d'autres animaux. Nous avons là des cas, ou il est dit que dans des Etangs, dont la Pêche apartient privativement au Souverain, on a pris des Poissons d'une grandeur extraordinaire, qui depuis quelques centaines d'années portoient des anneaux passez au travers de leurs nageoires, sur lesquels on trouvoit gravée l'année, dans laquelle on les avoit pris précédemment, & en effet à en juger par leur grandeur énorme, & ayant égard au dégré annuel d'accroissement de ces Poissons, il est tout naturel d'en conclure qu'ils parviennent à un grand age. Cela peut aussi provenir de ce que la Pêche n'étant pas autant en usage dans de certains païs que dans d'autres, les Poissons, qui y jouissent d'une profonde Paix, y deviennent aussi plus grands que dans les eaux d'où on les pêche trop tôt. Mais nous croions en géneral que ce qui contribue le plus à la croissance & à la longue vie des Poissons, c'est la qualité toûjours égale de l'élement dans lequel ils vivent, au lieu que les animaux terrestres sont exposez à des changemens & à des variations de l'air fréquentes, qui leur sont préjudiciables, tandis que la Mer & les Fleuves conservent pour l'ordinaire une température qui ne varie point.

Les Baleines de la *Groenlande* sont incontestablement la plus grande espèce de tous les Poissons; elles ont souvent plus de cent pieds de long. Après cela viennent les Vaches marines, qu'on prend dans les Mers septentrionales, & près de *Kamtschatka*, aussi bien que près des côtes d'*Afrique*, (ces dernières sont moins grandes) & qui atteignent à la longueur de 30. pieds. Puis suivent les Requins de la *Mediterranée*, & les Lions de mer près des Côtes du *Perou* & de *Chili*, qui sont longs de vint piez, & pésent plus de 60. Quintaux. A ceux-ci succèdent pour la grandeur les Nord-Caper (lat. Physeter) les Espadons, les Narhval, les Daufins, les Veaux marins, les Chiens marins ou Requins du Cap & du Nord, les Etourgeons, les Hufons (*), les Cabillauds &c. jusques aux plus petites sortes, car il n'est possible ni de les nombrer ni de les nommer toutes. Les plus petits Poissons de la mer sont les Sardines, les Eperlans, & quelques Carlets, qu'on trouve dans le Golfe du *Mexique*, qui ne sont pas plus longs qu'un pouce. Les plus petits des fleuves sont les Goujons, les Loches &c.

Les Poissons diferent beaucoup entre eux à l'égard de leur Conformation. Les uns ont le corps long & rond, comme les Anguilles. D'autres l'ont plus court, plus gros, & d'une rondeur lenticulaire, comme les brochets. D'autres l'ont plat, & comme comprimé, comme les Perches & les Carpes. On trouve même des Poissons dont le corps est de figure triangulaire, quadrangulaire, & polygone, ou fait en disque. Tous ces Poissons ont un oeil de chaque coté comme d'autres animaux. Mais il y a aussi une espèce de Poissons larges & plats qui ont les deux yeux placez d'un seul & même côté, c'est à dire au côté coloré, soit à gauche soit à droite. Le côté oposé est couvert d'une peau blanche. Cela se voit aux Soles ou Plics, aux Barbuës, aux Rayes, aux Turbots, aux Limandes, & à d'autres espèces pareilles, que *Linnæus* comprend toutes sous le nom de *Pleuronettes*.

Autant que l'on peut conoître leur façon de vivre, il s'y présente bien du Varié. Quelques espèces ne paroissent que de jour, & s'encloutent pendant la nuit, d'autres ro-
dent

R 2

(*) En latin *Ichthyocolla*.

Schlupfwinkeln. Einige halten sich mehrentheils nur in den Tieffen auf, andere hingegen schwimmen gerne oben. Diejenige, die sich in den Tieffen befinden, lieben nicht alle einerley Boden, sondern etliche werden nur über Klippen, andere auf weissen klaren Sand, und wiederum andere auf schlammigten Boden, oder zwischen allerhand Gewächsen, als Schilf, Rohr, Binsen und dergleichen gefunden. Von denen aber, die sich in den obern Theilen der Gewässer aufhalten, schiessen etliche wie ein Pfeil herum, oder fahren beständig hin und her, andere hingegen stehen mehrentheils sehr lange im Wasser still, und bewegen sich kaum. Ferner schwimmen etliche Arten allezeit Heerdenweise, andere hingegen werden durchgängig einzeln gefunden. Wann sie ihre Eyer wollen schiessen lassen, so begeben sie sich durchgängig an das Ufer, oder wenigstens in solche Gewässer, die etwas wärmer sind, als diejenige, in welchen sie sich gemeiniglich aufhalten, damit nemlich ihre Eyer desto leichter von der Wärme der Sonne ausgebrütet werden können. Uebrigens ziehen gewisse Arten zu richtigen Jahres-Zeiten, gleich den Schwalben und Störchen, nach besondern Gegenden des Meeres, wo sie sich eine Zeitlang aufhalten, und hernach wieder zurück kommen, wie man solches unter andern an den Heringen siehet. Uebrigens ist bekannt, daß die mehresten Seefische bey Nacht leuchten.

Es scheinet auch, daß der Druck der Luft einen grossen Einfluß auf viele Fische haben müsse, indem sich viele unter ihnen sehr unruhig bezeigen, wenn ein Sturm, oder irgend ein Gewitter vorhanden ist. Man hat solches unter andern an den Aalraupen, Schleien, und dergleichen wahrgenommen, die man in Gläsern mit Wasser aufbehalten, und ihre Bewegungen bey den bevorstehenden Veränderungen des Wetters beobachten kan. Auch haben die Seefahrer uns schon längst versichert, daß sich viele grosse Fische zur Zeit der Ungewitter aus dem Wasser empor heben, oder sich auf der Oberfläche desselben herum wälzen, wie solches von dem Braunfisch, Nordkaper, und andern bekannt ist. Und wer weiß, welche wunderbahre Eigenschaften und Bildungen, ja welche Meerwunder, die in den unergründlichen Tieffen befindlich sind, noch in der Folge der Zeiten werden entdecket werden? Wiewohl man sich allezeit dabey in Acht zu nehmen hat, daß man nicht bald etwas ohne hinlängliche Beweise glaube. Denn es haben sich unterschiedene Fabeln eingeschlichen, die wir der Erfindungskraft der Dichter beyzumessen haben, wovon unter andern die Sirenen, oder Meermenschen und die Neptunus-Pferde einen Beweiß abgeben, obgleich etliche Schriftsteller derselben Erwehnung thun, als ob sie gefunden würden.

Nun könnten wir wohl unterschiedene Geschichte von einigen Fischen, als von dem Wallfisch, und Häring und Heeren Fang, von den Seekühen und Seelöwen, von den Wasserschlangen, Seehunden, Zitterfischen und mehr andern mittheilen. Allein da die Nachrichten davon allenthalben in andern Büchern vorhanden sind, und fast in jedem Naturlexicon können nachgeschlagen werden; so sehen wir solches als etwas überflüßiges an, und wenden uns dahero nur zur Beschreibung der Figuren.

dent de nuit, & vont dormir dans des cachettes pendant le jour. Il y en a qui se tiennent volontiers au fond de l'eau, d'autres nagent vers la surface. Quant à ceux qui aiment à se tenir au fond, la qualité de ce fond ne convient pas à une espèce comme à l'autre. Les uns cherchent les rochers, d'autres un terrain sablonneux blanc & fin, d'autres un fond limonneux, d'autres s'arrêtent parmi les plantes, telles que les roseaux, les cannes, les joncs &c. Quant à ceux qui se tiennent près de la Surface de l'eau, les uns se lancent çà & là avec la rapidité d'un trait de flèche, d'autres se tiennent fort cois dans l'eau, ne se donnant quasi pas le moindre mouvement. Après cela il y a des Poissons, qui ne vont jamais que par troupes, & d'autres qu'on trouve toûjours seuls. Quand ils veulent poser leurs oeufs, ils ont tous pour règle de le faire près du rivage, ou de chercher pour cela quelque eau plus chaude que celle où ils se tiennent à l'ordinaire, afin que la chaleur du Soleil contribue à faire éclorre leurs oeufs. Au reste il y a aussi des espèces qui, comme sont chez nous les Hirondelles & les Cigognes, ont leurs Saisons fixes pour passer d'une Mer à une autre, où elles s'arrêtent quelque tems, & reviennent ensuite à leur prémier domicile, comme par exemple les Harans. Il n'est pas nécessaire au reste de dire ici que la plûpart des poissons de mer jettent de nuit une lumière, comme un Phosphore; la chose est connuë.

Il semble encore que la Pression de l'air influe beaucoup sur la plûpart des Poissons, puis qu'on remarque en eux une grande agitation, dès-que quelque tourmente ou quelque orage s'aproche. C'est ce qu'on peut observer aux Murènes, aux Tanches, & à des poissons pareils, qu'on peut entretenir en vie dans des Verres, & faire ses observations sur leurs mouvemens, quand il survient quelque changement dans l'air. Outre cela l'on tient de plusieurs Navigateurs & gens de mer, qu'en tems de tempête plusieurs gros Poissons s'élèvent sur la surface de l'eau, & s'y roulent, comme le fait le Daufin, le Nord-Caper, & d'autres, ce qui est connu. Nous ignorons les propriétez merveilleuses, les figures singulières, les Monstres marins inconnus jusques ici, que les abîmes de la Mer cachent encore à nos yeux, & qui avec le tems pourront fournir matière à de nouvelles découvertes. Avec cela il faut prendre garde a ne pas croire trop légèrement, & à n'ajouter foi qu'à ce qui est apuyé sur des preuves sufisantes. Car les Relations des Voyageurs sont quelquefois chargées de Fables, qui ne sont duës qu'à l'Invention & à l'imagination feconde de leurs Auteurs, & dont les Sirènes ou Hommes marins, & les Chevaux de Neptune fournissent un exemple, quoique d'autres Ecrivains en puissent dire.

Il nous seroit facile d'ajouter ici diverses Anecdotes touchant quelques Poissons, comme les Baleines, les Harans & leur Pêche, les Vaches marines, & les Lions de mer, les Serpens d'eau, les Chiens marins, les Torpilles, & d'autres; mais comme ces Anecdotes se trouvent dans quantité d'autres livres, & presque dans chaque Dictionaire de choses naturelles, nous croions qu'il seroit superflu d'en parler ici, & nous passons par cette raison à la Description de nos Figures.

TAB.

PLAN-

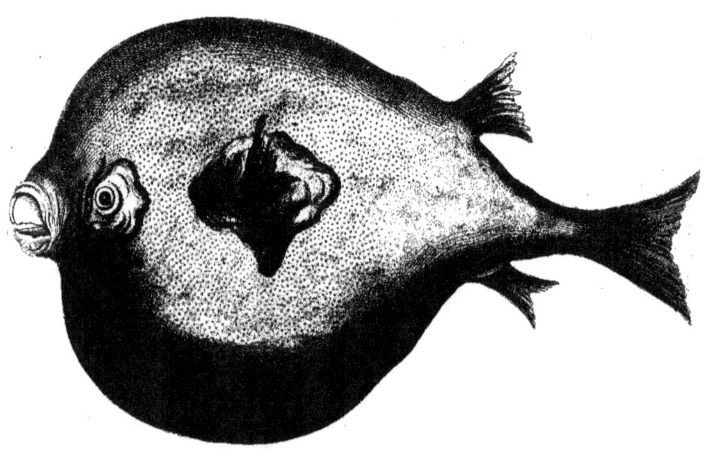

Ex Museo Excell. D.D. Chrift. Iac. Trew. f.f.

28.

Knorr ad Nat. fec. et sc.

Ex Museo Excell. D. D. Chrift. Iac. Trew. f. f.

J. C. Keller ad nat. pinxit.

34.

TAB. H.

Fig. 1. Wir machen den Anfang mit einem seltenen Fisch, aus dem Americanischen Meer, welchen man einen Kropf-Fisch zu nennen pfleget. Sie führen gemeiniglich den Namen Orbis, weil ihr Körper rund ist, und sie gehören zu einem besondern Geschlecht, welches mit einer harten und hornartigen Haut versehen, und unter dem Namen Ostracion bekannt ist. Von diesem ganzen Geschlecht, welches unter die Classe der Fische mit Beinohren (Branchiostegi) gehöret, ist anzumerken, daß sie neben den Floßfedern zu beiden Seiten nur eine schmahle Ritze zum Luftloch haben; sodann befinden sich am Bauch gar keine Floßfedern, wohl aber trift man unten am After und oben nach dem Schwanz zu einige an. Man hat von dieser Gattung der Fische, eckigte und runde, die erstern kommen auf der folgenden Tafel vor, und die letztern haben wir jetzo abzuhandeln.

Es giebt nemlich von diesen Kropffischen viele Arten, welche man in stachelichte, zackigte, schuppigte, warzigte und glatte einzutheilen pfleget. Jede Art aber hat hernach noch ihre Unterarten. Denn sie sind nicht alle gleich rund, sondern einige dehnen sich mehr in die Länge, auch bekommen sie nicht alle einerley Grösse; denn etliche werden über eine Elle lang, andere bleiben ganz klein, und erreichen kaum zwey Zoll.

Der Gegenwärtige ist der Orbis pinnatus des Artedi, oder der Kropffisch mit Federkielen. Die Haut zwischen den Stacheln ist hart und glatt, über den Rücken grau mit schwarzen Flecken, und am Unterleibe weißlich. Die Stachel sind lauter spitzige Federkiele, die aus einer dreyeckigten, oder vielmehr dreyfachen Wurzel hervor wachsen, welche hernach in eine einzige Spitze, die öfters Fingers lang ist, ausgehet. Mit diesen scharfen Federkielen ist der Fisch allenthalben so besetzt, daß man ihn nirgend, als etwa an den Floßfedern angreiffen kan, und wenn man sich an den Spitzen sticht, erreget solches eine Entzündung. Das Maul ist klein, und mit solchen länglichten Zähnchen versehen, wie in dem Gebiß eines Eichhorns gefunden werden. Die Floßfedern sind schwarz gefleckt.

Fig. 2. Von der nemlichen Bauart ist auch der jetzige Kropffisch, ausgenommen, daß er glatt ist, und daher der unbewafnete genennet wird. Weil aber derselbe über und über mit unzähligen kleinen Wärzgen besetzt ist, so wird er auch der orbis mammillaris genennet. Von dieser nemlichen Art findet man auch solche, deren Haut mit Sternförmigen Figuren besetzt ist.

TAB. H. I.

Fig. 2. Was die eckigten Kropffische anbetrift, die bey dem Jonston durchgängig den Namen Schnottolf führen, so trift man unter selbigen ebenfals eine grosse Verschiedenheit an. Es giebt nemlich dreyeckigte, und viereckigte, mit und ohne einen Höcker, etliche haben einige wenige Stachel, andere keine. Bey einigen ist ein Horn auf der Stirn, bey andern sind deren zwey, sodann ist ihre Haut, die aus lauter Pergamentartigen Blätterchen zusammen gesetzt ist, sehr verschieden.

Denn

S

PLANCHE H.

Fig. 1. Un Poisson rare, qu'on prend dans les Mers d'*Amèrique*, sera ici l'ouverture de nos Descriptions. On l'apelle le *Poisson gouëtreux*. En latin on lui donne communément le nom d'*Orbis* à cause que le corps en est rond. Ces Poissons forment un Genre particulier. Ils sont couverts d'une peau dure de nature cornée, connue sous le nom d'*Ostracion*. Il est à observer à l'égard du Genre entier, qui apartient à la Classe des Poissons à oreilles osseuses (*Branchiostegi*), que ces Poissons n'ont pour respirer qu'une fente étroite de chaque côté, tout près des nageoires. Après cela il n'y a plus de nageoires au ventre, mais on en retrouve au dessous de l'anus, & en haut auprès de la queuë. On a des individus angulaires & ronds de cette espèce. Nous parlerons des prémiers a la Planche suivante. Ici il ne sera question que de ceux dont la figure est ronde.

On a quantité d'espèces de ce Poisson gouëtreux, qui sont distinguées les unes des autres par des éguillons, par des dents, par des écailles, par des verrues ou tubercules, & puis il y a l'espèce unie. Chaque Espèce a ensuite ses Sous-espèces; car ces Poissons ne sont pas tous d'une rondeur égale, y en ayant où la rondeur s'étend un peu en figure oblongue, & ils n'atteignent pas non plus au même dégré de grandeur: car on en voit qui ont plus d'une aune de long, tandis que d'autres demeurent trés-petits, & ont à peine deux pouces de longueur.

Celui-ci est l'*Orbis pennatus* ou l'*Ostracion penné* d'*Artedi*. Sa peau entre les éguillons est dure & unie, grise sur le dos & mouchetée de noir, & blanchâtre au ventre. Ses Eguillons sont des tuyaux de plume aigus, qui partent d'une base triangulaire, ou, pour mieux dire, d'une triple racine, & vont se terminer en un bout trés-pointu. Ces Tuyaux sont souvent de la longueur d'un doigt. L'animal est tellement muni de tuyaux pareils, qu'on ne peut le saisir que par les nageoires. Si l'on est malheureusement piqué par quelqu'une de ces pointes, la piqûre est d'abord suivie d'inflammation. La bouche est petite & garnie de dents mignonnes oblongues, semblables à celles de l'Ecureuil. Les Nageoires sont tachetées de noir.

Fig. 2. Le Poisson gouëtreux représenté dans cette figure a une Conformation de tout point pareille à la précedente, excepté qu'il est uni, & porte par cette raison l'épitète de *désarmé*. Cependant comme il est aussi couvert d'un nombre infini de petits Mamelons, on lui donne encore le nom d'*Orbis mamillaris*, ou de *Rond mammillaire*. On en trouve de la même espèce, dont la peau est marquée de figures d'étoiles.

PLANCHE H. I.

Fig. 1. On observe de même une grande Diversité entre les Poissons gouëtreux angulaires que *Ionston* comprend tous sous la dénomination génerale de *Schnottolf*. Il y en a de triangulaires & de quadrangulaires, de bossus, & de non-bossus; quelques uns n'ont qu'un petit nombre d'éguillons, d'autres il en ont point du tout; on en voit qui n'ont qu'une corne au front, d'autres en ont deux. Après cela leur peau, qui paroit être toute composée de petites

écailles

Denn bey einigen sind diese Blätterchen drey- oder viereckigt, bey andern aber mit unzähligen Wärzgen, als mit Hirsenkörnern, besetzet. Ja so oft wir fast solche Fische bekamen, fanden wir ihre Bildung anderst. Auch unterscheiden sie sich in der Anzahl und Gestalt ihrer Zähnchen, welche ihr kleines und niedliches Gebiß ausmachen.

Was den gegenwärtigen anbetrift, so ist derselbe der Ostracion, Piscis triangularis gibbosus, oder dreyeckigte höckerichte Schnottolf. Seine Schuppen sind eigentlich schiefe Vierecke, die überzwerg mit einer Linie in zwey Dreyecke abgetheilet sind. Oben auf dem Rücken gehet ein bogigter Höcker in die Höhe, unten aber ist der Cörper ganz flach, und breit, dahero diese Art auch wohl das Biegeleisen und Triqueter genennet wird, am Raude aber stehen vier Zacken. Bey einigen findet man die durchschnittene Vierecke mit vielen Warzen besetzet. Da die Vierecke alle aneinander stehen, die Durchschnitte aber sich untereinander kreutzen, so haben etliche dadurch eine Menge von Sternfiguren, welche jedesmahl aus sechs Dreyecken, die allezeit von dreyen schief durchschnittenen Vierecken entstehen, gebildet werden. Die Augen sind groß, und stehen hoch in einem Bogen des Stirnbeins.

Fig. 2. In dieser Figur erblicken wir einen viereckigten gehörnten Kropffisch, der sich von andern viereckigten Kropffischen darinnen unterscheidet, daß derselbe auf dem Rücken einen Höcker hat, da hingegen andere einen flachen Rücken, und auf selbigem einen einfachen Stachel sitzend haben. Die Abtheilung der Haut ist eben so, wie an den vorigen beschaffen. Die Hörner stehen gleich über den Augen, und sind bey etlichen sehr lang. Der Schwanz ist mit einer solchen dünnern Haut überzogen, als diejenige ist, welche die Schaale ausmacht. Dahero man auch an diesem Exemplar in Vergleichung des vorigen, dem der Schwanz mangelte, den Abschnitt deutlich siehet, wo die andere Haut angehet.

Fig. 3. Diese Figur stellet noch einen eckigten Kropffisch vor, dessen Haut sechseckigte Schuppen hat, und der mit keinen Stacheln an dem untern Rande versehen ist: übrigens aber in der Bauart mit dem ersten unter fig. 1. überein kommt. Sonst findet man auch eine nemliche Art, die statt der sechseckigten Schuppen, schwarze runde Flecken hat, die gleichsam mit Körnern bestreuet sind.

TAB. H. II.

Fig. 1. Die platten Fische, welche ihre beyde Augen nur an der einen Seite, und zwar dichte bey einander sitzend haben, sind mehrentheils unter dem gemeinen Namen von Roche, Butte, Schollen, Zungen und Platteisen bekannt, die alle vom Linnæus Pleuronectes genennet werden, und unter die thoraces, (die an der Brust Floßfedern haben,) gehören, sonst aber mit weichen Floßfedern versehen sind, und also auch von gedachtem Schriftsteller den Malacopterygiis beygezählet worden. Wie wir aber in der Einleitung erinnerten, daß etlichen die Augen an der rechten, andern hingegen an der linken Seite stehen, also werden wir jetzo auf dieser Tafel diesen Unterscheid zu bemerken haben, wiewohl es sonst noch viele Arten und Unterarten derselben giebt, die unter andern auch durch gewisse Flecken, Linien, Stacheln,

---

écailles membranculés, a aussi ses variations. Car aux uns ces écailles font triangulaires, ou quadrangulaires, à d'autres pentagones, ou hexagones, à d'autres unies, à d'autres couvertes d'une infinité de mamelons, comme de grains de millet. Nous pouvons même assurer qu'autant de fois que nous avons reçû quelqu' Individu de cette espèce, nous y avons toûjours trouvé quelque nouvelle variation dans la figure. Ils font outre cela diversifiez par le nombre & par la figure des dents mignonnes que la Nature leur a données.

Pour en venir à nôtre figure, elle dépeint l'*Ostracion, Piscis triangularis gibbosus*, ou l'*Ostracion triangulaire bossu*. (*) Ses écailles font proprement des Quarrez obliques, coupez en deux Triangles par une Ligne transversale. On voit sur le dos une bosse qui s'élève en arc, mais en bas le corps est tout plat & large, ce qui fait donner aussi à cet Animal le nom de *fer à repasser* ou de Triqueter. Il y a quatre dents au bord. A quelques uns les Quarrez coupez font garnis de beaucoup de mamelons. Comme les Quarrez font tous contigus l'un à l'autre, & que les lignes transversales fe croisent, cela produit un grand nombre de figures d'étoiles toûjours compofées de fix triangles provenus de trois quarrez obliquement coupez par les lignes transversales. Les yeux font grands & placez fort haut dans un arc de l'os coronal.

Fig. 2. Ceci est l'*Ostracion quadrangulaire cornu*, qui fe distingue des autres *Ostracion quadrangulaires* en ce que son dos est couvert d'une bosse, au lieu qu'aux autres le dos est plat & armé d'un éguillon simple. Les Divisions de la peau font semblables à celles du précèdent. Les Cornes font placées immédiatement au dessus des yeux. Quelques uns les ont fort longues. La Queuë est couverte d'une peau plus mince que n'est celle du reste de l'animal. On n'a qu'à comparer le prèsent individu avec le précèdent, auquel la Queuë manquoit, pour apercevoir distinctément où l'autre peau commence.

Fig. 3. La préfente figure produit encore un *Ostracion angulaire*, dont les *écailles* font *hexagones*, & qui n'a point d'éguillons au bord inférieur, mais qui d'ailleurs, quant à la Structure, est tout-à-fait femblable au prémier, depeint fous la *figure* 1. On trouve une espèce pareille, qui au lieu d'écailles hexagones a des taches rondes noires, lesquelles font comme parsemées de grains.

PLANCHE H. II.

Fig. 1. Les Poissons plats, qui ont leurs deux yeux tout près l'un de l'autre d'un feul & même côté, font le plus connus fous les noms ordinaires de Rayes, de Turbots, de Soles, de Limandes, de Plies, que *Linnæus* comprend tous dans la dénomination de *Pleuronectes*, & qu'il range parmi les *thoraciques*, c'est à dire, parmi ceux qui ont des nageoires à la poitrine, mais dont les nageoires font d'ailleurs tendres, raifon, pour laquelle le même Auteur les met au rang des *Malacopterygii*. Quelques uns de ces Poissons ont leurs

(*) Nôtre Auteur a rendu le mot *Ostracion* en allemand par celui de *Kropf-Fisch*, qui fignifie *Poisson gouëtreux*, & en effet la Figure de cet animal témoigne qu'il a un Gouëtre. Nous nous fommes contentés du nom *Ostracion* tout feul, qu'on trouve dans tous les Naturaliftes.

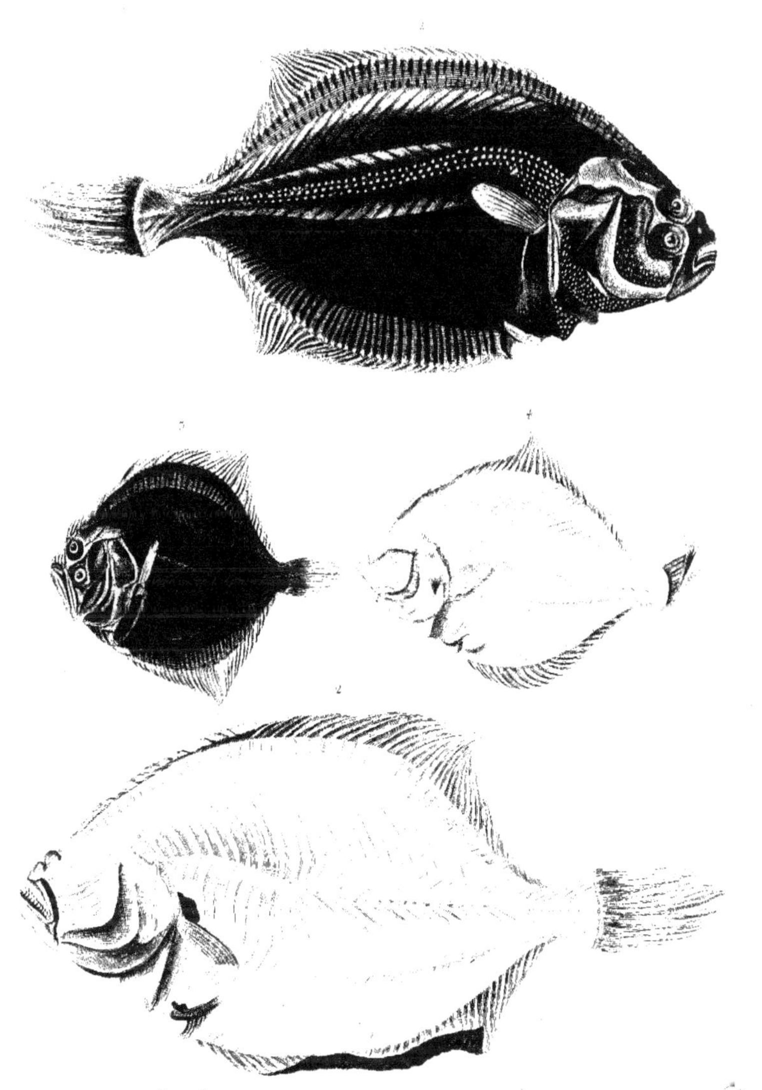

Ex Museo Excell. D.D. Chrift. Iac. Trew. f. f.

Ex Museo Excell. D. D. Christ. Iac. Trew. f. f.

J. C. Keller ad nat. pinxit.

Stacheln, wie auch durch ihre rauhe und glatte Haut, und durch die Anzahl der Strahlen ihrer Floßfedern von einander unterschieden werden.

Die gegenwärtige Figur stellet einen **Buttfisch**, oder **Platteis** an der rechten Seite vor. Es geben die Floßfedern am Rücken und an der Brust biß an den Schwanz herunter, und sind zwischen dem Rücken und dem Schwanz am längsten. Die Augen ragen stark hervor, und stehen dichte beysammen, jedoch ist das obere Aug grösser, als das untere. Der Mund ist unten und oben mit einer runden Reihe sehr feiner Zähnchen versehen, die eben platt sind. Die natürliche Farbe ist bläulicht, sie ziehet sich aber in das gelblicht-braune, wenn man diese Fische trocknet. Die durch die Haut durchscheinende Striche stellen die Rippen, oder Seiten-Gräte vor, welche aus den Wirbelbeinen des Rückgrads, das mit weissen Puncten bezeichnet ist, hervor treten. Der Schwanz ist gespalten.

Fig. 2. In dieser Figur wird die linke und weisse Seite des nemlichen Fisches vorgestellet, an welcher keine Augen stehen. Ohnerachtet aber derselbe an der Seite keine Augen hat, so raget doch das obere Auge an der rechten Seite soweit hervor, daß derselbe damit hinüber schauen kan.

Fig. 3. Gleichwie wir gesagt haben, daß einige Plattfische die Augen an der linken Seite stehend haben, also bestättiget solches die gegenwärtige Figur. Man nennet diesen Fisch auch wohl den Rhombum. Man nimmt es an diesem Exemplar mit mehrerer Deutlichkeit wahr, daß das obere Aug grösser ist, als das untere, wie denn auch die Knochenhöhle dieses Auges noch einmahl so weit und groß ist, als die andere. Uebrigens ist diese Art nicht so lang, als die vorbeschriebene, und die Floßfedern am Schwanz sind nicht gespalten.

Fig. 4. Bey dem ersten Anblick mögte man meynen, als ob diese Figur die andere Seite des so eben beschriebenen Fisches vorstellete, allein es müste alsdenn der Kopf nach der andern Seite zu stehen. Vielmehr ist es die linke Seite von einem Plattfisch, dem die Augen an der rechten Seite stehen, und, wenn wir uns nicht irren, nur ein kleineres Exemplar von derjenigen Art, die schon fig. 1. 2. beschrieben worden. Es müste denn dieses einen Unterschied machen, daß die längsten Floßfedern besser in der Mitte stehen.

TAB. H. III.

Fig. 1. So wie die Natur in ihren mannigfaltigen Abweichungen wunderbar ist, so sehr erstaunet man über die Aehnlichkeit, die sie bey aller Abweichung beyzubehalten suchet. Sie hat nemlich den beständigen Gebrauch, wenn sie in Bildung der Cörper von einer gewissen Regel abweichet, dennoch soviel ähnliches beyzubehalten, als einigermassen möglich ist. Ein deutliches Beyspiel davon wird uns in dem Reich der Fische gegeben. Wenn nemlich die Natur vierfüssige Thiere, die zugleich schwimmen und im Wasser leben können, bilden wollte, so gab sie diesen Thieren, als zum Exempel den Seerhöchen, an ein vier

Füssen

leurs yeux du côté droit, d'autres les ont du coté gauche, ce que nous avons déjà insinué dans nôtre introduction, & qui fait encore une diférence, qui se remarque sur la présente Planche. On en a encore quantité d'Espèces & de Sous-especes, qui sont diférenciées les unes des autres entre autres par de certaines taches, des lignes, des éguillons, par une peau unie ou **rude**, & par le nombre de leurs nageoires.

Cette figure-ci représente le côté droit d'un *Turbot* ou d'une *Plie*. Les nageoires sur le dos & à la poitrine s'étendent jusques à la Queue, & les plus longues sont celles qui se trouvent placées entre le dos & la queuë. Les yeux avancent beaucoup en dehors & sont posez l'un tout contre l'autre, mais l'oeil supérieur est plus grand que l'inferieur. La bouche est garnie en haut & en bas d'une rangée ronde de petites dents qui sont mignonnes, & plattes en haut. La couleur naturelle est bleuâtre, mais à mésure que ces Poissons se séchent elle devient brune tirant sur le jaunâtre. Les rayes qui paroissent à travers la peau sont là pour marquer les côtes, ou les arétes du côté, & partent des vertèbres de l'epine exprimée par des points blancs. La Queuë est fendue.

Fig. 2. L'on voit ici le côté gauche du même Poisson, qui est blanc & sans yeux. Mais l'Oeil supérieur du coté droit s'elève assez pour servir à l'animal à y voir aussi du côté gauche.

Fig. 3. Nous avons dit qu'il y a des *Plies*, qui ont leurs yeux du côté gauche; c'est ce qu'on peut remarquer à la présente figure. On donne aussi à ce Poisson le nom de *Rhombus*. Il est plus facile d'observer à cette pièce que l'Oeil supérieur est plus grand que l'inferieur, & c'est sans doute par cette raison que la cavité osseuse dans laquelle cet oeil se trouve placé, est du double plus grande que celle de l'autre. Au reste cette espèce n'a pas la même longueur que celle que nous avons décrite cy-dessus, & les nageoires de la Queuë n'en sont pas fendues.

Fig. 4. Au prémier coup d'oeil on pourroit penser que cette figure représente l'autre côté du Poisson dont nous venons de donner la description. Mais en ce cas il faudroit que la tête fut tournée du coté oposé. Ce n'est donc que le coté gauche d'une Plie qui a ses yeux du coté droit, & si nous ne nous trompons, ce n'est qu'un plus petit individu de la même espèce que nous avons décrite cy-dessus *fig.* 1. & 2. à moins qu'on ne voulut distinguer celui ci, parceque les plus longues nageoires sont plus au milieu.

PLANCHE H. III.

Fig. 1. La Nature est merveilleuse dans toutes les Variations diverses qu'elle produit; mais elle ne doit pas moins être admirée dans la Conformité qu'elle conserve entre les Créatures non-obstant toutes ces Variations, c'est-à-dire, que lors même qu'en formant un corps, elle s'écarte à l'égard de quelques parties de ses regles ordinaires, elle y conserve pourtant d'ailleurs toute la ressemblance possible avec l'espèce. C'est dequoi l'on trouve un exemple convainquant dans le Règne des Animaux aquatiques. Ainsi voulant former des Quadrupèdes qui pussent vivre

aussi

Füßen Floßfedern, es sey an statt der Zehen, oder zwischen den Zehen (eben wie sie die Wasservögel mit einer Haut zwischen den Krallen versehen,) oder sie ließ die hintern Füße gleichsam in dem Schwanz zusammen wachsen, und machte denselbigen um soviel breiter, wie an den Seehunden, Seelöwen, und andern, damit sie sich ihrem Endzweck gemäß im Wasser gehörig regen und bewegen könnten. Diese Regel ist allenthalben von der Natur beobachtet worden, wenn sie eine Abweichung veranstalten wolte, und sie blieb so lange bey der gewöhnlichen Bildung, als möglich war, wie sie denn auch in der Abweichung selbst niemahls weiter schritte, als es die äusserste Nothwendigkeit erforderte.

Wenn nun die Natur jemahls Fische hervorbringen wollen, die gleich den Vögeln fliegen könnten, wie hätte sie wohl solches kürzer ins Werk richten und veranstalten können, als wenn sie die Seitenfloßfedern, die an den Fischohren sitzen zu Flügeln machte? und wie hätte dieses gemächlicher geschehen können, als dadurch, daß diese Floßfedern solcher Fische viel länger, als gewöhnlich wachsen, und mit einer breitern Haut unter einander verbunden würden? Daß nun die Natur bey ihrer Abweichung würklich einen so kurzen Weg einschlage, und die Aehnlichkeit, so lange als möglich ist, beybehalte, davon wird uns gegenwärtige Figur überzeugen.

Es zeiget uns nemlich dieselbe eine Ostindianische Meer-Schwalbe von der kleinsten Art. Sie gehöret unter die sogenannten fliegenden Fische, und diese kommen mehrentheils mit den Heringen überein, ausgenommen, daß die Seiten-Floßfedern viel länger sind, als gewöhnlich ist. Man trift davon sehr viele Arten an, die sich sowohl in Ansehung der Gestalt des Cörpers, als der Grösse, wie auch der Länge und Bildung der Flügel merklich von einander unterscheiden. An diesem Exemplar, welches grosse Schuppen führet, sind die Flügel fast so lang, als der ganze Cörper, und bestehen solche aus einigen, vermittelst einem Fell, mit einander verbundenen Strahlen der Floßfedern, davon die längsten, wie die Federn an den Flügeln der Vögel nach aussen zu, die kürzesten aber dichte am Cörper stehen Diese Fische können sich alle miteinander aus dem Wasser heraus heben, und ziemlich weit über demselben hinfliegen, sobald ihnen aber diese Flügel trucken und dahero etwas steif werden, so fallen sie wieder nieder. Der Schöpfer scheinet ihnen diese verlängerte Floßfedern darum gegeben zu haben, daß sie ihren Räubern desto besser entwischen können. Denn sobald ein grosser Fisch ihnen nachstellet, erheben sie sich aus dem Wasser und fliegen etliche Schritte weit über demselbigen davon. Indeß gehet ihr Flug, der ungemein geschwinde ist, nur gerade vor sich, denn sie können sich nicht nach Art der Vögel umwenden.

Nun giebt es freylich noch viele andere Arten der Fische, die ebenfals Sprünge über dem Wasser thun, aber deren ihre Floßfedern sind nach Verhältniß bey weiten nicht so lang, auch begeben sich solche nicht so hoch, so weit, und so lange aus dem Wasser, dahero dieselben auch mit Recht nicht unter die fliegende Fische gerechnet werden.

Fig. 2. Man hat sich freylich bemühet, den Creaturen soviel möglich solche Benennungen zu geben, die von einer gewissen Aehnlichkeit mit einer andern Sache herstammen, und ob wohl die Einbildungskraft manche Ausschweifungen dabey begangen,

aussi bien dans les eaux que sur la terre, elle les a munis, comme par exemple les Vaches marines, de nageoires aux quatre piez, soit à la place de doigts, ou entre les doigts tout comme elle a fourni les oiseaux aquatiques de membranes entre les grifes, ou elle a joint les piez de derriere à la queue, qu'elle a formée d'autant plus large, comme aux chiens marins, aux Lions de mer, & à d'autres animaux de cette catégorie, afin qu'ils puissent se mouvoir dans l'eau conformément à leur destination. C'est une règle que la Nature a constamment observée à tous égards, lors même qu'elle a voulu produire quelque variation, conservant à sa production la forme ordinaire de l'espèce autant qu'il a été possible, & ne transgressant cette regle que lorsque la nécessité l'a exigé.

Ainsi quand la Nature à voulu former des Poissons, qui pussent voler comme les Oiseaux, elle n'a pû y procéder par un Chemin plus court qu'en transformant en ailes les nageoires latérales, qui sont près des Ouïes, en alongeant considérablement ces nageoires, & en en liant les côtes entre elles par une membrane plus large qu'on ne la voit aux poissons ordinaires. La figure dont on va parler prouve que c'est là en effet la voye la plus courte que la Nature suit, en conservant autant qu'il est possible la Configuration de l'espèce.

C'est une *Hirondelle marine des Indes orientales* de la plus petite espèce, qu'on met au rang des Poissons volans, & qui ressemble beaucoup aux Harans, excepté que les nageoires laterales en sont beaucoup plus longues qu'à l'ordinaire. Il y en a un grand nombre d'espèces fort diversifiées entre elles, soit par la forme & par la grandeur du corps, soit par la longueur & par la figure des ailes. Cet animal-ci, qui est couvert de grandes Ecailles, a des ailes presque aussi longues que l'est tout son corps. Elles sont composées de quelques nageoires liées ensemble par une peau. Les plus longues de ces nageoires sont du côté extérieur, & les plus courtes tout près du corps. Ces Poissons possèdent tous sans exception la faculté de s'elever hors de l'eau & de voler à une assez grande distance, mais dés-que leurs ailes se séchent, & se roidissent par conséquent, ils retombent. Le Créateur semble leur avoir donné ces nageoires alongées, afin qu'ils puissent échaper plus facilement à ceux qui les poursuivent. Car dés-que quelque grand Poisson est à leurs trousses, ils s'élèvent hors de l'eau, & volent à quelques pas de distance. Leur Vol est rapide, & dirigé en droite ligne en avant, parce qu'ils ne peuvent se retourner comme les Oiseaux.

On trouve à la vérité plusieurs autres espèces de Poissons, qui s'élancent aussi hors de l'eau mais comme il s'en faut beaucoup, proportion gardée, que leurs nageoires ne soient aussi longues, ils ne peuvent ni sauter aussi haut ni s'étendre aussi loin, ni demeurer aussi long-tems hors de l'eau que les précédens, & ne peuvent par conséquent être mis au rang des Poissons volans.

Fig. 2. On s'est beaucoup attaché à donner aux Créatures des dénominations tirées de quelque ressemblance entre elles & d'autres choses, & quoique l'imagination des amateurs se soit donné souvent trop carrière à cet égard, comme

gangen, wie solches viele Namen der Schnecken und Muscheln zeigen können, so hat doch solches zuweilen ziemlich eingetroffen. Eben das nehmliche ist denn auch bey den Fischen zu beobachten. Denn da kommen öfters Namen vor, die von der Aehnlichkeit eines Fisches mit einer andern Sache entlehnet sind. Dahin gehöret unter andern auch der gegenwärtige, welchen man seiner Länge und seines spitzigen Mauls halber die **Meernadel** nennet.

Diese Fische haben einen sehr langen schmächtigen Leib, welcher mit dem Kopf einerley Dicke hat. Die Augen sind ungemein groß, und der Mund gehet in eine sehr lange Spitze aus, die bey einigen noch einmahl so lang ist. Der untere Kiefer ist der Länge nach gleichsam gespalten, so, daß man von unten in demselben eine tiefe Rinne siehet. Oben und unten stehen in dem Munde eine lange Reihe sehr feiner und hohen Zähngen, die alle in einer gewissen Entfernung von einander stehen, so daß ein Zahn von dem obern Kiefer allezeit hinlänglich Platz hat, zwischen zweyen Zähnen des untern Kiefers einzugehen. Bey den mehresten ist der untere Kiefer um einen viertels Zoll länger, als der obere, vermuthlich um ihren Raub erst damit aufzuheben, oder wohl gar anzuspiessen. Es finden sich von dieser Gattung viele Unterarten, und die größten werden bey anderthalbe Elle lang, deren sich viele in dem **Mexicanischen** Meerbusen aufhalten.

Fig. 3. Es ist schon bey der Abhandlung der vorigen Kupfertafel H. und H. I. von den Kropffischen gehandelt worden. Wir erblicken in dieser Figur einen aus dem nemlichen Geschlecht, der aber eine Unterart von den dreyeckigten Kropffischen ausmacht. Es ist nemlich der **gehörnte dreyeckigte Kropffisch**, wovon wir schon einen viereckigten betrachtet haben.

Der Mund stehet mit dem platten Unterleib in einer gleichen Fläche. Forne an der Stirn ragen zwey harte lange Fortsätze, wie die Hörner der Schnecken hervor. Die harte Haut, oder Schaale bestehet aus sechseckigten Schuppen, welche sternförmige Linien haben. Endlich gehet die untere Fläche am After, neben dem Schwanz in zweyen langen Stacheln aus, so daß der Schwanz zwischen selbigen lieget.

Fig. 4. Dieser Fisch scheinet eine Nebenart eines **Herings** zu seyn, wiewohl sich derselbige nicht recht bestimmen lässet, da sich die Anzahl der Strahlen der Floßfedern nicht wohl zählen lassen. Es ist aber an dem ganzen Geschlecht der Heringe dieses zu merken, daß der obere Kiefer den untern nicht gar bedecket, indem der untere etwas hervor stehet. Dieser scheinet uns derjenige zu seyn, von welchem man die Bicklinge zu machen pfleget.

Fig. 5. Endlich zeiget sich noch auf dieser Tafel ein sehr kleiner runder stachelichter Kropf oder vielmehr **Kugelfisch**, der von jenem merklich abweicht, welchen wir auf der *Tab.* H. betrachtet haben. Es sind nemlich die Stachel kurz, und stehen unten auf einer breiten dreyeckigten Fläche. Der Cörper gehet hinten rund zu, und ragen nur etliche wenige kleine Floßfedern, statt des Schwänzens heraus. Diese Art wird nicht viel größer, und es giebt unter derselben noch viele Abweichungen. Denn wir haben eben dergleichen mit langen geraden Stacheln angetroffen, andere hatten krumme Stachel, die sichelförmig aussahen, und wiederum andere waren nur mit

Wärzgen

comme cela paroît par quantité de noms affectez aux Limaçons & aux Moules, on n'a pas laissé de rencontrer quelquefois assez bien. Cela est aussi aplicable aux Poissons dont les noms ont été souvent empruntez de quelque autre objet auquel ils ressemblent. C'est ainsi qu'on donne à l'Original de la présente figure le nom d'*Eguille de mer*, à cause de sa longueur & de son museau pointu.

Ces Poissons ont le corps trés-long, & effilé, n'ayant pas plus d'épaisseur que la téte. Leurs yeux sont trésgrands, & la bouche forme une pointe fort longue, qui même est à quelques individus du double plus longue qu'on ne la voit à cette figure. La machoire inférieure est comme fendue en long, de façon qu'en l'observant par en bas on y remarque un profond canal. La bouche est garnie en haut & en bas d'une longue rangée de petites dents fines & hautes, toutes placées à une certaine distance l'une de l'autre, en sorte qu'une dent de la machoire supérieure à toûjours l'espace nécessaire pour pouvoir se placer entre deux dents de la machoire inférieure. Ordinairement cette machoire inférieure est d'un quart de pouce plus longue que la supérieure, vraisemblablement afin que l'animal puisse lever ou embrocher sa proie. Ce Poisson a nombre de Sousespèces. Les plus grands ont près d'une aune & demi de longueur. On les trouve en quantité dans le Golfe du *Mexique*.

Fig. 3. Il a été déjà parlé des *Ostracion* dans nos Descriptions des Planches H. & I. En voici un du même Genre, qui est une Sous-espèce des *Triangulaires*. On le nomme l'*Ostracion cornu triangulaire* comme nous en avons observé cy-dessus un *quadrangulaire*.

Le Ventre plat de celui-ci & sa bouche sont disposés en une même ligne. On remarque à la téte deux Continuations dures & longues, à l'instar des Cornes des Limaçons. La Peau dure, ou, si l'on veut, la Coquille, consiste en Ecailles hexagones, qui sont marquées de lignes en étoile. Enfin la partie platte inférieure se termine près de l'anus à coté de la Queuë en deux longs éguillons, la Queuë entre deux.

Fig. 4. Le Poisson de la présente figure semble être une Sous-espèce du *Haran*. Il est cependant dificile d'en décider absolument, parce qu'on ne peut guères compter les raïons de ses nageoires. On remarquera toûjours que dans tout le Genre des Harans la Machoire supérieure ne couvre pas tout à-fait l'inférieure, de sorte que celle-ci dépasse un peu la prémière. Au reste cette espèce de Harans nous paroit être celle dont on fait les *Harans sorez*.

Fig. 5. Voici enfin encore un *Ostracion* trés-petit, rond, & *garni d'éguillons*, ou plûtôt un *Ostracion Sphérique*, fort diférent de celui que nous avons vû sur la *Planche H*. Ici les éguillons sont courts, & posez sur une large base triangulaire. Le Corps se termine sur le derrière en Globe, & l'on n'y remarque en guise de Queuë que quelques petites nageoires qui le dépassent. Ces Poissons ne deviennent guères plus grands, & l'on trouve encore parmi eux plusieurs Variations. Car il nous en est tombé entre les mains, dont les éguillons étoient longs & droits, d'autrés où les éguillons étoient courbes & formez en faucille, d'au-

tres

Wärzgen besetzet. Man trift sie in Ostindien, vorzüglich aber am Vorgebürge der guten Hofnung häufig an. Linnæus giebt diesem Fisch den Namen Diodon echinatus. Inzwischen können wir nicht läugnen, daß es öfters schwer hält, die Arten nach den getrockneten Exemplarien genau zu bestimmen, weil nicht ein jedes Exemplar bey dem auftrucknen seine natürliche Gestalt behält, sondern bey den Fischen oft stark zusammen schrumpfet.

tres encore qui n'étoient couverts que de tubercules. On les trouve aux *Indes orientales*, & particulièrement au *Cap de bonne espèrance* en très-grande quantité. *Linneus* donne à ce Poisson le nom de *Diodon echinatus*. Au reste il faut convenir qu'il est souvent difficile de déterminer les espèces, quand on n'a que des pièces séchées, parce que les individus ne conservent pas toûjours leur forme naturelle, & qu'ils se rident & se retirent souvent beaucoup pendant qu'on les séche, ce qui a sur tout lieu à l'égard des Poissons.

TAB. H. IV.

Fig. 1. Ist unter den Fischen ein Geschlecht, worinnen es viele Arten und Unterarten giebt, so ist es gewiß das Geschlecht der Haayfische oder Meerwölfe, welche vom Linnæus *Squali* genennet werden, und von ihm unter die schwimmenden Amphibien geordnet sind. Sie bringen alle ihre Jungen lebendig zur Welt, und haben neben jedem Auge ein Luftloch. Es sind die ärgsten Raubfische, die wegen ihrer Gefräßigkeit Meerwölfe genennet werden. Denn sie verschlucken alles, was sie finden, dahero sie gerne die Schiffe verfolgen, um alles das aufzufangen, was über Bord fällt, oder geworfen wird, und lassen sich einen alten Lumpen eben so gut schmecken, als Fleisch, oder Brod. Ja es haben uns viele Reisende berichtet, daß sie der Speise zugefallen oft etliche Tage bey einem Schiff bleiben, und sich nichts daran kehren, wenn sie gleich eine Reise von etlichen hundert Meilen thun, und wenn man dann und wann einen fieng, hat man bey der Defnung Schnupftücher, und allerhand Waaren, so über Bord gefallen war, gefunden. Da aber ihr Maul mehrentheils an der untern Fläche stehet, so müssen sie sich iedesmahl, wenn sie was verschlucken, umkehren, und auf den Rücken legen. Da es nun unter ihnen grosse Ungeheuer zu 20. biß 30. und mehr Schuh giebt, deren Gewicht sich bißweilen biß auf 6000. Pfund erstreckt, so sind auch die Menschen nicht sicher, und hat jemand das Unglück über Bord zu fallen, wo ein grosser Haay zugegen ist, dem gehet es gewiß wie dem Jonas. Die gröste Art ist der grosse Seehund, oder Canis Carcharias, dann folgen die Catuli oder Seehunde, die aber von denen, welche Füsse mit Floßfedern, und eine haarigte Haut haben, unterschieden sind; sodann sind auch die Creutz-Haare, oder Hammer-Fische bekannt, welche auch Schlegel-Fische genannt werden, denn sie haben statt einer spitzigen Nase oder Oberlefze, die über dem Mund herüber gehet, ein in die Quere sitzendes Stück, statt des Kopfes, welches also an den Cörper ansitzet, wie ein Hammer am Stiel, und an den beyden äussersten Enden dieses Stücks stehen ihre Augen. Ferner rechnet man auch zu diesem Geschlechte die Säge-Fische und die Schwerd-Fische, welche ebenfals zu einer beträchtlichen Grösse wachsen, und ausser diesen giebt es noch eine grosse Menge kleinerer Arten Haaje, die bald Meerhunde, Meerwölfe, Meerfüchse, Stachelhunde, Sternhunde, oder Sauhunde genennet werden. Sie haben alle fürchterliche und scharfe Zähne, die nach ihren besondern Arten auch besonders gebildet sind, und von selbigen besitzen sie entweder eine oder mehrere Reihen. Ihre Haut hat keine Schuppen, sondern ist rauh, wie Sammet, nur daß sie etwas schärfer anzufühlen ist. Ihre Floßfedern sind nicht wie an andern Fischen in Strahlen abgetheilet, sondern scheinen nur häutige Lappen zu seyn, die nach der Verschiedenheit der Arten anders gebildet sind, und einen andern Sitz haben.

Was

PLANCHE H. IV.

Fig. 1. Un Genre qui fournit un très-grand nombre d'Espèces & de Sous-espèces, c'est celui des *Loups marins*, ou *Requins* (*) que *Linnæus* apelle *Squali*, & qu'il met au rang des Amphibies nageans. Ils mettent tous leurs Petits vivans au monde, & ont à côté de chaque oeil une Ouverture pour respirer. Comme ce sont les Animaux de proie les plus redoutables, on les nomme *Loups marins* à cause de leur Voracité. Ils devorent tout ce qu'ils trouvent, & suivent volontiers les Vaisseaux pour enlever tout ce qui en tombe, ou qu'on jette dans la mer, avalant un vieux haillon avec la même avidité, que de la viande ou du pain. Des Voïageurs nous ont raconté que ces Bêtes passent ainsi plusieurs jours à la suite d'un Vaisseau, & l'accompagnent quelques centaines de lieues avec constance, pour attraper quelque proie. Quand on a pris un Loup marin, & qu'on l'ouvre, on trouve quelquefois dans son corps des mouchoirs & toutes sortes d'autres pièces tombées du Vaisseau. Mais comme ils ont la gueule placée fort bas, ils sont forcez de se retourner & de se coucher sur le dos, lorsqu'ils veulent avaler quelque chose. Il y a de ces Animaux monstrueux, qui ont jusques à 20. ou 30. piez de longueur, ou même d'avantage, & qui pésent jusques à 60. Quintaux. Ils ne respectent pas plus l'espèce humaine, qu'une autre créature, & un homme, qui a le malheur de tomber du Vaisseau dans la mer, s'il se trouve là un *Loup marin*, peut compter à coup sûr d'avoir le sort de *Ionas*. La plus grande espèce est celle qu'on distingue par la dénomination de grand Chien de mer, ou *Canis Carcharias*, apres ceux-ci viennent les *Catuli*, ou Chiens de mer, lesquels diférent de ceux qui ont des nageoires aux pieds, & la peau velue; puis on conoit encore les Chiens de mer ou Poissons au Museau en croix, ou en marteau, qu'on apelle aussi Poissons en Maillet, (**) parcequ'au lieu de nez pointu, ou d'une lèvre supérieure qui leur couvre la gueule, ils ont en guise de tête une pièce disposée en travers laquelle tient au corps comme un marteau à son manche, & c'est aux deux extrèmitez de cette pièce que les yeux sont placez. On met outre cela dans le même Genre les *Pristis*, ou Poissons à Scie, (***) & les Espadons, qui parviennent de même à une Grandeur considerable. Il y a enfin outre tout cela une très-grande Quantité de plus petites espèces de ces *Haay*, tels que les Chiens marins, les Loups marins, les Renards de mer, les Chiens à éguillons, les Chiens à etoiles

ou

(*) Les Hollandois les nomment *Haay*, nom dont s'est servi nôtre Auteur.

(**) En latin *Zygæna*; les anciens Auteurs françois l'apellent *Cagnole, Iuif, Baratelle, Arbalére*.

(***) Chez les Vieux Auteurs françois *Scie de mer*, ou *Langue de Serpent*.

Ex Museo Mulleriano.

Was nun den gegenwärtigen betrift, so ist derselbige ein junger Seehund-Fisch von der kleinen Art, welcher den Namen Mustelus, oder auch Galæus levis führet, das Maul lieget weit unten, und ist mit einer einfachen Reihe länglichter spizigen Zähne versehen, hinter welchen gleich ein paar Reihen kürzere folgen, die alle dreyeckigt sind. Die Spalte des Mauls ist sehr groß, so, daß wenn dieser Fisch seinen Rachen von einander sperret, es das Ansehen hat, als ob sich der halbe Fisch öfnete. Ueber dem Maul tritt ein grosser Lappen hervor, welcher macht, daß er sich allezeit umkehren muß, wenn er einen Raub fangen will. Die Augen sind mittelmäßig groß. Die Haut hat einen vermischten blauen und röthlichen Glanz, und weil sie des Nachts ungemein stark leuchtet, so hat es ein prächtiges Ansehen, wann ein Schiff des Nachts in Gesellschaft etlicher dieser Seehund-Fische, die gerne in der Oberfläche des Wassers schwimmen, herum segelt, und man ihnen zuweilen etwas zuwirft.

Fig. 1. Ausser den Gaayen giebt es auch noch eine andere Art gefräßiger Fische, welche man Meerteufel nennet, die aber schon etwas mehr den Rochen-Fischen ähnlich sind, weil ihr Cörper biß zur Helfte seitwärts in eine breite Fläche ausgehet, jedoch gehören sie nicht zu dem Geschlechte der Rochen, sondern werden von dem Linnäus unter dem Namen Lophius zu den Amphibien gerechnet. Man hat aber eine grosse und kleine Art. Die grosse Art ist mit einem erschrecklichen grossen Maul, und einigen Reihen Zähne versehen. Die kleine hingegen hat nach Verhältniß des Cörpers einen kleinen Mund, und es ist die nemliche, die wir jetzo zu beschreiben haben.

Es zeiget uns nemlich diese Figur den kleinen Meerteufel, den Linnäus Vespertilio, oder die Fledermaus, Jonston aber Rana piscatrix oder kleine Meerkröte nennet. Dieser Fisch, welcher sich in den Americanischen Meeren aufhält, hat eben kein schönes Ansehen, und ist auch nicht ohne alle Gefahr der Entzündung anzugreiffen. Die Farbe ist schwärzlich-braun, und hat hin und wieder gelblichte Flecken. Der ganze Cörper ist mit grossen und kleinen Stacheln besetzet, um die grössern Stachel sitzet ein Kreiß mit Strahlen, aus welchem der Stachel gleichsam hervor wächset, und wer sich daran verletzet, hat eine Entzündung zu befürchten, wie denn auch der Fisch selbst ein sehr schlechtes Fleisch hat, und von vielen vor giftig gehalten wird. Die Stirn gehet in eine lange Spize, gleich einem Horn aus, und die Augen befinden sich ganz oben in dem Stirnbein. Das Maul stehet niedrig, und ist halbmondförmig. Die Haut ist hart, und einigermassen mit der Haut der Krozfische zu vergleichen. Auf dem Rücken befinden sich ein paar Floßfedern, deßgleichen sind auch an dem Ende der Seiten, die sich neben dem Cörper in eine gewisse Fläche ausdehnen, einige lange Floßfedern vorhanden.

Der

T 2

ou Chiens à groin de Porc. Ils sont tous généralement armez de dents redoutables & aiguës, qui, selon les espèces, ont leurs figures particulières. Les uns n'en ont qu'une rangée, d'autres en ont davantage. Leur peau est sans écailles, veluë comme du velours, mais un peu plus rude au toucher. Les nageoires de ces animaux ne sont point composées de raions, comme aux autres poissons, & paroissent n'être que des Lambeaux membraneux, diversifiez à chaque espèce, soit par la figure, soit par l'endroit où ils se trouvent placez,

Quant à l'individu que nôtre Figure dépeint, c'est un Chien marin jeune encore, qui porte le nom de *Mustelus*, & que quelques un apellent aussi *Galeus levis*. Sa Gueule est fort baffe, & armée de trois rangées de dents, dont les plus avancées sont un peu longues & aiguës. Les deux rangées, qui se trouvent placées immédiatement derrière celles-là, sont composées de dents plus courtes, & toutes triangulaires. La Gueule est tellement senduë, que, quand le Chien marin l'ouvre autant qu'il la peut ouvrir, l'on diroit que c'est la moitié antérieure du corps entier qui se partage. Un grand Lambeau qui couvre la partie supérieure de sa Gueule l'oblige à se tourner sens dessus dessous toutes les fois qu'il veut saisir une proie. Les yeux sont de grandeur médiocre. La peau brille d'un éclat mélangé de bleu & de rougeâtre, & comme cet éclat jette de nuit une lumière fort vive, rien n'est plus pompeux que de voir voguer pendant la nuit un Vaisseau accompagné de plusieurs Chiens marins, qui aiment à nager à fleur d'eau, pendant que du Vaisseau on leur jette de tems à autre dequoi occuper leur Voracité.

Fig. 2. Outre les *Chiens marins* dits *Haay*, il existe encore une autre sorte de Poissons voraces, qu'on apelle les *Diables marins*, qui ressemblent un peu plus aux Rayes, puisque leur corps est terminé depuis le milieu en côtez larges & plats: cependant ils n'apartiennent pas au Genre des Rayes. *Linnæus* les met au rang des Amphibies, sous le nom de *Lophius*. Il y en a deux espèces; la grande & la petite. Ceux de la grande ont une gueule effroyablement grande, garnie de quelques rangées de dents. Ceux de la petite sorte ont la bouche plus petite proportionnée aux corps, & c'est de celle-ci qu'il va être question.

Le Poisson de cette dernière espèce, que la présente figure dépeint, est le *petit Diable marin*, auquel *Linnæus* donne le nom de *Vespertilio*, ou de Chauve-Souris, & *Jonston* celui de *Rana Piscatrix*, ou de *Crapaud de mer*. Ce Poisson qu'on trouve dans les Mers d'*Amérique*, & qu'on ne peut toucher sans courir le risque de quelque inflammation, n'est pas beau à voir. Sa Couleur est un brun noiratre, sur lequel on remarque çà & là des taches jaunâtres. Le Corps entier est couvert d'éguillons grands & petits. Les grands sont environné d'un cercle raionné, & c'est de ces raions que les éguillons paroissent sortir. Lorsque quelqu'un en est blessé la plaie s'enflamme facilement. La chair de ce poisson est mauvaise, & bien des Auteurs la tiennent pour vénimeuse. Le front se termine en une longue pointe en guise de corne, & les yeux sont placez tout-à-fait en haut dans l'os coronal. La Gueule est baffe, & formée en demi-lune. La peau est dure, & peut en quelque façon être comparée à celle des *Oftracion*, ou Poissons gouëtreux. Le dos est garni de deux nageoires, & il y en a encore

quel.

Der Unterleib ist flach, weißlich-grau, und zu beyden Seiten mit vier Floßfedern versehen. Der Vorderleib ist biß zur Helfte breit, und macht mit dem spitzigen Stirnbein ein Dreyeck, die andere Helfte aber biß zum Schwanz gehet in eine schmahle Spitze aus.

Fig. 3. Da es vielerley Arten der Raubfische giebt, so dürfen wir uns nicht wundern, wenn man noch täglich solche entdecket, die bey vielen Schriftstellern nicht angetroffen werden. Von der Art glauben wir, daß der jetzige ist, welchen wir in dieser Figur zu sehen bekommen, und wir wollen ihn deßwegen etwas ausführlicher beschreiben. Es ist nemlich derselbe, wie ein Orbis, ziemlich bäuchigt, und hat eine länglichte dreyeckigte Figur. Die Haut ist hart, wie Pergament und dabey rauh, indem eine unendliche Menge kleiner Stacheln, wie an den Brennesseln aus selbiger hervor treten. Gleich hinter den Fischohren befindet sich zu beyden Seiten eine Ritze, wie an den Kropffischen, welche zum Athemholen dienen; daher wir ihn auch zu diesem Geschlecht zehlen. Oben auf der Stirn befinden sich fünf Strahlen von Floßfedern, die in eine Spitze zusammen gewachsen sind, und gleichsam ein Horn vorstellen, unten aber stehen diese Strahlen weit auseinander, und sind mit einer breiten und niedrigen Haut an den Floßfedern des Ruckens verwachsen. Diese Rucken-Floßfedern sind lang, besetzen den ganzen spitzigen Rucken, und bestehen aus zehn Strahlen. Der Schwanz ist einfach und führet sieben Strahlen in den Floßfedern, aber gleich unter demselbigen liegen die Floßfedern des Afters, die gleichsam an einem Fortsatz unter dem Schwanz ansitzen. Unten an der Brust sind hernach noch ein paar sehr kleine Floßfedern befindlich. Das Maul ist groß, und in beyden Kiefern mit einer gedoppelten Reihe langer spitziger und feiner Zähnchen versehen, davon hernach auch der Gaumen unten und oben voll sitzet. Die Grundfarbe der Haut ist gelb, und allenthalben biß über die Floßfedern mit langen schwarzen Schlangen-Linien bezeichnet. Die Augen sind ziemlich groß, und von selbigen gehen allenthalben schwarze Strahlen über die Haut hin, welches niedlich aussiehet. Dieser Fisch hält sich in den Antillen auf, und verspeiset alle junge Fische. Etliche von dieser Art sind über und über blut-roth.

Fig. 4. Diese Figur stellet uns ein Horn vor, welches ein gewisser Fisch vorne auf der Stirn führet, und gemeiniglich, wiewohl unrecht, das Schwerd eines Schwerdfisches pfleget genennet zu werden. Es ist aber vielmehr das gezähnelte Horn des Sägefisches, welcher den Namen Pristis führet, und unter das Geschlecht derjenigen Raubfische gehöret, welche Haayen oder Squali genennet werden, da hingegen der Schwerd-Fisch Gladius heisset, und bey dem Linnäus eine besondere Art, unter den Namen Xiphias ausmacht. Es ist auch das Schwerd eines Schwerd-Fisches von dieser Säge des Säge-Fisches merklich unterschieden. Denn da diese Säge dem Fisch vorne gegen das Stirnbein ansitzet, und auf beyden Seiten gezähnelt ist, so ist vielmehr das Schwerd des Schwerd-Fisches nichts anders, als ein langer Fortsatz der obern Kinnlade, oder der Schnautze besagten Fisches, welche um 3. biß 4. Schuhe über die untere Kinnlade gleich einem langen Dolch, oder zweyschneidigen Schwerdt hervorraget, und gar nicht gezähnelt, sondern glatt ist.

Um

---

quelques longues, là où se terminent les côtez, qui s'étendent le long du corps. Le Ventre est plat, de couleur blanchâtre tirant sur le gris, & garni des deux côtez de quatre nageoires. La partie antérieure du corps est large jusqu'au milieu, & forme un triangle avec l'os coronal, qui est pointu. L'autre moitié du corps depuis le milieu jusques à la queuë va en diminuant & aboutit en pointe.

Fig. 3. Comme il y a plusieurs espèces de Poissons, qui sont Animaux de proie, on ne doit pas être surpris qu'on en découvre encore journellement, que bien des Auteurs n'ont pas connu. Nous regardons celui que la présente figure dépeint comme étant de cette sorte, ce qui nous engage à en donner une description un peu détaillée. Cet Animal est assez ventru, comme un *Orbis*, & est d'ailleurs de figure oblongue triangulaire. La peau est dure comme du Parchemin, & avec cela rude, parce qu'il en sort une infinité de petits éguillons, comme les Piquans des orties. On observe des deux côtez immédiatement derrière les Ouies une fente comme aux *Ostracion*, par laquelle ce Poisson respire, & nous le rangeons par cette raison dans le même Genre. Il y a sur le front cinq raïons de nageoires joints par le bout en pointe, & représentant une espèce de corne, mais au dessous ces raïons sont fort éloignez l'un de l'autre, & se trouvent attachez aux nageoires du dos par une membrane large & basse. Ces nageoires du dos sont longues, & garnissent tout le dos qui est tranchant. Elles sont composées de dix raïons. La Queuë est simple & n'a que sept raïons à ses nageoires. Immédiatement au dessous sont celles de l'Anus, qui sont attachées à une espèce de continuation, laquelle se trouve sous la Queuë. Apres cela il y a encore deux trés-petites nageoires en bas à la poitrine. La gueule est grande, & garnie aux deux machoires d'un double rang de petites dents fines, longues & aiguës, dont d'ailleurs tout le Palais est rempli en haut & en bas. Le fond de la couleur de la peau est jaune, & marqué par tout jusques au dessus des nageoires de longes lignes noires, qui vont en serpentant. Les yeux sont assez grands. Il en sort de tous côtez des rayons noirs, qui s'étendent sur la peau, & font un bel effet à la vûë. Ce Poisson se trouve aux Iles *Antilles*. Il devore tout le nourrain qu'il trouve. Quelques uns de cette espèce sont de toutes parts rouges comme du sang.

Fig. 4. Nous voïons ici une Corne, qu'un certain Poisson porte au front, & qu'on a coutume de nommer l'*Epée d'Empereur* ou *Espadon*, mais à tort. C'est la *Corne dentée du Poisson à Scie*, auquel on donne le nom de *Pristis*, & qui apartient au Genre des Animaux de proie marins, qu'on apelle Chiens de mer, ou *Squali*, au lieu que l'Empereur ou Espadon est nommé *Gladius*, & fait dans *Linnæus* une espèce separée sous la denomination de *Xiphias*. Et il y a en effet une diférence trés-sensible, entre l'epée de l'Espadon & la Scie figurée ici du *Pristis*. Car au lieu que la Scie du Poisson à Scie est attachée sur le devant à l'Os coronal du Poisson, & dentée des deux cotez, l'epée de l'Espadon n'est autre chose qu'une longue Continuation de la Machoire supérieure de ce Poisson ou de son museau, qui s'étend à 3 ou 4. pieds ou même davantage au de là de la machoire inférieure, comme un long poignard, ou comme une Epée à deux tranchans, & n'est nullement dentée, mais unie.

Pour

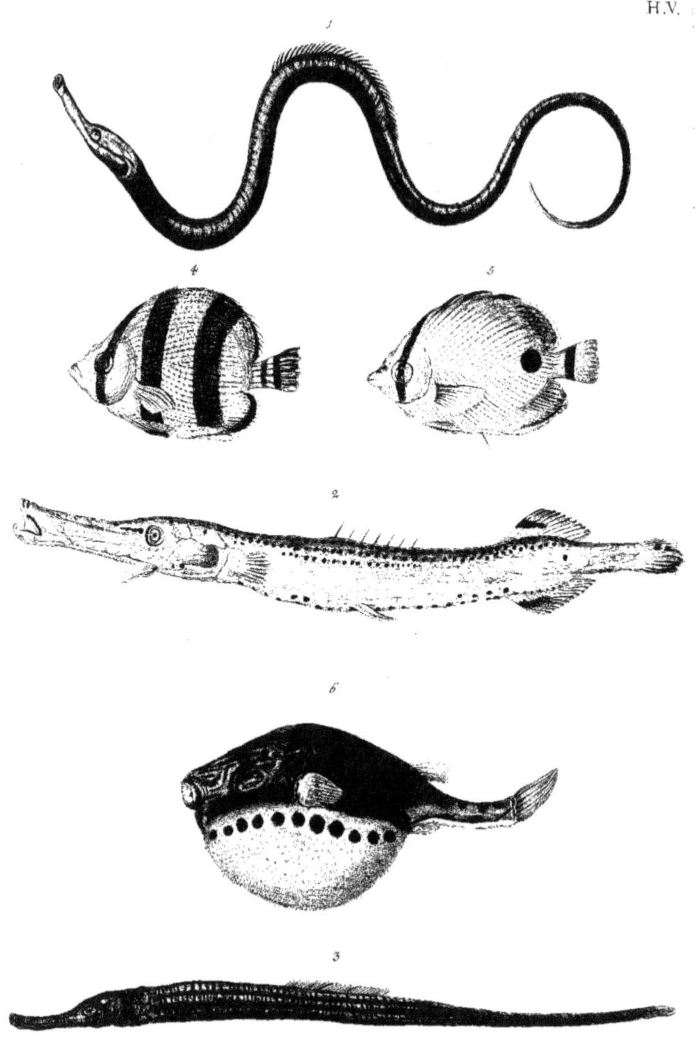

Ex Museo Mulleriano.

Christian. Leinberger ad nat. pinxit.

57.

Um also von dem [Säge]fisch, davon diese Figur auch das Horn vorstellet, zu handeln, so ist derselbige ein sehr grosser Raubfisch, der öfters die Länge von 16. biß 20. und mehr Schuh erreicht, und sich an die grösten Wallfische macht, welchen er dadurch, daß er ihnen mit einer schnellen Jagd unter den Bauch vorbeyfähret, vermittelst der scharffen Zähne seines Horns, den ganzen Bauch auffspaltet. Dieser Fisch ist nach Art der Haayen mit einer rauhen Haut bedecket, die auf dem Rücken eine graue Farbe hat, unten am Bauch aber mehr weißlicht ist. Er ist mit sieben breiten und starken Floßfedern versehen, davon auf dem Rücken eine, und nahe am Schwanz eine, sodann auf jeder Seite zwey sitzen, wozu denn noch der Schwanz selber, als die siebende Floßfeder kommt.

Der Kopf dieses Fisches ist sehr groß, breit, und ansehnlich, und bestehet aus einer ungemein dicken und harten Hirnschaale und Stirnbein, aus dessen Mitte diese Säge dergestalt heraus tritt, daß die Fläche derselben Horizontal zu liegen kommt, und also die Zähne zu beyden Seiten stehen. Das Maul ist weit unten, wie an den Haayen. Die Augen sind groß, und nicht weit von selbigen befinden sich die Schnaubelöcher, durch welche der Fisch das eingeschluckte Wasser mit starker Gewalt und in grosser Menge aussprützet.

Die hier abgebildete Säge ist von einem jung gebohrnen Fisch. Die Oberfläche dieser Säge ist dunkel-grau, und die untere Seite gelblicht-weiß. In der Mitte ist sie erhaben, und in die Länge mit breiten Striefen versehen. Die Zähne sind lang, ungemein scharf und spitzig, und stehen allezeit gerade gegen einander über. Man zehlet an jeder Seite 28. Zähne, die sich alle zwischen der obern und untern Haut dergestalt einsenken, wie ohngefehr die Hauer-Zähne der Schweine in ihren Kiefern stecken.

Wir besitzen eine dergleichen grosse Säge, die über 3. Werkschuh lang, und einen halben Schuh breit, daran jeder Zahn einen Zoll lang, und an der Wurzel einen halben Zoll dicke ist, wiewohl es noch grössere mit wenigern Zähnen giebt. Diese Fische halten sich viel in dem Americanischen Meer zwischen und bey den Antillen auf, und streiffen von da nach Norden hin, um die Nordcaper und andere Wallfische aufzusuchen, gleichwie diese sich auch öfters biß an die Antillen und weiter herunter begeben.

TAB. H. V.

Fig. 1. Es giebt auch Fische, welche statt der Mündung einen langen röhrenförmigen Saugerüssel haben, welches Geschlecht bey dem Linnäus unter dem Namen Syngnatus vorkommt. Man trift davon viele Arten an, die meisten aber kommen darinnen überein, daß sie lang und schmahl sind, so daß sich ihre Länge öfters über eine Elle erstreckt, dahingegen sie nur einen biß zwey Zoll dick werden. Auch ist ihr Cörper durchgängig eckigt. Der gegenwärtige ist der Syngnatus ophidion des Linnäi, welchen man auch wohl einen Nadelfisch nennet, der aber mit den andern und eigentlichen Nadfischen, dergleichen wir Tab. H. III. fig. 2. beschrieben haben, nicht muß verwechselt werden.

Es hat dieser nur alle'n auf dem Rücken eine Floßfeder mit etlich und dreißig Strahlen, sonst aber nirgends am ganzen Cörper, auch nicht einmahl am Schwanz, denn derselbige lauft mit den Fortsätzen des Rückgrads in eine scharfe Spitze aus. Der obere Cörper vom Kopf biß an die Mitte, wo sich der After befindet,

findet,

Pour parler donc de ce Poisson, ou de cette *Scie de mer,* dont nôtre figure nous dépeint une corne, nous devons d'abord dire que c'est un Animal de proie de grandeur monstrueuse, qui atteint souvent à la longueur de seize ou de vint piez, & même davantage, & qui s'attaque aux plus grandes Baleines. Il passe sous elles d'une marche rapide, & leur fend en passant le ventre de part en part avec les dents tranchantes de sa corne. Cet Animal est couvert comme les Chiens marins d'une peau rude, qui est grise sur le dos, & blanchâtre au ventre. Il est muni de sept nageoires larges & fortes, dont deux sont placées de chaque côté, une sur le dos, une près de la Queuë, & la Queuë même fait la septième.

La tête de ce poisson est à la verité trés-grande, & large, mais d'ailleurs de peu d'aparence. Elle consiste en un Crane & en un Os coronal extraordinairement epais & dur. La Scie sort de cet Os coronal posée horisontalement & les dents ont par conséquent la même direction des deux cótez. La gueule est basse comme aux Chiens marins, les yeux grands, auprès desquels l'on remarque les ouvertures, par lesquelles l'animal rejette avec beaucoup de vehemence & en grande quantité l'eau qu'il a avalée.

La *Scie* qu'on voit ici est d'un jeune Poisson de cette espèce. Le dessus en est d'un gris foncé, & le dessous blanc tirant sur le jaunatre. Elle est élevée vers le milieu, & marquée tout du long de larges raïes. Les Dents sont longues, extrémement tranchantes & aiguës, & toûjours placées l'une vis-à-vis de l'autre. On en compte vint-huit de chaque côté qui sont attachées entre la peau supérieure & l'inférieure, à peu près comme les défenses des Sangliers tiennent à leurs machoires.

Nous avons une de ces grandes Scies qui a plus de trois pieds de long sur demi-pied de large. Chaque dent y a un pouce de longueur, & est épaisse d'un demi pouce à la racine. On en a cependant de plus grandes avec moins de dents. Ces Animaux se trouvent souvent dans les mers d'*Amérique* près & autour des *Ile-Antilles.* De là ils prennent leur voie du côté du *Nord* pour y chercher les *Nordcaper* (*) & d'autres Baleines, qui souvent leur viennent au devant jusques auprès des mêmes Iles & meme plus loin.

PLANCHE H. V.

Fig. 1. Il existe aussi des Poissons qui au lieu de bouche, ou de gueule, n'ont qu'une longue trompe faite en forme de tuyau. C'est un Genre que *Linnæus* désigne par le nom de *Syngnatus.* On en trouve quantité d'espèces, dont la plûpart conviennent en ceci, c'est que les Poissons en sont longs & effilez, au point que leur longueur s'étend souvent à plus d'une aune, tandis qu'ils n'ont qu'un pouce ou deux d'épaisseur. Le corps est angulaire d'un bout à l'autre. C'est le *Syngnatus ophidion* de *Linnæus,* qu'on apelle aussi *Eguille,* mais qu'on ne doit pas confondre avec les autres *Eguilles proprement ainsi dites,* dont nous avons vû ci-dessus une Description. *Planche H. III. fig.* 2.

Celui-ci n'a qu'une seule nageoire au dos composée de trente & quelques raïons. Il n'y en a plus aucune au reste du corps, pas même à la Queuë, laquelle se réünissant

aux

(*) En latin *Physeter,* ou *Physalus.*

findet, ist sechsecktigt, von da an wird derselbige etwa drey Zoll lang viereckigt, und endlich ist der Ueberrest, den man vor den Schwanz ansehen muß, und über eine viertel Elle ausmacht, rund. Die Haut ist hart, oder Pergamentartig, hat keine Schuppen, wohl aber verschiedene breite Abtheilungen, und ist bräunlicht-blau.

Fig. 2. Zu dem nemlichen Geschlecht gehöret auch der jetzige Trompeten-Fisch aus den Antillen. Es ist derselbe zwey Zoll breit und dreyviertel Elle lang. Der Kopf hat an jeder Seite eine Floßfeder mit 15. Strahlen. Auf dem Rücken zehlet man sieben einzele und weit von einander stehende Strahlen. Am Schwanz befinden sich oben und unten Floßfedern, jede mit 22. Strahlen, wornach noch der Schwanz in einen breiten Fortsatz ausläuft, und am Ende mit Floßfedern besetzet ist. Unten am Bauch, gleich über dem After sind zu beyden Seiten auch noch Floßfedern, jede mit 6. Strahlen befindlich. Die Haut ist hart, und mit unzähligen kleinen Schuppen besetzet. Der Kopf ist breit und groß, und endiget sich in einen langen breiten horn-artigen Rüssel, an dessen Ende noch ein besonderer Ober- und Unterkieffer zu sehen ist. Die Farbe ist oben auf dem Rücken bläulicht, und hat 6. Reihen schwarzer Flecken. Der übrige Theil des Cörpers ist gelblicht weiß, und unten am Bauch ebenfals mit verschiedenen runden schwarzen Flecken gezieret.

Fig. 3. In dieser Figur erblicken wir noch einen andern eckigten, und mit einem Rüssel versehenen Nadel-Fisch, welcher von dem erst beschriebenen merklich abweichet. Es ist nemlich des Linnäi Syngnatus æquoreus. Er hat nur allein auf dem Rücken eine Floßfeder mit dreyßig Strahlen, und der Schwanz ist mit einer Floßfeder von fünf Strahlen besetzt, sonst trift man nirgends einige Floßfedern an. Der fördere Cörper ist siebeneckigt, der mittlere unter den Floßfedern sechs-eckigt, und von da an biß zum Schwanz viereckigt. Die Haut ist wie an dem ersten Pergamentartig, glatt, und nur mit breiten Querstrichen also abgetheilet, daß in jedem Querstrich, welcher den Fisch wie ein Band umgiebet, (und zwar an jeder von den sieben Seiten) ein eingefasstes, geschobenes, viereckigtes Feld erscheinet, wie ohngefehr ein Stein in einem Ring pfleget einge-fasset zu werden.

Fig. 4. Wir treffen allhier eine Art von Plattfischen an, die in dem Mexicanischen Meerbusen gefunden werden. Sie sind klein und so dünne wie der Rücken eines Messers, haben an jeder Seite ein Aug stehen, und der Mund siehet einem Schwein-Rüssel ähnlich. Die Haut ist allenthalben mit zarten Schuppen, und am Rücken, Brust, After und Schwanz mit Floßfedern, die aus vielen Strahlen bestehen, besetzet. Die Augen sind groß, und über, oder durch dieselbe ziehet sich an jeder Seite ein in der Haut gezeichnetes schmahles schwarzes Band, dergleichen auch zwey über den Schwanz hingehen. Ueber dem Cörper aber sie-het man in die Quere zwey breitere schwarze Binden gezogen. Ausserdem ist auch noch die äussere Fläche mit zarten schwarzen Linien, oder Strichen gezieret, die sich alle vom Rückgrad an in spitzige Winkel schräge hinauf und hinunterwärts ziehen.

Fig. 5. Dieser Fisch ist der Structur nach in allen dem vorigen gleich, nur daß er statt der breiten schwarzen Binden über dem Körper nahe am Schwanz auf jeder Seite einen grossen schwarzen Flecken trägt, daher er auch von den Indianern
Macambe

aux Continuations de l'Epine va se terminer avec elles en une pointe aiguë. La partie supérieure du corps depuis la tête jusques au milieu, où l'anus est placé, est hexagone; de là le corps devient quadrangulaire à la longueur d'environ trois pouces, & le reste, qu'on ne peut que prendre pour la Queuë, & qui a plus d'un quart d'aune de longueur, est rond. La peau est dure comme du parchemin, sans écailles, mais marquée de plusieurs larges divisions. La couleur est bleuë tirant sur le brunet.

Fig. 2. Il faut mettre dans le même Genre le *Poisson à trompette*, qui nous vient des *Iles Antilles*. Il a trois quarts d'aunes de long, sur deux pouces d'epaisseur. La tête a de chaque côté une nageoire à 15. raïons. On observe sur le dos sept raïons isolez, & fort distans l'un de l'autre. La Queuë est garnie au dessus & au dessous de nageoires, dont chacune est composée de vint-deux raïons; & cette Queuë se termine en une Continuation large, qui a encore des nageoires au bout. Il y a outre cela au Ventre immé-diatement au dessus de l'anus de chaque côté des nageoires, qui ont six raïons chacune. La peau est dure & couverte d'une infinité de petites écailles. La tête est large & grande, & aboutit en une longue & large trompe de nature cornée, à l'extrèmité de laquelle on remarque encore une Machoire supérieure & une inférieure particulière. La Couleur du dos est bleuâtre, sur laquelle on voit six rangées de taches noires. Le reste du corps est d'un blanc jaunâtre, qui au ventre est décoré de plusieurs taches noires & rondes.

Fig. 3. Cette figure représente encore une *Eguille an-gulaire pourvuë d'une trompe*, fort diferente de celle que nous venons de décrire. *Linnæus* l'apelle *Syngnatus æquoreus*. Ce Poisson n'a en tout que deux nageoires, l'une au dos de trente raïons, & l'autre à la queuë de cinq raïons. La Partie antérieure du corps est heptagone, le milieu sous les nageoires hexagone, & le reste jusqu'à la queuë quadran-gulaire. La peau en est, comme au précédent, semblable à du parchemin, unie d'ailleurs, & marquée de lignes trans-versales larges, de façon que l'on voit toujours entre ces lignes, dont le corps paroit être envelopé comme d'un ru-ban, à l'une des sept faces comme à l'autre, un champ bordé rhomboïdal, semblable à peu près à l'enchaïlûre d'une bague.

Fig. 4. Nous trouvons ici une espèce de *Plies* qu'on rencontre dans le Golfe du *Mexique*. Ce poisson est petit, & tout aussi mince que le dos d'un couteau. Il a un oeil à chaque côté, & sa bouche a la figure d'un groin de Porc. Sa peau est couverte par tout d'écailles fines. Des nageoires composées de quantité de raïons garnissent le dos, la poi-trine, l'anus, & la queuë. Les yeux sont grands & l'on observe sur la peau un ligament noir & étroit, qui va de l'un à l'autre. Il y en a deux pareils qui s'étendent le long de la queuë, & sur le corps deux bandes noires aussi, mais plus larges, qui passent en travers. Outre cela la superficie extérieure est décorée de lignes noires fines, qui partant toutes de l'épine forment vers le haut & vers le bas des angles aigus obliques.

Fig. 5. Ce Poisson-ci ressemble de tout point au pré-cèdent, à cette seule diférence près, qu'au lieu des larges bandes noires qu'on voit sur le corps de l'autre, celui-ci est marqué prés-de la Queuë de chaquecôté d'une grande
tache

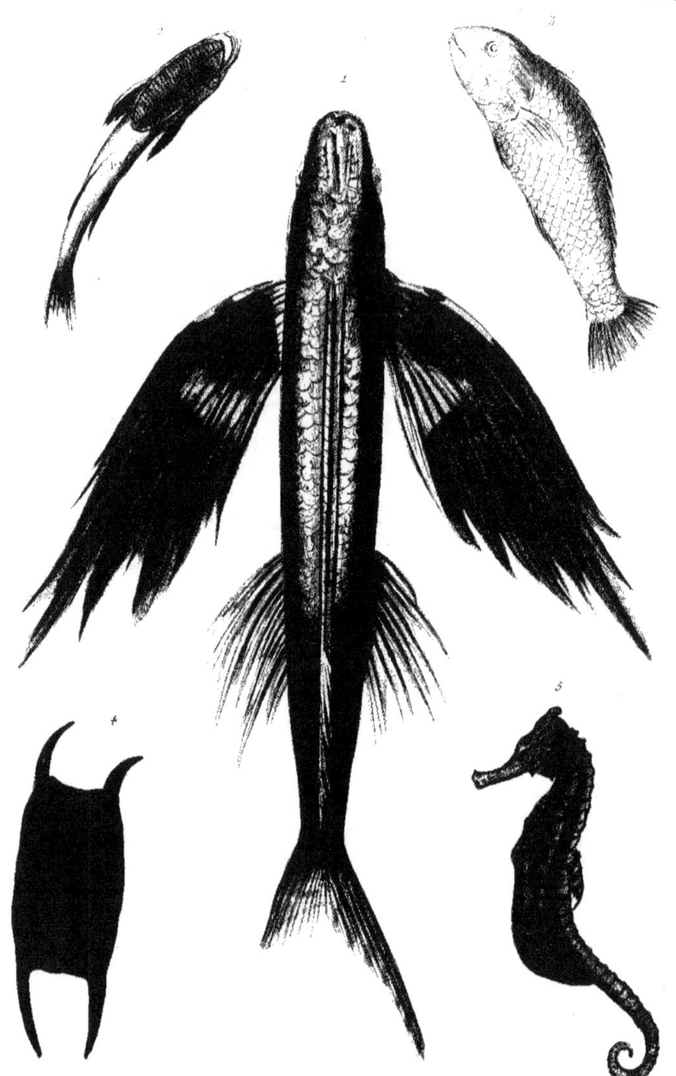

Ex Museo Mulleriano.

Macambe quater Ooge, oder ein Fisch mit vier Augen genennet wird. Die Art bleibet allezeit dünner und klein.

Fig. 16. Unter die sogenannten Kropffische kan auch füglich dieser gerechnet werden, welchen wir allhier in gegenwärtiger Figur antreffen. Denn da man darunter einen solchen Fisch verstehet, der gleichsam einen Kropf hat, oder wohl gar nur einen Kropf vorstellet, so trift diese Benennung wohl mit jetzigem Fisch überein, welcher sich zuweilen nach Art der Tauben kröpfet, oder aufblähet, daher er auch der *Blaser* genennet wird. Der Fisch selbst ist lang und schmal, hat einen länglichten Kopf, ein kleines Maul, und in selbigem nur vier breite ausgeschweifte Zähne, davon zwey oben, und zwey unten stehen, und ein jeder vollkommen die Helfte eines Kiefers einnimmt. Die Augen sind groß und länglicht. Nach dem Schwanz zu sind oben und unten Floßfedern befindlich. Die Haut, welche den Fisch von oben bedecket, ist braun und blau gefleckt, und etwas rauh, unten aber befindet sich die hohle pergamentartige Blase von weisser Farbe, welche allenthalben mit feinen Stacheln dichte besetzet ist. Diese Blase kan der Fisch nach Belieben mit Wind auftreiben, daß er ganz rund und wie eine Kugel erscheinet. Da, wo sich diese Blase an dem Cörper anschliesset, ist die Haut mit einer Reihe grosser runder schwärzlichten Flecken bezeichnet. Wenn diesem Fisch die Blase zusammen gefallen ist, so siehet er gar nicht einem Kugelfisch gleich; man kan ihm aber, wenn die Haut der Blase noch feucht ist, durch seinen Mund Wind einblasen, und ihm diejenige Gestalt geben, welche er in der Abbildung hat.

TAB. H. VI.

Fig. 1. Es ist schon Tab. H. III. fig. 1. der fliegenden Fische gedacht, und dabey erinnert worden, welche Bewandniß es mit ihren sogenannten Flügeln habe. Die jetzige Figur zeiget uns eine grosse Art, welche in Ansehung der äusserlichen Gestalt und Schuppen den Heringen vollkommen ähnlich ist, und in dem grossen Weltmeer auf der Höhe der Insul Madera häufig angetroffen wird, da denn diese Art truppweis über die Schiffe flieget, und daselbst auf das Verdeck niederfällt, oder auch wohl im Fluge aufgefangen wird. Ausser diesen zehlet man noch viele andere Arten, deren Flügel und Gestalt von der jetzigen sehr abweichen.

Fig. 2. Da die mehresten Fische entweder gleich lange Kinnladen haben, oder einen obern Kiefer besitzen, der über den untern hervorraget, so treffen wir allhier einen besondern Fisch an, an dem wir das Gegentheil erblicken, und der sonst unter dem Namen Schifhalter oder Remora bekannt ist. Er wird den Branchiostegis, welche verborgene branchias haben, beygezählet, und stehet beym Linnäus unter demjenigen Geschlecht, welches er Echeneis nennet. Es ist nemlich der Kopf breiter, als der Cörper, und oben ganz flach, oder platt. Auf dieser Fläche, die eine länglicht-runde Figur vorstellet, siehet man erstlich einen erhabenen Strich, welcher in die Länge stehet. Von diesem gehen zu beyden Seiten verschiedene erhabene Runzeln aus, zwischen welchen sich ziemlich tieffe Furchen zeigen, und da die Haut rauh ist, so machen diese Striche und Runzeln um so mehr eine rauhe Oberfläche aus. Mit dieser Platte druckt sich dieser Fisch, der sonst nicht merklich groß wird, gegen andere schwimmende Cörper an, hält sich auf diese Art daran feste, und ist ihnen also einigermassen eine Hinderniß. Insbesondere pflegen

---

tache noire, ce qui lui a fait donner par les Indiens le nom de *Macambe quater Ooge*, ou de *Poisson aux quatre yeux*. Ceux de cette espèce restent toûjours petits & effilez.

Fig. 6. On peut bien mettre au rang des *Poissons goûetreux* celui que la présente figure dépeint. Car comme on entend sous cette dénomination un Poisson qui a une espèce de Gouëtre, ou qui est fait comme un Gouëtre, le nom convient parfaitement à ce poisson-ci, qui se gorge quelquefois à la façon des pigeons, ou se remplit de vent, ce qui le fait aussi apeller le *Souffleur*. Cet Animal est long & effilé, sa téte a la figure oblongue, la bouche en est petite, dans laquelle on ne remarque que quatre larges dents échancrées, savoir deux en haut & deux en bas, dont chacune occupe parfaitement la moitié d'une machoire. Les yeux sont grands & de figure oblongue. Du côé de la queuë on observe des nageoires en haut & en bas. La Peau qui couvre la partie supérieure de ce Poisson est tachetée de brun & de bleu, & un peu rude, & au dessous paroit la Vessie vuide, semblable à du parchemin de couleur blanche, la quelle est fort garnie par tout d'eguillons fins. Le Poisson peut quand il lui plait remplir cette Vessie de vent, ce qui le fait paroître rond comme une boule. La peau est marquée d'une rangée de grandes taches rondes & noirâtres à l'endroit, où cette Vessie est attachée au corps. Lorsque la Vessie est retirée, alors le Poisson, n'a rien moins qu'une figure sphérique, mais tant que la Vessie est encore humide on peut la remplir de vent en soufflant dans sa bouche, & lui faire reprendre la même figure qui est dépeinte ici.

PLANCHE H. VI.

Fig. 1. Il a déjà été question cy-dessus *Pl. H. III. fig.* 1. de *Poissons volans*, où nous avons décrit en même tems ce qu'on apelle leurs ailes. Ici nôtre figure en dépeint une plus grande espèce parfaitement semblable aux Harans, quant à la figure extérieure & aux écailles. On trouve ceuxci en abondance dans le grand Océan, à la hauteur de l'Ile de *Madère*, où ces Poissons volent par troupes par dessus des Vaisseaux, & tombent quelques fois sur le pont. Il arrive aussi qu'on les prenne en volant. On en rencontre encore nombre d'espèces, qui, pour les ailes & pour la figure, diférent beaucoup de celle-ci.

Fig. 2. Les Machoires des Poissons sont le plus ordinairement de longueur égale, ou c'est la machoire supérieure qui dépasse l'inférieure. Nous voyons à la présente figure le cas oposé. Ce Poisson est connu sous le nom de *Remore*. On le met au nombre des *Branchiostegi*, qui ont des *Ouies cachées*. *Linnæus* le met dans le Genre qu'il distingue par le nom d'*Echeneis*. La Tête, qui a plus de largeur que le corps, est toute platte au dessus. On voit d'abord sur cette Superficie, dont la figure est d'une rondeur oblongue, une raye élevée qui va en long. De là partent des deux côtez plusieurs rides elevées, entre lesquelles on remarque des cannelures assez profondes, & comme la peau est rude sans cela, ces rayes & ces rides ne peuvent que rendre la Superficie encore plus rude. Cette surface platte & rude est la partie par laquelle ces Poissons, dont la grandeur n'est d'ailleurs pas considerable, s'attachent à d'autres corps nageans, & s'y tiennent fermé, ce qui est en quelque façon un obstacle à la marche des Corps qu'ils infestent.

sie sich oft in grosser Menge an die Schifsböden anzudrucken, wie sich ohngefehr die Seetulpen, und Enten-Muscheln auch daran zu hängen pflegen. Da nun dieses allezeit einem Schiff minder, oder mehr im Segeln hinderlich ist, wenn der Kiel und Boden nicht glatt, sondern mit andern Sachen besetzet ist, so hat dieser Fisch dadurch den Namen Schifshalter, oder Remora bekommen. Daß aber ein solcher Fisch ein Schiff im segeln solte aufhalten können, ist eine Fabel. Gleich unter diesem Schild, ohngefehr in der Mitte, stehen zu beyden Seiten die Augen, und die untere Kinnlade raget um ein merkliches hervor, weil die obere bey der letzten Runzel aufhöret. Die Haut des Cörpers ist rauh, und hat keine Schuppen.

Fig. 3. Dieser Fisch ist uns unter dem allgemeinen Namen eines Indianischen Barsches zugeschicket worden, wiewohl er in vielen Stücken von unsern Innländischen Barschen abweicht. Es ist der ganze Rucken mit scharfen stechenden Floßfedern besetzet, deren Strahlen weit auseinander stehen, und vermittelst einer zwischen selbigen stehenden Haut aneinander befestiget sind, jedoch so, daß die Spitzen der Strahlen hervorragen. Die nemliche Bewandniß hat es auch mit den Floßfedern des Unterleibes. Uebrigens sind die Floßfedern, wie auch ein Theil des Rückens, röthlich, und wenn der Fisch lebet, spielet eine Goldfarb auf den Schuppen.

Inzwischen müssen wir hier Gelegenheit nehmen, etwas zur Entschuldigung, in Ansehung der Farben beyzubringen, welche wir den Fischen in diesen Kupfer-Tafeln gegeben haben. Es sind nemlich die Figuren theils nach getrockneten Exemplarien, theils nach solchen, die in Spiritus aufgehoben waren, und theils nach den Berichten von Personen, die solche Fische ehedem lebendig gesehen hatten, mit Farben erleuchtet worden, und man hat die natürliche Farbe so gut als möglich war, zu treffen gesucht. Allein unter allen Naturalien sind wohl keine mühsamer nach den wahren Farben zu treffen als todte Fische, weil sie alsdann allezeit ihre Farbe verliehren. Denn trocknet man sie, so werden sie grau und schwärzlich; setzt man sie in Spiritus, so werden sie blaß, und soll man sich nach Beschreibungen richten, ohne ein lebendiges Exemplar vor sich zu sehen, so ist dieses eine äusserst gefährliche Sache, um die Natur zu treffen. Anderer Thiere Haut und Haare, oder auch die Federn der Vögel, die Deckel der Schildkröten, die Häute der Schlangen &c. behalten ihre Farbe, dahero man sie allezeit mit illuminirten Farben liefern kan, aber Fische sollten billig lebendig, und zwar, wenn sie im Wasser liegen, abgemahlet werden. Denn das Wasser erhöhet ihren Glanz, und stellet den Fisch in seinen eigentlichen Farben dar. Da aber dieses, zumahl bey ausländischen Meerfischen, eine weitläuftige und sehr kostbare Sache ist, so muß man sich freylich mit dem begnügen, was, und so gut man es haben kan. Sonst ist nicht zu läugnen, daß es würklich prächtige und schön gefärbte auch bunt gezeichnete Fische gebe, wie zum Exempel die Indianischen Gold- und Silberfischlein, sodann diejenige, die einen Perleumutter-Glanz haben, und dann das ganze Geschlecht breiter platten Fische mit beweglichen Zähnen, welches Linnäus Chætodon nennet, deßgleichen mehr andere.

Ils s'attachent en particulier volontiers en grande quantité à la Carène du Vaisseau, comme ont coûtume de faire les Glands de mer & les Conques anatifères. Et comme un Vaisseau ne va jamais aussi bien quand sa partie inférieure n'est pas unie, & que d'autres corps la rendent raboteuse, il est possible que ces Poissons retardent un peu sa course, & c'est ce qui leur a fait donner le nom de *Remores*. Mais de dire qu'une Remore puisse arrêter un Vaisseau, qui va à pleines voiles, c'est une fable. Les yeux se trouvent placez environ au milieu, immédiatement au dessous de cette superficie platte, ou de cette espèce d'Ecusson, qui couvre la tête. La machoire inférieure dépasse de beaucoup la supérieure, laquelle se termine à la dernière ride. La peau du corps est rude, & n'a point d'écailles.

Fig. 3. Ce Poisson nous a été envoyé sous la dénomination générale d'une *Perche des Inde*. Elle diffère à quantité d'égards du Poisson que nous conoissons sous ce nom dans nos Climats. Tout le dos est garni de Nageoires aiguës & piquantes, dont les raions, fort distans l'un de l'autre, sont attachez entre eux par une Membrane, que les pointes des raions dépassent toujours. Il en est de même des nageoires, qui se trouvent placées à la partie inférieure du corps. La Couleur de ces nageoires aussi bien que celle d'une partie du dos est rougeâtre. Tant que le Poisson vit on voit briller une couleur d'or changeante sur ses écailles.

Nous prions ici nos Lecteurs d'user envers nous de quelque indulgence relativement aux couleurs qu'on a employées aux enluminures de la présente Planche. On s'est sans doute efforcé d'imiter, autant qu'on l'a pû, la nature, dans les couleurs qu'on a donné aux pièces. Mais ces pièces n'étoient pas fraiches, quand on les a enluminées. Les Enlumineurs n'avoient devant les yeux que des Originaux ou séchez, ou conservez dans de l'Esprit de vin, ou les relations de personnes qui ont vû ces Animaux vivans, & dans tous ces cas on n'a pû se promettre une exactitude parfaite de tout point. Car de toutes les Curiositez naturelles, il n'y en a point dont il soit plus difficile d'attraper la véritable couleur naturelle que les Poissons, quand ils sont morts, parce qu'ils perdent toujours leur couleur. Lorsqu'on les sèche, ils deviennent gris & noirâtres; les met-on dans de l'Esprit de Vin, la couleur déchoit & se ternit; & quand on enlumine de pareilles Estampes d'après des Relations, sans avoir devant soi les Originaux vivans, ce n'est que par un très-grand hazard que l'on rencontre au juste la couleur naturelle. La peau & les poils d'autres Animaux, les plumes des Oiseaux, les Couvertures des Tortues, les peaux des Serpens &c. sont des Objèts, dont il est facile de donner des Figures enluminées avec justesse. Mais quant aux Poissons on ne devroit les peindre que vivans & placez dans l'eau, parce que l'Eau relève leur brillant & en fait paroitre les véritables couleurs dans toute leur beauté. Mais la chose n'est malheureusement guères possible, sur tout par raport aux Poissons de mer, qu'on ne pourroit se procurer qu'en s'assujétissant à des frais & à des embarras infinis. On est donc forcé de se contenter de ce qui est possible. Au reste il est de fait, qu'il y a des poissons dont les couleurs sont véritablement pompeuses, & qui sont magnifiquement marquez des plus voyantes. Tels sont les petits Poissons dorez & argentez des *Indes*, ceux qui sont decorez d'un brillant de nacre, de même que le Genre entier des Poissons

plats

J.C. Keller ad nat. pinxit.

plats & larges, à dents mobiles, que *Linnæus* comprend sous le nom de *Chætodon*, & d'autres.

Fig. 4. Wir haben in der Einleitung gesagt, daß es Fische gebe, die zwar ihre Jungen nicht lebendig zur Welt bringen, jedoch sie in ihren Eyern soweit bey sich ausbrüten, daß diese Jungen wenigstens nicht lange darnach herauskriechen. Von dieser Art sind die Rochenfische, und die jetzige Figur stellet uns einen **Eyerbehälter** oder die **Mutter** eines **Rochenfisches** dar, aus welchem hernach die jungen Rochen im Meer hervor kriechen.

Es bestehet solches aus einem viereckigten Pergamentartigen Sack, der inwendig hohl und wie ein Küssen aufgetrieben ist. An den vier Enden sitzen vier Hörner, oder Fortsätze, die biß in die Spitzen ebenfals hohl sind. Die Farbe ist schwarz und braun-roth mit etwas grün vermenget, und wegen ihrer schwarzen Farbe haben diese Rochen-Mütter den Namen **Seemäuse** bekommen.

Fig. 5. Den Beschluß macht auf dieser Tafel ein **Seepferdgen**, oder Hippocampus. Es gehören diese Fische unter diejenigen, welche eckigt sind und einen Saugerüssel, statt eines Mauls haben, deren ganzes Geschlecht Syngnatus genennt wird. Man heisset sie Seepferdgen wegen der Aehnlichkeit, welche ihr Kopf und Hals mit den Pferden besitzet. Der gegenwärtige ist oben siebeneckigt, unten aber biß zum Schwanz viereckigt, und allenthalben mit erhabenen Querlinien, oder Rippen, die rings herum auf den Ecken Knötgen haben, abgetheilet. Auf dem Rücken ist eine kleine Floßfeder vorhanden, und sonst nirgends. Unter der Brust ist sogleich die Oefnung des Afters, und zwar in dem Obertheil desjenigen Sacks, welcher den Unterleib gleichsam vorstellet. Vermuthlich ist dieser Sack die Mutter des Weibgens, wenigstens haben andere Seepferdgen dergleichen nicht. Auch giebt es Unterarten. Denn einige haben gar keine Knötgen an den Rippen, andere aber sind statt der Knötgen mit langen Zacken versehen. Wenn sie ums Leben kommen, so rollen sie ihren Schwanz einwärts zusammen.

Fig. 4. Il a été dit dans nôtre Introduction qu'il y a des poissons, lesquels ne mettent à la vérité pas leurs petits vivans au monde, mais qui en couvent assez les oeufs dans le ventre, pour qu'ils ne tardent guères à éclorre après qu'ils sont pondus. De cette espèce sont les Rayes, & ce que la présente Figure dépeint est un *Ovaire* ou une *Matrice de Raye*, d'où les jeunes Rayes sortent ensuite.

C'est un Sac membraneux quarré, vuide par dedans, & enflé comme un Coussin. On voit aux quatre extrémitez autant de cornes ou de continuations, cavées aussi jusques à la pointe. La couleur en est noire, ou d'un brun tirant sur le rouge, entremêlé d'un peu de verd. La Couleur noire est aparemment cause que les Naturalistes donnent à ces Matrices de Raye le nom de *Souris de Mer*.

Fig. 5. Un *petit Cheval de mer*, ou *Hippocampus* ferme la marche sur cette Planche. C'est un Poisson, qui apartient à la sorte des angulaires, qui au lieu de gueule ont une trompe propre à sucer. Le Genre entier porte le nom de *Syngnatus*. On les apelle *petits Chevaux de mer* à cause de la ressemblance qu'ils ont avec les Chevaux par la tête & par le Cou. Celui-ci est heptagone en haut, & ensuite quadrangulaire jusques à la Queuë. Il est marqué par tout de lignes transversales ou de côtes élevées, garnies de petits boutons, qui aux angles vont tout autour. On remarque une petite nageoire sur le dos, & nulle autre part. L'Ouverture de l'anus se trouve immédiatement sous la poitrine, au haut du sac qui forme en quelque façon la partie inférieure du corps de l'animal. Vraisemblablement ce Sac est la Matrice de la femelle, car on ne voit rien de pareil aux autres individus de cette espèce. On trouve des Sous-espèces de ces petits Chevaux marins. Car il y en a qui n'ont point de petits boutons aux côtes, & d'autres qui au lieu de petits boutons ont de longs éguillons. Lorsqu'ils perdent la vie ils roulent leur Queuë en dedans.

TAB. H. VII.

PLANCHE H. VII.

Fig. 1. Diejenigen Fische, deren Maul einigermassen mit dem Maul eines Schweins überein kommt, werden um deßwillen **Saufische** genennet, (eben so, wie auch eine gewisse Art Wallfische darum Delphine heissen,) weil sie diese Aehnlichkeit haben, als der Braunfisch, Sturmfisch, und das Meerschwein. Von solchen Fischen, deren Maul einer Schweinsschnautze gleichet, giebt es nun viele Arten. Unter andern gehöret denn auch gegenwärtiger kleine und breite Saufisch dahin, welcher beym Jonston den Namen Caper, oder Capriscus führet, (wofür andere aber Aper setzen wollen,) und eben diese Art theilet sich wiederum in verschiedene Unterarten ab. Die Indianer in den Antillischen Insuln nennen sie alle ohne Unterscheid: Porco di awa, oder **Wasserschweine.**

Der gegenwärtige hat eine schwarzbraune mit blauen Flecken gezierte harte Haut, die allenthalben mit solchen sich untereinander durchschneidenden Linien besetzet ist, welche ihm das Ansehen geben, als ob er mit so vielen Schuppen beleget wäre, deren er jedoch keine hat. Oben über den Augen, die sehr groß nach vor-

Fig. 1. Les Poissons, dont la Gueule a quelque ressemblance avec le Groin d'un Porc, portent par cette raison le nom de *Porc marin*, tout comme on nomme de certaines Baleines des *Daufins* par la même raison de ressemblance, comme les Marsouins, les Ouldres, & les Porcs de mer. Il y a quantité d'espèces de ces Poissons, qui ont la gueule faite en groin de Porc, dans lesquelles on doit ranger aussi le Porc marin large, qui est dépeint dans nôtre figure, & que *Ionston* distingue par le nom de *Caper*, ou de *Capriscus.* D'autres l'apellent *Aper.* Cette espèce se divise en plusieurs Sous-espèces. Les *Indiens* des *Antilles* les nomment tous indistinctément *Porco di awa*, ou *Porcs d'eau.*

Celui-ci a la peau d'un brun noirâtre, décorée de taches bleuës, garnie par tout de lignes transversales, qui s'entrecoupent, & font paroitre cette peau comme si elle étoit couverte d'écailles, quoiqu'il n'y en ait point du tout. Au dessus des yeux, qui sont proportionellement fort gros, paroit

Verhältniß sind, raget ein Zacken gleich einem Horn heraus, welchen der Fisch nach Belieben in eine eben so lange tieffe Furche auf dem spitzigen Rücken nieder legen kan, ohngefehr wie man ein Taschenmesser zusammen schlägt. Das Maul ist mit scharfen langen Zähnen versehen, die wie dünne Bleche aussehen. Die Floßfedern sind weich, und die ersten Strahlen derselben sehr lange, da hingegen die folgende nach und nach kürzer werden, so daß die lezten am Schwanz kaum aus dem Cörper hervor ragen.

Eine andere Art dieser Saufische hat in der Haut gar keine Schuppen-ähnliche Abtheilung, noch Flecken, sondern ist rauh, hart und schwarz-blau, und hat viel kürzere aber mehr ausgebreitete Floßfedern.

Fig. 2. Es ist in der Einleitung schon erinnert werden, daß diejenigen Fische, die Fleisch fiessen, spitzige Zähne haben, dahingegen viele andere mit runden und stumpfen Zähnen versehen sind, weil ihre Nahrung in solchen Sachen bestehet, die gerieben oder zermolmet werden müssen. Von lezterer Art ist der gegenwärtige Unterkiefer eines Fisches, welcher, (wenn wir uns nicht irren,) Sargus genennet wird, und unter das Geschlecht, welches Sparus heisset, gehöret.

Bemeldeter Fisch ist ziemlich groß und fleischig, ob er gleich einen platgedruckten Cörper hat. Die Schuppen prangen mit einer spielenden Vieletfarbe. Der Leib hat etliche breite schwarze Binden, und am Ende ist bey dem Schwanz zu jeder Seite ein grosser schwarzer Fleck zu sehen. Dieser Fisch hält sich mehrentheils in der Tiefe auf, und wird im Mittelländischen Meer, besonders aber im Adriatischen, und bey dem Ausfluß des Nilstroms angetroffen.

Was nun dessen in dieser Figur abgebildeten Kiefer betrift, so ist derselbige forne mit vier langen und dicken jedoch stumpfen Hauerzähnen versehen, die neben aus hervorragen. Hinter selbigen folgen kleinere lange Zähne; die übrigen aber sind lauter breite dicke, etwas rundgewölbte Backenzähne, davon die grösseiten auswendig in einer Reihe stehen, hinter welchen eine grosse Menge kleinere befindlich sind, davon die kleinsten nur wie Hirsenkörner aussehen. Diese runden Backenzähne werden zuweilen versteinert gefunden, und sind die sogenannten Katzen-Augen, oder auch wohl Türkisse und sogenannte Krötensteine, davon die erste Art von der Insul Malta, die andere aus Frankreich, und die dritte aus etlichen Gegenden Deutschlands gebracht wird.

Fig. 3. Nun kommt ein Unterkiefer mit spitzigen Zähnen, welcher uns in beygehender Figur gezeiget wird. Es ist derselbige von einem Haayfisch, und zwar von derjenigen Art, welche Carcharias, und Seehund genennet wird, wiewohl man diese Art Seehunde nicht mit jenem Geschlecht der Seehunde, welches Füße hat, und auf der folgenden Tafel vorkommen wird, verwechseln muß. Diejenigen Seehunde, davon der gegenwärtige Kiefer ist, sind Haayfische, die sich vorzüglich im Mittelländischen Meer aufhalten. Sie haben in diesem Kiefer der Länge nach sieben Reihen Zähne in der Rundung herum sitzen, und da jede Reihe wohl über 40. Zähne hält, so haben sie nur allein im untern Kiefer gegen 300. Zähne sitzen. Alle diese Zähne liegen Reihen-weise hintereinander und sind beweglich, so daß sie sich

Reihen-

paroit un éguillon, qui sort comme une corne, & qu'il dépend de l'Animal de coucher quand il lui plait dans une profonde cannelure de même longueur, qui se trouve sur le dos tranchant, à peu près comme on ferme un couteau de poche a ressort. La gueule est garnie de dents longues & aiguës qui ressemblent à des petites lames minces. Les nageoires sont tendres, & leurs prémiers raïons fort longs. Ceux qui suivent vont en diminuant, & deviennent enfin si courts peu à peu, qu'il est à peine possible de distinguer ceux qui sortent du corps près de la Queuë.

On connoit une autre espèce de ces Porcs marins, dont la peau, sur laquelle on ne voit ni tache, ni division qui imite celle des écailles, est rude, dure, & d'un bleu tirant sur le noir. Les nageoires de ceux-ci sont beaucoup plus courtes & plus étenduës.

Fig. 2. Nos Lecteurs ont déjà été avertis dans nôtre Introduction que la Nature a pourvû les Poissons, qui mangent de la chair de dents pointues, au lieu que quantité d'autres dont la pâture n'a besoin que d'étre écrasée & broïée, n'ont que des dents rondes & obtuses. Nous voïons ici la machoire d'un Poisson de la dernière espèce, qui, si nous ne nous trompons, porte le nom de *Sargus*, (*) & apartient au Genre des *Sparus*.

Ce Poisson est assez grand, & fort charnu, quoiqu'il ait le corps aplati. Les Ecailles brillent d'une couleur violette changeante. On voit sur le corps quelques bandes larges de couleur noire, & une grande tache noire par la Queuë de chaque côté. Il se tient pour l'ordinaire dans des Eaux profondes, & on le trouve dans la *Méditerranée*, spécialement dans le *Golfe Adriatique*, & à l'embouchure du *Nil*.

Quant à la machoire, que la présente figure dépeint, elle est garnie sur le devant de quatre défenses, ou dagues, longues, épaisses, & obtuses, qui sortent par les côtez. Les dents, qui suivent immédiatement, sont plus petites: celles qui viennent après sont toutes de larges & épaisses dents machelières, un peu arrondies en haut, dont les plus grandes se trouvent dans la rangée la plus extérieure, derrière laquelle sont les moindres, dont les plus petites ressemblent à des grains de millet. On rencontre quelquefois de ces Dents machelières petrifiées, qui sont ce qu'on apelle les *Yeux de chat*, ou les *Turquoises* ainsi dites, ou les *Batrachites*. La prémière sorte nous vient de *Malte*, la seconde de *France*, la troisième de quelques contrées de l'*Allemagne*.

Fig. 3. Cette Figure-ci représente une Machoire inférieure à dents aigues. Elle est d'un *Haay* ou Chien de mer, & spécialement de l'espèce qu'on nomme *Carcharias*, & proprement *Chien de mer*, qu'il ne faut cependant pas confondre avec le Genre de ces autres *Chiens de mer*, qui sont pourvûs de pieds, & que nous verrons sur la Planche suivante. Ceux dont la présente machoire a été prise sont des *Haay*, qu'on trouve plus fréquemment dans la Mer méditerranée qu'autrepart. On remarque le long de cette machoire 7. rangées de dents, qui en sont le tour, & comme chaque rangée est composée de plus de 40. dents, il en

re-

(*) Espèce de *Muge*, qu'on apelle *Sarg* à *Marseille*, & chez quelques Naturalistes le *Grondeur*.

Reihen einige aufrichten und platt nieder legen können. Daher auch der Fisch bey einem Raub jedesmahl soviele Reihen in die Höhe richtet, als er nöthig achtet, seinen Raub zu fassen. Da es aber vielerley Arten dieser Fische giebt, so sind auch die Zähne unterschieden. Etliche nemlich haben dicke breite Zähne, welche ein gleichseitiges Dreyeck ausmachen, so auf den Seiten glatt ist. Andere haben Zähne von der nemlichen Structur, nur sind selbige am Rande eingekerbet, wie eine Säge. Wiederum andere haben länglicht dreyeckigte glatte Zähne, und diese sind bey etlichen gerade, bey andern krumm, bey einigen stehen diese Zähne auf einer einfachen, bey andern aber auf einer gedoppelten, oder gabelförmigen Wurzel. Die Zähne dieses Kiefers sind länglicht, etwas krumm gebogen, und stehen auf einer einfachen Wurzel. Alle vorbeschriebene Arten der Zähne werden auch versteinert gefunden, und es sind die nemlichen, welche man Glossopetræ, oder Zungensteine nennet, weil sie eine Zungenförmige Gestalt haben, und man anfänglich auch glaubte, daß es versteinerte Schlangen-Zungen wären. Die mehresten dieser versteinerten Zähne werden in Maltha und bey Aken gefunden.

Fig. 4. Unter der grossen Verschiedenheit der Fische werden auch solche gefunden, die eine vollkommene Schlangen-Gestalt haben, darinnen aber von den Schlangen abweichen, daß ihr Cörper mit keinen Ringen, wohl aber mit einer glatten Haut versehen, und minder oder mehr mit Floßfedern besetzet ist. Man zehlet zu selbigen die allenthalben bekannte Bricken und Aale. Diejenige, die weniger bekannt, oder nicht so allgemein sind, verdienen, daß wir ihrer mit mehrern gedenken, da gegenwärtige Figur uns dazu Anlaß giebt. Man hat ihrer verschiedene Arten, die mehrentheils keine Floßfedern, statt selbigen aber über den ganzen Rücken die Länge hinunter einen Fortsatz der Haut, gleich einem Saum, haben, der sich mit dem Schwanz endiget, so daß der Rücken durch diese Haut scharf, oder spitzig erscheinet, auch nimmt man an ihnen keine sogenannten Fischohren wahr. Ihre Länge ist unterschieden, und gemeiniglich biß zwo Ellen. Ihre Dicke ist wie ein starker Arm eines Menschen, wenn sie nemlich vollkommen ausgewachsen sind, wiewohl verschiedene Schriftsteller Nachricht von solchen Fischen in den Norwegischen Meere geben, welche eine ungeheure Länge haben, davon wir die bey ihnen angegebene Anzahl der Elen nicht hersetzen wollen, weil wir an ihrem Daseyn zweifeln, ohnerachtet man sich fast nichts so wunderbar und so groß vorstellen kan, welches nicht in der Natur möglich seyn sollte.

Der gegenwärtige Fisch ist unter dem Namen Mural, Wasserschlange, oder auch Seedrache bekannt. Sein Kopf ist schmähler als der Cörper, und gehet in ein länglichtes spitziges Maul aus. Das Maul hat oben und unten eine Reihe langer scharfer Zähne. Die Haut ist oben schwarz und zierlich weiß marmoriret, der Bauch des Fisches hingegen ist weiß im Grunde, und schwarz gesprengelt. Jedoch stimmt dieses nicht bey allen überein. Denn soviel man auch von dieser Art findet, so viele sind auch anders gezeichnet, nemlich marmoriret, gefleckt, gesprengt, gestreift, bandirt, und dergleichen, und das zwar mit allerhand Farben, nicht allein schwarz und weiß, sondern auch gelb, grün, blau, röthlich, und dergleichen. Sie scheinen sich zu einem schlammigten, oder vielleicht Kaltblütigen Leben

des

résulte que l'Animal a près de 400 dents à la machoire [in]férieure seule. Toutes ces dents sont posées en rangées, les unes derrière les autres, & mobiles, en sorte que ce Poisson peut les élever par rangée ou les coucher comme il lui plait. Et quand il aperçoit une proie, il élève autant de rangées qu'il croit lui être nécessaires pour la saisir. Mais comme il y a plusieurs espèces de ces *Haay*, leurs dents diférent aussi. Quelques uns les ont larges & épaisses, formées en triangle équilateral, uni par les cotez. D'autres ont des dents de la même structure, mais cochées par les bords comme une Scie. D'autres les ont oblongues triangulaires unies; celles-ci sont tantôt droites, tantôt courbes, & la racine en est quelquefois simple, quelquefois double, ou faite en fourchette. Les dents de la machoire représentée dans nôtre figure sont oblongues, un peu recourbées & tiennent à une racine simple. On trouve des Pétrifications de toutes ces espèces de dents, connuës sous le nom génèrale ment adopté de *Glossopètres* (*Pierres-Langues*) parcequ'elles sont formées comme une Langue. Aussi a-t-on crû autrefois que c'étoient des Langues de Serpent pétrifiées. On rencontre le plus de ces dents pétrifiées à *Malte* & près d'*Aix la Chapelle.*

Fig. 4. Dans la Variété immense de Poissons, qui existent, on en trouve aussi qui ont parfaitement la figure d'un Serpent. Ils en diférent en ce que leur Corps n'est point composé d'anneaux, comme celui du Serpent, mais qu'il a une peau unie, garnie de plus ou moins de nageoires. On met dans ce rang deux espèces fort connuës qui sont la *Lamproie* & l'*Anguille.* Celles qui sont moins généralement connuës méritent que nous en disions quelque chose de plus, ce dont la présente figure nous fournit l'occasion. On en voit plusieurs espèces, la plûpart sans nageoires, à la place desquelles ces poissons ont tout le long du dos une Continuation de leur peau, comme une façon d'Ourlet, qui se termine à la queuë, ce qui fait paroitre le dos comme s'il étoit aigu, ou tranchant. On ne leur trouve point d'Ouïes. Leur longueur est diverse. Ordinairement elle s'étend à deux aunes. Leur épaisseur est comme celle du bras d'un homme robuste & charnu, ce qu'il faut entendre du tems où ils ont fait leur crû. Quelques Ecrivains parlent de pareils Poissons, qu'on prend dans la Mer de *Norvvège*, auxquels ils attribuent une longueur si monstrueuse, que nous n'osons faire mention ici du nombre d'aunes à laquelle ils la font monter, parceque, pour le dire avec franchise, l'assertion nous paroit mériter confirmation, quoiqu'on ne puisse pas disconvenir, qu'il n'y a rien de si merveilleux ni de si grand, qui ne puisse avoir lieu dans les productions de la Nature.

Le Poisson que nous avons ici devant les yeux est connu sous le nom de *Mure* ou *Murène*, ou *Serpent d'eau*, ou *Dragon de Mer.* Sa tête a moins d'épaisseur que le corps, & se termine en une gueule pointuë oblongue. Cette Gueule est garnie en haut & en bas d'une rangée de longues dents aiguës. La peau est noire en haut, & élégamment marbrée de blanc. Le Ventre a le fond blanc moucheté de noir. Mais cela n'est pas toûjours de même à tous les poissons de cette espèce. Car autant qu'on en trouve, autant y en a-t-il qui sont diversement marqués; on en voit de marbrez, de tachetez, de mouchetez, de striez, de bandez, &c. Même les Couleurs sont variées, puisqu'au lieu du blanc & du noir on trouve quelquefois

du

des Meeres aufzuhalten, indem ihre äussere Haut mehrentheils mit einem leimigten Kalchartigen Wesen umgeben ist, welches sich nach und nach auflöset, und den Spiritus weiß macht, so daß man sie oft reinigen und anfrischen muß, ehe man ihre natürliche Farbe zu sehen bekommt.

du jaune, du verd, du bleu, du rougeâtre, &c. Il y a lieu de conjecturer qu'ils se tiennent dans la mer sur des fonds limoneux, ou plûtôt calcaires, parceque leur peau extérieure est le plus souvent couverte d'une substance limoneuse calcaire, qui se dissout peu à peu dans l'Esprit de vin & le blanchit, de sorte qu'on est obligé de les nettoyer souvent, & de leur donner de l'Esprit de vin frais, avant qu'on puisse parvenir à faire paroître leur couleur naturelle.

TAB. H. VIII.

Fig. 1. Es ist vorhin gesagt worden, daß man die Haay-fische auch Seehunde nenne, sie aber mit denjenigen Thieren nicht verwechseln müsse, welche gemeiniglich auch Seehunde genennet werden, eigentlich aber Meerkälber zu nennen wären. Diese letzte Art wird allhier vorgezeiget, welche bey dem Linnäus unter den Namen Phoca vitulina, den vierfüßigen Thieren der Ordnung Mammalia Feræ beygezählet worden. Da aber diese Thiere mehrentheils im Wasser leben, und ein Liebhaber, der erst anfängt sich umzusehen, solche unter den Fischen zu suchen pfleget, so haben wir diese Zeichnung ohne Bedenken gegenwärtigem Fach beygefüget, zumahl eine Systematische Claßification nicht der Zweck dieser Kupfertaffeln ist.

Dieser Seehund hat eine rauhe, haarigte Haut, nach Art der Kälber und anderer vierfüßigen Land-Thiere. Die Haare stehen dichte aneinander, sind kurz und stark, und haben eine braune, gelbe, und weisse Farbe, wodurch die Haut gefleckt, oder gesprenkelt erscheinet, und zuweilen wie eine Tiegerhaut gezeichnet ist. Die Augen sind groß und blaulicht, und hinter selbigen ist ein ganz kleines zartes Ohr-Läpgen zu sehen, gleich einem Mause-Ohr. Der Kopf und das Maul siehet einem Mops-Hund nicht ungleich, nur befindet sich an selbigen ein langer Schnurbart, dergleichen die Katzen oder die Tieger führen. Jedes Haar dieses Schnurbarts siehet aus, als ob es von zweyen oder dreyen Borsten zusammen geflochten wäre. In dem Maul haben sie sechs lange einzelne, und weit auseinander stehende starke Zähne, sodann auch eine sehr dicke und fleischigte Zunge. Der Cörper ist größer, als ein Kalb, ziemlich dicke und rund, und mit einem thranichten Fett stark besetzt. Die fördersten Füsse stehen frey, und endigen sich in starken Floßfedern, aus welchen fünf starke scharfe Klauen hervorragen. Die hintern Füsse hingegen sind gleichsam in einem gedoppelten Schwanz ausgewachsen, dahero sie nicht eigentlich gehen, wohl aber fortrutschen können. An diesen hintern Füssen, oder gedoppelten Schwanz siehet man ebenfals starke Floßfedern, aus welchen gleicherweise zu jeder Seite fünf starke spitzige Klauen hervorragen. Der Cörper aber läuft zwischen beyden spitzig aus. Man findet sie häufig am Africanischen Strande, am Vorgebürge der guten Hofnung, deßgleichen in den Nordischen Meeren bey Grönland, und an den Küsten des Rußischen Reichs, biß Kamtschatka, da jährlich viele tausend, der Häute wegen, mit Prügeln todtgeschlagen werden. Doch sind die Africanischen die schönsten, und haben eine feinere Haut, dessen Haare wie Sammet anzufühlen sind, wie denn auch an selbigen die Farben zierlicher ausfallen. Der gegenwärtige ist aus dem Nordischen Meere. Diese Thiere kommen Heerden-weise zu etlichen hunderten an den Strand, oder auf hervorragenden Klippen und Eysschollen, sie

PLANCHE H. VIII.

Fig. 1. Il a été dit cy-dessus que l'on donne aux *Haay* aussi le nom de *Chiens de mer*, mais qu'ils ne doivent pas être confondus avec d'autres Animaux qu'on apelle communément de même *Chiens de mer*, & qu'on devroit proprement nommer des *Veaux marins*.(*) C'est cette dernière espèce que l'on produit ici, & qu'on trouve dans *Linnæus* sous le titre de *Phoca vitulina*, espèce qu'il range parmi les Quadrupèdes dans l'Ordre des *Mammalia Fere*. Mais comme ces Animaux vivent le plus dans l'Eau, & que par cette raison des Amateurs encore novices ont coûtume de les chercher parmi les Poissons, nous n'avons pas balancé de mettre cette figure dans le présent article d'autant plus qu'il ne s'agit pas dans nos Planches d'une Claßification Sißtématique.

Le *Chien de mer* ou *Requin* que nous voyons représenté ici a la peau velue comme l'est celle d'un Veau, ou de quelque autre Quadrupède terrestre. Ces poils sont serrez, épais, courts, & forts. Les Couleurs qu'on y remarque sont le brun, le jaune, & le blanc, ce qui fait paroître la peau comme si elle étoit tachetée, ou quelquefois tigrée. On voit derrière les yeux, qui sont grands & bleuâtres, un petit bout d'oreille subtil fait comme une oreille de Souris. Leur Tête & leur Gueule ressemblent assez aux mêmes parties d'un doguin, excepté que les Chiens marins ont avec cela de longues moustaches semblables à celles d'un Chat ou d'un Tigre. Chaque Poil de cette moustache semble avoir été composé & tressé de deux ou de trois Soies. La gueule est garnie de six dents longues, isolées, & fort distantes l'une de l'autre. La langue est fort épaisse & charnue. Le corps est plus grand que celui d'un veau, assez épais, rond, & fort chargé d'une graisse huileuse. Les pieds de devant sont dégagez du corps & se terminent en grosses nageoires, d'où l'on voit s'avancer cinq grifes fortes & aigues. Mais les pieds de derrière sont quasi formez comme une double Queuë, de sorte qu'ils ne peuvent pas proprement marcher ni faire leur chemin sur la terre autrement qu'en se trainant ou en glissant. Ces pieds de derrière, ou ces deux queuës jointes ensemble, ont aussi de grosses nageoires desquelles on voit sortir comme aux pieds de devant de chaque côté cinq fortes Grifes aiguës. Le Corps passe entre deux, & se termine en pointe. On trouve ces Animaux en quantité vers les côtes d'*Afrique*, au *Cap de bonne espérance*, dans les mers septentrionales, près de la *Groenlande*, & sur les rivages de la *Moscovie*, jusques à *Kamtschatka*. On en assomme toutes les années plusieurs milliers à coups de barre, pour en avoir la peau. Ceux d'*Afrique* sont les plus beaux; leur peau est plus fine, le poil doux à toucher comme le velours, & les couleurs élé-

gamment

(*) C'est le *Requin*.

Ex Museo Excell. D.D. Chrijt. Jac. Trew.

Guilielmus Ludovici ad viv. pinxit.

Andreas Hoffer Sculpsit 60.

sie sind sehr zahm, thun dem Menschen nichts, und fliehen auch nicht vor selbigen, so daß man mitten durch ihre Heerden durchgehen kan, ohne daß sie sich daran kehren. Sie schlaffen, indem sie aus dem Wasser hervorragen, und mit dem Kopf auf Klippen liegen, sie sind der Weibgen halber eifersüchtig, und fechten untereinander, da immer einer dem andern zu Hülfe eilet, biß das ganze Heer im Krieg verwickelt ist, und das Gefechte allgemein wird.

Fig. 2. Zur Ausfüllung ist ein zartes und sehr brüchiges Meergewächse, welches aus den Klippen hervor wächset, abgebildet. Es bestehet aus langen Fäden, wie Bersten, auf deren Spitze sich ein rundes Schüsselchen ansetzet. Man nennet es das Acetabulum.

Fig. 3. Ist gleichfals ein an Klippen, oder auf dem Meergrund sitzendes Meergewächse, welches wie ein rothbraunes, breites Schwerdlilien-Graß aussiehet, und mitten in den Blättern verwachsene länglicht-runde Knoten hat. Man pfleget es die Seelinde zu nennen.

gamment disposées. Celui-ci est de la mer *septentrionale.* Ces Animaux marchent par troupes. On les voit par centaines sur le rivage, sur des rochers qui sortent de l'eau, ou sur des glaçons. Ils ne font point sauvages, n'ofensent jamais l'homme, ni ne le fuient, de sorte qu'on peut passer à travers leurs troupes, sans qu'ils s'en mettent en peine. Ils dorment à fleur d'eau, la tête appuyée sur quelque rocher. Ils font fort jaloux de leurs femelles pour lesquelles ils se battent, & comme il y en a toûjours quelques uns qui veulent accourir au secours de l'un ou de l'autre des Combattans, il en resulte quelques fois une bataille générale, où tous se trouvent engagez.

Fig. 2. Pour remplir la Planche on a dépeint ici une Plante marine déliée & fort fragile, qui est toute composée de filamens qui ressemblent à des soies, & portent sur leur pointe un petit plat rond, qu'on nomme *Acetabulum*, la petite Soucoupe.

Fig. 3. Ceci est encore une Plante marine, qui croit sur les rochers, ou au fond de la mer; elle ressemble à la feuille large de l'*Iris* de couleur rouge tirant sur le brun. On y remarque des boutons de rondeur oblongue qui croissent sur le milieu des feuilles. Les Naturalistes apellent cette Plante le *Tilleul marin.*

Einleitung zu den Vögeln.

Es sind die Vögel ohne allen Zweifel eine ausnehmende, ob gleich mühsame und nicht gar zu dauerhafte Zierde der Cabinetten. Ihre Pracht und Mannichfaltigkeit ist so groß, daß es sich vor jeden Sammler wohl der Mühe verlohnet, sie etwas genauer kennen zu lernen. Da es aber viele Schriftsteller giebt, welche schon weitläuftige Beschreibungen von diesem Fach der Geschöpfe gemacht, auch große Sammlungen mit erleuchteten Kupfertafeln ausgegeben haben; so werden wir eben um deßwillen in diesem Fach ganz kurz seyn, und es bey etlichen wenigen Tafeln bewenden lassen; nur müssen wir vorher etwas von der Eintheilung, Structur, Federn, Bauart der Nester, Eyer, Haushaltung und Gesang der Vögel erinnern, weil die Betrachtung dieser Stücke einem Sammler nicht undienlich ist.

Die Eintheilung der Vögel wurde vormahls von ihrer Lebensart hergenommen, und man machte einen Unterscheid zwischen solchen, die Fleisch fressen, zwischen andern, die sich von Pflanzen und Saamen nähren, wiederum zwischen andern, welche den Würmern und Insecten nachstellen, und endlich zwischen solchen, die im Wasser leben und Fische verspeisen. In der ersten Classe kamen die Adler, Geyer, Habichte, Falken, Raben, Papegayen, Krähen, Elster, Eulen und Strauße, und die besondere Abtheilung dieser Vögel in Unterclassen wurde von ihrer meisten Uebereinstimmung in ihrer Lebensart entlehnt. Die zweyte Classe enthielt alle Hühner, Pfauen, Auerhähne, Truthäner, Wachteln, Schnepfen, Wiedehopfe, Tauben, Lerchen, Sperlinge, Amseln und dergleichen. Zur dritten Classe zählte man unter andern die Spechte, Schwalben, Zaunkönige, Rothkehlchen, Heher, Meisen, Nachtigallen und mehr andere. Die vierte Classe endlich enthielte die Gänse, Enten, Storche, Reiger, Kibitze, Kraniche und andere dahin gehörige Vögel.

Es wollte aber diese Art der Eintheilung nicht hinlänglich seyn, die Vögel recht von einander zu unterscheiden. Denn es kamen in dem einen Fach solche vor, die zugleich auch in ein ander Fach gehöreten, und also zweymahl gezählet wurden, da hingegen blieben viele ausländische Vögel übrig, welchen man keine schickliche Stelle anweisen konnte. Man fand sich also gemäßiget, andere Unterscheidungs-Zeichen hervor zu suchen, nach welchen man die Vögel Claßificiren, und dadurch die alten Schriftsteller, besonders aber die Abbildungen des Geßners, Jonstons und anderer brauchbarer machen möchte.

Der

INTRODUCTION A L'ARTICLE DES OISEAUX.

Les *Oiseaux* composent un Article, qui contribue beaucoup à orner un Cabinet; mais c'est un ornement, qui coûte au Collecteur de grands soins, & qui avec cela déperit aisément. Cependant la beauté de ces Animaux, & leur Variété est telle, qu'elle mérite assûrément une attention particulière de la part des Curieux. Mais comme plusieurs Auteurs en ont deja donné d'amples Descriptions, qui sont décorées en partie d'une grande quantité de Figures enluminées, nous croyons devoir nous restraindre à un petit nombre de Planches, après avoir fait auparavant quelques Observations, sur les *Divisions* qu'on établit parmi les Oiseaux, sur leur *Conformation*, sur leur *Plumage*, sur l'*Architecture de leurs* nids, sur leurs *Oeufs*, sur leur *Economie*, & sur leur *Chant*, qui ne pourront être qu'utiles & agréables à un Collecteur.

Autrefois on prenoit la façon de vivre des Oiseaux pour régle des *Divisions*. Ainsi l'on distinguoit les Oiseaux carnaciers, ou ceux qui vivent de chair; ceux qui se nourrissent de plantes & de semences; ceux dont les Vers & les Insectes sont la pâture, & ceux enfin qui vivent dans l'eau & s'entretiennent de Poissons. On mettoit dans la première *Classe* les Aigles, les Vautours, ou Gerfauts, les Autours, les Faucons, les Corbeaux, les Perroquets, les Corneilles, les Pies, les Hibous, & les Autruches, subdivisés en de Sous-Espèces selon le plus ou le moins de conformité qui se trouve entre eux. La *seconde Classe* renfermoit les Coqs & Poules de toute espèce, les Paons, les Coqs-de-bruyère & les Gelinottes, les Coqs & Poules d'Inde, les Cailles, les Becasses, les Huppes, les Pigeons, les Alouettes, les Moineaux, les Merles, &c. On rangeoit dans la *troisième Classe* entre autres les Pics, les Hirondelles, les Roitelets, les Rouge-gorges, les Geais, les Mésanges, les Rossignols, &c. Enfin l'on comptoit dans la *quatrième Classe* les Oies, les Canards, les Cicognes, les Hérons, les Vaneaux, ou Pluviers, les Grues, & autres Oiseaux de cette catégorie.

Mais cette Métode de Division n'étoit rien moins que sufisante pour bien distinguer les espèces entre elles. Car de cette façon tel Oiseau paroissoit dans une Classe, qui pouvoit etre aussi placé dans une autre, & mis ainsi deux fois sur la Scène, tandis que d'un autre côté il restoit encore un bon nombre d'Oiseaux etrangers, qu'on ne savoit où ranger convenablement. On s'est trouvé forcé par cette raison de chercher d'autres caractères distinctifs propres à une Classification plus commode, plus conforme aux anciens Auteurs,

&

Der berühmte **Klein** fieng demnach an, die entscheidende Merkmahle von den verschiedenen Gattungen der Vögel in der Structur der Füsse und Köpfe zu suchen. Die Füsse wurden beurtheilet nach der Anzahl, Richtung und Gestalt der Zehen. Nach der Anzahl, nemlich: ob zwey, drey, oder vier Zehen vorhanden sind? Nach der Richtung: wieviel vorne, oder hinten stehen? Und nach der Gestalt: ob sie zertheilet, oder mit einer Haut verwachsen, oder auch halb getheilet sind. Die Köpfe hingegen wurden, nachdem sie von ihrer Haut entblösset waren beurtheilet, nach der Höhe, Breite und Gestalt der Hirnschale, wie auch nach der Dicke, Länge und Figur des Schnabels.

Kraft dieser Merkmahle kamen acht Familien heraus, und jede Familie hatte ihre Geschlechter, wie folget:

I. Familie, das einzige Straußgeschlecht mit zweyen Zehen.

II. Familie. 6. Geschlechter, drey Zehen, als, Casuar, Trappe, Kiebitz, Riemenbein, Augsterman und Bastart-Strauß.

III. Familie, 6. Geschlechter, vier Zehen, paarweise hinten und vorn, als: Papagay, Specht, Gukuk, Eißvogel, Kronvogel, Hohlschnäbler.

IV. Familie, 20. Geschlechter, vier Zehen, davon eine hinten, als: Adler, Rabe, Elster, Staar, Drossel, Lerche, Fliegenstecher, Schwalbe, Meise, Sperling, Schnepfe, Strandlaufer, Ralle, Colibritchen, Sichelschnäbler, Hahn, Taube, Kranich, Angler und Harpunier.

V. Familie, 2. Geschlechter, mit drey verbundenen Vorder-Zehen, und die hinterste loß, als, Gans, Mewe.

VI. Familie, ein einziges Geschlecht, mit vier verbundenen Zehen, Kropfgans.

VII. Familie, drey Zehen mit einander verbunden, keine hinten. Seetaube.

VIII. Familie, belapter vier Zehen auf allen Seiten. Taucher.

Alle diese Familien wurden nun hauptsächlich durch die Zehen bestimmt. Die Geschlechter aber, und deren Arten und Unterarten, bekamen eine nähere Eintheilung von der Gestalt ihres Schnabels, und zuweilen auch ihrer Schwänze, so, daß manche Geschlechter viele Arten, und manche von diesen Arten noch viele Unterarten der Vögel bekamen.

Nun

& en particulier p'us apliquable aux figures que nous devons à *Guessner*, à *Ionston*, & à d'autres.

Le celebre *Klein* fut le prémier, qui fixa à la Conformation des pieds & des tétes les Caractères decisifs pour distinguer les diférentes fortes d'Oiseaux. Il considèra d'abord leurs *pieds*, examinant le *nombre des doigts*, leur *position*, & leur *forme*. Quant au *nombre* il s'agit de prendre garde si l'Oiseau a deux, ou trois, ou quatre doigts à chaque pied. A l'egard de la *position* il faut voir combien de ces doigts font placez fur le devant, & combien fur le derrière. Enfin par raport à la *forme* on doit faire attention si les Doigts font feparez l'un de l'autre, ou s'ils font liez l'un à l'autre par une membrane, ou s'ils ne font qu'à demi-feparez. Et pour ce qui concerne les têtes, felon cette métode, il est question, après les avoir dépouillées de leur peau, d'examiner la hauteur, la largeur, & la forme du Crane, de même que l'épaisseur, la longueur, & la figure du bec, pour procéder enfuite à la Classification.

En adoptant ces Caractères distinctifs on trouve *huit Familles*, dont chacune a fes Genres particuliers, favoir:

Famille I. n'a qu'un feul Genre, qui est celui des Autruches, qui ont *deux Doigts*.

Famille II. où l'on trouve fix Genres à *trois doigts*. Tels font les Emeus, les Outardes, les Vaneaux, ou Pluviers, les *Hæmantopus*, ou Pies d'eau, les Preneurs d'huitres, (oftralega), & l'Autruche bâtarde.

Famille III. a fix Genres à *quatre Doigts*, fçavoir deux devant & deux derrière. Ici viennent les Perroquets, les Pics, les Coucous, les Alcyons, qu'on apelle aussi Martinet-Pêcheurs, les Touraco, les Nafutus.

Famille IV. a vint Genres à *quatre Doigts*, dont *l'un est derrière*. Ce font les Aigles, les Corbeaux, les Pics, les Etourneaux, les Grives, les Alouëttes, les Becfigues, les Hirondelles, les Méfanges, les Paffereaux, les Becaffes, les Alouëttes de mer, les Rallus, (*) les Colibris, les Faucheurs, (*Falcatores*), les Coqs & Poules, les Pigeons, les Grues, les Pêcheurs à la ligne (*Hamiota*), les Harponneurs ou Dardeurs, (*Iaculator.*)

Famille V. a deux Genres, où les *trois doigts de devant font liez*, par une Membrane, & *celui de derrière est ifolé*. Ce font les Oies, & les Mouëttes.

Famille VI. n'a qu'un feul Genre à *quatre Doigts* liez par une Membrane; c'est le Grand-gofier.

Famille VII. n'a que *trois Doigts* devant, liez ensemble par une membrane, & *point de Doigt derrière*; c'est le Pigeon de mer.

Famille VIII. est celle des Oiseaux qui ont *quatre Doigts garnis de membranes de tous côtez*.

Toutes ces Familles étoient donc distinguées principalement par leurs doigts. Mais pour les Genres & leurs Espèces & Sous-espèces, on entroit dans une Division plus détaillée, où la forme des becs, & quelquefois des queues, fervoit de Règle, ce qui produifoit dans chaque Genre quantité d'Espèces d'Oiseaux, dont plusieurs avoient nombre de Sous-espèces.

(*) Efpèce de Caille.

Nun blieb es dennoch eine Schwierigkeit, die Arten aus der Gestalt eines Kopfs zu bestimmen, der von der Haut entblösset seyn muste. Denn ein Sammler wird nicht gleich schlüßig, seinem Vogel die Hirnschaale abzuschälen, über das waren der Familien-Geschlechter und Arten so viele, daß die Eintheilung dadurch ziemlich weitläuftig wurde.

Um denn endlich auch diesem abzuhelffen, setzte Linnäus die ganze Ordnung um, und nahm seine Haupt-Eintheilung von den Schnäbeln her, als welche ein jeder gleich betrachten und beurtheilen kan. Die Untereintheilung aber wurde von den Zehen der Füsse, und von der Anzahl und Beschaffenheit der Schwingfedern an den Flügeln, wie auch der Ruderfedern des Schwanzes hergenommen. Dadurch wurde nun schon die Eintheilung kleiner, vor jedermann leichter und deutlicher, und dienete zugleich, die Haupt-Lebensart der Vögel nach der alten und zu Anfang beschriebenen Eintheilung einigermassen zu bestimmen, indem diejenige alle einerley Schnäbel haben, welche einerley Lebensart und Nahrung geniessen. Wir wollen also auch diese Art der Eintheilung mittheilen, weil wir glauben, daß sie den mehresten Sammlern gefallen, und daß die meisten ihr folgen werden.

I. Das Habichts-Geschlecht. Krummer, kurzer Schnabel, kurze starke Füsse. Sind Raubvögel, und fressen Fleisch. Dahin gehören die Habichte, Adler, Eulen, Falken, Geyer, Papegayen, &c.

II. Die Spechtartige Vögel. Gewölbter, dicker, langer Schnabel. Zwey hinter und zwey vorder Zehen, oder eine Zehe hinten und drey vorne. Fressen Aas, Würmer, und Unreinigkeiten. Dahin gehören, die Raben, Nußbrecher, Elster, Spechte, Gukuk, Paradiesvögel, Seeamsel, &c.

III. Die Schwimmende- oder Wasservögel. Breiter, oft gezähnelter Schnabel. Die Zehen sind durch ein Fell ganz, oder halb verbunden, oder auch bloß mit einem Fell besetzet und frey. Nähren sich von Fischen und Wasser-Insecten, oder Wasser-Gewächsen. Dahin gehören die Gänse, Enten, Taucher, Kropf- und Löffel-Gänse, Penguin, Möwen, Meerschwalben, &c.

IV. Die hochbeinigte Vögel. Lang und schmahle Schnäbel. Etliche haben vier, andere nur drey Zehen. Leben von den Insecten in Sümpfen, als Kranich, Storch, Rordommel, Schnepfen, Reiger, &c.

V. Das Hühner-Geschlecht. Kurze dicke Schnäbel. Fressen Körner von Getraide und Saamen, als die Trappen, Pfauen, Hühner, Auerhühner, Rebhühner, Wachteln, &c.

VI. Die Sperlingartige Vögel. Kurze, dünne, und zugespitzte Schnabel. Fressen Insecten, und Saamen-Körner, als Tauben, Amsel, Lerchen, Finken, Ammer, Sperlinge, Canarienvögel, Meisen, Schwalben, &c.

Mais il restoit toûjours une grande dificulté, c'étoit celle de déterminer les Espèces por la forme de la tête dépouillée de sa peau. Car un Collecteur se resoud malaisément à péler le crane de son Oiseau. D'ailleurs les Familles, les Genres, les Espèces & les Sous-Espèces, faisoient un Total si nombreux, qu'une Division prise de la forme des têtes, auroit toûjours pêché par sa prolixité.

Pour remèdier aussi à cet Inconvenient, le Chevalier *Linnæus* a pris le parti de refondre l'Arrangement entier, & de ne prendre pour règle dans sa Division génerale que les becs, comme une partie facile à considérer & à distinguer. Et dans les Subdivisions il a admis pour caractères distinctifs, les Doigts des pieds, le nombre & la qualité des pennes aux ailes, & de celles qui composent la queuë, & qui servent, pour ainsi dire, de Gouvernail aux Oiseaux dans leur vol. La Division resserrée dans ces bornes-là devient plus facile & plus nette pour chacun, & sert en même tems de certaine manière à déterminer selon l'ancienne Division cy-dessus alléguée la Conformité génerale des Espèces dans leur façon de vivre, attendu que tous les Oiseaux, qui ont une façon de vivre uniforme & la même nourriture se ressemblent aussi par la forme du bec. Nous allons faire part de cette Division à nos Lecteurs parce que nous estimons qu'elle plaira au plus grand nombre des Collecteurs, & sera adoptée.

I. Le Genre des *Autours*. Le Bec court & courbe. Les Pieds forts & courts. Ce sont des Oiseaux de proie, qui vivent de chair. Ce Genre renferme les Autours, les Aigles, les Chouëttes ou Chathuants, les Faucons, les Vautours, les Perroquets, &c.

II. Les *Oiseaux de la nature des Pics*. Le bec long, épais, & voûté. Deux Doigts devant & deux derrière, ou un Doigt derrière & trois devant. Vivans de charogne, de vers, & d'ordures. Tels sont le Corbeau, le Caßenoix ou Geai, la Pie, le Pic, le Coucou, l'Oiseau de Paradis, le Merle de mer, &c.

III. Les *Oiseaux aquatiques*, ou *nageans*. Le Bec large, & souvent denté. Ces dents sont liées ensemble ou en tout ou en partie par une membrane; ou elles sont isolées, & simplement garnies d'une membrane. Ceux-ci vivent de poissons, d'insectes aquatiques, ou de plantes qui croissent dans l'eau. On range ici les Oies, les Canords, les Plongeons, les Grandgosiers, les Oies à palette, les Pinguins, les Mouettes, les Hirondelles de mer, &c.

IV. Les *Oiseaux à jambes hautes*. Le bec long & étroit. Les uns ont quatre Doigts, d'autres n'en ont que trois. Ils se nourrissent d'insectes qu'ils trouvent dans les marais, comme la Grue, la Cicogne, le Butord, la Bécasse, le Heron, &c.

V. Le Genre des *Coqs & des Poules*. Le bec court & épais. Vivent de grains & de semences, comme les Outardes, les Paons, les Poules, les Coqs de Bruyère & Géhnottes de bois, les Perdrix, les Cailles, &c.

VI. Les *Oiseaux de la nature des Passereaux*. Le bec court, mince, & pointu. Se nourrissent d'insectes & de grains de semence. Tels sont les Pigeons, les Merles, les Alouëttes, les Pinçons, les Ortolans, les Passereaux, les Serins de Canarie, les Mésanges, les Hirondelles, &c.

Um nun diese sechs Geschlechter näher abzutheilen, wäre nicht nur auf die Anzahl und Richtung der Zehen, sondern auch auf die Beschaffenheit der Schwingfedern, und des Schwanzes zu sehen. Denn einige haben einen spitzigen, andere einen gespaltenen, wiederum andere einen platten, und noch andere fast gar keinen Schwanz. Auch können die runden, oder länglichten Nasenlöcher, und derselben Stand im Schnabel, deßgleichen, die knorpelichte, oder fleischichte, einfache, oder gespaltene Zunge etwas zur Unter-Eintheilung beytragen.

Was die **Structur** der Vögel betrifft, so rechnet man nur die zweybeinigten zu dieser Classe. Denn die sogenannten Sommervögel, welche mehrere Füsse haben, gehören bekanntermassen unter die geflügelten Insecten. Wie denn auch die Fledermäuse, fliegende Eichhörner, fliegende Eydechsen, oder Drachen und dergleichen niemahlen unter die Vögel gerechnet werden können.

Es ist aber der Bau ihres Cörpers auf eine wunderbare Art nach ihrer Lebensart eingerichtet, und dahero auch unterschieden, weil sie verschiedene Lebensarten haben. Man trifft nemlich unter den Vögeln groß- und kleinköpfigte, dick- und dünnschnäblichte, lang- und kurzhälsigte, niedrig- und hochbeinigte an, und ob sie gleich alle die nemliche Gliedmassen haben, so ist doch die Gestalt derselben, ihr Verhältniß untereinander, und ihre Stellung am Cörper merklich von einander unterschieden, und es ist nichts gewissers, als daß ein aufmerksamer Liebhaber aus diesen Stücken auf die Lebensart eines Vogels schliessen, und die Weißheit des Schöpfers, der sie gebildet hat, an demselben bewundern könne.

So haben zum Exempel ein Storch und Reiher lange Beine, einen langen Hals und lange Schnäbel, weil sie in Sümpfen herum spatziren, und aus dem Morast und Gewässern die Insecten und Fische heraus suchen müssen. Der Schwan hat zwar auch einen langen Hals, aber nicht solche lange Beine, weil er auf dem Wasser schwimmet. Diejenigen Vögel, die in harte Sachen, als Knochen, Holz und dergleichen zu hacken haben, sind mit starken, spitzigen Schnäbeln versehen, wie die Raben und Spechte. Diejenige, deren Lebensart erfordert, daß sie ihre Nahrung zerreissen und zersetzen, haben krumme umgebogene Schnäbel, wie die Falken und Habichte. Denen mehresten Vögeln stehen die Flügel gerade in dem Punct der Schwere, damit sie im Fluge desto besser schweben können; allein solchen Vögeln, die nicht sonderlich hoch fliegen sollen, sitzen die Flügel näher nach dem Halse zu, oder es ist vielmehr ihr unterer Cörper zu starck, und wieget über, wie bey dem Casuar, Strauß, und den mehresten Hühner-Arten. Durchgängig sind auch den Vögeln die Füsse so gestellet, daß sie ihren Cörper darauf gerade tragen und herum gehen können; allein denenjenigen, die mehrentheils ihr Leben mit schwimmen, und im Wasser vor sich zu bucken, durchbringen sollen, stehen die Füsse mehr nach dem After zu, und der Vorderleib ist schwerer und fällt vorwärts, wie bey dem Bengalischen Pinguin und den Tauchern, wie denn auch des Schwimmens halber die Zehen ihrer Füsse mit einer gedünnlichen Pergamentartigen Haut, nach Art der Floßfedern aneinander verwachsen oder damit besetzet sind.

Quand on veut distinguer ces six Genres avec encore plus de précision, il ne faut pas se contenter de donner son attention au nombre & à la position des Doigts; il faut prendre garde aussi à la qualité des pennes, & de la queue, qui à quelques uns est pointue, à d'autres fendue: quelques uns l'ont platte, d'autres n'en ont presque point du tout. Outre tout cela les Narines rondes ou oblongues, & leur position dans le bec, & la langue plus ou moins cartilagineuse, ou charnue, simple, ou fendue, peuvent aussi fournir des caractères pour faciliter les subdivisions.

En parlant de la *Conformation* des Oiseaux il est décidé que nous n'entendons parler que des Volatiles à deux pieds, car les Papillons & d'autres Volatiles, qui en ont un plus grand nombre, comme l'on sait, appartiennent à l'Ordre des *Insectes ailez*. De même les Chauvesouris, les Ecureuils, Lezards, & Dragons ailez, ou autres Animaux volans de cette catégorie ne peuvent nullement être comptez parmi les Oiseaux.

La Structure du Corps des Oiseaux correspond d'une manière merveilleuse à leur façon de vivre, ce qui établit entre eux autant de diférences, qu'on y rencontre de diférentes manières de se nourrir. On trouve ainsi des Oiseaux à grosse & à petite tête, à bec mince ou épais, à cou long ou court, à jambes longues ou courtes; & quoiqu'ils soient tous pourvûs des mêmes membres, on ne laisse pas d'y observer des diférences notables par raport à la forme, aux proportions, à l'ordonnance & à la posture de leurs Corps. Il suffit à un Observateur attentif d'examiner ces choses avec aplication pour y reconnoître la façon de vivre de chaque Oiseau, & encore plus pour admirer la sagesse infinie du Créateur qui les a formez ainsi.

Ainsi par exemple Dieu a donné à la Cicogne & au Héron des jambes hautes & le cou & le bec long, pour pouvoir plus facilement aller chercher dans les marais & au fond des eaux bourbeuses les insectes & les poissons, dont ils se nourrissent. Le Cygne a aussi le cou long, mais les jambes courtes parcequ'il nage sur la surface de l'eau. Les Oiseaux obligez pour trouver leur nourriture de faire des ouvertures dans des os, du bois, ou dans quelque autre matière dure, ont été pourvûs de becs forts & pointus, comme les Corbeaux & les Pics. Ceux, qui ne peuvent jouir de la pâture qui leur est convenable qu'en la dechirant & en la dépèçant, ont reçu de la Nature des becs recourbez, comme les Faucons & les Autours. La plûpart des Oiseaux ont les ailes attachées précisément au centre de leur poids, afin qu'ils puissent voler avec d'autant plus de facilité, tandis que d'autres, qui ne sont pas destinez à voler si haut, ont les ailes attachées plus près du cou, & que le poids de leurs corps l'emporte sur celui des parties antérieures, comme cela se voit à l'Emeu, à l'Autruche, & à la plupart des espèces de Poules. En général le Corps des Oiseaux est campé sur les jambes de façon qu'ils puissent s'y tenir droit dessus & marcher du côté qu'il leur plait: Mais quant à ceux que leur destination apelle à passer leur vie en nageant, & à se baisser sur le devant, les pieds sont placez plus près de l'anus, & la partie antérieure du corps comme étant la plus pésante tombe en avant. C'est ce qu'on remarque aux *Pinguins de Bengale*, & aux Plongeons, & c'est aussi parceque ces Oiseaux se trouvent dans la nécessité de nager, que les Doits de leurs pieds sont liez l'un à l'autre par une ample membrane, qui forme une espèce de nageoire.

Eben so ist es nicht ohne Ursache, daß die Adler und Falken ein so scharfes Gesicht haben, um vom weiten ihren Raub erblicken zu können, und daß hingegen die Eulen des Nachts am besten sehen; über welche Sachen wir weitläuftigere Anmerkungen machen könnten, wenn ein Hallen und andere geschickte Schriftsteller dergleichen nicht schon lang vor uns ausführlicher abgehandelt hätten.

Die Federn der Vögel sind kein geringer Gegenstand der Verwunderung. Die bunten Farben, die zierlichen Striche und Zeichnungen, die Augen auf dem Schwanze der Pfauen, der Gold und Silberglanz der Colibritgen, die Zinnober-Farbe der Ostindianischen Raben oder mancher Caketuen, wie auch der Westindianischen Flaminger, deßgleichen die grüne und blaue Farbe der Papageyen, und anderer sowohl Europäischer als Indianischer Vögel, setzen einen Naturforscher in Erstaunen. Wir glauben zwar, daß diese bunten Farben der Vögel einigermassen also erkläret werden können, wie wir unsere Gedanken von den Farben auf den Flügeln der Schmetterlinge geäussert haben; allein es bleibet noch sehr vieles räthselhaftes dabey übrig, und wir finden gar zu viele Hindernisse und Zweifel, um in diesem Stück die verborgenen Würkungen der wunderbaren Natur recht auszukundschaften, und die Art und Weise, wie diese Farben erzeuget werden, und gewisse Figuren bilden, zu erklären.

Um nur einer einzigen Schwierigkeit zu gedenken, so stelle man sich die Augen auf den Pfauenfedern vor, die den prächtigen Schwanz dieses Vogels zieren. Es ist bekannt, daß die Zeichnung dieser Augen, in der Farbe desjenigen Theils des Bartes bestehe, wo man ein solches Aug erblickt. Nunmehro aber bestehet der Bart zu beyden Seiten aus einer Menge einzelner Federn von gewisser Länge, auf welchen zusammengenommen die Natur ein einziges prächtiges buntes Aug gebildet hat. Wenn man nun den rothen, oder grünen, oder blauen Kreiß eines solchen Auges betrachtet, und dabey die einzelne Bartfedern, auf welchen zusammen das Auge stehet, in gewisse Linien abtheilet, so wird der rothe, oder grüne Punct, der zum erwehnten Kreiß gehöret, bey einer Bartfeder, zum Exempel, auf der vierten; bey der daranfolgenden Bartfeder auf der fünften, und bey der ferner folgenden auf der sechsten Linie, und so weiter zu stehen kommen, biß sich der Kreiß wiederum schmählert. Mithin träget jede einzelne Bartfeder nur einen einzigen gefärbten Punct zur Formirung eines vollkommenen und prächtigen Ringes des ganzen Auges bey, und diese nemliche Anmerkung findet bey allen Zeichnungen der Vögel, wo abwechselnde Farben vorkommen, minder oder mehr statt. Ist also die Farbe ein zurückegeprallter Lichtstrahl, der von der Beschaffenheit der Oberfläche eines Cörpers, mithin bey den Vögeln von der besondern Ausarbeitung ihrer Säfte in den Federn, und in allen Theilen des Bartes herstammet. Woher kommt denn diese in der That wunderbare Bestimmung, daß die eine Bartfeder einen ähnlich gefärbten Punct in der vierten, eine andere in der fünften, eine dritte in der sechsten Querlinie ihrer Länge hat, und daß, wenn alle diese Bartfedern ordentlich beysammen liegen, sich alsdann ein so schön gezeichnetes Auge zeiget? Gewißlich dieses ist eine verwundernswürdige Uebereinstimmung vieler Theile zu einem einzigen Ganzen! Wenn aus einem einzigen Puncte die verschiedenen Theile einer einzigen Figur entstehen, so scheinet uns dieses immer noch eine Sache zu seyn, die sich auf eine oder andere Art nach den Gesetzen der Bewegung erklären lässet.

Allein

Ce n'est de même pas sans de bonnes raisons que l'Aigle & le Faucon possèdent au moyen de leur vûe perçante l'avantage d'apercevoir leur proie de fort loin, & que d'un autre côté la Chouette n'y voit jamais mieux que de nuit. Mais après qu'un *Hallen*, & d'autres habiles Ecrivains, ont epuisé cette matière il y a long-tems, nous aurions tort de nous y arrêter davantage.

Le *Plumage* des Oiseaux n'est pas l'objet le moins digne de nôtre admiration. La variété des couleurs, l'élegance des stries, la beauté des desseins, les yeux qui décorent la Queuë du Paon, l'eclat d'or & d'argent qui brille sur les Colibris, le Cinnabre des Corbeaux des *Indes orientales* ou de certains Cacadous, aussi bien que des Flamingos des *Indes Occidentales*, le verd & le bleu qui parent les Perroquets & d'autres Oiseaux d'*Europe* & des *Indes*, ne peuvent qu'exciter l'étonnement de quiconque examine ces merveilles avec attention. Peut-être ce que nous avons dit sur la Variété des couleurs qu'on remarque sur les ailes des Papillons seroit-il aplicable ici, pour expliquer au moins en partie l'origine de celles qui parent les Oiseaux. Mais après bien du travail sur cette question, il ne laisseroit pas d'y rester encore beaucoup du problématique à decider. Trop d'empêchemens & de doutes nous ôtent le courage d'entamer cette matière. Les Opérations cachées de la nature à cet égard, & la manière merveilleuse dont elle produit ces figures & ces couleurs, sont un secret qu'elle s'est reservé.

Pour n'indiquer qu'une seule des dificultez qui rendent inutiles les efforts de nôtre curiosité à cet égard, il sufira de produire ces yeux magnifiques qui composent cette Queuë pompeuse qu'on apelle la Rouë du Paon. L'on sçait que le dessein de ces yeux est formé par la couleur de cette partie des barbes où se manifeste ce qu'on apelle l'Oeil. Or ces barbes ne sont autre chose qu'une quantité de plumes uniques d'une certaine longueur, sur lesquelles, quand elles sont jointes ensemble, se trouve formé le dessein de cet oeil superbe que l'on admire, & dont les couleurs présentent un si beau spectacle. Or qu'on considère séparèment le champ rouge, ou le champ verd, ou le champ bleu d'un de ces yeux, & que l'on divise chaque barbe seule, qui jointe aux autres contribuë à former l'oeil, en un certain nombre de lignes, il se trouvera que le point rouge ou verd par exemple, qui fait partie du champ de cette couleur est placé sur la quatrième ligne d'une barbe, sur la cinquieme ligne de la suivante, sur la sixième ligne de la barbe qui succède à celle-ci, & ainsi de suite, jusques au point où ce champ de l'oeil se retrécit. Ainsi chaque Barbe seule ne porte sur elle qu'un de ces points, lesquels lorsqu'ils sont rassemblez forment cet anneau magnifique & parfait, qui fait partie de l'oeil, & cette remarque est plus ou moins aplicable à tous les Oiseaux distinguez par des desseins & des couleurs bigarrées. Or s'il est vrai que les couleurs ne soient autre chose que des raions réflèchis de lumière, qui proviennent des qualitez de la superficie d'un corps, & à l'égard des Oiseaux de la préparation particulière des sucs qui pénètrent dans les plumes, & dans toutes les parties de leur barbe, comment expliquera-t-on cet arrangement merveilleux par lequel ce point d'une même couleur, qui se trouve placé, pour suivre nôtre exemple, sur la quatrième ligne transversale d'une barbe, se rencontre à la barbe qui suit sur la cinquième ligne, & sur la sixième à la barbe qui vient après, de façon que lorsque toutes les barbes sont

rassem-

sollen, wenn diese unterschiedene Puncte, die mit einander keine Gemeinschafft haben, noch auch aus einem und eben demselben Bewegungsgrunde herstammen, das ihrige beytragen müssen, um etwas ganz besonderes, und von ihnen unterschiedenes zu bilden, so ist gewiß noch ein Hauptgrund vorhanden, aus welchem diese wunderbare Uebereinstimmung so vieler verschiedener Theile zu einem Ganzen erkläret werden muß. Es kan aber dieser Hauptgrund nicht in der bloßen Bewegung der Säfte, so durch den Bart der Federn dringen, liegen; denn wie würden die Säfte, die in die vielen Bartfedern aus verschiedenen Puncten dringen, und verschiedene Richtungen haben, in sich selbsten einen Grund der Uebereinstimmung zu einer ganzen Figur haben können, welche aus sovielen verschiedenen Stücken zusammengesetzet ist? Auch kan der Grund nicht bloß in der mechanischen Structur der Vögel selbst zu finden seyn. Denn der Kreißlauf ihrer Säfte ist allein nicht genug, diese, gleichsam mit Vorbedacht bestimmte Figuren ihrer Zeichnung hervorzubringen. Mithin bleibet uns in der That nichts übrig, als die ursprüngliche bildende Kraft eines unerforschlichen Schöpfers zu erkennen, welche in der Structur der Vögel und in dem Umfang ihrer Absonderungs-Gefäße einen solchen Entwurf von Figuren geleget hat, der sich nach eigenen, weiß nicht welchen, Regeln entwickeln, und die bestimmten Zeichnungen auf den Federn bilden muß. Und eben dieses ist es, was wir sowohl bey den regulär-gezeichneten Blumen, und ordentlich gefleckten Thieren, als bey den Vögeln bewundern, ja, es vor ein vor Menschen biß dahin unerforschliches Geheimniß in der Natur halten, an welchem man um so viel mehr die Größe eines ewigen Schöpfers mit Ehrerbietung zu bewundern hat.

Uebrigens könnte uns die Untersuchung der Richtung und Lage der Federn, deßgleichen auch derselben Fettigkeit, durch welche die Vögel dem Wasser widerstehen können, auf verschiedene merkwürdige Betrachtungen führen, wenn wir nicht Willens wären aus denen Zornischen (*) Wahrnehmungen und Schriften ein und andere wichtigere Anmerkungen anzuführen, welche die wunderbare Bauart der Vögel-Nester betreffen, welche von rechten Liebhabern eben so emsig, als die Vögel selbst, gesammlet werden; und also unsern eingeschränkten Raum ferner dazu zu bestimmen, damit diese Einleitung nicht zu weitläuftig werde.

Was demnach die Vögel-Nester betrift: so entdecket ein aufmerksames Aug eine bewundernswürdige Kunst in selbigen. Es mögen die Nester auf dem Erdboden, in den Büschen, auf den Bäumen, in den Häusern, unter den Dächern, an trockenen oder nassen Orten seyn, so ist ihre Bauart jederzeit doch so eingerichtet, daß die Eyer darinnen erwärmet und erhalten werden können, wenigstens würden vernünftige Menschen sie nicht bequemer und schicklicher ausfinnen können. Man hat nicht, (wie die eigene Worte dieses vortreflichen Schriftstellers hin und wieder

il est question se trouve tout formé? Cet accord merveilleux de *tant de parties* qui concourent à composer *un seul Tout* si bien symmètrisé ne laisse place qu'à l'admiration. Il nous paroit toujours faisable d'expliquer de manière ou d'autre par les Loix ordinaires du mouvement de quelle façon diférentes parties d'une seule & même figure peuvent tirer leur origine d'un point unique. Mais quand diférens points separez les uns des autres, & qui n'ont pas la même origine, forment une figure particulière, diverse de ce qu'ils sont eux-mêmes, alors il faut nécessairement qu'il y ait quelque principe général dont la conoissance peut seule fournir les moyens d'expliquer cette convenance admirable par laquelle tant de parties diferentes forment un Tout parfait. Or ce principe général ne peut pas resider dans le simple mouvement des sucs qui pénètrent dans les Barbes des plumes des Paon. Car comment ces sucs qui partant de diférens points entrent dans les barbes, & ont des directions diférentes, auroient ils en eux-mêmes ce principe d'arrangement & de réunion pour former une figure entière composée d'un si grand nombre de parties? On ne peut pas dire non plus que ce principe puisse être démontré par la structure mécanique même des Oiseaux; car la Circulation ordinaire des sucs ne sufit pas pour produire une Figure & des desseins qui semblent avoir été prémeditez. Il ne nous reste donc, pour comprendre ce mistère de la Nature, absolument aucune autre voye, que celle d'y reconoître humblement la faculté formatrice originaire d'un Créateur tout-puissant, lequel a posé dans la structure des Oiseaux & dans le sistème des Vaisseaux de séparation de leurs sucs l'Esquisse de ces figures, qui se developent par des règles qui nous sont encore cachées, & produisent sur les plumes les beaux desseins dont il s'agit. La même reflexion se présente à faire par raport aux fleurs marquées par des figures regulières, & des animaux tachetez avec simmetrie, aussi bien qu'à l'égard des Oiseaux. Cessons donc de nous peiner inutilement à dévoiler des Secrets, qui nous annoncent la Grandeur de l'Architecte souverain de ces merveilles.

La Position & la Direction des Plumes, & cette onctuosité, dont elles sont imbibées, au moyen de laquelle les Oiseaux resistent à l'eau, nous fourniroient matière à plusieurs remarques assez interessantes, si nous ne nous étions pas proposé de ne pas étendre trop loin les bornes de la présente Introduction, à laquelle nous croions devoir inserer encore quelques Observations importantes tirées des Ouvrages de Mr. Z*wn*, sur l'*Architecture* merveilleuse *des Nids*, (*) dont de véritables Amateurs sont des Collections avec autant de soin que des Oiseaux même, ce qui fera la clôture de ce Discours préliminaire.

Quand on s'attache à considérer avec un oeil apliqué & attentif *les nids*-même, quel art n'y découvre-t-on pas? Que ces nids soient sur le sol, ou sur des arbres, ou dans des buissons, ou dans des maisons ou sous des toits, qu'on les trouve dans des lieux secs, ou dans des lieux humides; qu'ils soient ouverts ou couverts; en plein air; ou dans des creux; ils seront dans toutes les espèces toûjours faits comme ils doivent l'être pour répondre convenablement au but de leur destination, qui est que les oiseaux y puissent pondre & couver les oeufs,

wieder   Z 2   &

(*) Petino-Theologia P. I. Cap. III.   (*) *Petino-Theologia*, P. I. Cap. III.

wieder lauten,) nöthig, die Nester der Papageyen aus Guinea herzuholen, und zum Vorwurf der Bewunderung zu machen. Man trift bey unsern Landvögeln genug zu bewundern an, und man kan diesen so wenig, als jenen, die Geschicklichkeit in der Baukunst, die Sauberkeit und Nettigkeit ihrer Arbeit absprechen. Des geschicktesten Menschen Hände vermögen nicht ein solches Gebäude, das des Vogels seinem in allem gleich ist, aufzuführen, und es sollte dem vernünftigsten Baumeister, wenn er keine andere Werkzeuge als einen Schnabel und Füsse hätte, die er bey solchen Bau gebrauchen dürfte, ohnmöglich fallen, ein solches Nest zu bauen.

Zu einem Muster können dienen die Nester der Stieglitzen und Finken, welche ausser der Grösse von innen und aussen einander ganz ähnlich sind. Diese treffen wir auf solchen Stellen der Bäume an, die mit allem Fleisse nicht besser ausgesuchet werden könnten; dann sie stehen zwischen den Aesten und Zweigen, und also auf einen festen und sichern Grund. Der Umfang des Nestes berühret an einem oder mehr Theilen die Neben-Aeste, oder Zweige, an welchen es angeschlungen, oder gleichsam angeleimet ist. So kan es von keinem Winde abgehoben, und von keinen Platzregen abgewaschen werden. Wenn diese Vögel anfangen an ihren Nestern zu bauen, so machen sie zuerst den Grund, wozu sie Spinneweben aufsuchen, mit denen sie Mooß und Haare vermischen, und also anzuschlingen wissen, daß man meynen sollte, sie wären mit dem besten Leim angeleimet. Auf diesen Grund führen sie dann immer weiter die äussere Wand, oder Rinde des Nestes auf, biß es zur gewöhnlichen Höhe gewachsen, wobey merkwürdig ist, daß sie den äussern Ueberzug von solchen Baummoos machen, welches dem, so an dem Baume, auf welchem sie das Nest machen, wächset, oder der Rinde dieses Baums ähnlich siehet. Damit beweisen sie eine sonderbare List, das Nest zu verbergen, und die Augen derer, die nicht genau darauf Acht geben zu blenden, daß sie den Baum und das Nest, zumahlen wenn dieses auf etwas dicken Aesten stehet, nicht allezeit unterscheiden können. Besagte äussere Rinde des Nestes fügen sie mit Spinneweben sehr sauber, fest und dauerhaft in- und aneinander, so, daß es die Gestalt einer halbrunden, oder von oben etwas eingedruckten Kugel bekommt. Wann diese Wand fertig ist, so machen sie erst das innere Bett, doch legen sie auf den Boden etwas härtere Materialien, als Mooß, etwas grosse Federn, und dergleichen, damit stopfen sie den untern Grund aus, und darauf füttern sie es mit weichen Federlein, Thierhaaren, Distelflecken, sehr künstlich, also, daß diese Ausfütterung an dem Boden des Nestes, und rings herum zusammen hänget, als ein Filz, oder kartätschte Wolle. Die Nothwendigkeiten zu den Nestern werden mit dem Schnabel aufgelesen, zusammengetragen, und angeleget, wo sie erforderlich, wobey zugleich die Füsse gebraucht werden, mit welchen die bauende Vögel immer ganz hurtig weben, und die gesammlete Materialien an den Ort schieben und andrucken, wo es die Noth erfordert. Von dieser und anderer Arten Vögel machet das Weiblein allein das Nest, und schaffet alles, was dazu gehöret, ganz hurtig herbey. Das Männlein flieget zwar meistens mit ab und zu, träget aber zur Verfertigung des Nestes nicht das geringste bey.

Bey

& qu'après que les oeufs sont éclos les Petits puissent être tenus au chaud & conservez. La métode qui y est employée est telle, que les plus habiles Artistes parmi les hommes ne pourroient rien inventer ni executer de mieux. Il n'est pas nécessaire pour exciter nôtre admiration d'aller chercher les Nids des Perroquets de *Guinée*, dont parle *Gnesner*: nous n'avons qu'à examiner ceux des Oiseaux de nos climats, auxquels on ne peut disputer ni le mérite de l'industrie, ni celui de la propreté & de l'élégance de leurs ouvrages. L'homme du monde le plus adroit ne seroit pas capable de construire un édifice comparable de tout point à un nid, & l'Architecte le plus consommé dans son art n'en viendroit jamais à bout, sur tout s'il n'avoit dans son travail qu'un bec & ses pieds pour tout instrument.

On n'a qu'à considérer par exemple les nids des *Chardonnerets* & des *Pinçons*, lesquels à la grandeur près se ressemblent de tout point par le dedans & en dehors. Le lieu où ils sont bâtis ne sauroit être mieux choisi, puis-qu'ils sont ordinairement placez entre les branches & les rameaux sur un fondement également ferme & solide. Le Pourtour du nid touche par un ou par plusieurs endroits aux branches & rameaux voisins, auxquels il est attaché & comme colé, de sorte qu'il ne peut être ni enlevé par le vent, ni mis à bas par une giboulée. Quand ces Oiseaux commencent à construire leurs nids, ils en posent d'abord le fondement, pour lequel ils rassemblent des toiles d'Araignée, de la Mousse, & des Poils, qu'ils savent mélanger & tresser ensemble si artistement, que ces matières semblent être jointes l'une à l'autre par la plus forte colle. Ils élèvent sur ce fondement la Paroi ou l'Ecorce extérieure du nid, jusques à la hauteur qu'elle doit avoir. Une attention remarquable de ces petites bêtes, c'est qu'elles couvrent le nid de la même Mousse, qui croit sur l'arbre où ils batissent, ou qui a la même couleur que l'écorce de l'arbre, en quoi elles prouvent leur prévoiance. Car au moien de cette prudente précaution le nid se trouve mieux caché, parce que sa couleur trompe les yeux de ceux qui le cherchent, & qu'on a peine à la distinguer de celle de l'arbre, sur tout quand le nid se trouve posé entre des rameaux un peu épais. Cette Ecorce du nid est liée par des toiles d'Araignée avec propreté, & d'une manière ferme & durable. Sa Figure est hemi-sphérique, ou ressemble à une boule un peu comprimée par en haut. Quand cette Paroi extérieure est achevée l'Oiseau commence à travailler au Lit intérieur. Ils en garnissent la prémière couche des matériaux les moins tendres, comme de mousse & de plumes un peu grandes, avec lesquelles ils bouchent par dedans toutes les ouvertures du fond, qu'ils égalisent, & qu'ils doublent ensuite de petites plumes tendres, de poils, de flocons de chardon, avec tant d'art que cette doublure, au fond & tout autour du nid, est liée ensemble comme une seule & même pièce de feutre ou de laine cardée. C'est avec le bec qu'ils ramassent les matériaux de leur édifice, qu'ils rassemblent en un monceau & les placent après où il est nécessaire, en se servant pour ce travail de leurs piez, qu'ils emploient avec une agilité étonnante soit pour perfectionner leurs tissus, soit pour disposer les matériaux & pour les affermir par tout où le besoin le requiert. A l'égard de cette espèce d'Oiseaux & même par raport à d'autres - c'est la femelle seule qui pourvoit à tout avec une trés-grandé diligence. Le mâle à la vérité va & vient & voltige à l'entour, mais il ne contribue absolument en rien à l'Ouvrage.

Les

Bey den Tauben ist es ganz anders; denn da trägt der Tauber Stroh und Reisig zu, die Taube aber sitzet, und bauet das Nest. Alle Vögel wissen eben ihre Nester zur rechten Zeit fertig zu machen, und giebt die Erfahrung, daß wenn der Bau vollführet ist, gleich darauf das erste Ey eingeleget werde. Hier mag man wohl fragen: wer hat dafür gesorget, sie zu erinnern, daß sie ihre Nester bey Zeiten machen sollen, damit sie nicht von der Noth übereilet, ihre Eyer fallen lassen? welcher Baumeister hat sie gelehret, einen sichern Ort zu wählen, auf einen sichern Grund zu bauen, und ihr Kindbette nebenher also anzukläumern, daß sie in demselben auch von den größten Stürmen nicht mögen beunruhiget werden? Wer hat ihnen gezeiget, solche Materialien dazu zu erwehlen, welche dauerhaft, doch weich und schicklich, das Nest warm, und zur Brütung der Eyer und zarten Jungen bequem zu machen, zugleich aber selbiges im Stande zu setzen, daß es sich mit der Zeit, wann die Jungen wachsen, ausdehnen, und ihnen hinlänglichen Raum verschaffen könne? Muß man solches nicht alles der Ordnung eines weisesten Meisters zuschreiben?

Es giebt Arten von noch kleineren Vögeln, die bey Verfertigung ihrer Nester eine weit größere Geschicklichkeit beweisen, als die beyde erst angeführte, indem, daß sie eine Decke darüber machen, und damit eine Sorgfalt für sich und ihre Brut zu erkennen geben. Diese sind der kleine Zaunkönig, und die noch kleinere Schwanzmeise. Jener nistet in ganz niedrige, dicke Büsche in jungen Schlägen, auch auf Stöcke von abgehauenen Bäumen, welche dichte mit jungen Nachtrieben bewachsen sind, und in Holzstöße. Er träget nemlich einen großen Hauffen von dem geflochten, langen und ästigen Baummoos zusammen, und weiß es so fest, wie einen Filz ineinander zu flechten, daß man Mühe anwenden muß, es zu zerreissen. Er flicht es aber also zusammen, daß es die Form eines Eyes bekommt, davon der stumpfe Ort unten aufstehet, die Spitze nach oben zu gekehret ist. Dieser Eyförmige Klumpe scheinet von außen ganz rohe und ungeschickt zu seyn, aber solches zeiget eine ganz besondere List dieses kleinen Baumeisters an. Denn wie er, als schon gemeldet worden, ganz niedrig niset, und daher sein Nest leichtlich zu finden ist, so macht er demselben von auffen her ein so schlechtes Ansehen, daß man es für einen rohen Klumpen Moos, der aus dem Stock, oder Baum gewachsen, und von ohngefehe in dem Busch gefallen ist, eher, als für ein Nest ansehen muß.

Siehet man aber dieses Nest genau an, so nimmt man an demselben eine große Kunst wahr, zwar nicht nur in Absicht auf die Form, welche unten, wo die Brut zu liegen kömmt, weiter ist, als oben, sondern auch in Betracht des festen Gewebes, und des innern weichen, und aus einer sehr großen Menge luder Federn und Thierhaaren recht schicklich verfertigten Bettes. Endlich auch in Ansehung des Einganges in das Nest, welches eine an der Seite des obern spitzigen Theils gemachte kleine runde Oefnung ist, die rings herum mit zarten Fäserlein, oder etwas längeren Moos gleichsam eingesäumet ist, damit selbe bey den hitermäligen hin und wieder schlieffen nicht zu sehr ausgedehnet werden, oder auch zusammen fallen mögen. Diese Oefnung ist sehr klein, und man muß sie mit den Fingern fühlen, wenn man sie finden will. In einem solchen Behältniß kan dieses kleine Vögelein

Les *Pigeons* traitent la cho'e fur un pied tout diférent. Ici le mâle raffemble les matériaux, c'eft-à-dire la paille & les ramilles, & la femelle conftruit le nid. En général tous les Oifeaux rencontrent au plus jufte le tems propre auquel leurs nids doivent être faits, & l'on fçait par expérience que dés-que le nid eft achevé la femelle y pond le prémier oeuf. Sur les queftions qu'on pourroit faire, qui a donc averti les Oifeaux du tems convenable dans lequel ils doivent conftruire leurs nids pour n'être pas furpris lorfque l'heure de pondre leurs oeufs arrive? quel Architecte leur a enfeigné la précaution de choifir un lieu affûré pour y élever leur édifice fur un fondement folide, & d'affermir tellement de tous côtez le lit où fe doivent faire leurs couches, qu'aucune tempête ne le puiffe déranger? De qui ont-ils apris à diftinguer les matériaux convenables pour que cet édifice ait de la confiftence, & qu'ils y foient cependant mollement couchez avec leurs oeufs & leurs Petits, & qu' avec cela non feulement la petite famille y foit au chaud, mais qu'elle puiffe auffi s'étendre avec le tems autant qu'il convient pour la commodité des Vieux & des jeunes, à méfure que ceux-ci grandiffent? nous ne pouvons fur toutes ces Interrogations que renvoyer le queftionneur curieux aux arrangemens de l'Auteur ifiniment Sage de toutes chofes.

Il y a des Efpèces d'Oifeaux plus petits, qui marquent dans la Conftruction de leurs nids encore plus d'habileté que les deux efpèces dont nous venons de parler, puis-qu' ils pourvoient à un Couvert & décèlent en cela une attention utile de plus pour eux & pour leur couvée. C'eft le petit *Roitelet* & la *Méfange* à longue queuë, qui eft encore plus petite. *Le prémier* batit fon nid dans des buiffons tout à-fait bas, épais, & jeunes, ou fur des troncs d'arbres coupez, fur lefquels des jeunes rameaux épais recommencent à pouffer, ou dans des tas de bois. Il ramaffe pour fon ouvrage une quantité de cette mouffe longue & jaunâtre qu' on trouve fur des arbres noueux, & la fçait entrelacer d'une maniere fi ferme, qu'il en fait comme un feutre qu'on ne peut dechirer fans une efpèce d'effort. Il lui donne la forme d'un oeuf, le cu en bas & la pointe tournée en haut. Cette maffe de figure ovale femble au dehors être tout à fait informe & brute, ce qui ne provient que d'une fineffe du petit Architecte. Car comme il bâtit fon nid fort bas, lequel par cette raifon peut être trouvé facilement, il lui donne exprès cet extérieur fauvage, qui le fait prendre plûtôt pour une poignée de mouffe crue fur un tronc, ou fur un arbre, & tombée par hazard dans le buiffon, que pour un nid.

Mais quand on examine ce nid de près on y découvre un art infini non feulement parce-qu'il eft plus large en bas, où fe trouve la place deftinée à la couvée, qu'en haut, mais auffi par raport au titfu ferme & ferré dont il eft compofé, & à la couche tendre qui eft au dedans, toute garnie d'une grande quantité de plumes fines & douces & de poils d'animaux trés-adroitement agencez. L'Entrée du nid mérite auffi d'être admirée. C'eft une petite ouverture ronde faite à côté de la partie fupérieure ou pointue du nid, bordée tout autour de petits filamens fins, ou d'une mouffe longuette, comme d'un Ourlet, pour l'empêcher de s'agrandir par les fréquentes forties & rentrées, ou de s'écrouler. Cette Ouverture eft fi petite, qu'on eft obligé de la chercher du doigt, quand on la veut trouver

Vögelein seine kleine Eyerlein und zarte Jungen erwärmen, und bequem und sicher aufbringen.

Von dem gewiß recht künstlich gemachten Neste der Schwanz-Meise giebt uns Derham eine wahre und eigentliche Beschreibung. Es ruhet auf einem dreyzackigten Ast, ist groß, Ovalrund, und von aussen mit einem weissen Baummooß dicht überzogen. Inwendig ist die Wand mit feinem kurzen Moos aufgeführet, und wo die Eyer liegen, ist es mit zarten Federn, Haasenhaaren, und dergleichen ausgefüttert, und überaus glatt. Da nun dieses Vögelchen die meisten Eyer leget, und mit seinem Cörper selbige nicht alle bedecken und ausbrüten kan, so scheinet das Nest um deßwillen also gebauet zu seyn, damit das ausbrüten so vieler Eyer desto besser vor sich gehen könne. Inzwischen verfertiget das Vögelchen dieses Nest unermüdet und mit einer unglaublichen Geschwindigkeit.

Es ist zu bewundern, wie emsig die Vögel in Auflesung der Baumaterialien sind. Sie haben ein scharfes Gesicht, allenthalben die in dem Staube liegende Haare der Thiere zu finden. Sie schütteln selbige hin und her, um sie von dem Staube zu reinigen, zerzausen selbige, damit sie recht weich werden mögen, nehmen aber keine Menschen-Haare dazu, und auch dieses hat seine besondere Ursache. Denn die Haare der Thiere, als Pferd-Haare, sind starr, und lassen sich nach Gefallen in dem Nest einflechten, Menschen-Haare aber lassen sich nicht wohl dazu gebrauchen, und würden sich auch die Vögel in selbigen mit den Füssen verwickeln, und sich dadurch in Gefahr setzen, ihre Jungen öfters bey dem ausfliegen mit aus dem Nest heraus zu reissen.

Das Nest der Elster ist ebenfals bedeckt, wenn es gleich nur mit Dornen und stachlichten Reisern zugemacht ist. Von ferne scheinet es von schlechter Bauart zu seyn, aber in der Nähe betrachtet, findet man vieles daran zu bewundern. Die Dornen sind künstlich in einander geflochten, und halten sehr feste zusammen, so daß der Wind sie nicht abreissen kan, ohnerachtet das Nest schon etliche Jahre sicher. Die Ursache, warum dieses Nest mit Dornen bedecket ist, mag wohl keine andere seyn, als es vor dem Anfall verschiedener Feinde sicher zu setzen. Denn da es in den höchsten Gipfeln der Bäume sowohl auf dem freyen Felde, als in Gärten und Gehölzen stehet, so würden Katzen, Habichte, und andere Raubthiere sich leicht darüber machen, im Fall die Dornen selbige nicht abhielten, zumahl dieser Vogel schon brütet, ehe der Baum noch einiges Laub hat.

Was die Nester der grossen Waldvögel betrift, so kan dasjenige, welches die Weisdrossel bauet, zu einem Muster dienen. Es wird nemlich erst ein starker Grund mit rauhen Reisig und Mooß geleget, und der äusserliche Umfang des ganzen Nestes wird mit eben diesen Materialien aufgebauet; hernach aber wird das innere des Nestes mit zusammen gekneteten faulen Holz und Leimen gleichsam verpichet. Bey dieser sonderbaren Bauart gewinnet doch das Nest die gehörige Weite und Tieffe, daß die Anzahl der zu legenden Eyer gehörigen Platz darinnen finden, und ausgebrütet werden können. Es scheinet, daß die innere Fütterung des Nestes deßwegen glatt seyn müsse, damit kein Unge-

trouver. Dans cet asile le petit animal couve ses petits oeufs, les fait éclorre, échauffe sa famille mignonne, & l'élève commodément & en toute sûreté.

Pour en venir au nid de la *mésange à longue queue*, qui n'est certainement pas construit avec moins d'art & d'habileté, *Derham* nous en donne une description véritable & exacte. Ce nid repose sur un rameau à trois branches. Il est grand, de forme ovale, & couvert au dehors d'une Mousse d'arbre blanche, & épaisse. La Paroi intérieure est tapissée de Mousse courte, & la Couche des oeufs est garnie de petites plumes extrèmement fines, & de poils de lièvre, & d'ailleurs très-unie. Comme ce petit Oiseau pond le plus grand nombre d'oeufs, qu'il ne peut pas couvrir & couver tous à la fois, son nid paroit avoir été construit ainsi, afin que rien n'empêchât la couvée d'un si grand nombre d'oeufs. Au reste la mésange *à longue queue* est infatigable, quand elle travaille à faire son nid, qu'elle conduit à sa perfection avec une promptitude incroiable.

On ne peut qu'être surpris en voiant avec quelle diligence les Oiseaux rassemblent les materiaux de leur édifice. Leur vûe perçante leur sert à découvrir par tout les poils qui leur conviennent, qu'ils ont soin de bien secouer de tout sens, pour en ôter la poussière. Il les tiraillent ensuite pour les rendre souples. Ils ne prennent jamais des cheveux d'homme, ce qui a aussi une raison particulière; parceque les poils des bêtes ayant plus de roideur sont plus propres à être tressez & enlacez avec les autres matériaux qui composent le nid, au lieu que les cheveux humains plus tendres & trop flexibles ne conviennent pas au même usage, & que d'ailleurs se mêlant & s'entortillant aux pieds des Vieux & des jeunes, les prémiers courroient le risque en prenant leur vol hors du nid, d'en arracher quelque Petit.

Le Nid de la *Pie* est aussi couvert, quoiqu'il ne soit fermé que d'épines & de rameaux épineux. Il a mauvaise aparence de loin, mais quand on l'examine de près on y trouve bien des choses dignes d'être admirées. Les Epines sont très-artistement entrelacées, & tellement affermies, qu'aucun vent ne peut abattre le nid, quoiqu'il demeure en place pendant quelques années. La raison, pour laquelle ce nid est couvert d'épines, est vraisemblablement pour le garantir des ataques de divers ennemis. Car comme il est placé sur les sommets les plus élevez des arbres, tant en plein champ, que dans des Jardins & dans les bois, il seroit sans doute exposé aux hostilitez des chats, des autours, d'autres animaux de proie, si les épines ne lui servoient de garde, d'autant plus que la Pie couve même avant que l'arbre ait des feuilles.

Quant aux nids des grands Oiseaux de bois, nous choisissons celui de la *grosse Grive*, dont la description pourra servir a donner une idée des autres. La *grosse Grive* (*) pose d'abord un fondement fort & solide de ramilles rudes & de mousse, & élève tout le Pourtour du nid des mêmes materiaux. Elle double ensuite cette paroi extérieure au dedans de bois pourri paitri avec de la terre grasse, ce qui fait une espèce de goudron, dont l'intérieur du nid est comme poissé, de façon pourtant que ce logement n'en conserve pas moins l'étenduë & la profondeur requises pour
que

(*) Elle est nommée en allemand *Weis-Drossel*, *Grive blanche*, à cause de sa couleur blanchâtre.

Ungezieffer sich darinnen aufhalten könne. Woher weiß aber dieser Vogel, daß er zum Kneten nicht bloße Erde, sondern Leimen nehmen müsse? Und sollte nicht das darunter gemengte faule Holz dazu dienen, um die Nässe, die durch vielen Regen verursachet wird, zu verschlucken?

Die sogenannte Graßmücke suchet sich auf dem Boden ein Büschlein aus, unter welchem noch dürres Graß siehet, dieses bieget sie von oben gegeneinander, und fiechtet es so zusammen, daß es ein Gewölbe wird, das vorne her nur eine kleine runde Oefnung behält. In dieses Gewölbe wird ein Bette von Federn und Haaren gemacht, und erhellet daraus ein Merkmal der göttlichen Vorsehung, daß die kleinsten Vögel, nach Verhältnis, die größten Nester machen, um ihre Jungen desto besser warm zu halten.

Die wilde Gans brütet in großen Seen und Teichen, in welchen vieles Rohr wächset. Sie fiechtet sich aus diesem Rohr oder Schilf ein dickes Nest, das einem Korbe gleichet, und mit dem Wasser steigen und fallen kan, ohne daß die Eyer schaden nehmen.

Die Ringeltauben bauen flache Nester mit wenig Kunst, vermutlich sind ihre Nester darum so flach, damit die Jungen ihren häuffigen Unrath, den sie mehr als andere Vögel machen, selber zum Nest herausschaffen können, weil die Alten solches nicht thun, wie sonst die Alten der andern Vögel zu thun pflegen, die vor die Reinlichkeit der Nester sorgen.

Sehr merkwürdig ist hingegen das Nest einer Gold-Amsel. Es hänget an der Gabel eines schlanken Astes, der von oben und unten etwas frey stehet, und ist aus vielen Fäden von Bast, zarten Wurzeln, und langen Graßstengeln sehr künstlich und stark ineinander geflochten, ja so gar oben rings herum mit einem Rand eingefasset. Es sitzet an beyden Zacken der Gabel feste, so, daß es einem Korbe mit zweyen Handhaben ähnlich siehet. Die obere Einfassung oder der Rand des Nestes ist etwas eingebogen, und dieses verhindert, daß die Eyer durch das Schwanken der Aeste bey Sturmwetter, dennoch nicht herausfallen können, wenn auch gleich der Vogel nicht darauf sitzet, die jungen hingegen halten sich so stark an die Fasern des Nestes an, daß sie durch keine Bewegung herausgeschleudert werden können.

Nicht ohne Ursache scheinet das Nest einer Nachtigall in Hecken, oder dicken Stauden ganz unten auf dem Boden zu seyn, damit die Jungen, sobald sie nur einige Federn haben, so gleich auslauffen und sich im Gebüsche verstecken können, weil man diesem Vogel, seines lieblichen Gesangs halber, ungemein nachstellet. Ueber das ist dieses Nest mit so vielen dürren Laub bedeckt und wie bekleistert, daß man Mühe hat, es zu entdecken.

Diesen

que le nombre d'oeufs qui y doivent être pondus y aient place, & y puissent être couvez. Il y a lieu de conjecturer que la doublure du nid doit être unie, afin qu'aucune vermine ne puisse s'y établir. Mais qui a dit à cet oiseau que de la terre simple ne sufiroit pas pour paîtrir le Goudron dont il double son nid, & qu'il doit absolument prendre de la terre grasse pour cet ouvrage? Outre cela le bois pourri qu'il y mêle ne semble-t-il pas être choisi avec reflexion pour qu'il boive le superflu de l'eau de pluye, dont la terre grasse est imbibée?

La Fauvette se cherche par terre quelque touse, qui soit entourée de quelque herbe deja un peu séche, dont elle replie les feuilles de façon qu'elle en puisse entrelacer & tresser ensemble les extrémitez, ce qui forme une espèce de voûte où elle ne laisse qu'une petite ouverture sur le devant. Ensuite elle prépare au dedans le Lit de ses Petits, en quoi l'on trouve un nouveau motif d'adorer la Providence divine, qui a accordé aux plus petits Oiseaux la faculté de se construire à proportion de leur grandeur des Logemens aussi amples que le requièrent leurs besoins, & ceux de leur petite famille.

L'Oie sauvage fait son nid dans des Lacs, ou dans de grands Etangs, là où il croit beaucoup de roseaux, dont elle se sert pour construire un nid épais, semblable a une corbeille, qui se hausse & se baisse avec l'eau, sans que les oeufs en souffrent aucun dommage.

Le Pigeon Ramier emploie trés-peu d'art a faire son nid, qui est ordinairement fort plat, vraisemblablement pour que les petits ayent plus de facilité à en jetter dehors eux-mêmes leur fiente, qui est plus copieuse que celle des autres Oiseaux. D'ailleurs parmi les Ramiers les Vieux ne se mêlent jamais de nettoyer le nid comme le font d'autres Oiseaux. C'est ici toûjours l'ouvrage des Jeunes.

Le Nid du Merle de roche (*) est en revanche trés-remarquable. Il est ordinairement suspendu à quelque branche fourchuë mince & dégagée en haut & en bas, c'est à dire que cette fourche doit avancer un peu au dela des feuilles. Les matériaux du nid sont quantité de fils d'écorce, de racines fines, & de longues tiges d'herbes. L'Oiseau tresse & entrelace tout cela avec beaucoup d'adresse, & en fait un tissu fort, & solide, garni encore en haut d'un bord tout autour. Le nid est affermi aux deux fourchons de la fourche, tout comme une corbeille, qui y seroit attachée par deux anses. Le bord supérieur est un peu recourbé en dedans ce qui empeche les oeufs de tomber hors du nid, lorsque dans l'absence de la mère il est agité par quelque vent impétueux. Quand les Petits sont éclos, ils se tiennent si fermement aux filamens qu'ils trouvent dans le nid, qu' aucune agitation ne peut les en faire tomber dehors.

Le Rossignol a aussi ses bonnes raisons pour bâtir son nid par terre dans les haies, on dans des buissons épais afin que les Jeunes puissent, dèsqu'ils sont emplumez, sortir du nid & se cacher dans les broussailles pour éviter les pièges qu'on leur tend. Car on sçait que cet Oiseau est fort recherché, à cause de la beauté de son chant. Au reste ce nid est ordinairement couvert d'une si grande quantité de feuilles séches, qu'on a beaucoup de peine a le découvrir.

Ajoutons

(*) Il est nommé en allemand *Gold-Amsel*, c'est à dire *Merle doré* à cause de la couleur d'or qui brille sur ses plumes. C'est la *Merula Saxatilis* de Linnaeus.

Diesen Zornischen Wahrnehmungen wollen wir nur noch etliche wenige Exempel beyfügen, so von glaubwürdigen Reisenden sind beobachtet worden. Es giebt nemlich in Nigritien eine gewisse Art grosser Papegayen, deren Kopf braun, der Hals aber wie auch der Schnabel, ja der ganze Leib und die Beine von untermengter gelber und grüner Farbe sind. Diese bauen ihre Nester mit vieler Kunst aus Rohren und kleinen Baumsprößlein, woraus sie ein Gewebe in Form eines Ballons machen, welches sie an den äussersten Enden der schwächsten Baum-Aeste so anzuhängen wissen, daß es der Wind hin und her wieget. Sie erwehlen aber den Ort darum, daß ihre Eyer und Jungen vor den grossen Schlangen selbigen Landes, welche ihrer Schwere wegen sich nicht getrauen auf die schwachen Aeste zu kriechen, verwahret seyn mögen.

Fast auf die nemliche Art machen es gewisse Vögel am Fluß Senegal, welche von den Einwohnern *Kubalots* genennet werden. Denn es hängen auch deren ihre Nester an den äussersten Spitzen der schwankenden Aeste, damit sie vor den Affen sicher seyn, die sich, aus Furcht in das Wasser zu fallen, so weit nicht auf den Aesten hintrauen.

Der Flaminger, ein sehr grosser Vogel auf den americanischen Insuln, der fast wie ein Reiher gestaltet, und mit schönen rothen Federn gezieret ist, bauet sein Nest, weil er sich an sumpfigten Oertern aufhält, anderthalb Schuh hoch über dem Feuchten. Der Boden des Nestes ist ziemlich breit, hernach aber nimmt das Nest biß an den Gipfel nach und nach ab. In der Spitze des Nestes macht der Vogel ein Loch, durch welches derselbe seine Eyer leget, und selbige so ausbrütet, daß er den Fuß auf der Erde, den Steiß aber über dem besagten Loch des Nestes hält.

Aus allen diesen mancherley Arten, die Nester zu bauen, ist allerdings ein Schluß auf eine Art der Klugheit der Vögel zu machen, und wenn es gleich einige mit dem Worte Naturtrieb zu erklären vermeynen, so ist dadurch doch nicht erwiesen, daß die Vögel diese Arbeit nicht mit einer Art der Ueberlegung verrichten sollen. Hierzu kommt noch, daß jede Art der Vögel das Nest auf einerley Weise verfertiget, auch wissen sie, wie schon gesaget, damit zur gehörigen Zeit anzufangen; denn sobald dasselbe vollständig ausgebauet ist, so legen die Weibgen auch augenblicklich ihre Eyer hinein. Und gesetzt auch, ein Vogel gebrauchte bey dieser Arbeit nicht die geringste Ueberlegung, so zeuget doch ihr Vermögen, solche Nester so künstlich aufzuführen, von der Allmacht, Weisheit, und wunderbaren Vorsorge des Schöpfers, und ist also ein Beweis von etwas mehrers, als einer bloß mechanischen Würkung.

Um von den Eyern der Vögel nun auch etwas weniges zu sagen, so ist zu merken, daß jede Art der Vögel sich so wohl in Anschung der Zahl, als in Betracht der Grösse und der Farben der Eyer, die sie legen, unterscheide, so daß an jedem Ey, von dem Colibriten-Ey an, welches die Grösse einer Erbse hat, biß zum Straussen-Ey zu, welches man nicht als mit zweyen Händen umspannen kan, die besondern Merkmahle in den Farben, Puncten, und Flecken zu beobachten sind. Man hat also nicht nur weisse, sondern auch gelbe, blaue, grüne, braune, röthlichte, schwärzlichte, aschgraue, hell- und dunkel-gefärbte, und diese sind

Ajoutons à ces Remarques de Mr. *Zorn* encore quelques Observations que nous devons à des Voiageurs dignes de foi. Dans le *Pais des Negres* on voit une certaine espèce de grands *Perroquets* à têt brune, dont tout le corps, le cou, le bec, & les jambes sont mélangez de jaune & de verd. Ces Animaux construisent leurs nids fort artistement de roseaux & de ramilles, dont ils font un tissu, auquel ils donnent la forme d'un balon, qu'ils ont l'adresse de suspendre à l'extrèmité de quelque branche d'arbre, de façon que ce lit est bercé par le vent. Ils choisissent ainsi pour suspendre ce nid la partie la plus foible des branches afin de mettre leurs oeufs & leurs Petits en sûreté, contre les gros serpens, dont le pais abonde, & qui vû leur pésanteur n'osent pas hazarder ce s'avancer jusques à l'extrémité des branches.

Certains Oiseaux qu'on trouve sur les Rives du *Senegal*, & que les Habitans apellent *Kubalots*, imitent à peu près la même métode, suspendant aussi leurs nids aux extrémitez brandillantes des branches, afin de les garantir de la poursuite des Singes, lesquels, de peur de tomber dans l'eau n'osent pas pousser leur marche jusques-là.

Le *Flamingo*, trés-grand Oiseau qu'on rencontre dans les Iles de l'*Amérique*, formé presque comme un Heron, & décoré de belles Plumes rouges, se tient dans des endroits marécageux, & construit son nid un pied & demi au dessus du fond humide. La base est assez large, mais le nid s'élève en diminuant peu à peu jusques au sommet, où l'Oiseau fait une Ouverture par laquelle il fait passer les oeufs qu'il pond, & qu'il couve simplement en tenant le cu sur la dite ouverture, & s'apuyant du pied par terre.

Toutes ces diférentes méthodes de construire les nids fournissent un argument pour démontrer que les Oiseaux sont douez d'une espèce de prudence, & s'il plait à quelques Naturalistes d'apeller cette faculté un *instinct naturel*, cela ne prouve pas que les Oiseaux soient dénuez de tout raisonnement dans leurs travaux économiques, ce qui est d'autant moins soutenable que tous les Oiseaux d'une espèce suivent le même Plan d'Architecture dans leur bâtimens, & sçavent exactement, comme on l'a dit plus haut, dans quel tems ils doivent commencer leur travail, à telles enseignes qu'au moment même auquel l'édifice est achevé la femelle y pond son prémier oeuf. Mais posé même que les Oiseaux commencent, poursuivent, & perfectionnent des demeures, qui décèlent tant d'art & de prudence, sans y emploier la moindre reflexion, le talent qu'ils déploient dans ce travail ne seroit pas moins une démonstration évidente de la Toute-puissance, de la Sagesse, & de la Providence infinie du Créateur, qui en le leur accordant à fourni la preuve que leur travail n'est pas un pur mécanisme.

Disons à présent aussi quelque chose des *Oeufs*. La prémière observation à faire, c'est que les Oiseaux de toute espèce se distinguent les uns des autres tant par le nombre que par la grandeur & par les couleurs des oeufs qu'ils pondent, & qui sont tous caractérisez par les couleurs, les points, & les taches, depuis l'oeuf du Colibri, qui est de la grosseur d'un poids, jusques à celui de l'Autruche, qui a plus de deux empans de circonférence. Ainsi outre les oeufs blancs, que nous conoissons, il y en a de jaunes, de bleus, de verds, de bruns, de rougeâtres, de noirâtres, de

cendrez

find alle entweder einfärbig, oder gefleckt, gesprenkelt, oder bunt, wie aus den Kleinischen Abbildungen des mehreren zu ersehen ist.

Ordentlicher weise brüten die Vögel, jede ihre eigene Eyer aus; allein, es kan solches gleicherweise durch andere Vögel, die gleich lange Zeit auf ihren Eyern sitzen, geschehen, wie denn auch die Kunst schon vorlängst Brutöfen ausgedacht hat, so daß wir in Europa so gut dieses Werk verrichten können, als die Eyerbrüter im Alkair. Hierdurch verfält inzwischen die Meynung der Alten, welche davor hielten, daß die Ideen des brütenden Vogels erfordert würden, um den jungen Vogel im Ey zu bilden. Ja es brachte ein gewisser Jannequin einmahl zwey Straussen-Eyer aus Nigritien nach Frankreich. Das eine hatte er schon in Africa ausgeleeret, in der Absicht, die Schaale desto besser zu conserviren. Einige Tage nach seiner Aukunft bemerkte er eine Bewegung an dem Werk, in welchem die Eyer gepackt waren, und da er darnach sahe, so fand er, daß ein junger Strausvogel sich heraus arbeiten wollte, dem er half, und ihn acht Tage lang mit Gras lebendig erhielte. Es ist wahrscheinlich, daß dieses Ey beständig in einer mäßigen Wärme gelegen, welche hinlänglich war, das Ausbrüten zu befördern.

Die Haushaltung der Vögel betreffend, so trift man allerdings vieles merkwürdige dabey an. Etliche Geschäfte, als Nester bauen, brüten, Proviant holen, die Jungen ausführen, oder füttern, verrichten bey einigen Vögeln das Männchen und Weibchen gemeinschaftlich, bey andern aber ist diese Arbeit abgetheilet, und weiß sowohl das Männchen, als das Weibchen was es zu thun hat. Einige Arten verstatten die Viel-weiberey, andere halten sich paarweise zusammen und beobachten eine keusche Ehe. Sie putzen und reinigen ihre Nester, werfen die todte Jungen heraus, straffen die Zänker unter ihren Jungen, und halten gute Zucht.

Die mehresten Vögel stellen grosse Wanderschaften an, wozu sie zum Theil durch den Hunger gezwungen werden, wenn nemlich die Nahrung in einer Gegend alle ist, und sie solche anderwärts suchen müssen, zum Theil aber durch die einfallende Kälte, da sie sich um ein wärmeres Clima bekümmern müssen. Dahero verschwinden etliche Arten der Vögel auf einige Monate gänzlich vor unsern Augen, kommen aber zu gesetzter Zeit wieder, da sie sich denn entweder in wärmeren Gegenden aufhalten, wie die Störche, oder sich wie die Schwalben im Schilf, oder wie andere Vögel in Klüften, Steinhöhlen und Ritzen verbergen, und ohne Nahrung leben, biß daß die Wärme sie wieder hervor locket. Es gehen aber diese Wanderungen nicht auf gleiche Weise vor sich. Denn etliche Arten der Vögel fliegen einzeln weg, andere aber ziehen heerdenweise, da sie sich denn aus einer ganzen Gegend an einen gewissen Ort und zu einer bestimmten Zeit, welche ihnen entweder durch ihre Natur angegeben wird, oder die sie auf ihre Art mit einander verabreden, versammlen, und alsdann miteinander fortfliegen.

cendrez, de couleur claire & foncée; après cela ils font ou d'une seule & même couleur, ou tachetez, ou mouchetez, ou bigarrez, comme en le peut voir aux figures que Mr. *Klein* a données au Public.

Regulièrement chaque espèce couve ses propres oeufs. Mais il arrive aussi qu'un Oiseau d'une espèce couve les oeufs d'une autre, quand les Oiseaux des deux espèces ont l'habitude d'employer à leur couvée autant de tems les uns que les autres. Outre cela il y a long-tems que l'art a imaginé des fours propres à couver les oeufs, que l'on sçait employer à cet usage en *Europe*, aussi bien que le font les Couveurs d'oeufs du *Caire*. Cette expèrience prouve, pour le dire en passant, que les Anciens n'etoient pas fondez à établir comme ils faisoient, que pour former la figure du Petit dans l'oeuf, il est nécessaire que l'Oiseau qui couve ait des idées. Un autre exemple qui détruit cette opinion c'est qu'en 1637. un Nègre ayant fait présent au Sr. *Iannequin* Employé de la Compagnie françoise des *Indes* de deux oeufs d'Autruche pour les porter en *France*, il les envelopa soigneusement dans de l'étoupe. Quelque tems après, ayant jetté par hazard les yeux dessus, il fut surpris de voir remuër l'étoupe & d'apercevoir une jeune Autruche qui s'efforçoit de sortir de son écale. Il lui aida à s'ouvrir le passage, & la trouvant toute formée, il la nourrit pendant huit jours avec de l'herbe. Il avoit vuidé l'autre oeuf avant de quiter l'*Afrique*, pour en conserver plus sûrement l'écale. Il est probable que ces oeufs avoient été placez dans quelque endroit où ils éprouvoient constamment une chaleur moderée, sufisante pour les faire eclorre.

Quant à l'*économie* des Oiseaux, il y a des espèces où le mâle & la femelle travaillent ensemble & remplissent certaines fonctions en commun, telles que de construire le nid, couver, aller à la provision, conduire les jeunes hors du nid, ou les abéquer. A d'autres espèces le travail est partagé, de sorte que le mâle &, la femelle ont chacun sa portion separée d'ouvrage à faire, sans s'ingèrer dans les occupations de l'autre. Quelques espèces sont pour la Poligamie, d'autres s'acouplent, & se piquent de fidélité conjugale. Ils tiennent leurs nids fort nets; s'il meurt quelque jeune, il est jetté dehors; quand les petits se chamaillent, les vieux y mettent le hola, & les contiennent dans le devoir.

Il y a quantité d'Oiseaux qui entreprennent de grands voyages, auxquels ils sont forcez en partie par la faim, quand les produits d'un païs qui leur servent de nourriture se trouvent consommez, & qu'ils se voient obligez d'en chercher autrepart, & en partie parceque l'arrière-saison les chasse, & les met dans la nécessité de se rendre dans quelque climat plus chaud. C'est par cette raison que certaines espèces d'Oiseaux disparoissent totalement chez nous pendant quelques mois, & reviennent ensuite dans des tems fixes. Pendant cet intervalle ils vont habiter des païs plus chauds, comme fait la Cicogne, ou se cachent dans les roseaux comme l'Hirondelle, ou dans des Crevasses, trous & fentes des Rochers comme font plusieurs autres Oiseaux, & y demeurent sans nourriture, jusques à ce que la chaleur de la belle saison les rapelle. Mais ces Pelerinages ne s'exécutent pas tous de la même manière. Il y a des Oiseaux qui s'envolent seul à seul, l'un après l'autre, d'autres partent en troupe, & quittent une contrée entière en même tems,

Es ist auch bekannt, daß viele Arten der Vögel sich gemeinschaftlich beschützen, oder daß sie, woferne zwischen zweenen unter ihnen ein Streit entstehet, gleich eine gemeinschaftliche Sache daraus machen. So ist uns eine merkwürdige Geschichte von Störchen bekannt, welche vermuthlich über einen Ehebruch, den diese Vögel durchaus nicht zu dulten scheinen, entstand. Es versammleten sich nemlich fast alle Störche aus einer ganzen Gegend, und ließen sich gegen der Zeit, da die Sonne untergehen wollte, auf eine Wiese nieder, welche von einer andern, so daran lag, durch einen acht Schuh weiten Wassergraben abgesondert war. Diese Störche spazierten auf dieser Wiese hin und her, und waren bald truppweise beysammen, bald aber wanderten sie einzeln herum. Auf der andern Wiese aber, jenseit des Grabens, befand sich in einer ziemlichen Entfernung nur ein einziger Storch, der ganz verlassen, wenige Schritte hin und her that. Sobald nun die Sonne untergangen war, daß man den Ring desselben nicht mehr sehen konnte, so erhoben sich alle Störche von dem ersten Feld, fielen mit einer Wuth alle mit einander auf den einzigen abgesonderten Storch an, und zersetzten ihn dergestalt, daß kein ganzes Stück an ihm blieb, worauf sie nach einem großen Geklapper alle davon flogen, und man hernach von dem zerrissenen Storch die Federn, Knochen und zerfetzte Stücke Fleisch auf der Wiese liegend fand. Gewißlich, es hatte die Zusammenkunft der Störche das Ansehen, als ob sie sich mit Fleiß versammlet hatten, über diesen einzigen Missethäter, dem sein bevorstehendes Schicksal muß bekannt gewesen seyn, ein hochpeinliches Hals-Gericht zu halten, und wie wollen wir dergleichen Begebenheiten mit der bloßen Benennung eines Naturtriebes erklären?

Eben so wunderbar ist auch die Stimme und der Gesang der Vögel. Nichts scheinet bey ihnen so willkührlich zu seyn, als dieses. Sie verändern nach Belieben ihre sonst gewöhnliche Melodien mit lustigen Wendungen. Bald kürzen sie selbige ab, oder verlängern sie, oder lernen von andern Vögeln ganz neue Töne. Ein gutes musicalisches Gehör und das Vermögen die Töne zu beurtheilen, muß nothwendig zugegen seyn, und wir sehen nicht ein, wie man, ohne dergleichen zuzugeben, solche Tonkunst der Vögel erklären könne. Denn soll dieses alles nur Maschinen-mäßig bey ihnen zugehen, so fehlet nicht viel, daß man nicht auch die Kraft zu denken einer Maschine zuerkennen sollte.

Inzwischen bleibet dieses doch eine Auswürkung von der Bauart ihrer Kehle, daß einige eine gröbere oder feinere Stimme haben, oder auch wenigere oder mehrere Geschicklichkeit besitzen, Veränderungen der Töne hervorzubringen. Da hingegen das Vermögen von dieser Geschicklichkeit einen Gebrauch zu machen, oder nicht, willkührlich ist. Wir sondern hievon nur diejenigen Töne aus, welche gewisse Vögel Kraft der Veränderung der Luft und des Drucks derselben auf ihre Lungen hervorzubringen gezwungen sind, worunter das Krähen der Hähne und Schlagen der Wachteln gehöret.

Die

après avoir fixé pour cela l'heure & le lieu, auquel ils se rassemblent pour le voyage, soit que la Nature les guide en cela, soit qu'ils en conviennent entre eux de quelque autre façon.

L'on sçait encore que parmi les diverses espèces d'Oiseaux, il s'en trouve qui se défendent en commun, ou s'il arrive qu'il survienne une dispute particulière entre deux Oiseaux, toute l'espèce s'y interesse. Nous pourrions apuyer ce que nous venons de dire sur une Anecdote vraie & remarquable entre les Cicognes, qui nous est conue d'original, & qui arriva vraisemblablement à l'occasion d'un adultère, crime que cette espèce ne tolère absolument point. L'on vit donc toutes les Cigognes d'une contrée s'assembler à peu près vers l'heure où le Soleil se couche sur un Pré separé d'un autre par un Canal d'eau, large de huit pieds. Ces Cicognes faisoient entre elles des allées & des venues de manière qu'elles étoient quelque fois separées l'une de l'autre, & que d'autres fois toute la troupe se rassembloit. Pendant ce tems on voyoit sur l'autre Pré au delà du Canal dans un certain éloignement une Cicogne unique, qui paroissoit entièrement abandonnée, & ne faisoit que quelques pas fort tristement tantôt d'un côté tantôt de l'autre. Au moment que le Soleil fut entièrement couché, & que le Disque de son globe fut disparu, toutes les Cicognes rassemblées sur le prémier Pré s'élevèrent comme de concert & allèrent fondre avec fureur sur la Cicogne unique qui étoit dans l'autre pré, qu'elles dechirèrent en mille pièces, qui demeurèrent sur le carreau, où l'on trouva les morceaux déchirez de la chair, apres laquelle execution toutes les Cicognes s'envolèrent. Cette Assemblée ne ressembloit-elle pas à un Tribunal convoqué pour prononcer la sentence de mort au criminel, qui probablement n'ignoroit pas le destin malheureux auquel il étoit reservé? Quel moyen d'expliquer un evènement pareil, quand on refuse tout raisonnement aux bétes, & qu'on ne leur accorde pour se conduire qu'un instinct aveugle?

La Voix, ou le *Chant* des Oiseaux doit être mis au rang de leurs proprietez merveilleuses. Rien ne semble être davantage l'effèt d'une volonté libre & indépendante. Ils varient leurs airs comme il leur plait, en les animant par des passages enjouez. Tantôt il les accourcissent, tantôt il les trainent, ou ils imitent des tons qu'ils aprennent d'autres Oiseaux. On ne peut disconvenir, qu'ils ne soient douez d'une Ouïe musicale, & de la faculté de juger des tons, sans quoi il ne seroit pas possible d'expliquer le talent qu'ils possèdent de regaler nos oreilles par des chants si mélodieux. Si l'on s'avisoit de soutenir que ce Chant n'est que l'effèt d'un mouvement purement machinal, on n'auroit plus qu'un pas à faire pour admettre le Paradoxe qu'une pure machine peut penser.

Il est vrai cependant que la façon dont leur gosier est organisé contribue à cette opération, c'est-à-dire que selon cette organisation les Oiseaux ont la voix plus ou moins claire, & aussi plus ou moins de facilité & de talent pour varier leurs chants. Mais il n'en est pas moins certain que la faculté de faire usage de ce talent, & la manière de l'employer est absolument arbitraire, excepté à quelques espèces, où le Changement de l'air, & sa pression sur le poumon des Oiseaux, les forcent a rendre de certains sons, quand ils ne le voudroient pas, comme par exemple le Chant du Coq, ou le rapel de la Caille.

Les

Die Sprache, welche manche Vögel nachzuahmen wissen, zeiget, wie leicht sie etwas annehmen können, und das zwar oft von selbst, ohne daß man sich Mühe giebt, ihnen eine, oder andere Redensarten zu lehren. Ohnerachtet sie nun das Vermögen nicht haben, mit den Worten, die sie nachplaudern, Gedanken zu verbinden, so scheinen sie doch diejenige, mit welchen ein Zorn, eine Liebe, oder ein Schrecken verbunden wird, ziemlich wohl zu unterscheiden, wie zuweilen aus ihren freundlichen Geplauder, und zu gewissen Zeiten auch aus ihren Schreien, wenn man sie böse macht, erhellet, und nimmt in diesem Fall der eine Vogel mehr an, als der andere. Wenigstens kennte man nicht leicht etwas mehr unerwarteters hören, als daß einst ein Papegay, als in einer grossen Gesellschaft einmahl eine Caffe-Tasse von dem Tisch herunter fiel, mit lauter Stimme anfieng zu schreyen: Herr JEsus! was ist das? welches dieser Plauderer von der Frau im Hause, die bey jedem Schrecken gewohnt war, diese Worte auszuruffen, von selbst gelernet hatte. Es muß also bey diesem Vogel wenigstens ein Vermögen gewesen seyn, dergleichen Worte mit einer gewissen Begebenheit zu verbinden, zu welcher sie sich nach demjenigen Verbilde, daß er von der Hausfrau erlernet hatte, am besten schickten.

Was endlich die Verschiedenheit der Vögel betrift, so zehlet man schon bey sechshundert Arten und Unterarten, ja etliche vergrößern die Zahl schon über acht hundert; der fast unzählbaren Abweichungen nicht zu gedenken. Ja, wie viele mögen noch wohl vorhanden seyn, die uns unbekannt sind?

Inzwischen mangelt es in diesem Fach auch nicht an Erdichtungen, wohin der Vogel Ruck, Phönix und Greif gehören, wiewohl der Greif auch des Jonstons Cuntur oder Condor seyn könnte, der sich auf den Felsen in Peru und Chili befindet, und der der gröste Vogel unter den bekannten ist, indem er auch den Strauß weit übertrift. Denn man hat solche gefunden, die mit ausgebreiteten Flügeln 13. Schuh ausmachten, wie denn auch Feuiller einen solchen geschossen, der eilf Schuhe und vier Zoll austrug. Wenigstens zeiget man in dem Sloanischen Cabinette in London etliche Federkiele dieses Vogels, und giebt demselben das Zeugniß, daß er ein Schaaf mit den Klauen packen, und in der Luft wegführen könne, um es auf den höchsten Felsen zu verspeisen, welches auch in einer einzigen Mahlzeit von ihm verzehret würde.

Fast haben wir das Ziel einer Einleitung überschritten, dahero wir nun die Abbildungen der Vögel, deren wir aus vorerwehnten Ursachen in diesem Fach nur etliche wenige vorgestellet haben, beschreiben, und Gelegenheit geben wollen, die Haupt-Geschlechter oder Classen derselben daraus zu beurtheilen.

Les diférens langages, que quelques Oiseaux favent imiter, prouvent leur disposition à aprendre facilement une chose, & cela souvent sans qu'on se donne la peine de les enseigner. Quoiqu'on ne puisse pas avancer qu'ils attachent des idées aux mots qu'ils aprennent à prononcer, ils paroissent pourtant faire une diférence entre les paroles qui désignent une colère, une affection, une fraieur, &c. ce qu'ils font conoître par leurs gestes, tons & contorsions, qui dénotent ou leur contentement, ou leur mécontentement, quand on les excite à se facher. On peut alléguer à cette occasion avec vérité l'exemple d'un Perroquet, lequel, entendant tomber par terre une Tasse de Porcelaine, se mit à crier à haute voix au grand étonnement d'une Assemblée nombreuse qui prenoit le Café: *Seigneur Iesus! qu'est-cela?* mot que personne n'avoit enseigné à ce petit Iaseur, mais qu'il avoit apris en l'entendant prononcer à sa Maitresse toutes les fois qu'elle avoit quelque sujet inopiné de fraieur. Il faut donc convenir que tout au moins ces animaux possèdent la faculté d'allier les mots qu'ils aprennent avec de certains évènemens, aux quels ils les croient plus aplicables qu'à d'autres, comme le prouve l'Histoire du Perroquet imitateur de sa Maitresse.

Pour en venir enfin aux *Variations* qui se rencontrent parmi les Oiseaux, on en compte déja près de six cens espèces ou Sous-espèces, & même quelques Ecrivains font monter ce nombre jusques à huit cens, sans parler des exceptions innombrables, qui se rencontrent dans les Variations même. Et peut-être la Nature en recèle-t-elle encore beaucoup, qui nous font inconnues.

Il y a des Ecrivains, qui mêlent aussi quelques fictions à cet article. Telles font les fables qu'on nous débite du *Rouck* (*) ou *Phoenix*, & du *Grifon*, quoique ce dernier pourroit bien être le *Cuntur* ou le *Condor* de *Ionston*, que l'on trouve sur les Rochers du *Perou* & de *Chili*, & qui de tous les Oiseaux connus est le plus grand, surpassant à cet égard l'Autruche de beaucoup. On en a rencontré dont les ailes étendues avoient jusques à 13. pieds d'une extrémité à l'autre, & *Feuiller* dit en avoir tué un, qui avoit onze pieds quatre pouces. On montre à *Londres* dans le Cabinet de *Sloane* quelques tuyaux de plume de cet Oiseau, duquel on prétend d'ailleurs qu'il empoigne de ses Serres une brebis entière, laquelle il enleve à travers les airs jusques fur la Cime des plus hauts rochers, où il n'en fait qu'un seul repas.

Nous terminons ici nôtre Introduction que nous n'avons peut-être que trop étendue. Nous nous resserrerons d'autant plus dans nos Descriptions, dont un petit nombre suffira pour nous enseigner à distinguer les Genres principaux, ou leurs Classes.

(*) *Rouck* est le nom d'un Oiseau fabuleux, qu'on ne trouve en aucune langue exprimé autrement.

TAB. I.

Unter allen Vögeln sind die Americanischen **Colibritgen** nicht nur die kleinsten, da sie viel kleiner, als die Europäischen Zaunkönige sind, sondern auch fast die schönsten, weil ihre Federn mit einem wunderbaren Golde prangen, das in verschiedene anmuthige und hohe Farben reichlich ausgegossen ist, und dergleichen an keinem andern Vogel mehr angetroffen wird. Da es nun viele Arten giebt, wie denn in Jamaica und den Antillischen Insuln allein wohl vierzehn Arten sollen zu finden seyn, ohne die Arten zu rechnen, welche sich noch am festen Lande des Mittägigen America aufhalten, so hat man auf dieser Kupfer-Tafel vier von derselben Haupt-Arten vorstellig gemacht.

Sie sitzen auf einem blühenden Zweig eines Citronen-Baums, woran sich auch ein Nestgen mit zweyen Eyern befindet, um ihren Aufenthalt, und Lebens-Art dadurch einigermassen anzuzeigen, indem sie nur in dergleichen Bäumen und in Stauden-Gewächsen nisteln, und sich bloß von dem Honig der Blumen nähren, dahero sie auch **Honigvögel,** zuweilen aber auch **Sommervögel,** und wegen ihres Glanzes **Goldvögel** genennet werden, und weil sie also ihre Nahrung im Fluge, und schwebend über den Blumen suchen, wobey ein leises Gesumse gehöret wird, indem sie sonst nicht singen, sondern nur leise summen, so heissen sie auch wohl **Summvögel.** Man trift sie beym *Linnäus* unter dem Namen *Trochilus* an.

Sie gehören ihrer langen Schnäbel halber zu der Classe der Spechtartigen. Diese Schnäbel sind über einen halben Zoll lang, und schwarz, bald gerade, bald etwas krumm gebogen. Ihre Füsse sind schwarz, kurz, und mit vier Zehen versehen, davon drey forne, und eine hinten stehen, und an den Zehen befinden sich kleine scharffe schwarze Klauen. Sie werden auch in kurz- und langschwänzige eingetheilet, und bestehet der Schwanz aus acht, jeder Flügel aber aus 12. Schwing-Federn. Etliche dieser Vögel haben kleine Hauben, oder Büsche auf dem Kopf. Die Augen sind klein, schwarz, und glänzend. Die Zunge ist röhrenförmig und gespalten. Uebrigens aber sind sie in Farben unterschieden, wie wir nunmehro auch aus den Figuren sehen werden.

Der untere Vogel, der auf der Citrone sitzend abgebildet ist, und gegen einer gewöhnlichen Citrone die nemliche verhältnißmäßige Grösse hat, ist oben grün mit Gold, an der Kehle und Brust einfärbig blau, und am Unterleibe schwarz, die Flügel aber und der Schwanz sind Aschgrau.

Derjenige, der oberhalb dem Neste auf den blühenden Zweig sitzet, ist röthlich-violet mit einem Goldschein, am Schwanz aber und an den Flügeln grau.

Der folgende ist allenthalben braun, und über und über als mit Golde übergossen; man siehet aber diesen feurigen Goldglanz nicht als bey gewissen Wendungen gegen das Licht, welches sich in der Illuminirung nicht wohl abbilden lässet. Indessen ist auch zu merken, daß dieser Goldglanz nur zu gewissen Zeiten in seiner grösten Pracht erscheinet. Denn wenn diese Vögelchen sich mausen, so haben sie den Glanz nicht, biß die Federn recht ausgewachsen sind, und sie aus den blühenden Blumen eine reichliche Nahrung finden. Diejenigen also, die zur unrechten Zeit gefangen werden, sind nicht so schön. Wir haben aber von der nemlichen Gattung gesehen, die einen blendenden Goldglanz hatten, nicht anders, als ob sie würklich dicke verguldet wären

PLANCHE I.

De tous les Oiseaux qui existent, les *Colibris d'Amérique* sont non seulement les plus petits, puis qu'ils le sont encore plus que nos Roitelets, mais ils sont aussi les plus beaux. On voit briller sur leur Plumage un éclat d'or admirable, entremêlé des couleurs les plus belles & les plus vives, dont aucun autre Oiseau n'est paré. Il y en a plusieurs espèces. On en compte jusques à quatorze seulement dans la *Iamaïque* & dans les *Iles Antilles*, sans celles qui habitent la Terre ferme dans les Contrées méridionales de l'Amèrique. La presente Planche nous en offre quatre Espèces principales.

On les voit ici sur la branche fleurie d'un Citronier, sur lequel il y a un nid garni de deux oeufs, ce qui indique en partie l'habitation & la façon de vivre de ces petits animaux, qui ne nichent que sur des arbres pareils, ou sur des arbustes, où ils ne se nourrissent que du miel des fleurs, ce qui leur fait donner quelques fois le nom d'*Oiseaux au miel*. Ils portent aussi celui d'*Oiseaux d'Eté*, & quelques Ecrivains les apellent encore *Oiseaux d'Or* à cause du Brillant d'Or qui éclate sur leur Plumage. Outre cela, pendant qu'ils voltigent en l'air sur les fleurs, où ils cherchent leur nourriture, ils bourdonnent tout doucement, (car ils ne chantent point), ce qui les fait aussi nommer les *Oiseaux bourdonnans*. On les trouve dans *Linnæus* sous le nom de *Trochilus*.

Ils apartiennent à cause de leur bec long à la Classe des *Pics*, ou *façon de Pic*. Ces becs ont plus d'un demi-pouce en longueur & sont noirs, tantôt droits, tantôt un peu courbes. Les pieds sont noirs, courts, & munis de quatre doigts, dont trois sont devant & un derrière. Ces doigts sont armez de petites grifes noires & aiguës. On les distingue de plus par la dénomination de Colibris à *courte ou à longue queuë*. Ces queuës ont ordinairement huit pennes, & les ailes en ont douze. Quelques fois les Colibris sont munis sur la tête d'une petite houpe. Leurs yeux sont petits, noirs, & brillans. La langue est formée en tuyau, & fenduë. Au reste leurs couleurs ne sont pas toûjours les mêmes, comme on le voit aux figures de nôtre Planche.

Le *Colibri* inférieur perché sur le Citron, & que cette figure dépeint de grandeur proportionnée à celle d'un Citron ordinaire, est coloré au dos de verd & or, le gosier est tout bleu, le dessous du corps noir, & les ailes & la queuë de couleur cendrée.

Celui qu'on a placé au dessus du nid sur le rameau fleuri, est d'un violet rougeâtre, brillanté d'or. La queuë & les ailes en sont grises.

Le Suivant est brun par tout, couvert d'un brillant d'or très-vif, que l'on n'aperçoit cependant que dans un certain jour, selon le biais dont l'Oiseau se tourne, ce qu'il n'est pas possible d'exprimer par l'Enluminure. Il est bon cependant de remarquer que ce brillant d'or ne paroit dans tout son éclat que dans de certains tems. Car quand ces Oiseaux sont en muë, le brillant disparoit, jusques à ce que les plumes leur soient bien revenues & qu'ils se soient refaits avec le miel des fleurs. Ainsi quand on ne les prend pas dans le tems convenable, ils n'ont pas toute leur beauté. Nous en avons vû où l'éclat de l'or étoit éblouïssant, tellement qu'ils paroissoient véritablement comme s'ils étoient

couverts

wären

I.
Ex Museo Beureriano.

Ex Communicatione Excell. D.D. Chrift. Jac. Trew.

J. C. Keller ad nat. pinxit.

Andreas Hoffer sculpsit. 61.

wären, so, daß man Mühe hatte, nur bey einigen Wendungen die braune Grundfarbe zu erkennen. Ja es spielete zugleich in dem Golde ein so vortrefliches buntes Wesen, von violet, pur-pur, blau und grün, daß kein Mahler in der ganzen Welt im Stande ist, etwas dergleichen mit dem Pinsel zu entwerffen.

Der obere Vogel endlich, der im Fluge vorgestellet ist, ist ein grünes Colibritgen, dessen Rücken, Hals, und Brust schön grün, und mit Gold vermenget ist, der Unterleib aber ist weiß, und die Flügel nebebst dem Schwanz sind grau.

Die Indianer fangen diese Vögelchen an einer Stange mit Vogelleim, und da sie selten säuberlich damit umgehen, so bekommt man wenige unverletzte Exemplaria, deren Federn nicht gelitten hätten, oder in Unordnung stehen. Sonst haben diese Thierchen auch einen grossen Feind an der grossen Americanischen Spinne, welche der Colibrittenfresser genennet wird, und schon oben Tab. F. V. fig. 1. 2. beschrieben worden.

Das Nest dieser Vögelchen betreffend, so bestehet es aus Baumwolle, die durcheinander gezogen, und mit etlichen Fäden um den Zweig befestiget ist. Es hat allenthalben die Dicke eines viertels Zoll, und ist inwendig mit kleinen Federchen ausgefüttert, die sowohl mit dem Kiel, als mit der Spitze des Barts in die Baumwolle eingesteckt sind. Auswendig ist das Nest mit dürren Blumen-Blätterchen, jungen Citronen-Blätterchen, und dergleichen beleget, zwischen diesen Blätterchen ist die Baumwolle wiederum mit zarten Fäden herausgezogen, und über die Blätterchen allenthalben in die Länge und in die Quere gespannet, so, daß die Blätterchen und Schieferchen hinter einem zarten Gewebe stecken. Die Eyerchen, deren gemeiniglich zwey sind, haben die Grösse einer Erbse, und sind weiß.

TAB. I. 1.

So wie wir in der vorigen Tafel die kleinsten Vögel erblicketen, also zeiget uns die gegenwärtige den größten Vogel, den Condor ausgenommen. Es ist nemlich derselbe ein im Leben abgezeichneter und wohlgetroffener Strauß. Man findet ihn vorzüglich in Nigritien zwischen Capo bianco und dem Fluß Senegal, und ist derselbe allda so gemein, daß man sie in den Wüsten, welche dem weissen Vorgebürge, und dem Arguinischen Seebusen Ostwärts liegen, wie auch an den Ufern des Flusses St. Jean Heerdenweise mit einander lauffen siehet.

Der gegenwärtige ist mit aufgerichteten Halse über sechs Schuhe hoch. Der Cörper ist verhältnißmäßig groß und stark, und gehet hinten in einen breiten und flachen Steiß aus, der Hals aber und die Füße tragen zu dieser Höhe das meiste bey, und dahero können sie sehr weit um sich sehen. Der Kopf ist sehr klein, und mit einer Art gelber Pflaumenfedern bedeckt. Sie haben nur sehr wenig Hirn, und sind auch so tumm als fast kein Vogel in der Welt. Die Augen sind Eyrund, sehr groß, und helle, und über selbigen ragen lange Augenbraunen hervor.

Die obern Augenlieder sind so beweglich, als bey dem Menschen, und sie haben ein munteres Aussehen. Der Schnabel ist kurtz und spitzig, die Zunge klein und rauh, und der Hals mit kleinen Federn als mit gelinden Haaren bedecket, die einen Silberglanz haben.

Die

C c

couverts d'un or surdoré, en sorte qu'on avoit peine de quelque biais qu'on les tournât d'apercevoir la couleur brune du fond. On voyoit même jouer sur cet or une bi-garrure si magnifique de violet, de pourpre, de bleu, & de verd, que le Peintre le plus habile ne pourroit rien rendre de semblable avec le pinceau.

Enfin le *Colibri* volant qu'on remarque au haut de la Planche, est un petit Oiseau dont le dos, le cou, & la poi-trine, sont d'un beau verd mélangé d'or ; la partie inféri-eure est blanche, & les ailes & la queuë de couleur grise.

Les *Indiens* prennent ces Oiseaux au moïen d'une perche qu'ils enduisent avec de la Glu, & comme ils ne s'y pren-nent pas fort adroitement, il est très-rare de se procurer de ces Oiseaux, qui n'ayent pas essuyé quelque dommage, ou dont les plumes n'ayent soufert quelque dérangement. La grande Araignée d'*Amèrique*, dont nous avons donné la Description cy-dessus Pl. F. V. fig. 1. 2., & qu'on apelle *la Mangeuse de Colibri*, est l'Ennemi le plus redoutable qu'ayent ces petits Animaux.

Quant au nid des Colibris il est fait de coton entrelacé, & affermi à la branche par quelques fils. Il a par tout l'é-paisseur d'un quart de pouce, & est garni au dedans de pe-tites plumes, dont les deux extrémitez, c'est à dire le tuyau aussi bien que la pointe des barbes, sont fourrées dans le coton. Le dehors du nid est couvert de petites feuilles de fleurs séches, de petites feuilles de jeunes Citroniers, & d'autres choses tendres de cette espèce. Le coton du dedans est attaché & tiré au dehors par des fils fins passez entre toutes ces feuilles en long & en large, de sorte qu'elles sont cou-vertes & affermies par un tissu subtil. Il n'y a ordinairement que deux oeufs, de la grandeur d'un pois. Ils sont blancs.

PLANCHE I. 1.

Nous venons de considérer les plus petits de tous les Oiseaux. Voici le plus grand, à la reserve du *Condor*. C'est une *Autruche* peinte d'après nature pendant qu'elle vivoit encore. On trouve le plus souvent cet Oiseau en *Afrique* dans le *Pais de Negres*, entre le *Cap blanc* & le *Senegal*. Il y est si commun, qu'on voit ces Animaux marcher par troupes dans le désert, qui est situé à l'orient du *Cap blanc* & du Golfe d'*Arguim*, aussi bien que sur les rivages du fleuve de *St. Iean*.

La présente Autruche a plus de six pieds de haut, y compris la longueur du cou. Le Corps est d'une grandeur proportionnée, & se termine en un derrière large & plat. Le Cou & les jambes sont la plus grande partie de la hau-teur de l'Animal, qui par la raison même de sa hauteur voit de fort loin. La tête est très-petite, & couverte d'une espèce de duvet jaune. Ces Autruches ont peu de cervelle, & font aussi les plus stupides de tous les Oiseaux. Les yeux sont de forme ovale, fort grands, clairs, & couverts de longs sourcils.

Les Paupières supérieures sont mobiles comme celles de l'homme. Leur regard est ferme. Le bec court & pointu, la langue petite & rude. Le cou est couvert de pe-tites plumes, qui ressemblent à des poils doux de couleur argentée.

Les

Die Flügel, die am Ende in ein spitziges Bein, womit sie sich wehren, ausgehen, sind nach Verhältniß des schweren Cörpers klein und schwach, dahero sich diese Vögel mit selbigen nicht empor heben, viel weniger fliegen können, dahingegen lauffen sie erstaunlich geschwinde, vorzüglich wenn ihnen der Wind günstig ist, dabey sie ihre kurzen Flügel ausbreiten. Wider den Wind aber können sie nicht fortkommen. Die Federn an dem Leibe sind sehr weich, und gleichsam wollicht, mehrentheils schwarz-grau gefärbt, und an den Spitzen weiß, doch an einigen Orten, und vorzüglich unten am Steiß sind sie ganz weiß.

Die Schenkel sind dicke, fleischlicht, und mit einer harten dicken Haut überzogen, welche runzelicht, und schmuzicht weiß ist, so ins röthlichte fällt. Die Beine sind dick, lang und stark, und von oben an, biß zu den Füssen, mit schuppigten Schaalen besetzet. Die Füsse sind ebenfalls sehr groß, und mit einem Hornartigen, in Gelenke abgetheiltem Wesen versehen. Sie haben nur zwey Zehen, können aber damit dem ohngeachtet alles ergreiffen, ja sogar heben sie damit schwere Steine auf, wenn sie verfolget werden, und werffen solche mit vieler Stärke rückwärts ihrem Feinde entgegen.

Sie pflanzen sich erstaunlich fort, legen verschiedenemahlen im Jahr 15. biß 16. Eyer, welche sie durch die Sonne ausbrüten lassen. Die Jungen aber wissen sogleich, wenn sie ausgekrochen sind, ihre Nahrung, die in Gras und Kräutern bestehet, selbst zu suchen.

Ein solches Ey wieget oft 15. Pfund, und es haben sieben Personen genug an einem einzigen zu essen, wie sie denn auch gut schmecken, und nahrhaft sind. Die Schaale dieser Eyer ist gelblicht-weiß, glatt, und hart, wiewohl nicht sehr dicke. Man macht daraus Tassen, Becher und dergleichen, und schnitzet sie auch äusserlich mit Figuren, ja man machet sie wohl zu Vogelbauern vor kleine Vögel, da sie denn wie ein Gitterwerk ausgeschnitten werden.

Der Strauß selbst hat eine ungemeine Gefräßigkeit. Er verschluckt alles, was er findet, Gras, Korn, Gebeine von verwesten Thieren, ja sogar Steine, Eisen, Geld, und dergleichen, jedoch gehen die harten Cörper wieder unverdauet, und fast unangegriffen von ihm.

Die Araber schätzen den Straußvogel nicht nur wegen seiner Federn, sondern auch seines Fleisches halber sehr hoch, und obschon dasselbe sehr hart ist, so halten sie es doch für einen Lecker-Bissen. Weil nun die Araber weder eine Geschicklichkeit, mit Feuer-Gewehr umzugehen, noch auch wohl abgerichtete Jagdhunde zum laufen, haben, so reiten sie auf die Jagd, und treiben die Vögel immer gegen den Wind. So bald sie nun merken, daß sie müde werden, überrennen sie solche in vollem Galep und schlagen sie mit Stöcken tod, damit sie nicht etwa die Federn blutig machen, wenn sie selbige mit Wurfspiesen, oder mit Pfeilen verwunden wollten; denn die Federn werden in allen Europäischen Landen auf den Hüten getragen, deßgleichen zu Baldachinen und Trauer-Ceremonien, sonderlich aber zu Theatralischen Kleidungen gebraucht. In der Türkey sind sie ein Schmuck der Janitscharen-Hauben, wie auch anderer Orten an dem Kopf-Gestell der Pferde- und Maulthiere. Ingleichen dienen die Eyer den Türken und Persianern, solche zur Zierde an die Gewölber ihrer Mosquéen unter ihre Lampen aufzuhängen.

Les Ailes sont terminées au bout par un os pointu, qui leur sert de défense. D'ailleurs eu égard à la pésanteur du corps, elles sont petites & foibles; aussi les Autruches ne peuvent-elles ni s'élever en l'air, ni voler; en revanche elles courent avec une célérité étonnante, sur tout quand elles n'ont pas le vent contraire, & elles étendent alors leurs ailes, qui en quelque façon leur servent de voile. Mais quand il s'agit d'aller contre le vent, il leur est très-difficile d'avancer. Les Plumes du corps sont fort tendres, & comme laineuses, colorées le plus souvent d'un gris-noirâtre, blanches aux extrèmitez & à quelques autres endroits, sur tout au derrière.

Les Cuisses sont grosses, charnues, & couvertes d'une peau dure & épaisse, qui est ridée, & d'un blanc sale, qui tire sur le rouge. Les Jambes sont épaisses, longues & fortes, & couvertes du haut en bas d'écailles jusques aux pieds. Les pieds sont aussi fort grands, de nature cornée, & divisez en articulations. On n'y observe que deux doigts, qui suffisent à l'Autruche pour saisir tout ce qu'elle veut, & pour lever même, quand elle est poursuivie, de grosses pierres qu'elle jette en arrière contre son ennemi avec beaucoup de force.

Les autruches se multiplient d'une manière étonnante, & pondent plusieurs fois par an, & jamais moins de 15. ou 16. oeufs, laissant au Soleil le soin de les couver. Dés-que les Ieunes sont sortis de l'écale ils cherchent eux-mêmes leur nourriture, qui consiste en herbages.

Un seul de ces oeufs pèse souvent jusques à quinze livres, & suffit pour rassasier sept personnes. L'Ecale en est d'un blanc jaunâtre, unie, & dure, quoiqu'elle ne soit pas épaisse. On en fait des tasses, des gobelets, & choses pareilles; des ouvrages ciselez, jusques à des cages pour des petits oiseaux, auquel cas on découpe l'Ecale à jour en forme de grillage.

L'Autruche est d'une Voracité extraordinaire. Elle avale tout ce qu'elle rencontre, de l'herbe, du bled, des os d'animaux morts, même des pierres, du fer, de l'argent, &c., mais les corps durs passent au travers de son corps, sans être digèrez, & presque sans aucune altération.

Les *Arabes* estiment fort cet Oiseau, non seulement à cause de ses plumes, mais aussi par raport à sa chair, laquelle, quoique fort dure, est néanmoins un mets friand pour eux. Comme ils ne sont guères adroits à se servir des armes à feu, & qu'ils n'ont pas des chiens bien dressez à la course, ils vont à cette Chasse à cheval, poussant toûjours les Autruches à contre-vent, & dès-qu'ils s'aperçoivent que l'Oiseau est fatigué ils fondent sur lui à plein galop, & l'assomment à coups de bâton, évitant de le tuer à coups de flèches ou de zagayes, pour ne pas ensanglanter les plumes, qu'ils vendent à des Marchands d'*Europe*, où on les emploie sur les chapeaux, à des dais, dans des cérèmonies funèbres, & principalement à des habits de théatre. En *Turquie* les *Ianissaires* en parent leurs bonnets, & dans bien des païs on en fait une parure des mulets & de la tête des chevaux. Les *Turcs* & les *Persans* font aussi des Oeufs d'Autruche un ornement de leurs Mosquées, aux voutes desquelles il les suspendent parmi leurs Lampes.

TAB.

PLAN-

L.2.
Ex Museo Excell. D. Rudolph. Med. Doct.
Christian Leinberger ad nat. pinxit. 1767.
S. Leizner jun. fec.

Ex Museo Excell. Dn. D. Chrift. Iac. Trew. I.I.

A. R. Dietzfchin ad nat. pinxit 1767.

Iac. Andreas Eiſemann fecit.

TAB. I. 2.

Aus dem Geschlechte der Wasservögel erscheinet allhier ein sogenannter Peguin, Penguin, Pingouin oder Pinguin, aus Bengalen. Manche leiten diesen Namen von Pinguis her, weil dieselben sehr fett, und nicht unschmackhaft sind, wiewohl die Indianer sie auch so nennen. Sie sind anderthalb Schuh hoch, haben die vollkommene Grösse einer Gans, und gehen gerade, gleich wie der gegenwärtige abgezeichnet ist. Es werden dergleichen auch ohnweit dem Vorgebirge der guten Hofnung gefunden, und ist dieser Vogel des Linnäi Diomedea demersa, indem sein ganzer Cörper biß über die Helfte, oder biß an die Flügel unter Wasser gehet, wenn er schwimmet.

Der Schnabel ist so lang, als der Kopf, und schwärzlich braun. Die obere Helfte krümmet sich an der Spitze über die untere Helfte herum, dahingegen diese nicht spitzig auslauft, sondern gleichsam abgeschnitten ist, damit die Krümmung der obern Helfte Platz finde. Der Hals ist lang und dicke, der Cörper länglicht, und der Schwanz kurz abgestutzet. Ueber den Rücken und unter dem Schnabel ist der Vogel braun und schwärzlich gefleckt. An der Brust aber und am Halse weiß, jedoch ist die weisse Brust von dem weissen Halse vermittelst eines braunen Bogens abgesondert.

Die Federn sind sehr kurz, und wolligt, so, daß sie wie ein Sammet anzufühlen sind. Die Flügel sind von ganz besonderer Art, und bestehen in blaulichten lederartigen Lappen, deren Oberfläche mit so kleinen Stümpfgen von Federn besetzt sind, als ob sie mit Schuppen beleget wären. Diese dienen ihnen im Wasser zu rudern, und können also diese Vögel gar nicht fliegen, dahero sie sich mehrentheils an den Ufern und desselben Höhlen aufhalten, und sich lediglich von Fischen nähren.

Die Füsse sind nur mit drey Zehen versehen, die vermittelst einer Haut aneinander gewachsen sind. An jeder dieser Zehen sitzet auch eine schwarze Kralle, jedoch siehet man inwendig an jedem Fuß noch eine vierte Kralle, als ob daselbst ein Ansatz zu einer vierten Zehe wäre.

TAB. I. 3.

Man trift auf dieser Tafel eine wohlgerathene Zeichnung eines Falken an, der auf der Hand des Falkenirers am Wurfriemen stehet, wobey auch dessen Falkenhaube zu sehen. Dieser Vogel ist vermuthlich des Linnäi Falco Nisus, gehöret unter die Ordnung der Habichtartigen, zu welcher der Ritter Linnäus vormahls die Eulen, Falken, Adler, Neuntöder, Geyer und Papegayen rechnete, nachhero aber die Papegayen in die Ordnung der Aelster setzte, und auch sonstige Aenderungen in der Ordnung der Falken und Habichte machte.

Es ist der gegenwärtige ziemlich groß und starck, am Kopf weiß und mit länglichten schwarzen Flecken gezieret, wie denn auch die Brust weiß, und hin und wieder mit ähnlichen Flecken besetzt ist. Die Schwingen sind weiß und schwarz bunt, der Rücken aber ist weis, deßgleichen auch der Schwanz, nur daß derselbe etliche blasse und gleichsam verloschen schwärzlichte Wellen oder Binden hat, wie an der untern Seite zu sehen. Der Schnabel ist gelb, und an der Wurzel mit einer grünlichten

PLANCHE I. 2.

Nous présentons ici à nos Lecteurs un Individu du Genre des Oiseaux aquatiques. C'est un *Pinguin* de *Bengale*, que les Auteurs apellent aussi *Peguin*, *Penguin*, ou *Pingouin*. Quelques Ecrivains prétendent que ce nom dérive du mot latin *pinguis*, qui signifie *gras*, parceque cet Oiseau est en effet ordinairement fort gras, & nullement de mauvais goût. Cependant les *Indiens* l'apellent de même. Il a un pied & demi de hauteur, & est aussi grand qu'une Oie, marchant d'ailleurs droit, comme nôtre figure le dépeint. On en trouve aussi dans le voisinage du *Cap de bonne espérance*. C'est l'Oiseau que *Linnæus* désigne sous le nom de *Diomedea demersa*, parceque, quand il nage, tout son corps est sous l'eau jusqu'à plus de la moitié, & même jusqu'aux ailes.

Le bec est aussi long que la tête, & d'un brun noirâtre. La Partie supèrieure se recourbe un peu à la pointe, où elle embrasse la partie inférieure, qui ne se termine pas en pointe, mais est comme coupée pour que la courbure de la partie supérieure ait place. Le Cou est long & épais, le corps longuet, & la Queuë fort écourtée. Le long du dos & sous le bec l'Oiseau est tacheté de brun & de noirâtre, mais il est blanc à la Poitrine & au cou, qui sont distinguez on separez l'un de l'autre par un demi-cercle de couleur brune.

Les Plumes font fort courtes & laineuses. Au toucher elles semblent être du velours. Les ailes sont d'une espèce toute particulière. Ce sont des lambeaux membraneux de couleur bleuâtre, dont la partie supérieure est couverte de petits bouts de plume si courts, que le tout ne paroit être qu'une couche d'écailles. Ces ailes leur servent dans l'eau de rames, car ces Oiseaux ne volent point du tout. Ils se tiennent ordinairement sur les rivages, & dans les creux qu'ils y trouvent, & ne se nourrissent que de Poissons.

Leurs piez n'ont que trois doigts joints l'un à l'autre par une membrane. Ces doigts sont munis chacun d'une Grife noire. Mais on remarque à chaque pié en dedans une quatrième Grife, comme s'il y avoit là le commencement d'un quatrième doigt.

PLANCHE I. 3.

Cette Planche représente un Faucon dont le Dessein a été parfaitement bien exècuté. L'Oiseau attaché à sa lanière se tient ici sur le poing du Fauconnier & son chaperon est à coté. C'est vraisemblablement celui que *Linnæus* apelle *Falco Nisus*. Il appartient à l'Ordre des Autours, où le même Auteur rangeoit autrefois les Chathuants, les Faucons, les Aigles, les Laniers, les Vautours, & les Perroquets, outre quelques autres changemens que *Linnæus* avoit mis dans l'Ordre des Faucons & des Autours.

Le *Faucon* de nôtre Planche est grand & fort. Sa tête est blanche, & décorée de taches noires oblongues. La Poitrine est aussi blanche & tachetée par-ci par là de même. Les Pennes sont alternativement marquées de blanc & de noir. Le Dos est blanc, ce qui est encore la couleur de la Queuë, où l'on observe aussi quelques ondes ou bandes noirâtres dont la couleur paroit ternie, ce qui se remarque le mieux à la Partie Inférieure. Le Bec

Haut überzogen. Der untere Schnabel ist gleichsam abgeschnitten, und gehet in einer etwas breiten Spitze aus, über welche
der obere hinschläget. Die Füsse, welche man auch wohl Hände
nennet, sind gelblicht grau und mit starken Krallen versehen,
obenher aber mit einem wolligten Wesen von langen Pflaumen-
Federn besetzet.

Die daneben abgezeichnete Haube wird diesen Vögeln von
den Falkenierern aufgesetzet, um sie zur Beitze abzurichten. Hievon aber zu handeln, gehöret nicht zu unserm Zweck, und ist
überdas in andern Büchern und Lexicis genug davon zu lesen.
Nur müssen wir bemerken, daß diese Art vorzüglich den Umgang
mit Menschen liebet, sehr gelehrig ist, und sich zur Verwunderung bald und gut abrichten lässet, um Reiger und andere Vögel, auch Haasen und dergleichen Thiere aufzutreiben, sie anzu-
fallen, und zu fangen. Der Anfall auf die Vögel oder Thiere,
die auf der Erde sitzen, geschiehet in einem Bogenschuß; Den
fliegenden aber stellen sie also nach, daß sie sich in einer gewissen
Entfernung über sie in die Höhe schwingen, sodann in einen weitläuftigen Kreiß herum fahren, biß sie, kraft ihres überaus scharfen Gesichts den rechten Punct ersehen, da sie denn wie ein Pfeil
auf ihren Raub herunter schiessen, und in diesem beherzten Zweykampf nicht eher nachgeben, biß der überwundene Vogel herunter
fällt, welchen sie solange bewahren, biß die Jäger dazu kommen,
und ihnen solchen abnehmen, zur Vergeltung aber ein Stück
davon zukommen lassen. Zuweilen lässet man auch ihren Raub,
wenn er sonst noch unverletzet, und die Falke wieder verkappet ist,
(wie zum Exempel die Reitzer,) nachdem man vorher an ihre
Füsse einen Ring mit einer Jahrzahl angeleget, wiederum davon
fliegen.

est jaune, & garni d'une peau verdâtre à sa racine. La
Partie inférieure du bec est comme coupée, & se termine
en un bout un peu large, qui est dépassé par la partie supérieure. Les pieds du Faucon, auxquels on donne aussi le
nom de *mains*, sont jaunâtres tirant sur le gris, armez de
fortes serres, & garnis en haut de longues plumes molles de
substance laineuse.

Le *Chaperon* qu'on voit à coté de cette Figure est la
Coëffe, que les Fauconniers mettent à ces Oiseaux, lorsqu'
il les veulent dresser à la *Chasse du Vol*. Cette matière n'est
pas de nôtre sujet, & a été amplement traitée par d'autres
Auteurs. Tout ce que nous en dirons, c'est que les Faucons aiment le Commerce de l'homme, qu'ils sont très-
dociles, & qu'ils apprennent avec une célérité & une justesse
étonnantes tout ce qu'on leur enseigne pour chasser & prendre le Heron & d'autres Oiseaux, comme aussi les Lièvres
& d'autres animaux de cette catégorie. L'attaque, quand il
s'agit d'Oiseaux ou d'Animaux, qui sont par terre, se fait
par un trait de vol en arc. Mais lorsque ce sont des Oiseaux
qui volent, le Faucon s'élève d'abord au dessus d'eux jusques à une certaine distance, il décrit ensuite un Cercle en
tournoiant toûjours autour de sa proie, jusques à ce qu'au
moyen de sa Vûë perçante, il ait aperçû le point où il doit
la saisir. Un trait d'arbalète seul peut être comparé à la
promptitude avec laquelle le Faucon fond alors sur l'animal
qu'il poursuit, & qu'il ne quitte qu'après l'avoir précipité
à terre, ou il le garde jusques à ce que le Fauconnier arrive
& le prenne, lequel ne manque jamais de lui donner une
pièce de la proie pour recompense, excepté dans le cas
que ce soit un Heron, qui soit sorti du combat sans blessure.
Car alors on remet vite le chaperon au Faucon, & au pied
du Heron un anneau, sur lequel est marquée l'année dans
laquelle il a été pris, ensuite dequoi on lui rend sa liberté.

TAB. I. 4.

Fig. 1. Man findet in Cabinetten zuweilen auch unförmliche Schnäbel von Vögeln, von welchen man leicht verführet
werden könnte einen Schluß auf die ungeheure Grösse eines solchen Vogels zu machen; jedoch ist zu wissen, daß es solche besondere Vögel giebet, deren Schnabel würklich länger ist, als
sie selbst sind. Dahin gehöret denn nun der gegenwärtige
Schnabel eines *Toucans* dessen Geschlecht bey dem Ritter
Linnäus unter dem Namen Ramphastos zu den Spechtartigen
gezehlet worden. Es giebt von diesen Vögeln etliche Arten.
Sie sind nicht grösser als eine grosse Taube, und dahero giebt
ihnen ihr Schnabel, der bey sechs Zoll lang und am Kopf fast
drey Zoll breit ist, eine seltsame Gestalt. Dieser Schnabel ist inwendig hohl, federleicht, und scheinet fast nur aus einer Pergamentartigen ausgespannten und erhärteten Haut zu bestehen.
Die Farbe ist gewöhnlich hellroth, (wiewohl es auch schwärz-
liche giebt). Es pfleget aber die rothe Farbe, besonders wenn
diese Schnäbel nicht vor der Sonne verwahret sind, nach und
nach blaß zu werden, ja sich durch die Länge der Zeit wohl gänzlich zu verlieren, und wir glauben, daß es sich etwa mit diesem
Exemplar also verhalten möchte. Oben auf dem Schnabel lieget
ein gedrehter Wulst, wodurch sich derselbe von andern dergleichen
Schnäbeln, die von oben ganz glatt sind, unterscheidet. Uebrigens ist der Vogel an den Flügeln und dem Rucken schwarz,
an der Brust gelb, und an dem Unterleibe roth. Er wohnet in
America, nistet in hohle Bäume, und wehret sich mit diesem
grossen Schnabel gegen die Affen meisterlich.

Fig. 2.

PLANCHE I. 4.

Fig. 1. On trouve quelques fois dans les Cabinets des
becs d'Oiseau d'une figure tellement anomale par raport à
la grandeur, qu'on pourroit aisément être induit à croire
que l'Oiseau dont un tel bec a été pris est monstrueusement
grand. Pour ne pas tomber dans cette erreur il sufit de savoir qu'il y a réellement une espèce d'Oiseaux dont le bec
est plus long que l'Oiseau même. Tel est le *Bec d'un Toucan*
que nôtre figure représente. Le Chevalier *Linnæus* range cet
Oiseau parmi les Pics, & donne au Genre le nom de *Ramphastos*. (Pic du Bresil) Il y a quelques espèces de ces Oiseaux.
Il ne sont pas plus grands qu'un gros Pigeon; par conséquent
leur bec qui a près de six pouces de longueur, & trois de
largeur près de la tête, leur donne une figure bien particulière. Ce Bec est creux en dedans, & léger comme une
plume. Il paroit n'être composé que d'une peau tendue,
& durcie comme du parchemin. Sa couleur ordinaire est
un rouge-clair, quoiqu'il y en ait aussi de noirâtres. Mais
cette couleur rouge se ternit peu à peu, & se perd même
tout-à-fait avec le temps, quand on n'a pas l'attention de
garantir ces Becs des rayons du Soleil. Nous croyons même que cela est arrivé au bec que nôtre figure dépeint.
On observe au dessus de ce bec un bourrelet tors, qui le
distingue de tous les autres, dont la partie supérieure est
unie. Au reste cet Oiseau est noir aux ailes & au dos, jaune
à la poitrine, & rouge au ventre. On le trouve en *Amérique*.

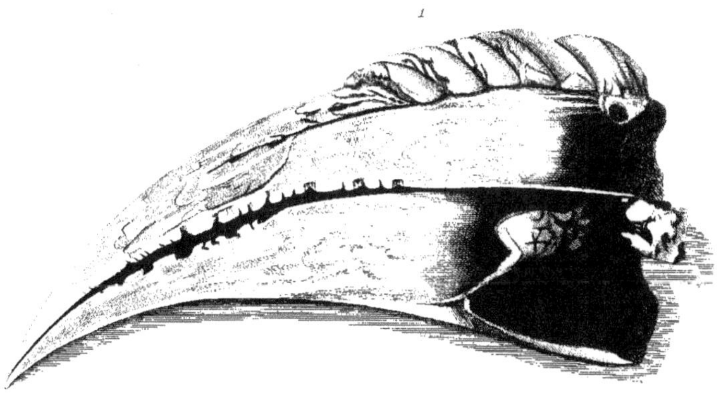

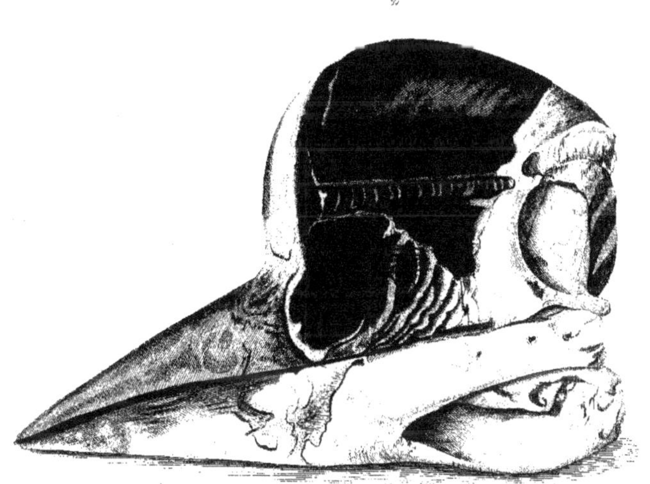

Ex Museo quondam Breyniano.

Fig. 1. Ex Museo quondam Breyniano
Fig. 2. &3. Ex Museo Societatis physicæ gedanensis.

S. Leitner jun. fecit: 64.

Il fait son nid dans le creux des arbres, d'où, au moyen de son grand bec, il repousse avec bravoure l'attaque des Singes.

Fig. 2. Einen gleichfals monströsen Schnabel zeiget diese Figur. Es hat derselbe das berühmte Breynische Cabinet unter dem Indianischen Namen Topau, *Lat.* Rhinoceros gezieret, allein es scheinet doch derselbe von des Linnái Buceros Rhinoceros gar sehr unterschieden zu seyn, indem derselbe nach der Olearischen Abbildung ein zurückgebogenes Horn haben muß, da dieser hingegen nur ein erhöhetes breites Stirnbein zu haben scheinet. Vielleicht ist es also eine andere Art, wie denn in Indien ohnstreitig mehrere sind. Man zählet sie daselbst unter die Raben, wie sie denn auch schwarz sind, vom Aaß leben, und einen unleidlichen Geruch an sich haben.

Fig. 2. Cette figure-ci présente un autre bec monstrueux qu'on a vû dans le célèbre Cabinet de Monsr. *Breyn* sous le nom *Indien Topau*, en latin *Rhinoceros*. Il paroit cependant que celui-ci difère trés-fort du *Buceros Rhinoceros* de *Linnæus*. Car ce dernier selon la figure qu'en donne *Olearius* doit avoir une Corne recourbée en arrière, & le nôtre semble n'avoir qu'un os coronal largé & élevé. Peutêtre ne sont-ce que des espèces diférentes: car il n'est pas douteux qu'aux *Indes* il s'en trouve encore davantage. On les range dans ce pais-là à l'espèce des corbeaux; & en effet ils sont noirs, vivent de charogne, & exhalent une odeur insuportable.

TAB. I. 5.

PLANCHE I. 5.

Fig. 1. Man rechnet zu dem Geschlechte der Spechte auch eine gewisse Art Vögel, welche aus Indien, und besonders aus den Moluckischen Insuln und Ceylon kommen, die man insgemein Paradies-Vögel zu nennen pfleget. Denn man glaubte vormahls, daß diese Vögel ihrer ausnehmenden Schönheit halber aus dem Paradiese seyn müsten. Deßgleichen führen sie auch den Namen Manucodiatæ, welches Wort von den zweyen Moluckischen Wörtern Manatto tiwatta, entstanden, und so viel als Gottesvogel heissen soll. Diese Vögel, deren es vielerley Arten giebt, die sowohl in den Farben, als in der Grösse und Bildung ihrer Schnäbel verschieden sind, kommen darinnen miteinander überein, daß sie zierliche, prächtige, glänzende, sanfte und sehr lange Pflaumenfedern haben, und am Schwanz mit zwey ungemein langen und dünnen Ruder-Federn nach Art der Pfauen-Federn gezieret sind. Manche Paradies-Vögel sind so groß wie ein junges Huhn, andere wie Tauben, noch andere wie die Sperlinge oder Zaunkönige, da sie aber lange Federn führen, sehen sie würklich grösser aus, als sie in der That sind. Der Farbe nach sind sie Zinnoberroth, oder bleu, oder weiß, oder grünlicht, oder mit untermengten Farben, bald mit- bald ohne Goldglanz. Die mehresten essen Beere, Erbsen, und vielleicht auch Insecten. Da nun diese Vögel solche schöne Federn führen, haben die Indianer dieselben fleißig gefangen, und verkauft, um die Federn zur Zierrath und zu Federbüschen zu gebrauchen. Damit sich aber die gefangenen Vögel gut halten könnten, nahmen sie ihnen das Eingeweide heraus, und schnitten ihnen die Füsse ab, um sie sodann desto besser in Bambuß-Rohr einzustecken, und an der Sonne oder im Rauch zu dürren. Daher entstund sodann die unrichtige Meinung, daß diese Vögel keine Füsse hätten. Sobald aber die Holländer sich in den Moluckischen Insuln setzten, besorgten sie, daß die Füsse daran gelassen wurden, wiewohl sie doch allezeit ziemlich unförmlich getrucknet, und platt gedruckt sind.

Fig. 1. On met aussi dans le Genre des Pics une certaine espèce d'Oiseaux, qui viennent des *Indes*, & en particulier des *Iles Moluques* & de *Ceylan*, & qu'on apelle communément *Oiseaux de Paradis*, nom qu'on leur a donné sans doute à cause de leur beauté extraordinaire. On les nomme aussi *Manucodiata*, mot composé de deux mots *Moluques*, *Manatto Tivvatta*, qui signifient *Oiseau de Dieu*. Ces Oiseaux, dont il y a quantité d'espèces, qui diférent l'une de l'autre tant par les couleurs que par la grandeur & par la figure de leurs becs, conviennent tous en ceci, c'est qu'ils ont généralement le plumage élégant, pompeux, & brillant, & qu'à la queüe chacun est decoré de deux plumes extraordinairement longues, faites comme des plumes de Paon, extrèmement deliées, qui leur servent de Gouvernail en volant. On voit de ces Oiseaux de Paradis de la grandeur d'un Poulet, d'autres n'ont que celle d'un Pigeon, il y en a même qui ne sont pas plus gros qu'un Moineau, ou qu'un Roitelet, mais la longueur de leurs plumes fait qu'ils paroissent beaucoup plus grands qu'ils ne sont. Leur couleur est un rouge de cinnabre, ou le bleu, ou le blanc, ou le verdâtre, ou plusieurs de ces couleurs, tantôt relevées d'un lustre d'or, tantôt dénuées de cet ornement de plus. La plûpart se nourrissent de graines, de pois, ou peut-être aussi d'Insectes. Les *Indiens* tachent d'attraper le plus qu'ils peuvent de ces Oiseaux à cause de leurs belles plumes qu'ils vendent, & dont on fait des Plumets, des Aigrettes, & d'autres ornemens. Mais pour que les Oiseaux pris ne se corrompent pas, les *Indiens* ont soin d'en oter les entrailles, & de leur couper les pieds, pour les pouvoir mieux envelopper de *Bambous* (*), & les suspendre dans cet état au Soleil, ou à la fumée pour les secher. Cette dernière précaution a donné lieu à l'opinion erronée que ces Oiseaux n'avoient point de pieds. Mais quand les *Hollandois* furent établis aux *Iles Moluques*, ils eurent soin d'empêcher qu'on ne leur coupat les pieds. Ils perdent cependant toujours quelque chose de leur forme pendant qu'on les seche, & sont trop applatis.

Von allen den Arten der Paradießvögel wird nun die kleinste vor die schönste gehalten, und sie ist auch die selteuste, daher in gegenwärtiger Figur eine Abbildung davon in eigentlicher Grösse mitgetheilet wird. Diesen Paradiesvogel nennet man besonders den **Königsvogel**, entweder weil er so schön ist, oder weil man ihn vor den König aller übrigen Paradiesvögel hält, und glaubet,

De toutes les espèces d'Oiseaux de Paradis la plus pgtite est estimée la plus belle, & c'est en effet la plus rare, ce qui nous a déterminé à en présenter ici à nos Lecteurs la Figure qui est de grandeur naturelle. On a affublé à cet Oiseau de Paradis le nom particulier d'*Oiseau du Roi*, soit

D d

a

(*) Espèce de canne ou de jonc des Indes.

glaubet, daß ihm die andern alle nachziehen. Die Federn machen an diesem Vogel das meiste aus, indem der Cörper ungemein klein ist. Sie sind durchgängig Zinnoberroth mit dunkelrother Schattirung, und an der Brust gelblicht. Der Schnabel und die Füße sind nach Verhältniß ziemlich groß und stark. Das Merkwürdigste bestehet in den zweyen langen ungemein dünnen Federfichlen, die dichte beysammen aus dem ungeschwänzten Steiß heraustretten, und an dem Ende nur mit einem Schneckenförmig gewundenen Bart versehen sind. Diese dünne Federn sollen dem Vogel dienen, sich damit an die Bäume anzuhängen und feste zu halten. Ihr eigentliches Vaterland ist Neu-Guinea, von daher sie jährlich einmahl nach der Insul Arou übersteigen, und bey der Gelegenheit gefangen werden.

Fig. 2. 3. Derjenigen kleinen Vögel, die man aus America bekommt, und welche Colibritgen genennet werden, ist schon bey der Tab. I. woselbst vier dergleichen abgebildet sind, zur Genüge gedacht worden. Da uns nun gegenwärtige schöne Zeichnung nachher von einem vornehmen Gönner mitgetheilet wurde, woraus also dasjenige, was wir vorher von den mancherley Arten dieser Vögel, wie auch von dem prächtigen Gold-Glanz etlicher derselben gesaget haben, bestättiget wird, so beziehen wir uns auf jene Beschreibung, und führen jetzo nur noch an, daß diese zwey Arten, welche aus Surinam kommen, die prächtigsten sind. Es ist inzwischen unbekannt, ob sie sich untereinander begatten, oder ob sie vielmehr bey ihrer Art bleiben, welches wir deswegen erinnern, weil man No. 2. vor das Männchen, und No. 3. vor das Weibgen hält, denn es ist hinlänglich aus der Figur zu ersehen, daß No. 2. ein rothes mit Goldfedern, No. 3. aber eigentlich ein grünlichtes mit Goldfedern und weisser Brust gejiertes Colibritgen ist. Es kan also wohl seyn, daß sie beyderley Geschlechts, nicht aber einerley Art sind.

TAB. I. 6.

Unter den hochbeinigten Vögeln befindet sich auch ein Geschlecht, welches den Reihern sehr nahe verwandt ist, nemlich das Geschlecht der Kraniche, davon sich einer allhier auf dieser Tafel zeiget. Es sind aber die Kraniche darinnen von den Reihern unterschieden, daß sie grösser, als diese sind, und einen kürzern Schnabel haben, deßgleichen sind auch ihre Klauen nicht ausgezackt, und der Schwanz ist kurz. Etliche Arten haben einen Kropfzierrath, der entweder in einem Busch, oder zwey langen herunter hangenden Federn, oder auch in einer knochichten Haube bestehet. Andere sind am Kopf und Halse glatt und kahl; wieder andere haben an selbigen kurze sanfte Federn, oder auch Borsten. Sie gehen insgemein, entweder ganz ernsthaft, oder hüpfen und springen, fassen gerne Steine mit ihren Klauen, die sie herum werffen, sind munter und wachsam, und wann sie stille stehen, heben sie gemeiniglich das rechte Bein in die Höhe, daher die Fabel entstanden, daß sie im Schlaf einen Stein zwischen den Klauen halten, um nicht in einen allzutieffen Schlaf zu fallen. Ihr rechtes Vaterland ist die Europäische Tartarey, wo es viele, und vielerley Arten giebt. Die Ostindianische sind sehr groß, die Americanische mehrentheils weiß, die Africanische braun, die Europäische aber, und besonders die

Itali-

à cause de sa beauté, soit parcequ'on le considère comme le Roi de tous les autres Oiseaux de Paradis, & qu'on croit que tous les autres le suivent. Le Corps de cet Oiseau étant extraordinairement petit, ses Plumes font le plus gros de son volume. Sa Couleur est un rouge de cinnabre ombré de rouge-foncé, excepté à la poitrine qui est rougeâtre. Les pieds & le bec font proportionellement assez grands & forts. Ce qu'il y a de plus remarquable à cet Oiseau ce font ces deux longs tuyaux de plume extrèmement minces, qui fortant tout près l'un de l'autre du derrière vont se recourber au bout en barbe, formée en ligne spirale. Ces longues plumes fervent, à ce qu'on prétend à cet Oifeau à se suspendre aux branches des arbres, & à s'y tenir ferme. La Patrie propre de ces Oiseaux est la *Nouvelle Guinée*, d'où ils paffent toutes les années une fois à l'Ile d'*Arou*, & c'est dans ce tems-là qu'on a coûtume de les prendre.

Fig. 2. 3. Nous avons parlé amplement cy-deffus de ces petits Oifeaux, qui nous viennent d'*Amérique* & qu'on nomme *Colibri*. Voyez la Planche I., où il y en a quatre de dépeints. En voici encore deux qui nous ont été communiquez, par un Ami de diftinction, & dont nous avons crû devoir faire part à nos Lecteurs. Ces deux figures fervent à confirmer ce que nous avons dit au lieu cité des efpèces diverfes de ces oifeaux, & du pompeux luftre d'or qui brille fur leurs plumes. Ainfi nous nous y referons, en ajoutant ici fimplement que les deux efpèces que nôtre Planche repréfente viennent de *Surinam*, & que ce font les plus magnifiques. Au refte on ignore encore fi ces Oifeaux s'apparient indiféremment en paffant d'une efpèce à l'autre, ou fi chacun s'en tient exactement à fon efpèce, ce dont nous ne faifons mention ici que parce qu'on prétend que No. 2. foit un mâle, & No. 3. une femelle. L'on voit affez par les figures que No. 2. eft un Colibri rouge à plumes dorées, & que No. 3. en eft un verdâtre à plumes dorées & poitrine blanche. Ainfi il eft bien poffible que ce foient deux Colibris de genre diférent, mais il demeure indécis s'ils font de la meme efpèce.

PLANCHE I. 6.

Il y a parmi les Oifeaux à jambes hautes un genre qui aproche fort de celui des Herons. C'eft le Genre des *Grües* telles qu'on en voit une fur la préfente Planche. Ce en quoi la Grüe difère du Heron, c'eft qu'elle eft plus grande, quelle a le bec plus court, que fes Grifes ne font pas dentées comme au heron, & que fa Queué eft courte. On remarque à quelques efpèces un ornement de tête, qui confifte ou en une houpe, ou en deux longues plumes, qui pendent du haut en bas, ou en une coëffe offeufe. D'autres font unies, ou chauves, au cou & à la tête; d'autres encore y ont des Plumes ou des Soies courtes & douces. Tantôt leur démarche eft tout-a-fait ferieufe, tantôt elles fautent & gambadent. Elles aiment à ramaffer des pierres avec leurs grifes, & elles les jettent çà & là. Elles font alertes & vigilantes, & quand elles s'arrêtent elles ont l'habitude de tenir le pié droit en l'air, ce qui a donné lieu au conte que quand elles s'endorment elles prennent une pierre dans une grife, pour fe garantir d'un fommeil trop profond. Leur Patrie propre eft la *petite Tartarie*, où l'on en trouve en quantité & de plufieurs efpèces. Celles des *Indes orientales* font extrèmement grandes. En *Amérique* elles

font

Ex. Museo Excell. D. D. Chrift. Jac. Trew. J. J.

B. R. Dietzschin ad nat. pinxit. 1767. Andreas Hoffer sculpsit 88.

Italiänische Aschgrau. Der Gegenwärtige, welcher aus unsern Gegenden ist, hat einen schwarzen Scheitel, einen Silberfärbigten, oder bräunlicht-grauen Rücken und Brust. Die Flügel, die inwendig weißgrau sind, haben an den langen Schwungfedern eine schwarzbraune Farbe. Der Hals aber, und der Unterleib sind bräunlicht grau. Der Schnabel ist bräunlicht grün, die Füsse aber schwarz. Ihre Länge vom Schnabel biß auf die Zehen erstreckt sich öfters auf fünf Schuh.

Zum Beschluß müssen wir nur noch dieses anführen, daß da die Vögel zu einer Zeit besser, als zu einer andern, in den Federn stecken, und nach Beschaffenheit der Gegend und des guten Futters, das sie geniessen, besser in den Farben ausfallen, auch sich durch ihre Begattung unter einander zuweilen ausarten, so ist nicht allezeit aus ihren Farben ein hinlängliches Unterscheidungs-Zeichen zu nehmen, sondern man hat solches mehr in den Füssen, Schnäbeln, und zuweilen auch in ihrer Grösse zu suchen.

font le plus souvent blanches, en *Afrique* brunes. Mais celles qu'on trouve en *Europe*, & spécialement en *Italie*, font d'un gris cendré. A celle que nous voyons ici, & qui est de nos contrées, le Sommet de la tête est noir, le dos de couleur argentine, ou d'un gris-brunet & les ailes qui en dedans font d'un gris-blanc, reprennent aux longues pennes une couleur brune tirant sur le noir, le cou, la poitrine, & le Ventre font gris, tirant sur le brunet. Le Bec est verd tirant sur le brun. Leur hauteur depuis le bec jusques aux doigts des pieds s'étend souvent jusques à cinq pieds.

Enfin nous devons dire encore que les Couleurs ne font pas toûjours un Caractère distinctif bien certain, parce qu'il y a des temps où les Oiseaux font mieux emplumez que dans d'autres, que d'ailleurs la vivacité des couleurs dépend en partie de la qualité du climat & de la nourriture que ces bêtes trouvent, & qu'outre cela les Oiseaux dégenèrent quelquefois, quand ceux d'une espèce s'apparient à ceux d'une autre. Ainsi l'on est plus sûr de son fait en s'attachant principalement aux marques distinctives indiquées, qui font les pieds, les becs, & quelques fois la grandeur.

<table>
<tr><td>

Einleitung
zu dem Fach
der vierfüssigen
Land-Thiere.

Die Thiere unterscheiden sich von allen andern Geschöpfen darinnen, daß sie empfinden. Die Empfindung aber ist eine Würkung der Seele. Denn eine bloße Bewegung, die auf eine Berührung folget, oder ein bloß mechanisches Zucken, ist keine Empfindung, sonst müsten etliche Kräuter und andere Geschöpfe auch empfinden, mithin auch Seelen haben. Es kommt aber nun darauf an, was eine thierische Seele seyn soll? Wie sie würke? wo sie ihren Sitz habe? und woran man ihre Würkung erkenne? Die Erörterung dieser Fragen kan allein entscheiden, ob man ein gewisses Geschöpf vor ein Thier zu halten habe, oder nicht, und dieses würde alsdenn dienen können, die Gränzen zu bestimmen, wo das Thierreich aufhöre, und das Reich der Pflanzen anfange. Wir wollen einen Versuch zur Beantwortung dieser Fragen thun, und andern zu beurtheilen überlassen, ob wir uns von der Sache richtige Gedanken machen oder nicht.

Was ist unter einer Thierischen Seele zu verstehen? So wenig wir hier die Absicht haben, diese Materie weitläuftig durchzugehen, oder die häuffigen Meinungen der Gelehrten anzuführen, und solche zu vertheidigen oder zu verwerffen, so sehr begnügen wir uns unsere Gedanken hierüber in kurze Worte einzukleiden, und einem jeden ganz gleichgültig die Wahl zu lassen, ob er solchen beypflichten, oder sie verwerffen wolle.

Sobald wir nemlich von einer Seele bey den Thieren reden, verstehen wir etwas darunter, das demjenigen ähnlich ist, was wir bey Menschen eine Seele nennen, ob wir gleich die Vernunft eben nicht dazu rechnen. Mithin haben die Thiere innerhalb ihren Cörper etwas wohnen, durch welches sie ihrer selbst und anderer Sachen ausser sich, so ihrer Seele durch die Sinne vorgestellet werden, bewußt seyn können. Es gilt hier gleich viel, in welchem Grade der Vollkommenheit sie solches Vermögen besitzen. Denn wer Affen, Hunde, Pferde, Füchse, und dergleichen schlaue und aufmerksame Thiere, gegen Gänse, Straussen, Kühe oder Schweine vergleichet, wird schon einen Unterschied in den Vollkommenheiten der Thierischen Seelen oder ihrer Werkzeuge bemerken. Es kan auch in Beurtheilung dieser Materie gleichgültig seyn, ob man die Vollkommenheit dieser Seelen einer besondern Art der Seelen zuschreibe, oder solche von der Structur des Cörpers herleite. Denn man mag behaupten, daß die Affen bessere Seelen haben, als die Gänse, oder daß der ersteren Cörper zum Einfluß und den Würkungen der Seele geschickter seyen, als der letztern; so bleibet doch allezeit der Hauptsatz unangefochten, daß in beyden etwas sey, durch welches sie im Stande sind, sich nach ihrer Art Vorstellungen zu machen. Daß nun aber dergleichen würklich

vorhanden,

</td><td>

INTRODUCTION
A L'ARTICLE DES
QUADRUPEDES
TERRESTRES.

Les Animaux diférent de toutes les autres créatures par le Sentiment. Ce sentiment est une opération de l'ame. Car un simple mouvement que quelque attouchement excite, ou une simple agitation mécanique ne peut être apellée sentiment; car si cela étoit on seroit obligé de convenir que de certains Végétaux & d'autres créatures sentiroient, & auroient par conséquent une ame. Il s'agit avant toutes choses de déterminer ce que c'est qu'une ame animale? comment elle opère? Où elle a son siège? Ce n'est qu'après avoir resolu ces questions qu'on peut décider si telle ou telle Créature est un animal ou non, & déterminer les limites justes qui séparent le Règne Animal du Végétal. Nous allons essayer d'éclaircir cette matière, laissant à chacun la liberté d'adopter ou de rejetter ce que nous en pensons.

La prémière question roule donc sur *ce qu'il faut entendre par ame animale*. Nôtre intention n'est pas de nous engager dans une discussion fort étenduë, & encore moins de faire une ample recension des diverses opinions des Savans sur ce sujèt. Nous ne pensons ni à défendre ni à combattre l'opinion de qui que ce soit, contens de proposer nos propres idées là-dessus d'une manière concise, & les abandonnant ensuite à nos Lecteurs, qui ont plein droit de les admettre à leur choix, ou de les condamner.

Quand nous parlons d'une ame relativement aux animaux, nous entendons par là, quelque chose de semblable à l'ame dont l'homme est doué, en en séparant pourtant la Raison. Ainsi les Animaux ont au dedans de leur corps une faculté, au moyen de laquelle il se sentent eux mêmes, & aperçoivent hors d'eux tous les objèts, qui frapent leurs sens. Il ne s'agit pas d'examiner ici le dégré de perfection attaché à cette faculté. Car on n'a qu'à comparer les Singes, les Chiens, les Chevaux, les Renards, & d'autres animaux attentifs & rusez de cette catégorie, aux Oies, aux Autruches, aux Vaches, & aux Cochons, pour se convaincre que l'ame animale & ses organes ont des dégrez de perfection. Dans cette gradation il est encore indiférent que l'on classifie les ames en espèces, ou que l'on attribue leur plus ou moins de perfection à la Structure des corps. Car soit que l'on établisse que les ames des Singes sont d'une espèce plus fine que celles des Oies, ou que l'on dise que par raport aux prémiers l'organisation du corps est plus propre à favoriser les impressions & les opérations de l'ame qu'aux Oies, la proposition, que les uns & les autres possèdent une faculté de se former des idées à leur façon, n'en demeurera pas

moins

</td></tr>
</table>

vorhanden, bestätigen tausend Wahrnehmungen. Warum weichet ein Hund dem, der ihm vormahls geschlagen, schon von weiten aus, oder bellet den an, der ihm ungewöhnlich ist? Warum ahmet ein Affe die Handlungen, die ihm von andern vorgemacht werden, nach? Warum merket ein Pferd die ihm gegebene Regeln? Ja was ist Furcht, Schrecken, Freude, und Zorn, die man so deutlich an den Thieren wahrnimmt, anders, als ein Beweiß, daß sie Seelen haben, oder daß sie sich etwas als widrig, oder als angenehm vorstellen können?

Nun deucht uns nicht, daß man dergleichen jemahls an einem Baum, an einer Uhr, an einem Stein, oder an irgend einem andern Geschöpfe wahrgenommen, dahero unterscheidet sich ein Thier von allen dergleichen auf eine merkliche Art. Schreiben wir aber den Thieren also gewisse Seelen zu, so ist es auch billig, daß wir von ihren Seelen gewisse Wirkungen erwarten, die den Seelen als Seelen zugeeignet werden, ohne jetzo auf die Grade ihrer Vollkommenheit zu sehen, und dahero fragen wir jetzo:

Wie die Seelen der Thiere würken? Wir nehmen an uns selber wahr, daß wenn gewisse Sachen unsere Sinnen berühren, davon alsobald Wissenschaft an unsere Seele kommt, welche alsdenn nach ihrem Vermögen einen Entschluß fasset, gewisse willkührliche Handlungen vorzunehmen, oder gleichgültig zu seyn. Wenn zum Exempel jemand von einem, der ihm begegnet, gescholten wird, so hänget es eben so wenig mechanisch mit den Scheltworten zusammen, daß der beleidigte mit Heftigkeit auf seinen Gegner losgehen und ihn schlagen müsse, als daß er mit grosser Gleichgültigkeit vor ihm vorbeyspazieret, oder umkehret. Dann beyderley einander gerade entgegen gesetzte Handlungen, hangen von derjenigen Bestimmung ab, welche die Seele nach Beschaffenheit der gemachten Vorstellung und dem gefaßten Entschluß, dem Körper giebt, (wobey wir jedoch nicht läugnen wollen, daß die Heftigkeit der Bewegung, wodurch unsere Seele eine Sache vermittelst derer Nerven gewahr wird, auch etwas beytragen könne, mit gleicher Heftigkeit durch den nemlichen Weg zurücke zu würken,) das ist, auf einen entstandenen Fall, weniger überlegt oder minder vernünftig zu handeln.

Ein ähnliches findet allerdings bey den Thieren statt. Wenn ein Hund einen Bettler siehet, so bellet er. Die Gestalt des Bettlers, die in seine Augen fällt, und die Nerven derselben rege macht, veranlasset in seiner Seele eine widrige Empfindung. Er siehet diesen Bettler als was ungewöhnliches und zugleich als etwas unrichtiges und gefährliches an, obgl.ich seine Vorstellungen nicht hinreichen, eine deutliche Unterscheidung zu machen. Da er sich nun etwas widriges vorstellet, so giebt seine Seele ihr Mißvergnügen und Besorgniß durch diejenigen Werkzeuge zu versehen, welche sie durch ihre Würkung in der Macht hat, um sie zu gewissen Handlungen zu bestimmen. Diese sind die Nerven, und durch selbige würket seine Seele mit nemlicher Hefftigkeit zurück, als hefftig die angebrachte Vorstellung war. Denn siehet er den Bettler ganz von ferne, so fängt er erst an leise zu murchsen, zu brummen, und nach und nach mehr zu bellen, je näher derselbe kommt; falls ihm aber der Bettler ganz unerwartet über den Hals kommt, so wird er auch augenblicklich mit einer rasenden Wuth ausfallen. Dieses zusammen genommen beweiset so viel, daß in dem Körper der Thiere ein gewisses besonderes Wesen stecke, welches eine Ursache von den willkührlichen Bewegungen ihrer Körper ist, die nicht aus mechanischen

moins vraie. Mille Observations apuyent cette hipotèse. D'où vient un chien évite-t-il de loin la rencontre de celui qui l'a frapé? ou d'où vient aboye-t-il contre ce qu'il n'a pas acoutumé de voir? Pourquoi un Singe imite-t-il les actions qu'il a vû faire? Qui enseigne au Cheval à obeïr aux règles que lui prescrit l'Ecuyer ou le Cavalier qui le monte? Qui plus est, que sont la crainte, la fraieur, la joie, la colère, ces affections de l'ame, dont les animaux donnent des marques si distinctes, si ce n'est des preuves qu'ils sont doués d'une ame, & qu'ils savent faire la diférence entre ce qui leur est agréable & ce qui leur repugne?

De pareils caractères ne s'aperçoivent jamais à un arbre, à une montre, à une pierre, ou à quelque autre créature pareille. Il est donc démontré qu'il existe une diférence sensible entre un animal, & toutes ces créatures-là. Or dés-que nous accordons une certaine espèce d'ames aux animaux, nous ne pouvons refuser de faire le second pas, en attribuant à ces ames, entant qu'ames, certaines opérations inséparables de l'ame, & cela nous conduit à une autre question, qui a pour objèt le mode de ces opérations.

Comment ces ames opèrent elles? Nous observons en nous-mêmes que quand certains objets frapent nos sens, nôtre ame en a tout aussitôt conoissance. Elle prend là-dessus ses résolutions, pour agir comme il lui convient ou pour demeurer tranquille. Ainsi par exemple, lorsque de deux hommes qui se rencontrent l'un injurie l'autre, il n'y a aucune liaison mécanique nécessaire entre ces injures & la vengeance que l'injurié en pourroit tirer, ou la patience avec laquelle il peut continuer son chemin, ou retrograder. Ce sont deux Procedez directement oposez, dont le choix dépend de la determination arbitraire de l'ame, & de l'idée qu'elle s'est formée, selon laquelle le corps est dirigé. Il y a cependant des mouvemens impétueux, qui aperçus par l'ame au moyen des nerfs peuvent contribuer à la faire agir avec la même impétuosité, c'est à dire à opèrer dans un cas inopiné sans consulter la Raison.

La même chose se remarque aux animaux. Le Chien, qui rencontre un Mendiant, aboye. D'où vient? C'est que la figure du Mendiant frape ses yeux, émeut ses nerfs, & excite dans son ame une sensation désagréable. Ce Mendiant est pour le chien un objèt étrange, qui lui paroit dangereux, quoique les Représentations que l'animal se fait n'atteignent pas plus loin & ne sufisent pas pour se former une idee nette & distincte de l'objèt qui l'occupe. Comme celle qu'il s'est faite renferme quelque chose qui lui répugne, son ame décèle cette repugnance, & sa crainte, par les organes dont elle a la faculté de disposer, & qu'elle détermine comme il lui plait à de certaines opérations. Ces organes sont les nerfs sur lesquels l'ame agit proportionellement avec le même degré d'impétuosité dont elle a été affectée. Car quand il n'aperçoit le Mendiant que dans l'éloignement, il se contente de fixer son attention sur lui & de murmurer tout bas, à mesure qu'il aproche il gronde plus haut, & quand il est près, il aboye, & s'il arrive que le Mendiant le surprenne tout d'un coup & se trouve inopinément tout près de lui, alors le chien se demène outre mesure avec une espèce de rage. Le tout pris ensemble dénote qu'il existe dans le

Regeln abgeleitet, oder erkläret werden können, sondern lediglich auf gewissen Vorstellungen in der Seele und deren Stärke beruhen.

Sobald wir dieses aus den vorigen Gründen annehmen, sobald müssen wir auch dafür halten, daß die Seelen der Thiere ein Vermögen haben, auf das Nerven-System des Körpers zu würken, und durch diese Würkung den ganzen Cörper und alle Gliedmassen desselben in eine willkührliche Bewegung zu setzen, die nicht bloß von mechanischen Kräften abhänget, obgleich übrigens der ganze Cörper sich hernach, wann erst die erste Regung desselben durch die Seele willkührlich veranstaltet worden, nach mechanischen Regeln ferner beweget. Und dieses veranlasset uns, nach den Sitz der Thierischen Seele zu fragen:

Wo hat also eine Thierische Seele ihren Sitz? Ohnstreitig muß sie, wo nicht einen festen Sitz, wenigstens einen bestimmten Ort haben, worauf ihre Würkungen ursprünglich gerichtet sind. Dieser Ort kan in dem ganzen Cörper nirgends anders seyn, als wo sich die Zusammenkunft aller Nerven, die durch den ganzen Cörper mit ihren Fortsätzen zerstreuet liegen, befindet. Eine dergleichen Zusammenkunft aller Nerven finden wir bey uns und den mehresten Thieren in dem Kopf, und vorzüglich in dem Gehirn. Denn es ist bekannt, daß von da aus die verschiedenen Paare der Nerven, welche die Sinnen hernach bestimmen, durch den Cörper biß an die gehörigen äusserlichen Werkzeuge fortgehen. Und wenn auch an einem oder andern Thiere äusserlich kein Kopf anzutreffen wäre, so ist doch in ihrem Cörper, oder in ihrer Masse ein gewisser Punct vorhanden, in welchem allenthalben die Nerven von den Werkzeugen der Sinnen zusammen lauffen, und dieser Punct ist alsdann für, oder statt des Kopfs zu halten, weil die Seele aus diesem Punkt alleine würken kan und muß, wenn sie den Körper nach ihren Willkühr in Bewegung setzen will. Wenigstens sind in der Natur keine andern Regeln vorhanden, eine Bewegung einer ganzen Maschine zu erklären. Denn wenn auch ein Werkmeister eine ganze Maschine in Bewegung setzen will, so darf er dieselbe nirgends anders antasten, als an demjenigen Ort, wo die vereinigten Würkungen in einem Punct zusammen lauffen, oder woher sie alle miteinander entstehen. Wir haben mit Fleiß gesagt, daß ein solcher Punct, wo die Nerven zusammen kommen, bey den mehresten Thieren im Kopf oder Gehirn stecke; denn es hat auch hier seine Ausnahme. Wenigstens sehen wir mit äusserster Verwunderung, daß eine Fliege, welcher man den Kopf herunter gerissen, nicht nur eine sehr lange Zeit hernach noch lebe, sondern sogar noch etliche Stunden lang ohne Kopf herum lauffe, und herum fliege, welches nicht geschehen könnte, woferne der besagte Punct bey ihr nicht weit tieffer läge. Ein ähnliches nimmt man auch an einigen andern Insecten wahr.

Im Fall wir dieses voraussetzen, so wird dasjenige daraus fliessen, was wir in der Einleitung zu den Meersternen gesaget haben: daß nemlich diejenigen Geschöpfe keine Thiere sind, welche keinen Kopf, oder wenigstens keinen gewissen Punct im Cörper haben, aus welchem alle willkührliche Bewegungen ihren Ursprung nehmen; vielmehr sind alle solche Geschöpfe, daran dieses mangelt, eher dem vegetabilischen oder mineralischen Reich zuzu-

corps des animaux une certaine Substance particulière, dans laquelle il faut chercher la cause de ces mouvemens volontaires des corps, qu'il n'est pas possible de regarder comme des effets d'un principe purement mécanique, & qu'on ne sçauroit expliquer qu'en les considérant comme les opérations d'une ame, & des idées que cette ame se forme, & de leur dégré de vivacité.

Dés-qu'on aura admis ces principes, on admettra aussi que les Ames des Animaux jouissent de la faculté d'opérer sur le Sistème des nerfs, & de communiquer par la au Corps entier, & à chacun de ses membres, des mouvemens arbitraires qui ne peuvent être l'effet d'un pur mécanisme, quoi qu'au reste le corps, après avoir reçû de l'ame la première impulsion arbitraire du mouvement, puisse continuer à se mouvoir selon les règles mécaniques. Ce qui nous fournit l'occasion d'en venir à une nouvelle question qui a pour objet de sçavoir dans quel lieu l'ame animale reside?

Où est donc cette demeure fixe de l'ame animale? car il lui faut nécessairement un lieu déterminé d'où toutes ses opérations partent originairement. On n'en peut vraisemblablement conjecturer d'autre dans tout le corps que celui où tous les nerfs se réunissent, & agissent de là par leurs branches & rameaux répandus d'un bout du corps à l'autre, sur toutes ses parties. C'est dans nôtre tête aussi bien que dans celle de la plûpart des animaux, & particulièrement dans le cerveau que se trouve ce point de réunion de tous les nerfs. L'on sait que c'est de là que partent par paires tous les nerfs qui déterminent les sens, & vont aboutir aux organes extérieurs, où ils doivent agir. Et quand même quelque animal n'auroit point de tête extérieurement aparente, il se trouvera toûjours dans son corps, ou dans la Masse dont il est composé, un point d'où tous les nerfs partent pour aller aux organes des sens, & ce point tient lieu de tête, parce que ce n'est que de ce point que l'ame peut & doit exercer ses opérations sur toutes les parties qu'elle veut mettre en mouvement. On n'a du moins dans toute la nature point d'autre règle pour expliquer les mouvemens d'une machine entière: car lorsqu'un Artiste même veut faire aller toute une machine, il faut nécessairement qu'il s'y prenne par l'endroit où toutes ses parties se réunissent en un seul & même point, & d'où part le principe de toutes les opérations. C'est avec reflexion que nous avons dit que ce point de réunion de tous les nerfs se trouvoit placé dans la tête ou dans le cerveau à *la plûpart* des Animaux, car il y a des exceptions. La mouche en fournit un exemple. Coupez lui la tête; vous serez tout étonné de voir que cette amputation non seulement ne l'empêche pas de vivre, mais aussi qu'elle continue encore pendant quelques heures à marcher & à voler avec la même agilité; ce qui prouve que dans cet Insecte le point de réunion des nerfs est placé plus bas que la tête. On remarque la même chose à quelques autres Insectes.

Après avoir posé cette vérité en fait, il en découlera ce que nous avons dit ci-dessus dans nôtre Introduction à l'article des Etoiles de Mer, savoir qu'il ne faut point considèrer comme animaux les créatures, qui n'ont point de tête, ou du moins dans quelque autre partie de leur corps aucun point fixe, qui puisse être le principe de tous les mouvemens arbitraires. Toutes les Créatures donc, auxquelles

ce

zuzugesellen, wie wir denn auch die Meersterne und Polypen lieber dem ersten beygezählet und aus der Classe der eigentlichen Thiere um deßwillen ausgemustert haben, weil wir zu finden glaubten, daß ihnen ein Kopf, oder ein solcher Punkt mangelte. Ehe wir aber hierauf sichere Schlüsse bauen, haben wir vorhero noch eine Frage zu erörtern:

Woran erkennet man denn die Würkung einer Seele bey den Thieren? Wir läugnen nicht, daß es oft schwer halte, eine willkührliche Würkung einer Seele, von der mechanischen Würkung einer Maschine oder eines Cörpers zu unterscheiden, und zwar um deßwillen, weil alle Würkungen der Seele, soferne sie in die Augen leuchten sollen, sich nach mechanischen Lehrsätzen und Regeln äussern. Allein es ist hier auf den ersten Ursprung und auf die Triebfeder der mechanischen Würkungen zu sehen, ob selbige wiederum einen mechanischen Anfang (principium) zum Grunde habe, oder ob der Ursprung dieser Bewegung schlechterdings willkührlich sey, und folglich das Daseyn einer Seele deutlich beweise?

Wenn sich zum Exempel ein Hund bey einem von weiten entstandenen Lermen auf die Gasse begiebt, und auf eine Kreutzstrasse kommt, wo er viele Wege vor sich siehet, so stehet er stille, besinnet sich, und horchet mit Aufmerksamkeit, darnach entschließt er sich, welchen Weg er nehmen wolle. Dieses ist allerdings ein Beweis, daß seine Seele müsse gedacht haben. Wenn ferner ein Hund im Schlaf bellet, so zeiget dieses offenbar an, daß er widrige Vorstellungen im Traum oder im Schlaf habe, die das Daseyn einer Seele bekräftigen. Folglich kommt es in Beurtheilung des Daseyns oder nicht Daseyns einer Seele darauf an, daß man Handlungen vor sich sehe, die eine Beurtheilung, ein Nachsinnen, ein Gedächtniß, oder auch sogar einen gewissen Zusammenhang von Schlüssen in sich fassen, oder voraussetzen. Nun aber mangelt es an dergleichen Handlungen im Thierreich nicht, und es gehören würklich auch viele solche dazu, die man bißher unter dem undeutlichen Namen eines Naturtriebes verstanden hat, wie sehr auch manche Schriftsteller ihre Kunst mögen angewendet haben, eine Erklärung aus den Regeln der Mechanik zu borgen.

Bey diesem allen sind wir nicht in Abrede, daß es aus den äusserlichen Handlungen mancher Geschöpfe sehr schwer zu erkennen sey, ob ihre Handlungen aus einem willkührlichen, oder vielmehr nur mechanischen Grunde entspringen, zumahlen wenn sie weniger, als fünf Werkzeuge der Sinne, (oder organa sensoria) haben. Allein wir glauben dennoch, daß es zu voreilig sey, solche Geschöpfe sogleich Thiere zu nennen, von denen das Daseyn einer Seele nicht deutlich aus ihren Handlungen erhellet, und darum halten wir dafür, daß solche Geschöpfe vorerst noch wenigstens unter ein gewisses Mittel-Geschlecht, wo nicht unter die Pflanzen selbst gerechnet werden müssen.

Sollten wir nun etwas von dem Vermögen und den Seelenkräften der Thiere sagen, so wissen wir, daß man bey den Seelen der Menschen einen Unterschied zwischen den untern und obern Kräften der Seele mache, davon man vielleicht jene den Thieren einräumen, diese aber ihnen absprechen wird. Nun ist es ohne Abrede, daß manche Thiere so wenig willkührliche Bewegungen vornehmen, daß man Mühe hat, auch die untern Seelen-Kräfte an ihnen zu spühren, hingegen aber finden wir auch solche Handlungen bey Thieren, wozu unsers Bedünkens die untern Seelen-

ce point manque, doivent être censées apartenir au Règne végétal, ou au minéral, ce qui nous a aussi déterminé a ranger les Etoiles marines & les Polipes parmi les Végétaux, & à les exclure de la Classe des animaux proprement ainsi dits, n'y trouvant ni tête ni autre point de réunion des nerfs, qui puisse tenir lieu de tête. Avant de tirer de tout cela des conséquences ultérieures nous avons encore une question à éclaircir.

A quoi reconoit-on dans les animaux les opérations d'une ame? Il est assûrément fort souvent assez dificile de distinguer les opérations arbitraires d'une ame des opérations mécaniques d'une machine, ou d'un corps, & cela parceque les opérations de l'ame qui doivent tomber extérieurement sous le sens sont dirigées par les regles de la Mécanique. Mais il faut faire attention à la prémière origine, au prémier ressort, des Opérations mécaniques & examiner si ces Opérations ont un Commencement, un Principe mécanique, ou si l'Origine des Opérations est purement arbitraire, ce qui démontre distinctément la présence d'une Ame.

Qu'un Chien par exemple, qui entend un bruit encore éloigné, coure tout le long d'une ruë pour s'en aprocher; arrivé au Carrefour, où plusieurs chemins se présentent à lui, il s'arrête, il delibère, il prête attentivement l'oreille, & se décide ensuite sur le chemin qu'il doit choisir. Cela prouve sans doute que son ame a pensé. Que le Chien aboie quand il dort, quelle conséquence en tirera-t-on si ce n'est qu'il rêve, & que pendant son sommeil il est travaillé par des idées ou par des représentations, qui lui sont désagréables, lesquelles constatent cependant l'existence de son ame? Ainsi pour décider s'il y a une ame, ou s'il n'y en a point, il n'y a qu'à prendre garde si les actions de l'animal suposent nécessairement un Jugement, une Reflexion, une Memoire, ou même un espèce de Raisonnement conséquent. Or c'est ce qu'on trouve fréquemment dans le Regne animal, où quantité d'actions se passent, que plusieurs Auteurs ont crû devoir désigner par la dénomination obscure d'*instinct naturel*, & se sont efforcez inutilement d'expliquer par les règles du Mécanisme.

Avec tout cela il faut convenir qu'il y a des Créatures à l'égard desquelles il est très-dificile de décider si leurs actions partent d'un principe arbitraire, ou si elles ont une origine purement mécanique, sur tout quand ces Créatures ont moins de cinq sens, ou organes de sentiment. Mais nous croyons aussi qu'on ne doit pas se presser d'admettre ces Créatures au rang des animaux, quand l'existence d'une ame n'est pas prouvée distinctément par leurs actions. Il faut donc selon nous les placer dans le Règne végétal, ou établir pour elles un genre intermédiaire.

Quant au dégré de capacité qui peut convenir aux ames des bêtes, il est conu que relativement à l'ame de l'homme on fait une diférence entre les vertus supérieures & les vertus inférieures dont elle est douée. Peut-être sera-t-on disposé à accorder les dernières aux betes en leur refusant les prémières. Or il y a des bêtes qui exercent si peu de mouvemens arbitraires, qu'on a peine à y remarquer les vestiges des vertus inférieures même, pendant qu'on en voie d'autres dont les actions paroissent surpasser tellement les

forces

Seelen-Kräfte nicht recht hinreichen, sie hervorzubringen, und woraus wir ihren Seelen noch etwas mehr beyzulegen, als man gewöhnlich zu thun pfleget, fast kein Bedenken tragen, ohne daß wir deßwegen ein Thier mit dem Menschen in gleichen Rang zu stellen, nöthig haben. Denn obwohl zwischen einem wohl abgerichteten Affen, und einem ungeschliffenen Menschen aus der dummsten Classe fast das Gegentheil erhellen möchte, so reden wir hier nicht von geübten oder ungeübten Seelen der Thiere oder Menschen, sondern von dem innern Vermögen dieser Seelen, wozu sie eine Fähigkeit haben, oder nicht. Da denn kein Thier in der ganzen Welt zu solchen vernünftigen Handlungen zu bringen ist, wozu doch endlich der dümmste und wildeste Mensch kan angeführet werden.

Bekannt ist es zwar, daß es Meinungen gebe, welche diesen wichtigen Unterscheid zwischen Thieren und Menschen bloß und allein der Cörperlichen Structur, dem Nerven-System, der Lage der Musteln, und den Werkzeugen der Sinnen zuschreiben, und behaupten, daß, zum Exempel, eine Hunds-Seele, wenn sie in dem Cörper eines Menschen stecke, vernünftig denken, hingegen die Seele eines Menschen alle Menschlichkeit verlieren würde, wenn sie etwa in dem Cörper eines Pferdes einquartiret wäre. Allein wir glauben, daß dergleichen Gedanken nur zum Scherz dienen, der einem Menschen ziemlich unanständig ist, eben so wie wir es vor unanständig halten, die Thiere, in welchen sich so viele Spuren der Ueberlegung offenbaren, so gar sehr weit und verächtlich herunter zu setzen, und fast zu vergessen, daß ein weiser Schöpfer ein Meisterstück seiner Allmacht an ihnen bewiesen.

Lasset uns auf ein bekanntes Exempel im Thierreich sehen: Ein Kaninchen gräbet, wenn es bald Junge werffen will, ein gerades Loch in den Erdboden zur Tieffe von etwa zwey Schuh, weil aber auf die Oefnung der erste Anfall der Winde stößet, macht es hernach eine Wendung im Winkel, und setzet wiederum um ein paar Schuhe weiter, darnach bricht es in der Seitenwand eine runde Höhlung ein, wo es die Jungen bequem werffen kan. Wann dieses geschehen, suchet es Mooß, Heu, Wolle, und dergleichen weiche Materien mit dem Maul zusammen, um sich ein sanftes und warmes Bette zu machen, darauf flechtet es von ähnlicher Materie einen grossen Klumpen, den es forne in den Eingang der Höhle steckt, allwo derselbe statt der Thüre dienen solle. Wenn nun die Jungen geworffen sind, und die Mutter heraus muß, um Futter zu suchen, decket sie die Jungen erst zu, stösset sodann diesen Klumpen weg, kriechet heraus, wälzet den Klumpen wieder hinein, setzet sich mit dem After dawider, drucket ihn feste hinein, schauet alsdann sorgfältig nach, ob es recht dichte, und alles wohl verwahret ist, und scharret einiges lockeres Graß, Stroh, Heu, oder dergleichen davor, daß man die Oefnung nicht wahrnehmen solle, suchet sodann die erforderliche Nahrung unbesorget, und wiederhohlet allezeit die nemliche Handlung, so offt es aus, oder eingehet, welches so lange währet, biß die Jungen anfangen zu gehen.

Sobald die Jungen gehen können, und anfangen, einige Nahrung selbst zu suchen, so höret die Mutter auf, die Oefnung, wenn sie herausgehet, recht dichte zu verschliessen, denn sie macht in den Ballen, der zur Thüre dienet, ein sehr kleines Loch, durch welches ihr die Jungen nachfolgen können. Diese Art der Haushaltung währet auch wiederum etliche Tage, biß sie anfängt zu vermuthen,

forces de ces vertus inférieures, que l'on est tenté de leur accorder un dégré de conoissance supérieur à celui qui est le partage des autres bêtes, sans vouloir pour cela les égaler à l'homme, quoique ce que l'on voit faire à un Singe adroit, attentif, & bien élevé semble donner l'avantage à cette bête sur un homme stupide. Mais il ne s'agit pas ici d'une ame exercée ou non-exercée de l'homme ou de la bête, mais seulement du degré de faculté ou de capacité dont chacune est susceptible. Car il n'y a au monde point de bête qui puisse être amenée à ce point de raison dont au bout du compte l'homme le plus stupide, & le plus sauvage est capable.

Nous n'ignorons pas que selon quelques Auteurs la cause de la différence considérable qui existe entre l'homme & la bête gît uniquement dans la Structure des corps, dans le Sistème des nerfs, dans la position des muscles, & dans les organes des sens; &, à en croire ces Messieurs, l'ame d'un chien, si elle se trouvoit placée dans le corps d'un homme seroit capable de raison, tout-comme l'ame d'un homme perdroit toutes les Prérogatives attachées à l'humanité si elle étoit logée dans le corps d'un cheval. Tout cela n'est selon nous bon que pour le badinage, que nous tenons même pour aussi indécent, que nous croions peu convenable de mettre trop bas des bêtes, auxquelles nous remarquons tant de vestiges de conoissance & de reflexion, & de ravaler comme des Etres méprisables des Créatures, qui, ainsi que nous, démontrent la Sagesse du Créateur, & font des chefs-d'oeuvre de sa Toute-puissance.

Alleguons un exemple conu du Regne animal. Une Lapine, qui se sent près du terme où elle doit mettre bas ses Petits, creuse en terre en droite ligne un trou d'environ deux pieds de profondeur, mais comme l'ouverture est exposée à l'impétuosité des vents, elle fait un coude en continuant à creuser son canal à la longueur de deux autres pieds, après quoi elle perce sur le côté & se forme là une tanière ronde, où elle peut mettre bas sans crainte. Quand cela est fait elle va de coté & d'autre ramasser avec les dents de la mousse, du foin, de la laine, & d'autres matières molles, pour s'en faire un lit bon & chaud. Ensuite elle se sert des mêmes matières pour former un Peloton qu'elle place à l'entrée de sa cachette pour y servir de porte. Quand cette Mère a mis bas & qu'elle se trouve obligée de sortir pour aller chercher de la nourriture, elle commence par bien couvrir ses Petits, puis elle pousse le peloton en dehors, mais dés-qu'elle est sortie elle le remet à sa place & l'afermit en s'asseyant dessus. Après avoir soigneusement examiné si tout est bien fermé, elle couvre sa porte de brins d'herbe, de foin, de paille, ou de choses pareilles pour la mieux cacher, & ce n'est qu'ensuite de tous ces soins qu'elle va chercher tranquilement dequoi nourrir se Petits, reïtérant les mêmes précautions toutes les fois qu'elle sort de sa tanière ou qu'elle y rentre, jusques à ce que les Petits commencent à marcher.

Dés-que cette époque est venuë, & que les Lapreaux commencent à chercher leur nourriture eux-mêmes, alors la mère cesse de fermer entièrement sa porte, & fait au peloton un petit trou au travers duquel ses Petits peuvent passer & repasser pour la suivre. Ce manège dure encore quelques jours, jusques à ce que la mère s'apercevant que

les

vermuthen, daß ihre Jungen schon gelernet haben, sich selber zu ernähren, da sie denn die Thüre gänzlich wegbricht, die Höhle den Jungen ganz und gar zur Wohnung überläßet, und selber davon gehet, ohne sich weiter um etwas zu bekümmern, wohingegen die Jungen brüderlich beysammen bleiben, biß sie sich begatten, und voneinander wegziehen.

Wie, wenn unter Menschen eine Mutter sich der kalten Luft und Unsicherheit, oder Unruhe halber nicht ein Vor- sondern Hinterzimmer zu ihrem Kindbette wählet, wenn sie zeitig vor weiche Betten und Decken sorget, wenn ferner die Menschen den Eingang in ihr Haus mit Thüren verwahren, solche fleißig zu halten, und nachsehen, ob sie auch wohl verschlossen sind. Wenn sie den Einfall bekommen, gebrochene Thüren zu haben, um durch einen schmälern Eingang aus- und eingehen zu können. Wenn sie ihren Kindern erlauben, dann erst für die Thür zu kommen, wenn sie schon etwas erwachsen sind, hernach aber ihnen gänzlich alle Freyheit lassen, sobald sie der Vorsorge der Eltern nicht mehr bedürffen? Wenn dieses sich alles so ereignet, so hält man es vor eine Klugheit der Menschen, und vor Beschäftigungen einer witzigen Seele. Sollen denn aber ähnliche Handlungen im Thierreich gar kein Beweiß einiger Ueberlegung seyn, und von den Kräften einer Seele hergeleitet werden? Und soll das alles nur ein blinder Naturtrieb heissen?

Wir lassen diese Materie fahren, und wenden uns nun noch zur Betrachtung desjenigen, was man in dieser Einleitung mit Recht von uns fordert. Es bestehet aber selbiges in Erörterung folgender Frage:

Wie werden die vierfüßigen Land-Thiere eingetheilet? Der Mensch gehöret ohnstreitig zum Thierreich, und zwar zu den vierfüßigen Landthieren. Denn woferne er in der Wildniß, und in den Wäldern von Jugend an aufwachsen sollte, so würde er gleicherweise auf allen vieren herum lauffen, und sich nach Art der übrigen Landthiere verhalten, so daß man keinen Unterscheid bemerken würde, woferne in ihm keine Seele wäre, welche weit über die Seelen der andern Thiere erhaben ist, und zu vernünftigen Handlungen eine angebohrne Fähigkeit besitzet, zu welcher kein ander Thier auf den weiten Umfang dieser Erden gelangen kan. Dieser erhabene Zustand des Menschen aber dienet uns zu einem hinlänglichen Grund, ihn von dem Thierreich lieber gänzlich abzusondern, als ihn in der Classe der Thiere oben an zu setzen. Denn er ist von Gott zum Herrn über alle andere Thiere bestellet, und träget an sich ein ehrwürdiges Merkmahl seines erhabenen Ursprungs und seiner wichtigen Bestimmung. Wenn wir also von der Eintheilung der vierfüßigen Land-Thiere reden, so handeln wir von selbigen mit Ausschließung des Menschen. Deßgleichen werden von uns auch nicht diejenige Thiere dahin gerechnet, welche sich zuweilen auf dem Lande aufhalten. Denn etliche derselben, die viel im Wasser und am Ufer derselben leben, sind schon, Kraft der einmahl gemachten Einrichtung der Kupfertafeln, zu den Fischen gerechnet, und die übrigen werden im folgenden Fach unter dem Namen Amphybien vorkommen. Zumahl da die Amphybien nicht wie die vierfüßigen Landthiere lebendige Jungen zur Welt bringen, oder sie an Brüsten saugen,

sondern

les Lapreaux peuvent se passer d'elle, & se nourrir eux-mêmes, démolit sa porte, & abandonne la demeure à sa famille qu'elle quitte pour aller chercher fortune ailleurs. Les jeunes demeurent ensemble jusques à ce qu'ils s'accouplent, après quoi chacun tire de son côté.

Quand nous voyons dans l'espèce humaine une femme enceinte se choisir sur le derrière de sa maison un apartement, qui soit à l'abri du froid, & éloigné de tout bruit, pour y faire tranquilement ses couches; quand elle se pourvoit de bonne heure de lits & d'autres commoditez convenables; Quand l'homme a le soin de munir sa maison de bonnes portes, quand il a l'attention de les bien fermer, & de veiller à ce qu'il ne puisse rien entrer qui lui soit nuisible; quand il se fait faire des portes brisées pour qu'on puisse passer & repasser par un espace plus étroit & moins exposé par conséquent à l'air & à la froidure; Quand nous ne permettons à nos enfans de sortir de leur apartement qu'après qu'ils sont parvenus à un certain age, & que nous ne leur lachons la bride entièrement que lorsqu'ils peuvent se passer de nous & se gouverner par eux-mêmes; toutes ces précautions sont regardées comme des traits de sagesse, & comme des preuves d'une ame intelligente. Pourquoi des actions absolument semblables n'opèreront-elles pas le même raisonnement à l'égard des bêtes, auxquelles on voit faire les mêmes choses? Pourquoi refuserons-nous de convenir que la même action, que nous regardons comme une marque de prudence dans l'espèce humaine, prouve quelque reflexion & une ame agissante dans le Règne animal? Un *instinct aveugle* peut-il produire de semblables effets?

Nous brisons ici sur cette matière pour répondre à une nouvelle question dont nous devons rendre compte à nos Lecteurs encore avant de finir notre Introduction.

Quelles divisions doit-on établir parmi les Quadrupèdes terrestres? L'Homme apartient incontestablement au Règne animal, & specialement au Genre des Quadrupèdes terrestres. Car s'il naissoit dans les forêts, & qu'il y fut élevé dés le premier moment de sa naissance, il marcheroit à quatre comme les autres Quadrupèdes terrestres, & agiroit de même, sans qu'il y parut aucune différence, si l'ame dont il est doué, infiniment élevée au dessus de celle qui a été accordée aux autres animaux, ne le rendoit capable d'actions raisonables, & ne lui donnoit des facultez naturelles, auxquelles aucun autre animal ne peut atteindre. Cet état d'élévation de l'espece humaine nous fournit une raison sufisante pour le separer entièrement des autres Classes du Règne animal, d'autant plus que Dieu a établi l'homme Seigneur de tous les animaux, & qu'il porte en sa personne le caractère glorieux de son origine élevée & de la sublimité de sa destination. Ainsi en parlant ici des Quadrupèdes terrestres, nous en excluons l'homme. De même nous n'entendons pas embrasser dans la Classe de ces animaux ceux qui ne s'arrêtent que peu sur la terre & qui passent la plus grande partie de leur vie dans l'eau, ou sur le rivage; car vu l'arrangement déjà fait de nos Planches nous avons rangé ceux-ci au nombre des Poissons, & nous verrons les autres sous le nom d'*Amphibies* dans l'Article suivant, d'autant que les Amphibies n'enfantent pas leurs Petits vivans, ni ne les allaitent à la mamelle, comme font les Quadrupèdes ter-

restres,

fondern mehrentheils Eyer legen, und obgleich die Wallfische diese Eigenschaft mit den vierfüßigen Landthieren gemein haben, so ist doch schon aus der Einleitung zu den Fischen abzusehen, warum wir selbige unter die Fische, nicht aber, wie der Ritter Linnäus thut, unter die lebendig gebährende und ihre Jungen säugende Landthiere gezählet haben.

Was also die Eintheilung der letztern betrift, so wurde selbige bey den ältesten Schriftstellern von der Beschaffenheit ihrer Füße, oder der Klauen hergenommen, und da kamen diese zwey Haupt-Classen heraus. I. Solche, die Klauen oder Hufen haben. II. Solche, die mit Zehen versehen sind.

Die erste Classe enthielte etliche mit ganzen, andere mit gespaltenen Klauen. Zu denen mit ganzen Klauen wurden die Pferde, Esel, und Zebra-Thiere gerechnet, die Thiere aber mit gespaltenen Klauen, haben entweder zwey, drey, vier, oder fünf Klauen, und wurden abermahls in gehörnte, die wiederkäuen, und ungehörnte, die nicht wiederkäuen, abgetheilet, davon die erste entweder hohle und einfache, oder dichte und ästige Hörner haben. Zu denen welche gehörnt sind, und wiederkauen, aber deren Hörner nur einfach und hohl sind, gehören das ganze Ochsen-Geschlecht, das Schaf-Geschlecht, das Bock- und Ziegen-Geschlecht. Diejenigen aber, deren Hörner nicht hohl sind, machen das Hirsch- und Elend-Geschlecht aus. Die ungehörnten endlich, die nicht wiederkauen, sind alle Schweine, worauf denn noch die dreyklauigten Thiere, als das Nashorn, die vierklauige, als das Nilpferd (dessen wir schon in dem Fach der Fische gedacht haben) und die fünfklauige, als der Elephant folgen.

Die andere Classe bestehet nun aus lauter Thieren mit Zehen, als Ein-zwey-drey-vier-und fünfzehigen. Einzehig sind an den Förderfüßen die weiße Ameisen-Bäre. Zweyzehig die Kamele. Dreyzehig die Faulthiere, und Ameisenfresser. Vierzehig, Schildferkel und Kaninchen. Fünfzehig alle übrige, als das Hasen-Geschlecht, die Eichhörner, die Ratzen, Maulwürffe, Fledermäuse, Wiesel, Igel, Stachelschweine, Hunde, Wölfe, Füchse, Katzen, Luchse, Pardel, Tieger, Löwen, Bären und Affen, davon unterschiedene wiederum aus andern Gründen gewisse Untereintheilungen bekommen, die von ihren Schilden, Stacheln, Haaren, Schwänzen oder Bart hergenommen sind. Hierzu kemmt noch eine Classe von solchen Thieren, deren Füße in Floßfederfüßen bestehen, als das Fisch-Otter-Biber-Seekälber-Geschlecht, und dergleichen, wovon wir aber schon bey dem Fach der Fische einige Erwehnung gethan haben.

Ohnge-

restres, mais que 'e plus ordinairement ils pondent. Il est vrai que les Baleines enfantent aussi leurs Petits vivans comme les Quadrupèdes terrestres; mais nous avons déjà insinué dans nôtre Introduction la raison qui nous a déterminez à les mettre au rang des Poissons, & à ne suivre pas en ce point le Chevalier *Linnæus*, qui les range dans la Classe des Animaux terrestres, qui enfantent leurs Petits vivans, & qui les allaitent.

Les anciens Auteurs se regloient dans leur Division sur la forme des piez & distinguoient ainsi deux Classes principales savoir: I. Celle des Animaux qui ont des *Ongles* (ou cornes aux pieds, ce qu'on apelle aux Chevaux le *Sabot.*) & II. celle de ceux qui ont des Doigts.

Dans la *première Classe* ils faisoient une diférence entre les Animaux qui ont l'Ongle entier, & ceux qui l'ont fendu (ou le *pied fourché*, comme parle l'Ecriture). On mettoit au rang des prémiers les Chevaux, les Anes, & les *Zebres*. (*) Quant aux Animaux à Ongle fendu, ou divisé, il l'est en deux, en trois, en quatre, ou en cinq parties. Ceux ci se subdivisoient encore en bêtes à cornes, qui remachent, & en bêtes sans cornes, qui ne remachent point. Les cornes des prémières sont ou simples & creuses, ou épaisses & branchues. On compte parmi les bêtes à cornes qui remachent, mais dont les cornes sont simples & creuses, le Genre entier des Boeufs, les Moutons, lés Boucs, & les Chèvres. Ceux dont les Cornes ne sont point creuses sont les Cerfs & les Elans. Les Bétes sans corne enfin, qui ne remachent point, sont les Porcs de toute espèce. Après cela viennent les bêtes dont l'Ongle est divisé en trois, comme le Rinocerot; puis ceux dont l'Ongle est partagé en quatre comme l'Hippopotame, dont nous avons déjà parlé dans l'article des Poissons, & enfin ceux dont l'Ongle est divisé en cinq comme l'Elefant.

La *seconde Classe* est uniquement composée d'Animaux à doigts, c'est à dire à un, deux, trois, quatre, ou cinq doigts. A *un doigt* aux pieds de devant, c'est le *Chasseur de fourmis blanc.* (**). A *deux doigts*, le Chameau, A *trois doigts* les *Paresseux d'Amerique* (***) & les *Mangeurs de fourmis.* C'est une espèce de *Myrmecophage*, ou du *Tamandua-guacu.* A *quatre doigts* les *Tatous*, ou *Armadilles*, & les Lapins. A *cinq doigts* tous les autres, à savoir les Lièvres, les Ecureuils, les Rats, les Taupes, les Chauve-Souris, les Bélettes, les Herissons, le Porc-épic, les Chiens, les Loups, les Renards, les Chats, les Loup-cerviers, le Leopard, les Tigres, le Lion, l'Ours, & les Singes. Parmi tous ces animaux il se trouve quelques espèces qu'on subdivise encore par des raisons particulières tirées de leurs ecussons, ou écailles, éguillons, poils, queues, ou barbes. Il faut ajouter à tout cela une Classe d'Animaux dont les pieds sont en même tems des nageoires, tels que la Loutre, le Castor, les Veaux marins, & bétes de cette catégorie, dont nous avons fait quelque mention dans l'article des Poissons.

Quoique

(*) En langage Indien, *Zebra*, ou *Zecora*. Quelques Auteurs l'apellent l'*Ane sauvage du Cap.* C'est un Animal qui tient de l'Ane & du Cheval, mais beaucoup plus du dernier que du prémier.

(**) En latin *Myrmecophaga*, en Indien *Tamandua-guacu.*

(***) En latin *Bradypus*, *Tardigradus*, *Simia personata*, *Ignavus*, en indien *Ai.*

Ohngeachtet nun diese Art der Eintheilung hinlänglich deutlich und einleuchtend ist, so hat doch der Ritter Linnäus, der das ganze Thierreich aus einem andern Gesichtspunct betrachtete, diese Ordnung ganz umgeworffen, und die Kennzeichen zur Eintheilung von dem Gebiß der Thiere hergenommen, und darinnen öfters unterschiedene Veränderungen gemacht. Wenn wir nun den Menschen davon absondern, deßgleichen diejenigen Thiere mit Floßfederfüssen, welche sich mehrentheils im Wasser aufhalten, wie auch die Delphine und Wallfische, so würde uns folgende Ordnung, die der Ritter Linnäus vormahls gemacht, jedoch mit besagter Ausnahme, am meisten gefallen, wenigstens glauben wir, daß sie einem jeden Anfänger ziemlich deutlich ist.

1. Thiere mit Menschen-ähnlichen Gebiß, nemlich oben und unten vier Schneide-Zähne. Die Affen, Meerkatzen, und Faulthiere.

2. Raub-Thiere mit Hunds-Gebiß, nemlich sechs ordentliche Zähne, und zwey lange Hunds-Zähne. Als Löwen, Tieger, Luchse, Katzen, Marder, Wiesel, Bär, Hunde, Vielfraß, Dachs, Igel, Maulwurf, und dergleichen.

3. Langkieferichte Thiere ohne Zähne. Ameisenbär.

4. Nagende Thiere, mit Katzenartigen Gebiß, nemlich mit zwey Förderzähnen, als das Stachelschwein, Eichhorn, Haase, Biber, Mauß, Beutelratze, und dergleichen.

5. Lasttragende Thiere mit Pferde-Gebiß, mit verschiedenen unregelmäßigen Zähnen. Der Elephant, Nashorn, Pferd, Schwein.

6. Wiederkäuende Thiere, unten sechs, oder acht Förder-Zähne, und oben keine. Als das Geschlecht der Kameele, Hirsche, Böcke, Schaafe und Ochsen.

Wir müssen inzwischen offenherzig gestehen, daß wir diese annoch sehr mangelhafte Eintheilung eben so wenig zu verbessern wissen, als andere Naturforscher, die sich schon darüber gemacht haben. Denn man müßte einmahl alle Thiere in der Welt beysammen sehen, wenn man in dieser Bemühung, sie zu ordnen, recht glücklich seyn wolte, und wo werden wir jemahlen ein solches Cabinet antreffen? Dahero ist es den Systematicis keines Weges als ein Fehler vorzurücken, wenn sie die Eintheilung in einer oder der andern Classe nicht recht treffen. Vielmehr ist es unsern Zeiten eine grosse Ehre, daß sie es bereits so weit gebracht haben.

Man möchte etwa die Natur der Thiere selbst, in wieweit sie sich unter einander begatten, für einen guten Wegweiser zur Claßification ansehen, um daraus die Arten, die zusammen gehören, zu bestimmen, weil sich gleich und gleich gern gesellen. Allein es giebt auch Exempel genug, da die Geilheit der Thiere macht, daß sie aus ihrer Classe in eine andere überspringen, die bloße Geselligkeit hingegen ist ein noch wankelbarer Grund, da dieser

Quoique cette sorte de Division soit assez claire & facile à comprendre, cela n'a pas empêché le Chevalier *Linnæus* de renverser totalement cet ordre, & d'en établir un tout diférent. Considérant le Règne animal entier dans un tout autre point de vûë, il a pris dans ses divisions les dents des animaux pour règle de leurs caractères distinctifs. Mettant donc à part l'homme, & les Animaux, dont les pieds sont en même tems des nageoires, qui vivent le plus ordinairement dans l'eau, de même que les Daufins & les Baleines, voici l'Ordre que le même *Linnæus* à adopté cy-devant, à la reserve de l'exception dont nous venons de parler, & qui nous paroit le mieux imaginé, & le plus facile à comprendre pour tout homme qui entre dans la carrière de cette Science.

1. Les Animaux à dents semblables à celles de l'homme, savoir quatre dents incisives, ou Pinces, telles qu'ont les Singes, les Marmots, & les Paresseux d'Amérique, ou Bradypes.

2. Les Animaux de proie à dents de chien; sçavoir six dents ordinaires, & deux longues, ou crocs. Tels sont les Lions, les Tigres, les Loups-cerviers, les Chats, les Martres, ou Fouines, les Belettes, l'Ours, les Chiens, les Goulus, les Blaireaux, les Herissons, les Taupes, &c.

3. Les Animaux à longues marchoires sans dents. Le Chasseur de fourmis.

4. Les Animaux rongeans, à dents de Rat, c'est à dire deux dents sur le devant. Tels sont le Porc-epic, l'Ecureuil, le Lièvre, le Castor, la Souris, le Rat à bourse, ou le *Philandre*, en latin *Didelphis*, ou *Philander*, &c.

5. Les Animaux Bétes de Charge à dents de Cheval, & diverses dents irrégulières. Ce sont l'Elefant, le Rhinocerot, le Cheval, le Porc.

6. Les Animaux remachans, qui ont en bas six ou huit dents de devant, & n'en ont point en haut; tel est le Genre entier des Chameaux, des Cerfs, des Boucs, des Moutons, & des Boeufs.

Nous convenons ingenument que quoique cette Division soit encore fort defectueuse, nous ne nous faisons pas fort d'en donner une meilleure. D'autres Naturalistes ont entrepris cet Ouvrage, & y ont échotié. Il faudroit voir tous les Animaux du monde rassemblez pour réüssir à établir une Division à laquelle il n'y eût rien à redire, & où trouver un Cabinet pareil? De sorte que les defectuositez que nous trouvons dans les Divisions que nous donnent nos Auteurs Sistématiques dans l'une ou dans l'autre Classe sont très-pardonnables. On doit au contraire leur tenir compte de l'honneur qu'ils ont fait à notre Siècle par le dégré de lumière qu'ils ont répandu sur la matière.

Peut-être pourroit-on penser qu'il sufiroit de consulter la nature même des animaux, & quels sont ceux qui s'apparient le mieux ensemble, & prendre cette méthode pour guide, pour déterminer les espéces qui se conviennent, parceque chaque individu est naturellement porté à rechercher son semblable. Mais cette voye seroit peu sûre, parcequ'on a de fréquens exemples d'Animaux que leurs la-

bloß auf die Gewohnheit ankommt, wenn nemlich Thiere verschiedener Art mit- und beyeinander erzogen werden. Ja sogar bestimmet auch dieses nichts, daß gewisse Thiere eine Art der Feindschaft wider einander haben und einander auffressen, gestalt solches lediglich von dem Hunger herrühret, da bekannt ist, daß, etliche wenige Exempel ausgenommen, fast kein Thier, weder ein anderes, noch den Menschen anfällt, wenn es keinen Hunger hat, oder nicht zum Zorn gereizet wird; wenn aber dergleichen vorwaltet, so verzehren auch sogar Thiere von einerley Art sich untereinander. Denn wir treffen kein Thier in der Welt an, daß nicht einen Trieb haben sollte, sich auf alle, ihm mögliche Art, zu erhalten, und sich dem was ihm schadet, mit grossem Ernst zu widersetzen, oder demselben durch die Flucht zu entrinnen.

Was nun aber den so eben erwehnten Trieb betrift, Kraft welchen sich die Thiere zu erhalten suchen, so wäre alleine davon ein ganzes Buch zu schreiben. Denn man muß würklich erstaunen, wenn man betrachtet, wie listig manche Thiere sind, ihren Raub zu fangen, oder ihren Gegnern zu begegnen, mit wie vieler Ueberlegung sie vor ihre Nahrung zu sorgen scheinen, da sie sogar Magazine errichten, gemeinschaftlich mit einander gewisse Sachen unternehmen, mit einer ausnehmenden Treue und Liebe vor ihre Jungen sorgen, und dergleichen. Ist es zum Exempel nicht merkwürdig, daß die Ochsen und Kühe sich in solchen Gegenden, wo sie wilde Thiere zu befürchten haben, des Nachts also in einen Kreiß stellen, daß ihre gehörnte Köpfe hinauswärts stehen, um allenthalben Widerstand zu bieten? Oder wenn die Pferde aus eben dem Grunde einander im Kreiß die Köpfe zu kehren, damit sie allenthalben hinten ausschlagen können? Wie listig siehet es aus, wenn die Gemsen, indem ganze Heerden von ihnen sich in gewisse Gegenden machen, um zu weiden, auf den Zugängen ihre Schildwachen ausstellen, welche Acht geben, ob sich auch Jäger vernehmen lassen, und hernach die ganze Heerde warnen? Ja wer kan sich enthalten sich zu verwundern, wenn er die Art vernimmt, wie die Affen am Vorgebürge der guten Hofnung die Gärten bestehlen? daß sie sich nemlich in einer langen Reihe ausbreiten, und von dem Baum an, den sie bestehlen wollen, biß so weit sich ihre Reihe erstreckt, einander die Aepfel zu werffen, da denn der letzte sie alle auf einen Hauffen legt, den sie hernach in der nemlichen Ordnung wieder weiter tragen, biß daß das Gestohlene in ihre sichere Schlupfwinkel gebracht haben. Welche Magazine tragen nicht die Murmelthiere, die Maulwürfe und die Ratzen gegen den Winter zusammen? Wie gemeinschaftlich und mit welcher Einigkeit gehet nicht eine grosse Anzahl gewisser Thiere oft an eine Arbeit, daß es fast das Ansehen hat, als ob sie sich dazu miteinander beredet hätten? Wie halten sie nicht ihre Jungen in der Zucht, und sind auf alle ihre Bewegungen aufmerksam? Wie geschickt sind sie, selbigen ihre Maximen zu lernen, und ihnen ihre Meinung zu verstehen zu geben? Kan man ihnen wohl eine Art der Sprache abläugnen? und gerathen wir nicht in grössere Schwierigkeit, wenn wir behaupten wollen, daß sie einander ihre Meinungen durch die Augen, oder durch den Geruch mittheilen? Wie vieles könnte also noch von der Haushaltung der Thiere gesaget werden, und wie vieles wäre noch in diesem Fach zu entdecken?

Jedoch

civeté fait passer d'une Classe à une autre pour satisfaire aux mouvemens de leur incontinence. On ne peut non plus prendre pour règle la Sociabilité de certaines bêtes, qui vivent ensemble de bonne amitié, & se suportent reciproquement, quand on élève & accoutume ensemble plusieurs Individus d'espèces diferentes, parce que cela n'est qu'accidentel & variable. On ne seroit pas plus avancé, si pour déterminer cette Classification on prétendoit tirer quelque conséquence de l'inimitié naturelle que de certaines bêtes, qui s'entredévorent, semblent se porter reciproquement, puisque ces actions n'ont jamais d'autre Principe que la faim. Car à moins d'être affamées, ou excitées à la colère, il y a peu de bêtes qui en attaquent une autre, non plus que l'homme; & quand un de ces deux cas existe les bêtes d'une même espèce ne font aucune dificulté de s'entredévorer. Et cela parceque tous les Animaux, sans aucune exception, sont poussez à veiller à leur propre Conservation de toutes les façons possibles, & à resister de toute leur force à tout ce qui peut leur porter du dommage, ou à s'en garantir par la fuite.

Quant à cette impulsion naturelle à tous les animaux pour leur propre conservation, ce point seul pourroit fournir dequoi remplir des volumes. Car on ne peut qu'être étonné, quand on se donne la peine de suivre attentivement certains animaux dans toutes les ruses qu'ils emploient pour attraper leur proie, ou pour resister à leurs Ennemis, de même que dans les prudentes précautions qu'ils prennent pour pourvoir à leur nourriture. Ils érigent même dans cette vûe des magazins, font des entreprises en commun, & ont soin de leurs Petits avec une fidélité & une tendresse extraordinaire, donnant encore bien d'autres marques de la reflexion qu'ils mettent dans leurs Procedez. Voyez par exemple un Troupeau de Boeufs & de Vaches dans le cas de passer la nuit dans quelque contrée, où il peut se rencontrer quelqu'Animal carnassier. Toutes ces bêtes se rangeront en cercle, leurs têtes armées tournées en dehors, pour pouvoir se défendre de quel coté qu'on les attaque. Les Chevaux par la même raison, & dans le même cas, formant le même cercle, placent toutes les têtes vers le centre, & rangent le derrière en déhors pour recevoir de tous cotez leurs Ennemis avec des ruades. Quelle finesse des Chamois, qui allant par troupes chercher quelque bon pâturage, posent, quand ils l'ont trouvé, à toutes les avenues des sentinelles dont l'emploi est d'avertir le troupeau dés-que quelque Chasseur s'en aproche? Qui pourroit se dispenser d'admirer la metode dont usent les Singes du Cap de bonne Espérance? Ils forment une longue file de distance en distance depuis l'Arbre qu'ils ont entrepris de dépouiller, & étendent cette file aussi loin que leur nombre le permet. Le Chef de file monte sur l'arbre, & jette chaque Pomme à son voisin, qui la fait aller à celui qui suit, & de l'un à l'autre les pommes passent ainsi jusques au dernier, qui les met en un monceau, d'où, quand ils ont consommé leur larcin, ils forment une seconde file, & continuent leur manège dans le même ordre, jusques à ce qu'ils ayent transporté leur butin dans leurs cachettes, & qu'ils l'y sachent en sûreté. Quels magazins ne rassemblent pas les Marmottes, les Taupes, & les Rats, quand l'Hiver aproche? Ne voit-on pas aussi qu'un nombre de certains animaux s'aquitent en commun d'un travail avec tant d'union qu'on seroit tenté de présumer qu'ils l'ont concerté ensemble? Quelle attention ne donnent-ils pas à leurs Petits qu'ils clévent avec le dernier soin? Avec quelle adresse ne cherchent-ils pas à leur inculquer leurs maximes, & à leur faire comprendre leurs leçons?

Et

Ex Musæo Excell. D.D. Christ. Iac. Trew. S.S.
C. N. Kleemann ad nat. pinxit.

Jedoch wir endigen hiemit die Einleitung zu den vierfüssigen Thieren, weil die Beschreibung der Figuren schon etwas weitläuftig werden dörfte, und wir ohnehin Willens sind, bey einer und andern Figur nicht nur von dem ganzen Geschlecht etlicher abgebildeten Thiere einige Nachricht zu geben, sondern auch etwas von ihrer Haushaltung und Lebensart zu erinnern.

Nous terminons ici la présente Introduction, d'autant plus que la Description des Figures sera assez ample, & qu'à quelques unes nous nous sommes d'ailleurs proposé de dire quelque chose du Genre entier des Quadrupèdes, qui s'y trouveront dépeints, aussi bien que de leur économie, & de leur façon de vivre.

TAB. K.

Fig. 1. Man erblicket hier den **Kopf** eines weißgrauen Americanischen Faulthieres, welches viele Namen hat, als Ignavus, Bradypus, Tardigradus und Aï. Es machet eine besondere Classe aus, und kann nicht wohl zu den Affen gezählet werden. Die Grösse desselben ist etwa, wie ein mittelmässiger Affe, und man trift es in Brasilien an, daher es von dem Ostindianischen, oder Ceilonnesischen der Gestalt nach in etwas unterschieden ist. Was den Kopf betrift, so spühret man an selbigem keine Ohren, wohl aber Gehör-Oefnungen. Das Gesicht ist breit, und mit einer breiten platten Nase versehen. Die ganze Gesichtsbildung siehet gleichsam lächelnd aus, die Augen sind klein, und soweit dieselben gehen, soweit ist auch der Kopf nicht so haaricht, als der übrige Theil des Kopfs samt dem ganzen Cörper. Die Haare sind ziemlich lang, braunlicht-grau, und hin und wieder ragen weißlichte Haare zwischen den andern hervor. Ein Schwanz ist nicht vorhanden. Dieses Thier ist die Trägheit selbst, es bringt lange Zeit zu, ehe es um einen Schritt weiter fortrücket. Es ernähret sich von Blättern der Bäume, und frisset unterschiedene Früchte, wozu es ebenfals fast zu faul ist. Mehrentheils trift man es auf den Bäumen an, höret aber keinen andern Ton von ihm als Aï, welcher fast so leise und kläglich, wie das Geschrey einer jungen Katze klinget.

Fig. 2. Von dem so eben erwehnten Faul-Thier sind in dieser Figur die Füsse mit den Klauen abgebildet. Was die Füsse betrift, die auch sehr rauh und haaricht sind, so ist zu merken, daß die fördern an viel längern Beinen sitzen, als die hintern, daher das fördere Theil des Thieres sehr hoch, der Hintertheil aber niedrig stehet. Inzwischen sitzen an allen Füssen drey starke, lange, schwärzlich-braune und etwas gekrümmte Klauen, welche dem Thier sehr zu statten kommen, um sich an die Bäume anzuhalten. Auf der Insul Ceilon hat man eine Nebenart von Faulthieren mit einem Hundskopf, die aber an den Füssen nur zwey Zehen haben.

Fig. 3. Eben diese Faulthiere sind nicht nur bey ihrer Geburt, sondern auch wenn sie schon etliche Monathe alt sind, noch glatt und ohne Haare, wie denn in gegenwärtiger Figur ein solches neugebohrnes zu sehen ist. An dem Kopf nimmt man die Oefnung wahr, wo die Gehör-Gänge sind; die Klauen aber erscheinen noch nicht völlig ausgewachsen. In diesem Zustande, und wenn die Jungen noch ganz glatt und kahl sind, werden sie dennoch von den Alten schon auf die Bäume herum geschlept, da sie gleich frühzeitig lernen, sich auf denselben aufzuhalten, und Blätter zu fressen.

Fig. 4.

PLANCHE K.

Fig. 1. On voit ici la *tête* d'un *Paresseux d'Amérique gris blanc*, auquel on donne quantité de noms, tels que *Ignavus, Bradypus, Tardigradus, Aï.* Il compose une Classe à part, & ne peut pas être mis convenablement au rang des autres *Singes.* Il est de grandeur moïenne. On le trouve dans le *Brésil.* Sa Figure diffère un peu de celle des Bêtes de la même espèce, qu'on rencontre aux *Indes orientales* & dans l'Ile de *Ceylan.* On ne remarque point d'oreilles à sa tête mais seulement des ouvertures pour l'Ouïe. La face est large, au milieu de laquelle on voit un nez large & écrasé. La Phisionomie entière semble sourire. Les yeux sont petits, & denuez des poils, qui couvrent le reste de la tête, & tout le corps. Ces poils sont assez longs, de couleur grise tirant sur le brun. Par-ci, par là on en observe quelques uns d'isolez de couleur blanchâtre qui dépassent les autres. Il n'a point de queuë. Cet Animal est d'une Paresse excessive, & tous ses mouvemens se font avec une lenteur extrême. Il se nourrit de feuilles d'arbre, & mange aussi de quelques fruits quand sa paresse lui permet de les cueillir. Sa demeure ordinaire est sur les arbres. Jamais on n'entend de lui d'autre son que *Aï*, & cela d'un ton doux & lamentable, qui ressemble au miaulement d'un chat nouveau-né.

Fig. 2. La présente Figure dépeint les *pattes* du même *Paresseux*, munies de leurs grifes. Ces Pattes sont couvertes d'une grande quantité de poils, & ce qu'il y a de particulier c'est que les jambes de devant sont beaucoup plus hautes que celles de derrière, de sorte que quand l'animal se tient debout sur ses quatre pattes la partie antérieure du corps se trouve toûjours beaucoup plus élevée que la postérieure. Il y a à chaque patte trois grifes longues & fortes, de couleur brune tirant sur le noir, un peu recourbées au bout, qui servent à la bête pour grimper sur les arbres, & s'y tenir ferme. On a dans l'Ile de *Ceylan* une Sous-espèce de ces *Paresseux*, qui ont une tête de chien, & seulement deux doigts aux pattes.

Fig. 3. Ces mêmes *Paresseux* sont *nuds*, c'est à dire sans poils, non seulement quand ils viennent au monde, mais aussi quelques mois encore après leur naissance. La présente figure en dépeint un *nouveau-né* de cette espèce. On peut voir à la tête les ouvertures qui servent de voyes à l'Ouïe; les Grifes n'ont pas atteint tout-à-fait leur crû. Quoique ces pauvres Petits soient nuds encore comme la main, les Vieux ne laissent pas de les porter sur les arbres, où ils aprennent a se tenir, & à manger des feuilles.

Fig. 4.

Fig. 4. Unter die Raubthiere gehöret auch das Katzen-Geschlecht, welches unter andern auch die Löwen und Tyger unter sich begreift. Da man nun vormahls glaubte, daß sich Löwen und Tyger mit einander begatteten, so entstund daraus ein neuer Name vor ein solch neues Geschlecht, nemlich der Name *Leopard*, und es ist die jetzige Figur, welche uns ein solches Thier zu betrachten giebt. Keinesweges aber begatten sich die Löwen mit den Tiegern, sondern es sind dieselben ein eigenes Geschlecht, welches sich von dem Tieger und Panther nur in den Flecken unterscheidet, die aber auch sehr von der Regel abweichen, und oft das Thier zweifelhaft machen, da es sonst mit der andern Art in dem Bau des Körpers ziemlich gleich kommt.

Ein Tieger nemlich hat allenthalben länglicht gestreifte schwarze Flecken auf einem braungelben Grund. Ein Parder hingegen hat runde etwas länglichte Flecken auf einem hellgelben Grund. Das Weibgen davon, welches das Pantherthier genennet wird, ist in der Zeichnung weit schöner. Diese beyde Arten kommen aus Ost-Indien. Es giebt aber in America eine Art, die in den Flecken von diesen abweichen. Denn etliche haben runde schwarze Flecken, die in der Mitte gelb sind, auf einem gelben Grund. Andere sind am obern Theil mit schwarzen Strichen, weiter unten mit runden Flecken, und an den Füssen mit schwarzen Puncten versehen. Zu diesem nemlichen Tieger-Geschlecht können auch die Americanischen wilden Katzen gerechnet werden.

Diese Thiere haben nach Art der Katzen einen Schnurrbart, blasen mit offenem Munde, wenn ihnen was widriges vorkommt, sind ungemein geschlank und schnell, hüpfen immer hin und wieder, machen, wenn sie jung sind, die nemlichen Katzen-Puckel und possirliche Figuren, wie die jungen Haus-Katzen, sind aber sehr falsch, und ist ihnen nicht zu trauen, wiewohl sie von selbst keinem Menschen etwas übles thun, so lange sie der Hunger nicht zu einem gewaltsamen Anfall zwinget. Ihren Raub fallen sie mit einem Sprung an, dergleichen die Haus-Katzen thun, wenn sie einer Maus, oder einem Vogel nachstellen, und zerreissen ihn mit Grimmigkeit und Stärke, wie sie denn auch durchgängig so groß wie die Metzger-Hunde, oder Englische Doggen werden.

TAB. K. I.

Fig. 1. Unter den entlegenen Ländern, welche an seltenen und zum Theil unbekannten vierfüssigen Thieren besonders reich sind, verdienet Africa allerdings den ersten Platz. Denn von daher, und vorzüglich aus den inneren Theilen desselben werden uns noch immer fremde Thiere zugebracht, so daß auch die Holländer am Vorgebürge der guten Hofnung beständig neue Sachen zu sehen bekommen, welche ihnen zum Theil durch die Hottentotten zugetübret werden. Unter andern gehöret auch dahin der vor etlichen Jahren erst entdeckte bunte Bock, davon wir in dieser Figur die Abbildung des Kopfes vor uns haben, wie auch das Cutu-Thier, davon wir den Kopf auf der Tab. K. V. zu sehen bekommen. Und wer weiß, wie viele unbekannte Thiere sich noch in Aethiopien und andern fast nicht durchwanderten Gegenden, von Africa, aufhalten mögen? Wenigstens glauben wir, daß eine Naturforschende Gesellschaft, wenn sie einmahl dahin eine Reise anstellen wollte, so viele fremde Gegenstände in allen Theilen der ganzen Naturgeschichte antreffen würde,

Fig. 4. L'on compte aussi parmi les Animaux de proie le Genre des Chats, qui comprend en même tems les Lions & les Tigres. Comme on prétendoit autre fois que les Lions & les Tigres s'accouploient ensemble, on s'est avisé d'imaginer un nom exprès pour le pretendu nouveau genre qu'on croyoit provenir de cet accouplement anomale, dont on apelloit le fruit imaginaire un *Leopard*, tel qu'est celui de nôtre figure. Mais rien n'est si faux que cet accouplement controuvé des Lions avec les Tigres, les Leopards constituant un Genre propre & particulier diférent par les taches des Tigres, & des Panthères. Ces taches varient cependant beaucoup, de façon qu'il est quelquefois assez dificile de décider l'espèce de la bête, toutes celles que nous venons de nommer ayant d'ailleurs le corps de Structure assez semblable.

Le Tigre a par tout des taches noires tirées en long sur un fond brun-jaunâtre. Celles du Leopard sont rondes, tant soit peu oblongues, sur un fond jaune clair. Sa Femelle, qu'on nomme *Panthere* est beaucoup plus belle par les desseins dont elle est marquée. Ces deux espèces nous viennent des *Indes orientales*. Mais on en trouve en *Amérique* qui quant aux taches diférent de celles-là. Car quelques unes de ces bêtes ont sur un fond jaune des taches noires rondes, qui sont jaunes au milieu. D'autres sont marquées en haut de Stries noires, plus bas de taches rondes, & aux pieds de points noirs. On peut mettre au rang de ce Genre de Tigres les Chats sauvages de l'*Amérique*.

Ces Animaux portent comme les Chats une moustache, & soufflent comme eux à gueule ouverte contre tout ce qui leur déplait. Ils sont extrêmement agiles & promts, sautillant sans cesse çà & là, faisant le dos de chat, & mille autres Singeries, tout comme nos petits chatons privez, traitres au reste, dont il est bon de se défier. Cependant ils ne font aucun mal à l'homme de gayeté de coeur. La faim seule peut les porter à un acte de violence. Ils tombent sur leur proie d'un seul Saut, tout comme font nos Chats privez quand ils ont épié une Souris, ou un oiseau, & déchirent ce qu'ils ont saisi avec autant de fureur que de force. Leur grandeur ordinaire est celle d'un Chien de boucher, ou d'un Dogue d'*Angleterre*.

PLANCHE K. I.

Fig. 1. De toutes les Parties du Monde l'*Afrique* est celle qui abonde le plus en Animaux rares, & en partie inconnus au reste de la Terre. Car c'est de là, & spécialement des Contrées intérieures de l'*Afrique* qu'il nous vient toûjours quelque Animal, qu'on n'a pas encore vû. Ce sont ordinairement les *Hollandois* qui reçoivent les prémiers ces Raretez au *Cap de bonne espérance*, en partie par le canal des *Hottentots*. Il faut mettre dans ce rang le *Bouc bigarré*, découvert seulement depuis quelques années, dont nôtre Figure représente la *tête*, & l'Animal nommé *Coutou*, dont nous verrons la tête cy dessous Pl. K. V. Et qui sçait combien il y a encore d'Animaux inconnus dans l'Ethiopie & dans d'autres Païs de l'Afrique peut-être encore inhabitez? Nous croïons que si une Société de Naturalistes entreprenoit de faire un voïage dans cette Partie du monde, elle y trouveroit tant d'Objèts nouveaux relativement à tous les Articles qui composent l'Histoire naturelle, que la Curiosité en seroit

würde,   pleine

Ex Museo Mülleriano.

Christian Leinberger ad nat. pinxit 1767.

67.

würde, daß sie in der That nirgends in der Welt ihre Kost mehr gelderiger, und ihre Mühe besser bezahlet finden könnte.

Es giebt nemlich in Africa ohnweit dem Vorgebürge der guten Hofnung und besonders in dem Lande der Hottentotten eine sehr grosse Menge und Verschiedenheit von Böcken, davon weder die Indianer, noch auch die Europäer einen Namen anzugeben wissen, unter andern ist auch der blaue und der bunte Bock zu merken, jedoch gehöret der gegenwärtige bunte Bock zu einer ganz andern Art, als derjenige, welchen Kolbe beschreibet. Es ist nemlich der bunte Bock des Kolbens roth, weiß und braun gefleckt, und hat gerade, unten her geringelte dichte Hörner. Der Gegenwärtige hingegen ist grau, und von dem Rückgrad biß am Bauch hinunter weiß gestreift, so wie auch am Kopf von beiden Augen ein weisser Strich schief nach der Nase zu herunter gehet. Die Hörner aber sind glatt und etwas krumm.

Dieses Thier hat erstaunlich breite und lange Ohren, so daß es einem gehörnten Esel nicht ungleich siehet, ist ziemlich groß, und übrigens fast so gestaltet, wie das Africanische Curu, davon wir bey der Tab. K. V. eine mehrere Nachricht geben werden. Ja wir würden dieses Thier vor ein junges Curu, dem die Hörner noch nicht ausgewachsen sind, oder vielleicht vor desselben Weibgen angesehen haben, wenn wir nicht von einem guten Freunde, der sie am Cap gesehen, und durch dessen Güte wir beyde Exemplaria besitzen, zu feste Versicherung hätten, daß dieser bunte Bock ein besonderes ausgewachsenes Thier sey. Vielleicht ist es also eine Nebenart, wie wir denn auch viele Aehnlichkeit zwischen des Kolbens blauen Bock, bunten Bock, dem fremden Bock ohne Namen und seinem Eland-Thier finden, wo der Unterscheid nur auf einen geringen Umstand der Farbe, oder der Hörner, ankommt, und wer weiß, ob sich nicht diese Thiere zusammen würklich durcheinander begatten, und dahero dergleichen Abweichungen verursachen?

Es hat also das gegenwärtige Thier sehr zarte, bräunlichtgelbe und ziemlich lange Haare, welche am Halse und Unterle b am längsten, überhaupt aber weich anzufühlen sind. An dem Leibe befinden sich zur Seite nach dem Bauch zu, etliche lange weisse Striche. Auf den Rücken, über den Hals, und im Nacken, biß zwischen den Hörnern kommen die Haare von beyden Seiten des Cörpers gegen einander und steigen daselbst wie Bürsten wider einander in die Höhe. Der Schwanz ist einer Elle lang, und fast wie ein Eselsschwanz gebildet. Die Schnauze ist einem Ochsen-Maul vollkommen Ihnlich, und hin und wieder mit etwas längern Bürsten besetzt. Um die Augen gehet an den Augenliedern ein grosser Kreiß mit langen schwarzen, dicht an einander stehenden Haaren. Die Hörner sind gänzlich hohl, und lassen sich von ihrem Mark abheben. Das ganze Thier hat die Grösse einer gemeinen Kuh.

Fig. 2. Wir haben oben bey der Tab. K. schon erinnert, daß die Tieger so wie die Löwen unter das Katzen-Geschlecht gehören. Nun giebt es in diesem Geschlecht noch mehrere Arten; als die Tiegerkatzen, die wilden Americanischen Katzen mit spitziger Schnauze, sodann die Zibetkatzen, gemeine wilde Katzen, Bergkatzen, wie auch Luchse und Luchskatzen, um von den zahmen, uns hinlänglich bekannten Hauskatzen, jetzo nicht zu reden. Die gegenwärtige Figur zeiget uns eine wilde Zibetartige

Katze,

G g 2

---

ordinairement satisfaite, & les fatigues du Voyage largement recompensées.

On trouve entre autres en *Afrique* dans un Païs peu éloigné du *Cap de bonne espèrance*, & particulièrement dans la Contrée des *Hottentots*, une grande quantité de boucs de diverses sortes, dont les noms même sont inconnus aus *Indiens* aussi bien qu'aux *Européens*, entre lesquels le *Bouc bleu*, & le *Bouc bigarré*, sont remarquables. Il faut cependant observer que le *Bouc bigarré* dont il est question ici est d'une espèce toute diférente de celui dont nous trouvons la description dans *Kolbe*. Car le *Bouc bigarré* de *Kolbe* est tacheté de rouge, de blanc, & de bleu, & a des Cornes droites, annelées par le bas & solides; au lieu que le nôtre est gris, strié de blanc depuis l'épine du dos jusques au ventre, & on y voit encore à la tête une longue raye blanche, qui partant des yeux descend obliquement le long du nez. Les Cornes sont unies & un peu courbes.

Cet Animal a des oreilles d'une longueur & d'une largeur étonnantes, & ne ressemble pas mal à un Ane qui seroit cornu, & est formé au reste comme le *Coutou d'Afrique*, dont nous parlerons plus amplement quand nous viendrons à la Planche K. V. Nous serions presque tentez de prendre ce bouc-ci pour un jeune Coutou, dont les Cornes n'auroient pas encore fait entièrement leur crû, ou pour une femelle de l'espèce, si un Ami digne de foi qui a vû de ses yeux ces Animaux au Cap, & de la bonté duquel nous tenons l'une & l'autre pièce, ne nous avoit fermement assûré, que ce Bouc bigarré est un Animal particulier, qui a achevé son crû à tous égards. Il se peut pourtant que ce ne soit qu'une Sous-espèce, conjecture apuyée sur la ressemblance que nous trouvons entre le Bouc bleu, le Bouc bigarré, le Bouc étranger anonyme que *Kolbe* décrit, & son Elan, où la diférence ne roule que sur quelque minutie relative à la couleur ou aux cornes. Et qui sçait si ces animaux ne s'apparient pas entre eux, & produisent par là ces espèces anomales?

Celui-ci a le poil fort fin, de couleur jaune tirant sur le brun, assez long Les poils les plus longs se trouvent au cou & au ventre, & sont par tout doux à toucher. On remarque sur les cotez près du ventre quelques longues rayes blanches. Sur le dos, sur le Cou, & sur la Nuque, jusques à l'entredeux des cornes, les poils remontent des deux côtez du corps, allant les uns contre les autres jusques au point où ils se joignent, & où ils forment une espèce de brosse. La queuë a une aune de longueur, & est formée à peu près comme une queuë d'ane. Le Museau est parfaitement semblable à celui d'un boeuf, excepté qu'on y observe çà & là quelques soies ou poils un peu plus longs. Aux yeux, l'on voit tout autour des paupières un grand cercle de poils noirs longs & épais. Les Cornes sont absolument creuses, & se séparent facilement de leur moelle. L'animal entier a la grandeur d'une Vache ordinaire.

Fig. 2. Il a été deja dit ci-dessus à l'occasion de la Planche K. que les Tigres & les Lions apartiennent au Genre des Chats. Or ce Genre a encore nombre d'espèces, telsque les Chat-Tigres, les Chats sauvages d'*Amerique* à museau pointu, ensuite la Civette, les Chats sauvages ordinaires, les Chats de montagne, les Loups-cerviers, les Chat-Lynx, pour ne rien dire des Chats privés que nous avons dans nos maisons. Le Chat représenté ici est une *espèce de*

Civette

Katze, mit spitziger Schnautze, von der Insul Cajenne in America.

Es haben nemlich die wilden Katzen, welche unter dem Namen Cati silvestres bekannt sind, und wie andere Katzen einen runden Kopf haben, nur daß sie noch einmahl so groß sind, ein Neben-Geschlecht, deren Kopf in eine spitzige Schnautze ausgehet, und welches Maracaja oder Oxycephalon genennet wird. Die Zibethkatzen hingegen sind Thiere, bey welchen sich eine gewisse balsamische und stark riechende Feuchtigkeit in einem gewissen zwischen den Hinterfüssen hangenden Sack absondert. Zwischen diesen beyden Arten scheinet gegenwärtiges Thier eine Mittelgattung zu seyn, indem es von dem erstern die Gestalt, (den spitzigen Kopf ausgenommen,) und von dem andern den Geruch, (jedoch ohne dergleichen Sack, oder Zibeth-Beutel) besitzet.

Der Kopf ist obenher breit mit zweyen kleinen Katzen-Ohren versehen, und gehet spitzig aus, hat aber keinen Schnurrbart. Die Nase ist schwärzlich-braun. Der Cörper ist mit einem langhaarigten Pelz versehen, daran eine grosse Menge noch längerer Haare aus den übrigen hervor ragen. Der Schwanz ist dicke, sehr langhaarig und mit gelblichten Ringen in einem braun-grauen Grund gezieret. Dieses langhaarigte Wesen gehet fast biß an die Füsse herunter, welche endlich ganz glatt und kurzhaarigt hervorragen. Diese Füsse sind weißlicht, haben lange Fußsoblen, woran endlich fünf lange Zehen sitzen, die an der Spitze mit eben so viel langen, schwarzen, krummen und scharfen Klauen bewafnet sind. Diese Art hält sich in Gebüschen auf, und lebet von Vögeln, welche sie sehr leise zu beschleichen wissen. Der Geruch dieses Thieres ist sehr stark und Zibethartig. Die Grösse desselben kömmt fast mit der Grösse eines Wolfs überein.

TAB. K. II.

Fig. 1. Es wird das ganze Geschlecht der Affen füglich in drey Classen eingetheilet, nemlich in Ungeschwänzte, Halbgeschwänzte und ganz geschwänzte. Die Ungeschwänzte sind alle eigentliche Affen oder Simiae. Diese haben einen glatten nackigten After. Die halbgeschwänzte haben nur einen kurzen Fortsatz des Steisbeins, welcher einem abgehauenen Schwanz gleich siehet, und einem dicken Stumpf eines Schwanzes ähnlich ist, und diese Classe macht die Paviane oder Papiones aus. Die ganz geschwänzte endlich sind die sogenannten Cercopitheci oder Meerkatzen. Daß nun diese Figur unter die letzte Classe gehöre, ist leicht aus der Abbildung zu schliessen. Es werden aber die Meerkatzen hernach noch näher abgetheilet in Ohnbärtige und Bärtige. Unter den ohnbärtigen befinden sich die Muskus-Affen Zobel-Affen, Todtenköpfe, grüne-röthliche-Löwenähnliche-lachende Affen, und dergleichen mehr. Von den bärtigen haben etliche Spitzbärte, wie der grosse brandfärbige Affe aus Guinea, andere sind mit einem runden Bart versehen.

Das gegenwärtige Thier ist die kleine rundbärtige, pfeifende Meerkatze, aus Brasilien. Dieses artliche Thier, welches eine fast menschliche Gesichtsbildung hat, und von überaus zahmer und gelinder Art ist, hat eine sehr hohe glatte Stirn, welche mit einer Spitze biß auf die Nase blau gezeichnet ist. Der Hinterkopf hat kurze dichte Haare, die hinter den kleinen runden Ohren in einen runden Bart um das Kinn herum lauffen.

Der

Civette sauvage, à museau pointu, venu de la Cayenne en Amèrique.

Les Chats sauvages, connus chez les Naturalistes sous le nom de *Cati silvestres*, ont ordinairement une tête ronde comme tous les chats, étant au reste du double plus grands. Il y en a une Sous-espèce dont la tête se termine en un museau pointu. Ceux-ci portent le nom de *Maracaja* ou d'*Oxycephalon*. Mais le caractère distinctif particulier des Civettes, c'est qu'elles ont dans un certain sac, qui pend entre leurs cuisses, une humidité balsamique & fort odoriferante qu'elles rendent. Nous croyons qu'on doit placer celle que nôtre figure dépeint comme une espèce intermédiaire entre les deux dont nous venons de parler, puisqu'elle a la figure de la prémière au museau pointu près, & qu'on lui trouve l'odeur de la derniére, excepté qu'on ne lui voit point de Sac, ou bourse à civette.

La Tête est large en haut & garnie de deux petites oreilles de chat. Elle se termine en pointe, mais sans moustache. Le nez est d'un brun norâtre. Le Corps est garni d'une Pelisse à longs poils, d'où l'on voit sortir une grande quantité de poils encore plus longs, qui dépassent les autres. La Queuë est épaisse, couverte de poils fort longs, & décorée d'anneaux jaunâtres sur un fond gris-brun. Tous ces longs poils pendent presque jusques aux piez qui sont unis & n'ont que des poils courts. Ces piez sont blanchâtres. La Plante en est longue, & terminée par cinq longs doigts, dont chacun est armé au bout d'une longue grise noire recourbée & aiguë. Cette espèce se tient dans les buissons & vit d'Oiseaux, que ces animaux ont l'art d'épier avec beaucoup de finesse. L'Odeur que ce Chat rend est trés-forte, & semblable à celle de la Civette. Sa Grandeur est à peu près pareille à celle d'un Loup.

PLANCHE K. II.

Fig. 1. Le Genre entier des Singes se divise commodément en trois Classes, qui sont les Singes sans Queuë, les Singes à demi-Queuë, & les Singes à Queuë entière. Les prémiers sont les Singes proprement ainsi dits, *simiae*. Ceux-ci on l'anus uni & découvert. Les Singes à demi-Queuë, n'ont en guise de Queuë qu'une courte Continuation de l'Os sacrum fort semblable à une Queuë écoilée, ou au Moignon épais d'une Queuë. De cette Classe sont les *Babouins*, ou *Papiones*. Enfin les Singes à Queuë entière sont les Marmots, ou *Cercopitheci*. Il est facile de voir à nôtre Figure que le Singe qu'elle représente, est de cette dernière Classe. On la subdivise plus particulièrement en singes à Queuë *sans barbe*, & en *barbus*. Ceux qui n'ont point de barbe sont les Singes musquez, les Singes à zibeline, les Têtes de mort, les Verds, les rougeâtres, ceux qui ont quelque ressemblance avec les Lions, les Singes rians, & d'autres. Des barbus, les uns ont la barbe pointue, comme le gros Singe de *Guinée* de couleur de tison, d'autres ont la barbe ronde,

Celui de nôtre Figure est le *petit Marmot sifflant à barbe ronde*, qui nous vient du *Brésil*. Ce joli Animal, qui a une phisionomie presqu'humaine, & qui est fort privé & d'un naturel trés doux, a un front uni fort haut, marqué d'une pointe bleuë qui s'étend jusques sur le nez. Le derrière de la tête est garni de poils épais & courts, lesquels passant derrière les oreilles, qui sont petites & rondes, viennent

Ex Musco Müllerino.

Christian Leinberger ad nat. pinxit. 1767.

Ex Museo Mülleriano.

Christian Leinberger ad nat. pinxit 1767.

J. S. Leitner sculpsit. 69.

Der untere Theil des Gesichts ist gelblicht. Der ganze Cörper biß zum Schwanz hat lange gelblicht-braune weiche Haare. Die Finger und Nägel sind vollkommen so, wie bey den Menschen gebildet, nur daß die Nägel etwas zugespitzet sind. Der Schwanz hat die Länge des Cörpers, und in demselben besitzet dieses Thier, wie alle Meerkatzen, eine solche Stärke, daß es sich an der äussersten Spitze desselben, welche sich wie ein Haken umkrümmen kan, aufhänget, und an den Aesten der Bäume fest hält. Es giebt keinen andern, als einen pfeifenden Ton, dahero sein nicht unangenehmes Geschrey einer Music ähnlich ist.

Fig. 2. Unter die fünfzehigten Thiere zählet man auch eine Classe, welche mit Stacheln besetzet ist, und die in Igel und Stachelschweine abgetheilet wird, welche letztere aber vom Ritter Linnäus des Gebisses halber in das Katzenartige Geschlecht gesetzet sind, weil sie unter die nagende Thiere gehören, mithin von den Igeln abgesondert stehen. Das Gegenwärtige ist das Stachelschwein mit dem Kopfbusch aus Africa, Hystrix cristata, Linnæi Porcus aculeatus. Es ist dieses Thier von der Schnautze biß zur Spitze des heraustrettenden Schwanzes zwey Schuh lang, und mit aufgerichteten Stacheln anderthalb Schuh hoch. Der Kopf ist einem Schweinskopf gleich. Die Ohren aber sind den Menschen-Ohren ähnlich. Allenthalben ist das Thier mit gelinden hell-mausefärbigen Haaren besetzet, nur befindet sich oben auf dem Kopf, Nacken, und Halse ein Kamm von sehr langen, dicken, Bürstenartigen Haaren, die über einen Schuh lang sind, und diesem Thier eine besondere Zierde geben. Der übrige Cörper ist mit Stacheln wie mit Federkielen, die auf beyden Seiten zu, und dabey sehr spitzig sind, besetzet, jedoch findet man zur Seiten die längsten und meisten, und können daselbst, als aus einem Mittelkreiß, durch das zusammen ziehen der Fibern der Haut mit einem grossen Geräusch und Gerassel in die Höhe gerichtet werden, welches geschiehet, wenn das Thier gereitzet, oder böse gemacht wird, wiewohl es sonst von zahmer und guter Art ist. Diese Stachel sind schäckigt, und es wechseln die weissen und schwarz-braunen Ringe an selbigen ab. Aehnliche, aber dickere Stachel besetzen den After, welcher in einen stumpfen Schwanz ausgehet. Dieses Thier naget gerne am Holz.

TAB. K. III.

Fig. 1. Da wir auf der vorigen Tafel ein Stachelschwein gesehen haben, so zeiget sich in gegenwärtiger ein Igel, oder Schwein-Igel aus Seeland in den Niederlanden, der sonst unter dem Namen Erinaceus Europæus, oder Echinus terrestris bekannt ist. Es ist dieses Exemplar nicht über sechs Zoll lang. Der ganze Rucken ist mit dünnen bunten Stacheln besetzet, die dicke und dichte durch einander sitzen, wohingegen die Schnautze, der Kopf, der Hals, die Brust, und der Bauch, mit langen gelinden Haaren von brauner und aschgrauer Farbe bedeckt sind. Die Füsse haben fünf Zehen, davon die beyde äussere klein, die drey mittlere hingegen groß, zusammen aber mit krummen Klauen versehen sind. In dem untern Kiefer stehen nur zwey lange Schneidezähne, die übrigen sind Backenzähne. Der obere Kiefer hat forne keine Zähne, nach hinten zu aber etliche Backenzähne. Wenn diesem Thier ein Unfall begegnet, daß es nicht entfliehen kan, stecket es den Kopf und After zusammen,

Hh

---

nent se somer en baße ronde tout autour du menton. Le bas de la face est jaunâtre, & tout le corps jusques à la queuë couvert de longs poils, doux à toucher, de couleur brune tirant sur le jaune. Les doigts & les ongles sont formez exactement comme ceux de l'homme, excepté que les ongles du Singe sont un peu pointus par le bout. La Queuë est aussi longue que le corps, & forte au point qu'elle sert à ce Marmot comme à tous les autres, quand il en recourbe l'extrèmité, à se tenir suspendu par ce bout seul aux branches des arbres, & à s'y tenir ferme. On n'entend d'autre ton de cet Animal, si ce n'est qu'il sifle, ce qui fait un cri musical, qui n'est pas autrement désagrèable.

Fig. 2. On trouve parmi les Animaux à cinq doigts une Classe de bêtes, qui sont armées d'aiguillons. Ce sont les *Herissons*, & les *Porc-épics*. Le Chevalier *Linnæus* met ces derniers dans le Genre des Rats, parce qu'ils apartiennent à la Classe des Animaux rongeans, & les sépare ainsi des autres Herissons. Celui-ci est le *Porc-épic à houpe*, d'*Afrique*, en latin *Hystrix cristata*, & chez *Linnæus Porcus aculeatus*. Cet Animal a deux pieds de longueur à compter depuis le groin jusques à l'extrèmité de la Queuë, & sa hauteur va à un pied & demi, quand ses aiguillons sont tendus. La Tête est faite comme celle d'un Porc, mais les oreilles ressemblent à celles de l'homme. L'Animal est couvert par tout de poils doux, d'un gris de rat clair, excepté à la tête, à la nuque, & au cou, où l'on voit une Crête ou houpe de poils forts comme des Soies, & longs de plus d'un pied, qui pare la bête. Le reste du corps est armé des deux côtez d'aiguillons faits comme des tuyaux de plumes, & fermez aux deux bouts, qui sont trés pointus. Les plus longs sont sur les côtez, où il y en a aussi le plus, & c'est de cet endroit comme d'un centre que l'Animal excité ou irrité par quelque cause extèrieure étend ces aiguillons avec un bruit tout particulier, en retirant simplement les fibres de sa peau. D'ailleurs le Porc-épic est facile à aprivoiser, & de bon naturel. Les Aiguillons sont tachetez d'anneaux blancs & bruns-noirâtres, qui s'y succèdent alternativement. Des Aiguillons semblables, mais plus épais garnissent l'Anus, qui se termine en une Queuë émouîlée. Ces Animaux rongent volontiers au bois.

PLANCHE K. III.

Fig. 1. Après avoir parlé du Porc-épic dépeint sur la Planche précédente, nous avons à considérer sur celle-ci le Herisson à éguillons, ou le *Porc-épic de Zelande*, connu sous les noms d'*Erinaceus Europæus*, ou *Felinus terrestris*. Celui-ci n'a pas plus de six pouces de longueur. Le Dos est tout garni d'Aiguillons minces bigarrez, qui se touchent & sortent du corps en droit & en travers; mais le museau, la tête, le Cou, la Poitrine & le Ventre n'ont que de longs poils doux bruns & cendrez. On observe aux pieds cinq doigts, dont les deux extérieurs sont petits, & les trois du milieu gros. Tous les cinq sont armez chacun d'une grife courbe. Il n'y a à la machoire inférieure que deux dents incisives. Les autres sont des Machelieres. La machoire supérieure n'a sur le devant point de dents du tout. On y remarque seulement quelques dents machelières sur le derrière. Quand cet Animal est poursuivi, & qu'il ne voit

aucun

men, und machet sich zu einem stachelichten Ballen, der von keiner Seite anzugreifen ist, und den man nach Belieben wälzen kan. Sie gehen mehrentheils des Nachts an morastigen Oertern herum, und das ist die Ursache, daß, ob sie sich gleich allenthalben aufhalten, man doch ihrer wenige zu Gesicht bekommt.

Fig. 2. Seltener ist das in dieser Figur vorkommende Schildferkel oder Armadill aus America, welches ohne Zweifel des Linnäi Dasypus septemcinctus ist. Der obere Cörper dieses Thieres ist gepanzert, und zwar ist der Kopf mit einem einzigen aus vielen vier- und fünfeckigten harten Blättern zusammen gesetztem Schilde bedecket, darnach folgen zwey Ringe, die gleichsam wie ein Halsband um den Nacken liegen, sodann ruht wiederum ein grosses Schild, welches seine besondere Einfassung hat, über den Schultern und dem Fördertheil des Rückens, darnach folgen sieben breite aus länglicht viereckigten Blättern zusammen gesetzte Ringe. Den Hinterleib endlich decket wiederum ein besonders eingefasseter Schild, und der kurze Schwanz bestehet aus sieben Ringen, deren jeder eine gedoppelte Reihe Blätter hat.

Die sieben Ringe des mittleren Leibes sitzen mit einer Haut aneinander, und liegen übereinander geschoben, so daß sich das Thier dadurch verlängern und verkürzen kan, welches um so mehr nöthig ist, da es gewohnt ist, sich manchmahl zusammen zu ballen. Der untere Leib ist biß an den Schwanz nur mit einer lederartigen Haut überzogen, in welcher sich weisse und harte Warzenartige Flecken zeigen, und eben diese Haut bedecket auch den untern Kiefer. In diesem untern Kiefer stehen an jeder Seite eine Reihe von zehn besonders gestalteten Zähnen, die den Zacken einer Säge vollkommen gleich sehen. Der obere Kiefer hingegen hat an jeder Seite nur acht dergleichen Zähne, welche so gestellet sind, daß sie zwischen den Zähnen des untern Kiefers hinein fahren, wie wenn man zwey Sägen mit den Zacken ineinander setzen wollte. Auch ist zu merken, daß der untere Kiefer sehr spitzig, und um etwas kürzer, als der obere ist, da hingegen der obere in eine breite Schnauze auslauft. Die Ohren liegen hinter dem Kopfschild an dem ersten Nackenring. Die Augen sind schwarz und glänzend. Die Füsse sind jeder mit fünf geraden und flachliegenden Zehen und Klauen versehen. Die Farbe der Schilde ist Aschgrau, wiewohl auch einige Blätter manchmal braun gezeichnet sind, dergleichen Farbe auch die untere Haut führet, die nur hin und wieder ein einzelnes langes schwarzes Haar sitzend hat.

Dieses Schildferkel gräbet sich nach Art der Kaninichen Höhlen in die Erde, lebet von Obst und Gewürme, und stellet vorzüglich den Ameisen nach. Es ist sehr furchtsam. Die grösten sind etwa anderthalb Schuh lang. Die Nebenarten unterscheiden sich in der Zahl der Ringe, welche sie über den Rucken haben, denn man findet solche, die nur einen Ring, und solche, die drey, vier, sechs, ja neun und zehn Ringe führen. Andere haben gar keine Ringe, sondern sind allenthalben auf gleiche Art gepanzert. Diese Schilde, oder Panzer sind so hart, daß auch eine Kugel kaum eindringet, mithin sind sie auch vor den Zähnen der

Raub-

---

aucun moyen d'échaper, il met sa tête près de l'anus, & se forme en boule, éguillonnée de tous les côtez, qu'on ne peut saisir sans se blesser, mais qu'on peut d'ailleurs rouler comme l'on veut. On trouve ces bêtes le plus ordinairement la nuit dans des endroits marécageux, & par cette raison, quoiqu'elles aillent d'ailleurs par tout, on les rencontre rarement.

Fig. 2. Un Animal bien plus rare est le *Tatou* d'*Amerique*, ou l'*Armadille* qu'on voit ici. C'est sans doute le même que *Linneus* nomme *Dasypus septemcinctus*. La partie supérieure du corps est cuirassée. La tête est couverte d'un seul Ecusson, composé de plusieurs pièces quadrangulaires & heptagones fort dures. Les deux anneaux qui suivent semblent former un colier autour de la nuque. Ensuite vient un second grand Ecusson, qui a sa bordure particulière, & qui couvre les épaules, & la partie antérieure du dos. Puis l'on voit sept anneaux larges composez de feuilles quarrées oblongues, & enfin la partie postérieure couverte encore d'un troisième Ecusson, qui a aussi sa bordure particulière. Enfin la Queuë, qui est courte, consiste en sept anneaux dont chacun a une double rangée de feuilles.

Les sept anneaux de la partie mitoienne du corps sont attachez l'un à l'autre par une peau, & passent l'un sur l'autre, au moyen dequoi l'Animal a la faculté de s'allonger ou de s'accourcir comme il le trouve bon, ce qui lui convient d'autant mieux, qu'il aime quelquefois à se mettre en boule. La partie inférieure du corps jusques à la Queuë n'est couverte que d'une peau coriace, sur laquelle on remarque des taches blanches & dures, élevées en tubercules, & la même peau couvre aussi la machoire inférieure, laquelle est garnie de chaque côté d'une rangée de dix dents d'une forme particulière, parfaitement semblables aux dents d'une Scie. La machoire supérieure n'a de chaque coté que huit dents pareilles, lesquelles sont posées de façon que les dents supérieures entrent dans les coches de la machoire inférieure, tout comme si on mettoit deux Scies l'une contre l'autre de façon que les dents de l'une entrent dans les Coches de l'autre. Il est remarquable aussi que la machoire inférieure est fort pointue & un peu plus courte que la supérieure, laquelle se termine en un museau large. Les Oreilles se trouvent placées derrière l'Ecusson de la tête, tout contre le prémier anneau de la nuque. Les yeux sont noirs & brillans. On voit à chaque pied cinq doigts droits & plats, armez de grifes. La Couleur des Ecussons est cendrée, à la reserve de quelques feuilles qui sont quelquefois marquées de brun, ce qui est aussi la couleur de la peau inférieure, où l'on observe çà & là un long poil noir isolé.

Ce *Tatou* creuse sa demeure dans la terre comme les Lapins. Il vit de fruits & de vers, & poursuit particulièrement les fourmis. Il est extrêmement craintif. Les plus grands ont environ un pied & demi de long. Les Sousespèces se distinguent par le nombre des anneaux, car il y en a qui n'ont qu'un anneau, & l'on en trouve aussi qui ont trois, quatre, six, & même quelquefois jusques à neuf ou dix anneaux. On en voit encore qui n'ont point d'anneaux du tout, & dont toutes les parties sont cuirassées d'une manière uniforme. Ces Ecussons & cette Cuirasse ont une telle dureté,

Ex Communicatione Excell. D. D. Christ. Jac. Frew. I.I.

Ex Museo Mulleriano.

Raubthiere gesichert. Die Ostindianischen und Africanischen sind die schönsten.

donavé, qu'ils sont presque à l'épreuve d'une balle, & par conséquent à l'abri de la dent des Animaux de proie. Les *Tatous* de l'*Afrique* & des *Indes orientales* sont les plus beaux.

TAB. K. IV.   PLANCHE K. IV.

Es stellet uns diese Tafel eine sogenannte Africanische Gems dar, welche mit dreyen Thieren, deren Kolbe Erwehnung thut, viel Gemeinschaft hat, und darüber wir nicht entscheiden können, ob es nicht ein Weibgen von einer derselbigen ist. Es führet nemlich Kolbe erstlich einen blauen Bock an, welcher mit diesem Thier hier die nemliche Statur und ähnliche Hörner besitzet, nur aber mit einem Bart versehen ist. So dann erwehnet er eines andern Bocks, dem er keinen Namen giebt, und welcher sich von diesem durch den Bart und drey weissen Binden, die um den Leib gehen, unterscheidet. Endlich gedenket er eines Elendthieres, welches der Beschreibung nach mit dem jetzigen ebenfals ziemlich überein kommt, aber dessen Hörner und Schwanz nicht so lang sind; saget aber davon, daß es auf die höchsten Berge klettere, etwas grösser, als ein Hirsch sey, und ohngefehr vierhundert Pfund wiege.

Die gegenwärtige Abbildung zeiget, daß dieses Thier eine gestreckte Hirsch oder Reh-Gestalt habe. Die Hörner sind inwendig dichte, auswendig schwarz, biß zur Helfte geringelt, im Umfang etwas länglich rund, und hernach biß zur geraden Spitze glatt. Die Haare sind blaulicht-aschfarbig, im Anfühlen sanft, und zur Seiten des Unterleibes mit einem schwarzen Strich, der an der Brust zusammen lauft, bezeichnet. Ueber dem Rücken gehet ein Strich röthlich-brauner langer Haare, die verkehrt, das ist von hinten nach forne zu stehen, und der Hals ist unten her biß an die Brust mit einem nemlichen Strich langer Haare versehen. Diese Haare, sowohl am Rücken als Halse sind rauh und bürsten-artig. Der Schwanz ist ganz schwarz und zottig, wie bey den Eseln. Die Füsse sind schwarz und weiß gefleckt, und die Klauen, oder das Horn, gespalten.

Vielleicht ist es eine Nebenart des Africanischen blauen Bocks, (der nach Kolbens Bericht, die Farbe nach dem Tod verliehret,) und hat die Lebensart der Gemse? Vielleicht gehöret auch dieses Thier zu denjenigen, von welchen der Orientalische Bezoar kommt, welcher bekanntermaßen ein grünlicht grauer Stein, oder dergleichen Kugel ist, so aus vielen übereinander liegenden Schaalen bestehet, und gemeiniglich in dem vierten Magen solcher Gemsen oder Ziegen angetroffen wird, jedoch von den sogenannten Gemsen-Kugeln, die wir aus der Schweiz erhalten, oder auch von den sogenannten Hirschzähren oder Hirsch-Thränen zu unterscheiden ist.

Nous voyons sur cette Table un Animal qu'on apelle le *Chamois d'Afrique*, qui a tant de raport avec trois animaux, dont parle *Kolbe*, que nous sommes fort indécis si l'on ne doit pas regarder nôtre Chamois comme étant la femelle d'un de ces trois Animaux. *Kolbe* produit d'abord un *bouc bleu*, qui ressemble à nôtre figure par la stature & par les cornes; & n'en difère que par sa barbe. Ensuite il fait mention d'un *autre bouc*, auquel il ne donne point de nom, & qui difère de celui, dont nous venons de parler, par la barbe & par trois bandes blanches, qui font le tour du corps. Il allègue enfin encore un *Elan*, qui selon la description qu'il en donne, est aussi assez semblable à l'animal dépeint dans nôtre figure, aux cornes & à la queuë près, qui ont moins de longueur. Il dit d'ailleurs que son Elan grimpe sur les Rochers les plus élevez, qu'il est un peu plus grand qu'un Cerf, & qu'il pèse environ quatre Quintaux.

L'on voit à nôtre figure que cet Animal a la forme allongée d'un Cerf, ou d'une Biche. Les Cornes sont solides ou compactes en dedans, noires au dehors, annelées jusqu'au milieu, d'une circonference lenticulaire, & ensuite unies jusques à la pointe, qui s'élève en droite ligne. Les Poils sont d'un cendré bleüâtre, doux à toucher, & marquez à coté du ventre d'une raye noire, qui va se terminer à la poitrine. On voit sur le dos une Raye de longs poils bai-bruns, qui vont à contre-poil. Le Cou est garni d'une raye pareille de longs poils, qui vont aussi jusques à la poitrine. Ces Poils du dos & du cou sont plus rudes que les autres, & ressemblent à des Soies. La Queuë est absolument noire, & chevelüe comme aux anes. Les pieds sont noirs, tachetez de blanc, & la corne ou le sabot est fendu.

Peut-être cet Animal n'est il qu'une Sous-espèce du *Bouc bleu d'Afrique*, (lequel selon *Kolbe* perd sa couleur après la mort), & qu'il n'a des Chamois que la façon de vivre. Ou peut-être apartient-il à cette espèce de bêtes d'où nous vient le *Bezoar oriental*, qui, comme l'on sait, consiste en une boule ou pierre de couleur grise-verdâtre, composée d'écailles couchées l'une sur l'autre, qu'on trouve communément dans le quatrième estomac de ces *chamois*, ou de cette espèce de *chèvres*. Il ne faut cependant pas confondre ces Pierres ou Boules-ci avec les *Boules de Chamois* qu'on nous aporte de Suisse, ni avec ce qu'on apelle *Larmes de Cerf*.

TAB. K. V.   PLANCHE K. V.

Fig. 1. Bey der Vorstellung des fremden Africanischen bunten Bocks, davon Tab. K. I. fig. 1. der Kopf abgebildet zu sehen, haben wir bereits des gegenwärtigen Africanischen Cutu Erwehnung gethan, und berichtet, daß dieses Thier erst vor wenig Jahren entdecket, und von den Einwohnern den

Fig. 1. A l'occasion du Bouc bigarré d'*Afrique*, dont nous avons vû la tête cy-dessus Pl. K. I. fig. 1. nous avons déjà fait mention du présent *Coutou d'Afrique*, & dit que cet Animal n'est conu que depuis peu d'années, n'y ayant pas longtems que les *Hottentots* ont amené le premier aux

Holländern am Vorgebürge der guten Hofnung zugeführet worden. Es ist dieses Thier, was den Kopf betrift, (die prächtigen Hörner ausgenommen) dem Tab. K. fig. 1. vorgestellten Kopf des fremden bunten Bocks ziemlich gleich, nur daß er weit stärker, und von dunkler grauer Farbe ist, ja der Cörper übertrift den bunten Bock weit in der Grösse, indem das Cutu-Thier viel länger, als eine Kuh, und eben so hoch ist. Es hat zur Seiten des Cörpers viele weisse Striche, und die Haare stehen ihm verkehrt. Besonders ist auf dem Rücken dieses Thieres nach dem After zu ein grosser Kreiß, aus welchem die Haare sich, als aus einem Mittelpunct nach allen Enden zu wenden, hernach aber, wie gesagt, alle verkehrt, das ist vorwärts gerichtet stehen, da sie bey andern Thieren nach hinten zu liegen. Diese Haare sind gelblicht braun, kurz und spröde. Die Stellung des Leibes, die Dicke des Halses, und die Höhe der Beine kommt mit der auf voriger Kupfertafel befindlichen Africanischen Gems so ziemlich überein. Der Schwanz aber ist so lange nicht, und auch nicht zottig.

Was nun die prächtigen Hörner betrift, so ist jedes weitläuftig gewunden, anderthalb Ellen lang, und unten so dicke, daß man sie nicht umspannen kan. An dem ganzen Horn gehet von unten auf biß fast an die Spitze ein dicker hervorragender Wulst in die Höhe, der sich der Länge nach an dem Horn in ähnlichen Windungen schlängelt. Die Farbe kommt mit den gemeinen Ochsenhörnern überein, und auch die Bauart ist mit selbigen die nemliche, indem inwendig ein verhärtetes markichtes Wesen stecket, welches als ein knochichter Auswuchs im Stirnbein feste sitzet, so daß sich die ganze hornichte Rinde herabbrechen lässet, wie in der folgenden fig. 4. gezeiget werden soll.

Fig. 2. Da es nicht allezeit möglich ist ganze Thiere in die Cabinette zu bekommen, so begnüget man sich auch mit einigen merkwürdigen Theilen derselben, und in diese Nothwendigkeit siehet man sich besonders in Ansehung der vierfüssigen Landthiere versetzet. Aus diesem Grunde haben wir denn auch kein Bedenken getragen, gegenwärtiges ansehnliche Horn eines Steinbocks abbilden zu lassen, und dabey Gelegenheit zu nehmen, von diesen merkwürdigen Thieren Erwehnung zu thun. Es kommt nemlich dieses Thier bey den Schriftstellern unter dem Namen Ibex vor, und hält sich auf den höchsten Gebürgen, besonders im Walliserlande auf, woselbst sie auf den gähesten Spitzen der Steinklippen herum klettern, und wohl daher den Namen Steinböcke erhalten haben. Sie sind nur etwas grösser als ein gemeiner zahmer Bock, haben einen länglichten Cörper, der mit gelblichten langen Haaren besetzet ist, und sehen feurig aus den Augen. Sie machen Sprünge, worüber man sich entsetzen muß, und setzen über weite Klüften von einer Felsen-Spitze zur andern hin, so daß die Jäger dieselben noch viel mühsamer, als die Gemsen bekommen können.

Vorzüglich aber sind an diesem Thier die Hörner zu bewundern, die nach Verhältniß ihres Cörpers nicht nur ungemein groß, sondern auch erstaunlich schwer sind, ohnerachtet sie nach Art aller Hörner, welche die Böcke führen, wenigstens biß zur Helfte hohl sind. Diese Hörner liegen ihnen in einem
Bogen

Hollandois au Cap de bonne espérance. Excepté les Cornes, qui sont magnifiques, la tête de cet Animal est assez semblable à celle du *Bouc bigarré* que nous avons vûe cy-dessus. Elle est cependant, plus grosse & d'une couleur grise plus foncée; mais quant au corps, le *Coutou* surpasse considérablement le bouc bleu en grandeur, étant beaucoup plus long qu'une Vache, & ayant la même hauteur. Il a sur les cotez quantité de rayes blanches, & ses poils vont à rebours. On remarque en particulier sur le dos du *Coutou* vers l'anus un grand cercle, d'où les poils partent comme d'un centre, & s'étendent de là sur toutes les parties du corps, mais à rebours comme nous avons dit, c'est à dire qu'ils vont en avant au lieu qu'aux autres animaux ils sont couchez en arrière. Ces poils sont d'un brun jaunâtre, courts, & rudes. L'Ordonnance du corps, l'épaisseur du cou, la hauteur des jambes, donnent beaucoup de raport à cette bête avec le *Chamois d'Afrique* représenté sur la Planche précédente. Mais la Queuë est moins longue & n'est nullement chevelue.

A l'égard des cornes, qui sont certainement magnifiques, elles sont torses en long, d'une aune & demi de longueur, & tellement épaisses à la racine, qu'il n'est pas possible de les embrasser des deux mains. Un bourrelet épais & avancé s'élève du bas de la corne, & va presque jusques à la pointe, en suivant les Tours de la Corne torse. La Couleur a du raport à celle des Cornes de bœuf ordinaires auxquelles celles de cet animal ressemblent encore par leur structûre, le dedans étant garni aux unes comme aux autres d'une substance moelleuse durcie, qui est fermement attachée à l'os coronal, comme une excrescence osseuse, de façon qu'on en peut separer toute l'écorce de la corne, comme on le verra cy-dessous à la figure 4.

Fig. 2. Il n'est pas toûjours possible de se procurer les Animaux entiers dans les Cabinets, particulièrement par raport aux Quadrupèdes terrestres, & dans ce cas l'on se contente d'en avoir quelque partie remarquable. Telle est la belle *Corne de Bouquetin* que nous présentons ici, & qui nous fournira l'occasion de dire quelque chose en géneral de cet animal, qui est très-digne de l'attention des Curieux. Le nom latin de la bête est *Ibex.* Les plus hauts monts sont sa demeure ordinaire. On en trouve en particulier dans le *Valais*, où on les voit grimpans sur les cimes les plus élevées des Rocs les plus escarpez. Peut être est-ce de là que leur est venuë leur dénomination allemande (*). Ils sont un peu plus grands qu'un Bouc privé ordinaire. Leur Corps est allongé, & garni de longs poils jaunâtres. Leurs yeux sont vifs & pleins de feu. Ils font des sauts étonnans, franchissant les précipices les plus profonds en sautant à une distance assez large d'un Sommet de rocher à l'autre, ce qui rend leur Chasse beaucoup plus pénible que celle des Chamois.

Ce qu'il y a de plus remarquable à cet animal, ce sont ses Cornes, lesquelles, proportionellement à son Corps, sont extrèmement grandes, & d'une pesanteur étonnante,
quoi-

(*) *Steinbok*, Bouc des rochers.

Bogen über den Rücken hin, und erreichen fast ihren After. Das gegenwärtige Horn ist bey anderthalbe Ellen lang, drey Zoll breit, und hält zwey Zoll im Durchschnitt. Das Gewicht desselben belauft sich über drey Pfund, wiewohl es noch viel längere und schwerere giebt. Die Substanz ist ungemein dichte und hart, und die Fasern des Horns sind den Fasern des Buchenholzes sehr ähnlich. Auf dem obern Bogen, welcher in der Figur nach unten zu gekehret ist, befindet sich eine Reihe dicker Knoten, woran man glaubet das Alter des Thieres ersehen zu können, indem das Horn mit dem jährlichen Wachsthum auch einen neuen Knoten bekommt, und wenn diesem also ist, so wäre das Thier, von dem dieses Horn herstammet, über zwanzig Jahre alt gewesen.

Wie viele Kräfte verschwendet nicht die Natur bey so kleinen Thieren, um solche Hörner nicht nur zu bilden, sondern auch den Thieren die Kraft zu verleihen, diese Last zu tragen, welche um so viel grösser ist, da die Hörner fast Horizontal über den Rücken liegen? und was mag wohl der Endzweck dieser Hörner seyn? Zur Wehre können sie diesen Thieren nicht dienen, auch nicht um sich damit an den Felsen anzuhalten, wie etwa die Gemsen mit ihren kleinen krummen Hörnern zu thun pflegen, wenn sie sich von jähen Felsen herunter stürzen. Also bleibet fast nichts übrig, als zu vermuthen, daß sie ihnen (wie die Balancirstäbe den Seiltänzern) etwa zum Gleichgewichte im Klettern dienen müssen.

Fig. 3. Die Landschaft Lybien in Africa liefert unter den vielen Arten der Ziegen auch eine solche, die sich nach Art der Steinböcke auf den höchsten Felsen aufhält, und entsetzliche Sprünge von einem Felsen zum andern machen kan. Von einer solchen **Lybischen Ziege** finden wir in dieser Figur ein **Horn** abgebildet, dergleichen hin und wieder in den Cabinetten aufgehoben werden, und die Beschreibung, welche der Ritter Linnäus von den Hörnern seiner Capræ Dorcas, giebt, stimmet mit diesem überein. Es ist nemlich dieses Horn, länglicht-rund, von unten biß fast zur Spitze mit dicken, etwas verbogenen Ringen besetzet, und in der Mitte ziemlich ausgebogen, wie sich denn auch die Spitze in etwas krümmet. Die Farbe ist dunkel-braun, und das Horn ziemlich dicke und schwer. Diese Ziege, welche auch Gazella africana genennet wird, ist sehr groß, hat lange Haare, und kurze Schenkel. Sie macht unter allen Ziegen die weitesten Sprünge, und wenn sie auch zuweilen den Sprung zu weit unternimmt, so daß sie die Spitze des andern Felsen nicht erreichet, und dahero in den Abgrund herunter stürzet, so schadet es ihr doch nicht, sondern sie klettert wiederum ganz munter in die Höhe.

Fig. 4. Endlich ist noch auf dieser Tafel von dem oben vorgestellten Cutu-Horn, ein abgewandetes einzelnes Horn zu sehen, welches sich mit leichter Mühe von dem Kern oder knochichten Mark herunter drehen lässet. Dasselbige ist fast biß zur Spitze hohl, nur ist die Spitze etwa eine gute Handbreit voll, oder dichte. Diese Hörner sind nicht von Natur so glatt, wie sie in der Zeichnung erscheinen, sondern an dem Thiere mit einer rauhen grauen Haut, oder Art einer Rinde überzogen, welche abge-

quoiqu' elles soient à moitié creuses, comme toutes les cornes de bouc. Ces Cornes passent en forme d'arc par dessus le dos & atteignent presque jusques à l'Anus. Celle-ci a environ une aune & demi de long sur trois pouces de largeur, & deux de diamètre. Son poids va à plus de trois livres. On en trouve qui sont beaucoup plus longues & plus pésantes. La Substance en est fort compacte & trés-dure, & les fibres de la corne ressemblent beaucoup à celles du bois de fau. On observe sur la partie supérieure de l'arc, qui dans nôtre figure est tournée vers le bas de la Planche une rangée de noeuds épais, dont le nombre dénote, à ce que l'on croit, l'age de la bête, qui en croissant pousse chaque année un nouveau noeud. Si cette règle est sûre, l'Animal duquel la présente corne a été prise doit avoir été agé de plus de vint ans.

Quelles forces ne prodigue pas la Nature soit pour former ces cornes, soit pour donner aux petits animaux qui les ont en partage la faculté de porter un fardeau d'autant plus pésant, que les cornes sont couchées presqu' horizontalement le long du dos? Et quelle peut être la destination de ces cornes? Elles ne peuvent servir au Bouquetin ni pour sa défense, ni pour s'acrocher aux rochers, comme font les Chamois avec leurs petites cornes recourbées, quand ils sautent d'une roche escarpée à l'autre. Il ne reste donc autre chose à conjecturer sur l'usage que le Bouquetin peut faire de ses cornes, si non qu'il s'en sert à conserver plus facilement l'équilibre, quand il grimpe sur les rochers, à peu près comme les Danseurs de corde, quand ils sont en action, se servent de leur Contrepoids.

Fig. 3. Entre plusieurs espèces diverses de Chèvres qu'on trouve dans cette Contrée d'*Afrique*, qu'on apelle la *Libye*, il y en a une qui vit comme les Bouquetins sur la Cime des rochers les plus hauts. Ces Chèvres-là sont d'un rocher à l'autre des sauts à épouvanter. Ce que la présente figure depeint est une Corne d'une de ces *Cheures de Libye*, pareille à celles qu'on a coûtume de conserver dans les Cabinets. La Description que nous donne le Chevalier *Linnæus* des cornes de sa *Capra Dorcas*, répond à nôtre figure. C'est une Corne de rondeur lenticulaire, garnie presque jusqu'a la pointe d'anneaux épais courbez çà & là faisant une bosse en dehors vers le milieu, & à pointe un peu recourbée. La Couleur en est un brun-foncé, & la Corne allez épaisse & pésante. Cette Chèvre, qu'on apelle aussi la Gazelle d'*Afrique*, est fort grande; elle a de longs poils, & les Cuisses courtes. Elle saute plus loin qu'aucun animal de cette espèce, & quand elle hazarde un saut, qui excède ses forces, & qu'elle n'atteint pas la pointe du rocher où elle tendoit, que par conséquent elle tombe dans le précipice, il ne lui en arrive aucun mal, & elle regrimpe sur les hauteurs avec autant d'agilité que si elle n'avoit point fait de chûte.

Fig. 4. Enfin nous présentons encore sur cette Planche une Corne seule, détachée de la Corne de Coutou que nous avons vûë cy-dessus. C'est une pièce qu'on peut séparer facilement de ce coeur, ou de cette moëlle osseuse, qu'elle renferme. Elle est creuse presque jusqu'à la pointe, où elle est compacte & solide à la hauteur d'environ quatre pouces. Ces Cornes ne sont point naturellement aussi unies qu'elles le paroissent dans la figure. Car quand l'Animal les porte encore, elles sont couvertes d'une peau rude de cou-

abgeſchabet wird. Die Art des Horns aber iſt feiner und feſter als das gemeine, und läſſet ſich gut verarbeiten.

leur griſe, ou d'une façon d'écorce, qu'on ôte en la raclant. Mais l'eſpèce de la corne eſt plus fine & plus compacte que l'ordinaire, & propre à en faire toute ſorte d'ouvrages.

TAB. K. VI.

Unter das Geſchlecht der Cameele wird auch ein Thier gerechnet, welches man durchgängig ein Trampelthier oder Dromedar zu nennen pfleget, von dem Ritter Linnäus aber Baꞓtrianus genennet wird, wohingegen derſelbe dem ordentlichen Cameel den Namen Dromedarius giebet. Wir haben die Abzeichnung eines ſolchen Trampelthiers vor uns, und unterſcheidet ſich ſelbiges von den ordentlichen Cameelen darinnen, daß es zwey Höcker und einen länger geſtreckten Cörper hat, auch niedriger, und von gelblicht-brauner Farbe iſt, da hingegen die Cameele einen viel höhern und kürzern Rücken haben, der nur einen einzigen ſehr groſſen Höcker träget, auch gemeiniglich von weiſſer oder aſchgrauer Farbe iſt. Dieſe Thiere ſind von ſehr guter und zahmer Art, und den Menſchen zum Laſttragen ſehr dienlich, indem ſie funfzehn biß zwanzig Centner auf den Rücken fortſchleppen können, welche ſie mit einem unermüdeten, und viel geſchwindern Gang, als der Gang der Cameele iſt, in einem Tage viele Meilen weit fortbringen, ohne zu füttern, wie ſie denn auch nach Art der Cameele faſt nur alle zwölf Tage einmahl trinken.

Sie wiegen zuweilen gegen dreytauſend Pfund, ſind oft ſechs biß acht Schuh hoch, und ihre Geſtalt iſt nicht unangenehm oder unförmlich. Der Kopf, die länglichte Naſenlöcher, und die Lippen oder das Maul ſind einem Ziegenkopf ſehr ähnlich. Das Gebiß beſtehet nur in ſechs Förderzähnen, die ſehr breit, und von den Backenzähnen weit entfernet ſind. Dieſe Zähne ſtecken nur im Unterkiefer, im obern Kiefer aber ſind keine Förderzähne, wohl aber zur Seiten zwey lange Zähne, die in einer Entfernung von einander ſtehen. Die Ohren ſind rauh, und klein, ohngefehr wie die Ohren der Pferde gebildet. Der Hals iſt breit, ſchön gebogen, und ſitzet tief, faſt zwiſchen den zweyten Förderbeinen am Cörper. Von der Kehle an, biß ohngefehr an die Bruſt iſt der Hals mit ſchönen langen ſchwarz-braunen und krauzigt-geſtammten feinen Haaren gezieret. Der ganze Cörper iſt mit krauſen wolligten Haaren beſetzet, die nach dem Rücken zu gelblicht, weiter hinunter braunlicht, und endlich ſchwärzlicht ausſehen. Oben auf dem Rücken ſtehen zwey Höcker, oder Bogen, die, wenn das Thier gehet, hin und her ſchleudern, und zwey verhärtete Klumpen zu ſeyn ſcheinen, die in der dicken Haut als in einem Sack verwachſen ſind. Dieſe Höcker ſind allenthalben mit ſehr langen krauſen Haaren von ſchwärzlichter Farbe verwachſen.

Der Unterleib iſt grau, und forne unter der Bruſt macht die verhärtete Haut ein breites Schild, welches nach den Förderbeinen zu ſpitzig auslauft, und ſo ſteif und hart wie ein Bret iſt. Auf dieſem Schild ruhet das Thier, wenn es nieder kniet. Die vier Beine haben oben an dem Cörper einen dicken Knorren, der die Schenkel umgiebt, und mit einem Buſch langer ſchwarzer Haare umwachſen iſt, darnach werden ſie dünne biß an die Klauen, wo ſie wieder dicker werden. Die Klauen ſind geſpalten,

PLANCHE K. VI.

L'Animal qui dans les Auteurs porte généralement le nom de *Dromadaire*, apartient au Genre des Chameaux. *Linnæus* l'apelle *Baꞓtrianus* & laiſſe au Chameau ordinaire la demomination de *Dromadaire*. On voit ici la figure de cette bête, qui difère du Chameau en ce qu'elle a deux boſſes, & le corps un peu plus alongé. Le Dromadaire eſt d'ailleur moins haut de jambes que le Chameau, & de couleur jaunâtre tirant ſur le brun, au lieu que le Chameau a le dos beaucoup plus court & plus élevé, ſur lequel on ne remarque qu'une boſſe unique, mais trés-grande, & qu'outre cela il eſt ordinairement de couleur blanche, ou cendrée. Ces Animaux ſont de bon naturel, faciles à aprivoiſer, & fort utiles par la grandeur des fardeaux qu'ils ſont capables de porter. Quinze ou Vingt Quintaux dont on les charge, & qu'ils emportent ſur leur dos, ne les empêchent pas de faire pluſieurs miles dans un jour d'un pas plus leger, & avec une démarche beaucoup plus prompte, que n'eſt celle des Chameaux, & cela ſans ſe fatiguer & ſans manger. Il ſuſit même de leur donner à boire dans douze jours une fois comme aux Chameaux.

Ils pèſent quelquefois juſques à trente Quintaux; leur hauteur eſt de ſix à huit pieds, & leur figure n'a rien de déſagreable ni de difforme. La tête, les narines oblongues, & les lèvres ou la bouche, ſont ſemblables aux mêmes parties d'une Chevre. Le Dromadaire n'a que ſix dents ſur le devant, qui ſont fort larges, & entre leſquelles & les machelières il y a une grande diſtance. Ces dents ne ſe trouvent qu'à la machoire inférieure, la ſupérieure n'ayant point de dents du tout ſur le devant. On en remarque ſeulement deux longues ſur les côtez, leſquelles ſont éloignées l'une de l'autre. Les Oreilles ſont garnies de poils, petites, & faites à peu près comme celles d'un Cheval. Le Cou eſt large, d'une belle Courbure, enfoncé profondément dans le corps preſque entre les deux jambes de devant. Ce Cou eſt décoré depuis le goſier environ juſques à la poitrine de beaux poils longs & fins de couleur brune foncée, leſquels ſont friſez en ondes. Tout le corps eſt garni de poils friſez laineux, qui vers le dos ſont jaunâtres, plus bas brunets, & enfin noirâtres. On voit ſur le dos deux boſſes ou elevations faites en arc, leſquelles, quand l'animal marche, brandillent d'un côté à l'autre, & ſemblent être deux Maſſes durcies qui ſont comme enfermées dans une peau épaiſſe comme dans un Sac. Ces boſſes ſont couvertes par tout de poils friſez trés-longs, de couleur noiratre.

Le Ventre eſt de couleur griſe, & ſur le devant au deſſous de la Poitrine la peau durcie forme une eſpèce d'Ecuſſon large, lequel ſe termine en pointe vers les jambes antérieures, & eſt roide & dur comme un ais. C'eſt ſur cet Ecuſſon que l'Animal repoſe, quand il s'agenouille. On obſerve au haut des quatre jambes, à chacune une excreſcence oſſeuſe épaiſſe qui fait le tour de la cuiſſe, tout près du corps, & qui eſt garnie tout autour d'une houpe de longs poils

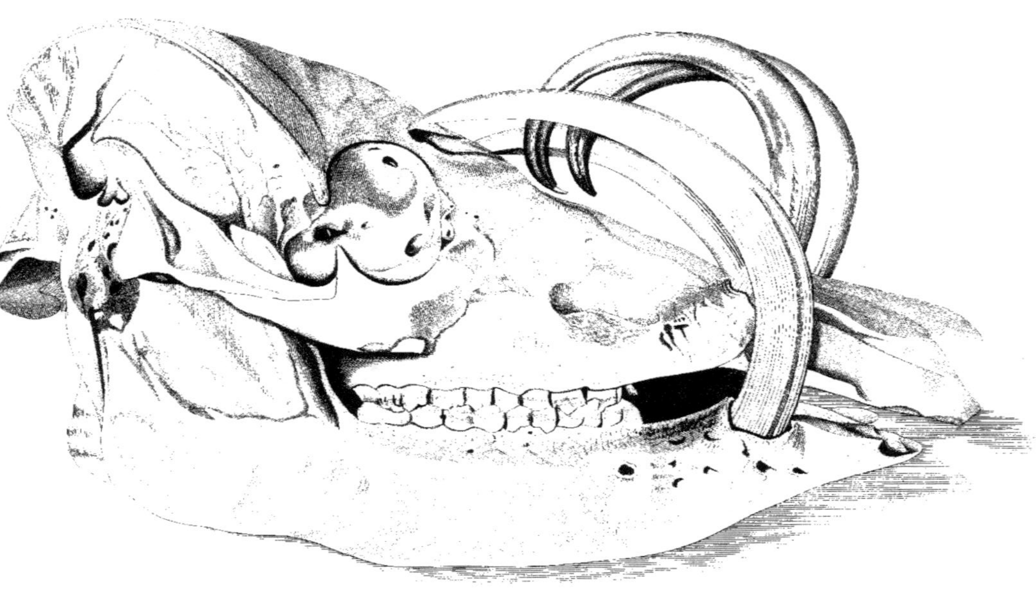

Ex Museo quondam Breyniano.

J. L. Calvo delineavit.

J. S. Leitner sculpsit. 73.

ten, und ungemein breit, auch sind die Klauen der Förderfüsse viel breiter, als der hintern, welches vielleicht deßwegen ist, weil die größte Last ihres Cörpers mehr nach forne zu fällt. Der Schwanz ist kurz, am Ende etwas zottig, und wie ein Esels-schwanz gebildet. Die ganze Haut ist dicke, und gleichsam schwielicht. Vielleicht hemmet dieselbige ihre Ausdünstung, und dieses kan wiederum ein Grund seyn, warum sie so selten trinken. Sie fressen Gras und Kraut wie die Ochsen, und nehmen leicht vorlieb. Ihr Vaterland ist Africa, und sie sind viel seltener, als die Cameele.

In America, und besonders in Peru werden ähnliche Cameelartige Thiere gefunden, welche gar keinen Höcker auf den Rücken haben.

TAB. K. VII.

Auf der Insul Boero in Asien ohnweit Amboina ist in vorigen Zeiten ein Thier entdecket worden, welches, nach dem Cörper zu urtheilen, einem kleinen Hirsch, oder einer Rechkuh ähnlich siehet, dessen Kopf aber vollkommen einem Schweins-kopf gleichet; nur ist dieses merkwürdige daran zu sehen, daß außer den zweyen Hauerzähnen des untern Kiefers noch zwey andere mehr gekrümmte Hauerzähne aus dem Knochen des obern Kiefers heraustretten. Diese Köpfe werden als eine besondere Seltenheit in Cabinetten aufgehoben, und die gegenwärtige Zeichnung stellet uns einen dergleichen dar. Man nennet dieses Thier einen Eberhirsch oder Hirscheber, Babyroussa, und ist auch vom Ritter Linnaeus unter dem Namen Babyroussa dem Geschlecht der Schweine beygezählet worden.

Man will vorgeben, als ob dieses Thier durch Vermengung eines Hirsches mit einem Schwein (welches aber ziemlich unwahrscheinlich ist,) entstanden wäre. Soviel ist richtig, daß es mit beyden Geschlechtern der Gestalt nach eine Verwandschaft hat, denn die Größe, die Farbe, die Haare, die Füße und Klauen sind den nemlichen Theilen der Hirschen gleich, auch ist es sehr schnell im Gang, und dabey wild, sodann schmecket das Fleisch, welches ein jeder auf besagter Insul gerne isset, vollkommen wie Hirsch-wildpret, ja fast noch angenehmer, und etwas saftiger. Besiehet man aber den Kopf und den Rüssel, so ist derselbe vollkommen einem Schweinskopf gleich, und daher das Thier selbst billig in das Geschlecht zu ordnen. Der Kopf ist etwa so groß, wie ein Kalbskopf, die Ohren und Augen sind klein. Statt der Hundszähne ragen aus dem untern Kiefer krumme Hauerzähne hervor, dergleichen die wilden Schweine haben. Der obere Kiefer aber hat zur Seiten einen hohlen knochichten Rand, aus welchen zu jeder Seite ein krumm gebogen-hohles Horn, gleich den Hauerzähnen hervorgewachsen ist, so daß es von weiten aussiehet, als ob dieses Thier vier Hörner hätte. Der Schwanz dieser Thiere ist, wie bey den Schweinen, einmahl gekrümmet.

poils noirs, lesquels deviennent plus minces jusqu'auprès des ongles, où ils reprennent leur épaisseur. Les ongles sont fendus & très-larges; en particulier ceux des piez de devant sont plus larges que ceux de derrière, ce qui provient vraisemblablement de ce que le poids du corps apuye davantage sur le devant que sur le derrière. La Queuë est courte, un peu chevelue au bout, & formée comme une Queuë d'ane. La peau est épaisse par tout & comme calleuse, par où elle empêche peut-être la transpiration, ce qui est probablement la cause de ce que ces bêtes boivent si rarement. Elles se nourrissent d'herbe & de choux & se contentent de peu. Leur Patrie est l'*Afrique*. Ces Dromadaires sont beaucoup plus rares que les Chameaux.

On trouve en *Amérique*, & particulièrement dans le Perou, de semblables espèces de Chameaux, sur le dos desquels on n'aperçoit aucune bosse.

PLANCHE K. VII.

On a découvert cy-devant en *Asie* dans l'Ile de *Boero* non loin d'*Amboine* un Animal, lequel à n'en juger que par le corps ressemble à un petit Cerf, ou à une Biche, mais sa tête est faite de tout point comme celle d'un Porc. Ce qu'il y a de plus remarquable, c'est qu'outre les deux défenses ou dagues de la machoire inférieure, ordinaires aux Sangliers, il y a encore deux dagues ou défenses plus courbes qui sortent de la machoire supérieure. Ces têtes se conservent dans les Cabinets comme une rareté tout-à-fait particulière, & telle est celle que nôtre figure dépeint. On apelle cet animal le *Sanglier-Cerf*, & *Babyroussa*, & c'est sous ce dernier nom que *Linnæus* le range dans le Genre des Porcs.

On prétend que l'origine de cet Animal est due à l'accouplement d'un Cerf avec une Truye, mais cette assertion n'est guères vraisemblable. Ce qu'il y a de vrai pourtant c'est que la figure indique un mélange des deux Genres. Car cette bête ressemble par sa grandeur, par sa couleur, par son poil, par ses pieds, & par ses Ongles à un Cerf. Elle lui est d'ailleurs semblable par la célérité de sa demarche; elle est farouche comme le Cerf, sa Chair, qui est un mêts estimé par les Insulaires, a absolument le même goût que celle du Cerf, à laquelle on pourroit presque la préférer comme étant en effet un peu plus succulente. D'un autre côté la tête & le groin de cet animal ressemblent parfaitement aux mêmes parties d'un Porc, & c'est par cette raison qu'on n'a pû se dispenser de le placer au même genre. Cette tête a à peu près la grandeur d'une tête de veau. Les oreilles & les yeux sont petits. A la place des Dents canines l'on voit sortir de la machoire inférieure des défenses ou dagues courbes, semblables à celles des sangliers, & la machoire supérieure a un rebord osseux & creux duquel sort de chaque côté une corne recourbée & creuse pareille aux défenses d'en bas, de façon que l'Animal paroit être armé de quatre cornes. Sa Queuë a une Courbure semblable à celle des Porcs.

TAB. K. VIII.

Das schönste unter allen vierfüssigen Thieren ist wohl ohnstreitig das Africanische Tygerpferd oder Eselpferd,
welches unter dem Namen Zebra oder Zecora bekannt ist,
und allhier abgebildet worden. Es hat vollkommen die Gestalt
eines wohlgebildeten Pferdes, nur sind die Ohren etwas länger
und der Schwanz ist kurz, wie ein Eselsschwanz und am Ende
nur mit einem Büschel langer Haare versehen. Der Grösse
nach ist es ohngefehr den Ungarischen Pferden gleich. Es träget den Kopf und Hals wie ein munteres muthiges Pferd, und
hat kurze steife Mähnen, welche der Farbe nach eben so abwechseln, wie die Striche am Cörper. Die Haare sind kurz,
sanft, glatt und glänzend, wie an einem schön gestriegelten Pferd,
die Zeichnung aber so vortreflich, als an keinem vierfüssigen Thier
sonst mag gefunden werden. Es ist nemlich der Grund schneeweiß, auf selbigem liegen zwey Finger breite Querstriche von
schwarzer Farbe, die an den Enden ins dunkel=braune, und zuletzt ins gelblicht=braune fallen. Von den Mähnen biß zum
Schwanz gehet ein schwarzer Strich über das Rückgrad hin;
aus diesem treten die schwarzen Striche alle in gleicher Entfernung heraus, welche den Cörper, wie Reife umgeben, und sich
an der Brust und dem Unterleibe verlieren, da sie denn nicht zusammen lauffen; sondern den ganzen Unterleib ein paar Handbreit
weit, weis lassen. Der Hals ist oben her mit eben solchen
Strichen, als mit Ringen umgeben, und wo der Hals aufhöret,
senken sich die Striche etwas gebogen nach der Brust zu. Die
Beine haben biß fast an die Hufen lauter solche schmälere schwarze
Ringe, deßgleichen auch der Schwanz biß zum Büschel Haare,
die wie die Ohren ebenfals halb schwarz und halb weiß sind.
Zwischen den Ohren senken sich über der Stirn zehn biß zwölf
schmale schwarze Striche herunter, die je länger, je schmäler werden, und biß zur Nase spitzig zusammen lauffen, auch daselbst
ihre schwarze Farbe ins braunlichte und endlich ins gelblichte
verliehren. Das Gebiß kommt mit dem Pferde=Gebiß überein.

Diese Thiere halten sich in den Wäldern auf, und lauffen
unglaublich schnell, ja geschwinder, als die zum Traben abgerichtete Pferde. Jedoch werden sie! bißweilen von den Hottentotten, die darauf abgerichtet sind, und welche der beste Europäische Lauffer nicht einholen kan, gefangen. Sie sind von sehr
wilder Art, und können fast nicht zahm gemacht werden.

Es giebt am Cap noch eine andere Art, welche man daselbst
Qwakken, oder Quacken, nennet. Selbige ist vom Zebra
nur darinnen unterschieden, daß ihre Grundfarbe, statt schneeweiß, hellbraun, die Striche aber dunkelbraun und fast schwarz
sind. Uebrigens aber ist die Zeichnung die nemliche, hingegen
sollen die Ohren nicht so lang, deßgleichen der Schwanz mehr
einem Pferde=Schwanz ähnlich seyn. Dahero man auch am
Cap diese Quacken vor eigentliche Pferde, die Zebra-Thiere
aber vor eine Art Esel, die sie Waldesel nennen, hält. Wiewohl wir beyde Arten lieber zum Pferde=Geschlecht rechnen.

PLANCHE K. VIII.

Le plus beau de tous les Quadrupèdes est incontestablement le *Cheval-Tigre d'Afrique*, ou l'*Ane-Cheval
du Cap*, connu sous le nom de *Zebre*, qu'on voit dépeint
sur nôtre Planche. Cet Animal a à tous égards la figure
d'un Cheval parfaitement bien fait. Il en diffère cependant
par ses oreilles qui sont un peu plus longues, & par la Queuë,
qui est courte comme celle d'un ane, & terminée par
une touffe de crins longs. Sa grandeur est à peu près celle
d'un Cheval d'Hongrie. Il porte la tête & le cou comme
un jeune Cheval fringant. Sa Crinière est courte & les crins
en sont roides. Leur couleur va en Stries comme aux rayes
du corps, dont les poils sont courts, doux, unis, & brillans
comme à un Cheval fraichement étrillé. Ce Zebre l'emporte sur tous les autres Quadrupèdes par la beauté des couleurs & des desseins dont il est marqué. L'on voit sur un
fond blanc comme neige des bandes transversales larges de
deux doigts de couleur noire, qui au bout sont d'un brun-
foncé, & deviennent enfin d'un brun jaunâtre à l'extrèmité.
On observe tout le long de l'epine du dos, depuis la Crinière jusques à la Queuë une raye noire, de laquelle toutes
les rayes noires transversales partent à distance égale, lesquelles embrassent tout le corps comme autant d'anneaux,
& se perdent en partie à la poitrine, & en partie au Ventre,
sans se rejoindre, de sorte que toute la partie inférieure du
corps conserve sa blancheur toute entière à la largeur de
deux Paumes. Le Cou est garni de rayes semblables en
forme d'anneaux, lesquelles de l'endroit où le Cou se termine, vont en ligne un peu courbe aboutir à la poitrine.
Les jambes sont marquées du haut en bas, presque jusques
au Sabot, de pareils anneaux noirs, mais plus etroits, de même
que la Queuë jusques à la touffe de crins, qui, ainsi que les
oreilles, sont aussi rayez alternativement de noir & de blanc.
Dix ou douce rayes noires étroites, qui partent d'entre les
deux oreilles descendent le long du front en s'étrècissant toù-
jours davantage jusques au nez, ou elles se réunissent en pointe.
Elles perdent là leur couleur noire, qui se change en brun
clair, & devient jaunâtre à la fin. Les dents ressemblent à
celles des Chevaux.

Ces Animaux vivent dans les bois & courent d'une vitesse extrème, & meme plus vite que les Chevaux dressez
au trot. Cela n'empêche pas que les *Hottentots* faits à cela,
& beaucoup meilleurs Coureurs que le Coureur d'*Europe* le
plus agile, ne les prennent quelques fois à la Course. Ce
sont au reste des bêtes très-sauvages, qu'il n'est presque pas
possible d'aprivoiser.

On trouve au Cap une autre espèce de ces Animaux,
que les Gens du Païs apellent *Kwakken*, qui ne disèrent du
Zèbre qu'en ce que le fond de leur couleur n'est pas blanc,
comme l'est le *Zèbre*, mais d'un brun clair strié de rayes
d'un brun foncé & presque noires. Au reste ils sont marquez les uns comme les autres. On prétend que les oreilles des *Kwakken* sont moins longues que celles du *Zèbre*,
& que leur Queuë ressemble davantage à celle d'un Cheval.
Ce qui fait qu'au *Cap* on regarde ces *Kwakken*, comme étant
proprement des Chevaux, au lieu que les Zèbres n'y sont tenus que pour une espèce d'Anes sauvages. Pour nous, nous
estimons que l'une & l'autre espèce apartient au Genre des
Chevaux.

Christian Leinberger ad nat. pinxit. 1767.

Andreas Nessfer sculpsit. 74.

Ex Museo quondam Besleriano.

TAB. K. IX.

Es kommt unter den vierfüßigen Thieren auch ein ganz besonderes Geschlecht vor, welches gar keine Zähne hat, dagegen aber mit einer sehr langen Schnauze und einer überaus langen Zunge versehen ist. Diese Thiere werden Ameisenbäre, Ameisenfresser, oder Myrmecophagæ genennet. Einige haben einen rauhen haarichten Pelz, andere aber Schuppen, oder Schilde. Die erste Art wird vom Linnäo eigentlich Myrmecophaga oder Ameisenbär genennet, und diese ist in drey Unterarten abgetheilet, nemlich 1) der Ameisenbär mit zwey Zehen, 2) mit drey Zehen, und 3) mit vier Zehen. Die zweyte Art aber heisset bey belobtem Schriftsteller Manis, oder der gepanzerte Ameisenfresser, welcher aber fünf Zehen hat.

Der Gegenwärtige, welchen wir hier abgezeichnet finden, ist des Linnäi Myrmecophaga tridactyla, oder der grosse dreyzehigte Ameisenbär, und wird bey andern Schriftstellern Tamandua Guacu genennet. Dieses Thier ist von ganz besonderer Gestalt, in der Grösse eines Fleischer-Hundes, von langer und gestrekter Statur, stehet forne höher, als hinten, weil die Förderfüsse länger sind, und hat einen ungewöhnlich dünnen und langen Kopf mit einer langen und dabey kleinen Schnauze. Im Munde sind keine Zähne. Die Zunge ist sehr lang und schmal, und kan über eine Elle zum Maul heraus gestrecket werden. Sie ist dem Thier dazu gegeben, um sich von den Ameisen ernähren zu können; denn es suchet die Ameisen-Hauffen auf, wühlet solche mit den langen Klauen um, leget die Zunge nach der Länge hinein, biß sie allenthalben voller Ameisen sitzet, und ziehet alsdann auf einmahl selbige mit der Beute hinein.

Der Kopf und die Schnauze haben kurze Haare, der Cörper hingegen ist mit sehr langen bürstenartigen Haaren besetzet, zwischen welchen sich ein feines wollichtes Haar befindet. Die Farbe ist am Kopf hellbraun, über den Rücken und hinten am Körper und Schwanz dunkelbraun. Die Brust aber ist fast schwarz, und von da an ziehet sich ein ähnlich schwarzer Strich bis in die Seiten. Der Schwanz ist breit, wie ein Wedel, gehet aber in eine Spitze aus, die ebenfals langhaarigt ist, und worinnen sich dieses Thier von einer andern Art unterscheidet, deren Schwanz viel länger, und rund, auch am Ende fast kahl ist, um sich nach Art der Meerkatzen damit um die Aeste der Bäume zu schlingen.

Was die Beine dieses Thiers betrift, so sind die fördern hoch, und mit drey Zehen versehen, davon die mittlere die längste ist. An diesen Zehen sitzen lange krumme Klauen, womit diese Thiere den Ameisen nachscharren. Die Hinterbeine sind kürzer, haben lange Fußsolen, und breite Fersen. An selbigen sitzen fünf Zehen mit eben so vielen Klauen. Der Gang dieses Thieres ist langsam und trdge. Zuweilen klettert es auch auf die Bäume, und wird mehrentheils in Brasilien gefunden. Die Männchen haben sehr lange Ruthen. Die Weibgen aber sind mit acht Eitern versehen, davon stehen zwey dichte an der Brust, zwischen den Förderbeinen, die übrigen sechs aber befinden sich am Unterleibe in zweyen Reihen. Die Ameisen, welche von dieser Art gegessen werden, sind die grösten, und oft einen Zoll lang.

TAB.

PLANCHE K. IX.

Parmi les *Quadrupèdes* on trouve un Genre tout particulier d'Animaux, qui n'ont point de dents du tout, mais qui en revanche ont le museau & la langue d'une longueur extraordinaire. On les nomme *Chasseurs de Fourmis*, *Mangeurs de Fourmis*, ou *Myrmécophages*. Quelques uns ont la peau couverte de poils épais; on ne remarque sur celle des autres que des écailles ou des écussons. La *prémière espèce* est celle que *Linnæus* désigne particulièrement par le nom de *Myrmécophage*, ou *Chasseur de fourmis*, qu'on subdivise en trois Sous-espèces, sçavoir, 1. Ceux qui ont deux doigts, (s'entend aux pieds) 2°. ceux qui en ont trois, & 3°. ceux qui en ont quatre. Le même Auteur donne à *l'autre espèce* le nom de *Manis*; c'est le *Lézard à écailles* ou écailleux, qui a cinq doigts aux pieds.

Celui que la présente figure depeint est le *Myrmécophage tridactyle*, ou le grand *Mangeur de fourmis à trois doigts de Linnæus*, que d'autres Ecrivains apellent *Tamandua guacu*. Cet Animal est d'une figure tout-à-fait particulière, de la grandeur d'un Chien de boucher, à taille longue & étendue, plus haut par devant que par derrière, où les jambes sont plus basses que les antérieures, ayant la tête extraordinairement mince & alongée, à museau long & petit. La bouche est sans dents; & la Langue que la Bête peut sortir au dehors à la distance d'une aune, est par conséquent fort longue & étroite. C'est l'organe dont l'Animal se sert pour prendre les fourmis qui lui servent de nourriture. Après avoir trouvé une fourmillière, il la laboure avec ses longues Grifes, il y fourre sa langue dans toute sa longueur, & quand elle est bien couverte de fourmis, il la retire tout d'un coup & mange sa proie.

On ne remarque sur la tête & au museau que de petits poils courts, au lieu que ceux qui couvrent le corps sont longs, & semblables à des soies, entremêlez de poils fins laineux. La couleur de la tête est un brun-clair, le dos, le derrière du corps, & la queuë d'un brun-foncé, & la poitrine presque noire, d'où une raye, noire aussi, part, & tire vers le côté. La queuë est large comme un émouchoir, mais elle se termine en une pointe à poils fort longs, ce qui distingue cette espèce d'une autre, dont la queuë est beaucoup plus longue, ronde, & presque chauve au bout, pour pouvoir mieux s'accrocher à l'exemple des Babouins ou Marmots aux branches des arbres.

A l'égard des jambes de ce *Tamandua*, celles de devant sont hautes, & les pieds y sont terminez par trois doigts, dont celui du milieu est le plus long. On voit au bout de ces doigts de longues grifes courbes, dont l'animal se sert pour creuser la terre, quand il cherche les fourmillières. Les jambes de derrière sont plus courtes, la plante des pieds longue, & le talon large. On y remarque cinq doigts armez d'autant de grifes. La démarche de cette bête est lente & paresseuse; elle grimpe cependant quelquefois sur les arbres. On en trouve le plus dans le *Bresil*. Les mâles ont la verge fort longue. Les femelles ont huit mamelles, dont deux se trouvent à la poitrine, précisément entre les deux jambes antérieures, les autres sont placées en deux rangées tout le long du ventre. Les fourmis, que le *Tamandua* mange, sont les plus grandes, & ont souvent un pouce de long.

PLAN-

TAB. K. X.

Dasjenige Thier, welches auf dieser Tafel abgebildet ist, ist zwar nicht unbekannt, allein man findet davon nicht viele accurate Zeichnungen; daher wir nicht undienlich fanden, die gegenwärtige nach dem Leben verfertigte Abbildung, so erst im Wachs gestochen, und nachhero zu Papier gebracht worden, diesem Werke einzuverleiben.

Es ist nemlich das Nashorn mit einem einfachen Horn aus Africa, oder des Ritters Linnäi Rhinoceros unicornis. Der Name dieses Thieres kommt lediglich von denjenigen einfachen Horn her, welches dasselbe auf der Nase führet, und bey einigen doppelt ist.

Das Thier selbst ist sehr groß und schwer, hat die Länge eines Elephanten, ist aber etwas niedriger, weil es kürzere Beine hat, und wieget insgemein sechs biß sieben tausend Pfund. Die Haut ist viel weiträumiger als für den Cörper nöthig ist, daher sie sich nicht nur in grosse Runzeln faltet, sondern auch lappenweise übereinander hinleget, wodurch gewisse Abtheilungen und Schilde entstehen, die dem Thier das Ansehen geben, als ob es gepanzert wäre, welches um so mehr seine Richtigkeit zu haben scheinet, da die Haut über einen Zoll dick, und ungemein hart ist, so daß, wenn man Riemen aus selbiger schneidet, die hernach rund geformet werden, solche zu Spazierstäben dienen. Auf dieser Haut befinden sich gar keine Haare, sondern eine unzählige Menge Ritzen, und Sprünge, zwischen welchen grosse, erhabene Warzen, oder vielmehr Buckel sitzen. Der Hals ist mit einem Kragen von lauter Lappen der Haut umgeben. Die Farbe ist dunkelbraun, oder Erdfärbig; zwischen den Runzeln aber und an dem Bauch, wo die Haut mehr glatt ist, ziehet sich die dunkle Farbe ins röthliche. Die Ohren sind kurz und dicke. Die Augen sind nach Verhältniß des Cörpers sehr klein und blöde, so daß das Thier nicht viel, und nicht weit siehet. Das Maul ist spitzig, der obere Kiefer länger, als der untere, und die Oberlefze endiget sich in einem spitzigen dicken Lappen.

Was das Horn betrifft, welches es auf der Nase führet, so ist solches ein krummer Sichelförmiger Fortsatz, oder vielmehr ein Auswuchs des Stirnbeins. Es ist rauh, schwarzbraun, etliche Pfund schwer, und anderthalb Schuh hoch, dabey aber auch verhältnißmässig dick, so daß der Boden desselben einen halben Schuh im Durchschnitt hält. Dieses Horn wird einzeln in Cabinetten gefunden; und da man vormahls demselben eine dem Gifte widerstehende Kraft beylegte, so sind, (jedoch mehr zur Rarität,) aus selbigen öfters grosse Becher und Pokale gedrechselt worden, die man hernach mit Silber, oder Gold eingefasset hat. Von dergleichen Bechern trifft man auch zuweilen einige in den Cabineten an.

Wir müssen hier aber noch eines andern Horns vom Nashorn Erwehnung thun, welches gedoppelt ist. Man findet nemlich etliche dieser Thiere, welche oberhalb dem daher am Thier selbst abgebildeten langen Horn noch ein kurzes, dickes und sehr breites Horn sitzend haben, (wie die beygezeichnete Figur ausweiset) welches sich als ein höckerichter, oder gewölbter Auswuchs des Stirnbeins mit einer breiten Fläche hinter diesem Horn anleget, und sich daher als ein gedoppeltes Horn zeiget. Das Thier so solches träget, wird Rhinoceros bicornis genennet.

Von

PLANCHE K. X.

L'Animal qu'on voit dépeint sur cette Planche n'est pas inconnu, mais il est rare d'en avoir une figure dessinée avec exactitude, & c'est ce qui nous a déterminé à présenter celle-ci à nos Lecteurs. Elle est faite d'après nature, sur une empreinte qu'on en a d'abord pris en cire, & qu'on a couchée ensuite sur le papier, pour l'inserer dans le présent ouvrage.

Cet Animal est le *Rinocerot à une corne d'Afrique*, que *Linnæus* apelle *Rhinoceros unicornis*. La diférence du nom qu'on donne à cette bête ne provient que de la corne *simple* ou *double*, qu'elle porte sur le nez.

Le Rinocerot est fort grand & pésant; il a la longueur d'un Elefant, mais il n'est pas tout-à-fait si haut, ayant les jambes plus courtes. Son poids ordinaire est de soixante à soixante & dix quintaux. La peau est beaucoup plus grande que ne l'éxige l'étendue du corps, ce qui est cause que non seulement elle se plie en grandes rides, mais aussi qu'elle pend çà & là en grands lambeaux couchez l'un sur l'autre, ce qui forme de certaines divisions & écussons, qui font paroitre l'animal comme s'il étoit cuirassé; & ce qui rend la chose plus vraisemblable, c'est que la peau a plus d'un pouce d'épaisseur, & est extraordinairement dure, au point que quand on en taille des courroies, & qu'on les fait arrondir, on peut s'en servir comme d'une Canne. Cette peau n'a point de poils du tout. On n'y remarque qu'une infinité d'érafleures & de fentes, entre lesquelles sont posées de hautes élevations, ou petites bosses. Le Cou est entouré d'une espèce de fraise, composée uniquement de lambeaux de la peau. La couleur est un brun-foncé, ou couleur de terre, excepté entre les rides & au ventre, où la peau est plus unie, & tire sur le rougeâtre. Les oreilles sont courtes & épaisses. Les yeux, eû égard à la proportion du corps, sont fort petits & foibles, ce qui fait que le Rinocerot a la vûe trés courte. Le Museau est pointu, & sa partie supèrieure beaucoup plus longue que celle de dessous. La lèvre supèrieure se termine en un lambeau pointu & épais.

Quant à la *corne* qu'on voit sur le nez de cet animal, ce n'est autre chose qu'une Continuation courbe & faite en faucille, ou pour mieux dire une excrescence de l'Os coronal. Cette partie est rude, d'un brun-foncé, pésante de quelques livres, ayant un pied & demi de haut, & large à proportion, ce qui lui donne à la base un demi-pied de diamètre. On trouve cette corne seule dans quelques Cabinets, & comme on lui attribuoit autrefois la vertu de résister au venin, on en a fait de grands gobelets garnis d'or & d'argent, que des Curieux ont conservé dans leurs Cabinets, plus sans doute pour la rareté, que pour l'usage qu'on en peut faire.

Nous ne devons pas passer ici sous silence une autre *Corne* du Rinocerot, qui est *double*. Car il y a de ces animaux, qui, outre la longue corne dépeinte ici sur le nez même de la bête, en ont encore une autre immédiatement au dessus, qui est courte, épaisse, & fort large, comme le dénote la figure separée que nous en donnons. C'est une espèce d'excrescence elevée de l'Os coronal, à voussure large & aplatie, placée derrière la prémière corne, ce qui forme une double corne, & fait donner a la bête le nom

de

K. X.
Ex Comunicatione Excell. Dn. D. Christ. Iac. Trew. S.S.
J. C. Keller ad nat. pinxit.
Iac. Andreas Eisenmann fecit. 76.

Von den abgebildeten gedoppelten Horn ist das längste an der Wurzel 5½ Zoll dick, und 10½ Zoll hoch, das kurze aber ist 4½ Zoll dick, und 7 Zoll hoch.

Nun halten zwar einige die Thiere mit einem gedoppelten Horn vor Männchen, und die andere vor Weibchen, allein andere wollen, daß dieses einzelne oder gedoppelte Horn kein Merkmahl ihres Geschlechts sey, weil man sowohl Männchen, als Weibchen mit einem einzelnen und mit einem gedoppelten Horn finden soll. Wir zweifeln selbst auch stark, ob das gedoppelte Horn eine Anzeige einer besondern Art sey. Denn sie mögen ein einfaches, oder gedoppeltes Horn führen, so sind sie einander doch übrigens in allen Stücken gleich. Vielleicht ist es also nur ein häuffig vorfallender Irrthum der Natur, der entweder durch den Ueberfluß derer Säfte, die das Horn bilden sollen, oder durch die poröse Beschaffenheit des Stirnbeins, diesen höckerichten Auswuchs hinter dem rechten und eigentlichen Horn verursachet.

Der Schwanz ist kurz, und am äussersten Ende ein wenig mit Bürsten besetzet. Die Füsse sind kurz und dicke, und mit dreyen starken Klauen versehen. Ihr Fleisch ist etwas grob und hart; es wird inzwischen öfters gegessen.

An und vor sich selbst ist dieses Thier gar zahm, und thut niemanden etwas, wird aber furchtbar, wenn es böse gemacht und zum Zorn gereitzet wird. Es lauft sehr schnell, gehet aber, da es nicht weit sehen kan, mehrentheils dem Geruch nach. Wenn also jemand von dem Thier verfolget wird, darf man es auf wenig Schritte zu sich nähern lassen, alsdann aber springet man geschwinde zur Seiten, da denn das Thier den gesuchten Gegenstand aus den Augen und aus dem Geruch verlieret, und in einer geraden Linie fortrennet.

Mit dem Horn wühlen sie in die Erde, reissen grosse Steine, auch dicke Wurzeln von Bäumen mit unglaublicher Stärke heraus, und schleudern selbige mit einem Schwung des Kopfs hinter sich.

Den Elephanten sind sie sehr feind, und lassen sich gleich mit ihnen in einen Zweykampf ein, der vor den Elephanten am gefährlichsten ist, weil sie mit ihrem Horn denselben in den Unterleib stossen, und ihn dadurch ritzen oder verletzen, daß oft der Elephant dadurch ums Leben kommt, daher derselbe gerne dem Nashorn ausweichet.

Da die Nahrung dieser Thiere in Staudenförmigen Gewächsen bestehet, so begeben sie sich gerne in die Wälder und Gebüsche, wo sie durch ihre Stärke einen Stamm und Baum nach dem andern umreissen, und ein Geprassel im Wald erregen, als ob etliche Holzhauer denselben über den Hauffen würfen.

Man verwundere sich nicht, daß diese Thiere nebst andern Gartenfrüchten, auch Stauden fressen, und sogar solche, die stachelicht sind; denn sie haben eine grobe rauhe Zunge, die, wenn sie einem Menschen nur einmahl damit lecken, gleich die Haut herunterziehet, und ihm das Fleisch biß auf den Knochen wegfeget, welches solche unglückliche Personen erfahren, die unter die Füsse eines erhitzten Nashorns kommen, indem sie sich gleich über dieselbe hermachen, und sie zu tod lecken.

de *Rhinoceros b'cornis*, ou *Rinocerot à deux cornes.* De ces deux cornes, dontjon voit ici la figure, la plus longue a à la racine 5½ pouces d'épaisseur & 10½ pouces de hauteur & la plus courte est épaisse de 4½ pouces & haute de 7 pouces.

Quelques Auteurs prétendent que le Rinocerot à deux cornes est le Mâle, & celui qui n'en a qu'une la femelle. D'autres soutiennent que cette Corne simple ou double ne fournit pas un caractère distinctif du Genre, parce qu'on trouve indistinctément des males & des femelles tant à corne simple, qu'à corne double. Nous ne croyons pas nous-mêmes que la Corne double indique une espèce particulière, parceque le Rinocerot à corne simple & le Rinocerot à corne double se ressemblent d'ailleurs parfaitement à tous autres égards. Peut-être n'est-ce qu'un de ces écarts, qui arrivent assez fréquemment dans la Nature, & que cette seconde corne imparfaite ne provient que de la surabondance des Sucs destinez à former la corne ordinaire, & qui pénètrant les Pores de l'Os coronal forment là cette excrescence irrégulière.

La Queuë est courte, & garnie à l'extrèmité de quelque peu de soies. Les pieds sont courts & épais, & armez de trois fortes grifes. La Chair du Rinocerot est grossière & dure; cependant on en mange assez communément.

Cet Animal est naturellement fort doux, & n'offense personne, mais il devient redoutable quand on l'a irrité. Il court fort vite, mais comme sa vûë ne porte pas loin, c'est ordinairement son odorat qui dirige sa course. Ainsi quand il poursuit quelqu'un on peut le laisser aprocher jusques à la distance de quelques pas, & en faisant alors un Saut de coté, on lui fait perdre l'objèt de sa poursuite, qu'il ne voit ni ne sent plus, ensuite dequoi il continuë sa course en droite ligne.

La corne leur sert à remüer la terre d'où ils arrachent des pierres & des racines d'arbre de grandeur étonnante avec une force incroyable, qu'ils jettent loin derrière eux par un seul mouvement de tète.

Le Rinocerot & l'Elefant sont ennemis jurez, & désqu'ils se rencontrent le Combat commence, où l'Elefant court le plus de danger, à cause des blessures que le Rinocerot lui porte ordinairement au ventre avec sa Corne, ce qui coûte souvent la vie à l'Elefant, qui évite tant qu'il peut la rencontre de ce dangereux Adversaire.

Cet Animal se nourrit de plantes, & particulièrement de branches d'arbuste ou de buisson. Pour les trouver il a coûtume de s'enfoncer dans les forêts, ou dans les plus épaisses broussailles, où, se servant de ses forces pour arracher un arbre après l'autre avec les racines, il fait plus de bruit & de fracas, que n'en feroient vingt coupeurs de bois occupez à abattre une foret entière.

Il pourroit paroître surprenant que le Rinocerot mange des branches de broussailles & d'autres végétaux, où il se rencontre si souvent des ronces, des piquants, & des épines. Mais cet animal n'en ressent pas la moindre incommodité, sa langue étant tellement rude que lorsqu'il en lèche seulement une personne, il emporte la peau & la chair jusques aux os, ce qui est le sort inévitable des Infortunez, qui tombent sous les pattes d'un Rinocerot échauffé, qui les tue seulement en les léchant.

Man nennet das Staudengewächs, davon sie mehrentheils leben, am Cap gemeiniglich Rhinoceros-Büsche, die den Wacholderstauden ähnlich sehen, und daselbst aus Mangel am Holz häuffig gebrennet werden.

On apelle communément au Cap de bonne espérance les broussailles, desquelles cette b.te se nourrit le plus volontiers, des *Buissons de Rinoceror*, lesquels ont quelque ressemblance avec le génèvrier. On substitue dans ce païs-là ces Buissons au bois-à-bruler, qui y est rare.

TAB. K. XI.

Nachdem die vorige Tab. K. V. worauf ein Kopf von Cutu-Thier vorgestellet ist, diesem Werk schon einverleibet, und die Beschreibung dazu bereits abgedrucket war, erhielten wir noch die jetzige Zeichnung eines ganzen, und nach der Natur abgebildeten Thieres, aus dem Bocks-Geschlecht, welches ein Cutu genennet wird, und die wir darum auch mittheilen, weil man davon bey den alten Schriftstellern keine Nachricht findet. Wir halten uns aber bey derselbigen jetzo nicht weiter auf, weil man hiebey dasjenige, was wir schon bey der Tab. K. V. in der Beschreibung gesaget haben, vergleichen, und die Abweichungen in der Natur, die sich an irgend einem kleinen Umstand offenbaren mögen, selber beobachten kan. Es wird von etlichen auch ein Elend-Thier, wie auch *Cordom* genennet.

PLANCHE K. XI.

Ceci est la Figure d'un *Cutu* tout entier, du *Genre des Boucs*. Elle est dessinée d'apres nature. Nous n'avons reçu cette pièce qu'après que la Planche K. V., où l'on a vû une tête de Cutu, & la description, qui y est relative, étoient déjà sorties de la Presse. Nous avons crû devoir faire encore part à nos Lecteurs de cette figure-ci, parceque les anciens Ecrivains n'en disent pas un mot. Mais nous ne nous arrêterons pas à la décrire une seconde fois, puisque tout ce que nous avons dit sur la Planche K. V. est apliquable ici, & que si la Nature y a aporté quelque Variation, elle ne peut qu'etre peu considérable, & facile à remarquer par tout Amateur sans notre secours. Quelques uns donnent le nom d'*Elan* ou de *Cordom* au même animal.

TAB. K. XII.

Es sind in der Einleitung zu den Fischen die Namen Wallroß, oder Hippopotamus vorgekommen, (worunter des R. Linnäi Rosmarus zu verstehen war, und von welchem gedachter Schriftsteller spricht, daß demselben der Name Hippopotamus von etlichen unrichtig beygeleget worden.) Das rechte Meerpferd aber, welches eigentlich den Namen Hippopotamus führet, ist ein ganz anderes Thier, davon die Abbildungen bey den Schriftstellern sehr verschieden sind. Der Ritter Linnäus giebt zwey Arten an, welche auf dieser und der folgenden Tafel vorgestellet worden. Was also die gegenwärtige Zeichnung betrift, so zeiget sie uns des Linnäi erste Art, der dieses Thier Hippopotamus amphibius nennet, und welches eigentlich der Behemot des Hiobs ist. Es lebet dasselbe Thier sowohl im Wasser als auf dem Lande, und wird auch Wasserochs, wegen seiner Größe, Wasserschwein, wegen seiner Gestalt, Wasserpferd aber wegen seiner Stärke genennet.

Dieses Wunderthier hat völlig die Gestalt eines Schweins, ist aber so groß, und grösser als ein Auerochse, so daß es dreytausend Pfund und darüber wieget; die Haut ist glatt, oder ohne Haare, von schwarzbrauner Farbe, und Daumens-dicke, hat aber viele kleine Runzeln und Kerben, die sich überall kreutzen.

Der Cörper ist sehr fest, ungemein fett, und rund. Der Kopf ist wie bey einem Schwein zugespitzet, und mit einem aufgeworfenen Maul versehen. Das Maul und die Nase sind nur allein mit Borstenartigen Haaren besetzet. Wenn das Maul aufgesperret wird, ist der Rachen über einen Schuh weit, und wegen der dicken, breiten und langen Zähne, die weisser als Elfenbein sind, fürchterlich anzusehen. Die Augen sind groß, die Ohren nach Verhältniß klein, und etwas rund. Der Schwanz ist sehr kurz und am Ende etwas haaricht. Die Füße sind dicke und kurz, die Klauen aber dreymahl eingekerbet und nicht ganz durchgespalten, so daß ihre untere Fläche ganz, und einen Schuh breit ist.

PLANCHE K. XII.

Le Lecteur se souviendra d'avoir lû le nom d'*Hippopotame* dans nôtre Introduction à l'article des Poissons. C'étoit proprement le *Rosmarus* du Chevalier *Linnæus*, auquel le même Naturaliste soutient qu'on a donné mal-à-propos le nom d'*Hippopotame*. Le *Cheval marin*, qui porte à juste titre le nom d'*Hippopotame* est un animal tout-à-fait diférent. Les figures qu'on en trouve dans les Auteurs varient beaucoup. Le Chevalier *Linnæus* en indique deux espèces, qu'on voit dépeintes sur la présente Planche, & sur celle qui suit. Quant à la figure qu'on voit ici, elle nous présente la prémière espèce de *Linnæus*, que cet Ecrivain célèbre apelle *Hippopotamus amphibius*, l'*Hippopotame amphibie*, qui est proprement le *Behemoth* de *Iob*. Cet Animal subsiste aussi bien dans l'eau que sur la terre. Il porte divers noms. On l'apelle *Boeuf marin*, à cause de sa Grandeur énorme; *Porc de mer*, relativement à sa figure; & *Cheval de mer*, en considération de sa force.

Cet Animal est absolument formé comme un Porc, mais il surpasse en grandeur un Ure, à telles enseignes qu'il pèse jusques à 30. Quintaux & même au delà. La peau est unie, c'est-à-dire sans poils, de couleur brune tirant sur le noir, & épaisse d'un pouce. Elle est toute pleine de petites rides & encoches, qui se croisent.

Le corps est fort rempli, extraordinairement gras, & arrondi. La Tête se termine en pointe comme celle d'un Cochon, & a le groin gros. On ne remarque des poils semblables à des soyes qu'au groin & au nez. Quand la Gueule est ouverte, elle a plus d'un pied de diamètre & présente un aspect redoutable par les dents longues, larges, & épaisses, qui sont plus blanches que l'Yvoire. Les yeux sont grands, les oreilles petites à proportion, & rondelettes. La queuë est très-courte, & un peu cheveluë au bout. Les pieds sont épais & courts. L'Ongle est encoché trois fois, mais non fendu de part en part, de façon que la plante en est entière, & a un pied de diamètre.

Ex Communicatione Excell. D. D. Chrift. Iac. Trew. I. I.

Iac. Andreae Eifenmann fecit.

Ex Communicatione Excell. Dn. D. Chrift. Iac. Trew. S.S.

K. XIII.
Ex Communicatione Excell. Dn. D. Chriſt: Iac. Trew. S.I.
80

Dieſes Thier hält ſich im Nilfluß auf, heiſſet auch deſswe-gen das Nilpferd, und gehet unter dem Waſſer auf dem Bo-den deſſelben herum. Wenn es aus dem Waſſer hervorſteiget, und an das Land gehet, ſprützet es das Waſſer aus den weiten Naſen-Löchern aus. Auf dem Lande friſſet es Gras, Heu, und was es ſonſt auf den Feldern findet, gebähret auch daſelbſt ſeine Jungen, gemeiniglich zwey an der Zahl. Man nennet dieſes Thier auch eine Seekuh.

Cet animal a ſon domicil: dans le *Nil*, ce qui le fait apeller par quelques Auteurs le *Cheval du Nil*. Ses prome-nades ſe font ſous l'eau au fond du Nil. Quand il s'élève juſques à la ſurface du fleuve, & qu'il va à terre, il rejette l'eau par les narines, qui ſont larges. Sur la terre il ſe nourrit d'herbe, de foin, & d'autres végetaux qu'il trouve dans les champs. Il fait ſes Petits à terre, qui ſont ordinairement au nombre de deux. On lui donne auſſi le nom de *Vache marine*.

TAB. K. XIII.

Die andere Art des Hippopotami wird auf dieſer Tafel gezeiget, und vom R. Linnäo Hippopotamus terreſtris genen-net. Es hält ſich in Braſilien auf, und kömmt in der Bauart mit dem vorigen faſt gänzlich überein, nur iſt das Maul ſpitziger, und hat keine aufgeworfene Naſe, auch ſind keine Borſten am Maul vorhanden; die Ohren hingegen ſind etwas länger, und die Farbe der Haut iſt mehr bräunlich, als ſchwarz. Es wird die-ſem Thier auch von einigen der Name Waſſerſchwein, und Seekalb gegeben.

Wir können hieben nicht umhin, zu erinnern, daß ſowohl in Anſehung dieſes und des vorigen Hippopotami, als auch vie-ler andern Thiere noch eine groſſe Dunkelheit herrſche, dahero nicht zu verwundern, wenn bey den Schriftſtellern nicht nur die Abbildungen, ſondern auch die Beſchreibungen einzelner Thiere ſehr verſchieden und ungleichlautend ausfallen, und ihre Namen oft verwechſelt werden. Inzwiſchen kommt doch das Thierreich nach und nach in eine verbeſſerte Geſtalt, und man kan ſich bey den jetzigen Bemühungen in der Naturgeſchichte ſchmeicheln, mit der Zeit etwas vollſtändiges zu erhalten.

PLANCHE K. XIII.

On voit ici l'autre eſpèce d'*Hippopotame*, que le Che-valier *Linnæus* apelle l'*Hippopotame terreſtre*. Sa Patrie eſt le *Breſil*, & ſa Conformation preſque la même que celle du precèdent. Il a pourtant le Muſeau plus pointu & le nez moins élevé, le Groin ſans ſoies, les oreilles un peu plus longues, & la couleur de la peau plus brune que noire. Quelques Auteurs le nomment *Porc aquatique*, & d'au-tres *Veau marin*.

Nous ne pouvons nous diſpenſer de faire ici encore une obſervation, c'eſt qu'à l'égard de cet Hippopotame & du precèdent, de même que par raport à quantité d'autres animaux, il y a encore bien des obſcuritez à éclaircir. On ne doit donc pas être ſurpris s'il ſe trouve quantité de leçons variantes dans les Auteurs, tant par raport aux figu-res particulières des animaux, que dans les deſcriptions, & s'il s'y rencontre ſouvent des Contradictions & des Con-fuſions dans les dénominations. En attendant il eſt de fait que la conoiſſance du règne animal aquiert de jour en jour quelque de lumiere dégre de plus, & qu'on peut ſe pro-mettre des travaux des Naturaliſtes de nos jours que l'on pourra parvenir peu à peu à un Siſtème complet.

Einleitung zu den Amphibien oder Wasser- und Land-Thieren.

INTRODUCTION A L'ARTICLE DES AMPHIBIES.

Man beschreibet die Amphibien als solche Thiere, die sowohl im Wasser, als auf dem Lande leben, und die ihre Lebens-Art nach ihren Willen ändern können, so daß sie sich einige Zeit lang auf dem Lande aufhalten, und hernach wieder eine Zeit lang hintereinander im Wasser zubringen, oder sich täglich bald im trockenen, bald im nassen Element aufhalten.

Diese Beschreibung ist die allgemeine, welche von je her ist gebrauchet worden, um zu erklären, was ein Amphibium sey; sie ist aber auch zugleich die unzulängliche, welche man von einem Amphibio hätte geben können, und wir glauben, daß aus diesem Grunde nichts weitläuftigers sey, als zu bestimmen, welche Thiere in diesem Geschlecht gehören, oder nicht.

Ein Mensch, der des Wassers ganz ungewohnt ist, erhält sich in selbigem nicht lange im Leben, aber die Taucher, dergleichen z. E. die Halloren, viele Neger, die Ceilonnesischen Perlenfischer, und etliche Engelländer sind, können sich ziemlich lange, und täglich wechselsweise im Wasser aufhalten, so daß sie manchen Thieren, die man zu den Amphibien zehlet, nichts nachgeben, und doch sind sie keine Amphibien.

Die Seekühe, (Manates,) Seekälber, (Phocæ), Walrosse, Meerpferde, (Hippopotami), Fischotter, Biber u. d. m. leben sowohl im Wasser, als auf dem Lande, und stehen doch bey dem Ritter Linnäus unter den Land-Thieren, nicht aber unter den Amphibien, ob er gleich einigen diesen Namen beyleget.

Verschiedene Fische, als die Seehunde, Rochen, Störe, Lampreten, und dergleichen, wurden von eben gerühmten Schriftsteller vormahls nur unter die Fische gerechnet, nachhero aber hat er sie unter die Amphibien gesetzet, und dennoch sind es keine Thiere, die sich jemals auf dem Lande aufhalten, sondern sie leben ordentlicher Weise nur im Wasser.

Wem ist auch wohl unbekannt, wie lange die Krebse, die Aale und manche Fische im Trockenen leben können? So daß wenigstens dieses Merkmahl, zugleich im Wasser und im trockenen leben zu können, nicht hinlänglich ist, ein Amphibium zu bestimmen. Ja wenn man auch diesen weitläuftigen Begrif näher einschränken wollte, und sagen: diejenigen Thiere wären Amphibien, welche ohne Schaden beständig, es sey auf dem Trockenen oder im Nassen, leben können; so würde diese Bestim-

mung

On nomme Amphibies cette sorte d'Animaux, qui vivent indiferemment sur la Terre ou dans les Eaux, & de qui il dépend même de varier leur domicile à leur volonté, & de passer ainsi tel espace de tems qu'il leur plait sur terre ferme ou dans quelque demeure aquatique, ou même de changer à cet égard d'habitation tous les jours en passant selon leur bon plaisir d'un Element à l'autre.

Cette Description, que l'on donne le plus généralement d'un Amphibie, explique trés-défectueusement ce que c'est que cet animal, & nous estimons que rien n'est plus dificile que de déterminer avec certitude quels Animaux apartiennent proprement à ce Genre.

Un homme ordinaire, qui ne s'est point familiarisé avec l'eau, court sans doute le risque de perdre la vie lorsqu'il la commet à cet Element. Mais les Plongeurs de profession par exemple, tels que sont les *Sauniers de Halle en Saxe*, quantité de *Nègres*, les *Pêcheurs de Perles de Ceylan*, & même plusieurs *Anglois* durent sous l'eau un assez long-espace de tems, & varient d'élement à toutes les heures du jour sans danger, avec plus d'aisance que les Amphibies-même, sans qu'on puisse pour cela mettre ces Plongeurs au rang des Amphibies.

Les Vaches marines ou Lamentins, les Veaux marins, les Chevaux marins ou Hippopotames, la Loutre, le Castor, & d'autres vivent aussi bien dans l'eau que sur la terre, & cependant *Linnæus* les met au rang des Quadrupèdes terrestres, & non des Amphibies, quoiqu'il donne ce dernier nom à quelques uns de ces mêmes animaux.

Le même Auteur celèbre, qui rangeoit autrefois les *Requins*, les *Rayes*, les *Etourgeons*, les *Lamproies* & autres poissons de cette sorte, au nombre des Poissons, a trouvé à propos ensuite de les mettre au rang des Amphibies, quoique ce soient des animaux qui ne subsistent ordinairement que dans l'eau, & n'habitent jamais la terre ferme.

Personne n'ignore que les Ecrevisses, les Anguilles, & quelques autres poissons vivent sur la terre aussi bien que dans l'eau, ce qui prouve que la faculté de vivre dans l'un & dans l'autre élement ne sufit pas pour déterminer la qualité d'*Amphibie*. Si l'on vouloit même resserrer l'idée & dire: Tout animal, qui sans préjudice de son étre, peut toûjours vivre indiféremment sur la Terre ou dans l'Eau est un Amphibie, cette définition ne seroit pas exemte de gran-

des

mung mit noch weit mehrern Schwierigkeiten verknüpft. Denn wer weiß, ob nicht manche würkliche Amphibien zur Erhaltung ihrer Natur nothwendig beydes haben müssen, und folglich in einem Element allein unmöglich leben können?

Es ist also nothwendig, daß man, um sich einigen Begrif von einem Amphibio zu machen, andere, mehr entscheidende Merkmahle, hervor suche, welche zwar eigentlich zu unserer Absicht nicht gehöret, weil diese Merkmahle in dem innern Bau dieser Thiere zu finden sind, wir aber uns in unserem Werk nur mit der äusserlichen Gestalt der Cörper beschäftigen. Doch glauben wir, daß wir die Sache nicht ganz und gar mit Stillschweigen übergehen dürfen.

Es haben nemlich alle Thiere, die Insecten und Würmer ausgenommen, ein rothes Blut, welches in einem Kreißlauf durch Gefässe in dem Cörper herum, und also dem Herzen theils zugeführet, theils von demselben abgeleitet wird. Dieses Blut ist entweder warm, oder kalt. Diejenigen Thiere, deren Blut warm ist, haben ein Herz mit zwey Kammern; deren Blut aber kalt ist, deren Herz ist nur mit einer Kammer versehen.

Was nun die Thiere betrift, deren Blut warm, und deren Herz mit zweyen Cammern versehen ist, so hat man zu erwägen, daß, da die beyden Herzkammern nicht gleich groß sind, und doch die kleinere Herzkammer dasjenige Blut wieder empfangen muß, was aus der größern kommt, ein Mittel hat müssen angewendet werden, dieses möglich zu machen. Dieses Mittel bestehet in Abkühlung des Blutes, daß es sich nemlich in einen engeren Raum einschliessen kan. Hierzu dienen nun die Lungen, da nemlich dieselbe eine frische Luft durch das Athemholen bekommen, wodurch das Blut nicht nur in der Bewegung unterhalten, und besonders beweget, zubereitet oder geändert, sondern auch einigermassen abgekühlet und durch den verminderten Grad der Wärme in einen engeren Raum getrieben wird. Da aber die Thiere, wenn sie im Wasser sind, keine frische Luft bekommen, wenigstens niemahls ordentlich Athem holen können, so können sie auch nicht im Wasser leben, es sey denn, daß die Natur ihnen ein anderes Hülfsmittel gegeben habe. Dieses andere Hülfsmittel ist, wenn dem Blut ein Nebenweg gebahnet ist, welcher Weg bey einigen in einer länglich runden Oefnung zwischen beyden Herzohren und in einem Blutweg bestehet, damit das Blut von der Lungen-Puls-Ader in die grosse Pulsader kommen kan.

Einen solchen Nebenweg haben nun unter andern die Meer-Pferde des Nilflusses, die Biber, und dergleichen, und daher kan man sie würklich vor Amphibien halten. Ja nach dieser Bestimmung wäre auch der Mensch vor seiner Geburt nichts anders, als ein Amphibium.

Nichts desto weniger sind diese erwehnte Thiere von dem Ritter Linnäus aus der Ordnung der Amphibien weggelassen.

Was hingegen die Thiere betrift, die ein kaltes Blut, und nur eine Herzkammer haben, so sind deren einige mit würklichen Lungen versehen, ob sie gleich anders, als bey den vorerwehnten Thieren gebildet sind, oder sie haben gewisse andere äusserliche Werkzeuge, welche ihnen statt der Lungen dienen. Die erste

des dificultés. Car qui sait s'il n'y a pas des Amphibies, dont la nature & la Constitution exigent nécessairement qu'ils vivent tour-à-tour dans l'un & dans l'autre élement, & qui ne pourroient pas subsister, s'ils étoient privez de l'un ou de l'autre.

Il faut donc pour se former une idée plus exacte d'un Amphibie chercher dans cet Animal d'autres Caractères plus distinctifs. A la verité ce n'est pas là proprement un des objets du présent ouvrage dont le but est simplement de décrire la configuration extérieure des corps, & les Caractères dont nous parlons ne se trouvent que dans les parties intérieures des Animaux dont il est question. Cependant nous ne passerons pas cet article entièrement sous silence.

La prémière Considération à faire ici, c'est que généralement tous les animaux, à l'exception des Insectes & des Vers, ont du sang rouge, lequel, partant du coeur & y retournant, circule dans toutes les parties du corps par ses Vaisseaux. Ce sang est ou *chaud* ou *froid*. Les Animaux, dont le sang est chaud, ont un coeur à deux ventricules, & il n'y a qu'un seul ventricule au coeur de ceux qui ont le sang froid.

Or il faut observer que de ces deux Ventricules, dont est pourvû le Coeur des Animaux à sang chaud, l'un est plus petit que l'autre, & n'en est pas moins destiné à recevoir tout le sang que le plus grand ventricule pousse dehors. Pour rendre la chose possible il a falu un moyen, & ce moyen n'a pû étre qu'une refrigération du sang, pour qu'il pût avoir place dans un espace moins étendu que n'est le Ventricule d'où il sort. Cette opération de la Nature se fait par le Poumon, où la respiration de l'animal sert non seulement à entretenir le mouvement du sang, mais aussi à le corriger, à le préparer, & à le rendre propre par la refrigération, en modérant son dégré de chaleur ordinaire, à être contenu dans un espace plus étroit que celui d'où il sort. Cependant comme dans l'eau les Animaux ne peuvent point respirer d'air frais, ou du moins, qu'ils n'y jouissent jamais de l'avantage d'une respiration règlée, il ne seroit pas possible qu'ils s'y conservassent, si la nature n'y avoit pourvû par un chemin tout particulier, ce qu'elle a fait effectivement par une Ouverture de rondeur oblongue, placée entre les deux oreilles du coeur, laquelle fournit au sang une voye pour passer de l'Artere Pulmonaire dans la grande Artère.

On trouve cette Voie particulière aux Hippopotames, ou Chevaux marins du Nil, aux Vaches marines, aux Castors, & à d'autres animaux de cette sorte, qu'on peut par conséquent considérer comme étant certainement des Amphibies. Et à s'en tenir a cette règle l'homme même, avant sa naissance, n'est autre chose qu'un Amphibie.

Cependant *Linnæus*, dans l'Ordre des Amphibies qu'il nous a donné, en a exclus les Animaux, dont nous venons de faire mention.

Quant aux Animaux à *sang froid*, dont le coeur n'a qu'un seul ventricule, les uns ont des Poumons effectifs, (quoique diférens par la figure de ceux des autres animaux cy-dessus mentionnez) ou ils ont d'autres organes extérieures, qui font l'office du Poumon. Les *prémiers*, selon

Art machet bey dem Linnäus die Ordnung der Amphibien, und die andere Art die Ordnung der Fische aus.

Allein nunmehr kommen in der Sache selbst viele Schwierigkeiten vor. Sollen die Thiere, die mit einer einzigen Herzkammer, mit kaltem Blut, und mit willkührlich Athem holenden wirklichen Lungen versehen sind, alleine nur Amphibien heissen? Wohin soll man denn die Wallrosse, Meerpferde, Ottern und Seeküße ordnen? Und wenn die Seehunde, oder Seewölfe, Rochen, und ähnliche Fische, den Namen der Amphibien führen sollen, die doch immer im Wasser leben, warum könnte man denn nicht auch die Wallfische, Delphine und dergleichen mit dazu rechnen, welche zuweilen über das Wasser hervor kommen, und sich Luft machen müssen? Wir geben gerne zu, daß, nachdem man die Thiere aus einem andern Gesichts-Punct betrachtet, oder nachdem man einen gewissen Character zu einem Haupt-Geschlechts-Kennzeichen macht, daß auch die Thiere darnach, und also auch alle andere Sachen in der Natur geordnet werden müssen, und dies ist auch die Ursache von so vielerley Arten der Classification. Wir bemerken aber auch hieraus zugleich, daß beydes die Verwandschaft und die Verschiedenheit der Geschöpfe unter und gegeneinander so wunderbar ist, daß wir schwerlich entscheiden können, wo die eine Gattung aufhöret, und eine andere wieder anfängt, und ob wir gleich eine vollkommene Classification, die keinen Widerspruch hat, nicht vor etwas unmögliches halten, so glauben wir doch, daß sie äusserst schwer sey, und noch viele Jahre in Untersuchung der Natur-Geschichte vorbey gehen werden, ehe wir so glücklich seyn werden, daß wir alle Schwierigkeiten in der Classification heben können.

Vielleicht ist es in der Classification der leichteste Weg, wenn man manche Geschöpfe etlichemahl und an verschiedenen Orten zugleich ordnet, um, zum Exempel, einen Hippopotamus erst unter die vierfüßigen Landthiere zu setzen, und ihn hernach wiederum den Amphibien beyzuzehlen; oder einen Wallfisch erst unter die Mammalia, nachhero aber auch unter die Fische zu bringen, biß daß man einmahl vor jede Ordnung der Geschöpfe solche Kennzeichen wird ausfindig gemacht haben, die den Kennzeichen einer andern Ordnung der Geschöpfe nicht im Wege stehen.

Wenn inzwischen gefraget wird, welche Thiere in diesem Werk zu den Amphibien gerechnet sind? so hat man nur solche dazu genommen, welche vormahls vom Linnäo unter diesem Namen geordnet waren, nemlich: Kriechende, als das Schildkröten- und Eydechsen-Geschlecht, (denn von Fröschen kommen in denen Kupfertafeln keine Abbildungen vor) und schleichende, nemlich das Schlangen-Geschlecht. Diejenigen aber, welche dieser grosse Naturforscher hernach noch zu den Amphibien gerechnet hat, (nemlich etliche Fische, die er schwimmende Amphibien nennet,) sind um deßwillen nicht mit unter dieses Fach gebracht worden, weil ein anfangender Liebhaber solche, zu Folge der alten Gewohnheit, doch unter den Fischen, und nicht unter den Schildkröten, Eidechsen oder Schlangen suchen würde.

Wir

Linnæus, composent l'Ordre des *Amphibies*, les *derniers* celui des *Poissons*.

Mais voici de nouvelles dificultez dans le fond de la matière. N'accorderons-nous le nom d'Amphibie qu'aux Animaux, dont le Coeur n'a qu'un seul Ventricule, dont le sang est froid, & qui sont pourvûs d'un Poumon formel, au moyen duquel ils jouïssent d'une respiration libre? Mais alors dans quel ordre placerons-nous les *Hippopotames*, les *Chevaux marins*, les *Loutres*, & les *Lamentins*? Et si l'on doit considérer comme des Amphibies les *Requins* ou *Loups marins*, les *Raies* & d'autres Poissons pareils, qui vivent constamment dans l'eau, pourquoi refusera-t-on la même dénomination aux Baleines, aux Daufins, & à d'autres Poissons de cette Catégorie, qui sont obligez de paroître quelquefois au dessus de l'eau pour prendre l'air? Nous convenons volontiers que selon le point de vûe dans lequel on considère tel ou tel animal, ou selon le caractère distinctif qu'on lui affecte, la Classification doit se faire, & cette règle doit être généralement observée à l'égard de tout ce que la Nature produit. C'est aussi la raison de la variété qu'on trouve dans les Classifications. Ce qu'il y a à observer ici particulièrement c'est que la convenance aussi bien que la diversité qui se rencontre entre les Créatures, comparées les unes aux autres, est telle, qu'il est très-dificile de déterminer nettement les bornes où une Classe finit, & où l'autre commence. Nous ne voulons pas justement dire qu'une Classification parfaite & au dessus de toute objection soit absolument impossible. Mais nous la regardons toûjours comme un Ouvrage extraordinairement dificile, & nous croyons qu'il en coûtera encore bien du tems & du travail avant que les Naturalistes ayent le bonheur de convenir entre eux d'une Classification, qui soit au dessus de toute dificulté.

Peut-être que la voye la plus facile de classifier les pièces que l'on a, seroit de ranger certaines Créatures en même tems à plus d'un Ordre, de mettre par exemple d'abord un *Hippopotame* parmi les Quadrupèdes terrestres, & de le ranger en même tems parmi les Amphibies, ou de compter d'abord les *Baleines* parmi les *Mammalia*, & de les faire néanmoins encore entrer dans l'ordre des *Poissons*, jusques à ce qu'on ait trouvé pour chaque Ordre de Créatures des Caractères distinctifs, qui puissent subsister sans contradiction avec ceux qui sont affectez à un autre Ordre.

Si l'on nous demande quels sont donc les Animaux que nous prétendons mettre dans le présent Ouvrage au nombre des *Amphibies*? nous avons à répondre qu'à cet égard nous avons suivi l'ancienne disposition de *Linnæus*, selon laquelle on trouvera ici les Amphibies *rampans*, tels qu'est le Genre des Tortuës & des Lézards, (car il n'est pas question ici de Grenouilles, n'y en ayant point sur nos Planches) & les Amphibies *glissans*, ou *qui se traînent*, comme fait le Genre des Serpens. Il est vrai que ce celebre Naturaliste a mis encore dans la suite au nombre des Amphibies quelques Poissons, qu'il nomme des *Amphibies nageans*. Ce qui nous a empêché de l'imiter en ce point, c'est qu'ordinairement ceux qui entrent dans la Carrière de l'Histoire naturelle cherchent cette dernière espèce parmi les Poissons, & n'ont garde de s'aviser qu'il les trouvera parmi les Tortuës, les Lézards, ou les Serpens.

Nous

Wir wollen also nun erstlich etliche Umstände berühren, die man bey den Amphibien überhaupt antrift, und sodann etwas von ihren besondern Geschlechten erwehnen.

Das Gerippe der mehresten Amphibien ist von knorpelichter Beschaffenheit, jedoch bey den Schildkröten bestehet es aus einer mehr beinigten Substanz. Ihre Ruthe ist gedoppelt, und das Begattungs-Geschäfte gehet langsam und träg von statten. Durchgängig haben sie eine kalte, schlüpferige Haut, die bey einigen schön gezeichnet, bey andern aber desto heßlicher anzusehen ist, und viele unter ihnen sind von giftiger Beschaffenheit. Da sie aber in sehr wenigen Hauptkennzeichen mit einander übereinkommen, ausser daß sie ihre Lungen willkührlich bewegen können, um in und ausser dem Wasser zu leben, so wollen wir lieber zu der Betrachtung der Geschlechter ins besondere fortgehen.

Wir haben nemlich mit Zurücklassung der sogenannten schwimmenden Amphibien, als welche wir unter den Fischen zu suchen haben, nur einige kriechende und schleichende vorgestellet. Die kriechenden sind diejenigen, welche zwar Füsse, aber doch keinen frischen und muntern Gang haben. Die schleichende hingegen haben gar keine Füsse. Zu der ersten Ordnung werden die Schildkröten, das Eydechsen-Geschlecht, und die Frösche gezehlet. Zu der andern Ordnung aber gehören die Schlangen.

Was nun aus der **ersten Ordnung** I. die Schildkröten betrift, so sind diese eine Art Thiere, die gleich den Kröten oder Padden langsam fortkriechen, aber auf dem Rücken mit einem harten Schild bedecket sind, unter welchen sie sich mehrentheils ganz verkriechen können, dahero ihr zusammen gesetzter Name Schildkröte, oder auch Schildpadde entstanden ist. Diese Schilde sind ein hartes knochichtes Wesen, welches oben her wiederum mit schön geflammten, hornartigen und zum Theil durchsichtigen Blättern von allerhand Gestalt und Farbe bedecket ist, und sind dabey so stark, daß ein beladener Wagen über diese Thiere hinfahren kan, ohne daß es ihnen schadet. Da es nun auch sehr grosse Schildkröten giebt, so hat man auch Schilde, welche die Grösse einer Stubenthür haben, und weil das Thier eine ausserordentliche Kraft in den Muskeln besitzet, so kan es wohl mit fünf, bis sechs Personen, die auf einem dergleichen Schild stehen können, fortkriechen.

Man theilet sie in zwey Classen, nemlich Meer-Schildkröten, und Land-Schildkröten ein, die letztern aber werden noch näher abgetheilet in Sumpf- und Erd-Schildkröten, welche Nebenbenennungen aber nicht so streng zu verstehen sind, als ob die erstern nicht wohl an das Land, und die letztern nicht in das Wasser giengen, und sich daselbst einige Zeit aufhielten. Vielmehr ist der Unterscheid dieser Benennung nur von ihrer vornehmsten Lebensart hergeleitet. Denn sie haben alle, nach Art der Amphibien, das sogenannte *foramen ovale* am Herzen, und den *Canalem arteriosum* offen, um der Luft entbehren zu können.

Die Meer-Schildkröten, welche ohnstreitig die grössesten unter allen sind, werden wiederum in viererley Arten eingetheilet, nemlich: 1. in die ganz grössten, mit kleinem Kopf 2. in die kleinern mit einem grossen Kopf, 3. in die grünen Schildkröten und 4) in diejenigen, welche Falkenschnäbel haben.

1. Die

Nous allons d'abord dire quelque chose de certaines particularitez qu'on remarque généralement aux Amphibies, & nous entrerons ensuite en quelque détail par raport à leurs Genres.

Le Squelette de la plûpart des Amphibies est de qualité cartilagineuse; la substance en est cependant plus osseuse aux Tortuës, qu'aux autres. Leur Verge est double, & l'Ouvrage de leur Conjonction se fait avec beaucoup de lenteur. Leur Peau est généralement froide & glissante, marquée aux uns des plus beaux desseins, d'autant plus laide à d'autres. Il y en a beaucoup de vénimeux. Comme ils conviennent en très-peu de Caractères principaux, si ce n'est que tous ont la faculté de donner arbitrairement à leurs Poumons le mouvement qu'ils veulent, pour pouvoir subsister à leur volonté dans l'eau, ou hors de l'eau, nous allons passer à un examen plus particulier des Genres.

En laissant de côté les *Amphibies nageans*, que nous avons vû parmi les Poissons, nous n'avons à considèrer ici que quelques Amphibies *rampans*, ou qui se trainent. Les *rampans* sont ceux, qui ont à la vérité des pieds, mais dont cependant la démarche est lente & paresseuse. Ceux qui se trainent au contraire, ou qui, ne font leur chemin qu'en glissant, n'ont point de pieds du tout. On doit ranger au *prémier ordre* les *Tortues*, le Genre des *Lézards*, & les *Grenouilles*. Les *Serpens* apartiennent au dernier Ordre.

Pour en revenir au *prémier Ordre*, nous y trouvons I. les *Tortues*. C'est une espèce d'Animaux, qui comme les Crapauds, rampent fort lentement, & cette Convenance est vraisemblablement l'origine de leur dénomination allemande. (*). Ces Tortuës sont pourvuës pour leur défense d'un Ecusson dur, sous lequel elles peuvent ordinairement retirer toutes leurs parties. Les Ecussons sont d'une substance dure osseuse, garnie au dessus de belles écailles, de nature cornée, a flammes, & en partie transparentes, de toute sorte de figures & de couleurs. Ces Ecussons sont assez forts pour que la roue d'un Chariot pésamment chargé puisse passer par dessus, sans que l'Animal en soufre aucun dommage. Comme il y a des Tortuës d'une grandeur démesurée, on trouve de ces Ecussons qui ont jusques à sept à huit pieds de longueur, sur trois ou quatre de large, & cet animal étant d'une force extraordinaire, cinq ou six personnes se tenant sur l'écusson n'arrétent pas un moment sa marche.

On a deux Classes de *Tortuës*, celles *de Mer*, & celles de *Terre*, & l'on subdivise encore ces dernières en *Tortuës de marais* & en *Tortuës terrestres*. Cependant il ne faut pas prendre ces dernières dénominations absolument à la rigueur, les Tortues de marais ne laissant pas d'aller à terre, & les terrestres dans l'eau, & de s'y tenir même autant qu'il leur plait. On ne pretend indiquer par la diference de cette dénomination que le domicile où ces animaux habitent le plus. Car ils ont tous au reste, comme les autres Amphibies, ce qu'on apelle le *foramen ovale*, (l'Ouverture ovale) au coeur, & le *Canal artériel* ouvert pour pouvoir se passer de l'air.

On subdivise encore les *Tortues de Mer*, qui sont sans contredit les plus grandes de toutes, en quatre espèces, à savoir 1. celles qui sont tout à fait grandes à petite tête, 2. les moins grandes à grosse tête, 3. les Tortuës vertes, & 4. les Tortuës à bec de Faucon.

M m   1. Les

(Y) *Schild-Kröte*, mot-à-mot *Crapaud à écusson*.

1. Die ganz grossen sind mit einem hohen und erhabenen Schild versehen, ihr Fleisch ist stinkend, und der Kopf nach Verhältniß ihres Cörpers klein. Von dieser Art haben sich in dem Meerbusen von Campeche wohl gefunden, die acht Schuh lang, sechs Schuh breit, und vier Schuh dicke waren, und deren Schilde zu Trögen gebraucht wurden.

2. Die großköpfigten sind etwas kleiner, haben aber einen sehr breiten Kopf, und stinken noch ärger, als die ersten.

3. Die grossen grünen Schildkröten, deren Blätter auf den Schilden sehr dünne, aber von schöner grünlichter Farbe sind, wiegen öfters dreyhundert Pfund, und haben ein ungemein weisses und schmackhaftes Fleisch, welches sich wie Kalb-Fleisch essen lässet, und auch in Indien von jedermann, besonders aber auf den Schiffen von den Matrosen verspeiset wird. An einer oder zweyen kann sich zuweilen eine ganze Schif-Gesellschaft satt essen, und kamen dergleichen dem Admiral Anson auf seiner Reise wohl zu statten. Ja es berichten die Reisende, daß man das Fleisch der Schildkröten als eine ausnehmende Arzeney wider den Schaarbock, und in der Lustseuche häufig gebrauche, wenigstens halten es die Tunquiner und Conchinchiner für die gesundeste und beste Delicatesse, dahero sie auch eine erstaunliche Menge einsalzen, und weit und breit verschicken, mit den Schaalen aber den größten Handel treiben, als welche zur Verfertigung der Kämme, Bürsten-Deckel, Spiegel-Leisten, Dosen, und sonstiger eingelegter Arbeit, am besten zu gebrauchen sind.

4. Die Falkenschnäbelichte Schildkröten sind die kleinsten, wiewohl sie doch auch erstaunlich groß sind, und giebt es deren, die einen kurzen, und andere, die einen langen Hals haben. Sie sind die gemeinsten, und ihre Deckel kommen unter dem Namen Schildkrot am meisten in der Handlung vor. Dieses Schildkrot ist gelblich, mit braunrothen Flammen durchzogen, und durchgängig dicker, als das grüne; daher es auch zu weit mehreren Sachen gebraucht werden kan.

Ueberhaupt lassen sich die Meerschildkröten von den Landschildkröten, es seyen Sumpf- oder Erd-Schildkröten, dadurch bald unterscheiden, weil die erstern, statt ordentlicher Füsse vielmehr breite, zum schwimmen dienliche Floßfedern haben, das ist, solche Füsse die sich in einen Lappen endigen, und an welchen die Zehen mit einer dicken Haut aneinander verwachsen sind; dahingegen die übrigen alle mit ordentlichen fünfzehigten Füssen versehen sind.

Sonst legen sie, wie alle andere, ihre Eyer auf dem Lande im Sande, und verscharren sie, welche denn von der Sonnen-Wärme ausgebrütet werden. Diese Eyer sind weiß, und nur mit einer Haut umgeben, wie die sogenannten Wind-Eyer der Hühner. Von diesen Eyern sollen sie zuweilen eine erstaunliche Menge legen, nemlich jedesmal wohl neunzig biß hundert, und zwar dreymahl im Jahr. Um solche Eyer am Strande legen zu können, müssen sie öfters grosse Reisen von hundert und mehr Meilen thun, ehe sie an eine Insul gelangen, wohin denn die Weibgen durch ihre Männchen begleitet, und wiederum zurückgeführet werden.

Die Art, sie zu fangen, bestehet darinnen, daß man sie mit Stecken auf den Rücken kehret, und also forschleppret, indem sie sich nicht wieder umwenden können. Im Wasser aber schwimm-

---

Les *Tortuës* tout-à-fait *grandes* ont l'écusson haut & élevé, leur chair est puante, & la tête, à proportion du corps, petite. On en trouve de cette espèce dans le Golfe de *Campêche*, qui ont jusques à huit pieds de long, six de large, & quatre d'épaisseur, dont les Ecussons servent d'auge dans le pais.

1. Les *Tortuës* à *grosse tête* sont un peu moins grandes que les précédentes, mais elles ont la tête fort large, & puent encore plus que les prémières.

3. Après cela viennent les *grandes Tortuës vertes*. Celles-ci ont sur l'Ecusson des Ecailles fort minces, mais d'une belle couleur verdâtre. Elles pésent souvent jusques à trois Quintaux. Leur Chair est très-blanche & de bon goût, à peu près comme le veau. On la mange communément aux *Indes*, & c'est en particulier sur les Vaisseaux une nourriture très-agréable aux Matelots. Un ou deux de ces Animaux suffisent pour rassasier tout un équipage, ce qui vint une fois bien à point à l'Amiral *Anson* dans ses Voyages. Il y a des Voyageurs qui soutiennent que cette Chair de Tortuë est un excellent Spécifique contre le Scorbut, & même contre les maladies vénériennes. Ce qu'il y a de certain, c'est que les Habitans de *Tonquin* & de *Cochinchine* la tiennent pour leur mêts le plus sain & le plus délicat, ce qui est cause qu'ils en salent une quantité étonnante, qu'ils envoyent dans les pais les plus éloignez. Les Coquilles forment une branche considérable de Commerce. On en fait des peignes, des Dos de Vergette, des Quadres de Miroir, des Tabatières, & on s'en sert aussi pour toute sorte d'Ouvrages de pièces raportées.

4. Les *Tortues* à *bec de Faucon* sont les plus petites, ce qui n'empêche pas qu'elles ne soient fort grandes. Les unes ont le Cou long, d'autres l'ont court. Ce sont les plus communes. Leur Ecusson est celui dont se fait le plus grand Commerce, sous le nom d'*Ecaille*. Cette Ecaille est jaunâtre, à flammes d'un brun-rougeâtre, & généralement plus épaisse que la verte, ce qui la rend aussi propre à un plus grand nombre d'ouvrages.

Ce qui rend en général toutes les Tortuës de Mer trés-faciles à distinguer de toutes les Tortuës de Terre ou de Marais, c'est que les pieds des prémières sont plûtôt des espèces de pattes faites en nageoires, & qui leur servent aussi de nageoires. Ce sont des pieds terminez en lambeau, où les doigts sont attachez l'un à l'autre par une membrane épaisse, au lieu que toutes les autres Tortuës ont des pieds à cinq doigts faits comme ceux des autres animaux.

Au reste les Tortuës de mer pondent leurs oeufs, comme toutes les autres, à terre sur le Sable, où elles les énterrent, & laissent à la chaleur du Soleil le soin de les couver. Ces Oeufs sont blancs, & couverts d'une simple membrane, comme les oeufs vuides des Poules. On assûre qu'elles en pondent à la fois une grande quantité, jusques à 90. & même à cent, & cela trois fois par an. Pour pouvoir atteindre un rivage convenable, elles sont obligées à faire souvent plus de cent miles de Chemin. Le Male accompagne toûjours la femelle dans ce Voyage, & la ramène aussi à leur ancien domicile.

Pour les prendre on n'a qu'a les tourner sur le dos, à l'aide d'un baton, les quatre pattes en l'air, & on les traine ensuite où l'on veut, parce qu'elles ne peuvent pas se retourner

schwimmen sie ordentlich auf dem Rucken, so lange sie schlaffen, und in der Begattung bringet das Männchen etliche Tage zu. Sie werden allenthalben in Ost- und Westindien in warmen Gegenden gefunden, jedoch an einem Ort weit häufiger, als am andern, ja es befinden sich dem Strande von Cochin-China gegen über fünf Insuln, wo eine so grosse Menge von Schildkröten ist, daß man sie daher auch die Schildkröten-Insuln nennet.

Wir kommen nun zu den Land-Schildkröten, die man, wie gesaget, in Sumpf- oder Wasser- und in Erd-Schildkröten eintheilet. Diese sind hin und wieder in Europa anzutreffen. Die erstern nemlich sind gerne in Sümpfen, an Teichen, bey Flüssen, und kleinen Seen, die letztern hingegen halten sich mehrentheils in Gärten, und auf dem Lande auf, sind schmackhafter, als die ersten, und haben ein nahrhaftes Fleisch. Diejenigen, welche sich in Europa und auch besonders in Deutschland aufhalten, sind nicht sonderlich groß, in America aber werden ihrer gefunden, die fast 200. Pfund wiegen, und manchen Indianern auf etliche Monathe lang zur einzigen Speise dienen. Sie nähren sich mehrentheils vom Graß, Mooß, und ähnlichen Sachen, haben gleich den andern keine Zähne, sondern Schnabelförmige Kinnladen mit etlichen Reihen Sägeförmiger Einschnitte, und kommen sonst in ihrer Lebensart mit den Meer-Schildkröten ziemlich überein. Man hat verschiedene Arten, als weisse, schwarze, bunte, geflammte und gesprenkelte, einige sind mit einem platten Deckel versehen, bey andern ist der Schild mehr bauchicht. Sie haben ein sehr zähes Leben, so daß sie sich noch wohl vierzehn Tage hernach noch regen, nachdem man ihnen schon den Kopf herunter geschnitten.

II. Nach den Schildkröten folget das Erdechsen-Geschlecht, welches füglich in drey Classen zu theilen wäre, nemlich in fliegende Eydechsen, Wasser- und Erd-Erdechsen. Von den fliegenden giebt es nur eine einzige Art, welche eigentlich Drachen genennet werden, indem an ihren Hüften eine Haut gespannet ist, mit welcher sie sich nach Art der Fledermäuse in die Höhe begeben können. Alle übrige Drachen aber, deren öfters bey Schriftstellern einige Erwehnung geschiehet, sind erdichtet, besonders die vielköpfichte. Auch hat man sich in acht zu nehmen, daß man in den Cabinetten die von den Italiänern aus kleinen Rochen-Fischen durch Kunst verfertigte Drachen und Basilisken nicht etwa vor solche würkliche Thiere ansiehet.

Die Wasser-Eydechsen sind solche, die mehrentheils im Meer, am Strande, und an den Ufern der Flüsse gefunden werden; zu solchen gehören nun erst und vorzüglich der Crocodil, welcher die größte und fürchterlichste Eydechse ist; denn sie wird so groß, daß sie einen Menschen verschlingen kan. Sie halten sich in Asien, besonders in dem Ganges und andern Flüssen, in Africa im Nilfluß, wie auch hin und wieder in America auf. Die Seefahrer nennen sie Kajemans, und fürchten sie, denn es ist nicht gut ins Wasser fallen, wo sich diese Kajemans aufhalten, indem sie den Menschen gleich zerfleischen, und ihn alsobald hinterschlucken, so daß man nicht weiß, wo er geblieben ist. Die größesten haben im Umfang mehr als 12. Schuh, und können dem ohnerachtet sehr geschwinde lauffen, so daß es schwer hält, ihnen zu entkommen, es sey denn daß man sich durch Seitensprünge hilft; denn da sie ihr Rückgrad nicht bewegen können, so fällt es ihnen schwer sich zu wenden, überdas ist ihr Rücken mit Schuppen als mit Panzern

tourner. Elles nagent ordinairement sur le dos quand elles dorment, & l'Ouvrage de la Copulation leur coûte plusieurs jours. On les trouve dans toutes les parties des *Indes Orientales* & *occidentales* aux contrées les plus chaudes, cependant en beaucoup plus grande quantité dans un endroit que dans un autre. Il y a même vis à vis des Côtes de *Cochinchine* cinq Iles où le nombre des Tortuës est si prodigieux, qu'on en a pris occasion d'apeller ces Iles les *Iles des Tortuës.*

Nous avons à parler après-cela des *Tortuës terrestres,* qu'on subdivise, comme nous l'avons déjà dit, en *Tortuës d'eau,* ou de *marais,* & en *Tortuës de Terre.* On trouve des unes & des autres en plusieurs endroits de l'*Europe.* Les prémières vivent dans les marais, prés des Etangs, au bord des fleuves & de petits Lacs. Les dernières se tiennent dans les jardins ou dans les champs. La Chair de celles ci a meilleur goût & est aussi plus nourrissante que celle des prémières. Celles, qu'on trouve en *Europe* en général, & en particulier en *Allemagne,* ne sont pas fort grandes. Mais en *Amérique* il y en a qui pésent jusques à deux Quintaux, & qui fournissent à la nourriture d'une famille entière pendant plusieurs mois. Elles se nourrissent d'herbes, de mousse, & de végétaux de cette sorte. Comme les autres, elles n'ont point de dents, mais seulement des machoires formées en bec, encochées en forme de scie. Leur façon de vivre est assez semblable à celle des Tortuës de Mer. On en a diverses espèces. Il s'en trouve de blanches, de noires, de bigarrées, à flammes, & de tachetées. Les unes ont l'Ecusson plat, d'autres l'ont élevé. Elles tiennent long-tems à la vie, à telles enseignes qu'elles marquent encore du mouvement quinze jours après qu'on leur a coupé la téte.

II. Le Genre des *Lézards* vient après celui des *Tortuës.* Celui-ci doit être proprement subdivisé en trois Classes: les *Lézards volans,* les *Lézards d'eau,* & les *Lézards de terre.* Quant aux *volans* il n'y en a proprement qu'une seule sorte, qui font ce qu'on nomme des *Dragons.* Ceux-ci sont pourvûs à chaque hanche d'une peau, qu'ils peuvent tendre en guise d'aile, & s'elever en l'air avec ce secours, comme les Chauve-Souris. Pour tous les autres Dragons, on doit regarder comme des fables, ce qui en est dit par quelques Ecrivains, & être aussi en garde dans les Cabinets contre les Dragons artificiels que les *Italiens* sçavent faire fort adroitement avec des petites Rayes, & qu'ils vendent pour des véritables Dragons ou pour des Basilics.

Les Côtes de la Mer, & le rivage des grands fleuves, font le Domicile le plus ordinaire des *Lézards d'eau.* On doit ranger d'abord & principalement dans cette Classe le *Crocodile,* qui de tous les Lézards est incontestablement le plus grand & le plus redoutable, puis qu'il l'est assez pour avaler un homme tout entier. On trouve cet Animal en *Asie* sur les bords du *Gange* & d'autres fleuves, & en *Afrique* sur les bords du *Nil.* Il y en a aussi çà & là en *Amérique.* Les Gens de mer les apellent *Caimans,* & les craignent beaucoup; car s'il arrive malheureusement à quelqu'un du Vaisseau de tomber dans l'eau, là où il y a de ces terribles animaux, l'homme est tout aussitôt déchiré, & si bien devoré qu'on ne sçait plus ce qu'il est devenu. Les plus gros ont plus de douze piez de circonférence, ce qui ne les empêche pas de courir fort vite, de sorte qu'il est dificile de leur echaper, à moins qu'on ne se puisse tirer d'afaire en courant en zig-zag, ou en ligne courbe, c r

Panzern besetzet, daß keine Flintenkugel leicht durchgehet. Ihr Rachen, den sie sehr weit auffperren können, siehet sehr fürchterlich aus, da derselbe weit hinein mit vielen Zähnen besetzet ist. Diese Crocodille legen wohl hundert Eyer, die sie durch die Sonne im Sande ausbrüten lassen, und hernach kommen sie, die ausgebrüteten Jungen zum Wasser zu führen. Es würde diese erstaunliche Vermehrung solcher schädlichen Thiere, welche noch dazu ungemein lange leben, und alt werden, ganze Gegenden auf sehr viele Meilen unsicher und unbewohnbar machen, wenn sie nicht selbst wieder einen grossen Theil ihrer Jungen fräßen, und die Vorsehung ohnehin ein anderes Thier daselbst erschaffen hätte, so unter dem Namen Ichneumon bekannt ist, welches sich über die Crocodillen-Eyer, die etwas grösser und länger, als Gänse-Eyer sind, und ziemlich gut schmecken, zu machen, und sehr oft ganze Nester auszuleeren pfleget.

Ausser dem Crocodil finden sich in den Indien viele kleinere Arten, davon die grössesten so groß, wie ein Windhund werden, die kleinste aber nicht über einen Finger lang sind, welche sich alle mehrentheils im Wasser aufhalten, wohin unter andern auch die Iguana gehöret.

An Erd-Eydechsen giebt es nicht weniger eine grosse Anzahl. Sie sind mehrentheils von grauer, oder grüner Farbe, etliche wenige besonders gezeichnete ausgenommen, ja einige sind ganz gelb, oder gefleckt und gestreift. Sie halten sich in alten Gebäuden, zwischen den Ritzen der Mauren, in Gräben, und sumpfigten Orten auf, legen viele Eyer in die Erde, die nach Gelegenheit wie Tauben-Eyer bey den grössesten, oder auch wie Erbsen bey den kleinsten sind. Zu dieser Art gehören die Chamäleons, der Stincus, Gecko, Salamander, Stern-Eydechsen und mehrere dergleichen. Sie sind nicht giftig, und man kan sie, etliche wenige ausgenommen, ohne Schaden anrühren, ja manche Arten haben ein sehr delicates und schmackhaftes Fleisch.

Alle Eydechsen haben 4. Füsse, aber an selbigen nicht alle gleich viele Zehen. Diese Zehen haben bey einigen ganz lange Krallen, bey andern nur kurze, ja bey etlichen sind gar keine Krallen vorhanden, sondern es endigen sich die Zehen in Lappen, die zum Schwimmen dienen können. Der Schwanz ist bey den meisten unterschieden, sehr lang und brüchig, daher sie ihn gerne verlieren, wiewohl solches ihnen kein sonderlicher Schaden ist, indem er bald wieder nachwächset. Viele von den Eydechsen haben Schuppen, andere haben Ringe, und etliche häuten sich jährlich. Der Ritter Linnäus theilet sie nach den Schwänzen ein.

III. Nun folget noch das Frosch-Geschlecht, von welchem wir, da sie bekannt sind, nicht viel zu sagen haben. Es werden auch diese in Wasser-Frösche und Erd-Frösche eingetheilet, welchen man die Baum- und Laubfrösche noch besonders zugesellen kan.

1. Die Wasser-Frösche enthalten die Kröten unter sich, welche an den Förderfüssen vier Zehen, an den Hinterfüssen aber sechs dergleichen haben, die mit einer Schwimmhaut verbunden sind. Diese sind giftig, indem sie einen schädlichen Saft aus den

comme leur Epine n'est point flexible, ils ne peuvent se retourner qu'avec beaucoup de peine. Leur dos est couvert d'écailles comme d'une Cuirasse, qu'une bale de fusil ne sçauroit percer. Leur Gueule est épouvantable à voir, quand ils l'ouvrent, tant par sa grandeur, que par la quantité de dents dont elle est garnie. Ces Crocodiles pondent à la fois jusques à cent oeufs dans le Sable, où la chaleur du Soleil les couve, & quand les Petits sont éclos, la Mère revient les querir pour les mener à l'eau. Cette multiplication étonnante d'une race si nuisible rendroit des Contrées entières bientôt inhabitables a plusieurs miles à la ronde, d'autant plus que ces Animaux vivent fort long-tems, s'ils ne devoroient eux-mêmes une partie de leurs Petits, & si la bonne Providence ne leur avoit suscité dans les mêmes Païs un Ennemi connu sous le nom d'*Icneumon*, (*) qui mange les oeufs de Crocodile & en vuide quelque fois des nichées entières. Ces Oeufs sont de bon goût, & un peu plus gros & plus longs que des Oeufs d'Oie.

Après le Crocodile on trouve aux *Indes* encore quantité d'espèces plus petites de ces Animaux dont les plus grands ont la taille d'un Lévrier, & les plus petits ne sont pas plus grands qu'un doigt. Ils se tiennent ordinairement dans l'eau. Il faut mettre dans ce rang l'*Iguana*.

On trouve aussi un grand nombre de *Lézards de terre*. Ils sont pour la plûpart de couleur grise ou verte, à l'exception de quelques uns en petit nombre, qui sont marquez de desseins singuliers. On en rencontre aussi de jaunes, de tachetez, & de striez. Ceux-ci se tiennent dans de vieilles Masures, dans les fentes & crevasses des murs, dans des fossés, ou, dans d'autres endroits marécageux. Ils pondent leurs oeufs en grand nombre dans la terre. Les plus grands ressemblent à des oeufs de Pigeon, & les plus petits sont comme des pois. On compte dans cette sorte le *Cameleon*, le *Stinc*, le *Geko*, le *Salmandre*, le *Lézard étoilé* & d'autres pareils. Ils ne sont point vénimeux, & à la reserve d'un trés-petit nombre, on peut les toucher & même en manger sans risque. Il y en a même quelques espèces dont la Chair est délicate & de trés-bon goût.

Tous les Lézards généralement sont pourvûs de quatre pieds, mais ces pieds ne sont pas pourvûs d'un nombre égal de doigts. Aux uns, ces doigts sont armez de longues grifes, à d'autres les grifes sont courtes; quelques uns n'ont point de grifes du tout, leurs doigts se terminant en lambeaux, qui leur servent à nager. La Queuë varie beaucoup: la plûpart l'ont longue & facile à se rompre, ce qui fait qu'ils la perdent souvent, ce qui ne leur cause pas un grand préjudice, parce qu'elle leur recroit fort vîte. Quantité de Lézards ont des écailles, d'autres des anneaux, d'autres changent de peau toutes les années. Le Chevalier *Linnæus*, dans la Division qu'il en donne, se règle sur les Queuës.

III. Le Genre des *Grenouilles* suit à présent. Nous n'en dirons pas grand chose, cet Animal étant assez connu. On les divise en *Grenouilles d'Eau* & en *Grenouilles de terre*, auxquelles on peut joindre les *Graissers*, ou les *Verdiers*.

1. Les *Grenouilles d'eau* renferment dans leur espèce les *Crapauds*, dont les Pattes antérieures n'ont que quatre doigts.
Au

(*) *Rat d'Inde*, en latin *Mus indicus*. On en trouve beaucoup en Egypte.

den Warzen spritzen; jedoch sind auch Exempel, daß die Kröten wiederum durch giftige Spinnen gestochen und getödtet sind, so daß immer ein Gift über das andere ist. Man hat zuweilen von diesen Kröten solche grosse gefunden, daß man sich davor entsetzen müssen, indem sie wohl einen halben Schuh in die Breite austrugen. Von oben her sind diese Thiere mehrentheils schwarz, mit kleinen grünlichten und gelben Flecken fein gesprenkelt. Der Unterleib aber ist gelblicht weiß, und hat grosse schwarze Flecken. Sie kriechen ungemein langsam fort, nähren sich von Insecten, und gebähren lebendige Jungen.

Ferner gehöret zu den Wasserfröschen die Surinamische Wasserkröte, welche Pipa genennet wird. Sie ist eine der grössesten, und das merkwürdigste an ihr ist, daß ihr die Eyer auf dem Rücken angewachsen sind, aus welchen ihr hernach die Jungen auf dem Rücken auskriechen.

Endlich gehören aus dem ganzen Heer der übrigen Frösche noch verschiedene zu dieser Classe, deren ihre Lebensart nemlich mehr im Wasser als auf dem Lande ist, und die vorzüglich ihre Eyer, (welche wie bey allen Fröschen an einander fest sitzen, ganz unbedeckt sind, und den Namen Froschlaich führen,) im Wasser legen. Ihre Jungen kommen nicht sogleich aus diesen Eyern mit einer vollkommenen Bildung zum Vorschein, sondern müssen sich erst verwandeln. Sie haben nemlich erst Schwänze, und keine Füsse, kriechen wie Würmer heraus, und schwimmen. Nachhero bekommen sie in ihrer ferneren Entwickelung erst die Förderfüsse, sodann die Hinterfüsse, und bleiben immer dabey geschwänzt, biß sie endlich auch den Schwanz ablegen, und zur Vollkommenheit gelangen.

2. Die Erdfrösche sind von kleinerer Art, legen ihre Eyer im Grase, an etwas feuchten Oertern, und kriechen mitten auf dem Lande in gar grosser Menge aus, können sich auch ziemlich lange Zeit hinter einander im Trockenen aufhalten. Sie sind eben wie die letzt-erwehnte Wasserfrösche unschädlich, und eßbar, wozu man jedoch die grossen Wasser-Frösche nimmt, wenn man Lust hat, mit denen Störchen und Reihern zu Gaste zu gehen.

3. Die Baum-Frösche endlich sind sehr klein, von schöner grüner Farbe, nähren sich von Fliegen, Insecten, und sitzen entweder auf den Bäumen unter dem Laub, oder auf der Erde unter den abgefallenen Blättern, daher man sie auch Laub-Frösche zu nennen pfleget.

Bißher haben wir nur von der ersten Ordnung der Amphibien, nemlich von den kriechenden, geredet. Nunmehro aber kommen wir zur zweyten Ordnung, welche die Schleichende, das ist, alle Schlangenartige, in sich begreift. Von diesen gehet es nicht an eine Eintheilung in Wasser- und Erd-Schlangen zu machen, weil es keine eigentliche Wasser-Schlangen giebt. Denn diejenige, die man Wasser-Schlangen, Murenæ, oder auch Aale, nennet, und welche eine glatte Haut haben, gehören zu den Fischen. Es ist also nöthig, andere Merkmahle zur Eintheilung hervor zu suchen, daher denn erst überhaupt zu bestimmen ist, was man unter einer Schlange verstehe.

Alle

Aux postérieures il y en a six, liéz l'un à l'autre par une Membrane, qui leur sert de nageoire. Ceux-ci sont venimeux, rejettans par leurs mammelons un suc nuisible. On a des exemples cependant que des Araignées venimeuses ont tué des Crapauds par leur piquûre, tant il est vrai qu'il y a toujours un Venin plus fort que l'autre. On a trouvé des Crapauds d'une Grandeur à faire peur, ayans jusques à un demi-pied de largeur. Ces Animaux sont le plus souvent noirs à la partie supérieure du corps, & finement mouchetez de petites taches jaunes & verdâtres. Le Dessous est d'un blanc jaunâtre, & marqué de grosses taches noires. Ils marchent très-lentement, vivent d'Insectes, & mettent leurs Petits vivans au monde.

On doit encore ranger parmi les Grenouilles d'eau le *Crapaud aquatique de Surinam*, qu'on nomme *Pipa*. C'est un des plus gros Crapauds, & ce qu'il y a de plus remarquable, c'est que la femelle porte ses oeufs attachez sur son dos, & c'est de là que la Nature fait éclorre les Ieunes.

Enfin il y a, outre celles que nous venons d'alléguer, plusieurs autres sortes de Grenouilles qu'on doit ranger dans la même Classe. Elles vivent plus dans l'eau que sur la terre, & c'est aussi là qu'elles pondent leurs oeufs par préférence. Ces oeufs qui tiennent fermement l'un à l'autre, sans avoir aucune couverture, sont ce qu'on apelle le frai des Grenouilles. Les Ieunes n'ont pas leur forme parfaite quand elles sortent de ce frai. Elles sont sujettes auparavant à quelques métamorphoses. D'abord ce ne sont que des Queuës sans pieds, qui sortent des oeufs en figure de vers & nagent. Puis en se developant elles prennent en premier lieu les pieds de devant, & après cela les pieds de derrière, conservant toûjours leur Queuë, jusques à ce qu'enfin cette Queuë se perd, & que la Grenouille aquiert la figure complette, que nous lui conoissons.

1. Les *Grenouilles terrestres* sont d'une plus petite espèce. Elles posent leurs oeufs sur l'herbe, ou dans des endroits humides, d'où elles sortent en très-grande quantité, & sont en état de subsister long-tems de suite au sec. Elles ne sont point malfaisantes, non plus que les Grenouilles d'eau. On en peut manger sans crainte. Mais on choisit pour cela communément les plus grosses Grenouilles aquatiques, quand on est dans le goût de s'accommoder de la même nourriture que les Cicognes, & les Herons.

3. Les *Graissets*, ou les *Verdiers* enfin, sont de très-petites Grenouilles d'une belle couleur verte. Elles vivent de Mouches, & d'autres Insectes. Leur demeure est sur les arbres, ou par terre sous des feuilles tombées, ou sous quelque autre Verdure, & c'est de là vraisemblablement que leur est venu le nom de *Verdier*. (*)

Ce que nous avons dit jusques ici ne concerne que le *premier Ordre* des Amphibies, qui sont les *rampans*. Nous allons voir ce que c'est que le *Second Ordre*, qui comprend tout ce qui a *figure de Serpent*, & qu'on apelle *glissans*, ou *qui se trainent*. Il n'est pas possible d'établir ici, comme à l'Article précédent une Division en Serpens d'eau & Serpens de terre, parcequ'il n'y a à proprement point de Serpens d'eau. Car ce qu'on apelle Serpent d'eau, Murénes, Anguilles, & autres qui ont la peau unie, apardent à l'Ordre des Poissons. Il faut donc chercher d'autres caractères

(*) En allem. *Laub-Froesche*, mot-à-mot *Grenouilles de Verdure*.

Alle Schlangen haben Schuppen, oder Schilde, oder Ringe, oder Runzeln, und gar keine Floßfedern. Die Anzahl ihrer Schilde aber, und der Siz derselben, machet ihren Unterscheid aus, wiewohl etliche bloß alleine mit Schuppen, und mit keinen Ringen versehen sind, welche ein besonders Geschlecht ausmachen. Auf diese Umstände ist vormahls, und bey den alten Schriftstellern wenig gesehen worden, daher die deutsche Benennungen, als: Schlange, Viper, Natter, Blindschleiche, desgleichen auch die lateinische, als: Serpens, Anguis, Amphisbæna, Coluber, Cæcilia, u. s. w. ziemlich willkührlich gebraucht und mit einander verwechselt wurden, und man kan in der That aus den mehresten Schriftstellern nicht recht entscheiden, was sie vor eine Natter, Blindschleiche, oder dergleichen zum Unterscheid von andern Schlangen gehalten haben. Auch scheinet es uns, als ob die Erklärung von dem Ursprung etlicher Benennungen ziemlich weit hergeholt sey, wenn man zum Exempel das Wort Natter von dem lateinischen, Natare, oder Schwimmen, und Viper von Vivipara, oder lebendig gebährende herleiten, auch den Namen Cæcilia damit erklären wollte, als ob diese Art Schlangen keine Augen hätte, und gänzlich blind wäre. Der Ritter Linnäus, welcher allenthalben die Unterscheidungs-Merkmahle der Thiere mit einer bewunderns-würdigen Gedult und Aufmerksamkeit zusammen gesucht hat, zehlet an den Schlangen die Anzahl ihrer Ringe, oder Schilde, sowohl am Schwanz als am Bauch, und bestimmet dadurch ihre Haupt- und Unterarten, wovon wir also nur kürzlich eine Nachricht geben, und die Linnäische Eintheilung zum Grunde legen wollen.

Dem ganzen Geschlecht wird der Name Schlangen, oder Serpentes beygeleget. Diese werden also abgetheilet:

1.) Etliche haben an dem Unterleib Schilde, und am Schwanz Schuppen und Schilde. Dieser Schwanz endigt sich zugleich mit gewissen Blasenförmigen Gelenken. Diese Art nennet Linnäus Crotalus, oder Klapperschlange, und ist sehr giftig.

2.) Andere haben Schilde am Schwanz und Unterleib, aber keine Klapper am Schwanz. Deren ihr Name ist Boa. Man findet unter dieser Classe die größten.

3.) Die meisten haben Schilde am Unterleib und Schuppen am Schwanz, und werden beym Linnäus unter dem Namen Coluber gefunden, worunter die Vipern, Nattern und die meisten Schlangen gehören, die einen Gift bey sich führen.

4.) Diejenige, welche sowohl am Unterleibe, als unter dem Schwanz nur Schuppen haben, kommen unter dem Namen Anguis, (Hausschlangen) vor.

5.) Etliche sind mit Ringen um den Schwanz und Unterleib versehen, und selbige heissen Amphisbænæ, (Doppelschleicher, Ringelschlangen.)

6.) Haben

---

ractères pour la Divison à faire, & déterminer avant toutes choses ce qu'on entend par le mot de Serpent.

Tous les Serpens généralement ont des écailles ou écussons, ou des anneaux, ou des rides, & jamais des nageoires. Ils sont différenciez par le nombre de leurs écussons, & par la manière dont ces écussons sont placez. Il y en a cependant qui n'ont que des ecailles & point d'anneaux, & ceux-ci composent un genre particulier Les anciens Auteurs ne faisoient pas une attention fort exacte à ces particularitez, & de là vient que dans les vieux Ecrits allemands les dénominations de *Schlange*, *Viper*, *Natter*, *Blindschleich*, (*) & chez les Latins celles de *Serpens*, *Anguis*, *Amphisbæna*, *Coluber*, *Cæcilia*, (**) &c se trouvent employées assez arbitrairement, & même souvent confonduës, de sorte qu'il n'est pas facile de saisir dans ces anciens Auteurs la diférence qu'il y a à faire d'un Aspic, ou d'une Amphisbène, par exemple, à un autre Serpent. Il nous paroit outre cela que les Etimologies que nous donnent ces anciens Ecrivains sont un peu forcées, quand ils veulent nous persuader que le nom allemand *Natter*, qui signifie un *Aspic*, vient du verbe latin *natare*, nager, celui de *Vipère* de *Vivipare*, parcequ' elle met ses Ieunes vivans au monde, & que la *Cecilia*, (l'Amphisbène) est nommée ainsi, parcequ'on prétend que cette espèce de Serpent n'a point d'yeux, & est absolument aveugle. Le Chevalier *Linnæus*, qui aporte une patience & une attention merveilleuse à déterminer les caractères distinctifs de tous les Animaux, se règle par raport aux Serpens, sur le nombre d'anneaux ou d'écussons qu'il trouve tant à la Queuë qu'au Ventre, & décide par là des Espèces principales, & des Sous-espèces. C'est dequoi nous allons rendre compte en peu de mots, en suivant l'Arrangement de *Linnæus*.

Le Genre entier porte le nom de *Serpens*. On en fait la Division suivante.

1.) Les uns ont au Ventre des Ecussons, & à la Queuë des Ecailles & des Ecussons. Cette Queuë se termine en articulations, qui ont la forme d'une Vessie. *Linnæus* donne à cette espèce, qui est trés-venimeuse le nom de *Crotalus*, *Serpent à Sonnette*, ou *Boycininga*.

2.) D'autres ont les Ecussons au ventre & à la Queuë, mais point de Sonnettes. Ceux-ci portent le nom de *Boa*. C'est dans cette Classe qu'on trouve les plus grands.

3.) La plûpart des Serpens ont les Ecussons au ventre & les écailles à la Queuë. *Linnæus* les comprend sous le nom de *Couleuvre*, & met dans cette Classe les *Vipères*, les *Aspics*, & presque tous les *Serpens* venimeux.

4.) On a ensuite ceux qu'on distingue sous le nom d'*Anguis*, (Serpent domestique), qui n'ont que des écailles tant au ventre que sous la Queuë.

5.) Il s'en trouve quelques uns qui ont des anneaux autour de la Queuë & du ventre. Ceux-ci s'apellent *Amphisbènes doubles*, *Serpens annelez*.

6.) Lors

(*) *Schlange*, Serpent; *Viper*, Vipère; *Natter*, Aspic; *Blindschleich*, Amphisbène.

(**) *Serpens*, ou *Anguis*, Serpent; *Amphisbæna*, ou *Cæcilia*, Amphisbène; *Coluber*, Couleuvre.

6.) Haben sie aber bloß Runzeln am Leib und Schwanz; so giebt man ihnen den Namen Cæcilia, (Blindschleiche.)

Gleichwie nun diese Haupt-Kennzeichen dazu dienen, gewiße Claßen zu bestimmen, also macht die Anzahl der Ringe, und der Schilde die besondern Arten aus, und bestimmt auch, welchen Namen jede Schlange besonders führet. Diese Schilde aber zu zählen ist nicht jedermans Sache.

Uebrigens ist zu merken, daß, da die Schlangen insgemein vor giftige Thiere angesehen werden, dennoch nicht einmahl der zehende Theil derselben giftig ist. Es bestehet aber dieses Gift in nichts anders, als in einer gewißen äzenden und schädlichen Feuchtigkeit, welche sich bey einigen Schlangen im obern Kiefer hinter einem beweglichen Zahn in einer Blaß absondert, und die, wenn selbige gedruckt wird, heraus sprizet, hernach aber von einer solchen Schlange dem Menschen im Zorn zugeblasen oder durch Anhauchen beygebracht wird. Dieses Gift ist dergestalt in besagter Blaß eingeschränkt, daß die Indianer, wie man sagt, die giftigsten Schlangen anspießen, ihnen, wenn sie ihr Gift ausspeien, den Kopf herunter hauen, und den übrigen Cörper ohne alle Gefahr eßen.

Durchgängig sind die Schlangen bunt, und sehr schön gezeichnet, mehrentheils aber ist auf ihre Farben kein rechter Staat zu machen, weil sie jährlich ihre alte Haut ablegen, und aus selbiger, wie aus einer Röhre heraus kriechen. Inzwischen sind oft die schönsten Schlangen die giftigsten, und ist ihnen am wenigsten zu trauen, wie unter andern an der sogenannten Brillenschlange erhellet, welche eine Kappe um den Hals trägt, worauf eine ordentliche Brille abgezeichnet ist, deren Biß aber alsbald tödtet.

Sonst legen die Schlangen Eyer, welche gleichsam an einer Schnur sizen. Sie mögen mehrentheils ein gutes Gesicht haben, hingegen scheinen sie taub zu seyn; dann sie haben keine Ohren. Wenn sie fortkriechen, so geben sich ihre Schilde, oder Ringe auseinander, so daß sie durch eine wurmförmige Bewegung ihren Plaz verändern. Manche schlingen sich in Knoten, und hüpfen fort, andere gehen mit dem Leib aufgerichtet, und schieben sich mit dem Schwanz fort, noch andere aber schießen wie ein Pfeil in einem Bogen auf ihren Raub los. Jedoch wir werden bey der Beschreibung der Figuren selbst mehrere besondere Umstände, die Lebensart der Schlangen betreffend, zu erwehnen haben, dahero wir es jezo dabey bewenden laßen, und nur noch anführen, daß sie sämtlich ordentlicher Weise auf dem Lande und im trockenen leben, erforderlichen Falls aber auch im Waßer eine Zeitlang aushalten können.

Dieses war es also, was wir überhaupt von den kriechenden und schleichenden Amphibien erwehnen wollten. Laßet uns nun ein und andere Arten derselben, nach Anleitung der Figuren, genauer betrachten.

6.) Lors qu'ils n'ont que des rides tant au corps qu'a la queuë, on leur donne le nom de *Cæcilia, Amphisbène simple.*

Ces Caractères principaux peuvent servir à classifier les Serpens, d'où il resulte que c'est le nombre des anneaux, ou des écussons, qui diférencie les Espèces, & qui décide des dénominations. Mais tout le monde n'est pas disposé à faire ce compte.

Il est à observer que quoiqu'on tienne généralement tous les Serpens pour des Animaux venimeux, à peine la dixième partie a-t-elle du venin. Ce Venin consiste en une certaine liqueur corrosive, qui a son siège dans une petite Vessie placée derrière une dent mobile de la machoire supérieure, laquelle Vessie étant comprimée la dite liqueur en sort avec vehemence, & le Serpent irrité la repousse sur l'homme avec son haleine, ou en soufflant. Cette liqueur venimeuse est si bien renfermée dans les bornes de cette Vessie, que les Indiens, après avoir percé les Serpens les plus venimeux par quelque arme pointuë, prennent leur temps pour leur couper la tête au moment, où ils soufflent ce venin, & ne font ensuite, à ce qu'on assûre, aucune dificulté de manger le reste du corps, sans en ressentir la moindre suite facheuse.

Universellement les Serpens sont de couleur bariolée, & élegamment marquez, mais il n'y a aucun fonds à faire sur ces couleurs, parce que cet animal se depouille annuellement de sa vieille peau, de laquelle il sort comme d'une gaine. Cependant il est bon de remarquer que les plus beaux Serpens sont souvent les plus venimeux, & ceux dont on se doit défier davantage. C'est dequoi le *Serpent à Lunettes* (*) qui porte autour du cou une Coëffe sur laquelle on voit des Lunettes marquées dans les formes, fournit un exemple. La Morsure de ce Serpent est mortelle & tuë sur le champ.

Au reste les Serpens pondent leurs oeufs de façon qu'ils semblent être enfilez l'un contre l'autre à une soie. Il est à présumer qu'ils ont pour la plûpart la vûë bonne, mais il est vraisemblable aussi que le sens de l'Ouïe leur manque, puisqu'ils n'ont point d'oreilles. Quand ils s'étendent dans leur marche, les écussons & les anneaux s'eloignent l'un de l'autre, & changent de place par un mouvement vermiforme. Quelques uns se replient en noeuds, & avancent par bonds, d'autres tiennent le corps élevé, & se trainent sur la queuë; il y en a aussi qui s'elancent en arc sur leur proie comme un trait de flèche. Comme la Description des figures nous fournira l'occasion de parler de quelques autres particularitez touchant la façon de vivre des Serpens, nous ne nous étendrons pas davantage ici, si ce n'est pour dire encore que pour l'ordinaire les Serpens vivent sur la terre au sec, mais que cependant, le cas y échéant, ils peuvent aussi subsister pendant quelque tems dans l'eau.

Voilà ce que nous avions à observer en général touchant les Amphibies rampans, & ceux qui se trainent. Considérons à présent en particulier quelques unes de leurs espèces, en suivant l'ordre de nos figures.

(*) *Linnæus* dans son grand Sistème l'apelle en latin *Naja.*

TAB. L.

PLANCHE L.

Wir machen den Anfang mit einer Meerschildkröten, welche durchgängig die Caretschildkröte genennet wird, und auch bey dem Linnäus unter dem Namen Caretta vorkommt. Daß es eine Wasserschildkröte sey, lässet sich bald an den Füssen erkennen, indem an selbigen die Klauen mit lederartigen Lappen verwachsen sind, und sich gleichsam wie Floßfedern endigen. Diese Art wird nach derjenigen, so vom Linnäus Mydas genennet wird, die grösseste, so daß man deren findet, die über vier Schuh groß sind.

Der Cörper ist eyrund, sehr dicke, und der Rücken erhaben. Auf diesem Rücken liegen drey Reihen Schilder, davon die Mittlere fünf, und die zwey Seiten-Reihen, jede vier Schilder haben, die wie die Dachziegel unter einander stecken, der Rand aber bestehet rings herum in einem erhabenen und zackigten Wulst, welcher aus so vielen krumm gebogenen und untereinander geschobenen Schilden bestehet, als man Ecken, oder Zacken hervorragen siehet. Die Brust ist im Verhältniß gegen den Rücken platt, jedoch siehet man zwey erhöhete Streiche die Länge herunter gehen, welche die ganze Brust in drey gleiche Theile abtheilen, und dieselbe, oder vielmehr den ganzen Unterleib dreyeckigt machen, so daß sich an selbiger drey Flächen zeigen. Es ist dieser untere Theil ebenfalls mit untereinander geschobenen Schilden besetzet, welche in zwey Reihen, jede von fünf Schilden, liegen, die seitwärts nach dem äussern Umfang zu mit einer Menge kleinerer Schilde eingefasset sind.

Die Schilde sind nach Beschaffenheit der Grösse auch groß und einen sechzehnten Theil eines Zolls, biß zum viertels Zoll dicke, liegen über einem harten knochichten Wesen, welches gleichsam nichts anders, als eine Verwachsung der Rippen ist, und lassen sich gerne von dem darunter liegenden Knochen ablösen. Diese Schilde sind nun das bekannte Schildkrot, welches sich im heissen Wasser weich machen, und zu allerhand Sachen, als Dosen, Spiegelleisten, u. d. m. biegen, poliren und zubereiten lässet. Es ist hornartig, durchsichtig, und mit braunrothen Flammen gezieret.

Der Kopf, dessen Mund einem Falkenschnabel vollkommen gleichet, ist seitwerts und obenher mit ähnlichen kleinern Schilden besetzet, davon das grösseste gerade in der Mitte ist, um welches sich die übrigen kleinern genau anschliessen, ohne unter einander geschoben zu seyn. Von dem Nacken an aber, biß zum Cörper gehet sowohl unten, als oben nur eine kahle runzelichte Haut, die sich verlängern und verkürzen lässet, wodurch das Thier im Stande ist, den Kopf weit hinaus zu strecken, oder auch dichte an sich zu ziehen, jedoch kan es denselben nicht gänzlich unter der Schaale verbergen.

Der Herr Besitzer dieses Exemplars, nemlich der berühmte und um die Naturgeschichte bey der gelehrten Welt so sehr verdiente Herr Hofrath Trew in Nürnberg war begierig, an diesem Exemplar zu untersuchen, in wie weit die Natur bey Bildung der Floßfedern, von der Structur der Füsse an den Landschildkröten, die äusserlich ganz anders gebildet sind, abweiche. Es wurde daher von dem Herren Besitzer die eine Flosse biß auf das knochichte Wesen abgeschälet, da denn an den Gelenken erhellete,

---

Nous commençons par une Tortuë de Mer connuë communément sous le nom de *Tortue à Carette*, (*) & que *Linnæus* désigne par celui de *Caretta*. Ses piéds dénotent que c'est une Tortuë d'Eau, puisque les Grifes en sont garnies de Lambeaux membraneux qui se terminent comme des Nageoires. Après l'espèce que *Linnæus* distingue sous le nom de *Mydas*, celle-ci est la plus grande, à telles enseignes qu'on voit de ces Tortues, qui ont jusques à quatre pieds de grandeur.

Le Corps en est de rondeur ovale, trés épais, & le dos élevé. On aperçoit sur ce dos trois rangées d'Ecussons, cinq à célle du milieu & quatre à chaque côté, lesquels se dépassent l'un l'autre, comme les tuiles d'un toit. Le bord consiste tout autour en un bourrelet élevé & denté, qui est composé d'autant d'Ecussons courbes se dépassans l'un l'autre, qu'il y a de coins ou de dents avancées au bourrelet. La Poitrine est platte en comparaison du dos; cependant on y remarque tout du long deux rayes élevées, qui la divisent en trois parties, ou qui, pour mieux dire, donnent à la partie inférieure du corps toute entière une figure triangulaire. Cette partie inférieure est aussi garnie de deux rangées d'écussons. Il y en a cinq à chacune qui se dépassent un peu l'un l'autre comme les précédens, & qui de côté vers la circonférence sont bordéz par un grand nombre de petits écussons.

La grandeur de ces Ecussons est proportionnée à celle de la bête. Leur épaisseur va depuis un Seizième jusques à un quart de pouce. Ils sont couchez sur une substance osseuse dure, qu'on peut regarder comme les côtes de l'animal jointes l'une à l'autre, & de laquelle on peut détacher sans peine les écussons qui composent ce qu'on apelle l'Ecaille de Tortue. On amollit cette Ecaille dans l'eau, où on l'adapte pour toutes sortes d'ouvrages, tels que des Tabatières, des Quadres de Miroirs, &c. parcequ'apres avoir été amollie, elle est flexible & susceptible de la plus belle politure. Elle est de nature cornée, transparente, & brille de flammes, qui sont d'un beau brun tirant sur le rouge.

La tête, dont la bouche est formée parfaitement comme un bec de Faucon, est couverte au dessus & aux deux cotez de petits écussons semblables à ceux du corps, dont celui qui se trouve précisément au milieu est le plus grand, auquel sont joints de près tout autour les plus petits, qui à cette partie ne se dépassent point les uns les autres. On n'observe depuis la nuque jusques au corps qu'une peau nuë & ridée tant au dessus qu'au dessous, laquelle s'alonge & s'acourcit à la volonté de l'animal, qui par ce moyen peut étendre loin sa tête, ou la retirer à soi comme il lui plait; mais il ne peut cependant pas la cacher entièrement sous la Coquille.

Monsieur le Conseiller aulique *Trevv*, ce célèbre Naturaliste de *Nuremberg*, à qui tous ceux, qui cultivent cette science, ont des obligations infinies, se trouvant Possesseur de la pièce, que nous venons de décrire, eût la curiosité d'exa-

(*) C'est comme qui diroit, *Tortuë à ecaille de Tortue.* Car en Hollande on apelle *Coret* l'écaille de Tortuë la plus propre à être ouvragée, & c'est parceque la bête figurée ici fournit cette bonne écaille, qu'on la nomme *Tortue à carette*.

L.

Ex Museo Excell. D.D. Christ. Iac. Trew. S.S.

Christian Leinberger ad nat. pinxit.

I. S. Leitner fecit. 79

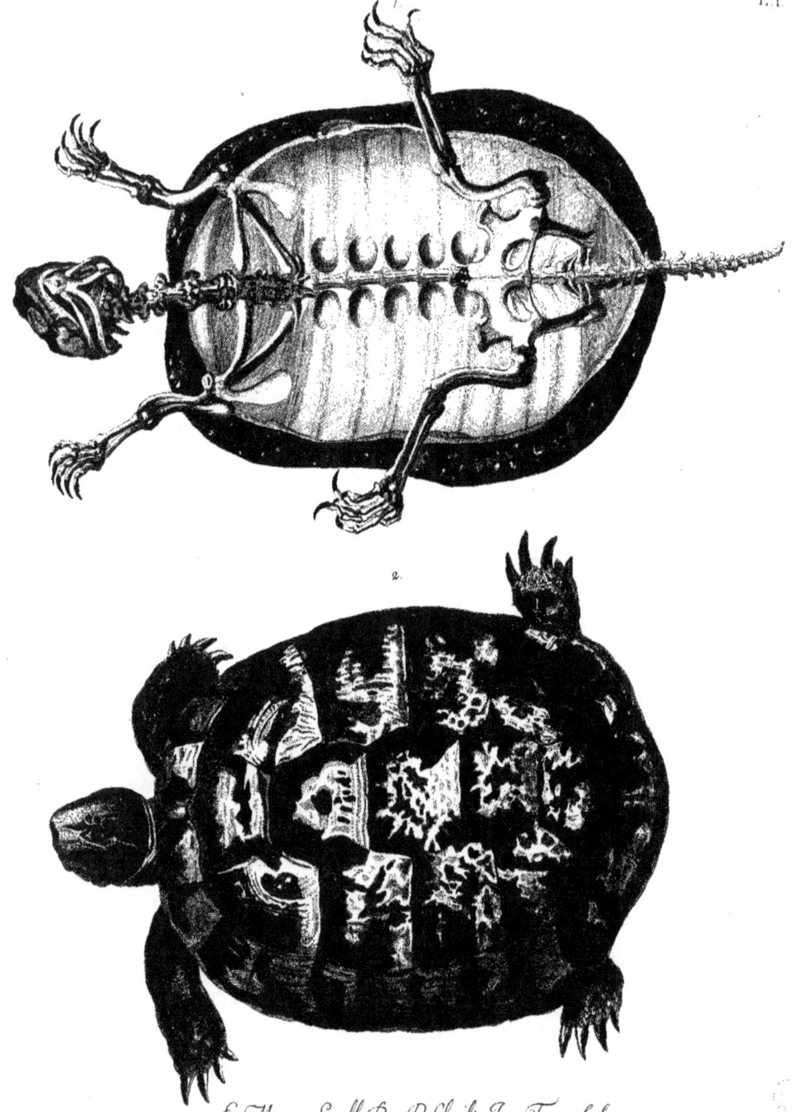

I.1.
2.
Ex Museo Excell. Dn. D. Chrift. Iac. Trew. S.S.
Andreas Hoffer sculpsit. 82.

erhellete, wie einstimmig die Natur in Bildung der Theile wür-
te, und daß sie nicht ohne Noth von ihren Gesetzen abgehe,
sondern die nemlichen Regeln beobachte, so lange es möglich ist,
und nur nach Beschaffenheit der Umstände durch kleine Zusätze,
oder Aenderungen ihren Zweck erreiche.

Wer siehet nicht, wie viel Aehnlichkeit in diesen Floßfeder-
Füßen mit den Förderfüßen der Landschildkröten, ja sogar mit den
Fingern und derselben Gelenken anderer Thiere anzutreffen ist?
Es hat sich nur allein das fleischichte, oder häutigte Wesen auf
eine andere Art gebildet, weil die Haupt-Lebensart dieser Thiere
im Wasser seyn sollte, und die Theile zum schwimmen geschickt
gemacht werden mußten. Indessen sind doch nicht alle Schildkröten dieses Geschlechts gleich gebildet, sondern man findet viele
Abweichungen, sowohl in Ansehung der Bäuchichkeit, oder auch
der Verhältnißmässigen Länge und Breite des Schildes, als
auch in Ansehung des Kopfs, und der Füsse, woran bey etlichen
Wasserschildkröten die fünf Klauen hervor ragen, bey andern
nicht.

Der Schwanz dieser Thiere ist sehr kurz und bey den grösten kaum mit einer Faust zu fassen. Wenn sie schlaffen, schwimmen sie ebenfals, wie andere, auf den Rücken, wie sie sich denn
auch mehrentheils auf der Oberfläche des Wassers aufhalten.
Will man sie fangen, so kan man, (wie mehrmahlen von
Bootsleuten, oder Matrosen geschehen ist,) in das Wasser springen und sich an ihre Schwänze anhalten, da sie denn einen
Menschen durch ihr Bemühen zum schwimmen in die Höhe halten, selber aber nicht entkommen können, biß man mit einem
Boot dazu kommt, um sowohl sie, als ihren Anhänger einzu-
nehmen. Ihr Fleisch ist weiß, gut zu essen, und schmeckt wie
Kalbfleisch, wie es denn öfters viele Schiffe in den America-
nischen Meeren, auf lange Zeit proviantiret, und vor Hungers-
Noth bewahret hat.

TAB. L. I.

Fig. 1. Man siehet in dieser Figur ein selten vorkommendes
Gerippe einer Landschildkröte, so wie es sich zeiget, wenn das
platte Brustbein, welches die Höhlung der Schaale von den
Förderfüßen an, biß zu den Hinterfüßen, und zwar von dem
einen Rand der Schaale, biß zum andern, als ein plattes
Schild bedecket, weggehoben worden. Es bestehet dieses Gerippe aus einem vollständigen knochichten Wesen, woran sich
eben dieselben Hauptknochen zeigen, die bey den mehresten vierfüssigen Thieren angetroffen werden.

Der Kopf bestehet aus einer Hirnschaale, in welcher die
beiden Augenhöhlen sind. Das Nasenbein ist Schnabelförmig
und macht zugleich den obern Kiefer aus. Unten her siehet man
gedoppelte Bögen, welche die untere Kinlade ausmachen. Sodann kommen etliche lange Halswirbeln mit breiten Verglie-
derungen biß an die Schulterblätter und Schlüsselbeine, hernach
aber folgen die Wirbel des Rückgrads, die in der Schaale befestiget sitzen, jedoch also, daß der mittlere Theil eines jeden
Wirbels von der Schaale entfernet stehet, und man ein Band
zwischen selbigen und der Schaale durchziehen kan. Uebrigens
gehet

d'examiner jusqu'où la Nature s'écartoit à cette Tortue
dans la formation des nageoires de la Structure des pieds
des Tortues terrestres, lesquels ont extérieurement une
figure tout-à-fait diférente. Pour cet effet il dépouilla de
sa peau l'une des nageoires jusques à la partie osseuse, &
quand il eût observé les articulations, il se trouva convaincu
que la Nature est uniforme dans la formation des parties des
animaux, qu'elle ne s'écarte jamais de ses Loix sans nécessité, qu'elle observe toûjours les mêmes règles autant qu'il
est possible, & qu'elle atteint toûjours son but au moyen
de variations trés-legères.

Il est aisé de se convaincre du raport qu'il y a entre ces
pieds formez en nageoires. & les pieds antérieurs des Tortuës de terre, & même entre les prémiers & les doigts des
pieds, y compris les articulations, des autres animaux.
Toute la diférence consiste en ce que les prémiers ont reçû
une forme variée par la Substance charnuë & membraneuse,
que la Nature devoit donner à des animaux destinez par
leur façon de vivre à subsister dans l'eau & à nager. Cependant toutes les Tortues de ce Genre ne sont pas de figure
absolument égale. On y observe quantité de variations, tant
par raport à la voussure, ou à la longueur & largeur proportionelle de l'Ecusson, que relativement à la tête & aux
piez. A quelques Tortues aquatiques on voit les cinq
ongles sortir de dessous l'écaille, à d'autres non.

La Queuë de ces animaux est fort courte. A peine la
peut-on prendre avec la main aux plus grosses Tortuës.
Quand elles dorment, elle nagent ordinairement couchées
sur le dos, & elles se tiennent le plus communément sur la
surface de l'eau. Lors qu'on les veut prendre, la méthode
la plus ordinaire des Matelots est de sauter dans l'eau & de
se prendre à la Queuë de la Tortuë, qui continuant à faire
ses efforts pour nager toûjours empêche l'homme d'enfoncer, jusqu'à ce que l'esquif les vient recevoir l'un & l'autre.
Leur chair est blanche, & bonne à manger, ayant le goût
du veau. Dans les Mers d'*Amérique* la plûpart des Vaisseaux en font d'amples Provisions, qui les mettent à l'abri
de la difette.

PLANCHE L. I.

Fig. 1. L'on voit en cette Figure un Squelette trés-
rare d'une Tortue de terre, tel qu'il se présente, lors qu'
on enlève de l'animal depuis les pieds de devant jusqu'à
ceux de derrière, ce *Sternon* plat qui couvre toute la cavité de la Coquille d'une extrèmité de 1 écaille à l'autre
comme un Ecusson aplati. Ce Squelette est composé
d'une Substance entièrement osseuse, où l'on observe les
mêmes Os principaux qu'ont la plûpart des autres Quadrupèdes.

La tête est composée d'un crane dans lequel on remarque les cavitez des deux yeux. L'Os du nez est fait en
bec, & forme en même tems les machoires superieures.
Un double arc composé les inférieures. On voit ensuite
quelques longues Vertèbres à articulations larges, qui vont
jusques aux palerons & à la clavicule, après quoi viennent
les Vertèbres de l'Epine, qui sont attachez à l'écaille, de
façon pourtant qu'il y a quelque distance entre l'écaille &
la partié du milieu de la Vertèbre, par laquelle on peut
passer un cordon. Au reste on peut observer qu'il part de

chaque

gehet von jedem Wirbel rechts und links in der Schaale eine Rippe fort, die biß zum Rande, mithin biß an das Brustbein fortläuft. Diese Rippen sind in und mit der Schaale verwachsen, so daß das knochichte Wesen, welches zwischen den Rippen sitzet, und gleichsam die eine an der andern befestiget, die Schaale selbst ausmacht, über welche hernach die Schilde statt einer Haut liegen. An diesen Wirbeln schliesset hernach das heilige Bein an, sodann das Hüftbein, das Beckenbein, das Steisbein und dessen verlängerte Gelenke, nemlich der Schwanz. Was nun besonders die Füsse betrift, so sind die krummen Schenkelbeine, Schienbeine, Röhrenbeine, die Riste, Unterriste, wie auch die Zehen und Nägel, oder Klauen, in vollkommener Deutlichkeit zu sehen.

Wir merken nur noch an, daß, da das Schulterbein, welches mit dem Schlüsselbein und den Halswirbeln an jeder Seite ein Dreyeck ausmachet, beweglich ist, sich hieraus begreiffen lässet, wie diese Thiere vermittelst der Vergliederung besagter Knochen, die Halswirbeln in einem Bogen einziehen, mithin den Kopf unter die Schaale bringen können. Auch ist die Schaale, da wo der Kopf sitzet, etwas ausgeschweift, um ihn ohne Hindernisse einzuziehen, dahingegen der Schwanz, der nicht wohl ganz eingezogen werden kan, in einer Furche zu liegen kommt, welche die Schaale daselbst hat.

Fig. 2. Gegenwärtige Land-Schildkröte, dergleichen hin und wieder in Deutschland in den Gärten, und in Kellern ernähret werden, und die sich, wie die mehresten Land-Schildkröten thun, im Winter in die Erde eingraben, wurde, da sie noch lebete, abgezeichnet. Ihre Schaale ist schön, glatt, und etwas gewölbet. Die Schilde sitzen nur durch Näthe an einander, und sind nicht, wie an den Caretten untereinander geschoben. Das vorzüglichste aber, welches wir an dieser bemerken wollen, sind die fleischichten, oder mit einer Haut überzogenen Theile, nemlich der Kopf und die Füsse. Es ist nemlich der Kopf mit einer sehr dicken, zum Theil runzelichten, zum Theil mit Warzen besetzten Haut überzogen, diese Haut hat eine vermischte Farbe von gelb, grün, und schwarzgrau, und der Hals ist mit etlichen gelben Runzeln, als mit einem schönen Halsband umgeben. Die übrige Haut des Halses, wie auch die untern Theile, sind weißlicht, oder aschgrau, zugleich aber auf eben die Art mit einer grossen Menge kleiner und grosser Knoten oder Warzen besetzet. Die Augen sind schwarzblau, unvergleichlich helle und glänzend, und die Nase mit den Nasenlöchern einer Hundsnase gleich, jedoch sind die Kiefer oben und unten hart und mit einem schnabelförmigen beinigten Wesen umgeben.

Die Füsse sind alle sehr dicke und fleischicht, so daß sie unten ordentliche Ballen haben. Die Haut an selbigen hat noch viel grössere und dickere Warzen, als der Kopf und der Hals, und die Klauen, welche Hornartig sind, ragen sehr stark hervor, der Schwanz aber war klein und grösientheils eingezogen. Man nimmt kaum wahr, daß diese Thiere essen, man giebt ihnen Gras, und hält sie feucht, jedoch scheinen sie sich auch von Würmern, Insecten, und dergleichen zu ernähren, ja das Wasser und die blosse Feuchtigkeit hält sie lang beym Leben, das Leben selbst aber ist ungemein zähe, denn man hat Mühe sie zu tödten, indem diese nicht einmahl in starken Brandewein ersoff. Da man sie öfnete, fand sichs daß es ein Weibgen war, und hatte sehr viele Eyer bey sich.

TAB.

---

chaque vertèbre à droite & à gauche une côte, laquelle s'étend jusques au bord, & aboutit ainsi au Sternon. Ces côtes font corps avec la coquille, tellement, que la Substance osseuse qui se trouve entre entredeux, & qui affermit pour ainsi dire les côtes l'une contre l'autre, forme la coquille même, sur laquelle les écussons sont couchez ensuite en guise de peau. L'*Os sacrum* se joint aux vertèbres, & ensuite viennent l'*ischion*, l'*Os Ilium*, (*) le *Coccix*, & ses articulations alongées, qui forment la queuë. Quant au reste des parties inférieures on voit très-distinctément les os courbes des cuisses, ceux des jambes, l'os creux, le Tarse & le Metatarse, les doigts des pieds, & les ongles.

Nous avons à remarquer ici que l'*Omoplate*, qui forme de chaque côté un Triangle avec la Clavicule & les Vertèbres, étant mobile, il est aisé de concevoir la facilité qu'ont ces animaux, au moyen des articulations dont les os sont composez, de retirer les vertèbres du cou en ligne courbe, & de mettre par ce mouvement la tête a couvert sous l'écaille, qui de ce côté là est un peu échancrée, afin que la tête puisse être retirée sans empêchement. Quant à la queuë, qui ne peut pas être retirée de même, elle est couchée dans un espèce de Sillon, qui se trouve là dans la coquille.

Fig. 2. L'on trouve çà & là en *Allemagne* des Tortuës de terre dans les jardins, qu'on nourrit dans des caves, & qui, comme presque toutes les Tortuës de terre, ont la coûtume de s'enterrer en hiver. En voici une de cette espèce qui étoit encore en vie quand on en a tiré la figure. La Coquille en est belle, unie, & un peu voutée. Les Ecussons ne sont joints que par des Sutures, & ne se dépassent point l'un l'autre, comme à celles qu'on apelle *Carettes*. Ce qu'il y a de plus remarquable à cette Tortuë-ci, ce sont les parties charnuës, ou qui sont couvertes d'une membrane, savoir la tête & les pieds. La Tête est couverte d'une peau épaisse, ridée en partie, & en partie garnie de tubercules. La couleur en est entremêlée de jaune, de verd, & d'un gris qui tire sur le noir. Le Cou est entouré de quelques rides jaunes, qui forment une espèce de colier. Le reste de la peau du cou & ses parties inférieures sont blanchâtres, ou d'un gris-cendré, & garnies aussi d'un nombre considérable de boutons & de tubercules grands & petits. Les yeux sont bleus, tirant sur le noir, clairs, & brillans. Le nez & les narines ressemblent aux mêmes parties d'un chien; les Machoires supérieures & inférieures sont dures & envelopées d'une substance osseuse faite en forme de bec.

Les pieds sont génèralement fort épais & charnus, au point qu'on remarque une grosse pelotte de chair à la plante. On observe ici sur la peau des tubercules beaucoup plus grands & plus épais qu'à la tête & au cou; les Ongles sont de nature cornée, & avancent beaucoup, mais la queuë est petite, & ordinairement retirée. A peine s'aperçoit-on de ce que ces Animaux mangent. On se contente de leur donner de l'herbe, & de les tenir dans quelque lieu humide. Cependant il y a lieu de conjecturer qu'ils se nourrissent aussi de vers, d'insectes, & de choses pareilles; l'eau seule même & la simple humidité sufisent pour les faire subsister long-tems. On a peine a les mettre à mort, ayant la vie extrèmement tenace. La présente Tortuë ne

put

(*) C'est un des trois *Os innominez*, qui forment ce qu'on nomme en termes d'Anatomie le *Bassin*.

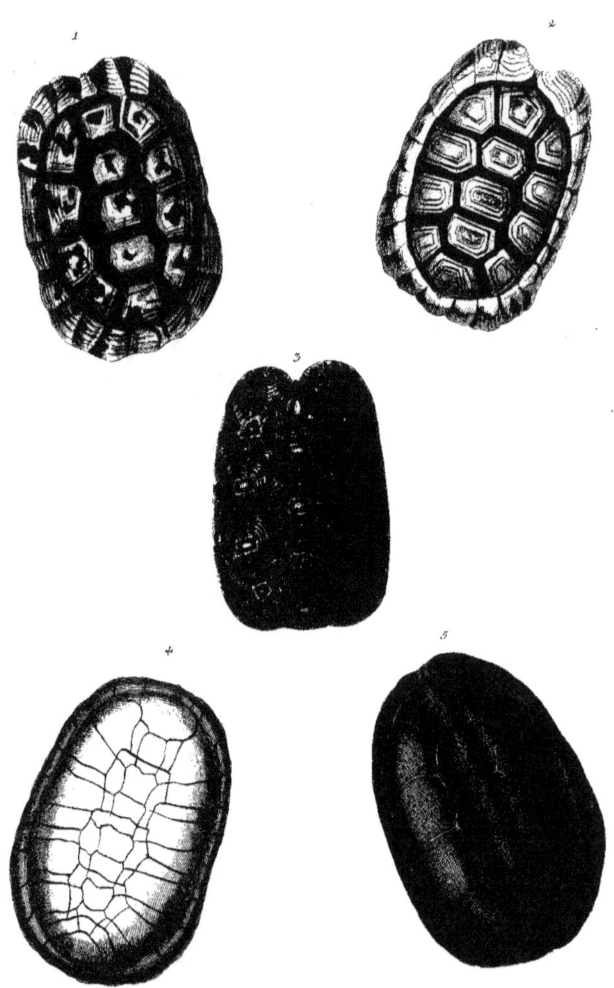

Ex Museo Excell. D.D. Christ. Jac. Trew & Mulleri.
Christian Leinberger delineavit 1767.
S. Leitner jun. fecit. 81.

püt être noyée dans de l'Eau de vie trés-forte, dans laquelle on la plongea. En la disséquant l'on trouva que c'étoit une femelle dont l'ovaire étoit plein d'une grande quantité d'oeufs.

| TAB. L. II. | PLANCHE L. II. |

Fig. 1. Es sind auf dieser Tafel unterschiedene Schildkröten-Schaalen abgebildet, nur um ein Muster ihrer Verschiedenheit zu geben. Die gegenwärtige Schaale ist mittelmäßig gewölbet. Oben auf liegen drey sechseckigte Blätter, deren jedes mit vielen Linien, oder Furchen umzogen, in der Mitte aber mit einem Höcker versehen ist. Diese drey Blätter werden hernach mit zehn andern vier und fünfeckigten Blättern rings herum ordentlich eingefasset, so daß man die Abtheilung derselben nicht besser nach den Regeln der Geometrie hätte entwerfen können. Endlich umschliesset ein dicker, aus vielen Blättern zusammen gesetzter Ring die ganze Schaale. Das Brustbein bedecket die untere Fläche fast gänzlich, so daß für den Kopf und übrigen Gliedmassen nur ein kleiner etwas ausgeschweifter Raum übrig bleibt. Die Farbe der Schilder ist braun und gelblicht. Uebrigens sind die Schilder nicht untereinander geschoben, sondern schliessen in der tiefsten Furche genau aneinander.

Fig. 2. Eine andere Art, welche nicht so hoch gewölbet ist, erblikt man in dieser Figur. Die Gestalt der Schilder und ihre Einfassung kommt mit der vorbeschriebenen Schaale gänzlich überein, ausgenommen, daß jedes Schild in der Mitte eine platte Fläche hat, die wie Corduan-Leder punctiet ist, dahingegen bey jener jedes Schild in der Mitte einen Höcker führet. Auch ist an dieser die Farbe anders beschaffen. Denn die Schilde sind in der Mitte gelb, und an den Einfassungen braun.

Fig. 3. Eben so niedlich und wunderbar ist auch diejenige Schaale beschaffen, welche wir hier vor uns sehen. Sie ist unter allen am allermeisten gewölbet, und fast höher, als sie lang, oder breit ist. Ausserdem ist auch noch jedes Schild besonders hoch gewölbet, und nur in der Mitte mit einer Fläche versehen, welche wie an der vorigen, wie Corduan punctiret und rauh anzufühlen ist, jedoch ist dieses merkwürdig, daß allezeit in der Mitte einer jeden Fläche unter allen übrigen kleinen rauhen Puncten ein grosser glatter Punct hervorragt. Diese Flächen sind gelb, der übrige Theil aber eines jeden Schildes ist schwarzbraun, und bestehet aus lauter Runzeln. Sonst gehen noch von einem Schild zum andern, und von einer Ecke zur andern eine Menge gelber Striche, die allenthalben schiefe Vierecke und Dreyecke machen, als ob sie geometrisch darauf gezogen wären. Oben wo die Schaale ausgeschweift ist, lieget der Kopf, der Schwanz aber gehet an der untern Seite aus einem Einschnitt im Brustbein heraus. Dieses Brustbein bedecket fast die ganze untere Fläche, und ist aus vier grossen und vier kleinen Schildern zusammen gesetzet.

Fig. 4. Man sollte glauben, daß sich die Vergliederung allein so künstlich an den Schilden zeige, die den Knochen, so die Schaale ausmacht, bedecken, keinesweges aber dergleichen an dem Knochen selbst gespüret würde, allein das Gegentheil erhellet aus dieser Figur. Sie stellet uns nemlich eine Schaale vor, davon die obern Schilde abgenommen sind, und die zu der nemlichen Art gehöret, welche unter Nummer 5. samt den Schilden

Fig. 1. Nous présentons sur cette Planche plusieurs Coquilles de Tortuës, pour donner une idée de leur diversité. Celle que la Figure dépeint est d'une Voussure médiocre. On voit au dessus trois feuilles hexagones dont chacune est entourée de plusieurs lignes ou Sillons, au milieu desquels se présente une bosse ou élevation. Ces trois feuilles sont environnées tout autour de dix autres feuilles quadrangulaires & pentagones, si regulièrement marquées, qu'on ne sauroit les tracer au Compas avec plus de justesse. Enfin un anneau épais composé de plusieurs feuilles fait le tour de la coquille entière. Le *Sternon* couvre la superficie inférieure presque par tout, à la reserve de quelques échancrures pour la tête & les autres membres qui sortent. La couleur des écussons est brune & jaunatre. Au reste ces écussons ne se dépassent point l'un l'autre, mais ils se joignent exactement dans le sillon le plus profond.

Fig. 2. Ceci est une autre espèce de Coquille de voussure moins élevée. La forme & la bordure des écussons sont pareilles à celles de la figure precedente, excepté qu'ici chaque écusson a au milieu une superficie aplatie, marquée de points comme le maroquin, au lieu de la bosse qu'on remarque sur les écussons de la figure 1. Celle-ci difère aussi par la couleur, qui est jaune au milieu & brune à la bordure.

Fig. 3. La présente figure ne céde point en beauté aux précédentes, & merite d'être admirée. C'est celle dont la voussure est la plus elevée, étant presque plus haute que toute la coquille n'est longue ou large. Outre cela chaque écusson en particulier est plus voûté que ne le sont ceux des autres. L'elevation est un peu aplatie au milieu, & marquée là comme la précedente de petits points semblables à ceux du maroquin, qui sont rudes à toucher. Ce qui s'y observe de plus particulier, c'est que précisément au milieu de tous ces petits grains rudes, il s'en éleve un plus grand que les autres, qui est uni. Ces petites superficies aplaties sont jaunes, mais le reste de chaque écusson est d'un brun-foncé qui tire sur le noir, & n'est composé que de rides. On remarque de plus d'un écusson à l'autre, & même d'un coin à l'autre, une quantité de rayes jaunes, qui forment des Rhombes & des Triangles, lesquels semblent être tirez au compas. La tête se trouve en haut où la Coquille est échancrée, mais la queüe sort en bas d'une encoche du Sternon, lequel couvre presque toute la superficie inférieure, & est composé de quatre grands & quatre petits écussons.

Fig. 4. On pourroit être induit à croire que ces jointures, où il paroit tant d'art n'ont lieu qu'aux écussons, qui couvrent l'Os lequel compose la coquille, & qu'il ne s'en montre aucun vestige à la coquille même. Mais la présente figure démontre le contraire. Car cette Coquille est absolument de la même espèce que celle qui est décrite cy dessous No. 5. La dernière est garnie encore de ses

beu   écussons

den abgezeichnet ist. Wir haben schon oben erinnert, daß das knochichte Wesen nichts anders, als Fortsätze und Verbindungen der Rippen sind, und dieses ist deutlich in der innern Höhlung der Schaale und gegen das Licht zu sehen, so daß man inwendig nichts anders, als Rippen wahrnimmt, die zwar äusserst schmahl sind, wenn sie aus dem Rückgrad austretten, aber sogleich breit werden, und dergestalt aneinander wachsen, daß sie inwendig nicht nur eine glatte Wand ausmachen, sondern sich auch sämtlich an dem äussersten Rande der Schaale wie ein Wulst, oder Saum anlegen, welcher sodann die Einfassung der ganzen Schaale ausmacht. Betrachtet man hingegen dieses knochichte Wesen an der obern Seite, so siehet man mit Verwunderung, wie die Natur daselbst die ganze Schaale durch gedoppelte Näthe in Felder abgetheilet hat, dergleichen die Schilde vorstellen.

Vermuthlich muß diese Art, deren sich die Natur bedienet, ein Gewölbe zuverfertigen, vieles zur Stärke desselben beytragen, und vielleicht würden die Schildkröten keinen Wagen können über sich fahren lassen, wenn ihre Schaale nicht aus so kleinen und so künstlich ineinander gefügten Theilen bestünde.

Fig. 5. Die Schilde, welche über jetztbeschriebene Schaale liegen, sind etwas wenig gerunzelt, von Farbe schwarz, und mit weissen Puncten besetzet. Das Brustbein dieser Schildkröte ist sehr schmahl, und lieget nur wie ein breites Band über den Untertheil.

Allem Vermuthen nach, sind alle diese Schaalen von solchen Schildkröten, die sich auf dem Lande aufhalten, und sowohl in Italien, Deutschland und Ungarn, als in Africa und den Indien angetroffen werden, oder die sich wenigstens zuweilen nur in süssen Wassern befinden, welches wir aber in Ermangelung der Füsse und Köpfe nicht gewiß behaupten können, auch daher ihnen keine bestimmte Namen gegeben haben.

écussons supérieurs, qu'on a détachez de celle-ci. Or nous avons déja dit cy-dessus que la substance osseuse de la Coquille n'est composée que d'une Continuation des Côtes liées ensemble, & quand on l'examine par sa cavité intérieure & vis-à-vis d'une lumière, l'on voit distinctément les côtes, qui à la verité, à l'endroit, où elles partent de l'épine, sont extrèmement étroites, mais qui s'élargissent d'abord, & se tiennent tellement l'une à l'autre qu'au dedans elles ne forment qu'une paroi unie. De là elles vont se terminer en bourrelet, ou en gros ourlet, à l'extrèmité tout autour, ce qui forme la bordure de la Coquille entière. Mais en examinant la partie supérieure de cette substance osseuse, on ne peut qu'admirer l'art avec lequel la Nature a divisé par de doubles sutures la Coquille entière en champs tels que sont les écussons.

Il y a lieu de conjecturer que cette methode de la nature de construire ses voûtes est ce qui contribuë le plus à leur force, & que l'écaille des Tortuës ne resisteroit pas, comme elle fait, au poids d'un chariot chargé, si elle n'étoit composée de petites parties jointes ensemble avec tant d'art.

Fig. 5. Les écussons de la coquille, que nous venons de décrire, sont un peu ridez, noirs de couleur, & marquez de points blancs. Le *Sternon* de cette Tortuë est fort étroit, & ne couvre le ventre que comme une large bande.

Il y a grande aparence que toutes ces Coquilles ont été prises de Tortuës de terre, qu'on trouve aussi bien en *Italie*, en *Allemagne*, & en *Hongrie*, que dans l'*Afrique* & aux *Indes*, & qui subsistent quelquefois dans des Eaux douces. Ce qui nous empêche de dire rien de positif là-dessus & de déterminer exactement de quelle espèce ces Tortuës étoient, c'est que nous n'en avons vû ni les têtes ni les pieds.

TAB. L. III.

So fürchterlich auch das Geschlecht der Eydechsen den mehresten Menschen vorkommt, so findet man doch unter selbigen schöne Thiere, ja es fällt auch nach und nach die Einbildung weg, als ob sie mehrentheils giftig wären, da doch solches nur von ein Paar Arten bekannt ist, wo hingegen andere sogar als eine niedliche Speise gegessen werden. Es gehöret unter diese letzt erwehnten das gegenwärtige Exemplar, welches wir die Kammeidechse nennen, eines Theils, weil ihr unter dem Kinn ein Lappen hängt, welcher dem Kamm der Hähne ähnlich ist, andern Theils aber, weil sich vom Genick an, biß zum Schwanz eine Menge Spitzen erheben, die mit einem Haarkamm können verglichen werden. Sonst ist ihr ordentlicher Name in den Indien: Leguan, welcher vom Linnäo, wie von andern Schriftstellern, Iguana genennet wird. Dieses Thier ist von der Insul Curacao, und hat ein sehr reizendes, schmackhaftes Fleisch, welches wie Hühner-Fleisch zu essen ist, und woraus man in den Indien viel Wesens macht. Es hält sich an klippigten Ufern auf, und scheinet um deßwillen mit so scharfen und langen Nägeln versehen zu seyn, damit es sich an den Feisen anhalten könne. Unterdessen verlohnet es sich wohl der Mühe, dasselbe genauer zu betrachten. Die ganze Haut, welche eine blaue Farbe hat, bestehet aus lauter Ringen, die kaum so breit sind, als ein Messerrücken dicke ist. Diese Ringe entstehen aus lauter sehr kleinen, viereckigten, untereinander geschobenen Schuppen, welche alle glänzen.

PLANCHE L. III.

Quelque dangereux que paroisse le Genre des *Lézards* à la plûpart des hommes, il n'en est pas moins vrai qu'on trouve parmi eux des animaux d'une grande beauté. L'Opinion commune qu'ils font pour la plûpart venimeux est une erreur. Il n'y en a qu'une ou deux espèces qui ayent cette qualité nuisible. Tous les autres peuvent être mangez sans crainte & fournissent même un méts délicat. Celui qu'on voit dépeint ici est de cette dernière sorte, & apartient à l'espèce qu'on nomme *Lézards à crête* ou *à peigne*, (*) en partie parce qu'il leur pend sous le menton un lambeau, qui ressemble à la *crête* d'un coq, & en partie parce qu'ils ont depuis la nuque jusques à la queuë une quantité de pointes élevées semblables aux *dents d'un peigne*. Le nom qu'on a coûtume de leur donner aux *Indes* est *Leguan*, que *Linneus* & d'autres Ecrivains rendent par celui d'*Iguana*. Cet animal vient de l'ile de *Curaçao*. Sa chair est apetissante & d'aussi bon goût que celle d'un Poulet. On en fait grand cas aux *Indes*. Ce Lézard se trouve le plus ordinairement aux rivages où il y a le plus de rochers, & il ne paroit avoir été muni par la nature d'ongles longs & aigus, comme il les a, que pour pouvoir mieux grimper

sur

(*) C'est celui que *Linneus* apelle *Lacerta crista gula dentata, sutura dorsali denticulata.*

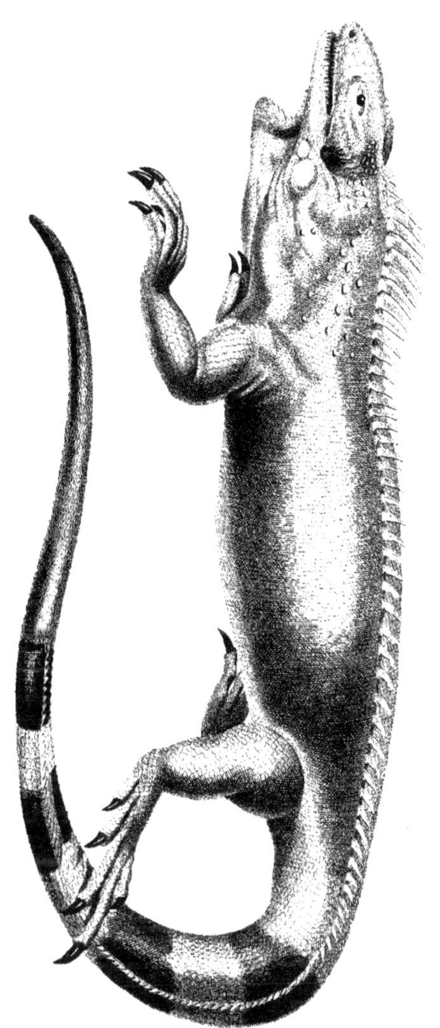

Ex Museo Mülleriano.

Andreas Höffer sculpsit. 93.

LIV.
Ex Museo Mülleriano.
J.C. Keller ad nat. pinxit. 1760.
J.F. Schmidt sculpsit. 84.

glänzen. Der vorerwehnte Kamm auf dem Rücken bestehet lediglich in ausgezackten langen Fortsätzen der Haut. Am Halse hinter dem Nacken tretten zu beyden Seiten verschiedene grosse und kleine Erhöhungen, oder Warzen in einer unbestimmten Ordnung aus der Haut heraus. Selbige sind glatt, und glänzen wie Perlen. Hinter dem untern Kiefer aber sind zu beyden Seiten eine dergleichen ungemein grosse, und etliche kleine Perlenartige Erhöhungen. Der Kopf ist platt und schuppigt. Die Augen sind länglicht und groß, die Nasenlöcher dichte an der Spitze beysammen, und klein. In dem Munde befinden sich in jedem Kiefer über funfzig kleine Zähne, so daß dieses Thier über hundert Zähne hat. Gleich unten am Kinn fängt der Hühnerkammartige Lappen an, und hänget tief herunter. Die Füsse, besonders die hintern, haben jede fünf sehr lange Zehen, und an selbigen lange, krumme und scharfe Klauen. Der Schwanz ist viel länger, als das Thier, und mit dunklen Flecken gleichsam bandiret. Das gantze Thier ist mit dem Schwanz vierthalb Schuh lang.

sur les rocs. Il vaut cependant bien la peine d'examiner cette bête un peu plus en détail. La peau, qui est bleuë, est toute composée d'anneaux, dont chacun a deux lignes de largeur. Ces anneaux sont formez par quantité d'écailles brillantes quarrées & passées l'une sur l'autre. Le *peigne* dont nous avons parlé cy-dessus, & qui est placé sur le dos, ne consiste qu'en Continuations de cette même peau, longues & dentées. On remarque au cou derrière la nuque des deux côtez plusieurs élevations grandes & petites, ou tubercules, placez sans aucun ordre fixe, qui sortent de la peau. Ces tubercules sont unis, & ont le brillant des perles. On voit encore derrière la machoire inférieure, d'un coté comme de l'autre, une élevation semblable, extrêmement grande, & quelques petites, qui ressemblent à des perles. La tête est unie & garnie d'écailles. Les yeux sont oblongs & grands, les narines placées l'une contre l'autre, & petites. Chaque machoire est garnie de plus de cinquante petites dents, de façon que le Total des dents de la bête passe le nombre de cent. Le lambeau formé en crête de coq paroit immédiatement au dessous du menton, & s'étend loin le long de la partie inférieure. Les pieds, particulièrement ceux de derrière, ont chacun cinq longs doigts, & a chaque doigt un ongle long, courbe, & aigu. La queuë est beaucoup plus longue que l'animal entier, & marquée de taches sombres en guise de bandes. Toute la bête n'a que trois & demi pieds de long, y compris la queuë.

TAB. L. IV.

PLANCHE L. IV.

Auf dieser Tafel zeiget sich eine grosse Americanische groß-schuppigte Eydechse, oder die Surinamische Crocodill-Eydechse. Sie ist eigentlich ein junges Westindianisches Crocodil, das daselbst mit dem Namen Cajemann beleget wird. Der Rücken ist mit grossen starken viereckigten Schuppen, die Reihenweise liegen, bedecket. Zur Seiten des Cörpers verlieren sich die Reihen dieser Schuppen, und verwandeln sich in eine grosse Menge unordentlich stehender Warzen, der Bauch aber ist wiederum mit solchen Reihen viereckigter Schuppen, biß unter dem Schwanz hinunter, gepanzert. Der Schwanz hat bey dem Cörper einen gedoppelten Kamm, welcher aus Fortsätzen der Schuppen bestehet, und gegen die Mitte zu biß zu Ende einfach ist.

L'on voit sur cette Planche un grand Lézard d'*Amérique* à grandes écailles, ou le *Lezard-Crocodile* de *Surinam*. C'est proprement un jeune Crocodile des *Indes occidentales*, qui au pais porte le nom de *Caiman*. Son dos est couvert de grandes écailles fortes & quarrées, qui sont couchées en rangées. Sur les côtez ces rangées d'écailles disparoissent, & se transforment en une grande quantité de tubercules placez sans ordre, mais au ventre l'animal est de nouveau cuirassé par des rangées pareilles d'écailles quarrées, qui s'étendent jusques sous la queuë. Cette Queuë a prés du corps un double peigne formé par une continuation des écailles, lequel vers le milieu redevient simple, & reste tel jusques au bout.

Der Kopf ist sehr lang, der Rachen weit, man nimmt aber keine Zunge in selbigem wahr; die Kiefer sind unten und oben mit vielen langen und sehr scharfen Zähnen besetzet, die Füsse haben, wie bey allen Crocodillen, forne fünf, und hinten vier Zehen. Die fordern Zehen sind frey, die hintern aber sind biß zur Helfte mit Lappen aneinander verwachsen. Von allen Zehen sind an jedem Fuß nur drey mit Klauen versehen. Dieses Thier hält sich mehr im Wasser, als auf dem Lande auf, wächset zu einer beträchtlichen Grösse, leget viele Eyer, die eßbar sind, im Sande, und wenn die Sonne solche ausgebrütet hat, schleppt die Alte die Jungen auf dem Rücken zum Wasser. Es ist zu vermuthen, daß es verschiedene Arten gebe, davon eine grösser, als die andere wird, wenigstens sind diese von den Nil-Crocodillen, auch der Farbe nach unterschieden; denn die gegenwärtige ist auf dem Rücken Aschgrau mit schwarzen Erdfärbigen Flecken besetzet, der Bauch aber ist schneeweiß; dahingegen die Nil-Crocodillen

La Tête est extrèmement longüe, & la gueule grande dans laquelle on ne voit point de langue. Les machoires sont armées en haut & en bas de dents longues & fort aigues. Les pieds de devant ont cinq doigts, & ceux de derrière quatre, comme à tous les Crocodiles. Les doigts de devant sont détachez l'un de l'autre, mais ceux de derrière sont liez l'un à l'autre jusques à la moitié par des lambeaux. A chaque pied il n'y a que trois doigts qui soient armez d'ongles. Cette bête se tient plus dans l'eau que sur terre, & parvient à une grandeur considérable. Elle pond ses oeufs en quantité dans le Sable. On peut en manger. Quand la chaleur du soleil les a couvez & fait éclorre, la Mère revient les prendre & les porte à l'eau sur son dos. Il est à présumer qu'il y a diverses éspèces de ces Crocodiles, dont les uns sont plus grands que les autres. Ceux-ci diffèrent par la couleur de ceux du *Nil*, car ils sont de couleur cendrée sur le dos, & marquez de taches noirâtres, ou couleur de

am Bauch gelb sind, und untermischte schwarze und gelbe Flecken auf dem Rücken führen.

terre, & blancs comme neige au ventre, au lieu qu'aux *Crocodiles du Nil* le ventre est jaune, & le dos tacheté de jaune & de noir entremêlé.

TAB. L. V.

Fig. 1. Es ist eine alte Fabel, daß der Salamander im Feuer lebe; wir werden aber jetzo sehen, woher dieselbige entstanden, da wir ein dergleichen Thier in dieser Figur zu betrachten vor uns haben. Es ist nemlich die Haut ganz glatt, und hat keine Schuppen; hingegen ist sie allenthalben mit grossen Schweißlöchern versehen. Wenn nun ein dergleichen Thier auf ein Feuer geleget wird, so schwitzet es allenthalben sehr viele Feuchtigkeit aus, wodurch das Feuer, wenn es nicht stark ist, rings herum um den Salamander ausgelöschet wird, daher denn das Thier einige Zeit im Feuer unbeschädiget zu bleiben scheinet, und vielleicht hat sich wohl einmahl ein Salamander durch dieses natürliche Hülfsmittel aus dem Feuer errettet, daß daraus die Fabel entstanden ist, als ob sie in selbigem leben könnten; allein wenn das Feuer hinlänglich stark ist, und der Salamander lange genug darinne gehalten wird, so kommt er nicht nur bald ums Leben, sondern verbrennt auch so gut, wie ein anderer Cörper.

Es giebt von Salamandern etliche Arten, und Abweichungen, die auch bey andern Schriftstellern unter andern Namen vorkommen, um aber die Hauptmerkmahle anzugeben, wornach man die übrigen Abweichungen ordnen könnte, so ist, wie gesaget, die Haut glatt, der Kopf breit, der Schwanz nicht so lang, als der Leib, die Förderfüsse haben vier Zehen ohne Klauen, und die Hinterfüsse fünf Zehen, gleichfalls ohne Klauen. Die Farbe und Zeichnung ist nicht bey allen gleich, wie auch vorbemeldete Umstände nicht allezeit bey allen eintreffen. Der Gegenwärtige ist aschgrau, und hat zwey schwefelgelbe lange Striche über den Cörper, welche sich bey dem Schwanz vereinigen, über denselben hinlauffen, und sich an drey Oertern um denselben herumsenken. Eine andere Art hat Flecken und ist gleichsam gestirnt, wie der Molch. Wiederum andere sind schwarz und häßlich, wie man denn auch einen Unterscheid zwischen Wasser- und Erd-Salamander macht.

PLANCHE L. V.

Fig. 1. Une Fable antique dit que la *Salmandre* vit dans le feu. Nous allons voir l'origine de ce conte, en examinant celle que nôtre figure dépeint. Sa peau est tout-à-fait unie, & sans écailles. On y remarque de toutes parts de grands pores. Or quand on met cette bête dans le feu, la quantité d'eau, qui sort de ses pores par la Sueur, éteint une partie du feu tout autour de la Salmandre, lorsque ce feu n'est pas trop vif, & par là il se fait que l'animal semble y subsister sans en être endommagé. Peut-être même est-il arrivé qu'une Salmandre s'est sauvée une fois du feu par ce secours naturel, & que ce fait a donné naissance à la fable que cette bête peut vivre dans le feu. Mais on n'a qu'à jetter une Salmandre dans un feu bien ardent, & l'y tenir pour se convaincre que non seulement elle y perit bientôt, mais qu'elle y est reduite en cendres, comme tout autre corps.

Il y a quelques espèces de Salmandres, parmi lesquelles on observe quelques variations, dont d'autres Auteurs font mention sous d'autres noms. Pour en indiquer les caractères distinctifs principaux, qui peuvent servir de règle pour ranger les pièces variées que l'on possède, il est a remarquer d'abord que la peau est unie, comme nous l'avons déja dit, la tête large, & la queuë moins longue que le corps. Les pieds de devant n'ont que quatre doigts sans ongles, mais ceux de derrière en ont cinq, sans ongles aussi. La couleur & les desseins dont les *Lézards* sont marquez ne sont pas toûjours uniformes, & même les caractères que nous venons d'indiquer ne se rencontrent pas à tous. Celui-ci est de couleur cendrée & a tout le long de la partie supérieure du corps deux rayes d'un jaune pâle, qui se réunissent près de la queuë où elles vont aboutir du côté inférieur en trois pointes. Une autre espèce a des taches, & est pour ainsi dire étoilée, comme le Stellio. (*) D'autres encore sont noirs & vilains à voir. On fait aussi une diférence entre les Salmandres aquatiques & les terrestres,

Fig. 2. Der Name des Chamäleons ist schon so bekannt, daß er Niemanden fremde vorkommen kan. Es wird dieses Thier mit unter das Eydechsen-Geschlecht gerechnet, ohnerachtet es in vielen Stücken abweichet, denn es leget keine Eyer, wie jene, sondern gebäret etliche Jungen auf einmahl lebendig. Es ist auch sehr hochbeinig, aber nichts desto weniger träg und langsam im gehen. Die Gestalt ist mehr dreyeckigt, weil der Rucken gleichsam scharf zugedruckt ist. Der Kopf ist besonders Hauben-artig gestaltet. Die Augen ragen stark und spitzig hervor, und um den Augapfel gehet ein goldgelber Ring. Die Füsse haben alle fünf lappichte Zehen. An den hintern Füssen stehen jedesmahl zwey Zehen inwendig, und drey auswendig an einander verwachsen, bey den Förderfüssen aber sind drey Zehen inwendig und zwey auswendig. Ueber den Rucken und unten am Bauch gehet ein Kamm oder gezähneter Rand fort. Die Haut

Fig. 2. Le nom du *Caméleon* est si universellement connu, qu'il n'est étranger pour personne. On range cet animal parmi les *Lézards*, quoiqu'il en diière beaucoup en plusieurs articles. Car il fait plusieurs Petits à la fois, & les met tout vivans au monde, au lieu que le Lézard pond simplement des oeufs. Le *Caméleon* est outre cela haut de jambes, ce qui n'empêche pas qu'il n'ait la démarche lente & paresseuse. Sa figure est triangulaire parce qu'il a le dos comme comprimé en tranchant. La tête est presque formée en *casque*. Les yeux avancent beaucoup, & sortent de la tête en pointe, & l'on remarque autour de la prunelle un anneau couleur d'or. Ses pieds ont chacun cinq doigts faits en lambeaux. A ceux de derrière deux doigts sont en dedans

(*) C'est le nom latin du Lézard étoilé que nôtre Auteur apelle en allemand *Molch.*

LV

Ex Museo Excell. D. Mulleri & D. D. Rudolphi.

C. A. Leinberger ad nat. pinx. et exc.   Joa. Adam sc. Norib.

Ex Museo Mulleriano.

J. C. Keller ad nat. pinxit.　　　Andreas Hösser sculps. & J.

Haut ist rauh, wie Chagrin. Die Farbe ist bläulicht-grün, jedoch verändert sich diese Farbe oft in einer Minute zwanzig mahl, so daß sie zuweilen ganz bunt und vielfarbig aussehen. Etliche haben geglaubet, als ob die Haut glatt und glänzend wäre, und die umstehende Sachen sich nur in selbiger spiegelten, und die bunten Farben verursachten; allein es kommt die Veränderung der Farbe von dem Umlauf der Säfte, und von den Affecten des Thieres her. Wird doch ein Mensch durch Schrecken blaß, durch Zorn roth, warum sollte denn auch nicht eine Veränderung der Farbe bey den Thieren durch Affecten möglich seyn?

Sie sind übrigens sehr zahm, halten sich gerne in Gesellschaft der Menschen auf, ernähren sich von Fliegen und Insecten, leben sehr mäßig, und thun niemanden böses. Man hat ihrer etliche Arten. Der Gegenwärtige ist von Orixes in Bellesoor in Bengalen, und war sehr geschikt in Fliegen faugen, welches sie mit ihrer langen Zungen, die sie wie einen Pfeil herausschießen, verrichten. Merkwürdig ist noch, daß sie, wenn sie böse werden, sich selbst gewaltig aufblasen können, besonders am Halse und an der Kehle, da denn ihr Kopf monströs dicke und groß wird, wobey noch ein besonderer Umstand kommt, daß sie ihre Augen nicht allezeit beyde auf einen Gegenstand richten, sondern mit dem einen Auge diesen, und mit dem andern einen andern Weg hinaus sehen, vornemlich wenn sie sich in gewisser Furcht befinden, welches einen seltsamen Anblick giebt.

dans, & trois en dehors, liez par une membrane, mais à ceux de devant trois doigts vont en dedans & deux en dehors. On observe sur le dos & en bas au ventre un peigne, ou un bord denté. La peau est rude comme du chagrin. La couleur est ordinairement un verd qui tire sur le bleuâtre, mais cette couleur change vingt fois d'une minute à l'autre de sorte qu'elle est quelques fois toute bariolée, & que d'autres fois plusieurs nouvelles couleurs succèdent à celles qu'on voyoit. Quelques Ecrivains ont crû que comme la peau du Camèleon est unie & brillante, elle prenoit comme un miroir la couleur des objèts qui se trouvent autour d'elle, & ont attribué à cette raison les changemens momentanez des couleurs de cet animal. Nous sommes d'un sentiment diférent, & croyons que ce changement de couleurs provient de la circulation des sucs, & des diférentes passions dont la bête se trouve affectée. Nous voyons que l'homme pâlit quand il s'effraie, & qu'il rougit lorsque quelque chose l'irrite: pourquoi n'admettrons nous pas que les passions puissent opèrer des changemens de couleur dans le Caméleon?

Le *Caméleon* au reste n'est point sauvage du tout, & ne fuit point l'homme. Il se nourrit de mouches & d'autres insectes, & vit fort sobrement. Il ne fait du mal à personne. On en a quelques espèces. Celui ci vient d'*Orixe*, dans le Royaume de *Bengale*. Ils sont fort adroits à prendre les mouches, ce qu'ils font avec la langue qu'ils ont fort longue, & qui part de leur bouche avec la promtitude d'un trait de flèche. Il est remarquable que quand on les irrite ils s'enflent eux-mêmes, particulièrement au cou & à la gorge, & alors leur tête devient d'une grandeur & épaisseur monstrueuse. On peut encore observer comme une singularité qu'ils ne fixent pas toûjours leurs deux yeux sur un seul & même objèt. Car quand ils craignent quelque danger, ils emploient un oeil à regarder d'un côté tandis qu' ils dirigent l'autre à voir ce qui se passe d'un autre, ce qui forme un aspect rare.

TAB. L. VI.

Fig. 1. Da sonst die Eidechsen mehrentheils vierecklichte glatte Schuppen haben, so finden wir auf dieser Tafel zwey Abweichungen. Es stellet uns nemlich diese Figur eine graue stachelichte Eydechse aus Ostindien vor, an der wir weiter nichts anmerken wollen, als daß die Schuppen aus lauter Dreyecken bestehen, deren breite Seiten in der Haut feste sitzen, das spitzige Ende aber raget heraus, und stehet etwas in die Höhe, dahero die ganze Eydechse stachelicht ist. Sonst hat sie an jedem Fuß fünf Zehen und fünf Klauen, wie die gemeinen Eydechsen.

Fig. 2. In dieser Figur erblicken wir eine braune Eydechse mit runden Schuppen aus Ostindien. Die Schuppen sind sehr klein, liegen weit auseinander, und zwischen den Zwischenräumen siehet man die weiße Haut, das übrige kommt alles mit andern Eydechsen überein.

PLANCHE L. VI.

Fig. 1. Les *Lézards* dans la règle sont ordinairement couverts d'écailles quarrées & unies. Nous voyons sur la présente Planche deux exceptions à cette règle. La première figure produit le *Lézard éguillonné* des *Indes orientales*, à l'égard duquel nous n'avons d'autre particularité à remarquer, si ce n'est que toutes les écailles sont de figure triangulaire, dont la base large tient au corps de l'animal & la pointe est tournée en dehors, & un peu élevée, ce qui fait qu'il est hérissé de Piquants. Dailleurs il a à chaque pied cinq doigts & cinq ongles, comme tous les Lézards ordinaires.

Fig. 2. Cette figure nous présente un *Lézard brun des Indes orientales à écailles rondes*. Ces écailles sont fort petites & placées à quelque distance l'une de l'autre. On aperçoit dans les intervalles la peau blanche de l'animal, lequel ne difère d'ailleurs en rien des autres Lézards.

Fig. 3. Wir haben oben gedacht, daß es etliche Arten von Eydechsen gebe, welche von den Schriftstellern Salamander genennet werden. Dem zufolge wird uns in dieser Figur ein ostindischer Salamander vorgezeiget, der sonst auch unter dem Namen Gecko bekannt ist. Dieses Thier hat eine feine schuppigte Haut, auf welcher man viele Reihen von runden weissen Flecken, und glatten erhabenen Warzen siehet. Der Kopf aber ist mit lauter kleinen Wärzgen besetzet.

Die Augen sind sehr groß, die Nase gehet spitzig zu, ohnerachtet der Kopf hinten sehr breit ist, der Schwanz ist kurz und stumpf. Das merkwürdigste ist die Structur der Zehen, derer sich an jedem Fuß fünfe befinden. Sie haben nemlich alle von oben biß unten zu beyden Seiten gewisse häutige Lappen, in deren Mitte die Zehen durchlauffen und am Ende nur mit sehr kleinen krummen Klauen aus den Lappen heraus ragen. Von unten aber bestehet jede Zehe aus einer Menge häutigen, übereinander geschobenen Schiefern, aus welchen bey diesen Thieren eine gewisse giftige Feuchtigkeit tritt, welche etliche vor den Urin derselben halten.

Fig. 3. Nous avons vû cy-dessus qu'il y a quelques espèces de Lézards auxquels les Auteurs donnent le nom de *Salmandre.* La présente figure dépeint la *Salmandre* des *Indes orientales*, connuë parmi les Naturalistes sous le nom de *Gecko.* Cet animal a une peau fine écailleuse, sur laquelle on voit plusieurs rangées de taches rondes blanches, & de tubercules élevez & unis. La tête est toute pleine de petits tubercules.

Les yeux sont fort grands, le nez se termine en pointe, quoique le derrière de la tête soit fort large; la queuë est courte, & obtuse. Ce qu'il y a de plus singulier à cet animal, c'est la structure de ses doigts. Il y en a cinq à chaque pied. Chaque doigt est garni des deux cotez de certains lambeaux membraneux, au milieu desquels il passe, & avance au bout de la membrane de trés-petits ongles recourbez. En observant ces doigts du bas en haut, on voit qu'ils sont composez de quantité d'écailles membraneuses, passées l'une sur l'autre, d'entre lesquelles sort une liqueur venimeuse, que quelques Ecrivains prétendent être l'urine de l'animal.

TAB. L. VII.

PLANCHE L. VII.

Den Beschluß des ganzen Eydechsen-Geschlechts macht eine gewisse schöne Westindische Art, die unter dem Namen Sauvegarde bekannt ist. Beym Linnäus aber Monitor genennet wird. Sie ist von oben her oder über dem Rucken wie die Leguane mit feinen viereckigten Schuppen besetzet, der ganze Bauch aber ist mit breiten schneeweissen Bändern umgeben, die aus einer Menge viereckigten Schilde bestehen, und fast so aussehen, wie die Schuppen oder Panzer an dem Unterleibe einer Crocodill-Eidechse. An jedem Fuß sind fünf lange Zehen, die jede aus vielen Ringeln scheinen zu bestehen, und an jeder Zehe sitzet eine niedliche rothe Klaue. Der Schwanz ist sehr lang und mit schuppigten Reihen geringelt. Der Rucken ist blaulicht grau, und mit vielen weissen runden Flecken, als mit Aeuglein gezieret. Der Unterleib ist weiß, und sind nur einige Schuppen in den Binden hin und wieder blaulicht grau gefleckt. Der Kopf bestehet aus einigen grossen Schilden, und ist länglicht. Die Augen sind groß, und das Maul spitzig.

Pour conclusion à l'article des *Lézards*, nous en produisons encore ici une espèce trés-belle des *Indes occidentales*, conuë sous le nom de *Sauvegarde*, & que le Chevalier *Linnæus* apelle *Monitor.* Le lézard est couvert an dessus, ou le long du dos, comme l'*Iguana*, d'écailles quarrées fines, & le ventre est entouré de larges bandes, blanches comme neige, composées d'une infinité d'écussons, semblables aux écailles ou à la cuirasse qu'on voit au ventre du Lézard-Crocodile. Chaque pié est muni de cinq longs doigts composez de quantité de petits anneaux, & chaque doigt est armé d'un ongion rouge mignon. La queuë est extrèmement longue, & annelée de rangées d'écailles. Le dos est d'un gris bleuâtre, & décoré de quantité de taches blanches rondes, qui semblent être des petits yeux. Le ventre est blanc & on n'y remarque que quelques écailles d'un gris bleuâtre disperfées çà & là fur les bandes. La tête est composée de quelques grands écussons, & oblongue. Les yeux sont grands, & le museau pointu.

Es hat zwar der Ritter Linnäus das ganze Eidechsen-Geschlecht in vier Classen abgetheilet, nemlich 1) in solche, deren Schwanz gedruckt und dick gedrungen ist, (cauda compressa) als der Crocodill, Monitor, &c. 2) in solche, deren Schwanz gedrehet ist, oder im Wirbel gehet, (cauda verticillata) als der Molch, Stellio, 3) in solche, deren Schwanz länglicht rund, mit untereinander geschobenen Schuppen besetzet, und kürzer, als der Körper ist, nemlich der Chamæleon, Salamander, Gecko &c. Endlich 4) solche, deren Schwanz zwar eben so beschaffen, aber viel länger, als der Körper ist, wie an dem Leguan &c. Allein wir sind nicht so glücklich, uns in diese Eintheilung finden zu können, daher wir uns auch nicht nach solcher gerichtet haben. Denn wir fanden, zum Exempel, langschwänzigte Eydechsen, deren Schwanz nach den übrigen angegebenen Umständen hätte kurz seyn sollen, und sahen also, daß

Il est vrai que le Chevalier *Linnæus* a divisé le Genre entier des *Lézards* en quatre Classes, savoir 1.) les Lézards à queuë comprimée (*cauda compressa*), tels que le *Crocodile,* le *Monitor* ou la *Sauvegarde,* &c. 2.) ceux dont la queuë est torse, ou faite en Tournant, (*cauda verticillata*) comme le *Stellion,* ou *Lézard étoilé* 3.) ceux dont la queuë est d'une rondeur oblongue, garnie d'écailles, qui passent l'une sur l'autre, & plus courte que le corps, tels que le *Caméléon,* la *Salmandre,* le *Gecko,* &c. & enfin 4.) ceux dont la queuë est à la verité faite de même, mais beaucoup plus longue que n'est le corps, comme on voit à l'*Iguana* & à d'autres. Mais malheureusement nous n'avons pú goûter cette division, ce qui nous a empêché de la suivre. Car nous avons trouvé par exemple des Lézards à longue queuë, qui auroient dû l'avoir courte, à consulter les autres caractères, ce qui nous

LVII

Ex.º Museo Mulleriano.

J. C. Keller ad nat. pinxit 1760.   Andreas Weiss sculpsit 87.

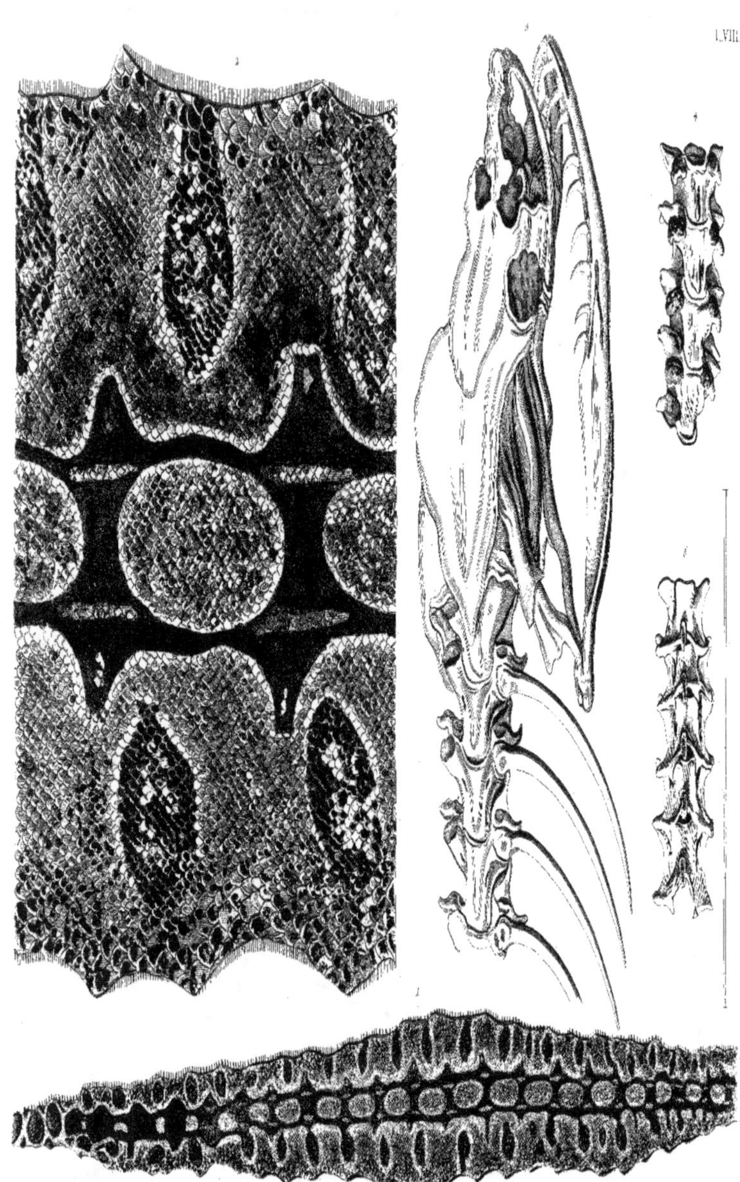

LVIII.
Ex Museo Excell. D.D. Christ. Jac. Trew S.S.

es äufferst schwer sey, beständige Merkmahle zur Unterscheidung der Arten, die so viele Aehnlichkeit mit einander haben, ausfindig zu machen.

Wir versprechen auch in Ansehung der Schlangen nicht viel bessers, welche wir jetzo vor uns nehmen, und selbige nur nach ihrer Gestalt beschreiben wollen, ohne uns um eine genauere Claßification zu bekümmern, da wir den Liebhabern selbst dieses Geschäfte gerne überlassen.

a confirmé dans le sentiment qu'il est extrémement dificile de déterminer quels sont les caractères distinctifs constans des espèces, qui ont tant de ressemblance entre elles.

La même dificulté a lieu à l'égard des Serpens dont nous allons donner quelques descriptions, mais sans nous embarasser d'une Claßification exacte, que chaque Amateur peut se faire à sa fantaisie.

TAB. L. VIII.

PLANCHE L. VIII.

Fig. 1. Auf gegenwärtiger Tafel kommt die Haut einer Schlange, nebst etlichen Theilen derselben vor, und zeiget diese erste Figur, die ganze Haut nach ihrer Länge, ohne den Kopf und die äusserste Spitze des Schwanzes. Diese Schlangen werden hin und wieder in den Indien, vornemlich aber auf der Insul Ceilon gefunden, woselbst sie ausserordentlich groß sind. Das gegenwärtige Exemplar ist ohne Kopf und ohne der Schwanzspitze zwölf Schuh, und vier und einen halben Zoll lang, und in der Mitte einen Schuh und drey Zoll breit. Das dazu gehörige Gerippe aber machte funfzehn Schuh und sechs und drey viertel Zoll. Man ordnet sie unter die Classe, welche Boa genennet wird.

Es hat diese Haut einen röthlichen Grund mit gelber Zeichnung. In der Mitte gehen zwey unterbrochene Linien die Länge herab, und zwischen selbigen stehen grosse länglicht runde Flecken. An jedem Rande, nach dem Bauch zu, ist die ganze Seite gelb und ausgeschweift, hat aber in jedem ausgeschweiften Bogen ein rothes Feld, in welchem etliche gelbe Flecken stehen. Diese Farbe scheinet nicht bey allen diesen Schlangen gleich zu seyn; denn es schickte uns einmahl ein werther Freund eine dergleichen Mexicanische Schlangenhaut, die von den Spaniern Traga Binaar genennet wird. Dieselbe ist zwar eben also, ohne der geringsten Abweichung gezeichnet. Allein ihre Grundfarbe ist braunschwarz, und die Flecken sind Pomeranzengelb, bläulicht, und weiß eingefaßt.

Um aber die fernere Beschreibung der jetzt-vorgezeigten Schlange fortzusetzen, wird nöthig seyn, daß wir auch die folgende Figuren zu Hülfe nehmen.

Fig. 2. Dieses ist ein vergrössertes Stück der Haut, worauf nicht nur die Art der Zeichnung und der Linien zu sehen, sondern auch vorzüglich die zierliche Ordnung der Schuppen zu betrachten ist. Es liegen nemlich dieselbe ordentlich, wie die platten Dachziegel, untereinander geschoben, und sind über den Rücken und zu beyden Seiten gleich groß, am Bauch und Schwanz aber fünf biß sechsmahl grösser, und werden daselbst ordentliche Schilde, die in Reihen liegen.

Fig. 3. Ist der sceletirte Kopf mit einem Theil des Rück-grads und denen daran sitzenden Rippen. Der obere Kiefer hat etliche wenige spitzige und kurze Zähne, in dem untern hingegen stehen zwanzig krumgebogene und spitzige Zähne, welche um die Helfte länger, als die obern sind, dergleichen Merkmahle der Ritter Linnäus von seiner Boa Enydris angiebt.

Fig. 1. On voit ici la tête & quelques parties d'un Serpent singulier. Cette prémière figure en dépeint la peau entière dans toute sa longueur, après en avoir ôté la tête & l'extrèmité de la queuë. On trouve ce Serpent dans quelques contrées des *Indes*, particulièrement dans l'Ile de *Ceilan.* Cette peau-ci a sans la tête & la pointe de la queuë douze pieds & quatre & demi pouces de long, & le milieu a un pied & trois pouces de large. Le Squelette de l'Animal entier avoit au dos quinze pieds, six & trois-quarts de pouce de longueur, y compris la tête & la queuë. On range ce Serpent dans la Classe, à laquelle on a afecté le nom de *Boa.*

Cette peau a un fond rougeâtre, marqué de desseins jaunes. On remarque vers le milieu tout du long deux lignes interrompuës, dans l'intervalle desquelles paroissent de grandes taches de rondeur oblongue. A chaque bord devers le ventre le côté entier est jaune & échancré, & l'on observe dans chaque échancrure, qui est faite en arc, un champ rouge, chargé de quelques taches jaunes. Les couleurs ne sont pas toûjours uniformes à ces Serpens. Car nous avons recû d'un ami une de ces peaux de Serpent du *Mexique*, que les Espagnols apellent *Traga Binaar.* Cette peau est sans doute marquée sans exception comme la précèdente. Mais par raport aux couleurs, le fond est un brun-noirâtre, & les taches sont bordées de couleur d'orange, de bleuâtre, & de blanc.

Pour rendre la déscription de ce Serpent complette, il faut donner quelque attention à ce qu'on va lire sur les figures qui suivent.

Fig. 2. Ceci est une pièce de la même peau, représentée en grand, afin que l'on y puisse observer d'autant mieux non seulement les desseins & les lignes, mais aussi, & principalement, l'ordre elegant dans lequel les écailles sont disposées. Elles sont couchées régulièrement comme les tuiles des toits, l'une dépassant l'autre, & de grandeur égale sur le dos & aux deux côtez, mais elles sont cinq ou six fois plus grandes au ventre & à la queuë, où elles paroissent être plûtôt des écussons rangez à la ligne.

Fig. 3. Ceci est le Squelette de la *tête*, d'une partie de *l'épine du dos*, & de quelques *côtes*, qui y sont atachées. La machoire supérieure n'a qu'un petit nombre de dents pointues & courtes, mais à la machoire inférieure on en compte vingt, qui sont pointues, recourbées, & de la moitié plus longues, que les supérieures. Ce sont les mé-mes

mes caractères que le Chevalier *Linnæus* attribue à *sa Boa Enydris.*

Fig. 4. Ist ein Theil von den Wirbelbeinen des Rückgrads, wie solche von auffen, oder von oben anzusehen sind.

Fig. 5. Stellet das nemliche Theil des Rückgrads an der innern oder untern Seite dar. Uebrigens verlohnet es sich wohl der Mühe, etliche besondere Umstände von dieser Schlange anzugeben.

Sie wird nemlich beträchtlich groß, so daß man ihrer angetroffen, die dem Augenschein nach über sechzig Schuh hielten, und bey zwey Schuh im Durchmesser hatten. Es ist uns zwar nicht unbekannt, daß es Schriftsteller gebe, welche ihre Länge noch weit grösser angeben, allein wir zweifeln, ob sich solches so verhalte. Denn es fehlet nicht viel, so würde man gezwungen seyn, die Länge der Schlangen nach Viertelmeilen auszurechnen, wenn man alles glauben sollte. Sie schleichen in Indien auf die größten und dicksten Bäume, welches sie in einer Spirallinie thun, oder mit einem Sprung auf den ersten Ast hinauf setzen, und sich sodann ferner in die Höhe schlingen. Bey dem Kriechen bieget sich ihr Leib, und macht, daß ihre Schilder, oder Ringe kloffen, da denn dieselben in den Grund einhacken. Wann nun die Schlange das Rückgrad niederdruckt, so schiebet sie sich um soviel fort, als weit die klaffenden Schilde von einander stehen. Da sie nun im Stande ist, nicht nur mit einer unglaublichen Geschwindigkeit das Rückgrad hinauf und hinunter zu biegen, sondern auch mit unbegreiflicher Stärke durch die auf den Grund angedruckten Schilde einen Anlaß zu einem Sprung zu machen, so ist daraus abzunehmen, warum diese Schlange so ungemein schnell fortkommen kan.

Es verrathen die langen krummen Zähne dieser Schlange schon, daß sie eine Raubschlange sey, und man wird erstaunen, wie sie in der That allerhand vierfüßige Thiere, als Schaafe, Hirsche und dergleichen, ja sogar die kleinen Ceilonnesischen sogenannten Büffelochsen anfället und ganz verschlinget. Die Art aber, wie sie solches verrichtet, ist diese:

Wann sie einen Raub vor sich siehet, so laurt sie entweder auf einem Baum, oder dicht an denselben im Grase, oder auf dem Grund, biß sich das vierfüßige Thier dergestalt in der Nähe befindet, daß sie es mit einem Sprung erreichen kan, wobey sie aber allezeit ihren Schwanz zwey biß dreymahl um den Baum umgeschlungen hält, um das besprungene Thier mit mehrerer Stärke anzuhalten. Sobald sie das Thier angefallen, schlinget sie sich mit einer unbegreiflichen Geschwindigkeit nach Maaßgabe ihrer Länge, und des Thieres Dicke, ein biß zweymahl um den Leib desselben, und druckt es dergestalt mit einer drehenden Bewegung zusammen, daß ihm die Knochen und Rippen im Leibe krachen.

Während dieser fürchterlichen Handlung erschleicht sie mit ihrem Kopf den Kopf des Thieres, und beißt ihm die Nase zu, daß es ersticken und fallen muß. Wenn dieses geschehen, und das Thier ums Leben gekommen ist, schlinget sie sich vom selbigen los, leget sich davor, und begeitert es von allen Seiten, daß es glatt, und gleichsam mit einer eckelhaften Gallert überzogen zu seyn scheinet, darnach sperret sie ihren Rachen, den sie erstaunlich weit ausdehnen kan, auf, leget sich vor den Kopf des Thieres hin, und schiebet und schluckt es nach und nach ganz ein,

mit

Fig. 4. Est une partie des vertèbres de l'épine, comme elles paroissent à leur partie extèrieure ou supèrieure.

Fig. 5. Cette figure représente les mêmes vertèbres par leur côté inférieur ou intérieur. Du reste il vaut bien la peine d'indiquer encore quelques singularitez de ce Serpent.

Il parvient à une grandeur considérable. On en a rencontré qu'on a jugé avoir plus de soixante pieds de long sur deux pieds d'épaisseur. Quelques Ecrivains leur donnent encore beaucoup plus de longueur. Mais cela tire au fabuleux, & conduiroit enfin à déterminer la longueur des Serpens par Stades, si l'on vouloit ajouter foi à toutes les relations. Ces animaux rampent aux *Indes* sur les arbres les plus grands & les plus épais, ce qu'ils font en ligne spirale, ou ils s'élancent d'un bond sur le prémier rameau, & continuent a tendre en haut en rampant. Quand ils rampent, leur corps se plie, & ce mouvement fait que les écussons & anneaux béans se prennent à la base sur laquelle ils se trouvent. Or le serpent, pressant alors de son épine tout son corps en bas, avance d'autant que les Ecussons béans sont écartez l'un de l'autre. Et comme il a la faculté de plier son épine comme il veut vers le haut & vers le bas, & qu'il est doüé d'une trés-grande force avec laquelle il apuye ses écussons sur la base, cela le met en état de faire des bonds extraordinaires, & d'avancer chemin avec une vitesse étonnante.

Les dents longues & recourbées de ce Serpent décèlent qu'il est un animal de proie. On ne peut aprendre qu'avec étonnement à quels quadrupèdes il s'attaque, tels que des brebis, des cerfs, &c., jusques à des petits bufles de *Ceilan* qu'il avale tout entiers, & cela de la manière suivante:

Quand le Serpent a aperçu sa proie, il la guette, ou de dessus un arbre, ou caché sous l'herbe près de l'arbre, ou par terre, où il attend que le Quadrupède soit assez près pour qu'il puisse l'atteindre d'un seul bond, faisant toûjours deux ou trois tours de sa queuë autour de l'arbre pour pouvoir en s'y attachant tenir l'animal pris avec d'autant plus de force. Quand il est tombé sur sa proie, il en entoure le corps une ou deux fois avec une célérité incompréhensible, s'en rendant le maitre en long & en large, & resserrant ses tours il comprime la bête prise, au point qu'on en entend craquer les côtes & les os dans le corps.

Pendant cette épouvantable opération le Serpent uproche en rampant sa tête de celle de l'animal infortuné, qui est devenu sa proie, qu'il achève de tuer en lui comprimant le nez de ses dents, & l'étouffe ainsi. Cet animal étant mort, le Serpent s'en détache, se couche près de lui, & le couvre de toutes parts d'une bave glissante, après quoi il ouvre la gueule, qu'il peut etendre extraordinairement, & prenant sa proie par la tete, il vient à bout avec de grands efforts de l'avaler peu à peu toute entière, ce qui lui coûte

quel-

Er. Hucca Mulleriana.

J. C. Keller ad nat. pinxit.   Paul Küffner sculpsit. 89.

mit welcher Handlung sie mehr, als einen halben Tag zubringet. Wenn nun das Thier verschluckt ist, und ihr noch forne im Balg steckt, so ist sie zu schwer um fortzukriechen, oder zu springen, sondern bleibet mit dieser Last auf der Erde liegen, biß das Thier nach und nach verdauet ist. Auf diesen Umstand aber geben die Indianischen Jäger genau Acht; denn wenn sie eine Schlange also mit der Beute im Kragen antreffen, so nahen sie sich ohne Scheu zu ihr, und schlagen sie mit dicken Prügeln auf dem Kopf todt, um ihre Haut zu bekommen, welche sie sodann theuer verkauffen, und woraus die Indianer sich allerhand Sachen zur Kleidung verfertigen. Von dem Fleisch der Schlange aber richten sie einen leckeren geröbsteten Braten zu, den wir ihnen nicht mißgönnen.

quelquefois plus d'une demi-journée de tems. Le poid de cet animal avalé rendant le Serpent trop pésant pour sauter & même pour ramper, il demeure sur la place & y attend que le repas qu'il a fait soit digéré. C'est là le moment que guettent les Chasseurs *Indiens:* car quand ils trouvent un Serpent surchargé ainsi de la bête qu'il a avalée, ils s'en aprochent sans crainte & l'assomment a coups de barres sur la tête, pour en avoir la peau, qu'ils vendent fort cher, les *Indiens* s'en servant pour toutes sortes d'habillemens. La Chair leur sert à faire un repas delicieux, que nous n'avons garde de leur envier.

TAB. L. IX.

PLANCHE L. IX.

Fig. 1. Wir haben schon in der Vorrede Gelegenheit gehabt, zu erwehnen, daß die Klapper- oder Rattelschlangen die allergiftigsten von allen Schlangen sind, so daß auch ihr Biß innerhalb vier und zwanzig Stunden tödtet. Da nun die Vorsehung diese Schlangen durch eine Klapper gezeichnet hat, wovon sie auch ihren Namen führet, so verlohnet es sich wohl der Mühe, sie nach Anleitung der jetzigen Figur näher zu betrachten.

Der Ritter Linnäus giebt drey Arten an, worunter auch die gegenwärtige ist, welche von ihm Crotalus durissus genennet wird. Sie hat einen weißlichten Grund, und aschgraue Flecken, nemlich: die mehresten Schuppen sind weißlicht, und hin und wieder stehen etliche wenige von grauer Farbe. Von dem Kopf biß zum Schwanz gehet über den Rücken eine Kette von länglichten Vierecken, die eine Einfassung von schwarzen Linien haben, aber in der Mitte aschgrau sind. Um den Bauch und einen Theil des Schwanzes liegen Schilde, wie Ringe unter einander geschoben, welche nichts anders als verlängerte Schuppen sind. Der Kopf ist breit, und hat grosse Augen.

Das merkwürdigste an dieser Schlange ist die Klapper des Schwanzes, wovon sie ihren Namen hat. Diese Klapper bestehet in etlichen aneinander hangenden Pergamentartigen breiten Blasen, die wenn sie geschleudert werden, ein Geräusch von sich geben. Am gegenwärtigen Exemplar zehlet man, von der größten biß zur kleinsten, zehn solche Blasen, und da diese Schlangen beträchtlich groß werden, so giebt auch die erwehnte Klapper ein grosses Geräusch, so daß die Menschen dadurch hinlänglich vor der Gegenwart dieses giftigen Thieres gewarnet werden. Zu verwundern ist es, daß die Schweine in America diese Schlangen begierig aufsuchen, und verzehren. Auch berichtet man, daß die Eichhörner und Vögel durch ihren giftigen Hauch dergestalt betäubet werden, daß sie von den Bäumen herunter taumeln, und also ein Raub dieser Schlangen werden, welche diese Thiere hernach verzehren. Uebrigens ist zu merken, daß diese Schlange auch in die Bäume kriechet, manchmahl fast aufgerichtet stehet, weite Sprünge machet, sich in Knoten wickelt, jedoch die Menschen und Thiere nicht von selbsten leicht anfällt, es sey denn, daß sie zum Zorn gereitzet wird. Man giebt ihr in America den Titel, daß sie die Fürstin aller Schlangen sey.

Fig. 1. Nous avons dit dans nôtre Préface que le *Serpent à Sonnettes,* ou le *Boycininga,* est le plus vénimeux des Serpens, & que sa morsure tue dans les vint-quatre heures. La Providence ayant ataché à ce Serpent la marque des *Sonnettes* dont il porte le nom, il vaut la peine de donner une description un peu détaillée de la figure qui se présente ici.

Le Chevalier *Linnæus* indique trois espèces de ce Serpent, parmi lesquelles se trouve celui de nôtre figure, qu'il nomme *Crotalus durissus.* Le fond de sa couleur est blanchâtre, tacheté de gris-cendré, cela veut dire que la plûpart des écailles sont blanchâtres, & qu'on en voit seulement çà & là quelqu'une de couleur cendrée. On observe sur le dos depuis la tête jusques à la Queuë une chaîne de Quarrez oblongs, qui au milieu sont d'un gris-cendré, & bordez de lignes noires. Des Ecussons formez en anneaux passéz l'un sur l'autre, qui ne sont en effet que des écailles alongées, font le tour du ventre & d'une partie de la Queuë. La tête est large & garnie de grands yeux.

La singularité la plus remarquable de ce Serpent consiste en quelques Sonnettes qu'il a à la queuë. Ce sont quelques larges Vessies membraneuses, liées l'une à l'autre, qui font un certain bruit, quand l'animal se met en mouvement. On en compte jusques à dix au présent *Boycininga,* depuis la plus grande jusques à la plus petite. Comme cette bête parvient à une grandeur considérable, ses Sonnettes, qui croissent à proportion, font un très-grand bruit, qui sert aux Habitans du païs d'avertissement pour éviter la rencontre de cet animal venimeux. Ce qu'il y a de plus étonnant c'est qu'en *Amérique* les Sangliers, & même les Cochons cherchent ces Serpens avec soin & les dévorent. On prétend d'ailleurs que l'haleine empestée du *Boycininga* pénètre jusques à la cime des arbres où elle étourdit les Ecureuils & les Oiseaux au point qu'ils tombent à terre, & deviennent la proie du Serpent, qui en fait de bons repas. Il est encore à remarquer, qu'il se fourre quelquefois dans des arbres creux, où il se tient presque debout. Quand il en sort, il fait de grands bonds, & se replie en noeuds; mais il n'attaque facilement ni homme ni bête, a moins qu'on ne l'irrite. On lui donne en *Amèrique* le Titre de *Prince de tous les Serpens.*

Fig. 1.   Fig. 2.

Fig. 2. Von der gegenwärtigen Schlange wissen wir keine andere Nachricht zu geben, als daß sie bleyfärbig, mit zwey weissen Flecken am Halse gezieret, ausserordentlich lang, mit breiten Schilden unter dem Leibe versehen, und hinten dicker, als forne ist. Die Schuppen sind stumpf viereckigt, und in der Mitte weißlicht, der Schwanz ist klein, und gehet auf einmahl dünne und spitzig zu, als ob er einmahl abgehauen und wieder angewachsen wäre. Der Kopf ist klein, die Schilde unter dem Leibe sehen wie Ringe aus, die unter einander geschoben sind. Das Vaterland dieser Schlange ist Boston in Neu-Engelland.

Fig. 2. Tout ce que nous pouvons dire du Serpent dépeint dans cette figure, c'est qu'il est couleur de plomb, décoré de deux taches blanches au cou, de longueur extraordinaire, muni de larges écussons sous le corps, & plus gros par derrière que sur le devant. Les écailles sont obtuses, quarrées, & blanchâtres au milieu. La queuë est petite, & paroit tout à coup mince & pointue, comme si elle avoit été coupée, & qu'elle se fut reprise. La tête est aussi petite. Les écussons qu'on voit sous le corps ressemblent à des anneaux passez les uns sous les autres. La Patrie de ce Serpent est *Boston* dans la *Nouvelle Angleterre.*

TAB. L. X.

PLANCHE L. X.

Fig. 1. Ob es gleich keine Schlangen mit zwey Köpfen giebt; so hat man doch solche, welche man zweyköpfigte zu nennen pfleget. Eine dergleichen wird uns in dieser Figur vorgezeiget. Sie wird deßwegen biceps, oder die Zweyköpfigte genennet, weil sie nicht nur hinten und forne gleich dicke ist, und keinen dünnen spitzigen Schwanz, wie andere hat, sondern auch nach Art der Würmer hinter sich und vor sich kriechet, und dieses ist auch die Ursache, daß sie im deutschen Doppelschleicher heisset. Sie ist des Linnäi Amphisbæna fuliginosa. Ihre Zeichnung bestehet in vielen schwärzlichten Ringen, die sie auf einen weissen Grund umgeben, um welches willen ihr auch der Name Ringelschlange beygeleget wird. Der Kopf ist klein und spitzig, wie der Schwanz. Im Maul hat sie keine Zähne, sondern sie verschluckt ihre Speise, als Käfer, Würmer, und dergleichen, ganz. Sie hat um den Leib und den Schwanz viele Ringe, welche in lauter Reihen von Schuppen bestehen. Man findet sie in America,

Fig. 1. Quoiqu'il n'existe point de *Serpens à deux* têtes, il y en a pourtant auxquels on donne ce nom-là. Tel est celui que nôtre figure dépeint. On l'apelle *biceps* ou *à deux têtes*, non seulement parcequ'il est aussi épais derrière que devant, & qu'on n'y observe point de queuë mince & pointuë comme aux autres, mais aussi parce qu'il rampe également en avant & en arrière, comme les vers. C'est par la même raison que les Allemands lui donnent le nom de *Doppelschleicher (qui rampe des deux bouts).* C'est l'*Amphisbène fuligineuse* de *Linnæus.* Il est marqué de quantité d'anneaux noirâtres, qui l'entourent sur un fond blanc, ce qui lui fait aussi donner par quelques Naturalistes le nom de *Serpent annelé.* Sa tête est petite, & aussi pointue que la queuë. Il n'a point de dents, & avale tout entiers les hannetons, escarbots, vers, & autres insectes qui lui servent de nourriture. On observe autour du corps & de la queuë un grand nombre d'anneaux, qui ne sont que des rangées d'écailles. Cet animal se trouve en *Amérique.*

Fig. 2. Es ist eine so grosse Anzahl der Schlangen-Arten, und eine so grosse Verschiedenheit der Zeichnung, daß sich das Aug nicht satt sehen kan. Die gegenwärtige Figur stellet uns eine Surinamische Schlange dar, deren Grundfarbe braunlicht gelb, aber auf den Rücken mit krummgezogenen dunkelbraunen Flecken gezieret ist. Der Kopf ist kurz und breit.

Fig. 2. Il y a un si grand nombre d'espèces de Serpens, & les desseins dont ils sont marquez sont si variez qu'un Oeil curieux y trouve toûjours quelque chose de nouveau à voir. Celui-ci est un Serpent de *Surinam*, dont la couleur du fond est un jaune qui tire sur le brun. Le dos est décoré de taches en ligne courbe, qui sont d'un brun-foncé. La tête est courte & large.

TAB. L. XI.

PLANCHE L. XI.

Fig. 1. Um einen ferneren Beweiß von der Verschiedenheit der Schlangen und ihrer Zeichnung zu geben, so sind zum Beschluß auf dieser Tafel noch zwey Surinamische Schlangen vorgestellet. Die Gegenwärtige ist ganz grün, und endiget sich wie eine Peitsche in einen langen sehr dünnen Schwanz, welcher bleyfärbig ist. Zu beyden Seiten des Unterleibes gehet eine weisse Linie die Länge herunter, und scheidet gleichsam die Schilde des Unterleibes von den Schuppen, welche den übrigen Cörper umgeben. Der Kopf ist lang und schmahl. Man nennet sie wegen ihrer Länge auch die Peitsch-Schlange, und bey dem Linné führet sie den Namen Coluber mycterizans.

Fig. 1. Pour donner à nos Lecteurs une nouvelle preuve de la variété des Serpens, & de la diversité des desseins dont ils sont marquez, nous leur présentons sur cette Planche encore deux Serpens de *Surinam*, par lesquels nous allons conclure cet ouvrage. Celui-ci est absolument verd, & se termine comme un fouët en un longue queuë extrèmement minee, qui est couleur de plomb. On remarque de chaque côté une ligne blanche, qui va tout du long, & semble séparer les écussons du ventre des écailles qui entourent le reste du corps. La tête est longue & étroite. La longueur de ce Serpent le fait apeller le *Serpent en fouet. Linnæus* lui donne le nom de *Coluber mycterizans.*

Ex Museo Mülleriano.

J. C. Keller ad nat. pinxit 1760.   J. F. Schmidt sculpsit 90.

Ex Museo Mulleriano.

J. C. Keller ad nat. pinxit 1788.

J. F. Schmid. sculpsit 91.

Fig. 2. Den Beschluß macht eine schön gezeichnete Schlange aus Suriname, deren Grundfarbe weißlicht, die aber mit sehr vielen, theils runden, theils viereckigten schwarzen Flecken gezieret ist, daß man nichts schöneres sehen kan. Die größten Flecken stehen auf dem Rücken, die kleinern zur Seiten und am Unterleibe. Der Kopf ist dicke und breit, und der Schwanz gehet in eine lange Peitschenartige Spitze aus.

Sonst ist wohl zu merken, daß die Zeichnung an der einen Schlange von nemlicher Art wohl schärfer und schöner auszufallen pfleget, als an der andern. Dieser Umstand rühret von dem Verhäuten der Schlange, und von ihrem Alter her, und da auch diejenigen Schlangen, die in Spiritus aufgehoben werden, in demselbigen öfters abschälen, so hat man allerdings Mühe, bey der Abbildung die eigentliche Natur zu treffen.

✳ ✿ ✳

Hiemit endigen wir die Beschreibung der Amphibien, und zugleich das ganze Werk. Die Absicht die wir hatten, nicht allzuweitläuftig zu seyn, um das Werk durch einen allzustarken Preiß den Liebhabern nicht beschwerlich zu machen, wird unsere Kürze rechtfertigen. Es soll nemlich dieses Werk den Liebhabern, die sich mit sammlen beschäftigen, nur zu einer Anleitung dienen, die Hauptarten der verschiedenen Naturalien, die man in Cabinetten antrift, kennen zu lernen, und wir glauben, daß sie diesen Endzweck erreichen, und die Unterarten, oder solche Sachen, die allhier nicht abgebildet sind, leicht unter ihre gehörige Classen ordnen können, zumahlen wenn sie die Einleitung, die einem jeden Fach vorgesetzet ist, dabey zu Rathe ziehen.

Die Beschreibung selbst ist aus den besten Schriftstellern, aus glaubwürdigen Briefen und Nachrichten, und endlich aus einer genauen Betrachtung der Originalien selbst genommen. Wir wollen hierdurch nicht behaupten, daß sie um deßwillen nothwendig ohne Fehler seyn müßte; aber dieß können wir versichern, daß wir nach aller Möglichkeit die Fehler zu vermeiden gesuchet haben. Wir haben aber auch das Zutrauen, daß wenn ja eine Unrichtigkeit in einer, oder andern Sache möchte entdecket werden, der geneigte Leser solche um so mehr mit Gelindigkeit beurtheilen werde, da bekannt ist, daß nicht nur die besten und ersten Schriftsteller in vielen Stücken der Naturgeschichte mit einander uneins sind, oder einander widersprechen, sondern daß diese Wissenschaft selbst noch nicht zu der Vollkommenheit gediehen sey, daß man eine von allen Fehlern oder irrigen Meinungen befreyete Arbeit erwarten könne.

Wir hätten zwar unsere Beschreibungen mit beständiger Anführung von ein paar tausend Stellen aus hundert Schriftstellern der Naturgeschichte, Reisebeschreibungen, und andern einzelnen Abhandlungen und Nachrichten spicken können; allein wir sahen leicht ein, daß dadurch fast jede halbe Seite mit blossen Anweisungen würde angefüllet werden, und daß also der Text noch einmahl so viele Bogen einnehmen würde, daher unterliessen

Fig. 2. Voici enfin pour fermer la marche un Serpent de Surinam trés-elégamment marqué. Le fond de sa couleur est blanc, sur lequel paroissent tant de taches noires rondes & quarrées, qu'on ne peut rien se représenter de plus beau. Les plus grandes de ces taches se trouvent placées sur le dos, les moindres sur les cotez, & au ventre. La tete est épaisse & large, & la queuë se termine en une pointe semblable à un bout de fouët.

Il y a à observer que les desseins font quelques fois mieux & plus distinctément marquez à un Serpent qu'à un autre, quoiqu'ils soient de la même espèce. Cela provient ou de la conjoncture où le Serpent se dépouille, ou de sa vieillesse. Et comme il arrive souvent que les Serpens se dépouillent même dans l'eau de vie où on les conserve, il est dans ces cas trés-dificile au Peintre qui les tire de rencontrer la nature au juste.

✳ ✿ ✳

Nous terminons ici nos Descriptions des Amphibies, & en même tens tout l'Ouvrage. Après avoir rempli nôtre but nous ne croyons pas devoir étendre plus loin nos reflexions sans nécessité, ce qui n'aboutiroit au fonds qu'à rendre ce Livre plus cher. N'étant destiné qu'à servir d'instruction aux Amateurs, qui commencent à former un Cabinet de Curiositez naturelles, pour leur enseigner à conôtre les espèces principales des pièces qu'ils ramassent, & qu'on trouve dans des Cabinets bien ordonnez, nous croyons devoir nous en tenir là, d'autant plus que ce que nous avons dit sufit pour mettre ces Amateurs au fait de l'ordre dans lequel ils doivent ranger les Sous-espèces, & autres pièces, qui ne se trouvent pas dans nos figures, sur tout s'ils se donnent la peine de consulter l'Introduction que nous avons mise à la tête de chaque article.

Les Descriptions-même ont été tirées ou des meilleurs Ecrivains, ou de Lettres & informations dignes de foi, ou enfin de nos propres observations, faites sur les Originaux, avec toute l'attention & toute l'exactitude imaginables. Nous ne prétendons pas dire par là que notre Ouvrage soit absolument exemt de toute faute; mais nous pouvons assûrer, que nous avons aporté tout le soin possible pour les éviter. Si cependant malgré cette aplication il s'en trouve, nous espèrons que le Lecteur nous traitera avec indulgence, d'autant plus que l'on sait que non seulement les prémiers Ecrivains, & les Auteurs les plus aprouvez dans ce genre d'étude, ne sont pas toûjours d'accord entre eux, & se contredisent même souvent, mais aussi que cette Science etant encore trés imparfaite elle-même, on n'est pas en droit d'exiger qu'un Ouvrage de cette nature soit exemt de toute erreur & de toute faute.

Il nous auroit été trés-facile de charger nos Descriptions de quelques milliers de citations d'un grand nombre d'Auteurs, qui ont écrit sur l'Histoire naturelle, ou prises de Relations de Voyages, ou d'autres Traitez & Informations sur tel ou tel article separé relatif à nôtre suièt, mais nous avons crû beaucoup mieux faire en les omettant. Tel article nous auroit mis dans le cas de remplir toute une

terliessen wir dieses ganz, und sahen es ohne hin in einem Werk von dieser Art als etwas überflüßiges, ja ganz unnöthiges an. Denn die wenigsten besitzen alle diese Werke, oder würden Lust haben, so viele hundert Stellen bey andern nachzuschlagen, als wir darüber zu Rathe gezogen haben. Um aber diesem Mangel abzuhelfen, so haben wir diesem Werke gleich zu Anfang ein Alphabetisches Verzeichniß von allen Schriftstellern beygefüget, welche wir mehrentheils dabey zu Rathe gezogen haben.

Sind von uns hin und wieder, und besonders in den Einleitungen eigene Muthmassungen eingeschaltet worden, so ist es Kraft derjenigen Freyheit geschehen, die einem jeden Schriftsteller zukömmt, und so wenig wir selbige vor unfehlbar angeben, so wenig werden wir uns darüber grämen, wenn sie von andern verworfen werden. Denn wir freuen uns selbst darüber, wenn andere mehr wissen und weiter sehen, als wir, weil uns dieses eine Gelegenheit giebt, aus der Erkenntniß, die andere in der Naturgeschichte besitzen, die unserige zu verbessern. Inzwischen ist doch überall das nöthige bey jeder Sache erinnert, das Dunkele nach Möglichkeit erläutert, das Bekannte nur in der Kürze berühret, und das minder bekannte etwas weitläuftiger abgehandelt worden. Wir hoffen also, daß wir dem Verlangen und der Erwartung, wenigstens der mehresten Liebhaber, werden ein Genüge geleistet haben, und wünschen, daß sie unsere geringe Bemühungen in der Natur-Geschichte wohl aufnehmen, und selbst sowohl Nutzen als Vergnügen daraus ziehen mögen.

moitié de page d'allégations, qui n'auroient servi qu'à augmenter le prix du Livre en grossissant le volume trés considérablement, sans la moindre nécessité, & même en pure perte. Car outre que peu de Particuliers possèdent tous ces Auteurs, il n'y en a guères qui eussent la patience, ou qui fussent d'humeur de feuilleter tant de volumes, & d'y chercher les Passages que nous avons consulté, & d'où nous aurions pris nos allegations. Pour ne laisser cependant rien à désirer, même à cet égard, le Lecteur a trouvé à la tête de l'Ouvrage une Table alphabétique de tous les Auteurs que nous avons le plus consultez.

Si nous avons hazardé quelquefois nos propres conjectures, particulièrement dans les Introductions qui précèdent chaque article, nous n'avons fait en cela qu'user du droit, dont tout Ecrivain est en possession, sans prétendre faire recevoir nos opinions comme infaillibles. Elles sont soumises au jugement de tout Lecteur, qui de son côté a liberté entière de rejetter ce qu'il ne trouvera pas de son goût, sans que cela nous fasse la moindre peine. Nous ressentirons au contraire une nouvelle satisfaction en trouvant dans les lumières de gens plus versez que nous dans l'Histoire naturelle des ressources pour rectifier & étendre nos propres Conoissances. Cependant nous nous flatons de n'avoir rien omis d'essentiel dans nos remarques, d'avoir éclairci autant qu'il etoit possible les obscuritez, que nous avons rencontrées sur nôtre chemin, d'avoir été concis sur toutes les matières conues, de nous être étendus sur celles qui le font moins, & d'avoir satisfait ainsi au goût & à la curiosité de tout Lecteur raisonnable. La plus grande recompense que nous ambitionnons est d'aprendre que nôtre travail a été reçû avec bonté, & que les Amateurs y ayent trouvé l'Utile & l'Agreable.

Ende.   FIN.

Register.   TABLE.

Register

derer in diesem zweyten Theil befindlichen

Abbildungen.

✠✠✠✠✠✠✠✠✠✠✠✠✠✠✠

F. Krebse und andere ungeflügelte Insecten.

TABLE

DES FIGURES CONTENUES DANS CE

SECOND VOLUME.

✠✠✠✠✠✠✠✠✠✠✠✠✠✠✠

F. ECREVISSES ET AVTRES INSECTES SANS AILES.

H. Fische.

Tabula.	Figura.

H.   *fig.* 1. Ein Stachelichter Kropffisch. Orbis pinnatus, Ostracion, Artedi. Hystrix *Linn.*

2. Ein glatter unbewafneter Kropffisch. Orbis inermis, item Orbis mammillaris.

H. I.   *fig.* 1. Ein dreyeckigter höckerigter Kropffisch, Schnottolf, das Biegeleisen, Triqueter, Ostracion triangularis gibbosus, Schnottolf. Ionst.

2. Ein viereckigter gehörnter Kropffisch. Ostracion cornutus.

3. Ein dreyeckigter Kropffisch mit sechseckigten Schuppen. Ostracion squamis hexagonis *Linn.*

H. II.   *fig.* 1. Ein Buttfisch, oder Platteis an der rechten Seite, Platessa. *Linn.*

2. Der nemliche Fisch an der linken Seite.

3. Ein Plattfisch, oder Rhombus, an der linken Seite.

4. Ein kleiner Plattfisch an der linken Seite.

H. III.   *fig.* 1. Eine Ostindianische Meerschwalbe. Hirundo minima, Ionst.

2. Die Meernadel. Acus marina.

3. Ein dreyeckigter gehörnter Kropffisch. Ostracion cornutus Linn.

4. Eine Art eines Herings.

5. Ein runder stachelichter Kropffisch. Diodon echinatus Linn.

H. IV.   *fig.* 1. Ein kleiner Haayfisch, Meerwolf, Seehund, Mustelus laevis Ionst. Linn.

2. Der kleine Meerteufel. Rana piscatrix minor, oder kleine Meerkröte, Ionst. Vespertilio, Linn. Guacucuja Raj.

3. Ein kleiner Raubfisch aus den Antillen.

4. Die Säge, oder das zackichte Horn eines Sägefisches. Pristis.

H. V.   *fig.* 1. Ein Nadelfisch mit einem Saugerüssel, Syngnatus ophidion, Linn.

2. Ein Trompetenfisch aus den Antillen.

3. Ein anderer eckigter Nadelfisch mit einem Saugrüssel, Syngnatus aequoreus, *Linn.*

4. Ein kleiner Plattfisch aus dem Mexicanischen Meerbusen, der mit schwarzen Binden gezeichnet ist.

5. Ein dergleichen, welcher am Schwanz mit zwey runden schwarzen Flecken gezeichnet ist.

6. Der Blaser, eine Art eines Kropffisches.

H. VI.   *fig.* 1. Ein fliegender Fisch.

2. Ein Schiffhalter, Remora.

3. Ein Indianischer Barsch.

4. Die Mutter vom Rochenfisch, welches Stück die Seemaus genannt wird.

5. Ein Seepferdchen, Hippocampus.

H. VII.

H. POISSONS.

Planche.	Figure.

H.   *fig.* 1. Un Poisson gouëtreux à éguillons. *Orbis pinnatus, Ostracion,* Artedi. *Hystrix Linnaei.*

2. Un Poisson gouëtreux uni désarmé. *Orbis inermis,* item *Orbis mammillaris.*

H. I.   *fig.* 1. Un Poisson gouëtreux triangulaire bossu, ou Schnottolf, le Fer à repasser, le Triqueter, *Ostracion triangularis gibbosus, sive Schnottolf.* Ionston.

2. Un Poisson gouëtreux quadrangulaire cornu. *Ostracion cornutus.*

3. Un Poisson gouëtreux triangulaire à écailles hexagones. *Ostracion squamis hexagonis* Linnaei.

H. II.   *fig.* 1. Un Turbot ou Plie du coté droit. *Platessa* Linnaei.

2. Le côté gauche du même Poisson.

3. Une Plie, ou Rhombus, du côté gauche.

4. Une petite Plie du même côté.

H. III.   *fig.* 1. Une Hirondelle marine des Indes orientales. *Hirundo minima* Ionston.

2. L'Eguille de mer. *Acus marina.*

3. L'Ostracion cornu triangulaire. *Ostracion cornutus* Linnaei.

4. Une espèce de Haran.

5. L'Ostracion Sphérique à éguillons. *Diodon échinatus* Linnaei.

H. IV.   *fig.* 1. Un petit Haay, ou Loup marin, ou Requin. *Mustelus laevis* Ionst. Linn.

2. Le petit Diable marin, ou le petit Crapaud marin, *Rana piscatrix minor* Ionst. *Vespertilio* Linnaei, *Guacucuja* Raj.

3. Un petit poisson rapace des Iles Antilles.

4. La Scie, ou la Corne dentée d'un Espadon. Pristis.

H. V.   *fig.* 1. Une Eguille, ou Syngnatus à trompe. *Syngnatus ophidion* Linnaei.

2. Le Poisson à trompette des Iles Antilles.

3. Une autre Eguille angulaire à trompe. *Syngnatus aequoreus* Linnaei.

4. Une petite Plie à bandes noires du Golfe du Mexique.

5. Une autre de cette espèce marquée à la queuë de deux taches rondes noires.

6. Le Souffleur, espèce de Poisson gouëtreux.

H. VI.   *fig.* 1. Un Poisson volant.

2. Une Remore.

3. Une Perche des Indes.

4. Un Ovaire ou Matrice de Raie, qu'on apelle Souris de Mer.

5. Un petit Cheval de mer, *Hippocampus.*

www.ingramcontent.com/pod-product-compliance
Lightning Source LLC
LaVergne TN
LVHW010949180726
843502LV00004B/1132